東京裁判で
真実は裁かれたのか？

パール判事の日本無罪論（判決書第4部）を現代に問う

都築陽太郎

まえがき

●「あの時代」への無関心＝現代の「天動説」

現代の宗教裁判たる東京裁判

17世紀初頭、地動説を支持したガリレオは宗教裁判にかけられ、異端宣告を受けた。有罪とされたのである。もちろん、我々現代人は、当時広く信じられていた天動説は真理ではないことを知っている。

20世紀の半ばに東京・市ヶ谷で行《おこな》われた東京裁判は、現代の宗教裁判であると筆者は思う。皆が正しいと何となく思っていることは、実のところは真理ではないのだ。真理を説いたのは11人の裁判官の中でただ一人、インドのラダビノード・パール判事である。このパール判決書こそは、今後何世紀が経過しても堂々と生き残る、強靭な真理を記した書物なのだ。そして、その判決書の核心部分が第四部なのである。

東京裁判の虚構に飽き足りない人々よ、来たれ！　真理はここにこそ、ある。

古傷たる「あの時代」
（＝1928年～1945年9月の18年間）

現代日本で何となく受け入れられている「天動説」とは、次の状況ではなかろうか。

すなわち、東京裁判で訴追の対象となった「あの時代」については、我々現代日本人の意識にあまり上らないような気がするのである。たとえば、日本の軍隊がなぜ中国に駐在して戦闘行為を行《おこな》っていたのか、あの強大なアメリカ合衆国に対し無謀とも思える真珠湾攻撃にあえて踏み切ったのはなぜか、当時の日本人たちが何を望んで毎日の生活を送っていたのか、そもそもいったい何が「あの時代」の日本と世界に起きていたのか、そういった面について十分な知識をもった人が少ないように思う。

「日本は世界征服を企んだ、悪い悪い国でした」以上、終わり。「あの時代」についてとりあえずそのような始末を、自分の心の中で付けている人が多いのではなかろうか。

これは、我々日本人には「あの」暗い時代に対してもともと興味を持てないから、というのが本当のところではないかと筆者には思えるのである。もっと言えば、「あの時代」は我々日本人の「古傷」としてむしろそっとしておくべきだとの考え方が我々の中にあるのではないか？　日本は「外国に迷惑をかけた」あげくに敗戦したとの厳然たる事実を前に、今さら「あの時代」をほじくり返すことは「歴史修正主義者」の汚名を自らに被ることにもつながりかねず、そんなことは「善良なる市民」がやるべきことではないとの考えが、多くの現代日本人の心の中の奥深くにあるのではないだろうか？

要は、はっきりと意識しているかいないかにかかわらず、「あの時代」の事実関係を「知りたい」と考えること自体が「罪悪」であると潜在意識の中で捉えられているのではないだろうか。

戦争を知らない子供たち

現代のドイツにおける次の風潮の存在を、多くの識者が指摘している。すなわち、自分たちドイツ人こそが「ナチ」にだまされた被害者であった。悪いのは「ナチ」なのであって、自分たちは全然悪くない。その伝《でん》に倣《なら》えば、日本の場合は、東条他の「A級戦犯」が罪を背負って死んでくれた。悪いのはあいつらだ。我々は彼ら「A級戦犯」たちに騙されていたのだ…。今や我々は「♪戦争を知らない子供たち」

なのである。我々は汚れなき「無垢」の存在になったのである。東京裁判が決着を付けてくれたのである。それなのに、今さら東京裁判の裏手に回って事実を暴いて、現在の我々の立場を危うくする必要がどこにあるというのか…？

確かに、とりあえず以上のように考えれば居心地は良い。このようにして「善良なる市民」たる我々は、東京裁判については「見ざる、言わざる、聞かざる」を決め込むのである…。

「あの時代をもっと知りたい」という欲求がもともと少ない上に、積極的に「そっとしておくべきだ」との考えとも相まって、「あの時代」の研究は停滞させられているのではないか。また、「あの時代」を論じた信頼できる文書が少ないことも要因となっていると思う。何があったのか知りたいという意欲があったとしても、知るための手段がわずかなのだ。

実害

しかし、以上のような単純な結論でこの件に始末を付けたままにしておいて本当によいのか？　我々の父祖に罪をなすりつけて知らんぷりを決め込んだ上で、居心地良く「戦争を知らない子供たち」の立場に落ち着いて、それで本当によいのか？

自分は「無垢」であると信じて自己満足にひたり、「あの時代」を放置することには代償がある。米露等の連合国ならびに、さらには真に連合国の一員だった「中華民国」とは異なる国である「中華人民共和国」や、日本の一部であったにもかかわらず今やあたかも戦勝国のような顔をしている隣の半島国（以下、これらをまとめて「戦勝国」という）が、一方的で怪しげな主張をして日本の「旧悪」を責め立てているのだ。

「日本人は歴史認識に関して脇が甘いぞ。我々の主張を押し付けて『事実』として確立してしまえ…。」

日本人による「あの時代」の「放置」による自己満足に付け入って、慰安婦像だの徴用工像だの南京大虐殺博物館だのを作って「あの時代」の日本を糾弾しているのである。そうすることによる何らかのメリットが彼ら「戦勝国」の側にはあるのだろう。そのためのスケープゴートとして過去の日本が利用されているのである。しかもこの点についていくら日本の「旧悪」を言い募っても、日本からは有効な反論はかえって来ない。日本を支援する国もない。彼ら「戦勝国」はそのような「味」を覚えてしまったのだ。

我々日本人には「戦勝国」の一方的な主張に対してただちに反論できるような心の準備が無いのである。何ら有効な反論もせずに沈黙を守り、外交的・心理的に莫大な損失が生ずるままに放置している。「古傷には触れたくない」という「善良なる市民たち」による考え方が、日本は「悪い悪い国でした」的な単純な結論によって「あの時代」にとりあえずの始末を付けたまま放置させ、そのような事態に立ち至らせた大きな要因ではないだろうか。

さらには、彼ら「戦勝国」は日本人に対して「歴史認識を持て」と説教する。これは尊大な物言いであると筆者は思う。日本人が見たくない、あえて「空白」のままとしている時代に対し、彼らが作った「物語」を日本人の脳裏に押し込むことができると彼らは考えているのだ。逆に言うと、彼らがそう捉えて行動する事態にまで立ち至ってしまったのだ。

この「脇の甘さ」は、現代日本人に実害をもたらしている。たとえば、カリフォルニアでは日本人駐在員の子女が現地の子供にいじめられていると報道された。現地に立てられた慰安婦像が示す虚構が、海外在留邦人の子供たちに大いなる不都合を与えているのだ。これは子供たちの心の傷となって祖国日本に対する信頼を損なうのである。そのような心の傷は、子供たちにその生涯に亘る不幸を背負わせることになる。これは金銭には換えられない、巨大な損失である。
事実に基づく指摘なら現代日本人は子供たちも含めて甘んじて受けるしかないのだが、韓国がばらまいているこの「日本の罪」なるものは「事実」なのか？　証拠に基づく事実なのか？　司法裁判における事実認定に持ちこたえうる「真理」と言えるのか？

潮目

筆者の私見では、歴史認識を持つことは大いに結構である。その点に限っていえば、中国や韓国は正しいのである。ただし、その場合の「歴史」とは「真理」でなければならない。証拠にしっかりと裏打ちされた、検証可能な事実に基づく歴史でなければならない。一方的で客観性の無い政治的プロパガンダに基づく歴史などであってはならないのである。

昨今の韓国のやりたい放題は、さすがにお人よしの日本国民の我慢の限度を超えたものとなった。韓国を許すなというのが現在の日本の世論なのである。それが２０１７年１月の駐韓日本大使と釜山《プサン》駐在日本国総領事の一時無期限帰国という日本政府が採った措置の後ろ盾となっていたのだ。この日本政府の措置に反対する世論は、ほとんどなかったように思う。日本社会の世論の潮目は変わりつつある。

「戦勝国」が今になって口をそろえて言い募っている「日本の戦争犯罪」論、あるいは昨今の米独の歴史学会に広がっているとされる「politically incorrect」論（＝事実ではあっても「政治的に正しくない」事項は歴史的な事実として取り扱うべきではないとする論）に立ち向かうには、事実を基に反論して撃ち返すべきだという強力な世論が日本国内に打ち立てられなければならない。「政治・プロパガンダ」と、事実・真理に基づいて研究されるべき「歴史学」とを結び付けてはならないのである。何が politically incorrect な（＝政治的に「正しくない」）意見に該当するのかは、パール判事の言葉を借りれば、「移り替わりの激しい意見や邪悪な考えの流砂」（判決書p.120上段）のように、時代や社会情勢の変遷と共にどんどん変わるのである。

常日頃から「あの時代」に対して思いを致し、情報を整理し、事実のみを記憶に刻みつけておれば、彼らの主張に対してすぐさま言い返すことができるはずではないだろうか。

諸外国が申し立てている根拠の薄い主張を放置することによってわが国の名誉を失うのは愚かである上に、将来に亘って我々の子孫に取り返しのつかない禍根を残すことになる。すでにこのような放置によって「実害・実損」が現実に発生していることを忘れてはならない。そして「実害・実損」のもたらすデメリットは時間の経過と共に大きくなっていく。これは我々の世代が自己満足にひたることによるツケを将来に残すことなのである。

●パール判事の指摘とパール判事が追い求めた「真理」

「読書家」パール判事

「あの時代」を知りたいと覚醒した人間には、拠《よ》り所《どころ》とすべきすばらしい教科書がすでにある。「パール判決書」である。これは、１８５３年のペリー来航以降の歴史的事実の宝庫である。例を挙げれば、琉球を巡るグラント調停、日本が不平等条約を解消できた背景、日清日露両戦役を通じて日本が確保したものとは何か、日英同盟締結の詳細な背景、シベリア出兵を日本に強要したのは誰か、フランス領インドシナを巡る日仏間の外交的かけひき（これは面白い！）、合衆国の資産凍結と仏印南部への進駐は実際はどちらが「先」であったのか、などなど、第四部の事項で筆者の印象に残ったものだけでもこんなにある。
戦後、11カ国もの連合国が検察官を派遣し、さらに、裁判官を派遣して「裁判」を行《おこな》った。これこそが「極東国際軍事裁判」いわゆる「東京裁判」である。その11ヵ国の連合国が派遣した11名の裁判官の中に、英領インド帝国代表のラダビノード・パール判事がいた。

東京裁判におけるパール判事は、およそ人智を超えた猛烈な仕事ぶりを発揮した。東京裁判の審理期間中に判事が読み込んだ資料・書籍は、一説によれば数千には止まらず、万に達する単位であったという。たしかにパール判決書では、第四部に限って見ただけでも、アーノルド・トインビー、アルバート・ノック、チャールズ・ビーアド、ウォレン・トンプソン等、執筆時とほぼ同時に出版された書籍からの引用が数多く見受けられる。裁判官としてパール判事は、事実認定をする上で提出された法廷証拠のみでは不十分と判断した場合、外部からの情報を導入してその判定を下すための一助としたのであった。

大量の資料を読み込んだパール判事は膨大な判決書を残した。7つの部からなるが、「狭義の判決書」たる第四、六、七の各部と、「司法意見書」たる第一、二、三、五の各部の2つに分けられると筆者は考えている。パール判事は「狭義の判決書」を記述することを目的としたが、そのためには、東京裁判に付随していた多くのあいまいさを払拭しなければならなかった。そこで「司法意見書」をも合わせて記述しなければならなくなったのである。

本書は、この「狭義の判決書」の内の第四部を対象にしたものである。第四部では、東京裁判所条例が記述した、A級「平和に対する罪」、B級「通例の戦争犯罪」、C級「人道に対する罪」の内の「平和に対する罪」が審理・検討されている。これこそが東京裁判の中心部分であった。東京裁判の起訴状の訴因第1は、1928年～1945年9月の18年間を、「平和に対する罪」の訴追期間としている。1928年は奉天で張作霖が爆殺され、また、正当化できない戦争の遂行を禁じたパリ条約(ケロッグブリアン条約)が締結された年である。

なお、「通例の戦争犯罪」と「人道に対する罪」は、まとめて第六部で審理・検討されている。第七部は結論である。

パール判事自身の言葉

ここでラダビノード・パール判事自身の言葉を引用したい。以下の出典は「パール博士『平和の宣言』」(ラダビノード・パール著、田中正明編著、2008年 小学館)である。

この言葉には深い含蓄があり、そこから得られるものは多いと思えるので、少し長くなるが、以下に引用する。どうぞゆっくりと時間をかけて以下の一字一句を味わいながら読み進めていただきたい。滋味のある言葉である。なお、文中の「博士」とは、法学博士たるパール判事を指す。漢数字をアラビア数字に変えた以外は、筆者は引用文に手を加えていないことをあらかじめ断っておく。

「11月6日(引用者注：昭和27年〈1952年〉11月6日)正午からは広島高裁、弁護士会の歓迎会にのぞんだ。その席上博士は『子孫のため歴史を明確にせよ』と次のように語った。

『1950年のイギリスの国際情報調査局の発表によると、東京裁判の判決は結論だけで理由も証拠もないと書いてある。ニュルンベルクにおいては、裁判が終わって3カ月目に裁判の全貌を明らかにし、判決理由とその内容を発表した。しかるに東京裁判は、判決が終わって4年になるのにその発表がない。他の判事は全部有罪と判定し、わたくし1人が無罪と判定した。わたくしはその無罪の理由と証拠を微細に説明した。しかるに他の判事らは、有罪の理由も証拠も何ら明確にしていない。おそらく明確にできないのではないか。だから東京裁判の判決の全貌はいまだに発表されていない。これでは感情によって裁いたといわれても何ら抗弁できまい。要するに彼らは、日本が侵略戦争をおこなったということを、歴史にとどめることによって、自己のアジア侵略の正当性を誇示すると同時に、日本の過去18年間の一切を罪悪であると烙印することが目的であったにちがいない。東京裁判の全貌が明らかにされぬ以上、後世の史家はいずれが真なりや迷うであろう。歴史を明確にする時が来た。そのためには東京裁判の全貌が明らかにされなくてはならぬ。…これが諸君の子孫に負うところの義務である。』

『わたくしは１９２８年から45年までの18年間の歴史を２年８ヵ月かかってしらべた。とても普通では求められないような各方面の貴重な資料をあつめて研究した。この中には、おそらく日本人の知らなかった問題もある。それをわたくしは判決文の中につづった。このわたくしの歴史を読めば、欧米こそ憎むべきアジア侵略の張本人であることがわかるはずだ。しかるに、日本の多くの知識人は、ほとんどそれを読んでいない。そして自分らの子弟に『日本は犯罪を犯したのだ』『日本は侵略の暴挙を敢えてしたのだ』と教えている。満州事変から大東亜戦争勃発《ぼっぱつ》にいたる真実の歴史を、どうかわたくしの判決文をとおして充分研究していただきたい。日本の子弟がゆがめられた罪悪感を背負って、卑屈、退廃《たいはい》に流されてゆくのを、わたくしは見過ごして平然たる訳にはゆかない。』

あやまられた彼らの戦時宣伝の欺瞞《ぎまん》を払拭《ふっしょく》せよ。あやまられた歴史は、書きかえられねばならぬ…。これは博士の広島における一貫した叫びであった。」

右記のパール判事の言葉を収めた同書の一部分について、編者の田中正明が次のように述べている。引用文の文中で「私」とあるのは、田中正明を指す。

「パール博士の人と思想を、私なりに浮彫してみようと思ってまとめたもの。この文章の責任はあげて私個人にあること、もちろんである。」

田中正明は、パール判事が厚く信頼する人であった。次の引用の通りである。引用文中で「君」とあるのは、田中正明を指す。

「なお、パール博士からは、正式に2月19日付（引用者注：昭和28年〈１９５３年〉2月19日）をもって、本書出版に関し私宛に『君の好む方法に従って、自分（引用者注：パール判事）の講演および原稿を出版することを無条件で許可する』旨の書簡をいただいたことを付記する。」

人に深く信頼された人間は、その信頼を裏切ったりはしないものである。さらに、右記引用中のパール判事の言葉の中には、年号や「イギリスの国際情報調査局」といった具体的な名称、さらには「18年」（＝東京裁判で検察側が「全面的共同謀議の対象期間」として定めた１９２８年〜１９４５年の期間）といった、東京裁判に深く関わった者しか知り得ない詳細が述べられている。そのため、右記は情報として真正なものと考えられるのである。

右記の引用文中に現れる、パール判事が綴った「判決文」もしくは「このわたくしの歴史」というのは、世に言う「パール（パル）判決書」もしくは「パール（パル）意見書」のことである。原題は“Dissentient Judgment of Justice Pal”であり、国書刊行会から「東京裁判 原典・英文版 パール判決書」として出版されている。この原典では７００頁にも亘る英文の原文が綴られている。そして筆者がこれを全文に亘って翻訳し、「東京裁判 全訳 パール判決書」と題して２０１６年12月に上梓した。本書では以下、この和文訳を「判決書」と記載することにする。（余談ながら、判事の名はベンガル語ではラダビノド・パル、ヒンディー語ではラダビノド・パールとのことである。）

パール判事の広島における言葉を筆者が右記で引用したのは、パール判事が判決書を通じて何を訴えたかったのかが切々と述べられていて、読む者の心を打つからである。

パール判事が追究した「justice」とは

パール判事が東京裁判で追究したものは、「justice」であった。このjusticeとは、訳しにくい語である。これには、真理、正義、司法、裁判官、といったさまざまな意味合いが含まれているからだ。パール判事が追究したjusticeとは、何であったのだろうか。

ひとつは「真理」であろうと思う。パール判事によれば、この「真理」は梵語で「リータム」と言うそうである。筆者は、これは英語のreason, truthなどにつながる語だと思う。そしてパール判事によれば、この「真理」こそが、法の基礎であるとのことである。「真理」の中身としては「事実認定を経た後の事実」との狭義の意味合いも当然、含まれているのであろうが、本当のところはもっと広い意味での「真理」ではないだろうか。具体的には、日本を取り巻く環境の実際、日本という国が「何」を考えてことを起こし、「何」を実現しようとしたのか、さらには、当時の日本のリーダー達は世論とは隔絶して独善的に「こと」を進めたのかどうか、彼等と国民との間の絆はどうであったのか、といった諸点を明らかにするという意味合いでの「真理」ではないだろうかと思う。

というのは、パール判事は「A級戦犯」の被告人たちが有罪か無罪かとの点のみを検証したのではないだろうと筆者には思えるからである。第四部を通じてパール判事が考究したのは、検察側が主張するような、「侵略の共通計画の立証を通じた共同謀議の存在を推定するしかない」のか、あるいは、「日本国が行《おこな》ったことはその時の事情や背景から無理なく説明できるのか」、はたしてどちらであろうか、ということであった。そしてパール判事の結論は後者であって、共同謀議などというシナリオは荒唐無稽であるとしている。その検証の過程の中で、パール判事は当時の国際情勢の中で日本国がおかれた状況を子細に調べ上げているのである。どのようにして「日本が採った致命的な措置」（判決書p.518下段）すなわち真珠湾攻撃をするまでに追い込まれたのかを調べ上げたのが、この第四部なのである。

もう一つの justice とは「国際正義」であろう。パール判事は東京裁判を司法裁判として成り立たせるために「予備的法律問題」、「侵略戦争とは何か」「証拠ならびに手続きに関する規則」等にて東京裁判の内包する法的な脆弱性を明確にした上でかかる脆弱性を払拭するための検討をして司法意見書とし、その後に法廷証拠に基づいて事実認定を行《おこな》い、判決を下したのである。その流れの中でパール判事は、「国際正義」の確保を目指したのである。

パール判事に対する誤解

さて、パール判事の生き様やその個人的な政治的見解を探り出し、パール判事個人が実はインド国民軍のチャンドラ・ボースに関係した右派であり、偏った政治的見解をもっていたと主張し、あたかもパール判決書の意義を貶めようとするかのような動きを散見する。

ラダビノード・パールという、偉人と言っていい人物の故事来歴を探ることは無駄であるなどと申し述べるつもりはない。しかし、パール判事の人物を云々する前に、パール判決書そのものを熟読して理解するほうが順番として先であろうと筆者は言いたいのである。

現に、裁判官としての当然の姿勢として、パール判事は自らの認定の客観性を示すことに努めており、自らの立論を法廷証拠に立脚させるか、法廷証拠が不十分であると判断した場合には有力な見解や通説を外部から引き込んで引用し、その客観性を裏付けているのである。判決書にはパール氏個人の信条に基づく一方的な主張は無いと言っても、過言ではあるまい。

ここであえて触れさせてもらえば、パール判事は判決書の中で自分が「国家主権を熱愛する者ではない」と明記している（判決書 p.97上段）。これはパール氏が個人的信条を吐露した数少ない部分の内の一つである。

筆者がパール判決書以外の書籍等で得た情報によれば、パール氏個人は、国家主権を制限するか無くすことによって世界連邦を作り上げることで世界から戦争を無くしたいとの希望を持つ、どちらかと言えば、最近の言葉でいう「リベラル」な見解の持ち主なのである。この事実を指摘すれば、多くの現代日本人がパール判事に対して持つに至らしめられたところの、ある種の「拒絶感」を、薄めることもできるのではないかと筆者は期待する。筆者が見る限り、パール氏個人は右派ではないし、インド国粋主義者でもない。

ここで急いで補記するが、パール判事は判決書の中で「国家主権を熱愛する者ではない」とのみ申し述べているのであって、右記の世界連邦云々の「リベラル」な意見を決して開陳などしていないのである。判事はあくまでも「司法判決書」を書いたのであって、個人の意見を開陳した「社会評論」を書いたのではないことは、はっきりと指摘しておきたい。筆者がわざわざ判事が個人的に持っていた「リベラルな理想」について言及したのは、パール判事は右派のインド国粋主義者であるとの認識をもっている人（持たされている人）が多いためである。そのいわば「誤解」を解きたいと筆者は念じているのである。

●我が国における「パール判決書」の取り扱い「パール判決書」と「リータム」

判決書には「あの時代」の歴史が克明に記されている。それも、日本国内で特定のイデオロギーを信奉するに至った人たちや「戦勝国」が持ち出すプロパガンダ、あるいは、もともと米英等の列国がその領有を日本に提案・推進し、国際法上も明確に日本領であったと認定されていた隣の半島の南北2国などが振り回す怪しげな文書やら写真やらに基づく一方的な主張などではなく、司法裁判における事実認定過程を経たしっかりとした法廷証拠に基づいた、厳格な検証を経て立証された事実が示されているのである。繰り返しになるが、東京裁判においてパール判事は、梵語でいう「リータム（真理）」を追究したのである。

「善良なる市民」が「見たくない、知りたくない」と思っても、当時の実態を暴く作業をインドの裁判官が1948年の時点でやってのけてくれていたのである。あとは、日本人一般がこの文書を通じて「あの時代」を知りたいと考えるかどうかにかかっているのである。

改訳は長期に亘ってなされなかった

判決書の原典は英文である。そして邦文への翻訳作業については、GHQの「言語部」と呼ばれた事務方が1948年4月の結審後で同年11月の判決言い渡しまでのタイトな時間的制約の中、ほとんど「やっつけ仕事」で翻訳をしたものの、かかる「難解」な日本文（むしろ筆者は「支離滅裂」な日本文と表現したいほどである）による翻訳版は正式には発表すらされなかった。戦後長きに亘り、この日本には「パール判決書」は無いも同然であったのである。そもそも国書刊行会が英文原典の出版に踏み切るまでは、英文原典へのアクセスさえも限定的であったのだ。限られた人間しか読めなかったのである。

そうはいっても、英文原典にアクセスできた日本の法曹専門家もある程度の人数は存在していたことであろう。しかし悲しいことには、彼ら専門家の誰も、「パール判決書」を読み易く改訳して一般国民に供しようとはしなかったのである。また、どの出版社も判決書の改訳版の出版を企画しなかったようだ。ニーズがない、売れない、採算が取れない、という判断であったのだろう。

筆者は、このような状況を看過することはできなかった。歳月をかけて原典を読み込み、大意を把握した上で、翻訳作業を行《おこな》ったのには、このような背景があった。

「あの時代」を学ぶのは現代日本人の義務である

我が日本がパール判事という裁判官を東京裁判で得たことは、大きな僥倖《ぎょうこう》であったと思う。筆者はむしろ、奇跡であったと言いたいくらいである。そのパール判事が残した「パール判決書」がこのまま注目されずに埋没していくのは、とてももったいないことだと思う。この日本の大恩人の心血が注がれた判決書を、ぜひ読んでもらいたい。「あの時代」における自国の正しい姿を知ってもらいたい。そのように思う。

繰り返しになるが、この書物は「司法判決書」である。司法裁判における法廷証拠を裁判官が事実認定した後の事実がつづられている。そこには政治や行政、ましてやプロパガンダが入り込む余地は無い。法廷証拠はもちろん、当時のあらゆる資料・書籍を大量に読み込んだ上で裁判官・パール判事が下した判断・判決を覆すのは、論理的にも、そしておそらくは学問的にも、容易なことではあるまい。

これも繰り返しになるが、パール判決書は「真理」を追究した書である。事実には離反するが少なくともpolitically correctとされる主張（＝事実とは異なるが政治的には「正しい」とされる主張）を書き連ねた文書などでは絶対にない。そのような主張は百年の後には消えていくものであろう。しかし、事実認定に基づいて適法に検証された「真理」は、永久に消えることはない。

逆に言えば、多くの批判をはね返す強靭な事実のみが「パール判決書」には記述されているのである。そしてパール判事が事実認定した強靭な事実の宝庫が、第四部なのである。

翻訳作業の恩恵

パール判決書は長大かつ難解であると云われる。筆者としてはそのような懸念を払拭すべく判決書の翻訳作業では、いわゆる訳文調の読みにくい文となるのをできるかぎり避けようと努力した。意味の通じる邦文を書くように注意を払ったつもりである。また、前後の意味が無理なく通じること、全体を通じて文意が通じることについて神経を使った。

それにもかかわらず、残念至極ながら、このパール判決書を読み通した人にはなかなかお目にかかれない状況である。

たまたま筆者は歳月をかけて翻訳作業を行《おこな》った。誤訳をしてしまうことが最大の懸念であったので、筆者に馴染みのない事項はできる限り調べた。そのままでは文意が通じにくい事項には、訳注を付けることも行《おこな》った。この一連の翻訳作業を通じて、パール判決書の内容については筆者なりの認識を持つに至っていたのである。

そこで、作業から得た記憶が薄れないうちにパール判決書理解の一助となる文書を残しておこうと考えた。翻訳作業から得られた筆者のパール判決書（第四部）理解の集大成として生まれたのが、本書である。

本書では、判決書本体から大量に引用した。その引用文を軸に筆者が補記をするとの記述スタイルを取った。パール判事が取り上げた各々の事項が無理なく理解できるよう工夫したつもりである。ぜひ目を通していただきたい。読者の判決書ご理解の手助けとなれば幸いである。

読む順についての筆者ご提案

パール判事は、検察側が最終論告で提示した順に基づき、第四部を序論・第1段階・第2段階・第3段階・最終段階・結論の順に記述すると決めた。本書においてもパール判事の判断を尊重し、この順を守って第①項～第⑪項として記述した。

一方、これら①～⑪の各々の項において分析・検証された主題ならびに結論は個別に独立しており、どの項から読み始めても問題なく理解可能な、「読み切り連載」のような形となっている。①から順に読み進めないと理解できなくなるものでもないのである。

そこで誠に僭越ながら、次をご提案したい。筆者は、本書の①～⑪を、ア)「日本の歴史（＝パール判事の『わたくしの歴史』）」、イ)「あの時代の日本の国内情勢」、ウ)「第四部における司法意見」の3つのテーマに分けて読むと、第四部の一連の流れが掴みやすいと考えている。それぞれに属する項は次の通りである。

ア)「日本の歴史（わたくしの歴史）」：⑨・②・③・⑩前編・⑩後編。この順で読み進めれば、1853年のペリー来航から1941年の真珠湾攻撃までの1世紀弱に及ぶ日本の歴史、さらにはその時代に日本が置かれていた国際環境までが無理なく理解できると思う。また、宿《しゅく》痾《あ》のように日本を苦しめ続けたソビエト・ロシアの行動も腑に落ちる。読者の皆様におかれては、是非、第⑨項「ソ連段階」から読み始めていただければと思う。

イ)「あの時代の日本の国内情勢」：④・⑤・⑥・⑦・⑧。1928年～1941年の日本の国内情勢が理解できる。④は民族感情、⑤は教育・検閲・特高警察、⑥は政治、⑦は経済・産業・海運・海防、⑧は三国同盟である。個々の項は完全に独立しており、どの項から読み始めても差し支えない。

ウ)「第四部における司法意見」：①・⑪。これは東京裁判での全面的共同謀議の訴追に関するパール判事の司法意見に相当すると筆者は思う。やや専門的な内容である。①項「序論」は「共同謀議式立証方法」の分析、⑪項「結論」は、多数派判決書とは異なる結論を明確に打ち出しており、また、「個別の犯罪としての共同謀議」の分析もされている。

最後に

本書の制作にあたっては、飛鳥新社の花田編集長、宮城様、ご担当者の小林様など編集部の方々から多大なご助言をいただいた。また顧問の大山様、奥原様からは精神面での援助をいただいた。この場を借りて深く感謝申し上げたい。

都築陽太郎

目次　東京裁判で真実は裁かれたのか？

パール判事の日本無罪論（判決書第4部）を現代に問う

凡例

●パール判決書からの引用部分

2字下げをしたうえで、カギカッコでくくり記載した。出典はすべて拙著『東京裁判 全訳パール判決書』（幻冬舎）から引用しているが、内容に関わらない表記や誤植等については一部修正をした。

第四部　全面的共同謀議

①

序論

本項では以下が論じられる。パール判決書は２種の文書からなり、「狭義の判決書」と「司法意見書」から構成されていると考えられること、起訴状の共同謀議には「全面的共同謀議」ならびに「個別の共同謀議」の２種があること、「全面的共同謀議」の存在を推定する前提となる「共通の計画」の分析、検察側のゲームルールたる「共同謀議式立証方法」の詳細の分析と検察側が申し立てた複雑な「法の命題」、パール判事が嚙《か》み砕《くだ》いて整理した検察側「法の命題」。全面的共同謀議に関するヤマオカ弁護人の意見。

第四部はパール判決書の核心部分である。東京裁判の中心的議題である「全面的共同謀議」が取り扱われる。

第四部の最初の項である①序論については、次のようにセクション分けして記述することとしたい。

§1．第四部の位置づけと構成

§2．二種類の共同謀議：「全面的共同謀議」と「個別の共同謀議」

§3．「①序論」の概要

§4．「共同謀議式立証方法」

§5．全面的共同謀議（訴因第1）と個別の共同謀議（訴因第2～第5）

§6．ヤマオカ弁護人の意見とパール判事のコメント

§1．第四部の位置づけと構成

「司法裁判」たる東京裁判

東京裁判はニュルンベルク裁判を手本としている。ニュルンベルク裁判所憲章と東京裁判所条例は、構成がよく似ている。また、訴追する罪を「平和に対する罪」「通例の戦争犯罪」「人道に対する罪」の3つとしている点も、同じである。

ただし、二つの裁判には決定的に異なる点がある。被告人の行為の違法性を規定した法を何とするかである。これは「パール判決書 第一部 予備的法律問題」で分析されているが、ニュルンベルク裁判では、ニュルンベルク裁判所憲章はナチの犯罪を事後的に定義した遡及法（ドイツ国内法）として有効であるとその裁判長によって明示された。そこでは、ニュルンベルク裁判所憲章が犯罪を規定した法であるとして審理が進められたのである。

一方、東京裁判では、東京裁判所条例は犯罪を列挙したのみであり、犯罪を定義した法としては位置付けられていないとパール判事は指摘している。そもそも東京裁判でキーナン首席検事自身が、これを犯罪を定義した「法」であると明示せずに曖昧にしたと第一部でパール判事は指摘している。東京裁判所条例を巡って一つはっきりしているのは、日本においては、マッカーサー最高司令官が布告した軍事命令書たる東京裁判所条例を「適法に立法された日本法である」と位置付けるわけにはいかないことである。東京裁判所条例は、日本の降伏に際してしっかりした立法権を備えた者が立法した「国内法」とは言えないからである。国家が無条件降伏をして主権者が消滅したドイツとは、事情が異なるのである。

東京裁判においては、審理の根拠とする法を何にするかでさえもはっきりとしないありさまであった。さらには、しっかりとした定義をしないままに「侵略戦争」という概念を使っていたのである。

「狭義の判決書」と「意見書」

一方、パール判事は東京裁判を何としても「司法裁判」として成り立たそうと努力したのであった。マッカーサーの軍事命令書たる東京裁判所条例に準拠する限り、東京裁判は司法裁判ではなくなってしまうのである。そのため、パール判事は「予備的法律問題」や「侵略戦争とは何か」等の各テーマを前もって分析して明らかにしておく必要があると考えたのであった。この分析がなされたのがパール判決書の内の「司法意見書」の部分であった。

パール判事は「狭義の判決書」を記述することを目指したが、一方で、東京裁判には右記のようなさまざまな不明確さが付随していた。そこで、「狭義の判決書」を記述するにあたってそのような不明確さを洗い出し、東京裁判を司法裁判とするためには、「このようにする」、あるいは「このようにせざるをえない」と分析・検証したのが、パール判決書の中の「司法意見書」の部分であると筆者は思う。

つまり筆者は、いわゆるパール判決書は「狭義の判決書」と「司法意見書」の2つに分けられると考えている。

パール判決書を構成している第一部から第七部までの7つの部をこの2つに振り分けると、「狭義の判決書」は第四、第六、そして第七の三部から成り、「司法意見書」は第一、第二、第三、第五の四部から成るものと思う。

パール判決書における第四部の位置づけ

「狭義の判決書」の一部分であるこの第四部では、東京裁判の記述する3つの罪の内の「平和に対する罪」に関する「全面的共同謀議」が取り扱われている。そして、この「全面的共同謀議」こそが、東京裁判の中心的テーマだったのである。つまり、この第四部こそがパール判決書の核心となる部分であると筆者は思う。

4つの段階

パール判事は、第四部を今後どのように記述していくのかを「序論」で短くコメントしている。もともと起訴状の附属書Aは「共同謀議」を10の「節」に分けて示していた。その上で検察側は最終論告で、共同謀議を時間的に連続する4つの段階に分けた。パール判事は、検察側の4つの段階に沿って記述を行《おこな》うと述べている。次の引用の通りである。

「その最終論告において検察側は、この共同謀議を4つの連続的な段階に分けた上で分析したものを提供した。すなわち、

1.『満州支配権の獲得』

2.『満州から残りの中国すべてへの統制と支配の拡大』

3.『侵略戦争の日本による準備で、**内部的**なもの、並びに、枢軸国との**同盟によって**行《おこな》われたもの』

4.『侵略戦争をさらに行《おこな》うことによる、東アジアの残りと太平洋ならびにインド洋への共同謀議の拡大』

本官は、証拠を検討する際には、分割されたこれらの諸段階に従ってそれを行《おこな》うように努めたい。」（判決書p.190下段）

パール判事は、右記引用の1．を「第1段階」、2．を「第2段階」、3．を「第3段階」、そして4．を「最終段階」と名付けた。第四部はこれら4つの段階に沿って記述される。

第1、第2、そして最終の各段階は複数の項に細分化されておらず一体として記述されている。一方、第3段階のみは6つの項に分けられて構成されている。

第四部 の構成

第四部は全部で11個の項に分かれている。その筆頭がこの第①項「序論」である。この「序論」ならびに第四部の最後尾にあたる第⑪項「結論」は、残りの9つの項とはいくぶん性格の異なる内容となっている。すなわち、第①項・第⑪項の2つの項はパール判事による東京裁判の司法面の分析を中心とする記述である一方、他の第②項～第⑩項の9つの項は、法廷証拠に基づき、起訴状の枠組みに沿った事実認定を行《おこな》っている項なのである。

これら11個の項を次に列挙する。左記における太字強調は筆者が行《おこな》ったものであり、パール判事によるものではない。また、項を区別する便宜上、各項に①～⑪の整理番号を付したのも筆者である。

①全面的共同謀議　**序論**
②第1段階　満州の支配力の獲得：**満州事変**
③第2段階　満州から**残りの中国すべてへ**の支配力と制圧の拡大
④第3段階　国家の心理的戦争準備：**民族意識**
⑤第3段階　国家の心理的戦争準備：**教育の軍国主義化**

⑥第3段階　日本の国内的な準備ならびに枢軸国との同盟を通じての準備：**政治権力の制圧**
⑦第3段階　日本の国内的な準備ならびに枢軸国との同盟を通じての準備：**戦争に対する一般的準備**
⑧第3段階　日本の国内的な準備ならびに枢軸国との同盟を通じての準備：**枢軸国との同盟**
⑨第3段階　**ソビエト連邦に対する侵略**（起訴状附属書A第8節）
⑩最終段階　**侵略戦争の拡大**による東アジアの残りの地域・太平洋・インド洋などへの共同謀議の拡張の継続
⑪全面的共同謀議　**結論**

§2. 二種類の共同謀議：「全面的共同謀議」と「個別の共同謀議」

ここで検察側が主張する「共同謀議」の概念を、「全面的共同謀議」と「個別（特定）の共同謀議」の二つに分けておきたい。

全面的（包括的）共同謀議

まず、「全面的共同謀議」が起訴状の訴因第1において規定されている。この「全面的共同謀議」は、東京裁判所条例の3つの罪の内の「平和に対する罪」に係るものである。訴因第1において、全被告が「1個の共通の計画又は共同謀議」の「立案又は実行に指導者、教唆者又は共犯者として参画した」としている。その「1個の共通の計画又は共同謀議」の「目的は日本が東アジア並びに太平洋及びインド洋」に含まれる「凡ての国家及び島嶼における軍事的、政治的及び経済的支配を獲得する」ことにあったとされている。

この大がかりな「1個の共通の計画」を実現するための個別の共同謀議がこの訴因第1に続く訴因第2～第5に規定されている。それらの個別の共同謀議を包括したものが訴因第1における共同謀議なのである。

しかし、訴因第1においては「全面的」共同謀議とは述べておらず、単に「共同謀議」と記述されている。これでは他の訴因における個別の共同謀議と紛らわしい。そこでパール判事は、訴因第1で規定される共同謀議に、特に「全面的共同謀議（overall conspiracy）」と命名したのである。全面的共同謀議とは、パール判事が名付けたものであり、それは訴因第1における共同謀議を指すものである。

筆者はパール判決書原文における overall conspiracy を「包括的共同謀議」と訳すことが、この共同謀議の内容の本質を表現するものとして適当であると考えた。しかし、一般的には「全面的共同謀議」という表現が浸透しているので、新しい訳語を登場させるのは混乱をもたらす恐れがあり適当ではないと考え直し、「全面的共同謀議」のままとした。

個別（特定）の共同謀議

なお、右記で示した訴因第2～第5以外にも複数の共同謀議が規定されている。たとえば、東京裁判所条例の3つの罪の内の「通例の戦争犯罪」に係る訴因第44（被告人たちすべてが、陸上ならびに海上において戦争俘虜ならびに民間人に対する殺人の共同謀議に参画したこと）ならびに訴因第53（名前を挙《あ》げられた数人の被告人たちが、戦争俘虜と民間の被抑留者の取扱いに関して、戦争の法と慣習に違反するべく共同謀議を行《おこな》ったこと）の2個の訴因における共同謀議を挙げることができる。それら2個の訴因を読むと、訴因第1の共同謀議とは異なり、確定した日付を開始日とする期間における、異なった内容の共同謀議、いわば「特定の共同謀議」に関する訴追であることがわかる。

蛇足ながら、右記で「特定の共同謀議」の例として挙げた訴因第44

と訴因第53は、東京裁判が進行する中で検察側が放棄した。これら2個の訴因を巡る議論については、第六部で触れられている。第六部は「通例の戦争犯罪」を取り扱った部である。

§3．①序論の概要

本①項　序論　におけるパール判事の目的は、裁判を進行させる上で検察側が持ち出した訴追方法を分析して明確化すること、また、それによってこの第四部全体における検討の方向性を示すことにあったと考える。

東京裁判における検察側によるこの訴追方法の全般を筆者は便宜的に「ゲームルール」と名付けてみた。この「ゲームルール」には検察側が「共同謀議式立証方法」と厳《いか》めしい名前を付けた方法が含まれる。この「ゲームルール」を解き明かすことを通じて第四部でパール判事が取り組むべき対象を特定化したことが「序論」の中心的課題であったと筆者は思う。

「ゲームルール」

「序論」の難解さの要因のみならず、東京裁判そのものを理解しにくくしている要因の一つとなっているのが、この「ゲームルール」が複雑なことであろう。

この「ゲームルール」とは、被告人25人を有罪に追い込むための訴追の経路である。通常の刑事裁判であればゲームルールはある意味で明快であり、被告人が刑法第○○条に違反したことを検察側が訴追し、裁判所が事実認定の後に罪状認否を行い、量刑判断をするとの一連の流れになるだろうと筆者は思うが、同様の刑事裁判であった東京裁判においては、その訴追の経路が複雑だったのである。

検察側によるこの「ゲームルール」の議論の概略をパール判事はこの「序論」で示している。以下、筆者なりに理解した点をざっとご紹介しておきたい。

裁判所憲章

まず、ニュルンベルク裁判にならい、極東国際軍事裁判所条例（裁判所憲章）第5条で「平和に対する罪」が規定された。これは起訴状において「第1類」として分類された罪である。第四部の分析対象は、この「第1類」の犯罪である。

起訴状

次に、「平和に対する罪」を明確化するために起訴状で訴因が設定された。「第1類」の訴因の個数は合計36個もの多数に上ったが、裁判の進行中に少しずつ絞り込まれて行き、多数派判決の言い渡しの時点では「平和に対する罪」に属するものとしては8個のみが残った。これらの8つの訴因とは、以下である。

訴因第1－侵略戦争を企てた共通の計画（全面的共同謀議）。共同謀議の対象期間は1928年～1945年。
訴因第27－1931年（柳条湖事件）以後における中華民国への侵略戦争
訴因第29－アメリカに対する侵略戦争
訴因第31－イギリスに対する侵略戦争
訴因第32－オランダに対する侵略戦争
訴因第33－1940年9月（フランス領インドシナ北部進駐）以後におけるフランスに対する侵略戦争
訴因第35－ソ連に対する侵略戦争（ただし張鼓峰事件のみ）
訴因第36－ソ連及びモンゴルに対する侵略戦争（ただしノモンハン事件のみ）

右記の残った8個の筆頭が「訴因第1」であり、§2. の繰り返しになるが、この訴因における共同謀議をパール判事は「全面的共同謀議」と名付けたのである。検察側はこの「全面的共同謀議」が実在したことを、その共同謀議が実現を目指した「1個の共通の計画」があったことを証明することによって「推定」するよう、判事団に求めたのであった。つまり、その実在を直接的に証明する証拠は存在しないことを、東京裁判においては検察側自身が認めているのである。

この点が東京裁判とニュルンベルク裁判の最大の違いである。

ドイツにおいては、いわゆるナチ党（NSDAP）が丸ごとそのまま侵略戦争推進の全面的共同謀議組織であった。そしてその存在を直接に証明する証拠には事欠かなかった。どこに本部があり、リーダーは誰で、その組織体系はどうであったか、党の綱領すなわち共同謀議の目的は何で、年間予算はいくらであった等の証拠があった。つまり、ドイツには全面的共同謀議が実在したことがはっきりしている。

しかし、日本における「全面的共同謀議」については、その実在を立証する直接的証拠は、一切無かったのである。そのため、東京裁判における検察側は、その存在を推定「せざるをえない」全面的共同謀議に基づく「共同謀議式立証方法」によって被告人たちの有罪を立証しようとしたのである。

共同謀議式立証方法のあらまし

「共同謀議式立証方法」についてパール判事はこの「序論」で詳細に分析しており、筆者はこの立証方法については後ほど新しい項目（§4）を立てて詳しく取り上げることにしているが、ここでそのあらましを短くご紹介することが好ましいと思うので多少の先取りをすることとしたい。パール判決書の記述から筆者が理解した限りでは、検察側はこの「方法」によって次の2点を立証しようとしたのである。

1点目は、全面的共同謀議が実在したこと

2点目は、各々の被告人がその全面的共同謀議のメンバーであったこと

以上の2点を通じて各々の被告人が有罪であることを立証しようとしたのであった。

つまり、「1個の共通の計画」の立証 →「全面的共同謀議」が実在したことの「推定」→ 被告人が「全面的共同謀議」に所属したことの立証 → 有罪認定、という経路が「共同謀議式立証方法」の中身であったと筆者は考える。

以上のような検察側立証方法の分析が「序論」の主題なのだと筆者は認識している。ただし、そもそも検察側がさまざまな機会にあちこちでこの立証方法に触れていたため、「序論」におけるパール判事の分析も分散して記述されることになった。検察側の記述、それに対するパール判事のコメント、弁護側の主張、以上が分散して現れるために、判決書における「序論」の記述が複雑になってしまったものと筆者は思う。

そこで本項においては判決書「序論」からの引用をテーマ毎にまとめた上で記述していくこととしたい。内容毎にまとめて取り上げるため、その引用の順番は必ずしも判決書で記載されている順番とは一致しないことをご了承いただきたい。

パール判事による訴因第1の分析

分析の出発点として「全面的共同謀議」を規定している訴因第1を見ておきたい。まずはパール判決書の「付録11 起訴状」から、訴因第1の生《なま》の表現を以下、全文引用する。

「**訴因第1**　全被告は他の諸多の人々と共に1928年《昭和3年》1月1日より1945年《昭和20年》9月2日に至る迄の期間に於いて1個の共通の計画又は共同謀議の立案又は実行に指導者、

教唆者又は共犯者として参画したるものにして斯《か》かる計画の実行に付き本人自身により為されたると他の何人により為されたるとを問わず一切の行為に対し責任を有す。

斯かる計画又は共同謀議の目的は日本が東「アジア」並びに太平洋及び「インド」洋並びに右地域内及び之に隣接せる凡《すべ》ての国家及び島嶼に於ける軍事的、政治的及び経済的支配を獲得するに在《あ》り。而《しこう》して其の目的の為独力を以て、又は同様の目的を有する他の諸国と共同して、若しくは右計画乃至共同謀議に誘致又は強制的に加入せしめ得る他の諸国と共同して、其の目的に反対する国又は国々に対し宣戦を布告せる又は布告せざる侵略戦争並びに国際法、条約、協定及び誓約に違反する戦争を行《おこな》うに在《あ》り。

附属書Aの細目、附属書Bの条約条項及び附属書Cの誓約の各全部は本訴因に関係あり。」(判決書(付録)p.663上段〜p.663下段)

以上の訴因第1にざっと目を通すだけで、検察側の言う「共同謀議」(=パール判事が「全面的共同謀議」と名付けたもの)がおぼろげながら浮かび上がって来るものと思う。

ここで、判決書 第①項「序論」に戻り、パール判事による訴因第1の分析を順に見て行きたい。

まず、検察側がこの訴因第1をきわめて重視していたことを次の表現で示している。すべての検察官がその陳述を「全面的共同謀議」に結びつけていたのである。

「検察側のさまざまな検察官が、この附属書(引用者注:起訴状の附属書A)のさまざまな表題に含まれる件について陳述を行《おこな》った。彼らのほとんどすべてが全面的共同謀議について何らかのことを述べ、そしてその各々《おのおの》が、自らが担当した論告部分を訴因第1で申し立てられた全面的共同謀議と関連づけようとしたのである。それらの博識な検察官のすべてが扇情的で雄弁な表現ならびに感情的な概略化を常に避けることができたわけではなかったものの、これらの冒頭陳述は本件裁判への**検察側による取組方法**にかなりの光明を照らすものであった。」(判決書p.189下段)

その上で、検察側が訴因第1をどのように取り扱ったかをパール判事は次のように短くまとめている。

「訴因第1において検察側は『期間全体を扱っているのみならず、その後に展開した、事前にはその詳細が予見できなかったであろうさまざまな段階をも対象』としているところの全般的な全面的共同謀議を申し立てている。」(判決書p.180上段)

パール判事自身も訴因第1の中で申し立てられている「共同謀議」を重視していたと考えられる。パール判事は次のように述べているのである。

「訴因第1で申し立てられている全面的共同謀議は、検察側が主張しているように『本件裁判において卓越した重要性を持つ基本的事項』であることは確かである。」(判決書p.190上段)

なお、パール判事は訴因第1に絡めて次の指摘も行《おこな》っている。これは全面的共同謀議が「いつ成立したか」を検察側は何ら特定していないとの重要な指摘である。

「訴因第1はかかる共同謀議が成立した日付《ひづけ》を何ら特定はしていない。その日付は『1928年1月1日から1945年9月2日までの間《あいだ》』であるとされている。」(判決書p.187上段)

なお、右記引用のように、全面的共同謀議の始期を示すことに検察側が失敗したため、広田内閣における1936年8月7日の閣議決定が全面的共同謀議のシナリオの中で相対的に大きなウェイトを占めることとなってしまったのである。検察側はこの閣議決定をもって、共同謀議者たちが日本政府を「乗っ取った」ことの証左としたのであった。この閣議決定が全面的共同謀議の存在を「間接的」に示す大きな論点に躍り出てしまったのだ。この点は「⑥政治権力の制圧」においても詳しく述べることとする。

「共通の計画」の具体的な目的

次に、訴因第1の中で掲げられている「1個の共通の計画又は共同謀議」の目指した「目的」について、パール判事は次のように箇条書きにして書き出している。

「全般的な計画ないしは共同謀議の目的は訴因第1にて挙《あ》げられており、次の通りである。

1．日本は次の地域の軍事的、政治的及び経済的支配を確保すべきであること。
(a)東アジア、
(b)太平洋とインド洋、
(c)それらに隣接するすべての国々とその中の島嶼。

2．それを果たすためには日本は次に訴えるべきであること。
(a)宣戦布告を伴う、もしくは、宣戦布告を伴わない戦争、
(b)侵略戦争、
(c)以下に違反した戦争
(i)国際法
(ii)条約類
(iii)合意と保証。」（判決書p.186下段～p.187上段）

右記の「共通の計画」が存在したことの立証を検察側は試みたのであった。

「共通の計画」の立証

「全面的共同謀議」が実在したことを判事たちに「推定」させる前提となる「共通の計画」の存在について、パール判事は次のように分析している。

「起訴状にて申し立てられた共同謀議の存在を立証するために、**検察側は**共通の計画を**立証すること**を提案し、いったん共通の計画が立証されたならば、あらゆる証拠が如何《いか》に相互に無関係であるように見受けられようとも、あるいは異なる被告人の行動がいかに無関係と見受けられようとも、すべての証拠は容易にその適正で論理的な配置順序に定着していくのである、と主張した。」

（判決書p.186下段）

この「共通の計画」こそが「全面的共同謀議」が実現しようとしたものである。その「共通の計画」の具体的な中身は次の引用の通りである。これは全部で9項目に及ぶ長い引用となるが、侵略戦争の遂行のために日本が立案したと検察側が主張している「共通の計画」なるものの具体的な中身を、パール判事がここでまとめて整理してくれているので、ぜひとも目を通していただきたい。

なお、検察側は「共通の計画」の遂行が「全面的共同謀議」の目的であったとしているが、これが当時の日本の実際の国家政策と大きくダブることが見て取れると思う。これを共同謀議者が日本政府を乗っ取って行ったと「推定せざるをえない」のか、あるいは、共同謀議を持ち出さなくとも日本政府はこれらの政策を行わざるを得ない状況に追い込まれたと無理なく考えることができるのか、どちらとするかである。これが第四部全体におけるパール判事の事実認定の命題なのである。

次の引用の冒頭で「次の材料」と述べているものこそが、「共通の計画」の中身である。ただし、左記引用においてこれを「侵略」であると悪《あ》し様《ざま》に表現しているのはあくまでも検察側による捉え方であることには留意しておく必要があろう。たとえば第四部の第②項「第1段階」における分析の中でパール判事は、日本が満州を侵略したとの検察側主張を、事実認定の結果として明白に否定している。

「その冒頭陳述において検察側は、『**立証サルベキ事実（factum probandum）**』（すなわち全面的共同謀議）を証拠立てるとする次の材料につき彼らはそれを立証することを提案し、そして、今やそれは立証されたのだと主張している。

1．1928年1月1日に先立つ数年の間に日本の軍部は、日本の青年たちに軍事的精神を染み込ませ、また、日本の将来的な進歩は征服戦争に依存するとの超国家主義的概念を育成する計画を日本の公立学校制度において発起し、組織し、そして実行したこと。

2．(a)それ以前の侵略的政策の結果、日本は中国、特に満州として知られる部分に莫大な権益と特権を獲得していたこと。

(b)日本は特別な条約類によって、治外法権的権能を行使できる広大な土地を満州に得ていたこと。

(c)(i)1927年に日本政府は中国に向けた**積極政策**を打ち立て、その結果、1927年5月と1928年4月において中国に軍隊を送り込むこととなったこと。

(ii)政治的な著作者や論者は、満州における軍事行動に対して民間による支援を主張したこと。

(iii)満州における軍事侵略の基盤をもたらす事件をそこにおいて勃発させる計画が練り上げられたこと。満州における軍事的目標と目的とに日本政府の歩調を同期**せしめるため、日本政府に対して強制的手段をとる**ことに尽力することもこの計画には含まれていた。

(iv)1931年9月18日の『柳条湖事件』として知られるようになった挑発的事件が計画され、そして、実行されたこと。

(v)その後には、周到に準備され、実行の機会が巡って来るのを待機させられていたところの軍事的侵略がすぐに続き、その結果、中国の東北にある三つの省（＊）が占領され、最終的にはそこに傀儡政権が設立されることになったこと。

(vi)この侵略の真の目的は満州における所有権的権益であったこと。

（＊訳注：遼寧、吉林、黒竜江の3省。いずれも満州に属する省である）

3．(a)日本はこれらの被告人たちを通じて、中国の他の地域へと徐々に侵略を拡大していったこと。

(b)その細部へは各々《おのおの》の時点で変更が加えられたものの、その形式と企画は徹頭徹尾、一貫して一つの単純な計画に則《のっと》っていたこと。

4．(a)中国に対する侵略戦争の遂行は、政府の各省庁の支配を確保するために民間人と協調した行動を取った軍部により幇助《ほうじょ》され促進されたこと。

(b)陸軍大臣は現役の陸軍大将か陸軍中将でなければならない、また、海軍大臣は現役の海軍大将か海軍中将でなければならない、と定めた1936年の勅令に内包されていた権能は、政府を支配することとそれを掌握すること、ならびに、武力による拡大を行うとの日本の政策を推進するため、陸軍により利用されたこと。

(c)国家の一般的事項と陸海軍の統帥権とをくっきりと分けるとの大日本帝国憲法の明文規定を利用し、共同謀議者たちには国家の一般的事項を犠牲にして統帥権の概念の中に含まれる事柄の範囲を絶えず拡大させる傾向が共同謀議の全期間中に亘《わた》り一貫して存在したこと。

(d)(i)軍国主義的な派閥と国粋主義的な秘密組織は暗殺による支配の手段に訴え、そしてそれにより軍事的侵略の進展に向けて大きな影響力を行使したこと。

(ii)暗殺ならびに、反乱を行《おこな》うとの脅迫は、軍部による文民政府の支配をますます可能なものとし、1941年10月には軍部はついに政府の内の民事と軍事の両部門を完全に掌握するに至ったこと。

(iii)軍首脳部は侵略的目的の進展のために1940年7月の米《よ》内《ない》内閣の倒壊を引き起こしたこと。

5．日本、ならびに日本の政策につき責任を持つ者たちによる、武力を通じた拡大計画を継続するとの決断は、次により立証されていること。

(a)日本の国際連盟からの脱退。

(b)ロンドン海軍条約を遵守しないとの決定。

(c)ブリュッセルにおける9カ国条約会議への参加の拒否。

(d)日本への信任の下《もと》に日本に委任され日本が取得した島嶼につき、日本はかかる信任に違背してそれらの委任統治島嶼を要塞化したこと。

6．(a)日本が中国に対する軍事拡大に1937年に着手するよりも前の段階で、日本はドイツとの同盟（防共同盟）を欲《ほっ》し、そしてそれを1936年11月25日に実現させ、さらに、ドイツとの間《あいだ》で秘密条約を締結したこと。

(b)日本による侵略の拡大を可能とするために、日本はドイツとイタリアとの間《あいだ》で1940年9月20日に三国同盟を締結したこと。

7．日本はその**大東亜政策**の遂行のために合衆国との戦争を遂行することを共同謀議の早い段階から決定していたこと。

8．10年間もの計画立案と準備は、開戦後の戦争遂行の期間と共に、共同謀議の詳細を立証していること。

9．訴追された戦争遂行指導者たちが採用したか、もしくは受諾したところの様式は、彼らの仲間の共同謀議者たちであるナチ・ドイツ人たちが使用したものと同じものであったこと。

検察側によれば、前述の諸事実は本件裁判において立証済であり、それらは訴因第1から第5で申し立てられた共同謀議を証明するものであり、また、右記の諸事実は、**申し述べられた期間の全体を通じて**かかる共同謀議が**継続していたこと**を示している、とのことである。」（判決書p.187下段～p.189上段）

§4．「共同謀議式立証方法」「本件裁判を総体として見た場合の全体構造」＝「共同謀議式立証方法」

検察側は「共同謀議式立証方法」と命名する前の段階においては、これを「本件裁判を総体として見た場合の全体構造」と述べていた。次の引用中にその表現の記載がある。

「ここに本件裁判の**事実関係の検討に立ち至ったが**、我々は、検察側が本件裁判を総体として見た場合の全体構造と特徴づけた上で我々に提供したところの、個別の被告人とは無関係な構造を思い起こさなければならない。」（判決書p.180上段）

右記引用の冒頭でパール判事が「ここに本件裁判の**事実関係の検討に立ち至った**」と太字で強調して述べているのは、これが「序論」の冒頭部分から引用されたものだからである。判決書第一部、第二部、第三部の「意見書」から離れ、事実認定の段階、すなわち「狭義の判決書」の検討過程に入ることを第四部の冒頭においてパール判事が宣言しているのである。

弁護側の動議

さて、弁護側は大胆にも東京裁判そのものを棄却する動議を提出した。この動議は却下されたが、その際に検察側は「本件裁判を総体として見た場合の全体構造」を要約したものを表明したとパール判事は述べている。次の引用の通りである。

「弁護側が申し立てた、本件裁判の棄却の動議に対する回答の中で、検察側自身がその構造の要約を我々に与えているのだ。本官の意見では、その要約はかかる構造をかなり正確に述べている。」

（判決書p.180上段）

裁判の棄却の動議における弁護側の主張は、すでに第三部においてパール判事が記述していた。第三部での記述をここで引用したいと思う。

「検察側による立証段階の終了後に、弁護側は、提出された証拠はいずれの被告人に対しても何らの『**一見シテ明白ナル（prima facie）**』事実をも示してはいないと主張し、本件審理の棄却の動議を本裁判所に提出した。

この動議への回答として検察側は、検察側が**共同謀議式立証方法**と特徴づけたものを強調し、１９３１年9月18日の柳条湖事件から真珠湾の侵略に至るできごとのすべては訴因第1において主張された全面的共同謀議を推論することへと導いて行《い》くと強調した。

この弁護側の動議は最終的には本裁判所により棄却された。」

（判決書p.165上段）

つまり弁護側は、検察側が申し立てている「全面的共同謀議」は、いずれの被告人に対しても一見して明白な事実ではないため、訴追そのものがなりたたないと主張したのであった。これは極めてまっとうな主張であると筆者には思える。その存在を「推定」しなければならない共同謀議などで訴追されてはたまらないと筆者も思う。

そして検察側が「共同謀議式立証方法」と名付けたのは弁護側の棄却動議の後であり、その動議を却下するためにその点につき説明する必要に迫られたことがわかる。そして一つ前の引用中で「検察側自身がその構造の要約を我々に与えているのだ」とされている「その構造の要約」とは、まさにこの「共同謀議式立証方法」のことなのであり、その中身は、「１９３１年9月18日の柳条湖事件から真珠湾の侵略に至るできごとのすべては訴因第1において主張された全面的共同謀議を推論することへと導いて行《い》く」（判決書p.165上段）ということであった。

「共同謀議式立証方法」の分析

「共同謀議式立証方法」の中身に関する分析は、この第四部序論において次のように短く簡潔になされている。

「この件を立証するために検察側は『広く認識されている共同謀議式立証方法』と特徴づけたものに依存した。そこでは検察側は次を立証しようとしたのである。

1．包括的な特徴と継続的な性質を持つ全面的共同謀議が、１９２８年1月1日から１９４５年9月2日の間の期間において形成され、存在し、そして機能したこと。

2．かかる共同謀議は、起訴状で説明されたすべての地域で一般には**大東亜**として知られる地域の日本による完全支配をその対象ならびに目的として成り立っていること。

3．計画は、侵略戦争によって、また、国際法と条約類に違反することによって、かかる支配を確保するものであったこと。

4．いずれかの訴因に記載された特定の犯罪が遂行された時点において、被告人たちは共同謀議の構成員（引用者注：メンバー）

であったこと。」（判決書p.181上段～p.181下段）

パール判事によれば、この「共同謀議式立証方法」を検察側が採用した観点からは、次の2点の疑問に対する検討以外の検討は不要となったとのことである。これは検察側主張のエッセンスをパール判事が具体的に抽出して述べた部分であり、重要であると考える。

「検察側によると、かかる『共同謀議式立証方法』を採用する観点からは、次の2点の疑問に検討を加え決定すること以外を検察側が実施することは不要となったとのことである。

『1．起訴状の訴因第1に記載された性質と範囲を持つ、全般的で継続的な共同謀議は立証されたのか？』

『2．いずれかの特定の被告人に関して、いずれかの訴因に記載された特定の犯罪（共同謀議の訴因を除く）が遂行された時点で、その被告人は共同謀議の構成員であったのか？』」（判決書p.181下段）

訴追の方法論が確立されていたニュルンベルク裁判と異なり、東京裁判では検察側が訴追の維持に苦労した経緯が伺える。何とか訴追を維持しようと思考を重ね、複雑な立証方法をひねり出したのだ。次の「法の命題」はその例である。

「法の命題」

ここで、この第①項「序論」における検察側主張の中でもっとも難解な部分を引用する。この難解さはパール判事のせいではなく、検察側の論理の組み立てそのものがそもそも複雑で難解なのである。すなわち、検察側は「法の命題」と銘打ったものを打ち出した。これは「共同謀議式立証方法」を運営する上での具体的ルールに相当するものである。

難解な記述ではあるが、東京裁判の判事団を自らの土俵に引き込むルールを検察側が打ち出したものなので避けて通ることもできない。そのため、あえて引用することとしたい。

「検察側は次に、法の命題であるとして以下を強く主張した。

1．侵略戦争と国際法や条約等に違反した戦争は違法であり正当化できないことから、かかる戦争を開始し、かかる戦争手段に訴えることによって実施されたあらゆる殺害は、殺人に匹敵すること。

2．右記で記述された全面的共同謀議の構成員であったいずれかの、また、すべての人間は、次のいずれかに該当すれば共同謀議の期間中に遂行された個々の、そしてすべての行為につき、個々に、そして別々に刑事責任を負うこと。

(a)もしもかかる行為が戦争を違法に計画し、開始し、もしくは、戦争に違法に訴えるものであれば。

(b)もしも上記で説明された殺人に該当するのであれば。

(c)もしも共同謀議の期間中にそれを遂行する過程で犯された、その他のあらゆる法に違反した極悪さに該当するのであれば。

3．いずれかの訴因において訴追されたところの何らかの特定の行為が遂行された時点で共同謀議の構成員であったいずれかの被告人は、かかる行為にその被告人自身が個人的に参加していたかどうかの問題とは無関係に、かかる行為が構成する犯罪につき有罪となること。

(a)『ある人が訴因第1で申し立てられた類《たぐい》の共同謀議に参加した場合、その者は必然的に、いずれかの特定の時点においていずれかの特定の進展を決定するかその方向性を示すにあたり、その時点時点で権力の座に就《つ》いたところの仲間の共同謀議者による判断にそれを託すのである。そのため、いったん共同謀議に参画した人間は、彼の仲間の共同謀議者によるその後の特定の行為がもともとの共同謀議の範囲内にあり、そして彼がそこからはっきりと彼自身を絶縁しなかったことを条件として、彼の仲間の共同謀議者によるかかる特定の行為がただ単に個人的に気に入らないことを示したからと云《い》ってかかる特定の行為による責任から逃《のが》れることはできないのである。彼が気に入らない理由が単にその慎重さによる場合は特にそうである。』

(b)2名以上の人間が犯罪を遂行することにいったん合意したら、その各々《おのおの》は、その後に自分以外の他者が行うか、または発言した、その合意の範囲と目的に合致したすべての**行為**と**言葉**につき責任を負うのであって、もしもそのいずれかの者によって犯罪が実際に遂行された場合、そのすべての者がそれにより有罪となること。

(i)その目的自身が犯罪であるかそうではないかに関わらず、かかる目的を追求する過程で何らかの事情が発生したことにより何らかの犯罪もしくは追加された犯罪がさらに遂行され、そしてそのような事情の中で、合意に従って彼らの内の1名がかかる目的を遂行した場合は、そのすべての者がその犯罪もしくは追加された犯罪により有罪となること、また、各々《おのおの》の者はその目的を実際に遂行すべきかどうかについての他者による決定に拘束されること。

(ii)同様に、もしも彼らが、それ自身では犯罪ではないある目的を計画するか遂行することに乗り出した場合で、しかも、その目的のために必要となる場合には何らかの犯罪が遂行されることに同意をしたのであれば、彼らの内の1名が実際にそれを遂行した場合には、そのすべての者が有罪となること。

(c)(i)もしもある者が共同謀議に参加し、申し立てられた罪を犯す準備の一部を担った場合で実際に犯罪が遂行された時点ではその役職から免じられていた場合、その者は責任から赦免される訳ではないこと。かかる犯罪がその者がその遂行に同意したのと同じ階層に属する犯罪であることを条件として、その者が役職を免じられたことによりその犯罪を遂行するとの最終決定に参加できなくなったことを理由とするところのその者の単なる無能力の事実によって、彼はその責任から逃《のが》れられることにはならない。その者はその後継者に共同謀議の方向性に沿った行動の選択を委託したと解釈されなければならないのである。

(ii)もしもその者が役職にとどまっていて、問題となっている行動につき反対をしたか、それを妨《さまた》げるかあるいはそれを止《と》める努力さえしたものの、最終的にはそのようなためらい行為が却下されるに任せ、そしてなおも役職にとどまっていた場合は、かかる行動につきその者は責任を負うこと。」(判決書p.183下段～p.185上段)

右記の検察側の主張は、被告人を有罪に追い込むために被告人の行動をきわめて厳密に追及することを意味する。被告人が少しでも疑わしい行動を取ったならば、即座に有罪に結びつけるとの、そのやり方を検察側は「法の命題」として示したのである。

検察側の主張「法の命題」に対するパール判事のコメント

「法の命題」に対するパール判事のコメントは次の引用の通りである。こんなことを認めてしまったら、どこの国の政府であれ、政府組織を運営するよう招聘された人々は正当な国家行為を含む何らかの行動をあれこれ取り沙汰《とざた》されたあげく、皆が有罪になってしまうとパール判事は指摘している。パール判事による正確な表現は、次の通りである。

「検察側によって以上のように明確にされた法の命題は、いわゆる国際共同体の各々《おのおの》の構成国家の国内の社会に対し、非常に深刻な問題を惹起せしめることは確かである。それらの命題は、彼ら自身の国の政府の組織を運営するように招聘《しょうへい》された人々の側に先例の無いリスクと責任を負わせることとなるのである。申し立てられた行動につき国際的な当局に対して、かかる当局が誰であるかは別にして、彼らは責任を負っていると我々が思い出した場合にのみ、このリスクの凶悪さは適正に評価されるものとなると本官は信じる。現代の国際社会生活の実態を我々の視野に留《とど》めるならば、以上の命題は非常に注意深く検討されねばならず、そしてそうするにあたり我々は、**考慮すべき次の2つの点**を明瞭にしたまま保《たも》たなければならない。

⑴以上の命題を国際生活の法規に織り込むにあたり、はたしてその条件は熟しているのか。

⑵この織り込みに効果を持たせるために従うべきやり方とは何か。」（判決書p.185上段）

右記引用中の「国際的な当局」とは、たとえば世界連邦政府を想定すればよいのではないかと思う。各国の国家主権の上位に位置する世界連邦政府なるものが未《いま》だに存在していないのであれば、その国家主権を運営する上で国家行為を行《おこな》ったにすぎない政治家や官吏、軍人を、たとえ戦勝国であれ他国が裁くことはできないはずなのである。戦勝国が世界連邦政府の権限を僭称するのであれば話は別であるが。

なお、右記引用で「**考慮すべき**」とされた⑴と⑵に対する回答をパール判事は判決書の中で示していない。以上2点の命題を織り込む条件は熟していないし、かかる織り込みに効果を持たせるやり方など、だれも考え付いていないことは明白であるとパール判事は考えているのだと思う。

パール判事が明確化した「訴追の法的側面」

検察側が打ち出して来た「法の命題」なる大風呂敷を、パール判事は右記引用のようにやんわりと否定した。そしてパール判事は、「共同謀議の訴追の法的側面」と名付けたものを示した。次の引用の通りである。ただしパール判事は、これはあくまでも「検察側によって**次の観点**から提示されたことを指摘」（判決書p.185上段）したものであるとしている。つまり、これは検察側の「法の命題」をパール判事が噛み砕いて解釈したものであって、検察側の「法の命題」に代替するものとしてパール判事が新たに提案したルールなどではないのである。言い換えれば、検察側の云う「法の命題」をパール判事としてはこのように解釈する、というものである。

「1．本裁判所の管轄権は、本裁判所を構成する裁判所憲章（訳注：極東国際軍事裁判所条例）に列挙された犯罪に限定されているため、この件での訴追は裁判所憲章の第5条(イ)と第5条(ハ)で規定されている件のみに限定されること。

(a)そのため、訴追は次に限定されること。

(i)次を達成するための共通計画ないし共同謀議。『宣戦を布告せる又は布告せざる侵略戦争等の計画、準備、開始、又は遂行。』（第5条(イ)）

(ii)裁判所憲章にて人道に対する罪として列挙されたものを遂行するための共通計画または共同謀議。（第5条(ハ)）

(b)『通例の戦争犯罪』を遂行するための何らかの共通計画ないし共同謀議についての申し立ては放棄されたこと。（＊）

（＊訳注：かかる放棄はニュルンベルク裁判において同じ申し立てが放棄されたことに倣《なら》ってなされたもの。詳細は第六部 厳密なる意味

における戦争犯罪・いくつかの訴追は後に取り下げられている を参照)

2. 検察側は次を主張している。

(a)裁判所憲章は、本裁判所の組成と管轄権、また、証拠類と手続きに関するすべての事柄につき、最終的なものであること。しかし、

(b)第5条に**列挙された犯罪について**は、

(i)裁判所憲章は少なくとも1928年以降に存在した国際法については**単に**陳述するに留《とど》めており、また、そのように留《とど》めていると称していること…。

(ii)本裁判所は右記の命題を検討すべきであること、そして、その判決をこの件に関するその独自の判断に基づくものとすべきこと。

3.『共同謀議、計画、準備、従犯ならびに共通計画に参加した者たちの共通の責任に関する**裁判所憲章の規定**は、**すべての文明諸国により法の一般的原則として認知されたものを体現していること。』**

(a)『文明国諸国により法の一般的原則として認知されたもの』は国際法の源泉の内の一つであるため、これらの規定自体が国際法の一部であること。

4. 裁判所憲章の規定は単に訴追ならびに責任立証についての形式にすぎないこと。

(a)そのため、『それらを**決定すること**は最高司令官(訳注:マッカーサー)の権限内にある』こと。

5. 別個の犯罪としての共同謀議、と、複数の人が共同して遂行したと申し立てられている犯罪の**立証方法**としての共同謀議、との間《あいだ》には重要な区別があること。

(a)これらの原則はよく似ているが、その適用は異なること。

(b)それらの原則は共同犯罪に適用されること。そしてそれが共同犯罪ではない場合でも、それを遂行するための共同謀議は別個の犯罪であること。」(判決書p.185下段~p.186上段)

パール判事は右記引用のように検察側の「ゲームルール」をまとめ直したのである。右記引用中で太字となっている部分は、パール判事自らが強調している部分であり、これらの強調部分についてパール判決書で詳細な分析が行《おこな》われることを予示している。

まとめ直したこの「ゲームルール」をさらに噛み砕いて、パール判事は次の短い引用のように簡易化している。

「本件裁判において提出された証拠を検討するにあたり、我々は次を思い起こす必要がある。

1. 証明されるべき事実は、起訴状で主張されているような共同謀議が存在すること、である。

2. (a)検察側はその冒頭陳述では直接的証拠について申し述べたものの、彼らは最終的にはこの共同謀議につき何らかの直接的証拠をも提供したとは主張しなかったこと。事実の上でも、そのような直接的証拠は記録の中には存在しないこと。

(b)検察側は何らかの事件やできごとを証明することを試みており、彼らは我々に対し、そこから訴因第1にて申し立てられたような共同謀議があったとの推論、ならびに、すべての事件とできごとはその共同謀議の結果であったとの推論を引き出すよう求めていること。

3. 証拠が提出されたところの幾つかの事件やできごとには、次の二重の意味合いがあること。

(a)もしも立証されたならば、それらの事件やできごと自体が何らかの犯罪を構成すること。その意味ではそれらは本件裁判

において証明されるべきいくつかの主たる事項ではあるものの、我々の現下の目的においてはこの側面は無視できよう。
(b)それらが立証された場合、それらは究極的命題『**スナワチ(viz)**』共同謀議の存在を立証すると称する何らかの証拠事実となること。本官の現下の目的のためには、かかる事柄に関する証拠はこの観点からのみ、取り扱われなければならない。

4．以上の結果、次の点は常に、質《ただ》すべき適切な設問となって来ること。
(a)証拠は、事件やできごとを事実の上での事柄として立証しているのかどうか。
(b)もしもそうであるならば、問題となっている事件や事柄は、共同謀議に関して提案された推論によらずして説明することができるのかどうか。」(判決書p.190下段～p.191上段)

パール判事によれば、右記引用の4．(b)にあるように、共同謀議を推論せずとも何らかの良好で十分な説明が他にあるのであれば、検察側が並べ立てた申し立ては共同謀議の存在を立証する「証拠事実」には該当しなくなる。すなわち、それらの申し立ては、単なる日本の国家行為の羅列にすぎなくなるのである。パール判事は右記引用において、自らの検証の道筋を初めて打ち出したのである。

この点に関してパール判事は詳しく述べており、それは次の引用の通りである。

「もしもそのできごとについて何らかの良好で十分な**説明**が他にあるならば、我々の現在の『**立証ヲ要スル事柄(probandum)**』(引用者注：この probandum とは全面的共同謀議の存在を指す)に関する限りは、それらは証拠事実とはならないのである。かかる説明は事件に関する日本の行動を**正当化**する必要は無いことを思い起こすべきである。かかる正当化の問題は、上記の項番3.(a)についてのみ、関わりを持つものである。」(判決書p.191上段)

右記の引用は「序論」の結論に相当するものであると筆者は考える。第四部は、この引用の方向性の下《もと》に分析が展開されるのである。右記引用は、第四部におけるパール判事の事実認定作業の方向性を予示しているのである。

§5．全面的共同謀議（訴因第1）と個別の共同謀議（訴因第2～第5）
他の訴因を検討する必要性

以上のように、「問題となっている事件や事柄が、共同謀議に関して提案された推論によらずして説明することができる」のならば、換言すれば、「何らかの良好で十分な**説明**が他にあるならば」(判決書p.191上段)、訴因第1の「(全面的)共同謀議」の存在は立証されないことになる。そうであれば、そのように立証されない場合には被告人は晴れて無罪となるのか？

実はそうはならない。全面的(もしくは包括的)共同謀議の存在が立証されない場合、訴因第2から訴因第5の各々の特定の共同謀議を個別に検討することになると検察側は述べている。検察側のこの主張を、パール判事の言葉で見てみよう。パール判事は次のように述べている。

「訴因第1で申し立てられている共同謀議の持つ非常に包括的な性質に鑑み、検察側は、もしもかかる共同謀議の存在が立証され、そして、被告人の各々《おのおの》が最初からその構成員であったか、あるいは、後にそれに参画したことが立証されれば、訴因第2から訴因第5を個別に検討する必要は無いと主張している。

もしも訴因第1が『全体として立証されていない』ことが判明すれば、被告人のすべてに対して他の訴因を個別に検討することが必要となる。
もしも訴因第1が『全体として立証された』ことが判明したものの、『1人以上の被告人がその件に参画していたことが立証されなければ』、『かかる被告人が真《しん》に訴因第2から訴因第5にて訴追されている1つ以上の共同謀議に…参画していたかどうかを検討することが必要となる。』」（判決書p.183上段～p.183下段）

訴因第2～第5の概要

個別の共同謀議を訴追している訴因第2～訴因第5の4個の訴因の各々に関するパール判事の説明は、以下の通りである。

「訴因第2から訴因第5は、被告人たちが同様に違法な侵略的手段によって以下の地域を同様に支配することを目的としたところの同様に違法な共同謀議に参画したことにつき訴追している。
⑴中華民国の一部で一般に満州として知られる地域。（訴因第2）
⑵中華民国の残りの地域。（訴因第3）
⑶東アジア全体と太平洋そしてインド洋等。これらについては合衆国、英連邦、フランス、オランダ、中国、ポルトガル、タイ、フィリピン、ならびにソビエト連邦に対して。（訴因第4）
そして
⑷全世界。（訴因第5）」（判決書p.180上段～p.180下段）

東京裁判の多数派判決書においては訴因第1の「（全面的）共同謀議」は成立した（存在した）と認定された。そのため、§3．で見たように、多数派判決書においては訴因第2、訴因第3、訴因第4、訴因第5における個別の共同謀議の検討は放棄されたのであった。

一方、第四部の第⑪項「結論」を先取りすることになってしまうが、多数派判決書とは異なり、パール判事の事実認定では訴因第1における全面的共同謀議の存在は立証されなかった。このことは第⑪項「結論」で申し述べられている。

訴因第1の「共同謀議」の存在が立証されない場合は、他の4個の訴因が検討されなければならないと検察側が主張したために、パール判事は、「全面的共同謀議」が立証されないと判定した理由を述べたことに加え、それら4個の訴因に対する検討をも併せて行《おこな》うこととしたのである。これもまた、第四部がかくも長い部となった理由の一つであろう。

パール判決書 第四部の各段階では、これら訴因第2～第5の内容を受けて区分けして分析している。すなわち、訴因第2については第②項「第1段階（満州段階）」、訴因第3については第③項「残りの中国段階」、訴因第4と第5については第⑩項「最終段階」で分析されている。それぞれの段階において、全面的共同謀議があったと推定しなければならないのかどうかと、訴因第2～第5の個別の共同謀議が成り立っているかどうかが並行して論じられている。全面的共同謀議に対する検討（具体的には、何らかの良好で十分な説明が他にあるかどうかの検討）と、個別の共同謀議の検討は多くの場合渾然一体となっており、両者の明確な区別はつけられていない。

§6．ヤマオカ弁護人の意見とパール判事のコメント

弁護側の主張

ここで、以上の検察側の申し立てに対する弁護側の主張をみておきたい。パール判事が取り上げた弁護側の主張をまとめて見ておこう。

「弁護側はもちろん、共同謀議の嫌疑に異議を申し立て、それは荒唐無稽なものだと特徴づけた。」（判決書p.189下段）

パール判事はヤマオカ弁護人の発言を引用している。東京裁判の審

理全体における弁護側主張の代表として取り上げたのだろうと思う。これはヤマオカ弁護人の発言を借りてパール判事自身も同じ意見を表明したものと筆者には思えてならない。

「訴追された共同謀議の巨大さに言及しながら、弁護側の**ヤマオカ**弁護人（＊）は次の適切なる観察を行《おこな》った。

『検察側が記述し描き出そうと試みた、申し立てられたところのこの共同謀議とは、これまでに訴訟手続きに引き出されようとされたものの中でも最も奇怪で信じ難《がた》いものの1つである。少なくとも14年間にも及ぶ期間における孤立した無関係なできごとがごちゃまぜに寄せ集められて一連の長大な連鎖として並べ立てられている。そして検察側はかかる集塊《しゅうかい》の中から、起訴状に記載された目的を達成するための『共通計画もしくは共同謀議』が存在したことを、あらゆる合理的疑問をも超越して探し出すことを本裁判所に対して求めているのだ。かかる共通計画もしくは共同謀議はその概略を示すことすら困難であることが検察側による議論の中で彼ら自身によって示されているにもかかわらず…。**土肥原**、**橋本**、**畑**、**星野**、**板垣**、**木村**、**小磯**、**武藤**、**岡**、**大島**、**佐藤**、**嶋田**、**鈴木**ならびに**東条**と**梅津**といった人々やその他の人々は、**広田**が外務大臣そして総理大臣であった日々において**広田**と接触する機会は無かったのである。そしてもちろん、**広田**には、それらの人々が抱《いだ》いていた何らかの見解、もしくは、本件裁判で広田とともに起訴されたほとんどの人々が持っていた見解を知る機会は無かったのである。』

ヤマオカ氏は続ける。

『世界のすべての強国が彼ら自身の国民の繁栄を維持し増大させるために外国貿易を伸長させることを当然に望んでいる中においては、また同時に、彼らが彼ら自身の自己防衛の手段を確保するために適正な手段を取っている中においては、検察がここで追求した方法、すなわち、何百もの孤立した無関係な事実を並べ立てる方法を、他の強国が同様の期間において実施した活動に対して適用するならば、世界中のすべての主要国が『侵略』戦争を準備し、それを遂行したものとして有罪であると審判されることとなろう。彼ら自身の国家的見地と意図から云《い》えばそのような目的は存在しないにも関わらず…。』

（＊訳注：George Yamaoka 日本名：山岡譲治 1903～1981 合衆国の弁護士。ワシントン州シアトル出身。本件裁判においては東郷と広田の弁護人を務めた）」（判決書p.182上段～p.182下段）

弁護側は東京裁判自体の棄却の動議を提出したことを思い起こすと、その棄却動議の提出理由をもヤマオカ弁護人の右記引用は申し述べているのであろう。一言で言えば、東京裁判自体が「荒唐無稽」であると弁護側は言っているのだ。

また、ブラノン弁護人は、検察側が持ち出した例の「法の命題」がニュルンベルク裁判の引き写しであることを見て取り、ドイツのケースと日本のケースの事実関係の違いを強調したとのことである。

この「法の命題」は、日本のケースにおいては難解でややこしい「大風呂敷」のように筆者の目に映ったが、ニュルンベルク裁判においては決して大風呂敷などではなかったのであろう。この第①項の**§3.**ですでにみたように、この「全面的共同謀議」という概念はナチ党（NSDAP）を念頭において編み出されたものと考えられるからである。

残念ながら、このブラノン弁護人の指摘に関する記述は次の引用にとどまっており、パール判事はこれ以上は詳しく述べていない。

「弁護側のブラノン弁護人は右記の法の命題を非難し、それについてのニュルンベルクのケースと現下のケースとの間《あいだ》の事実関係の違いを強調した。彼の批判は前述された検察側の検討方法の

各々《おのおの》に個別に等しく向けられていた。」（判決書p.186下段）

右記引用中の「ニュルンベルクのケースと現下のケースとの間《あいだ》の事実関係の違い」については、パール判事は第四部の最終の第⑪項で詳しく分析している。判決書p.524上段に記載があるが、本書でも触れることとしたい。

パール判事のコメント

全面的共同謀議に対する検察側の申し立てに対し、パール判事は以下2点のコメントを出している。

まず、第五部における議論の前触れとなるが、東京裁判所の管轄権を、次のように限定している。

「本官は、弁護側が申し立てた本裁判所の管轄権に関する異議を検討する中で、本裁判所で裁判可能な犯罪は1945年9月2日に終了した戦闘行為の中で、もしくはそれに関連して、遂行されたものに限定されなければならないとの本官の見解をすでに提示した。1931年の満州事変、それに続く遼寧《りょうねい》、吉林《きつりん》、黒竜《こくりゅう》江《こう》、熱河《ねっか》の各省における日本の活動、1937年の盧溝橋事件の前の段階における日本と中国との間《あいだ》の戦闘、ハサン湖事件とハルヒンゴール河事件に関連する日本とソビエト連邦との間《あいだ》の武力衝突、さらにはレディーバード号ならびにパネー号事件等のすべては、この大きく広げられた全面的共同謀議の網《あみ》の中に入って来ない限りは本裁判所の管轄権の外に置かれなければならない。」（判決書p.190上段）

次に、パール判事は訴追事項の「凶悪さ」に目を奪われないようにしなければならないとの警句を発している。これはヤマオカ弁護人の「共同謀議なるものは奇怪で信じがたいものである」との見解に関連してパール判事が述べているものであると思う。次の引用の通りである。

「訴追事項がただ単に凶悪であることは、我々に対して説得力のある効果を何ももたらさないことは確かである。『一握りの人間たちにより企図されたとは考えにくい』のであればなおさらいっそう、我々の眼前の一群の人々によりそれが遂行されたのだと我々はあっさりと説得されてはならないのである。信頼とは、疑いも無く、純粋に精神的なものであり、そして見込みというものはそのすべてが精神に帰属するものである。しかし、我々の信頼が実際の事実の正確な申し立てへと近づくのは、かかる信頼が精神において形成される過程の中にその事実に関するデータが完全に取り込まれた場合のみであることを我々は思い起こさなければならない。少なくとも現下のような場合においては、状況が相互になじむように順応させることをあっさりと行《おこな》ってしまうとか、結合した1個の全体の内の一部分を形成するよう強制するために必要があれば状況にわずかな背伸びをさせることさえも行《おこな》いたいとの我々に有り勝ちな欲求によって、我々の心を満足させることはできないのである。証明されるべき事実に関する直接的な証拠を我々に提示することができない場合は特にそうであり、さらに、提供された諸事実からこの巨大な共同謀議を推論するよう我々は要請されているが、ほとんどの場合これらの諸事実をもたらす原因の個数は複数個にも及ぶものであると認められるのである。知られていない先行事象が存在する可能性さえ我々は無視できないのである。」（判決書p.182下段～p.183上段）

オルダーソン男爵の警句

右記の引用中の「状況が相互になじむように順応させることをあっさりと行《おこな》ってしまうとか、結合した1個の全体の内の一部分を形成するよう強制するために必要があれば状況にわずかな背伸びをさせることさえも行《おこな》いたいとの我々に有り勝ちな欲求」というのは、イギリスの法律家、オルダーソン男爵の言葉である。この言葉はパール判事が警句として重用していて、パール判決書のあちこちに出てくる。オルダーソン男爵の警句がフルに記述されているのは第四部全面的共同謀議⑪「結論」においてであるが、ここで先取りして引用する。次の通りである。

「我々は予断に満ちた精神を出発点にして検討を開始してはならないのである。オルダーソン男爵（＊）による次の警句を思い起こすことはとても貴重な手助けとなろう。

『人の精神には、結合された1個の全体の内の一部分を形成するよう強制するために、状況が相互になじむようにしてしまったり、さらには必要に迫られれば状況をわずかに背伸びさせることさえ好んで行《おこな》う傾向があるのであり、また、個人の精神が器用であればあるほど、それらの件を考える中で、状況に過度な背伸びをさせたり、ごまかしたり、欠けているつなぎ目を埋め合わせるようにしたり、もしくは、以前の仮説との整合性がありそれらの仮説を完全にするために必要となるいくらかの事実があれば、それらは当然であるとして受け入れる、等の傾向があるのである。』

（＊訳注：Sir Edward Hall Alderson, 1787 ~ 1857 イギリスの弁護士・裁判官。商法に関する多数の判決があり、それらはビクトリア期のイギリス資本主義の形成に役立ったとされている）」（判決書p.520下段）

②

満州の支配力の獲得：満州事変

本項では、柳条湖事件までの満州での動きが詳細に分析される。具体的には、世界に類例を見ない「満州の特殊性」を指摘したリットン報告書の分析、日本の力を削ぐために持ち出されたワシントン９カ国条約、張作霖爆殺事件、柳条湖事件、共同謀議と満州事変を結び付ける重要人物として検察側が前面に押し出した建川《たてかわ》少将の奉天での行動の分析、満州段階に関連したとされる被告人６人に対するパール判事の判定。なお、本項末尾に、1931年が西洋の没落の開始の年となると喝破したＡ・Ｊ・トインビー博士の一連の思考を、パール判決書から書き抜いて示した。

全面的共同謀議の最初の段階：「満州段階」

「本官はここでは、検察側が『満州の支配力の獲得』と名付け、共同謀議の最初の段階と位置づけたものを取り上げることとしたい。」（判決書p.194上段）

東京裁判は全面的共同謀議の訴追を中心に審理された。この全面的共同謀議は検察側の最終論告において4つの段階に分けられ、その最初の段階が本項「満州の支配力の獲得」であったことを第①項「序論」で見た。「第1段階　満州の支配力の獲得：満州事変」では長いので、筆者は「満州段階」と呼ぶこととしたい。

満州段階は4つの段階の内の最初の段階であるが、これは日本が一連の「世界征服」を行《おこな》う「共通の計画」の内の第一歩となった段階であるとされている。検察側は、満州段階が全面的共同謀議の最初の段階であるとした理由を説明し、当時の日本で起きた実際のさまざまな事件や事実をこの最初の段階での共同謀議に結びつけようと努めている。

満州の特殊性に触れたリットン報告書

この「満州」という土地が特殊性を抱えているため、満州段階がわかりにくくなっている面があると筆者は思う。この特殊性についてはパール判決書も触れている。後ほど述べるが、パール判決書はリットン調査団の報告書を法廷証拠として重視している。リットン調査団は、この「満州」という土地は世界で他に類例を見ない特殊な位置づけの地域であると指摘しており、リットン調査団によるこの指摘をパール判事も認定しているのである。

すなわち、中国側は満州は法的には中国の一部であると云《い》い、日本側は満州は中国からは独立して他国（ソ連・日本など）と条約を結ぶほどの独自性があったと主張し、リットン調査団（以下、パール判決書の表現に従い、リットン委員会と表記する）の報告書はその結論部分で、日中どちらの言い分もある程度ずつ認めているのだ。「満州事変」は、ある国が他の国を「侵略」したなどという単純な事例などではないとリットン報告書は結論づけている。この点はパール判事がリットン報告書から引用しているので、後ほど詳しく見ることとしたい。

リットン報告書

リットン報告書は、日本語の正式名称を「国際連盟日支紛争調査委員会報告書」という。英文での正式名称は「League of Nations Appeal By The Chinese Government. Report of the Commission of Inquiry」である。この英文名称を直訳すると、「国際連盟 中国政府による抗議申し立て　国際連盟調査団報告書」となる。英文名称の方が、日本の行為に対する中国の抗議に基づいた調査をしたとする、調査団の任務を正確に表現していると思う。本書においてはこの報告書を「リットン報告書」と短く表記することとしたい。

検察側も弁護側もともにリットン報告書を重要視し、双方ともにこれに大きく依存している。また、パール判事自身もリットン報告書は満州段階における最も重要な証拠であるとしている。次の引用の通りである。

「本件裁判のこの段階における最も重要な証拠は、本件裁判における法廷証第57号であるリットン委員会報告書である。検察側と被告人側の双方ともにこの報告書に大きく依存している。」（判決書p.195下段）

弁護側は、次の引用の通り、リットン報告書を正しく評価すれば、「満州事変は犯罪である」との訴追を一掃すると述べた。

「弁護側によれば、もしもリットン委員会によるこの最終意見が正しく評価されるならば、これが**犯罪**であるとの現下の訴追を一掃するのに十分となるものであるとのことである。」（判決書p.196

下段）

パール判事はリットン報告書から多くの有用な情報を引き出している。パール判事はこのリットン報告書の論旨を概ね肯定しているが、必ずしもそのすべてを受け入れたわけではなく、一部、やんわりと否定している部分もある。

満州段階を理解する上で、リットン報告書はぜひとも詳しく見ておかなければならない重要な文書である。後ほど本項の§3．で記述することとしたい。

満州という土地

満州という土地の地理的状況をざっと見ておきたい。

満州は西の中国本土ならびにモンゴル自治区とは大興安嶺山脈ならびに「万里の長城」で隔てられ、北と東のロシアとはアムール川（黒竜江）ならびにその支流のウスリー川で隔てられ、南の朝鮮とは鴨緑江で隔てられている。このウスリー川と鴨緑江はかなり険しい山脈の谷間を流れる川である。つまり、満州とは東西と南を山脈で囲まれた、巨大な盆地と捉えることができる。このことをパール判事は、朝鮮銀行が発行した「満州経済史」という書物から引用する形で、次のように記述している。

「『満州の中央部の全域にわたって広大な平地が広がっており、遼河《リャオホー》、松花江《ソンホワイチャン》、嫩江《ネンチャン》、呼蘭江《フランチャン》の盆地を形成している。』」（判決書p.434下段　第⑨項　ソビエト連邦への侵略より）

「万里の長城」という巨大な建造物が現在でも残っている。中国の戦国時代から明《みん》代に至るまでの長い期間に亘ってさまざまな王朝があちこちに建設したものである。長城には、基本的には農耕民族である漢民族と、北方の遊牧民族との間の境界線の意味があった。そして明《みん》代に建設された長城の一部分が海（渤海《ぼっかい》）に到達するあたりに、古くから「山海関《さんかいかん》」が設けられていた。山海関は背面に長城、前面に海を抱えた関である。満州から中国本土に陸路で入国しようとすると、山海関を通らなければならない。そこでこの関の東の地域を「関東《クアントウン》」と称した。つまり、関東とは満州の別名なのである。

満州は、漢民族最後の王朝であった明《みん》の時代には漢民族によって統治されてはいなかった。漢民族の住む地域の「圏外」であると認識されていたのである。内陸の山脈の上に山海関に向かって作られた明《みん》代の長城が、満州の一部とされた熱河《ねっか》省と明《みん》との間の境《さかい》となっていたのであった。

熱河《ねっか》の扱いについては次の引用の通りパール判決書も多少は触れており、若干の注意を喚起している。イギリスの歴史家たちと同様に、パール判事自身も熱河以東の地域は漢民族が当然に統治していたものではなかったとの認識を持っていたことがわかる。

「熱河《ねっか》の情勢についてはいくらかの論争がある。熱河《ねっか》は北京《ペキン》の北西、万里の長城のすぐ外側の領域であり、もともとは内モンゴルの一部を形成していたものの、次第に植民地化され、結局は直隷《チーリー》省に帰属させられたものの、今は満州の手中にある。１９２８年12月末までには包括的な合意がなされ、そこにおいて南京《ナンキン》政府は、熱河《ねっか》および満州を張学良の管理下のままとすることに合意し、また、彼に**東北辺防軍総司令**の称号を与えることにも合意した。

しかしながら、はたして熱河が満州の一部を形成するのかどうかとの問題は、我々の現下の目的のためには重要ではない。」（判決書p.540下段）

明朝の次の清朝《しんちょう》は満州族の愛新覚羅《あいしんかくら》家による王朝であり、清朝では中国本土と満州は一体運営されていた。清朝においては満州の「本家」が「分家」たる中国本土を統治していたのである。ただし、少なくとも清朝の初期においては、満州族は自由に本家と分家の間《あいだ》の行き来ができたが、漢民族は満州に居住することは許されなかった。その意味では、満州は一種の聖域の扱いを受けていた。一体運営ではあったが、「分家」たる中国本土とは違う地域だとの位置づけも残されていたのである。

そして、リットン委員会が満州で調査にあたった1932年の時点では、中国は名目上、漢民族主体の国民党の「中華民国」の統治下にあったものの、満州地域は軍閥が統治していた。リットン委員会は清朝を調査対象としたのではなく、あくまでもこの中華民国の時代を調査したのである。そして第③項 第2段階「残りの中国へ」で詳しく見て行くことになるが、リットン委員会による調査時点よりは時間的に後のことにはなるが、満州事変は1935年6月の梅津・何応欽《かおうきん》協定で友好裏に終結するのである。事実としては、満州を中国から切り離すことを中華民国政府はこの協定によって正式に認めたのだ。そのため、「（満州の）領土は法的には中国の不可欠の一部」（判決書p.196下段）という彼らの結論は「清朝」時代には当てはまっていたにせよ、「中華民国」に対する調査の結論としてはたしてどこまで正確なのか、筆者には定かではない。

なお、現在の中国共産党政府は「満州」という地名の使用を認めていない。彼らは「中国東北部」と称している。これには、満州は拡大中華の一部であるという彼らの主張と願望が込められている。右記で見た明《みん》代や、秦、漢、隋、唐、宋などの漢民族による各王朝の時代においては、満州はそれらの王朝の支配下にはなかったという事実と経緯があることをここで指摘しておきたい。逆に言えば、満州と中国本土が一体統治されたのは、モンゴル王朝である元の時代と、満州王朝である清の時代のみである。

「中華」: Middle Kingdom

ここで少々、脱線したい。リットン報告書は英国の歴史学の伝統から外れ、中国の人たちの考え方を客観的に評価することに部分的に失敗したのではないかと筆者には思えるのである。

実は、英国の歴史家たちが警戒しながら慎重に使用する Middle Kingdom という語がある。これはおそらく、「中華」という語をこのように英訳したのだろうと筆者は推定している。

「中華」とは、民族的には漢民族ではなくとも、いわゆる「China（中国）文明」を受け入れた民族を取り込んで作る広大な「多民族国家」を指す。国民党の「中華民国」も、現在の中国共産党による「中華人民共和国」も、ともに「中華」を名乗っている。つまり、国民党も中国共産党も、異民族を取り込んで支配することを目指した国作りをしていることがわかる。チベット族、ウイグル族、満州族もすべて「中華」に取り込まれたとされているのである。彼らはもちろん漢民族ではない。言語も文化も民族も宗教も、すべて異なるのである。

留意すべきは、「中華」は異民族に広範な自治権・独自性をもたせた国作りであるとは必ずしも言えないという点である。実態を客観的に見れば、支配民族たる漢民族が、異民族の独自性を無視ないし軽視した上で漢民族に力ずくで同化させて隷属させるやり方のように思える。また、経緯を見る限り、チベット族は中国文明を受け入れたとは云《い》えず、漢民族によって軍事的に無理やり「中華」に組み込まれたのではないかとさえ、筆者は思う。

そのため、「（満州の）領土は法的には中国の不可欠の一部」との結論を出したリットン委員会は、この「Middle Kingdom」の概念を警戒しながら慎重に取り扱っているイギリスの歴史学の伝統にそぐわない面があると筆者には思えるのである。

なお、「中国」と云《い》う語句自体の出現は、古い時代であったようだ。そして古い時代においては必ずしも「中華」思想とは関係の無かった語句でもあったのだろうと思う。実際、万里の長城は漢民族を異民族から守る城壁として作られたのである。「化外の地」にある「夷狄《いてき》」を漢民族の中に取り込もうなどとは考えていなかったはずだ。だから、現代日本語での「中国」という表記は、そういった古い時代の意味合いにおける「中国」と解釈すべきであって、この「中」という字は、「中華」の「中」であると解釈すべきではない。なぜなら、そのような解釈をしてしまうと、日本人はこのような「中華」のやり方を受諾したと世界に了解されてしまうことになるからである。そのことを筆者は恐れる。少なくとも英国人歴史家たちは、その語を非常に注意深く、慎重に扱っているのである。

このことは沖縄県を考えると日本にとっても他人事《ひとごと》ではない意味合いを持つ。事実としては琉球・沖縄は民族的にも文化・言語的にも歴とした日本民族の土地であり、沖縄県は日本の一部である。一方、現在の中国共産党は、日本の沖縄県は「中華」の一部であると述べている。過去においては琉球の人々は中国風の姓名を名乗り、名目的であったにせよ中国の王朝に朝貢していた歴史的事実があるのだ。中国共産党の主張の根拠はそこにあると思う。つまり、取り扱いを誤ると、沖縄県民が「中華」の考え方に則って Middle Kingdom の中に取り込まれてしまう危険性がある。しかし、沖縄県民は日本を離脱して中華に取り込まれてはたして幸福になれるのだろうか。筆者にはとてもそうとは考えられないのである。

満州段階でパール判事が判定したもの

さて、パール判決書に戻りたい。

パール判事は、共同謀議の存在が実際の事件や事実から推定されうるのかどうかの分析を行《おこな》ったのはもちろんだが、共同謀議の存在が当然には推定できないとの結論に至った場合に備えて、満州段階に関わりを持つ6名の被告人が、共同謀議に基づかない何らかの犯罪行為を行《おこな》ったかどうかをも検証している。パール判決書においては、この満州段階の記述も相当に複雑な論旨展開となっている。実際、パール判事は判決書のp.194～p.257に亘る、64ページもの紙幅を費やして満州段階を論じている。

この重要な段階を、本書では次のセクションに分けて順に論じて行きたい。

§1. 検察側による訴追の内容
§2. 関係する被告人の特定ならびに被告人以外の「共同謀議者リスト」で挙げられた人名
§3. リットン報告書の内容
§4. ワシントン9カ国条約
§5. 張作霖爆殺事件
§6. 張作霖爆殺事件から柳条湖事件へと至る間の「共同謀議による出来事」
§7. 柳条湖事件
§8. 満州事変と共同謀議との間《あいだ》の連結点たる建川将軍
§9. 被告人6人の訴追事項への判定
§10. 満州段階：まとめ
§11. トインビー博士の語る「英国世界秩序」と「恐怖の年1931年」

である。

ここで§4. につき若干触れておきたい。パール判事は1922年のワシントン9カ国条約を重要視している。これは中国における日本の影響力を削り取ろうとした、アメリカを中心とした諸国の努力の現れであるとパール判事は捉えている。パール判事の分析を見ると、このアメリカの方針は、表向きは別として本音の部分では必ずしもイギリスの同意を得たものではないことがわかる。9カ国条約は英米の二国の間で温度差のある条約なのであり、日本の政策に対する各国の考え方の違いを浮き彫りにするには格好の材料である。

　単に判定を下すだけならば、満州段階での一連のできごとは共同謀議によるものではないこと、各被告人は共同謀議とは無関係であること、との2点のみを論じれば十分であったことであろう。しかし、パール判事はリットン報告書やトインビー博士の論説なども引き合いに出しながら、日本のみならず当時の各国の思惑を丹念に調べている。これはもちろん、全面的共同謀議は成り立たないという方向性の下に、いずれの日本の政策も「bona fide（善意に）」展開された国家行為であることをパール判事が論じているものであるが、同時に、これはパール判事が1952年に再来日した際に広島で述べたという「わたくしの歴史」の一部分を構成するものでもある。つまり、「判決書」の論旨展開を離れた「歴史書」として、当時の日本の政策の背景を知りたいと考える者の欲求に応えている部分でもあるのではないだろうか。

§1．検察側による訴追の内容

　それではまず、この満州段階において検察側がどのように被告人たちを訴追しているのか、その内容を見てみよう。
　まず、検察側は共同謀議の枠組みの中で満州段階を再現しようとしたとパール判事は指摘している。次の引用の通りである。
「検察側がその最終論告を通じて再現を試みたところの共同謀議を取り上げてみよう。」（判決書p.194下段）
「我々の眼前には、検察側によれば、必要な証拠の体系を構築する手助けとなる資料もしくは要素であり、そしてかかる手助けの目的のために入手可能なものが、置かれている。検察側はその最終論告の中でこれらの資料を一体に集成し、そしてそれらの資料をその適正な場所、すなわち、それらが占めていたと申し立てられている相対的な位置、もしくは検察側が発生したと申し立てている実際の事案の中でそれらが占めていたと合理的に推測できる相対的な位置に、可能な限り並べ立てようと彼らは試みたのである。そのようにして我々は、捜《さが》し求める最終的な事実に対して彼らが申し立てたところの関連性に基《もと》づいた各々《おのおの》の位置に並べ上げられた諸事実から成る、一つの枠組みを与えられたのである。」（判決書p.194上段）
　ここでこの枠組みの大きさに惑わされてはならないとして、パール判事は次の点につき、釘を刺している。
「証明されるべき事実とは、起訴状の訴因第1で申し立てられているところの、巨大な規模の共同謀議である。」（判決書p.194上段）
　この「巨大な規模の共同謀議」とは、パール判事が「全面的共同謀議」と表現した共同謀議のことである。
　パール判事は、まずは張作霖爆殺事件ならびに柳条湖事件に対する日本の関与がはっきりと立証されたのかどうかが論点であるとし、次に、仮に日本の関与が立証されたとして、この事件を全面的共同謀議へと結びつける証拠が存在しているのかどうかが重要であるとしている。次の引用の通りである。
「我々は証拠を吟味して次を確認する必要があろう。
1．リットン報告書によれば神秘の覆いに包まれていたとされるものは、今やその闇が晴れたのかどうか、そして、日本の関与ははっきりと立証されたのかどうか。
2．日本による関与がそのように立証されたと仮定して、この事件を検察側が主張するような何らかのもっと大きな共同謀議に何らかの意味合いにおいて結びつける、いくらかの証拠があるのかどうか。」（判決書p.195上段）
検察側が、張作霖爆殺事件ならびに柳条湖事件を大きな共同謀議と結びつける「連鎖」の内容であるとして示した諸事実を、パール判事は次のように取りまとめている。

「検察側は次に、かかる連鎖の中に以下の諸事実を置いている。

1．1929年7月の**田中**内閣（訳注：田中義一）の倒壊と、友好政策の復活を携えた**浜口**内閣の組閣。

2．1930年10月の桜会《さくらかい》の結成。

3．適法に設立されていた日本政府の外にそれまでは存在していた共同謀議者たちによる、日本政府を制圧しようとする試み。

(a)かかる努力の1つは、1931年の3月事件である。

(b)もう1つは、**浜口**首相の暗殺未遂である。

(c)**浜口**内閣の倒壊と1931年4月14日の**若槻**内閣の組閣。

4．1931年9月18日の柳条湖事件。

(a)リットン委員会はこの事件の主犯は不明のままであるとした。

(b)疑いを取り除き、また、それは関東軍の陰謀の結果であると立証するための追加的な証拠が本件裁判において提出された。

(c)この陰謀も大元《おおもと》の共同謀議の一部であったこと。

5．政府制圧の追加的試みとして1931年の10月事件があったこと。

6．1931年12月10日の**若槻**内閣の倒壊と**犬養**内閣の組閣。

7．満州の征服とそこでの傀儡《かいらい》政府の設立。」（判決書p.195上段～p.195下段）

第②項　満州段階で検察側が立証したかったのは、張作霖爆殺事件ならびに柳条湖事件が大きな共同謀議の一部であったことである。その立証のために、それらの事件と共同謀議との間に「連鎖」があったことを示すとしているのである。

§2．関係する被告人の特定ならびに被告人以外の「共同謀議者リスト」で挙げられた人名

満州段階で登場する人物は多い。右記の検察側取りまとめにおいても多くの人名が登場しており、これをパール判事は「共同謀議者であると申し立てられた者のリスト」（判決書p.233下段）と名付けている。

被告人6名

まず、満州段階で関係する被告人を特定しておこう。満州段階で関係している被告人をパール判事は次の6名であると割り出した。

「裁判のために我々の眼前に召喚された人々の中では、**土肥原**《どひはら》、**橋本**、**板垣**、**小磯**、**南**と**大川**のみが、この段階までのいわゆる共同謀議と関係があることにつきようやくその名前を挙《あ》げることができるところの人々である。」（判決書p.247上段）

以上の6名は単にアルファベット順に並べられている。重要性の高い順に並べられているわけではない。

被告人6名が訴追された背景：桜会、3月事件、10月事件

これら6名の被告人が満州段階において、どのような行為を咎められて訴追されたのかをパール判事がさまざまな場所において分散して記述している。ここでまとめて記述しておきたい。

土肥原：「侵略の先駆者であり（中略）共同謀議の最初から最後まで参画していた」こと（判決書p.247下段）、大川博士と懇意になったこと（判決書p.247下段）、奉天市の市長に就任したこと（判決書p.248下段）、特務機関（諜報部）の責任者であったこと（判決書p.249上段）

橋本：桜会《さくらかい》の指導者であったこと（判決書p.230上段）、3月事件に参画したこと（判決書p.233上段）、長大尉とともに10月事件を

首謀したこと（判決書p.224上段）

ここで「桜会」についてみておこう。

「1930年10月に、『桜会』が組織された。」（判決書p.231上段）

桜会の2つの目的について、長大尉は田中隆吉に次のように語ったとのことである。

「長《ちょう》大尉は1932年6月に上海でこの証人（引用者注：田中隆吉）に対し、桜会《さくらかい》の目的は二つあったと語った。すなわち、一つは内的な革命もしくは改革を遂行すること、二つ目は満州問題を解決すること、である。」（判決書p.223下段）

右記引用中の「内的な革命もしくは改革」とは、3月事件と10月事件である。次の通りである。

3月事件：（訳注：1931年3月の決行を目標として日本陸軍の中堅幹部によって計画されたクーデター未遂事件）（判決書p.337上段）

10月事件：（訳注：1931年10月の決行を目標として日本陸軍の中堅幹部によって計画されたクーデター未遂事件。別名を錦旗革命事件《きんきかくめいじけん》）（判決書p.337上段）

残りの4名が訴追された背景を見てみよう。

板垣：石原莞爾《いしわらかんじ》と並ぶ関東軍における満州事変の首謀者（判決書p.223下段、同p.345上段）、共同謀議の重要な連結点の役割を果たしたとされる建川《たてかわ》と奉天で会ったこと（判決書p.238下段）、大川博士と懇意であったこと（判決書p.248上段）

小磯：3月事件の立案に参画したこと（判決書p.231下段）、大川と懇意であったこと（判決書p.248上段）

南：南自身が1931年7月1日と1931年8月4日に行《おこな》った声明を証拠として、検察側により共同謀議者と名指しされたこと（判決書p.236下段～p.237上段）

大川：満州事変の2年以上前から陸軍と連携した積極的行動を扇動していたこと（判決書p.247下段）

共同謀議者リスト上の人物たち

次に、被告人ではないものの、「共同謀議者であると申し立てられた者のリスト」に挙げられている者たちの顔ぶれを見ておこう。これは判決書p.229下段～p.230下段に記載されている。これらの者たちは、その属性によって次の3つのカテゴリーに分けられている。

(1)日本における陸軍に所属していた者たち：参謀本部の建川将軍、参謀次長の二宮。永田、池田、桜会の構成員であった複数の中佐と少佐、大尉、中でも、坂田、根本、橋本（被告人）、田中の各中佐、長と田中の両大尉、重藤。

(2)関東軍に所属していた者たち：参謀長の三宅将軍、参謀の石原と花谷、河本大佐、尾崎大尉、川上中尉。

(3)民間人であった者たち：大川（被告人）ならびに清水。

共同謀議者リスト上の人物は諸事実を共同謀議に結びつけるために必要となる者たちであって、中でも、河本大佐と尾崎大尉は張作霖爆殺事件において、そして建川将軍は柳条湖事件において共同謀議との「連鎖」を立証するための、検察側にとって重要な人物たちである。

§3. リットン報告書の内容

満州情勢を分析する上で、リットン報告書は欠かせない重要な文書である。この文書の詳細な分析を避けることはできない。

リットン委員会は国際連盟加盟国であった中華民国の要請によって、国際連盟が組織して派遣した調査団である。英国のヴィクター・リットン卿を団長とし、米・仏・独・伊から1名ずつが団員として参加した。総勢5名であった。

調査団は1932年2月3日にフランスのル・アーブルを出航し、イギリス、アメリカに立ち寄って他のメンバーと合流した後、2月末にまず東京に到着した。

「リットン委員会は極東に約6カ月に亘《わた》って滞在し、中国と日本の政府構成員、ビジネス界や金融界の指導者、さまざまな組織の代表者等に尋問を行《おこな》った。情報は、中立国の技術指導員や、蓄積されたところの証拠書面の集塊を通じて得られた。」（判決書p.196下段）

リットン報告書は次の日時に完成された。

「この報告書へは1932年9月4日にリットン委員会の複数の構成員による署名がなされた。」（判決書p.197上段）

リットン報告書の概要

パール判事はこの報告書の概要を、次の2つの引用において述べている。

「報告書の主要な部分は、過去のできごとの叙述と評価、ならびに、満州における政治的経済的発展の結果がもたらした状況等の叙述と評価に充《あ》てられている。この報告書は1911年の辛亥革命の後における中国の発展と、西洋諸国との交渉において中国と日本の各々《おのおの》が採用した相異《あいこと》なる原則と政策の概略を述べている。」（判決書p.196下段～p.197上段）

「1個の経済団体としての満州の重要性は増え続けているが、それは中国、日本そしてロシアの各々《おのおの》と満州との間《あいだ》の関係に影響を与える地理的、政治的そして経済的条件との関連で説明されている。1894年から1895年にかけての日清戦争、そしてその10年後の日露戦争はそのいずれもが満州の領土上で多くの部分が戦われたのであるが、報告書はそれらの戦争を原因とした満州国政府の連続的な変化に取り組んでいる。1931年9月の事件（訳注：柳条湖事件）の前の段階で存在していた、満州の内のそれぞれ異なる区域の非常に複雑な状況を導いたさまざまな交渉や条約類の概略が述べられている。朝鮮人の反乱や中村大尉の殺害事件など、奉天制圧の序章（＊）ともとれるさまざまな事件にも注意が向けられている。1つの章（第4章）全体が、満州における9月18日ならびにそれ以降の軍事的なできごとに費《つい》やされている。

（＊訳注：奉天は満州の主要都市。現在の遼寧《りょうねい》省瀋陽《しんよう》）」（判決書p.197上段）

パール判事は、リットン報告書の分析の冒頭部分において、リットン報告書が西洋諸国の中国での行動を正当化しているとの重要な指摘をしている。次の通りである。この部分をパール判事は、原書ではアルファベットをイタリック体で表記して強調していた。

「**国際社会の内のさまざまな西洋の構成国による中国領土における行動は、中国の主権者による領土主権の完全なる行使が、特に在留外国人の生命と財産を西洋の基準に従って保護することとの関連で履行されなかったことによってもたらされた必然的かつ合理的な結果であるとして、ほぼ不可避であったとして正当化されている。**」（判決書p.197上段）

右記引用は、中国政府には中国国内に在留していた外国人の生命と財産を西洋の基準に従って保護すべき主権上の義務があったこと、しかし当時の中国政府はこの義務を十分に履行しなかったこと、そのため西洋各国がそれを補うために中国領土において取った行動（具体的には中国の領土主権を犯す形で各国が租界を設け、条約によって中国の内政を統制し、中国の関税を定め、裁判所を設置して運営し、各国の軍隊・警察が駐留したこと）は正当化できること、等を示している。リットン報告書が西洋各国による行動を正当化していることをパール判事は重視して、強調しているのである。

リットン報告書の結論：満州の自主独立性の発見

実はパール判事は、リットン報告書の分析の冒頭部分で、リットン報告書の結論部分にある2つの短い段落をそのまま引用している。恐らく、リットン報告書に関する長い分析の中で論点が埋没してしまわないように、結論相当部分を最初に記述したのだろうと思う。

「本件の諸事実と諸状況を非常に慎重に調査した後、リットン委員会は以下の最終的意見によって、過去に対して決着を付けた。

『これより前の諸章を読んだすべての者にとって次の点は明らかであろう。すなわち、この紛争の中に含まれている諸々《もろもろ》の論点は、しばしばそうであるとされたような単純なものではないということである。その反対に、それらは非常に複雑なものであり、それらの論点についてはっきりした意見を申し述べる資格は、あらゆる事実ならびにそれらの歴史的背景について詳細な知識を持つ者のみに与えられるのである。これは、国際連盟規定に記載されているところの、ある国が調停の機会を事前に利用し尽くすことなく他の国に宣戦布告をしてしまったなどという事例ではない。ある国の国境を隣国の武装軍隊が侵犯したというような単純な事例でもない。なぜならば、これと比肩しうる事例が世界の他の地域には全く無いような特徴が、満州には数多く存在するからである。』

リットン委員会は続けて、次のように述べた。

『争いは2カ国**（＊1）**の間《あいだ》で起きた。それらはいずれも国際連盟加盟国であった。その争いはフランスとドイツを合わせた大きさの**領土（＊2）に関連したもの**であって、その争いの中では両国ともに権利と権益があると主張し、そして、**それら権利と権益の内のわずかなものが国際法によりはっきりと定義されていたにすぎなかったのである。その領土は**法的には中国の不可欠な一部ではあったものの、この紛争の根底に横たわる諸事項につき日本との直接交渉を実施するのに**十分なほどにその領土は自主独立性を持っていたのである。**』

（＊1訳注：日本と中国）

（＊2訳注：満州）（引用者注：太字はパール判事によるもの）」（判決書p.196上段～p.196下段）

引用されたリットン報告書の2つめの段落が重要であると思う。リットン報告書によれば、満州という領土は、法的には中国の一部でありながら、中国本土からは独立して日本と直接交渉を実施するのに十分なほどの自主独立性を持っていたのである。これこそがリットン委員会が発見した、満州情勢に関する重要な事実であり結論なのである。パール判事がこの結論部分を冒頭に置いたのは、リットン報告書の結論を印象づけるためでもあると筆者には思える。

リットン報告書の内容に関するパール判事の分析

それではいよいよ、パール判事によるリットン報告書の分析を見てみよう。パール判事が認識したリットン報告書の要点は、次の31項目に箇条書きでまとめられている。長い引用となるが、リットン報告書を把握するために有用と考えられるので、全文をそのまま引用する。

「リットン委員会によって**発見され、記録された**、関連性のあるいくつかの重要な事実を本官は以下に記載する。

1．**1931年9月18日のできごと**（訳注：柳条湖事件）は、国際連盟が現下の紛争に対して注目をする最初の契機となったものであるが、それはしかし、中国と日本の間《あいだ》の増大する緊張関係を示す小規模の摩擦の長い連鎖の結果にすぎなかった。

2. 中華民国の国家主義的な野心、日本帝国と以前のロシア帝国の拡大政策、現下のソビエト社会主義共和国連邦からの共産主義の拡散、これら3国の経済面ならびに戦略面での必要性、たとえば以上のような事柄は、満州問題のあらゆる研究において基本的な重要性を持つものである。

3. 中国における支配的要因は国家自身の近代化であり、それは緩慢な歩みを見せていた。

4. 現在の中国は発展途上であり、過渡期にあることの証拠がその国家生活のすべての面で示されている。政治的動乱、内戦、社会的そして経済的不安、その結果としての**中央政府の虚弱さ**、等が1911年の辛亥革命以降の中国の特徴であった。

それらの状況は中国が関係を持たされることとなったすべての国に悪い影響を与え、それらが修復されるまではそれらは**世界平和への脅威**となり続け、世界経済不況の原因として寄与するところのものであった。

5. (a)19世紀の初頭においては交通手段の改善が距離を狭めたために、他の諸国が極東へ容易に到達できるようになった。

(b)しかし、事実としては中国には、諸外国がやって来た時に彼らと新規に交渉を実施する準備はできていなかった。

(c)(i)1842年の戦争（訳注：アヘン戦争）を終息させた南京《ナンキン》条約の結果、いくつかの港が外国との貿易ならびに外国人居留のために開かれた。

(ii)外国からの影響が、それを吸収する用意の無い政府を持つ国に流入した。

(iii)中国が行政面、法的な面、司法面、知識面、そして衛生設備面で必要なものを提供できるようになる前に、外国の貿易業者が中国の港に居留し始めた。

(iv)そのため外国人たちは、彼ら自身と共に彼らが慣れ親しんだ条件と標準をも持ち込んだ。条約により開港した港では外国人町が勃興した。外国のやり方に基づく組織、管理そしてビジネスが幅を利《き》かせた…。その後は摩擦と誤解の期間が長く続いた。

(v)一連の武装紛争において**外国の武器の持つ高い性能**が示された。

6. 中国が外国人受け入れを嫌《いや》がったこと、そして、国内にいる外国人に対して中国が取った態度は、深刻な結果をもたらさざるを得ない方向に向かっていた。それらは中国の支配者たちの注意を外国からの影響に対する抵抗と規制へと向かわせ、また、それらは外国人居留区の近代的な状況を体験することによって中国が利益を得ることを妨げることとなった。その結果、新しい状況をうまく処理することを可能とするために必要となる建設的改革は、ほとんど全面的に無視された。

7. (a)**両立しない二つの見解**である『固有の権利』と『国際関係』との間《あいだ》の**衝突**は不可避となり、戦争もしくは紛争へと**導かれることとなり**、その結果として一時的なものであれ永久的なものであれ、漸進的な主権的権利の引き渡しと領土の喪失が残った。

(i)外国の法廷、行政、警察、軍隊組織などが中国の領土内において認められた。

(ii)中国の輸出入に関する関税を自国の意志で統制する権利は、当面の間《あいだ》は失われた。

(iii)中国の領土が外国の諸勢力の権益範囲へと分割されることにより、中国の存在自体が脅かされた。

8. 1894年から1895年にかけての日清戦争における中国

の敗北と、1900年の義和団蜂起の破滅的な結果の後に、改革運動が開始された。

9.(a)満州王朝が中国を250年に亘《わた》り支配した。1908年に当時の皇太后（訳注：西太后）が死去した後、その王朝はそれ自身が内包する弱みによって倒壊した。

(b)**1912年2月12日に**、当時の皇太后が幼帝の名において、退位の勅書に署名を行《おこな》い、袁世凱《えんせいがい》（＊1）を大総統とする臨時立憲政権がその日に設立された。

(c)(i)皇帝の退位とともに、省、県、ならびに区の各々《おのおの》における皇帝の代理人たちは皇帝の権威から得られていた影響力と威信を失った。

(ii)各省においては必然的に、文官の都督《ととく》から武官の都督《ととく》へと徐々に置き換えられる結果となった。（訳注：都督は地方の省の軍政長官。民政も担った）

(iii)主要幹部の職位も、最も強い軍隊を持つ軍事指導者もしくは、その省ないし地元での最強の軍閥グループの指導者に支援された者のみが占めることができた。

(iv)軍部独裁へのこの傾向は、南部よりも北部においてさらにはっきりとしていた。南部の各省では孫逸仙《そんいっせん》博士（＊2）やその他の指導者たちが立憲主義の概念に忠実であり続けた。

（＊1訳注：袁世凱　1859〜1916　清朝末期から中華民国にかけての軍人・政治家）

（＊2訳注：孫文　1866〜1925　中国の政治家・革命家。国民党の総理。初代中華民国臨時総統。中国で『国父』〈国家の父〉と呼ばれる）

10.(a)袁世凱の下《もと》、1913年に最初の議会が北京で召集された。

(b)袁世凱は議会の承諾を得ずに外国からの巨額の借り入れを契約した。このことが、彼の政敵であった孫博士の指導する国民党による公然たる反乱を招いた。

(c)この時代において、**中国は敵対する派閥争いにより荒廃させられていた**。そして常に存在していた匪賊たちは、真正な軍隊へと発展して行《い》った。

(d)1923年に孫逸仙《そんいっせん》博士は**国民党を、『三民主義』**—すなわち、民族自立、民主政府、ならびに社会再構成（訳注：民生主義）—**に基づき再編成**した。

(e)(i)1927年に、南京に中央政府が樹立された。

(ii)行政執行については一時的に統一性が得られた。ところが、強力な軍閥たちが同盟を組み南京に向けて進軍すると、その見かけ上の統一性さえも維持することはできなくなった。彼ら軍閥はその目的を達成することは決してなかったものの、敗走したのちも彼らは一目を置くべき潜在的な力であると見なされていた。

11.中国における破壊的勢力は依然として強力であった。

12.(a)ワシントン会議の時点で中国にはまったく別個の2つの政府が存在していた。1つは北京にあり、もう1つは広東《カントン》にあった。中国は大きな匪賊勢力により悩まされており、中国全土を巻き込む内戦の準備が進行中であった。

(b)ワシントン会議が依然として開催中であった1922年1月13日に中央政府に対して先んじて送付された最後通牒による内戦の結果、中央政府は5月に転覆させられた。その代わりとして北京に設立された政府からの満州の独立が、張作霖元帥により7月に宣言された。独立を公言した政府の数は、3つにも上《のぼ》った。

(c)中央政府がその権威を迅速かつ恒久的に中国全土に行き渡らせることを可能とするような具体的手段を持たない限り、**内戦の危険は存在し、また、それが存在し続けることは避けられない状況であった。**

13.(a)国民党の影響力は、**外国からの影響力すべてに対する敵意**を追加的かつ常軌を逸した**色合いの下《もと》に**中国の国家主義の中に持ち込んだ。また、その影響力は、依然として『帝国主義的圧迫』の下《もと》にある**すべてのアジアの人々の解放をも含むようにと、その目的を拡大して行《い》った。**

(b)今日《こんにち》の中国の国家主義には、それがその復活を願っているところの過去の栄光の記憶が浸透している。

14.(a)外国勢力は全般的には中国の熱望に対して同情的な態度を取っていた。1921年から1922年にかけてのワシントン会議においては、それを発効させる最善のタイミングと方法について意見が分裂したものの、原則としてかかる熱望は受け入れ可能であるとして受容された。

(b)かかる権利（訳注：外国勢力の持つ、上記7.(a)(i)(ii)(iii)の諸権利）を即座に中国に与えると、財政的な理由あるいはその他の理由による国内的な困難から中国が現状では到達することができない水準の行政、警察、そして司法の提供を行《おこな》うべき義務を中国に押しつけることになるのではないかと考えられた。

15.(a)ワシントン条約は中国の諸問題を解決するための国際協力への道を中国に歩ませようとして企画された。中国は、中国が追求していた排外的プロパガンダの毒により身動きが取れなかったため、望まれ、期待された進歩を成し遂げることができなかった。

(b)現下の紛争（引用者注：日中間の紛争）が起きたところの雰囲気の創造への貢献に関する限りにおいて、それは次の2つの特定的な事項により遂行された。

(i)経済的ボイコットの使用。

(ii)排外プロパガンダをさまざまな学校に導入すること。

(c)それには効果的な国内改革や国内的標準の改善が伴わなかったため、**この態度は警戒の念を外国勢力に持たせる傾向を抱えており**、また、その当時には彼ら（訳注：外国勢力）がその身を守るための唯一の手段であったところのそれらの諸権利を中国側に手渡すことに彼らが気乗り薄となることを促進することにもなった。

16.法と秩序の維持の問題に関連して、現下の**中国における不十分な交通手段**は深刻なハンディキャップであった。国軍の迅速な輸送を保証するための交通が十分ではない限り、法と秩序の維持は、全面的にとまでは云《い》えないまでもその多くは各省政府に委ねられなければならなかった。それは、中央政府との距離が遠いために各省の運営は省政府自身の判断において行《おこな》うことが許されなければならなかったからである。そのような状況の下《もと》では、精神と行動の独立性は容易に法の境界を越えてしまうようになり、その結果、各省は少しずつ私有財産の様相を呈するようになって行《い》った。

17.(a)**匪賊《ひぞく》行為は中国では常に存在しており**、行政府はその徹底的な鎮圧ができたことは決して無かった…。近時においては、匪賊は給与未支給の兵士の中からも発生するようになっていた。

(b)匪賊の鎮圧は長い間放置されていた。兵士たちは匪賊と協力するようにさえなっていた。

18.(a)**中国の共産主義運動**は1921年以降、相当な影響力を持つようになった。共産主義を許容した期間が一時期はあったが、その後の1927年には国民党と共産主義との間《あいだ》で完全な決裂が起きた。

(b)1928年と1931年の間《あいだ》の期間では、内乱の再発が共産主義の影響力の拡大に利することとなった。『赤軍』が組織され、江西と福建の広い範囲がソビエト化された。

(c)中国における共産主義は、ほとんどの国でそうであるのとは違い…、既存の政党の何人かの構成員が抱《いだ》く政治的な教義であるとか、権力の獲得を他の政党と競い合うための特別な政党を組織することを単に意味するものではない。実際上それは国民政府に匹敵するものとなったのである。それはそれ独自の法、軍隊と政府を持ち、また、それ独自の領土的な活動領域を持つのである。この状況に匹敵するものは他のどの国にも無い。

(d)福建と江西の両省の大きな部分と広東の一部は、信頼できる情報によると完全にソビエト化された。共産主義者が影響力を持つ区域はさらに広範囲である。彼らは中国の大きな部分、すなわち揚子江(*)の南と、その河の北側の湖北、安徽ならびに江蘇の各省の一部を占めている。上海は共産主義プロパガンダの中心地であった。個人の共産主義賛同者はおそらくは中国のどの町でも見つかることであろう。

(e)共産軍との武装闘争は今でもなお(引用者注:リットン報告書が完成した1932年9月時点)、続いている。

(*訳注:原表記はYangtse River. 中国では『長江』と呼ばれている)

19.日本が中国の最も近くの隣国であり、また、その最大の顧客でもある限り、日本は他のどの国よりも、不十分な交通手段、内戦の危険、匪賊行為と共産主義の脅威による中国の無法状態に苦しんだ。

現下の状態のまま中国の法、裁判と徴税に服従させられるようになると苦しむことになる国民を、日本は他のどの国よりも多く抱えていた。

20.(a)日本は、**日本の条約上の権利に代替する満足できる保護手段が望めない限り、**中国の熱望を充足させることは不可能であると感じていた。

(b)(i)**日本は、中国における日本国民の生命と財産の保護に関する懸念から、内乱や地域的な騒動が起きた際には中国への介入を繰り返した。**

(ii)かかる行動は中国を痛烈に憤《いきどお》らせることとなった。

21.しかしながら、この問題では**日本が他のどの国よりも影響を受けたものの、**これは日中間のみの問題ではなかった。中国は、諸外国の特別な権能と特権は国家的尊厳と主権を傷つけていると感じていたため、それらを即座に中国に引き渡すように要求していたのである。**諸外国は、**中国がこれらの外国国民に対する十分な保護を保証しない限り、かかる要求に応じることに躊《ちゅう》躇《ちょ》していた。外国国民の権益は、条約による特別権利の享受による安全保障に依存していたためである。

日本の人口過剰問題

22.(a)広大で肥沃な地域である満州は、わずか40年前にはほとんど未開拓の土地だったのであり、今でも人口は過小である。

(b)(i)満州は、中国と日本の人口過剰問題においてますます重要な役割を担うこととなった。

(ii)日本の人口過剰問題は非常に深刻である。

『耕作適地1平方マイルあたりの日本の人口を他の国と比較すると、日本の比率はその島国帝国独自の地理的構成を理由として例外的に高い。』

『農地に高度に集中した人口のために農地の個別持ち分は非常に小さく、農民の35%は1エーカー（訳注：約4047平方メートル）未満を耕作しており、34%は2エーカー半（訳注：2＋1／2エーカー）未満を耕作している。耕作可能地の拡大ならびに耕作密度の引き上げは限界に達している。端的に云《い》えば、日本の土地は今日《こんにち》での生産以上の生産をすることは期待できず、また、これ以上の大幅な雇用も期待できないのである。』

(c)日本の活動がなければ、満州は何らかの大きな人口を引き寄せて吸収することはできなかった。

(d)満州をめぐる紛争は、最初はロシアと日本の間《あいだ》で発生した。後には、中国とそれら2つの強力な隣国との間《あいだ》で発生した。

(e)(i)満州は、政策上の上記の大きな紛争につき、最初の段階では単に土地の問題**としてのみ**争われた。その戦略的な位置についてのみ争われたのである。

(ii)後には、その農業的資源、鉱物的資源、そして森林資源が発見された際に、**満州自身がひどく欲求されるようになった。**

1902年の条約

23. (a)(i)条約による特別な権利は、中国の犠牲においてロシアが最初に獲得した。

(ii)1894年から1895年にかけての日清戦争は、介入の好機をロシアに与えた。かかる介入は、表向きは中国のためであるとするものであったが、その後のできごとが証明したように、実際上それはロシア自身の利益のための介入であった。

(iii)1895年の下関《しものせき》条約により中国は日本に、遼東半島と南満州を割譲した。

日本は外交的圧力によりこの半島を中国に返還することを強要されたのである（訳注：ロシアを中心として行《おこな》われた三国干渉）。

日本が1895年に返還することを強要されたこの半島の南部を、ロシアは1898年に、25年間に亘り租借することを確保したのだった。

(iv)1896年にロシアは、鉄道建設の権利ならびにその運営の権利を確保した。

(v)1900年にロシアは、義和団の暴動により在留ロシア国民が危険にさらされたとの理由で満州を占領した。

(vi)他の列国はそれに対し抗議を行《おこな》い、ロシアの軍隊の撤退を要求した。しかし、ロシアはその実施を遅延させた。

(vii)ロシアは1901年に露清秘密条約を締結しようと努力していた。その条約条項において中国は、満州、蒙古、新疆《しんきょう》の鉱物ならびにその他の権益をロシアの同意なしに他の国へ移転してはならないこと、ロシアに対して特別守備隊の維持を含む多くの特別な権利を授与すること、となっていた。

(b)(i)日本は特別な注意を傾けて以上の策動を見守っていた。

(ii)1902年1月30日に、日本は日英同盟条約を締結した。

(iii)1903年7月に日本はロシアと協議を開始し、ロシアに門戸開放政策の維持と中国の領土保全の継続を督促した。

(iv)その協議において何らの成功も得られなかったため、日本は１９０４年2月10日に戦争手段に訴えた（訳注：日露戦争）。中国は中立を維持した。

(v)ロシアは敗北した。１９０５年9月5日にポーツマス条約が締結され、ロシアはその条約において、日本を利する形でその南満州における特権を放棄した。

(vi)１９０５年12月の北京条約により中国は、ロシアが管理していたところの、北は長春にまで及ぶ東支那鉄道の南側支線部分、ならびに同じくロシアが管理していた関東州の租借地が日本に移転されることを認可した。

(vii)追加条約により中国は、安東《アントゥン》と奉天の間《あいだ》の軍事鉄道線の改良工事を日本に許可した。

(viii)１９０６年に日本により南満州鉄道株式会社が設立された。

(ix)日本はそのようにして入手した特権を南満州の経済発展をさらに促進させるために使用した。

(x)中国は最初のうちは開発の面ではほとんど活動をしなかった。

(xi)満州における中国の主権を確約したポーツマス条約の後の段階においてさえも、ロシアと日本による満州開発の経済活動は図抜けていた。

朝鮮併合

(c)１９１０年に日本は朝鮮を併合した。この併合は満州における日本の権利を間接的に増大させた。

(d)(i)１９１５年に、日本による『21ヵ条の要求』の結果、日本と中国は条約を締結し、5月25日に南満州と内蒙古東部に関する交換公文を実施した。

(ii)この条約により、旅順とダラニー（現在の大連）を含む関東州の租借権、さらに、南満州鉄道ならびに安東――奉天の間《あいだ》の鉄道利権はいずれも25年の期間であったものが、99年間に期間延長された。さらに南満州の日本の国民は、旅行すること、居住すること、あらゆる種類の業務に携わること、また、商工業ならびに農業のために必要となる土地を賃借すること、等を行《おこな》う権利を得た。日本は鉄道に関する優先権も獲得した。日本はまた、いくつかの他の権利も確保したが、１９２１年から１９２２年にかけてのワシントン会議において日本はこれらの権利を放棄した。

(e)(i)日露戦争のほぼ直後から、日露間では緊密な協力政策が行《おこな》われた。

(ii)ロシアと日本は、満州の北部および南部におけるその各々《おのおの》の権益の範囲につき、限界を定めたのである。

(iii)１９１７年のロシア革命が、満州におけるロシアと日本との間《あいだ》のこの相互理解と協力関係の基盤を打《う》ち砕《くだ》いたのであった。

(iv)１９１７年のロシア革命は、中国が満州北部においてその主権を主張するのに有利となる機会を中国にもたらした。中国は満州の統治ならびに開発につき、以前よりも活発な役割を担い始めた。

(v)ソビエト政府により１９１９年と１９２０年に行《おこな》われた中国に関する政策の宣言は、帝政ロシアが中国、特に満州北部において獲得した特権を完全に放棄することを暗黙裡に示した。

(vi)この結果が１９２４年5月31日の中露協定であった。

(vii)中国はこの１９２４年の合意の後においては、ソビエト連邦に残留された権益についてさえも不寛容であった。中国は1929年に、満州におけるソビエトの影響力のすべてを清算しようとする最終努力を行《おこな》った。

(viii)これはソビエト軍が満州国境を越えて複数回にわたり襲撃する結果となり、それは1929年11月の軍事的侵入へと拡大した。

24. (a)1911年の中国革命（訳注：辛亥革命）のもたらした結果は、上記項番9．に記載されたとおりの満州王朝（訳注：清朝）の倒壊であったが、これは満州各当局の好むところではなかった。これらの当局は張作霖に対し革命軍の進撃に抵抗するよう命令することにより、満州を内戦の混乱から救うことに成功した。

(b)この革命の結果として共和国（訳注：中華民国）が設立されると、満州はかかる『**既成事実（fait accompli）**』を受け入れ、共和国の初代大総統である袁世凱の指導に自発的に従うことにした。

(c)(i)1916年に張作霖は奉天省の督軍《とくぐん》に任命され、それは同時に彼を文官知事としても活動させるものであった。

(ii)1922年7月に**張作霖は中央政府への忠誠を放棄し**満州の行動の**完全な独立を維持した。**それは、彼が彼の権力を長城の南側にも拡大し、彼が北京の主《あるじ》になるまで続いた。

(iii)彼は外国の権利を尊重する意向を表明し、中国が負っていた義務を受け入れた。しかし彼は、それ以降は満州に関する事案のすべてについて彼の政権と直接に交渉を行《おこな》うよう外国の諸勢力に要請した。

(iv)それにともない、彼は1924年5月31日の露清条約を拒絶し、ソビエト連邦がそれとは別個の条約を彼との間《あいだ》で締結するよう1924年9月にソビエト連邦を説得した。これがソビエト連邦と彼との間《あいだ》の『奉天条約』である。

(v)この事実は、国内・国外の両政策において彼の完全独立が承認されることに張作霖がこだわっていたことを強調している。

25. (a)(i)張作霖は中国の内乱に参入した。

(ii)日本自身の利益のために日本は、張作霖が中国における派閥闘争に手を出さずに、その精力を満州の発展に集中させるよう彼に勧告した。

(iii)元帥（訳注：張作霖）はこの勧告に憤慨し、それを無視した。

(b)ある時、彼は河北諸省に進軍することに成功したものの、最終的には彼は敗北を喫した。日本は南満州における日本自身の利益のために、手遅れになる前に彼の軍隊を南満州に引き揚げることを勧告した。**日本の目的は**、勝った軍から追跡された敗軍が満州に入ることにより発生したであろう内乱が引き起こす諸々の害悪から満州を救うことにあった。

(i)元帥はこの勧告に憤慨したが、それに従わざるを得ない状況に追い込まれた。

(ii)彼は1928年6月3日に北平《ペイピン》（訳注：現在の北京）を離れ奉天に向かったが、その翌日、奉天の市境のすぐ外側において起きた爆発により彼の列車が破壊され、彼は殺害された。

(iii)この殺人の責任所在は今に至るまで決して立証されることはなかった。この悲劇は神秘の幕に覆われたままであるが、日本が関与したとの嫌疑の存在が日中間の緊張状態への追加的要因となった。

(iv)この嫌疑の理由の1つは、張元帥の人生最後の日々において、日本がいくつかの条約や協定から得た特権により日本が利益を得ることを許さないとの態度を彼がますます見せるようになっていたことによる。

26. (a)張作霖元帥が死亡した後、彼の子である張学良《ちょうがくりょう》が満州の支配者となった。

(b)(i)1928年12月に彼は青天白日満地紅旗（訳注：中華民国旗。易幟《えきし》。）を受け入れ、中央政府に忠誠を誓うと宣言した。

(ii)彼は東北辺防軍総司令に任じられ、熱河《ねっか》も加えた満州の行政長官としての地位が承認された。

(iii)中央政府との関係はそのすべての面―軍事、民事、財政そして外交――において単なる任意的協力（訳注：張学良による中央政府への任意的協力）に頼っていた。問答無用の服従を要する命令や指示は決して容認されなかった。

27. **排日運動は日々激化した**。1931年4月に**人民外交協会**の後援の下《もと》に奉天で5日間の会議が開催され、そこでは満州における日本の地位を清算することの可能性が議論された。日本人ならびに朝鮮人の賃借人に対する賃借料の値上げをするか、賃借契約の更新を拒否するよう、中国人の家主や地主に対し圧力がかけられた。満州の重要生産物の統制権を得ることにより、各当局は外国人たち、中でも特に日本人に対し、もっと高い価格を支払うように強制した。

28. 右記の分析は満州における基本的利益をめぐる紛争が日本と中国の間《あいだ》で数多《かずおお》くあったことを示している。

29. (a)満州における日本の権益は、その特徴と程度の双方共に、他のどの外国のそれとも異なっていた。

(b)(i)すべての日本人の心の奥深くには1904年から1905年にかけて満州の平原で戦われたロシアとの大きな闘争（訳注：日露戦争）の記憶があった。

(ii)この戦争はロシアの侵入による脅威に対する自己防衛として戦われたところの、生きるか死ぬかの奮闘であった。

(iii)満州における日本の権益はその戦争の10年前から開始されていた。

(iv)1894年から1895年にかけての中国との戦争（訳注：日清戦争）は下関《しものせき》で調印された講和条約により終結したが、それは遼東半島の**主権を完全に**日本に**割譲する**こととなっていた。

(v)日本人から見れば、ロシア、フランスとドイツがこの割譲の放棄を強制したとの事実（訳注：三国干渉）は、日本が勝利した戦争の結果として満州のこの部分を獲得し、それにより満州に対する道義上の権利を得たこと、さらにかかる道義上の権利は今なお存在するとの日本の信念に、影響を与えるものではなかった。

(vi)満州はしばしば日本の『生命線』であると言及されてきた。満州における日本の諸権益の中でも基礎的なものは、**日本の自己防衛ならびに日本国家の生存に関して満州の領土が持つ戦略的な重要性**である。

(vii)日本の中には、日本はソビエト連邦**からの**攻撃の可能性に**備えるため**、堅固な防衛線を満州において構築すべきだと考える者もいた。

(viii)特に日本の軍部関係者の心の中には、ロシアと中国との条約の下《もと》に南満州鉄道線に沿って数千人の線路防衛の警備員を駐在させると申し立てた権利だけでは、日露戦争における日本の莫大な犠牲に対するあまりにも小さな報酬にすぎないものであること、また、**そちらの方面から攻撃を受け**

る可能性に対する保障としては貧弱であるとする考えがあった。

(ix)愛国的感情、最高位のものとして必要とされる軍事的防衛、加えて、条約上の特別な権利、以上すべてが複合して満州での『特別な地位』の要求を創り出した。

(x)日露戦争の遺産である歴史的な関連性と感情、さらには過去の四半世紀において日本企業が満州で達成したことへの誇りは、定義不能ではあるものの日本による『特別な地位』の要求の**実体的な**部分ではある。

(xi)1922年2月6日でのワシントン会議における9カ国条約の締約国は、締約国が『特別な地位』や『特別の権利や権益』を中国のどの部分に対してであるにせよ要求することに対し、広範囲にわたり異議を唱えた。

(xii)日本の要求は石井子爵(＊)の回顧録においてよく表現されている。彼はこのように述べている。

『石井・ランシング協定が撤廃されたとしても、日本の特別な権益は微動だにせずにそこに存在するのである。中国において日本が所有する特別な権益は、何らかの国際条約で創り出されたものでもなければ、撤廃の対象となるようなものでもない。』

(＊訳注：石井菊次郎《いしいきくじろう》　1866～1945　日本の外交官・政治家。国際連盟設立にあたり日本代表を務めた。石井・ランシング協定の当事者。上総出身)

30. 日本の満州に対する全般的政策。

(a)日本の満州に対する全般的政策は、常に**同じ全般的な目的**を持っていた。すなわち、日本の権益を維持し発展させること、日本人の生命と財産に対して適正なる保護を獲得すること、である。

(b)しかし、かかる目的の**実現のためにはさまざまな政策**があった。

(i)幣原《しではら》男爵(＊1)の**友好政策**は善意と善隣に基づいていた。

(ii)田中男爵(＊2)の**積極政策**は軍事力に基づくものであった。

(＊1訳注：幣原喜重郎　1872～1951　日本の外交官、政治家。第44代総理大臣を務めた)

(＊2訳注：田中義一　1864～1929　日本の陸軍軍人、政治家。第26代総理大臣を務めた)

(c)それら二つの政策は、満州において日本が平和と秩序を維持すべき範囲の考え方において、大きく異なっていた。

(i)友好政策は、満州での日本の権益の防護までに対してのみ、及んでいた。

(ii)積極政策は、満州が**残りの中国とは全く異なる**と捉えることの必要性を大きく強調していた。『もしも満州と蒙古に騒動が広がり、その結果、平和と秩序が崩壊し、そこにおける日本の特別な地位と権利が脅威を受けた場合、その脅威がどの方面から来ようとも日本はそれを**防衛する。**日本は、満州における『平和と秩序』を維持する任務を引き受けるものとする。』

(d)上記で記述した目的を実現するために採用された諸政策の中には、**共通的であり、また非常に重要な1つ《ひと》の特徴**があった。すなわち、**満州と内蒙古東部を残りの中国とは全く異なるものとして捉《とら》える**ことであった。

(e)満州における日本の政策は、主としてその各省における『**事実上ノ(de facto)**』支配者との関係に関するものであった。

(f) 1928年春に張作霖の軍隊を追い出す努力の中で中国の国民党軍が北京に進軍した際、田中男爵を総理大臣とする日本政府は、満州における日本の『特別な地位』のために、日本はその地域における平和と秩序を保つつもりである、との宣言を発した。

31.(a)満州においては、上述したもの以外にも鉄道に関する諸問題が日中間にはあった。

(b)(i)それらの問題のほとんどは明確かつ技術的なものであり、原理原則や政策の問題を伴わないものであったので、それらは明らかに仲裁や司法手続きの対象とするのに適したものであった。

(ii)国家政策の根の深い争いから発生した日中間の激しい競争心を原因とする問題もいくつかはあった。」(判決書p.197上段～p.205下段)

31箇条の分析

リットン報告書の内容をパール判事が取りまとめている右記引用の31箇条から、パール判事は次のa)～g)までの7つの項目をあえて取り出して判決書本文において記述し、強調している。これらの項目とパール判事による記述は次の通りである。

a)ソ連の対中侵入：「(前略)1929年11月のソビエト連邦による中国への軍事的侵入に関してリットン委員会が行《おこな》った説明の概略を項番23(e)(viii)にてまとめておいた。その関連では、パリ条約締約国で当該紛争には無関係であった第三国諸国からのさまざまな覚書に対する回答としてソビエト政府は、自らの行動は合法的な自衛措置として採られたのであって、どのような面においてもそれがパリ条約の違反であると解釈することはできないとの立場をこの紛争を通じて常に取っていたことに留意することは適切である。」(判決書p.209上段)

b)1915年 日支条約：「1915年の日支条約は上記分析の項番23(d)で述べられている。この関連では、中国はこの条約を、強制により獲得されたものであるとして拒絶しようとしたことに留意しておく必要があろう。

同意の自由は、個人間での契約と同様に国家間での契約を有効化するにおいても原則的には必要であるとされているが、かかる自由は、国家間においては個人間の場合のそれとは相容《あいい》れない条件の下《もと》で存在できると考えられるのである。不正を糺《ただ》す救済の手段として強制と脅迫が許された手段であった限り、国際法においては、それらを使用した結果として合意に到達した場合にはかかる合意の質は損なわれると見なすことは、不可能であった。

パリ条約後の状況がどのようなものであったにせよ、1915年の時点では国家の要求を実現するためには戦争が合法的な手段であったことは疑い無い。そのため、当時の国際契約においては、それが強制により獲得されたものかどうかに関わらず合意は自由に得られるものであったと考えなければならない。」(判決書p.208下段)

以下に挙げたc)～g)までの5つの項目については、パール判事は詳しく分析している。後ほどそれぞれの項について改めて詳しく触れていきたい。

c)日本の「特別な地位」の主張：「リットン委員会は、日本による満州の「特別な地位」の主張について申し述べている。上記の分析での項番19、20、21、22、23(a)と(b)、27そして29は、満州における日本の特殊権益が持っていた特徴を示している。」(判決書

p.209下段)

d)三国干渉：「リットン委員会は、1895年の日清条約締結に際して行《おこな》われた三国干渉に対する見解を述べている。本官はそれを本官の分析の項番23(a)において記述した。この関連では、この三国干渉の正当性に対する世界の見解に留意することは興味あることである。

法の観点からは、そのような干渉を行《おこな》う国々は彼らの法的権能を超越したものと考えられた。それらの国々による弁明もしくは正当化の弁は、道義的なそれにしかならないのである。」(判決書p.209上段)

e)日本の人口過剰問題：「右記の項番22における分析で、本官は**日本の人口過剰問題**についてのリットン委員会の見解を述べた。」(判決書p.206下段)

f)日英同盟と朝鮮併合：「右記の項番23(c)において言及された1910年における日本の朝鮮併合に関連しては、イギリスと日本との間《あいだ》の1902年と1905年の両条約(訳注：2回に亘った日英同盟の条約)を見ておくことは適切であろう。」(判決書p.207下段)

g)中国における共産主義：「本官は、右記の項番18において、中国における共産主義の発展の特徴に関するリットン委員会の見解を述べた。検察側はその最終論告の中でリットン報告書のこの一部分《いちぶぶん》に言及し、共産主義は中国における日本の権益に対して1931年には脅威とはならなくなったと主張するよう我々に推奨している。リットン委員会報告書は、かかる見解には反している。」(判決書p.215下段)

それでは、右記のc)〜g)の5つの項目につき、以下、順に詳しく見ていきたい。

c)日本の「特別な地位」

この「特別な地位」とは、日本が満州において他国と比べて特別な地位を占めていたとの日本による主張である。リットン報告書によれば、日本は中国の隣国でありその最大の顧客でもあり、中国国内の無法状態によって最も苦しめられたのは日本であった。満州を巡って日本はロシアと争い、日露戦争に至った。これはロシアによる侵入の脅威に対する自己防衛として戦われた、日本にとって「生きるか死ぬか」の奮闘であった。日露戦争は日本が勝利した。すべての日本人の心の奥深くにはこの日露戦争の記憶があった。日本はロシアから鉄道利権を入手し、それを南満州の経済発展のために使用した。以上の詳細はパール判事によるリットン報告書の分析の箇条書きの中にある。以上をまとめた記述は次の引用である。

「(x)日露戦争の遺産である歴史的な関連性と感情、さらには過去の四半世紀において日本企業が満州で達成したことへの誇りは、定義不能ではあるものの日本による『特別な地位』の要求の**実体的な**部分ではある。」(判決書p.204下段〜p.205上段)

リットン報告書は、満州における日本の「特別な地位」の根拠の大きな部分に日露戦争の勝利があることを見落とすことなく指摘していた。

アメリカは日露戦争の終結に力を貸した。ポーツマス条約はアメリカの斡旋の下《もと》にアメリカで締結された条約である。また、アメリカは日本による「特別な主張」を最初の間《あいだ》は認めていた。1917年の石井・ランシング協定がその証拠である。

「この関連で1917年のランシング・石井交換公文(訳注：石井ランシング協定)を見ておくことは適切であろう。この中には次の声明が含まれていた。

『アメリカ合衆国と日本の両政府は**領土の近接性は国家間で特殊**

な関係を生み出すことを了解し、そしてその結果として合衆国政府は、日本が中国において、中でも特に日本の領土が隣接する地域（＊）において、**特殊権益**を持つことを承認する。』（＊訳注：日本の朝鮮併合は1910年に実施された。「日本の領土が隣接する地域」とは、朝鮮と接する（南）満州地域を指《さ》す）」（判決書p.208上段）

しかし、アメリカは第一次大戦の後に対日態度を豹変させた。1922年のワシントン9カ国条約によって日本の力を削り落とそうと画策したのであった。日本に対するこの敵対的態度はその後も続き、最終的には1941年のハル・ノートに至る。パール判事はA・J・トインビー博士の論説を引用して、アメリカを中心とした「英語を話す諸国民」が、日本が自ら築き上げた地位からいかに巧みに日本を追い落とすことを画策したかを論じている。これは後ほど詳しく述べることとしたい。

イギリスは満州における日本の「特別な地位」を承認した。パール判事は次のように述べている。

「この関連では本官は、少なくともイギリスは日本との同盟を結ぶ条約の中で、この『特別な地位』を承認したことを付け加えておきたい。」（判決書p.210上段）

右記引用中の「日本との同盟」とは、日英同盟のことである。日本とイギリスはロシアを共通の仮想敵として攻守同盟を結んだのである。日英同盟は1902年1月30日に第一次の条約が締結され、その後、1905年8月12日に2回目、1911年7月13日に3回目の条約が締結された。これは1923年8月17日に失効するまで、実に20年以上も続いた同盟であった。日英同盟についてはパール判事が詳しく論じている。後ほど詳しく見ていくこととしたい。

ソビエト連邦を訴追国の内の一つに抱え込んでいた検察側は、日露戦争を日本によるソ連への侵略戦争と位置づけようとしていたようだ。これは日露戦争を日本にとっての「生きるか死ぬか」の自己防衛戦争であったと位置づけたリットン報告書とは異なる立場である。パール判事は次のように述べている。

「検察側は、日本が満州と中国に持っていたあらゆる権益は以前の侵略により獲得されたものであると特徴づけることを好んでおり、日本が中国やその他の国に対して負っていた義務を示しながら、それらの権益に関して日本が取ったその後の行動を並べ立てている。日本の権益をこのように特徴づけることを受諾する資格を我々にもたらすような証拠は、我々の眼前には無い。」（判決書p.209下段～p.210上段）

しかし、百歩譲って日本の「特別な地位」が侵略によって獲得されたものであったと仮定しても、日本の法的地位はまったく揺らがないとパール判事は論じる。次の引用の通りである。

「しかし、これらの権益は日本が以前の侵略により獲得したものであると仮定したにしても、現下の国際システムにおける日本の法的地位はかかる事実により微塵《みじん》も影響を受けないのである。西洋の訴追実施国が中国を含む東半球において主張している諸権益の過半はそのような侵略的方法により獲得されたこと、ならびに、パリ条約の調印にあたり彼らが東半球に持つ各々《おのおの》の権益につき留保条件を付けた際には、彼らは明らかに、自己防衛と自己保全の権利がかかる権益にまで及ぶことを念頭においていたこと、等を我々の記憶に呼び起こすことは、適切であろう。」（判決書p.210上段）

そもそも、西洋諸国がアジアにおいて主張している諸権益は、侵略的方法で獲得されていたのである。さらには、それら西洋諸国はパリ条約の調印において、彼らがアジアに持つ権益に関する自己防衛と自己保全の権利を留保したのである。日本の権益が同様の方法で獲得されたからと言って、不法であると主張することはできないはずであろう。

パール判事は第一部においてパリ条約（ケロッグ・ブリアン条約）の締結のいきさつを分析した。その分析においてパール判事は、各国が右記引用中の「自己防衛と自己保全の権利」を留保した上でこの条約に調印したことを強調して指摘した。この指摘は重要であり、この満州段階においてもパール判事は次の引用のように繰り返している。なお、自己防衛と自己保全は国家が果たすべき最大の責務であることは現在でも変わらない。この自己防衛と自己保全は、論者によっては「自己保存」あるいは「国家安全保障」と言い換えられているようである。

「自己保存は単に国家の**権利**であるのみならず、国家の最高位の義務でもあるのだ。他のすべての義務はこの自己保存の権利と義務の下《もと》に従属させられるのである。国際関係においてすべての国家はこの権利を支配的な要件として取り扱っており、この権利を条件としてすべての権利と義務は存在する。」（判決書p.210上段）

この点に関してパール判事は、パリ条約の発案者の1人であったケロッグ自身の言葉を引用している。

「（前略）1928年6月23日のケロッグ氏の覚書は、日本を含むさまざまな国々に宛てられた回章であった。その中でケロッグ長官は自衛の問題につき次の表現によりコメントを加えている。

『この反戦条約のアメリカによる草稿上には自衛権を制限もしくは減じるものは何も無い。かかる権利はすべての主権国家に固有のものであり、あらゆる条約に無条件に包含されているものである。すべての国は常に、そして、条約の条項に関わらずに、その領土を攻撃や侵略から自由に防衛することができ、そしてその国のみがその状況において自衛戦争に訴えることが必要であるかどうかを決する権能を持つのである。もしもそれが良い理由に基づくものならば世界はそれに賛同しその行動を非難することはない。しかしながら、奪われることのないこの権利を条約により明示的に承認することは、侵略を定義しようとするあらゆる努力が直面するのと同様の困難を惹起せしめるのである。逆方向からのアプローチをしても同様の問題に行き当たるのだ。いかなる条約も、自衛を行《おこな》うとのこの自然権に対して何物をも付け加えることができない限りにおいて、不謹慎な人間が、合意した定義に合致するよう物事《ものごと》を捏造《ねつぞう》することはあまりにも容易であるために、ある条約に自衛の法的概念を記載することは平和のためにはならないのである。』」（判決書p.243下段～p.244上段）

ケロッグが発信した回章を受諾する上での日本の外務大臣の文章をパール判事は次のように引用している。

「日本の当時の外務大臣であった田中男爵（訳注：田中義一）は、1928年7月20日に上記の覚書への回答の中で『**特に(inter alia)**』次のように述べた。

『日本帝国政府は、去る4月提出せられたる条約原案に対する日本帝国政府の了解はアメリカ合衆国政府の了解と…実質上同一なるをもって、今般提議せられたる修正に対し衷心賛同しうることを欣快《きんかい》とする旨、貴下に通報するの光栄を有する。』

以上が、日本の満州における行動はあらゆる面でブリアン・ケロッグ条約に違反していないと主張するにおいて日本が依拠している記録である。」（判決書p.244上段）

自己防衛と自己保全を理由として、日本は満州における行動は「あらゆる面で」パリ条約に違反していないと主張したのであった。自己防衛と自己保存の権利はケロッグの回章が保証している。

なお、ケロッグの回章がパリ条約本体に組み入れられていないことを材料にした反論を封じる意図で、パール判事は次のように釘を刺している。これも第一部 予備的法律問題での議論を再度、述べたものである。

「国際法のさまざまな規則の中でも、条約はその交渉を行《おこな》っている者の意図に焦点をあてて解釈されなければならないとの規則以上に堅固に確立されたと見受けられる規則は無い。当然ながら、かかる意図は条約の文言それ自体に記載されているものであると推定されるものの、かかる意図は調印時もしくは批准時に条約に付随される特定の留保条件、もしくは、批准前の交渉におけるその解釈、解明、了解、注釈、制限、もしくは、現実上の制限などの、条約の外に求めることもできるのだ。事実としては、日本は他の締約国同様、ケロッグ氏が与えたこの解釈そのもの、特に、自衛権は無制限、無定義、無留保で承認されると氏が申し述べたことを理由としてこの条約を信認したのである。」(判決書p.244上段)

日本自身も、その「特別な地位」について国際連盟理事会に対して次の声明を申し述べたとパール判事は論じている。日本はその声明の中でパリ条約に対する米英仏独の各国の態度を引用している。日本は他の締約各国と同様の立場にあったことを強調しているのである。

「国際連盟理事会に対して提出した声明において、日本自身も次のように明確に申し述べている。

『満州における日本の特別な地位にはかくも多くの神秘性が結び付けられているが、それは非常に単純なことである。それは日本の条約上の特別な権利(それに加えて日本と満州との領土的近接性、ならびに地理上の状況と歴史的関連性)、ならびに、キャロライン号事件(*)において表明された標準原則、すなわち、すべての自衛行動はその正当化のためには、守られるべき権益の重要性、もしくは、危険の緊迫性、さらには、その国が行動すべき必要性、に依存しなければならないこと、に基づくところのきわめて重要で正当化された自衛措置手段、それらの集積にすぎないのである…。戦争を非合法化するブリアン・ケロッグ条約の調印に至るまでに行《おこな》われた複数の声明、すなわち、ケロッグ氏自身が合衆国連邦議会上院にて行《おこな》ったもの(1928年6月23日の覚書)、当時のイギリス外相によるもの(1928年5月と7月の覚書)そしてフランスとドイツの政府によるもの、等は自衛権を明白に留保しており、そしてそのいずれもが、ケロッグ氏による、『すべての国家は…諸状況が自衛戦争に訴える必要性をもたらしているのかどうかを判断する能力を**単独で持つ**』との氏の見解で英国とフランスの文書が明確に支持しているところのものと、矛盾はしていないのである。』

(*訳注：原表記はCaroline Case。キャロライン号事件とは、1837年に英領カナダで起きた対英反乱にてウィリアム・ライアン・マッケンジーを首領とする反乱軍が、米と英領カナダの国境であるナイアガラの滝において米国人支援者が提供した米国船籍の蒸気船キャロライン号を用いて人員物資の運搬を行《おこな》ったため、同年12月29日に英軍が米国領内でこの船を拿捕《だほ》し水流に乗せた上で放火し滝から落として破壊した事件である。この際に米国籍の黒人が1名死亡している。米側からの抗議に対し英側は、自衛権の行使である旨を抗弁の1つとして主張した。これに対し米側は、国務長官ダニエル・ウェブスターが、英側の主張する自衛権の行使を正当化するためには、『かかる自衛が緊急で、圧倒的で、手段選択の余地がなく、熟考する時間が無い』ことが要件であると反論した。自衛権行使に関するこの要件は『ウェブスター見解』と呼ばれ、国際政治において『先行自衛権』の原則を確立するのに使われた。)」(判決書p.243上段～p.243下段)

その上で、パール判事は日本の持つ法的権能を毀損せしめようとしたワシントン9カ国条約の効力は限定的であったとしている。次の引用の通りである。

「また、もしも日本の満州における権益の特徴についての日本の主張が正しいとするならば、すなわち、日本が主張する特別な地位ないし特殊権益が日本の自己保存のために必要なのであれば、1922年のこのワシントン条約はこのような権利を日本から奪い去ることはできないことにも留意すべきである。」（判決書p.210上段）

ワシントン条約によってこのような権利を日本から奪い去ることはできないとパール判事が指摘する根拠は、自己防衛と自己保全は国家が果たすべき最大の責務であるとの原則がワシントン条約の締結後も変わらないからである。

パール判事はワシントン条約について次のように追い打ちをかける。

「**ワシントン条約**は満州においては実際上、状況をほとんど何も変えなかったのである。門戸開放政策に関する規定があるにもかかわらず、満州で日本に付与された権益の特徴と範囲に鑑みれば、ワシントン条約は満州に対しては限定的な適用性を持つのみであったのだ。」（判決書p.210下段～p.211上段）

ワシントン条約（ワシントン9カ国条約）については、パール判事が詳しく論じているので、これは項目を改めて記述することとしたい。

満州での行動は自己保存のためであったと日本は主張し、少なくともイギリスはそうした日本の自己保存につながる満州での「特別な地位」を日英同盟条約の中で明示的に認めたのである。

そのように指摘した上で、この自己保存の権利の一端として、他国に居住する自国民の安全保障も国家の責任であるとするホールとチェイニー・ハイドの意見を引用している。チェイニー・ハイドはホールの意見と同じであるが、ホールよりもさらに一歩踏み込んでいるとしている。ハイドの意見は、次の引用の通りである。

「チェイニー・ハイドはさらに踏み込んでいるようであり、次のように述べている。

『ある国家がその領土内の在留外国人の生命と財産に関して安定的な状態を維持することが長期に亘《わた》って不能であることは、そのようにして苦しめられた隣国がその領土内に立ち入り、かかる権能を代わりに所有せんと努力をすることを促進し、また、**正当化もする**のである。』

日本はかかる特別な地位に基づき、1928年春、中国国民党軍が北京へと進軍している時にかかる介入の権利を主張したのである。日英同盟条約の下《もと》、その条約が効力を持つ限りにおいて日本は、その強力な国（訳注：イギリス）との間《あいだ》でそのような了解を得ていたのである。国際法はそのような介入を許すものであると本官は信じる。（ホールの著作の第8章を参照せよ。）内戦のどちらかの主体に肩入れをする介入が合法的であろうがそうではなかろうが、これは介入者自身の権利と権益を守るための介入の申し入れだったのである。」（判決書p.210下段）

パール判事は、満州における日本の「特別な地位」の存在を認定したのである。

d)三国干渉

リットン報告書は日清戦争の後の下関条約によって日本が獲得した遼東半島南部（関東州）を清国に返還するように、ロシア・ドイツ・フランスが日本に圧力をかけたと述べている。そして日本がこれを清国に返還した直後に、ロシアはこの半島を清国から奪った経緯がある。この遼東半島南部には、後の日露戦争で日本が多大な犠牲を払って制圧した旅順要塞ならびに有名な203高地がある。三国同盟に屈したために日本は後に日露戦争で大きな犠牲を払わなければならなくなったのだ。

リットン報告書は三国干渉について各国がどのように捉えたかについては触れていない。そこでパール判事はホールの見解を次のように引用している。

「この特定の干渉（引用者注：三国干渉）に言及して、**ホールは次のような意見を述べた。**

『かかる干渉の事例は、干渉を行《おこな》う国々の私心なき公平さを示すものであるとは見なされない。1895年4月に中国と日本との間《あいだ》で締結された下関《しものせき》条約の本来の条項では、旅順を含む遼東《りょうとう》半島を日本へ割譲することを定めている。その際にロシア、ドイツとフランスは彼らが婉曲的に『友好的申し入れ』と称したものを通じて異議を申し立て、実際上は戦争という手段に訴えるとの威嚇《いかく》の下《もと》に、日本が中国の本土における領土の追加を確保することは許さないと伝えたのである。この介入の理由として申し立てられたのは、日本がそのようにして渤海《ぼっかい》湾に足場を獲得すれば、それは朝鮮の独立に対しては危険を、そして、北京の宮廷に対しては屈辱をもたらすから、というものであった。かかる反対表明にイギリスも参加するよう求められたが、イギリスは拒否した。しかしながらローズベリー卿（＊）は、日本に向かって並べ立てられたこの圧倒的な力に対して譲歩をするようにと日本に忠告し、かかる仕儀は不承不承ながら日本により採用された。フランスとドイツの動機にまで立ち入ることは不要であるものの、ロシアについては、彼らが1898年に中国から旅順の25年もの租借を獲得してその租借の下《もと》で旅順は即座に堅固な要塞としての海軍基地に作り替えられたとの事実、また、日本の武装軍団により強制的に排除されるまでロシアは遼東《りょうとう》半島の占領を継続していたとの事実は、ロシアの行動に対してかなりの光明を照らすものである。実際、1905年9月に締結されたポーツマス（ニューハンプシャー州）条約においては、明文規定によるものではなかったものの、その10年前に日本が奪われた領土を日本に対して回復せしたのである。』」

（＊訳注：Archibald Primrose, 5th Earl of Rosebery 1847 ～ 1929 イギリスの政治家。伯爵。三国干渉当時はイギリスの総理大臣。）」（判決書p.209上段～ p.209下段）

国際法の権威であるウィリアム・エドワード・ホールは1894年に死去している。しかし、その著書である「国際法（A Treatise on International Law）」はその死後も改訂版が出版された。パール判事は次の引用の通り、その第8版を読んでいたようである。「本官はただ、ホールの「国際法」第8版の序章から引用したい。」（判決書p.80下段）そしてホール死後の改訂版は、右記引用のように、ロシアをはじめとする三国の干渉は不当であったと述べているのである。

パール判事はこの三国干渉に絡めて、ロシア以外の国（独英）の動きについても次のように触れている。

「ドイツは1898年3月6日に北京で調印された条約により、中国から99年に亘る山東半島の租借を獲得した。

イギリスは1898年7月1日の条約の下《もと》、99年間にわたる威《い》海衛《かいえい》の租借を確保した。」（判決書p.209下段）

ドイツとイギリスも、機会さえあれば中国の領土を喜んで取得していたのであった。

e)日本の人口過剰問題

我々現代人の意識には強くは上らないが、当時の日本は急速に人口が増えていた。それが深刻な問題となっていたのである。リットン報告書はその点を見落とすことなく指摘している。

日本の人口過剰問題が深い懸念をもたらしていたこと、ならびにその解決の方向性につき当時のアメリカの有力な人口学者が述べていたことをパール判事は紹介している。

当時の満州は日本にとって文字通りの「植民」地であったのだ。当時の日本では「大陸雄飛」が奨励された。この「大陸」が指す筆頭が満州であったことは言うまでもない。満州が日本の生命線であるという日本の主張は、アメリカによってまったく理解されなかったわけでもなかったのである。

このアメリカの有力な人口学者とは、ウォレン・シンプソン・トンプソン教授である。

「日本の人口過剰問題が他の国々において深い懸念と共に観察されていたことをここで見ておくことには、いくらかの意義があろう。

マイアミ大学のW・トンプソン教授（＊）は世界人口の危険スポットを指摘する中で次のように述べた。

『西太平洋地域において現在までのところ最も切迫した事態にあるのは、日本である。日本は現在、他の国に比べて決定的に人口過剰なのである。日本は農業拡大のためにさらに多くの領土を必要としており、また、その工業の発展のためにさらに大きな鉱物資源を必要としている。今日《こんにち》における日本の中国に関する政策は、かかる真に緊急な経済的必要性によって決定されているのである…。中国に対する彼らの政策は今もそして未来においても、満州を開発する最善の道とは何であるのかについて彼らが下す評価によって決定される…。これは今日《こんにち》においては国際関係における通例のやり方であるため、このことはいかなる面においても日本の信用の毀損をもたらすものではないのである…。』

（＊訳注：Warren Simpson Thompson 1887～1973 アメリカの人口学者。1929年の著書"Danger Spots in World Population"にて人口推移説を展開し、世界の各地域は工業化の進展に伴い、①高出産率・高死亡率、から、②高出産率・死亡率逓減、さらには③低出産率・低死亡率へと推移するとした。トンプソンはそのフレームワークの下《もと》に世界で人口問題に直面している地域を割り出して政策提言を行《おこな》った。当時、急速な人口増加問題を抱《かか》えていた日本に対しては、中国大陸における満州などの「領土獲得による拡大」政策以外に採るべき道は無いと提言した。これは日本の政策を支持するように見受けられるとして両大戦間期の西欧政治家はほとんど興味を示さなかった。トンプソンはまた、第二次大戦後すぐにマッカーサーの顧問として日本を訪問し、日本政府に対して人口政策の提言を行《おこな》っている。なおトンプソンが所属したのはオハイオ州オックスフォードのマイアミ大学であり、フロリダ州マイアミにあるマイアミ大学ではない。）」（判決書p.206下段～p.207上段）

この人口問題もひとつの例であるが、「西部開拓」にいそしみ、それは天がアメリカに与えた使命であるとさえ主張したアメリカが、なぜ日本による「満州開拓」に対しては異議を唱えたのか。そうするにあたってアメリカ側に「私心」がなかったとは言えないのではないかと筆者には思える。少なくとも、トンプソン教授は、日本が取るべき道は満州開拓しかないこと、それは国際関係における通例のやり方であるため、いかなる面においても日本の信用の毀損をもたらすものではないと、極めて正当かつアメリカ人として一貫した主張をしていたのである。このトンプソン教授の主張の発見は、パール判事が収めた大きな功績の一つだと筆者は思う。

f)日英同盟と朝鮮併合

リットン報告書は日本による朝鮮併合（１９１０年）に触れている。

満州のケースとは異なり、日本が朝鮮を併合することには、イギリスもアメリカもまったく異議はなかった。むしろ、日本により朝鮮が併合され、極東情勢が安定する（ロシアの朝鮮での勢力拡大によって中国における自国の権益が脅かされるのを防ぐ）ことから、日本の朝鮮併合を後押ししていたとさえ、筆者は考える。このように考えるにあたっては根拠がある。パール判決書からは離れるが、以下2点ばかりを挙げておきたい。

一つは、5カ国の代表から成るリットン委員会（リットン調査団）にアメリカを代表して参加していたフランク・ロス・マッコイ米国陸軍少将（Frank Ross McCoy 1874～1954）が1932年、満州からの帰路に立ち寄った朝鮮で、朝鮮総督であった宇垣一成《うがきかずしげ》に述べた次の言葉である。日本の朝鮮半島経営を賞賛しているのである。

「自分（引用者注：マッコイ少将）は昨夜来東洋における一つの驚異を発見した。それは、今回の長い旅行における大きい収穫であつた。同時に、自分の今日までの研究不足をしみじみと愧《は》ぢている。

何であるかといへば、朝鮮に対する全般的な認識の相違である。吾々《われわれ》は、朝鮮といふ所は、地理的には大体満州の延長であるから、相変らず匪賊《ひぞく》（盗賊）が横行し、産業も振るはず、赭土《あかつち》色の禿山《はげやま》の下で、民衆は懶惰《らんだ》の生活を送つてゐるものとばかり思つてゐた。然《しか》るに列車が一度鴨緑江《おうりょくこう》の鉄橋を越ゆるや車窓に隠見する事々物々、**皆吾々の予想に反し、見渡す山河は青々として繁茂し、農民は水田に出て、孜々《しし》として耕作に従事し平壌その他工業地帯の煙突は活発に煙を吐き、駅頭に散見する民衆は皆さつぽりした衣服を纏《まと》い、治安はよく維持せられていて何ら不安はなく、民衆は極めて秩序正しく行動し、且つその顔に憂色がなく、満州に比べて実に隔世の観がしたのである。**

これはとりもなほさず、貴国の植民政策が妥当であつて、歴代の総督が熱心に徳政を施された結果であることを卒直にお歓《よろこ》びすると同時に、今後における吾々の朝鮮観を根本より改めるであらう。」（出所：「朝鮮新話」鎌田沢一郎、昭和25年）

このマッコイ少将の発言は、リットン委員会が決して日本の大陸政策を白眼視する態度の下に満州調査に乗り出したわけではないことを示している。

もう一つは、近時の2001年11月16日と17日に米国ボストンのハーバード大学において開催された、「韓国併合再検討国際会議」の席上、イギリスの国際法の権威であるクロフォード教授（James Crawford 1948～）が述べた言葉である。韓国併合がなされた当時の国際法上、日本の韓国併合はまったく合法的であったと指摘している。次の通りである。

「会議で合法論を強く主張したのは、英ケンブリッジ大のJ・クロフォード教授である。同教授は、『自分で生きていけない国について周辺の国が国際的秩序の観点からその国を取り込むということは当時よくあったことで、日韓併合条約は国際法上は不法なものではなかった』『強制されたから不法という議論は第一次大戦以降のもので当時としては問題になるものではない』と述べたという。」（出所：平成16年10月1日付産経新聞）

この「韓国併合再検討国際会議」は、韓国の学者の主導で準備・推進された会議である。彼らは韓国併合が国際法上で違法であったことの立証を目指したのであった。

右記引用においてクロフォード教授は、日本人が口にすることをはばかることを堂々と指摘している。筆者はクロフォード教授が暗殺されないよう、その身の安全を切に願う。すなわち、「自分で生きていけない国」がどの国を指すかであるが、日本人たる筆者は恐ろしくて明記できない。「周辺の国」とは日本のことである。いずれにせよ、この現代の国際法の権威は、「日韓併合条約は合法」と明示的に指摘しているのである。この事実は、よくよく記憶に留めるべきものと筆者は愚考する。

さて、パール判決書に立ち戻ることとしよう。朝鮮併合について検討する際、パール判事は１９０２年から１９２３年までの長きに亘って日本がイギリスと同盟関係にあった事実を紹介しながら、同時に日本に対するイギリスの全般的な考え方をも示している。次のように切り出している。

「右記の項番23(c)において言及された１９１０年における日本の朝鮮併合に関連しては、イギリスと日本との間《あいだ》の１９０２年と１９０５年の両条約（訳注：2回に亘った日英同盟の条約）を見ておくことは適切であろう。」（判決書p.207下段）

すでに見たように、日英同盟の条約は3回に亘って締結され、少しずつ強化されていった。まずは、第一の条約（１９０２年）をパール判事がどのように紹介しているか、見てみよう。

「１９０２年の条約の下《もと》では、両締約国は中国と朝鮮の独立を相互に承認しながらも、彼らがこれらの国に対して持つ**特殊権益**に鑑みて、これらの権益を他のあらゆる列国による侵略的行動から保護するために不可欠となりうる措置、もしくは、それらの国の**国内での混乱**から生命と財産を保護するために介入が必要となるような場合に不可欠となりうる措置を取ることは、両国のいずれに対しても認められるべきものであると宣言した。」（判決書p.207下段）

日本が中国と朝鮮に持つ特殊権益をイギリスは明示的に認めたのである。

さらに、日英同盟の重要な目的である、「もう１つの国」に対する協力を述べている。

「（前略）もしもイギリスもしくは日本がもう１つの国（＊）との間《あいだ》で右記において記述された彼らの権益を守るための戦争に巻き込まれた場合には、もう一方の締約国は中立を厳格に守るものとし、そして、その締約国はその他の列国がその同盟国に対する戦闘行為に加わることを防ぐために最大限の努力をすることが合意された。（＊訳注：暗にロシアを指しているものと思われる）」（判決書p.207下段）

次に、第二の条約（１９０５年）の様子を見てみよう。パール判事は次のように述べている。

「これらの条項は、前の条約を置き換えた１９０５年の条約の条項においては大きく増強された。１９０５年８月８日に、ポーツマスにおいて講和会議が進行中であった際に、かかる第2同盟条約が締結された。この条約の条項により、以下が合意された。

１．極東およびインドのすべてにおいて平和を堅固に維持すること。

２．中国の独立と領土保全を維持し、『門戸開放』の原則を尊重すること。

３．両締約国の**極東**および**インド**における植民地の権利ならびに**特殊権益**を相互に尊重すること。」（判決書p.207下段）

「この新しい条約は、誠意ある攻守同盟（＊）を定めたのである。（＊訳注：原表記はa whole-hearted offensive and defensive alliance。共同防衛のみならず、攻撃をも共同で行《おこな》う同盟）」（判決書p.208上段）

第三の１９１１年7月13日の条約については次のように触れている。

「イギリスは**日本が**朝鮮に持つ**特別な範囲の権益**を認め、また、日本が朝鮮に対して勧告を行《おこな》い、その面倒を見、そして保護する自由を日本に与えたのであった。この拡大条約により日本とイギリスが確保することを望んだ主たる点は、第三国による攻撃から朝鮮とインドを防衛するにあたり相互に支援を行《おこな》うことにあった。

朝鮮の併合は、日本が自由に実施するに任されたままであった。
この条約は、１９１１年の条約により改定され更新された。」
（判決書p.208上段）

右記の引用は日英同盟の内容を述べると同時に、イギリスが日本による朝鮮併合をどのように捉えていたのかについても分析したものになっている。イギリスは、日本が朝鮮を併合することは「ご自由にどうぞ」と認定していたのである。

g)中国における共産主義

パール判事が強調していた最後の点は、中国における共産主義である。これはリットン報告書も論じていた点である。

パール判事は中国における共産主義に関する論点が重要であることについて、次のように述べている。

「共産主義発展の恐怖に関する表明が世界全体で繰り返されている時、そして、共産主義拡大について予知されたところの脅威に対する経済面ならびに軍事面における広範囲で緊急の準備に関する報告があらゆる方面から寄せられている時、かかる予知された脅威に対して日本が怖れを抱《いだ》いた結果として彼らが採った準備と行動については、それが正当化できるものかどうかは別として、訴因第1から第5で申し立てられた何らかの途方もなく巨大な共同謀議の理論の助けを借りずとも少なくともその説明を行《おこな》うことはできることについては、そのことを思い起こす必要すらもないものと本官は信じる。」（判決書p.215下段）

一方、東京裁判における検察側が、中国における共産主義についてリットン報告書の見解とは反している見解を認めるよう判事団に推奨したことをすでに見た。再度引用する。

「検察側はその最終論告の中でリットン報告書のこの一部分《いちぶぶん》に言及し、共産主義は中国における日本の権益に対して１９３１年には脅威とはならなくなったと主張するよう我々に推奨している。リットン委員会報告書は、かかる見解には反している。」（判決書p.215下段）

証拠として挙げられたリットン報告書に関して2つの異なる見解がある場合、裁判官としては、追加資料を調べてどちらが真理なのかを検証しなければならない。

ところが、中国における共産主義の発展に関して弁護側が提出した証拠を、東京裁判所は却下してしまったのである。次の引用の通りである。

「（前略）弁護側はこの共産主義の発展の危険に関連する追加的な証拠を提供したが、我々はそれを不適切であるとして却下したのである。本官の意見では、そのように証拠を除外してしまった後ではこの件に関する検察側の最終論告を受け入れるわけにはいかないのである。本官がそのように申し述べる理由を、本官はこの判決書の初期の部分（＊）ですでに記述した。（＊訳注：第三部　証拠ならびに手続きに関する規則・中国における共産主義の進展に関する証拠は却下された参照）」（判決書p.215下段）

右記引用のように証拠を除外してしまった以上は検察側の主張をそのまま受け入れるわけにはいかないという右記引用中のパール判事の記述は、裁判官の主張として至極もっともであると筆者は思う。

そこでパール判事は他の民主主義諸国の政治家たちが中国の共産主義に対してどのような見方をしているかを指摘している。

「今日《こんにち》においてもなお、我々は『中国の共産主義者を封じ込めないと日本は破滅する』と聞かされている。『平和を愛する』民主主義諸国の政治家や外交官たちにより、『共産主義者による中国の征服はインドシナにおける共産主義者による勝利への道を迅速に切り開くものであり、そして、共産主義者によるインドシナの支配の後には共産主義者によるタイとマレー半島の制圧が続くであろう』と宣言されている。」（判決書p.215下段～p.216上段）

そのように他国の見方を指摘した後で、日本の場合のみに限ってそのような日本の懸念は日本側の「不誠実（malafides）」によるものであると考えなければならない理由が見あたらないとパール判事は指摘している。これは中国における共産主義に関するパール判事の結論部分であると筆者は考える。

「しかし、尊敬に値《あたい》するいずれの政治家によってもかようなことを懸念することが可能であるのに、本件裁判における被告人たちによってかかる心配が主張された場合には、それは彼らの**『不誠実（malafides）』**のせいであると我々は考えるべきだとされるのはなぜなのかが本官には理解できないのである。これらの被告人たちは目下のところ、以上の懸念を表明している政治家たちの誰よりも死活的に日本の運命に関係していたのだと我々が知っている場合には、特にそうである。」（判決書p.216上段）

右記引用中の「以上の懸念を表明している政治家たち」とは、日本の政治家たちではなく、欧米の政治家であろう。一方、「これらの被告人たち」とは、紛れもなく日本の政治家たちである。つまり、欧米は満州と中国の共産化によって死活的な影響を受けるものではないが、一方で日本は満州と中国が共産化することは、国の存続を左右する死活的な問題に直結していたのである。そのことをパール判事は指摘しているのである。

リットン報告書に関するパール判事の結論

以上において、リットン報告書の内容の内でパール判事が重点的に取り上げた5つの論点を詳しく取り上げて見て来た。

パール判事は、すでにリットン報告書の結論部分を本項の冒頭部分において引用している（判決書p.196上段～p.196下段）。それをふまえた上で、パール判事は次の結論に立ち至っている。

「リットン委員会は、以上に列挙されたすべての事実と状況を検討した後に、本官がすでに注目したところの最終的な結論によって過去に対して決着を付けた。そして弁護側が主張したように、リットン委員会のこの最終結論は、もしもそれが正しく評価されたならば、犯罪であるとの現下の訴追を一掃するのに十分である。本官の意見では、何らかの共同謀議の理論の手を借りずとも、起きたできごとを以上によって説明することは少なくともできるはずなのである。」（判決書p.216上段～p.216下段）

パール判事は右記をサラリと述べているが、弁護側の「満州事変は犯罪であるとの訴追を一掃するのに十分である」という主張を右記引用においてパール判事が認めている点は重要である。リットン報告書で挙げられている諸事実に基づいて判定すれば、「満州事変は犯罪ではない」との結論は不可避なのである。さらに、共同謀議の理論を持ち出さなくとも、満州に関して日本が取った行動は「説明」できると述べている。なおパール判事は当然ながら、満州事変が良いことであったか悪いことであったかの判断には踏み込んではいない。

なお、これに合わせてパール判事は、当時の諸国が満州事変を犯罪としてとらえていたかどうかをも検討している。これは後ほど、項目を改めて述べることとしたい。

リットン報告書とボイコット

中国側が日本に対して取った敵対的行為としては、ボイコットが挙げられる。このボイコットの位置づけについてパール判事は重要視しており、判決書のさまざまな箇所で取り上げている。この満州段階においてもリットン報告書と絡めて取り上げられている。次の通りである。

「中国と日本の間《あいだ》の関係につき総合的な見解を提供する報告書であればそのいずれもが、**ボイコットの議論**を避けることはできない。リットン報告書は中国におけるボイコットの起源を1893年の興中会（訳注：孫文が創設した革命団体。清朝打倒を目指した）にまで遡っている。1925年以降のボイコットは、敵国に対立させるよう一般大衆の心を扇動するために選び抜かれたスローガンを使ったありとあらゆるおぞましいプロパガンダによって**国民党により鼓舞されたのみならず、国民党により組織し、調整され、監督された**のである。」（判決書p.206上段～p.206下段）

ボイコットの件を筆者がここで取り上げたのは、パール判事はリットン報告書を「第1段階」ならびに次の「第2段階」で重要視しているものの、報告書のすべてを無批判に受け入れているわけではないことを示すためである。次の引用の最後の文にある通り、パール判事はリットン報告書のボイコットに関する見解を、やんわりと否定しているのである。

「リットン委員会の取材を受けた日本の商人たちは、中国で行《おこな》われているようなボイコットは侵略行為であると強く主張した。リットン委員会はその見解を承認しなかったものの、ボイコットは全般的には合法的なやり方で実施されたとするリットン委員会の中国人参与員による主張を支持することは拒否した。リットン委員会の主張によれば、ボイコットはより強力な国による侵略に対する合法的な防衛用の武器となることができる点は確かであるとのことである。ボイコットに対して現在採られているこのような態度よりもはるかに洗練された態度を国際法の法律家たちは将来のある日において採ることを余儀なくされることになるのかどうかは我々にはわからない。」（判決書p.206上段～p.206下段）

リットン報告書に基づく国際連盟総会の結論

国際連盟は、リットン報告書に基づき、日本の行動について次のように結論した。

「リットン委員会の報告書に基づき、国際連盟総会は1933年2月24日に、南満州鉄道の区域の外に日本の軍隊が所在しており、彼らがかかる区域の外で活動していることはこの紛争を解決する際に照らし合わせるべき法的な原則とは相容《あいい》れないものであり、さらに、1931年9月18日以前の段階で存在していた緊張状態が始まった時点においては日中双方ともにそれに対して何らかの責任があったものの、1931年**9月18日以降に**展開したできごとについては中国側の責任問題が提起されることは無いと結論した。」（判決書p.216下段）

直截な書き方をしていないが、右記引用から読み取れる国際連盟総会の結論の要点は次の3点であると思う。

①満州鉄道の区域外での日本の軍隊の活動は合法的ではない
②柳条湖事件以前の緊張感については日中双方に責任があった
③柳条湖事件以後の責任はすべて日本側にある

この結論は、1933年2月24日の国際連盟の総会決議の形を取った。次の引用の通りである。

「1933年2月24日のこの国際連盟総会決議（引用者注：右記引用の「結論」を指す）は、国際連盟規約第2条の下《もと》に採択され日本によって受諾された1931年の9月30日と12月10日の国際連盟理事会決議を遂行することに日本が失敗したことを理由として、日本は侵略国であると暗に示した。これらの決議は日本が、防衛要件が許す限り速やかに南満州鉄道区域の中へと軍隊を撤収させることが必要であるとしていたのである。」（判決書p.216下段）

つまり、国際連盟は、日本が他の2点の国際連盟決議を守らなかったこと、すなわち、日本が南満州鉄道区域内へ軍隊を撤収しなかったことを理由として日本が侵略国であると「暗示」したのであった。総会決議が明示ではなく「暗示」した点が重要である。日本を名指しで侵略国としたわけではないのである。以上で見て来たように、リットン報告書をベースにして決議を出すのなら、そのような単純明快な結論は誰にも出せないはずなのである。

これに加えて国際連盟は、日本がこれらの決議を遵守しなければ、他の件については議論しないと主張した。次の二つの引用の通りである。

「国際連盟によるこの履行命令に日本が従わなかったとの事実に対しては多くのことが語られた。国際連盟は、日本軍が撤収しなければ他の件については議論を行《おこな》わないと主張した。」（判決書p.216下段）

「この関連では、国際連盟は軍事的な『**現状(status quo ante)**』の修復が確保されるまではこの紛争の本質を考慮するつもりは無かったことに注意を向けるべきであろう。」（判決書p.217上段～p.217下段）

パール判事は軍隊撤収に関する国際連盟決議そのものを問題視している。パール判事は次のように論を展開する。

「ある方面により観察されたように、国際連盟によるこの態度は本件の状況においては正当化することはできないものであったものかも知れない。日本軍の置かれていた立場は、他国との国境を侵《おか》して侵入をした軍隊のそれとは同じではないのである。『安全が完全に保証されている自国の国境の中に兵を撤収することと、容易に包囲されてしまう、外国に敷設されている鉄道線の中へと兵を撤収する場合とは、まるで違うのである。』国際連盟によるこの命令は絶対的なものであった。『しかし、この命令を執行する手段は何も無いことを皆が知っていた。日本が脅しに屈してその軍隊を撤収したならば、満州は以前にも増して無政府状態と無秩序に陥ることとなったであろう。』**国際連盟には満州に足を踏み入れてその秩序を回復する手段は何も無かった。**同様に、国際連盟にはそれらの日本軍の安全を保障する手段は何も無かったのである。

『日本の抱える特別な困難もしくは紛争の本質について欧州は露《つゆ》とも思わなかったとの感情は、日本を遠ざけ、日本が最終的に採用したところの極端なやり方（＊）へと日本を追いやることとなった。』（＊訳注：日本による国際連盟からの脱退）」（判決書p.216下段～p.217上段）

右記引用の冒頭の「ある方面」というのは、イギリスの新聞ジ・オブザーバーであった。

「ジ・オブザーバー紙（訳注：the Observer イギリスの新聞）は続けて次のように述べた。

『中国については、条約上の義務を中国が公然と無視したこと、ならびに、彼らのそのぎょっとさせるような悪政、について中国の側に非常に大きな責任があったこと、そして以上の2点は国家としての日本の存続のためには死活的に重要であったところの満州における経済権益を台無しにしていたこと、国際連盟規約が何と云《い》おうと満州における中国の悪政を日本が単に正すことだけに対してはどの国も日本に対して制裁を科すことはしないため、中国が列国に対して保護を求めることは無益であったこと、そのため中国はその無分別《むふんべつ》な彼ら内部の内戦をやめるように努力をすべきで、家の中（訳注：中国国内）を整理整頓し、できうる限り最善の条件で日本と折り合うべく手を打つべきであること、もしも中国がこの方向に歩み出すのであれば中国が公平な扱いを受けたことを見届けるべく我々の側は最善を尽くすこと、等々を、我々は最初の時点において彼らに知らしめるべきであったのである。』」
（判決書p.217上段）

鉄道区域内への軍隊撤収決議は中途半端な命令ではないだろうか。撤収を命じるならば、それこそハル・ノートのように満州からの完全撤退（日本国内への軍隊の撤収）を命じるならば日本が承服できるかどうかは別にして、筋だけは通る。しかし、本セクションで見たように、リットン報告書は中国政府の虚弱さによる国内の混乱や匪賊の跋扈する状態をも認定している。中国国内の日本の権益を守るために日本軍隊の満州内での駐留が必要なこともリットン報告書は認めているのだと筆者は思う。関東軍は満州の安全保障の確保が第一任務であった。リットン報告書も含め、各国とも関東軍が満州に駐在することが違法だなどと述べてはいない。だからこそ、国際連盟総会は満州国内の日本勢力圏内である南満州鉄道区域内へ撤収すべしという何ともしまりのない決議を出したのである。

もちろん、当時の中国は、ジ・オブザーバー紙の表現によれば「ぎょっとさせるような悪政」の下、軍閥・匪賊が跋扈する無法地帯であり、混乱を極めていたのだ。しかも国際連盟には、鉄道区域内への撤収をした場合の日本の軍隊の安全を保障する手段は何も無かったのだ。そのような現状を踏まえればこのような撤収は軍事作戦として到底採用できないことは筆者のような素人でもわかる。国際連盟総会は、もともと採用できるはずもない案を日本が採用しなかったからと云《い》って、日本が侵略国であると「暗に示した」のである。

この国際連盟決議に関するパール判事の結論は次の通りである。

「いずれにせよ、この不服従（訳注：国際連盟による、南満州鉄道区域内への軍隊の撤収命令への不服従）は起訴状の訴因第1と第2で申し立てられた何らかの計画もしくは共同謀議を示すものではない。」（判決書p.217下段）

日本が国際連盟決議に服従しなかったのは国際連盟が軍事的に実現不能な命令をしたことによるものであった。国際連盟はさらに、日本が現状を修復するまで、すなわち鉄道区域内への軍隊の撤収を行《おこな》うまでは他の件については議論しないとまで主張したのである。「他の件」とは、より具体的には満州を巡る日中間の紛争の本質のことであり、日本が現状を修復するまでは国際連盟はそれを考慮するつもりはなかったのである。日本が直面していたそのような情勢を見れば、この日本の行動（不服従）は共同謀議によるものとしか考えられないなどという示唆は、できないのである。

§4．ワシントン9カ国条約

さて、リットン報告書と国際連盟決議の件からワシントン9カ国条約の件に移ろう。

ワシントン9カ国条約は、米英仏伊蘭白葡日と中華民国の間で結ばれた条約である。白とはベルギーである。ソビエト連邦は締約国ではない。

「1922年2月6日のワシントン会議の9カ国条約の締約国は、この『特別な地位』（引用者注：1917年の石井・ランシング協定中に明示された日本の「特殊権益」）の主張に対し広範囲に異議を唱え、門戸開放政策を支持した。この門戸開放の教義は1899年のもので、イギリスとアメリカの政策であった。イギリスは中国において最強の立場を保持していたために国際特権システムの下《もと》に中国を利用するほうをむしろ好んだ、というのがその真相であったと信じられている。」（判決書p.208上段～p.208下段）

右記引用の最後の、イギリスに関する文章は唐突な感じがする。「門戸開放」は米英2国の共通の教義であったとは云うものの、パール判事は、中国で最強の立場を持つ英国は新しい競争相手として出現した米国との競争に勝てる自信があったために、中国における現状の国際特権システムの維持を望んで米国が提案した9カ国による枠組みにあえて賛成したというのが、イギリスの考えの「真相」だったのだろうと述べているのである。

このワシントン条約が満州に及ぼした影響だが、パール判事は次の引用のように、この条約は満州の状況をほとんど何も変えなかったとしている。

「**ワシントン条約**は満州においては実際上、状況をほとんど何も変えなかったのである。門戸開放政策に関する規定があるにもかかわらず、満州で日本に付与された権益の特徴と範囲に鑑みれば、ワシントン条約は満州に対しては限定的な適用性を持つのみであったのだ。」（判決書p.210下段～p.211上段）

さらに、この条約の効力についてパール判事は次のように述べている。驚くべきことに、標的にされた日本のみならず、「どの締約国も」この条約に効力を与えなかったというのである。次の通りである。

「**この条約**（訳注：ワシントン条約）**に対してどの締約国も効力を与えなかったことは悪名高き事実であり**、そうなってしまった理由の1つは1926年にイギリス政府によって次のように与えられた。名目上はすべての中国を代表している北京の**政府が持つ有効な権能が**この間《かん》に**漸減的に喪失して行《い》った**ことにある、と。」（判決書p.211下段）

中国において、当時最強の立場を保持していたイギリスによる同時代の中国に関する捉え方を見ておこう。

「新任の駐中国イギリス大使のマイルス・ランプソン氏は、イギリスの政策に関して1926年10月14日に出した公的声明の中で、『しっかりと定着した恒久的な中国政府が何ら存在しない中で、現下に蔓延《はびこ》っている無法状態によりイギリス人の生命と財産は危機に瀕しているのであり、そして、無責任な個人や組織の行動によりイギリスの諸権益は今のこの瞬間にも傷つけられうることを免れてはいない』と宣言した。彼は次のように付け加えた。『権威ある中国当局が何ら存在していない中では、イギリス王国政府にはその国民（引用者注：中国に居住するイギリス国民）に対して最大限の保護と支援を与える義務、そして不法行為を蒙《こうむ》ったものについては賠償を取り立てる義務がある。』」（判決書p.211下段～p.212上段）

イギリスの政策の覚書がワシントン条約締約諸国の外交代表に伝えられた。パール判事はその要点を次に引用する3点にまとめ、判決書p.212下段に記載している。なお、これらの3点は、いずれもイギリス政府自身による言葉であり、パール判事の言葉ではない。

「『不幸なことに関税会議は4年間に亘り開催されず、その期間中に状況は大きく悪化した。内乱がうち続く中で**北京政府当局はほとんどその消失点となるまでに縮小した。**』」（判決書p.212上段）

「『**このように、今日《こんにち》の中国において存在している状況は各国がワシントン条約の枠組みを作った時に彼らが直面していた状況とは全く異なるものである。**』」（判決書p.212上段）

「『締約国の諸政府は状況の本質的事実を盛り込んだ文書を発行すべきであり、その中では、**交渉を執《と》り行《おこな》う権能を備えた政府が中国人自身の手により創設されれば即座に**条約改定の交渉その他のすべての未解決の問題の交渉に応じる準備があることを宣言し、そして、そのような政府が創設されるまでの間《あいだ》は、ワシントン会議の精神と調和した建設的政策を追求するものの、かかる政策は変化した現下の状況に合致するよう発展させ適応させたものとする、との意図をその中に記載すること。』」（判決書p.212下段）

以上のイギリスの主張を裏付けるものとして、パール判事は当時の中国の政情に関する次の客観的事実を挙げている。

「この覚書は**ワシントン条約以降の中国政府の有効な権能の漸減的喪失**に言及している。この喪失は、中国内乱での北伐の過程の中で北京が国民軍の手から離れ1926年4月に張作霖と呉佩孚《ごはいふ》(*)の手に移った時点で北京政府が事実上解体されたことによって頂点に達した。そして、一時的な勝利を収めたそれらの独裁者たちは彼らの都合に合わせて北京に有名無実の政府を再び設立することが当を得たものであると考えたが、関税会議が要領を得ないままに1926年7月23日に終了したこと、また、1926年9月16日に閉会した**治外法権委員会**の報告に対して彼らが早急な対応を取ることが不能であったことにより、**かかる北京政府は各国とのあらゆる国際的合意に向けて権威を持って交渉し、それらを効果的に履行する能力を持ってはいなかった**点が最終的には明らかとなった。

(*訳注:呉佩孚1874~1939 中国北部の軍閥指導者)」(判決書p.212下段~p.213上段)

東京裁判における弁護側も、右記のイギリスの主張に沿った主張を行《おこな》っている。次の一連の引用の通りである。

「弁護側は、9ヵ国条約の調印以降に、条約締結時には予期されていなかった少なくとも5つの重要なできごとが極東で発生したと指摘した。」(判決書p.213上段)

弁護側の主張する5つのできごととは、次である。

「1. 条約の最も基本的な原則を中国が放棄したこと。」(判決書p.213上段)

「2. 中国共産党の発展。」(判決書p.213上段)

「3. 中国の軍備の増強。」(判決書p.213下段)

「4. ソビエト連邦が強力な国家へと発展したこと。」(判決書p.213下段)

「5. 世界の経済原則の根本的な変化。」(判決書p.213下段)

上記の5点はいずれも、満州段階のみならず「泥沼の日中戦争」さらには「対米戦争」にもつながっていく重要論点である。判決書においてパール判事は、これらの5つの論点を箇条書きにして説明している。以下順に見ていこう。

1. 条約の最も基本的な原則を中国が放棄したこと。

「条約の基本的な前提は、中国は諸外国との友好的な関係を維持するというものであった。すなわち、『中国と諸国との間《あいだ》で機会均等を基盤とする親交を推進する政策を採用すること』が望ましいと考えられた。しかしながらその後の中国は、猛烈かつ広範囲に及ぶ排日的態度を含む排外的態度を中国政府の政策の一部として採用したのである。」(判決書p.213上段)

2. 中国共産党の発展。

「中国における共産主義は、既存の政党の何人かの構成員が抱《いだ》く政治的教義、もしくは権力の取得を他の政党との間《あいだ》で競うために特別な政党を組織すること、などではない。中国の共産主義はそれ自身の法、軍隊と政府を持ち、さらには、それ自身が活動する領土を持つことによって、実際上、国民政府に匹敵する存在となったのである。」(判決書p.213上段~p.213下段)

3. 中国の軍備の増強。

「ワシントン会議の時点では軍備の制限が全般的には望まれており、そして、中国はその部隊を縮小するための効果的な措置を早急に取ることが熱烈に望まれていた。何らかの縮小どころか、中

国の軍隊は拡大をし続け、そして中国は近代兵器を装備した大規模な常備軍を維持していたのである。」（判決書p.213下段）

4．ソビエト連邦が強力な国家へと発展したこと。

「中国の隣国であるにも関わらず、ソビエト連邦はこの条約（訳注：9カ国条約）に参画するよう招聘《しょうへい》されてはいなかった。しかしながら、条約後、ソ連は異様に大きな軍事力を持つ強力な国へと成長し、中国のみならず日本自身に対しても脅威となったのである。」（判決書p.213下段）

5．世界の経済原則の根本的な変化。

「イギリスが保護主義の方向に踏み出してさまざまな措置を取っており、世界経済はそのとき以降、『ブロック経済』と称されるものへと向かった。このような状況下では、東アジアの隣同士の国、特に日本と中国は、経済的破綻に対する防御措置を採るために彼らの経済的な結びつきをさらに緊密にすることを検討せざるを得なかったのである。」（判決書p.213下段）

現時点では以上5点はいずれも弁護側の主張にとどまっており、パール判事が事実認定をしたものではない。しかし、以上の5点の弁護側主張はパール判決書第四部の「第1段階」と「第2段階」におけるさまざまな議論に通底している論点であり、ここで押さえておくことが重要であると筆者は思う。なお、パール判事は判決書のこの後の段階で、以上5点のすべてを事実認定したことを申し述べておきたい。

「現状ノ持続スル限リニ於イテハ」との法理論

右記で見たように、弁護側は、「9ヵ国条約の調印以降に、条約締結時には予期されていなかった少なくとも5つの重要なできごとが極東で発生した」と指摘した。その上で弁護側は**「現状ノ持続スル限リニ於イテハ」**との法理論を展開し、9カ国条約は失効したと主張したのである。

「9カ国条約は失効の時期を定めていない。弁護側は、国際法においてはそのような条約は『現状ノ持続スル限リニ於イテハ』との暗黙上の条件において締結されたものであると了解されていると主張した。すなわち、**clausula rebus sic stantibus**（＊）である。状況がすべて変更されたので、この条約上の義務は消滅したのだと弁護側は主張した。

（＊訳注：clausula rebus sic stantibusとは、所与の状態が持続する限りはその約束ごとは有効だが、かかる状態に変更があればその約束ごとの意義は無くなるとの条項（英clause）である）」（判決書p.213下段）

実は、この法理論については第四部の最終段階（判決書p.447）でパール判事は詳しく議論している。ルーズベルト政権下の検事総長であったフランシス・ビドルが主張した**「現状ノ持続スル限リニ於イテハ」**との法理論が記述されているのだ。つまり、9カ国条約が失効したとする判断を主張する際に、弁護側はアメリカ自身が認めた法理論を援用したのである。

以上の論点、すなわち、弁護側5点と右記法理論により9カ国条約が失効したとの計6点の弁護側主張についてのパール判事のコメントは、次の引用の通りである。

「以上の主張には説得力があり、もしも条約上のそのような義務に何らかの変化があったならば、これらの主張に対する真剣な検討が必要となることは確かである。」（判決書p.214上段）

以上の通り、パール判事は弁護側の主張を半ば認め、ワシントン条約はその効力を失ったものと述べたに等しい。

ただし、中国の主権とその領土保全の問題は9カ国条約のみに全面的に依存するものではないことを、パール判事は次のように釘を刺している。

「当然ながら、中国の主権とその領土保全の問題はこの条約のみに全面的に依存するものではない。その問題については9ヵ国条約下における中国の地位の問題からは切り離された検討が必要であることは確かである。しかしながら、今までのところはそのような領土保全に関するあらゆる要求はこの条約に基づくものであるので、この条約の検討においては上述の件（＊）に対する真剣な考慮の実施が求められるのである。

（＊訳注：9カ国条約の持続の前提となる状態ははたして変更されたのかとの件）」（判決書p.214上段）

日本に悪影響を与えたワシントン9カ国条約：「英語を話す諸国民」の外交手腕

なお、この9カ国条約は当時の日本に重大な悪影響を与えた条約であった。アメリカが主体となって実現した条約であったが、パール判事はトインビー博士の著作から引用しながら、これは日本が自ら作り上げて来た成果を無効にするための、「英語を話す諸国民」の外交手腕の賜物であったと論じている。次の引用の通りである。

「この関連では、**ワシントン9カ国条約**がしばしば言及されて来た。

　この9カ国条約ならびに当時の他の同様の措置が日本人の生活に与えた重大さは、1920年〜1923年の国際情勢概観（訳注：英国王立国際問題研究所の調査報告書。1920年〜1923年の概観はA. J. Toynbeeが執筆）の表現によって最も良く示されていると思う。英語を話す諸国民の政治的手腕がいかに日本の熱望を挫《くじ》く機能を持った要素であったか、そして、まさに日本の外交的手腕が弱点としていた諸点において英語を話す諸国民の外交的手腕が如何《いか》に強力であったかを記載した後、この概観は次のように述べている。

『彼ら（訳注：英語を話す諸国民）は、日本の盤石と思われた地位から日本を一歩一歩追い落とすように操っていった。中国政府によるベルサイユ条約の調印拒否は、アメリカ合衆国連邦議会がそれを批准することを拒否したことにより意義を与えられた。シベリアにおける極東共和国（＊1）による日本の政策への抵抗は、1918年の7月と8月の同文通牒に関する米国国務省による日本の外務省に対する、丁重でありながらも強力な督促状によって強化された。日英同盟は1921年12月13日の4ヵ国条約によって置き換えられ、その当然の結果が1922年2月11日のヤップ条約（＊2）であった。21ヵ条の要求は1920年10月15日の新たな対支借款協定ならびに1922年2月6日の中国に関する9カ国条約に置き換えられた。山東省に関するベルサイユ条約の条項は1922年2月4日の日中間条約に置き換えられた。そして海軍力拡充の競争は海軍力制限によって置き換えられた。それでも以上のすべての動きは礼儀正しく機嫌をとるようなやり方で行《おこな》われたので、反撃したり決裂を突き付けたりする機会を日本に少しも与えなかったのである。日本は日本自身の手で作り上げた成果を無効にして行《い》く気品のある役割を演じるように、巧みにそして恭《うやうや》しく誘導されて行《い》ったのである。』」

（＊1訳注：極東共和国はモスクワのソビエト政権が日本のシベリア出兵に対峙させるために建国した国。現在のブリヤート共和国、ハバロフスク地方、沿海州に相当。1920年に建国、1922年にソ連邦に吸収され消滅。わずか2年半の短命の国であった。）

（＊2訳注：正式には、『ヤップ』島及他ノ赤道以北ノ太平洋委任統治諸島ニ関スル日米条約。アメリカは国際連盟には加盟しなかった一方で委任統治地域については権利を主張したため、各委任統治国は個別にアメリカと協定をすべしと国際連盟理事会が決定したことによる措置。日本はこの条約の締結によりはじめて、ヤップ島の委任統治が可能となった。）

以上が、日本の歴史の中でのこの劇的な1章において西洋の政治的手腕と外交的手腕が演じた役割である。」（判決書p.246上段〜p.246下段）

イギリス人トインビー博士は熱烈な愛国者であって、満州における日本の一連の行動によって祖国イギリスの経済的基盤が損なわれていくことになる点を早い段階で見抜き、イギリスの権益を守るために、内々には義理の父親に向かって「日本製品をボイコットすべきだ」と漏らしていたとのことである。しかし、歴史の専門家としてはそのような私的な意見は表明せず、当時の世界情勢をあくまでも客観的に分析・判断して、博士が愛着を込めて「this nonsense book」と呼んでいた「国際情勢概観」を執筆したのであった。

一般に歴史家には、はるかな過去における、評価の定まった事項を記述することを好む傾向があるとのことだが、トインビー博士は直前の年に起きた事項をコンテンポラリーに分析し、判断し、記述する点に特長があり、しかも、そのようになされた分析と判断が極めて公正かつ正確であることにその偉大さがあると筆者は思う。トインビー博士の分析と記述は今なお説得力があり、高い評価を維持しているのである。

§5. 張作霖爆殺事件

ワシントン9カ国条約を離れ、満州に戻ることとしたい。検察側が重視している張作霖爆殺事件を取り上げることとしよう。

張作霖爆殺事件の位置づけ

乗車していた列車が爆破され、張作霖が殺された事件は、1928年のことであった。この事件は検察側が「共同謀議の最初の公然たる行動」と位置づけている。実際、彼らはそれを理由として、暫定的であったにせよ共同謀議の開始を1928年1月1日と定めたのである。

「検察側は1928年6月3日に発生した張作霖《ちょうさくりん》事件（＊2）から開始している。検察側はこれを『共同謀議の目的を遂行するための最初の公然たる行動』であると主張しており、そして『政府による政策形成の中に陸軍自身が参画したところの最初の公然たる行動』であると断言している。

（＊1訳注：張作霖1875〜1928　満州の軍閥指導者・政治家。奉天を中心として活動）

（＊2訳注：現在の瀋陽《シエンヤン》市である奉天《ほうてん》（Mukden）の近郊の鉄道線路上で張作霖《ちょうさくりん》が爆殺された事件。この爆殺事件を日本では奉天事件と称している。一方、英語で表記されるMukden Incidentは直接的には「奉天事件」と訳し得《う》るが、これは本件の張作霖爆殺事件ではなく、1931年9月18日の柳条湖《りゅうじょうこ》事件を指《さ》す。）」（判決書p.194下段）

検察側が多用し、彼らの主張の多くを依拠した証人に、田中隆吉がいる。この田中隆吉の口を借りて検察側は、張作霖殺害についての関東軍の目的は次であると述べている。これは満州段階の最後のほうでパール判事が取り上げているものだが、張作霖爆殺事件に関する検察側の主張がよくわかるので、ここで引用しておきたい。

「右記において言及されたところの峯《みね》少将によるものとされた報告書から、この証人（訳注：田中隆吉）は張作霖殺害の目的は次のとおりであったことを発見したとしている。

『満州国問題の早期の解決を確保するとの**田中**内閣の方針に従って、関東軍は奉天から北平《ペイピン》（訳注：北京）や天津、もしくは錦州に向かって退却する中国軍を武装解除することに努めた。その目的は張作霖元帥を排除し張学良を指導者として、南京政府から切り離された新しい国家を作り上げることであった。換言すれば、日本の支配の下に新しい国家、後に満州国となったところの平和と秩序のある国を創設することである。』
『その目的は、北方の地域を南京政府から切り離すことにより、また、満州でその影響力を蔓延させていた軍閥を排除することにより、北方のその地域に平和と法に基づいた平穏な新しい政権を創設することであった。それも、満州に向けて懲罰的遠征を実施していた南京政府とは切り離して、である。』」(判決書p.239下段)

右記引用における「峯《みね》少将の報告書」とは、田中隆吉が見たと主張している、東京憲兵隊長の峯少将が作成したとされている報告書である。後ほど触れるが、この「報告書」は証拠として法廷に提出できていない。

検察側が多くを頼ったこの田中隆吉という証人について、パール判事は判決書の多くの場所で触れているが、一言で云えば、パール判事はこの証人をまったく信用していない。

張作霖爆殺事件に関するリットン委員会の結論

この事件に対するリットン委員会の報告の結論部分を、パール判事は早々に引用してしまっている。次の通りである。

「この事件に言及してリットン委員会は次のように報告している。
『この殺害の責任の所在は今までに決して確定してはいない。この悲劇は神秘の覆いに包まれたままであるが、日本が関与したとの嫌疑がこれにより惹起せしめられ、日中関係が当時すでに到達していたところの緊張状態へ、さらに新たな要因を追加することとなったのである。』」(判決書p.194下段)

この事件の発生は1928年であった。そしてリットン委員会がこの事件の調査をしたのは4年も後の1932年であった。これは事件の影響が落ち着き、さまざまな要因が明らかになるには十分な時間の経過であったと筆者は思う。そのリットン委員会の結論は、「責任の所在は確定していない」が、「日本が関与したとの嫌疑がこれ(神秘の覆いに包まれたままであること)により惹起せしめられ」たというものである。

検察側の追加的証拠

張作霖爆殺事件について右記のような結論を述べているリットン報告書のみでは、犯罪の立証はできない。そこで検察側は追加的な証拠を提出し、それによって日本側による関与が立証できたと主張している。次の引用の通りである。

「検察側は、我々の眼前の裁判事案において、この神秘の闇を晴らすこと、ならびにそれが日本の仕業《しわざ》であるとの事実を立証し、さらにはそれが訴因第1と第2で訴追されたところの『共同謀議の目的を遂行するため』になされたものであるとの事実を立証するための追加的な証拠(*)の提供に、成功したと主張している。(*訳注:リットン委員会の報告に『加えられた』追加的な証拠、の意)」(判決書p.194下段~p.195上段)

この追加的証拠とは、具体的には次の3人の検察側証人による証言であった。

「この点につき検察側が依拠したところの追加的な証拠は、**岡田男爵**(*1)、田中隆吉《たなかりゅうきち》(*2)ならびに森島(*3)による証言である。

(*1訳注:岡田啓介 1868~1952 海軍軍人、政治家)
(*2訳注:田中隆吉 1893~1972 日本の陸軍軍人。最終階級

は少将）

（＊3訳注：森島守人　1896〜1975　日本の外交官、政治家）」

（判決書p.217下段）

この追加的証拠によって検察側が立証したとしている点は、次の引用の通りである。

「検察側はこの追加的な証拠は次を立証したと主張している。

1．日本政府は張作霖《ちょうさくりん》殺害の責任の所在を確定しており、かかる責任は日本側にあることを指《さ》し示《しめ》したこと。

(a)(i)1928年には満州の関東軍は田中（訳注：田中義一）の宥和政策に不満を抱くようになり、満州占領のために武力を使うことを望んだこと（岡田）。

(ii)その将校の一派がこの殺害を計画し企んだこと（岡田）。

(b)(i)東京憲兵隊の峯《みね》少将によって1928年8月に作成された報告書は、この殺害は関東軍上級参謀の河本大佐により計画されたことを示していること（田中隆吉）。

(ii)この報告書は、張作霖を取り除き、南京政府から分離された新国家を日本の支配の下《もと》に設立することを関東軍が欲《ほっ》したことを明らかにしていること（田中隆吉）。

(iii)召集命令を発した尾崎大尉から田中が1929年に聞き及んでいた事項、ならびに、殺害とその目的につき河本から田中が1935年に聞き及んでいた事項等を、この報告書は田中に対して追認していること。

(c)森島がこの証言を追認したこと。

2．(a)張作霖の殺害は関東軍による**計画から**生じたものであること。

(b)張作霖の殺害は共同謀議を遂行する上では実《み》を結《むす》ばないものではあったものの、その最初の公然たる行動ではあったこと。

3．(a)右記の殺害は政府政策の形成過程に陸軍自身が参画したところの最初の公然たる行動であったこと。

(b)これは、陸軍が政府に反抗するためにはすでに彼らは十分に強力な足場を固めたことを示しているものであること。

(i)このことは、田中内閣が辞任を強制されたのは、この内閣が陸軍の軍紀を維持するために強力な規律を持ち込む行動を取ろうとしていたためであったとの事実により立証できること。」（判決書p.217下段〜p.218上段）

つまり、責任の所在は日本側にあり、関東軍の河本大佐という人物が計画したこと、すなわち陸軍自身が参画したこと、田中内閣が倒壊した原因ともなっていることが立証できたと検察側は主張している。

この追加的証拠につき、パール判事は真っ先に次のように述べている。

「本官はこの追加的な証拠にまったく得心《とくしん》していないことを申し述べなければならない。」（判決書p.218上段）

そもそも、この追加的証拠が立証しえたのは次の点にすぎないことをパール判事は指摘している。

「しかし、検察側によってかくも大きく依拠されているところのこの証言を打《う》ち棄《す》てるべき理由を述べる前に、我々がこれを『**全体トシテ（in toto）**』受諾したとしたら、検察側による主張がどの程度まで前進するのかを見ておこう。この証拠が立証することができるのは、せいぜい、張作霖の殺害は関東軍の当時の上級参謀であった河本《かわもと》大佐により計画されたこと、ならびに、この計画は尾崎大尉なる者あるいは富谷《とみや》大尉、もしくはその両名により遂行されたこと、のみである。」（判決書p.218上段〜p.218下段）

この追加的証拠がなぜ、それらの事柄を「せいぜい」立証しえたにすぎないのか？　それはパール判事の次の指摘から明らかである。

「しかし我々は今、殺人という卑劣な行為によって被告人のいずれかを裁《さば》こうとしているわけではないのだ。」（判決書p.218下段）

右記のように指摘した上でパール判事は、検察側が目指すべき方向は共同謀議の立証であることを次のように再確認している。この追加的証拠が立証したという右記の1．～3．の事柄を仮に事実認定したにしても、共同謀議の立証には結びつかないと指摘しているのだ。次の通りである。

「この計画ないし企てと申し立てられた共同謀議とを結びつけるものは、絶対的に何も存在していない。」（判決書p.218下段）

ただし、河本大佐、尾崎大尉、富谷大尉のこの事件への関与が、この追加的証拠も含めた何らかの証拠により立証されたことをパール判事自身が認めたわけではないことを次のように述べている。

「本官は、以上の事柄（引用者注：右記3名の関与）は我々の眼前の何らかの証拠により立証されたなどと述べているわけではない。本官が今から示すように、この証拠はリットン委員会の日々から状況を前進させることに少しも成功はしていないのだ。」（判決書p.218下段）

追加的証拠がリットン報告書から何も前進させていないとのパール判事の指摘は、後ほど「**・張作霖爆殺の背景：日本人の知らない『わたくしの歴史』**」の項目で検討したい。

検察側がこの追加的証拠によって立証できたと述べた最後の事項（3．(b)(i)の事項）、すなわちパール判事が「枝葉の部分」であると述べた田中義一内閣の倒壊についても、パール判事はぬかりなく目を光らせている。

「検察側は我々に対し、関東軍が田中の宥和政策に不満を抱《いだ》くようになり、満州占領のために武力を使うことを欲《ほっ》したから張作霖殺害は計画されたのだと語《かた》っている。…（中略）…田中内閣が倒壊し浜口内閣が登場した。この事件は間接的には1《ひと》つの内閣の倒壊ともう1《ひと》つの内閣の就任に貢献したのかも知れない。しかし、その点に関して何らかの計画、企画もしくは試みがあったことを示すものは、それが成功したものであろうと失敗したものであろうと、我々には何も与えられてはいないのである。張作霖殺害は田中内閣の倒壊を引き起こすために計画されたのだと述べることは途方もなく荒唐無稽である。」（判決書p.219上段）

すなわち、パール判事は3．(b)(i)は荒唐無稽であると述べている。張作霖殺害を通じた田中内閣打倒の試みを示すものは、何もないのである。

張作霖爆殺事件と共同謀議は結びつかないため訴追は不適切

そもそも張作霖が殺害された背景には、張作霖にはさまざまな「敵」がいたことがあげられる。さらに、日本ならびに申し立てられた「陰謀者」の誰も、張作霖を殺害して得《とく》をした者がいないのである。次の引用の通りである。

「（前略）張作霖は自身のことを苦々《にがにが》しく思う強力な敵には事欠かなかったし、一方で、日本ならびに申し立てられた陰謀者たちのいずれもが、彼が滅亡することによって何ら有益なものを得る立場にはなかったことに注意が払われるべきである。」（判決書p.219下段）

パール判事は張作霖爆殺事件を巡る状況として、次の重要な認識を示している。

「つまり、日本は張作霖の死亡によって得たものは何も無く、その死亡の後に引き続いて起きたできごとの中には日本の側に何らかの計画があったことを示すものは何も無い。」（判決書p.220下段）

張作霖を亡きものとしても日本側には何のメリットもなく、さらに、首尾よく爆殺した後に、その結果を使って日本側が何らかの計画を遂行した形跡がないとの指摘である。

パール判事はまた、張作霖爆殺事件を共同謀議に導入すること自体が「不適切」であったと指摘している。この事件は共同謀議の訴追と何の関連性もないのである。次の通りである。

「このように、この事件は訴追された共同謀議について申し立てられたところのどの枝葉《えだは》の部分とも無関係であるため、この事件はこの裁判の目的のためには絶対的に不適切なものなのであり、これをその中（引用者注：共同謀議の中）に導入させることは、無謀で卑劣ではあるものの完全に無関係なもう1つの事件を単に物語の総体の中に追加することで弁護側が不利となるような何らかの偏見を創り出すための企みにすぎないのである。」（判決書p.219下段）

最後の文章は印象的である。張作霖爆殺事件を共同謀議の中に導入することは「弁護側が不利となるような何らかの偏見を創り出す企みにすぎない」とまで述べている。

張作霖爆殺の背景：日本人の知らない「わたくしの歴史」

ここでパール判事は、英国王立国際問題研究所の年次報告書から引用し、張作霖を巡る当時の状況がどのようなものであったかを記述している。これもパール判事が語る「わたくしの歴史」であろう。なお、この王立国際問題研究所（通称、チャタムハウス）は今なお存在し、筆者自身もかつて中東の仕事に携わった時にここの意見に触れた記憶がある。世界情勢の的確かつ深い分析には定評がある。

「ここに、ロンドンの王立国際問題研究所による**1928年の国際情勢概観**（＊）の中の、本件の状況に関する説明がある。

（＊訳注：原表記はSurvey of International Affairs。1928年の「概観」は英国の歴史学者トインビー博士Arnold Joseph Toynbee 1889～1975が、アシスタントであるVeronica Marjorie Boulter と共に執筆した。）

『張作霖が死亡する前のある時から、彼の側近の間《あいだ》では心情と方針につき鋭い分裂があった。年輩の一派は国民党に対峙するための安国軍同盟（＊1）において指導的立場を採り続けることを支持していた。かかる方針は満州の資源をその国境の外での軍事活動に費消させることを意味していた。比較的に若い一派は国民党の構想に対して、かかる構想の中でもおそらくは中国と外国との関係の問題に対しては特に共感をしており、国民党との間《あいだ》で友好的な相互理解に立ち至ることを支持していた。ただし、彼らは彼ら自身の地域における自主性を差し出して統合することまでは考えていなかった。国民党に対する方針では、比較的に若い一派は、張作霖の息子である張学良《ちょうがくりょう》の支援を得ることができていた。張学良は1928年6月20日に（すなわち張作霖の公的な死亡日の前日に）奉天の満州国政府の支配権を獲得していた。この若い将軍が権力と結合したことは、奉天と南京との間《あいだ》の関係を変化させた。7月の初めに国民党の指揮官たちが北京で集結した際に、張学良は友好的なメッセージを彼らに送っていた。そして彼らが張《ちょう》宗昌《そうしょう》（＊2）の軍の敗残兵を9月に追討した時には、満州軍は彼らと協力し、彼ら自身の以前の同盟者（訳注：安国軍同盟）と戦ったのである。一方で、日本政府は介入を行《おこな》った。』

（＊1訳注：安国軍同盟。1926年11月、張作霖が中心となり、張宗昌、孫伝芳らと同盟して、反共を旗印とした安国軍を創設した）

（＊2訳注：張宗昌1881～1932 中華民国の軍人。山東省の支配者）

『1928年7月18日前後に、奉天の日本国総領事は張学良から相談を受けた時に、南京政府との合意に至る前に一時的に休止をすることを勧めた。この勧告は個人的かつ非公式に行《おこな》われたものの、総領事は彼の政府も同じ心持ちでいるとの信条を述べた。このことは東京での7月25日の外国政府代表者との会見の中で日本の総理大臣である田中男爵が行《おこな》った声明により裏付けられた。そして何らかの最後通牒の性格を持つものが、特別な使命—名目的には張作霖の葬儀に参列すること—を帯びて奉天に派遣された林《はやし》男爵との8月9日付の個人的な会見の席で張学良に手交された。この会見の中で林男爵は、国民党中央政府の支配下の各省と満州が統合することは中国の東部3省における日本の特殊権益・特権ならびに獲得された権利を危険にさらすこととなり、この理由のため日本政府は、満州政府がしばらくの間《あいだ》は待ちの姿勢を採ることを希望すると宣言したと伝えられた。林男爵は、もしも張学良が日本の希望に応じずに国民党の旗を掲げるならば日本は日本独自の主導の下《もと》に自由に行動することを決めた、と付け加えたと伝えられている。これに張学良は反抗したようであり、日本政府はこの件を強行することを差し控えることとした。』」（判決書p.219下段～p.220下段）

右記の「わたくしの歴史」は、筆者自身も含め、多くの現代日本人の意識にはない情報だと思う。

　張作霖・張学良の父子は、国民党を巡って考え方が異なっていたのである。張作霖は国民党と対峙する安国軍同盟の指導者であった。一方で張学良は国民党と連携することを目指しており、しかも父親の死と前後して奉天の満州国政府の支配権を早い段階で獲得していたのであった。父親の死後には、張学良の満州軍は父親の創設した安国軍と戦うことまでしたのであった。一方、日本は張学良の方針に反対し、張学良が南京の国民党政府と連携することを一時的に休止することを望んでいた。つまり、張学良が満州のトップになることを日本が望んでいたとは考えにくいのである。以上がトインビー博士の概観が申し述べているポイントであろう。

　パール判事が取り上げた事項には、必ず何らかの意味がある。当時の満州の情勢を述べている右記引用についても同様である。右記引用は、張作霖爆殺に日本が関与していたとは考えにくい客観的な事情が当時の満州にあったことを示す以外にも、被告人大川周明博士が、日本の存続のために日本は満州を必要とするとの考えに行き着いた経路を示す、重要な補助線にもなっているのである。大川周明博士の考えは、この項で後ほど検討することとしたい。

検察側の3人の証人の証言にパール判事が得心できない理由

　検察側が繰り出した岡田、田中隆吉、森島の3人の証人による追加的証拠の証言がなぜ「まったく得心できない」のかの理由をパール判事が述べているので、触れておきたい。

　まず岡田証人である。

　「この証人は反対尋問において、彼が張作霖殺害に関して述べたことはいずれも証人本人の知識によるものであることを否認した。この証人が斎藤海軍大将の内閣において海軍大臣であった1932年に本件に関する詳細な調査が遂行されたが、彼の知識はこの調査を通じて獲得された情報に依拠していると、この証人は言明したのである。彼は次のように述べた。『私は斎藤内閣における海軍大臣としてこの件を調べさせたのであり、この調査結果が正確であることについては自信を持っている。』彼のその意見の根拠を述べるように云《い》われた時、彼はそれを何も提供することができなかった。そして次のように述べた。『私はこれらのことをた

だ記憶の中から呼び起して申し述べているだけである。』」（判決書p.222下段～p.223上段）

証人個人の意見にすぎず、事実認定のための証拠にはならないというのである。

岡田についてはもう一点、次のようにパール判事は指摘している。

「この事件は陸軍が自らを政府政策の形成過程に参画させた最初の公然たる動きであるとしているのは、彼の意見にすぎない。これは我々が結論を形成するのに役立つ何らかの証拠事実ではない。」（判決書p.223上段）

次は例の田中隆吉証人である。

「次に登場するのは、検察側の証拠の中においてあり得《う》べき間隙《かんげき》のすべてを埋める奉公が検察側によって自由に徴発されたところの証人である**田中**隆吉である。ここに日本のあらゆる犯罪者にとって非常に魅力的であったと見受けられる男がおり、それらの犯罪者は犯行を遂行した後にどういうわけか時としてこの男を探し出して、自らが遂行した犯罪を彼に打ち明けたのである。」（判決書p.223上段～p.223下段）

本件に関する田中隆吉の知識の源泉は二つあり、一つは右記引用にて皮肉っぽく述べられた「犯罪者からの告白」であり、もう一つは後に述べるように、東京憲兵隊の隊長が作成したとされる「報告書」なるものである。

まず、田中隆吉に犯罪を告白した者は、例の「共同謀議者リスト」に挙げられた、河本大佐、尾崎大尉、長大尉、桜会のリーダーであった被告人の橋本欣五郎中佐、石原莞爾と並んで満州事変の首謀者とされた被告人の「板垣将軍閣下」、そして「共同謀議」の精神的支柱とされ、東京裁判で訴追された大川周明などである。また、柳条湖事件で検察側が重要視したプレイヤーである建川将軍も「当然ながら」田中隆吉に告白している。ここでは引用しないが、この告白の様子は判決書p.224、p.234、p.235等で詳しく述べられている。

「この証人の証言はその全体に亘り、そのようにして獲得された知識（訳注：伝聞による知識）に依拠していると云《い》っても過言ではあるまい。このような証言に本官が言及する機会は、この裁判のほとんどすべての段階において時あるごとに浮上して来《く》るであろう。」（判決書p.224下段）

事件の主要人物であるとされた者たちがとっかえひっかえ田中隆吉のもとを訪れ、検察側にとって都合のよい告白を次々に田中に行《おこな》ったという申し立てを、当然ながらパール判事は受け入れていない。

「本官はこの証人に対して良い印象を持たなかったことを告白しなければならない。張作霖殺害、柳条湖事件、もしくは、その時期でのその他の邪悪なできごとを企んだ者すべてがこの証人のもとを訪れ彼らの恥ずべき行為を打ち明けたとの彼の証言を受け入れることは、本官にはできない。」（判決書p.224下段）

パール判事は次のようにも述べている。

「もちろん、かかる告白者たちの中でこの裁判所に出頭させることができた者たちは、この証人（訳注：田中隆吉）に対してそのような発言を行《おこな》ったことを全面的に否定している。」（判決書p.235下段）

次に、パール判事は東京憲兵隊の報告書のいきさつを次のように述べている。

「この証人（引用者注：田中隆吉）の知識のその他の源泉は、彼が兵務局長であり陸軍省が三宅坂から市ヶ谷に移った１９４２年に証人が入手できたものである。明らかに偶然に彼が発見した書類の中には、東京憲兵隊長の峯《みね》少将が１９２８年８月に作成した報告書があった。当然ながらこの報告書は、我々の前には提出することはできなかった。**岡田**男爵はこの報告書について何の知識も持っていなかったのは確実である。少なくとも彼は、そのようなことについては何も話さなかったのである。」（判決書p.224下段）

この報告書に記載されていたとされる事項は次の通りである。

「この証人（引用者注：田中隆吉）によると、張作霖の殺害は関東軍高級参謀の河本《かわもと》大佐により計画されたと報告書には記されていたとのことである。」（判決書p.225下段）

この報告書なるものの実在はきわめて疑わしい。

「この報告書は現在のところは入手不能であると我々には伝えられた。そのような報告書がそもそもあったのだとしても、それがどのような資料に基づいているのかが我々にはわからないのである。それが何らかの適法な証拠に基づいているのであれば、我々自身が報告書と同じ結論に至ることができるのかどうかを検証するためにかかる証拠が我々に提供されないのはなぜなのか。そして、もしもそれが何らの適法な証拠にも基づいていないのであれば、我々の裁判においては、これは一片の証拠としては絶対的に無価値なのである。」（判決書p.225下段～p.226上段）

以上の通り、田中隆吉の知識の源泉である伝聞と東京憲兵隊の報告書について、パール判事はその二つをともに認めていない。

3人の証人の内の最後は、外交官の森島守人である。

「検察側の主張によれば**森島**の証言は上記の証言を追認するものであるとのことである。この証人は事件が起きた1928年6月にはまだ奉天に到着していなかったのだ。彼の情報源については彼の証言が最もよく示している。」（判決書p.226下段）

森島の証言を却下する理由をパール判事は次のように述べている。

「彼の情報源のうちの少なくとも2つについては間違いのないものであったと述べている。すなわち、この事件に参加した**富谷**《とみや》大尉から、ならびにとても影響力のある中国の政治家から、聞いたというのである。残念ながらこの証言は、我々が**田中**隆吉から得られたものと五十歩百歩である。」（判決書p.226下段）

張作霖爆殺事件：パール判事の結論

張作霖爆殺事件に関するパール判事の結論は次の通りである。

「本官の意見では、この事件は以前と同様に神秘の覆いに包まれたままである。いずれにせよ、この事件は孤立した事件のままなのであり、本件裁判において我々が関わっている何らかの企《くわだ》て、計画、画策もしくは共同謀議とはまったく何の関係も無いものなのである。」（判決書p.226下段）

①張作霖爆殺についてはリットン報告書の記載の通りであり、リットン報告書から何の進展もなく、その真相はいまだにはっきりしないこと、

②この爆殺事件そのものが共同謀議とは全く何の関わりもない孤立した事件であったこと

以上2点が張作霖爆殺事件に対するパール判事の判定である。パール判事によれば、これはそもそも共同謀議の筋書きそのものに入れるべきではない孤立した事件であったのだ。

§6．張作霖爆殺事件から柳条湖事件へと至る間の「共同謀議による出来事」

ここで、張作霖爆殺事件（1928年6月）から柳条湖事件（1931年9月）に至るまでの3年余りの期間において共同謀議遂行上で行《おこな》われた出来事であると検察側が主張している諸点を見ておきたい。

検察側が問題視している出来事を俯瞰《ふかん》しておくと、検察側が組み立て

た「共同謀議」の全体像を把握し易くなると思う。パール判事が次のように箇条書きにしてくれている。引用が長くなるが、要点が詰まっているので、おつきあい願いたい。

「検察側はその最終論告のD19ページからI39ページにかけて、訴因第1にて訴追された共同謀議の各部分を構成しており柳条湖事件へと導いているとされるいわくありげなできごとを申し立てている絵図を、巧みにそして雄弁に再構築して提供している。この絵図の目立った特徴に対しては、注意と警戒をもって観察を行《おこな》うべきである。

次に述べる、検察側が描写したこの絵図の特徴は、我々による特別な注意を要求するものである。

1．張作霖の殺害は『満州の領有獲得を強制する最初の軽率な試み』であった。

(a)この試みは失敗であった。

(b)(i)この失敗は、『**田中**内閣の倒壊ならびに満州における日本の願望の実現を目指した**田中**政策の廃棄』をもたらしてしまったため、共同謀議においてもう一つの失敗を生じる結果となった。ただし、かかる実現は『平和的手段』によるものであった。

(ii)**田中**内閣の倒壊による**浜口**内閣と**若槻**《わかつき》内閣の登場は、親善政策の復活を意味した。

2．共同謀議者は、(1)日本における陸軍、(2)関東軍、そして(3)民間人、であった。

(a)次の者たちは検察側により当時の共同謀議者であったと名指しされている。

(i)参謀本部においては、建川《たてかわ》将軍。彼はそこにおける指導者であった。

(ii)1930年10月に陸軍省、参謀本部そして教育総監部などに在籍中で桜会《さくらかい》を組織した複数の中佐および少佐。

(iii)被告人の橋本。その指導力の下《もと》で桜会《さくらかい》は組織された。

(iv)1931年1月に具体的な計画を起案した坂田《さかた》、根本《ねもと》、橋本、田中の各中佐、そして長《ちょう》と田中の両大尉。

(v)被告人である南《みなみ》と小磯《こいそ》。南の共同謀議者としての性格は、彼が陸軍大臣として1931年7月1日に南満州鉄道の幹部たちと論じ合った時に知られることとなった。彼自身が共同謀議者であることを暴露することとなった邪悪な発言は、「陸軍は朝鮮における師団の数を増やす必要性を長期に亘り認識しており、もっと多くの師団が送り込まれる日が来ることを**望む**」というものであった。彼の性格を暴露した他の邪悪な演説は1931年8月4日に師団長たちに対して行《おこな》われたもので、その中で彼は満州および蒙古は日本の国家防衛ならびに日本の政治と経済に密接に関連していると述べた。

(vi)**板垣**（被告人）、石原と花谷《はなや》、以上はすべて関東軍の参謀たちであった。彼らは関東軍の中の、満州を獲得したいとの願望を持ったグループの指導層とはっきりと同一視されるようになった。

(vii)大川周明博士。博士は以前に2冊の書物を著《あらわ》し、その中で彼は東洋の列国と西洋の列国との間《あいだ》での『生命を賭《と》しての』戦いは避けられないこと、また、天《てん》は日本をアジアの擁護者として選択しようとしていること、等の教義を伝道し、そして彼は当時、共同謀議の対象を実現する目的のプロパガンダを企み、遂行していた者であった。

(viii)小磯、**板垣**、**土肥原**《どひはら》、多田その他の者で大川博士と懇意になった者。

(ix)参謀次長の二宮と大川の追従者である清水（＊）。さらに、杉山、永田、池田、重藤《しげとう》と長《ちょう》。

(x)関東軍の参謀長の三宅《みやけ》将軍。

(xi)関東軍の河本大佐と尾崎大尉。

(xii)撫順《ぶじゅん》に駐在していた川上中尉。

（＊訳注：清水行之助 1895〜1980 福岡県出身の右派の活動家）

3．(a)共同謀議者たちは、上記の失敗にも関わらず、彼らの計画を放棄しなかった。『彼らは次の2年間を、彼らの共同謀議の**次の段階**のための陰謀、計画ならびに扇動のために使った。』

(b)『陰謀と計画は、

(i)張作霖の殺害後すぐに続いて行《おこな》われたこと。

そして、

(ii)これには、後の時点で柳条湖事件に参画した者たちと**同じ者たちの内の多くが関係していた**』こと。

以上から、張作霖殺害から柳条湖事件に至るまでの期間のすべての活動は一つの共同謀議の内の一部分であったとの結論は不可避である。

(c)『1929年以降の活動には柳条湖事件に参画した者たちと同じ者たちの内の多くが関係し、その中には現下の被告人の内の**何人か**が含まれているため、かかる1929年以降の活動は訴追された共同謀議の一部であることが**明らか**であり、それは共同謀議の促進をその目的としていたのである。』

4．この共同謀議は次のやり方で企図され、計画され、そして進められた。

(a)**建川**《たてかわ》将軍は1929年に北平《ペイピン》で勤務している際に、満州は日本の支配下に置かれ、石油以外については自給自足できる国とされるべきであるとの考えを抱《いだ》いた。

(b)(i)彼はこのことを**田中**隆吉に伝達し、調査のために田中を満州に派遣した。

(ii)**田中**は、その計画は実現できそうもないと報告した。

(iii)建川《たてかわ》は、かかる報告にひるまず、満州を自給自足できる国とする努力がなされるべきであり、この目的のためには満州は日本により制圧されなければならないとの彼の決意を表明した。

(iv)1929年4月の参謀長会議において、満州は日本の生命線であるとの事実を参謀長たちに印象づけるために、満州の自給自足確立の**計画案**が彼らに配布された。

(c)(i)満州の資源探索のためには関東軍の調査班は不適当であると1929年に判明した。

(ii)陸軍省の満支《まんし》調査班を拡大する努力の中で、1930年4月1日に一般調査班が設立された。

(d)(i)1930年10月に、『桜会《さくらかい》』が組織された。

(ii)この組織の目的は国家の改造であり、その実現のためにはこの組織は武力を使う用意があった。**この組織が目的としたものの一つは、満州問題の解決であった。**

(iii)『1931年1月に、具体的計画の草案の作成作業が開始された。』

(e)(i)1931年7月1日に**南**《みなみ》陸軍大臣と陸軍省は、満州における軍事活動に賛成した。

(ii)1931年8月4日に**南**は、師団長たちに向けての演説の中で、中国の状況に鑑み、陛下の大御心《おおみこころ》に完全に副《そ》うために司令官たちは部隊を教育し訓練する義務を遂行すべしとの彼の希望を述べた。

(iii)**南**はこのようにして、政治的紛糾の中で師団長たちが政治家たちに対峙するようにさせていたのである。

(f)

(i)関東軍の中では、田中内閣の倒壊から1931年の晩夏までの間《あいだ》に、満州の占領を熱望するグループの影響力が増大していった。

(ii)**板垣**、石原そして花谷《はなや》はすべて関東軍の参謀であったが、彼らははっきりとこのグループの指導層と同一視された。

(iii)彼らは日本の権益を保全するためには武装兵力の使用が必要であると考え、満州を占領し、中国とは切り離した政府を設立することを彼らは欲《ほっ》した。

(iv)武力を使うとの決断は1931年の夏を通じて次第に強化され、陸軍が満州で行動を起こすのは単に日時の問題を残すにすぎないという点がその夏の終わりまでには明らかになった。

(g)

(i)満州に入っていく動きの準備のために陸軍が多忙であった一方、大川周明博士は共同謀議の目標を実現するためのプロパガンダを企図し遂行していた。このプロパガンダは、満州における日本の特殊な地位を強調していた。

(ii)大川は、関東軍との協力を通じて裏面工作の促進に最善を尽くした。

(iii)大川と日本陸軍との協力は、彼らの目的が単に満州の獲得だけではなかったことを**明確に**示している。

(iv)大川は、世界征服を主張した佐藤信淵《のぶひろ》(*)の意見を、すでに1924年の時点において公然と支持していた。

(h)

(i)共同謀議の容易な達成のためには深刻な障害が今一つ、内部的に残っていた。すなわち、適法に組織された日本国政府である。

(ii)浜口内閣が政権を握っていた。さらに重要なのは、浜口の暗殺未遂事件のため、『親善政策』の代表者であり、嫌われていた幣原《しではら》外相が首相代理であったことである。

(iii)共同謀議者たちは政府を制圧する計画を企み、かかる計画を実行に移した。

(iv)この取り組みは、3月事件として知られるようになった。建川《たてかわ》と小磯が他者とともにこの事件の陰謀の立案に参画していた。

(v)3月事件の動機は、満州事変であった。

(i)

3月事件に関する陰謀は失敗したものの、満州獲得の運動はその活力を増強させながら継続した。

(i)満州における軍部の将校たちによる陰謀のうわさならびにそれに関する情報が東京に届き始めた。

(ii)柳条湖事件勃発の直前には緊張は増大しており、満州での切迫した行動に関する報告があった。

(iii)幣原《しではら》は、1週間以内に大きな事件が勃発すると警備隊指揮官が申し述べたとする電報による報告を、1931年9月15日もしくは16日に受け取った。幣原は南《みなみ》に抗議した。

(iv)南は直《ただ》ちに、どのような代償を払ってでも行動を止《と》めようと**建川**を特使として奉天に派遣した。

(v)建川は9月18日に奉天に到着した。関東軍参謀総長の三宅将軍は**板垣**に建川を出迎えさせた。2人は会った。しかし、建川はメッセージを伝えなかった。

(*訳注:佐藤信淵《のぶひろ》 1769~1850 出羽国出身の江戸時代の思想家、経済学者、農学者、兵学者。なお、原表記はSato

Shinen)

5. まさにその夜に事件は勃発し、次第に拡大した。この拡大は満州占領へとつながった。

6. 10月には、政府方針に不満を持っており、また、政府方針が共同謀議遂行の障害の一つであると認識した共同謀議者たちは、政府の支配権を獲得しようと再び画策した。この動きは10月事件として知られるようになった。

(a) 1931年12月10日に、満州事変の拡大を抑えることに失敗した**若槻**《わかつき》内閣が辞職した。」（判決書p.229下段〜p.232上段）

右記の長い引用の中からキーワードを拾い出すと、次の通りである。参謀本部における建川将軍、桜会が組織されたこと、被告人の南による師団長たちに向けての演説、大川周明博士によるプロパガンダ、3月事件、10月事件。なお、右記引用の5. の「まさにその夜に」勃発した事件とは、柳条湖事件である。

§7. 柳条湖事件

それでは、いよいよ満州事変のきっかけとなった柳条湖事件に立ち入ることとしよう。

柳条湖事件と満州事変のあらまし

張作霖死後に満州軍閥を引き継いだのは息子の張学良であった。張学良配下の軍団と日本の関東軍の間には険悪な敵対的雰囲気が流れており、一触即発の状況であった。日本側は不測の事態に備え、綿密な対応策を立てていた。交戦状態が発生したらどのように対応するかをあらかじめ立案していたのである。

そこに起きたのが本質的には鉄道線の小規模爆破事件にすぎない柳条湖事件であった。レールの片方が90センチほど吹き飛ばされたが、その程度の被害では爆発直後に現場の上を通って南に向かった列車の定時の運行を妨げなかったのである。しかし、爆音が周囲に轟いたこと、そして視野が利かない夜間に爆発が起きたことから日中間で交戦状態に陥り、日本側は立案した対応策に従ってパール判事の表現によれば「迅速かつ精密に」（判決書p.206上段）行動したのであった。交戦状態はいったん始まると交戦相手が屈服しない限り安全は確保されない。こうしてその交戦状態が満州全土に広がり、日本軍による満州全土の制圧となり、満州国建国につながっていったのである。以上が満州事変のあらましである。柳条湖事件から満州国建国へとつながる一連の動きのことを「満州事変」と一般に呼称している。

この小規模爆発事件を起こしたのが誰であったのかは今でもはっきりしない。関東軍参謀であった花谷正（検察側が共同謀議者のリストに載せている一人）が東京裁判終了後の1955年に述べた証言を唯一の根拠として、関東軍が下手人であったとの説が我が国では通説になりつつあるが、この花谷証言がどこまで信用できるのかは、今もってはっきりしないのである。

少なくともリットン委員会は下手人が誰であったかを確定しておらず、以下において順に見ていくが、パール判事も下手人が誰であるかを特定できないとするこのリットン委員会の結論を支持している。

「1931年9月18日の事件（訳注：柳条湖事件）については、リットン委員会の意見は次の通りであった。『日本の軍隊によるこの夜の軍事活動は合法的な自己防衛の手段であると捉《とら》えることはできない』が、しかし、『その場にいた将校たちが、自分たちは自己防衛の行動を行《おこな》っているのだと考えたであろうことは無理からぬことである。』

日本人たちは、中国人との間《あいだ》で**起こり得る**戦闘状態に対応するために注意深く計画を立てていたのである。そして9月18日の夜

と、続く9月19日の夜にはこの計画は迅速かつ精密に実行に移されたのであった。」(判決書p.206上段)

右記引用の通り、リットン委員会の結論は次の2つである。

①日本軍の軍事活動は合法的ではない。
②その場の将校たちが、自分たちは自己防衛の行動を取っていると考えたことは無理からぬことである。

リットン委員会の結論

ここでリットン委員会の見解をリットン報告書の正確な表現で見ておきたい。パール判事がリットン報告書からそのまま引用してくれているのだ。この引用中には、事件の全容、それに対するリットン委員会の見解、ならびに、リットン委員会の結論の三つが述べられている。

「この事件についてリットン委員会は次の見解表明をもってその結論としている。

『日本と中国の軍隊の間《あいだ》には緊張した雰囲気が存在していたことは疑い無い。当委員会に対して証拠を伴った説明が行《おこな》われた通り、日本側には中国側との間《あいだ》で発生する可能性のある戦闘行為に備えて周到に準備された計画があった。9月18日から19日にかけての夜間にこの計画は迅速かつ正確に実行に移された。69ページで言及されている指示に従い、中国側には日本の軍隊を攻撃する計画も、この特定の時期と場所において日本国民の生命や財産を危険にさらす計画も、無かったのである。彼らは日本軍に対して何らの合同的な攻撃もしくは許可を得た攻撃をも実施せず、日本側からの攻撃とその後の軍事行動には驚いたのであった。9月18日の午後10時から10時30分の間《あいだ》に鉄道線路上もしくは線路の付近で爆発が起きたことについては疑いの余地は無いが、何らかの被害が仮にあったとしても、事実としては線路への被害は長春から南に向かった列車の定時の到着を妨げるほどのものではなく、それ自体では軍事行動を起こすことを正当化するほどのものではなかった。上記で説明されたところのこの夜における日本軍の軍事行動は、合法的な自己防衛の手段であるものと捉《とら》えることはできない。**このように申し述べるにあたり、その場にいた将校たちは自己防衛の行動を取っていると考えたとの仮説を当委員会は排除するものではない。』」**(判決書p.226下段～p.227上段)

右記のリットン報告書の抜粋の中で述べられている「69ページで言及されている指示」とは、張学良が発信した、たいそう立派な文面の電報である。リットン委員会の結論は、この電報の証拠能力に大きく依存している。次の引用の中にその全文が記載されている。

「右記の抜粋の中で言及されている中国側の指示は、1931年9月6日付の張学良元帥が発信した電報の中に含まれている。これは北平《ペイピン》(訳注：北京)にてリットン委員会に提示されたものであり、その文章は次の通りである。

『我々と日本との間《あいだ》の関係は非常に微妙なものとなった。彼らとの関わりにおいては特に慎重にならなければならない。彼らが我々に対してどのように挑発をして来ようとも、あらゆる紛争を完全に避けるために我々は非常に忍耐強くならねばならず、決して武力に訴えてはならない。貴官には、配下のすべての将校たちに対し、この点についての注意を秘密裏にまた**即座に**呼びかける命令を発することを指示する。』」(判決書p.227上段～p.227下段)

張作霖爆殺事件に関するリットン報告書の結論は「この殺害の責任の所在は今までに決して確定してはいない。この悲劇は神秘の覆いに包まれたままである」というものであった。つまり、日本側の非を示唆してはいない。一方、この柳条湖事件については日本側に非があることを示唆した結論となっている。2つの事件において、リットン報告書は異なる結論を述べているのである。

柳条湖事件におけるリットン報告書の結論とは、すでに見たように次の2点である。1点目は、「この夜における日本軍の軍事行動は合法的な自己防衛の手段であると捉えることはできない。」2点目は、「その場にいた将校たちは自己防衛の行動を取っていると考えたとの仮説を当委員会は排除するものではない。」である。

リットン報告書の1点目の結論の根拠として、リットン委員会は、日本側が中国側よりも良好に準備されていたとの事実にかなりのウェイトを置いているとパール判事は指摘する。次の引用の通りである。

「リットン委員会は9月18日の夜に戦闘行為が開始された時点で日本側が中国側よりも良好に準備されていたとの事実にいくらかの重みを置いているように見受けられる。」（判決書p.227下段）

リットン委員会のこの指摘を、検察側も重視している。検察側は、日本側がしっかり準備していた、だからこれは共同謀議による事件であるとの証拠となると主張しているのだ。次の引用における「この事実」とは、日本側が中国側よりも良好に準備されていたとの事実のことである。

「検察側もこの事実を大きく強調している。」（判決書p.227下段）

そしてパール判事は、指摘されたこの事実に基づくリットン委員会の論点に疑義を呈する。次の引用の通りである。

リットン委員会への「疑義」

「事件が起きた際の相対的な準備遂行状況をそのように評価することは、一般的には侵略者を決めるのにいくらかの価値があるものかも知れないが、本件においてはその特別な状況に鑑みてそのような価値には疑義がある。事件の前の段階における緊張状態と高揚した気分を思い起こせば、そして、その現場における各当事者の相対的な軍事力の差を視野の内に留めれば、日本側によるこの準備には異常なものは何も無く、軍事当局による有能な先見性と警戒の域を越えるものを何ら示すものではない。」（判決書p.227下段）

パール判事はさらに、次のように議論を展開する。

「戦闘行為が突然に勃発するとの心配の種《たね》が十分にあることは、右記で言及された中国側の元帥の電報においてさえもはっきりと示されている。中国側は、電報に記載された指示の中で示された特徴を伴ったところの用心を行《おこな》ったのかも知れない。しかし、この指示は日中両当事者間における何らかの相互理解の結果に基づいて出された指示であったとは、検察側は主張してはいないのである。そして、当時において存在していた反日感情によって創り出された重苦しい状況の中では、日本の当局は準備と警戒こそが賢明な方向性であると『善意（bona fide）』に基づいて考えたわけではなかった、とすべき理由は何も無い。」（判決書p.227下段）

リットン委員会への「反撃」

その上で、パール判事は次のようにリットン委員会への「反撃」を開始する。

まずは、今も昔も中国側が得意としている、国際世論を自国の味方にするやり方を指摘している。

「さらに、我々は日本側のこの明らかな軍事的準備に依拠して論を組み上げなければならないと云《い》うのであれば、その他の側面における中国側による何らかの準備の可能性も我々は無視してはならないのである。準備とは結局、その当事国が何に対して準備しているのかに依存するのである。中国側はその軍事力の相対的な弱さを意識していたのかも知れず、そのため、彼ら自身の軍事的資源に頼るよりはむしろ、満州において彼らが抱《かか》える日本問題を解決するためには国際的な介入に頼ることにしたのかも知れない。かかる国際的介入を確保するための彼らの準備は、不十分ではなかったのかも知れないのである。」(判決書p.227下段~p.228上段)

パール判事はこの論点を続けて、次のように指摘する。

「もしも日本が満州において拡大して行《い》きたいとの強い熱意を抱《かか》えていたのならば、中国もまた、その国内から日本を排除し、あらゆる日本の権益の痕跡を消して満州を解放するとの熱意において日本に劣後することはなかったのである。もしも日本がその軍事力に自信があり、武力によりその熱意を実現することを計画したのであれば、中国も、有利な国際的介入を得ることに自信を持ち、そのため、そのような介入を通じたところのその熱意の実現を計画したのかも知れないのだ。もしも日本によるその後の軍事的成功が、日本がその達成を信じていたことと、そのための計画を立案したことを遡及的に示すものであるならば、中国が中国に有利になるような国際的な決定をその後に獲得することに成功したことは等しく遡及的な意味合いを持つのである。」(判決書p.228下段)

自国を有利にするために中国側が国際介入に頼ったことは、決して日本に対する弱い反応などではない。「英語を話す諸国民」(トインビー博士の表現)が、第一次大戦後に強くなり過ぎた当時の日本を追い落とそうと懸命に画策していたことをパール判事は何度も指摘している。ここでもそうである。日本が直面していたこの国際的な逆風にうまく乗れば、中国側は極めて有効な対抗策を日本に対して取ることができたのである。

「中国当局が何らかの有利な国際介入を頼りにしていたのだとしても、彼らは見込み違いを犯したのだとして非難をする者はおるまい。第一次世界大戦終結後の世界のパワーポリティクスの中での日本に対する他の列国の態度が、この点に関して中国人の心に何の効果をもたらすこともなかったということはないだろう。本官はすでに他の場所で、その大戦の後《あと》の時点での国際関係における日本の地位について申し述べた。１９２０年から１９２３年の国際情勢概観(*)は、英語を話す諸国民の列国諸国が持つ政治的手腕ならびに外交的手腕が、いかにして日本を『一歩一歩巧みに操り』、盤石と思われた日本の地位から日本を追い落として行《い》ったかを述べている。『日本は日本自身の手で作り上げた成果を無効にして行《い》く気品のある役割を演じるように、巧みにそして恭《うやうや》しく誘導されて行《い》ったのである。』この巧みな操作には中国も参加する機会を得ていた。『ベルサイユ条約への調印を中国政府が拒否したことは、合衆国連邦議会がそれを批准することを拒否したことにより、意味を持つものとなった。』(*訳注:英国王立国際問題研究所が発行。１９２０~１９２３年「概観」の執筆者はトインビー博士Arnold.J.Toynbeeである)」(判決書p.228下段~p.229上段)

パール判事は次に、別の論点として、柳条湖事件における鉄道爆破が小規模であったことを問題視している。これは現代日本の研究家の間でも問題となっている点である。

「被害がわずかであったとの点は日本側がこれを企んだとの説には不利に働き、むしろ、第三国による決断を得ようとして準備をしていたであろう側の当事者によって計画されたとすることに有利に働くのである。もしも日本がこの事件を計画したのであれば、日本はそれ以降の日本による行動を世界に対して正当化するためだけにそれを行《おこな》ったことであろう。日本の陰謀者たちには、その点に関する世界の輿論《よろん》は発生した被害の規模の大きさに多く依存すると認識するほどの才覚があったことは確かなはずである。陰謀を企てた者たちは彼ら自身なのであり、いずれかの方面からの何らかの邪魔立てに突然に直面する可能性は無かったのであるから、彼らはその破壊工作をもっと上手にやってのけたことであろう。」(判決書p.228上段)

「この事件自体が取るに足らない些細な特徴を持つものであったことは、本官が右記で示したように、むしろ日本に有利に働くのだ。」(判決書p.228下段)

以上を前提にして、パール判事はある説（パール判事は「仮説」と称している）を立てている。この仮説の内容は次の通りである。

「今、証拠により明らかになったように、この計画の遂行は、その計画が誰のものであったとしても、かなり拙速にそして秘密裏に行《おこな》われたのである。この計画は、実際の遂行状況からは、何らかの興奮したグループに対して軽率な行動を取るように促し、次に、かかる行動の効果によって国際組織による救済を求めるとの目的で企てられたのだとの説に、より良く適合するように思われる。」(判決書p.228上段)

パール判事はこの仮説に自信を持っているようである。次の引用文がそれを示す。

「本官が以上を申し述べるのは、単に日本による準備が相対的に良好になされていたとの状況から日本に不利な結論を引き出すことには困難があることを示すためだけにこれを行《おこな》っている。そもそも軍事的準備状況が何らかの仮説を指《さ》し示《しめ》すものであるならば、おそらくはその合理性においてかかる仮説に劣るとは云《い》えないであろう仮説がここにもう一つあるのだ。そして後者が排除されない限り、相対的に良好な準備がなされているとの点を基盤とした仮説に依存するあらゆる結論は、欠陥を抱えたものとなるのだ。

この仮説はいかなる面においても他方の仮説に比べてその合理性において劣ることはない。」(判決書p.228上段～p.228下段)

なお、この仮説を申し述べるにあたり、パール判事は次のように念を押している。日中のどちらが「正しいか」を示すための仮説ではないことを確認しているのである。さらに、この仮説に基づいて中国側が目指したものが実際上も首尾良く成就したことが、次の引用の後段で申し述べられている。

「この段階で本官がこれを申し述べるのは、どちらの側が正しく、どちらの側が誤っていたかを示すためではない。本官は単に、柳条湖事件は中国により工作されたとの日本が推進している仮説を支持するために、たとえ中国側に軍事的準備が無かったにしてもこの仮説がすっかり排除されることは無いということを指摘しているのにすぎない。

中国が獲得に成功したところの、この点において自国が有利になるような国際連盟の最終的決定については、かかる決定は『日本が抱《かか》える特別な困難もしくは紛争の本質について欧州は露《つゆ》とも思わないとの感情』を惹起せしめるために仕組まれたものであるとの見解を持つ第三者の批評家の存在には事欠《ことか》かないのである。」

(判決書p.229上段)

中国の戦略は功を奏したのだ。国際連盟の決定を勝ち取ったのである。この勝利の背景には、当時の日本をその地位から追い落とすことは、「英語を話す諸国民」、ロシア、さらには中国にとって、共通の利益だったことがあげられよう。

なお、検察側は張作霖爆殺事件の時と同様に今回も、柳条湖事件に関するリットン報告書の結論を補完するために追加的証拠を繰り出している。次の引用の通りである。

「リットン報告書を補完するために、検察側は追加的証拠をいく

らか引用している。」（判決書p.229下段）

また、張作霖爆殺事件と同様に、これらの補完証拠は書類によるものではなく、証人による証言がすべてであった。証人の顔ぶれは次の通りであった。田中隆吉、清水行之助、藤田勇、大川周明（ただし、東京裁判での証言ではなく、大川の1934年における東京控訴院での証言記録の写し）。

田中隆吉の証言

右記引用でパール判事が検察側主張を箇条書きにしたものの内の、柳条湖事件に関する共同謀議者の名前を挙げたのは、証人・田中隆吉である。

「共同謀議者のリストを再構築するための材料は、主として田中隆吉の証言によって提供されている。例によってこの証言者は、彼においては常にそうであるように、申し立てられた共同謀議者による自発的な告白からその知識のすべてを得ている。」（判決書p.233下段～p.234上段）

「長大尉と橋本中佐（被告人）は証人に対して、『満州事変は計画された事件であった』こと、そして、それを計画したのは、参謀本部第二部長で当時は陸軍少将であった建川《たてかわ》、桜会《さくらかい》の指導者で当時は中佐であった橋本（被告人）、民間人からは大川周明（被告人）の指導下の一つのグループ、さらには、いずれも関東軍の中での指導者たちであったところの、当時は大佐であった**板垣**参謀長（被告人）ならびに参謀副長であった石原中佐（＊）、等であったと語った。」（判決書p.223下段）

検察側は柳条湖事件と共同謀議を結びつける要《かなめ》として建川将軍のふるまいを挙げており、その建川も田中隆吉にすべてを打ち明けたとのことである。

「建川将軍も、もちろんのことながらすべてを1934年にこの証人に打ち明けており、そして、この計画に参画した他の人々の名前を語っている。」（判決書p.235上段）

田中隆吉の証言の目的は次の通りであった。

「これらの告白者が彼らのすべての所業を告白しなければならなかったのは、それによって共同謀議の連鎖を完全にするためである。」（判決書p.235下段）

つまり、共同謀議を主張する検察側の都合がよくなるように、告白者が次々と田中隆吉に告白したことになっているのである。

「柳条湖事件に関する田中（訳注：田中隆吉）の知識は1934年以前のものではない。このように、この件について彼が受けた告白の各々《おのおの》はリットンの調査の後に得られたものである。これはそうでなければならないだろう。そうでなければ、真理を語りたいとの熱意のみによって現在このようなまでに駆り立てられるほどに真理を愛しているこの者が、リットン委員会がこの件を調査していた時点ではそのように駆り立てられなかったのはなぜなのかを説明するのが難しくなるからだ。」（判決書p.235上段～p.235下段）

なお、これらの告白者たちは、田中隆吉に対してそのような告白をしたことを否定している。再度、引用する。

「もちろん、かかる告白者たちの中でこの裁判所に出頭させることができた者たちは、この証人（訳注：田中隆吉）に対してそのような発言を行ったことを全面的に否定している。」（判決書p.235下段）

当然ながら、パール判事は田中隆吉の証言を信用していない。

「本官は、本官がこの証言者を信じることができない理由をすでに述べた。」（判決書p.234上段）

清水行之助の証言

大川周明の協力者であった清水の証言に関するパール判事の記述は次の通りである。

「清水の証言はこの裁判での法廷証第１５７号である。この証人は、3月事件と、それに関するこの証人と大川博士との関わり合いにつき申し述べている。その後に証人はかかる宣誓供述書の中で次のように述べている。

『前述した3月事件の失敗の後、私は折に触れて金竜亭《きんりゅうてい》で前述の大川博士と会い続けた。これらの機会の内の一つで、8月にその大川博士が酒に酔った際に、博士は私に、河本大作大佐なる者と憲兵隊の甘粕《あまかす》大佐なる者が関東軍の参謀次長である板垣大佐と共に、その後のある時点において、ある事件を奉天で引き起こすであろうと語った。9月に満州事変が起きた後、私は逮捕され、監獄で3カ月を過ごした。』

これはこの証人が柳条湖事件と何らかの関わり合いがあったかのように暗示するものであるが、彼に対する反対尋問の中でこの証人は、柳条湖事件の後の彼の逮捕と投獄は、その事件とは何の関係も無いと述べた。もしもそうであるならば、そのような誤解を招く証言がそもそも宣誓供述書に記載されたのはなぜなのかを理解するのは困難である。

大川が酒に酔った時に証人（訳注：清水）が聞かされた上述の伝聞証拠に依拠するよう我々が要請されたことは、あたかも全くの絶望の中でわらをも摑むような様相を呈している。」（判決書p.236上段～p.236下段）

「わらをも摑む」絶望的な努力をしているのは検察側である。柳条湖事件を日本側の所業とする証拠は無いのである。なお、「全くの絶望の中でわらをも摑む」の原表記はlike catching at a straw in utter despairである。ほとんど直訳である。

「本官は別の場所において、柳条湖事件は中国人による純粋な鉄道線路破壊事件により開始されたものであるとの大川博士の信条がはっきりと表明されているところの、東京控訴院での１９３４年の博士の証言の証拠となった検察側文書についてすでに言及している。（引用者注：１９３４年の大川の証言は以下、藤田の証言の次に取り上げることとする）少なくとも博士は、その事件を日本側の何らかの陰謀のせいにはしていないのである。清水は彼の証言の中で、3月事件の陰謀の趣旨は純粋に国内的なものであったと強調している。」（判決書p.236下段）

藤田勇の証言

ジャーナリストの藤田と被告人の橋本中佐との間《あいだ》の出来事《できごと》は次のように述べられている。

「藤田の証言は本件裁判での法廷証第１６０号である。9月18日での事件（訳注：柳条湖事件）の後、彼は橋本に会ったが、その時橋本は多忙であった。にもかかわらず橋本は事件後に証人（訳注：藤田）の家を訪ねているが、それはあたかも、事件につき証人に問われ、自らが陰謀に関係していると認めることで証人を満足させ、『私は忙しい』と言い置いて辞去する、ただ単に以上だけのために彼は証人の家に行《い》ったように見受けられるのである。」（判決書p.236下段）

たしかに、これはかなり無理な内容の証言であると考えざるをえない。

大川周明の証言（法廷証第２１７７－Ａ号）

大川周明は被告人であったが、精神疾患を理由に訴訟手続きから解放された経緯がある。大川は東京裁判では証言していない。

その一方で、大川は満州に関する一連の事案の精神的支柱であったと考えられていた。大川博士は日本の政治学者であり、当時の日本が厳しい国際社会で生き延びていくために取るべき方策を説いている。これは当時の日本の世相や世論を把握するための重要な手がかりとなる。パール判事の言う「わたくしの歴史」の一環をなすものであろう。

「検察側は、3月事件を満州事変と結びつけるために法廷証第2177-A号に依拠している。これは、1932年5月15日の事件（訳注：5・15事件。海軍の青年将校たちが犬養毅首相を殺害した）の裁判で**大川**博士が1934年9月に東京控訴院で行《おこな》った証言記録の写しである。検察側はその最終論告で、**大川**博士はその証言の中で『満州**事変**は3月事件の動機であった』と述べた、としている。しかしながら、この法廷証により証拠立てられている実際上の陳述は、いくらか異なっている。この陳述は、『この満州**問題**は3月事件の重要な動機であった』というものである。質問は部分的には次の通りであった。『報道によれば軍部は…米国による日本への敵意は**長期的には**日米戦争をもたらし、また、**もしも**そのような日米戦争が不可避なものであるならば、それは今、行《おこな》われるべきだと信じているとのことですが、そうでしょうか？』**大川**博士は次のように答えた。『はい。もしも日米戦争が不可避なものであるならば、この戦争はおそらくは長期に亘《わた》るものとなりましょう。日本は食料その他の経済的困難に直面することになるので、**満州問題**はそれより前に解決されるべきなのです。そのため我々は、長期戦争に耐えうるよう日本と満州を1つの単位とする経済基盤の上に国民生活を再構築すべきであると考えました。』『この**満州問題**は3月事件の重要な動機でした…。』以上のようにそれは『満州事変』とはまったく異なるものである。この陳述は満州**事変**のずっと後である1934年に行《おこな》われたこと、またこの証人は多くのことを告白したにも関わらず柳条湖事件自身は計画されたものであるとはまったく主張していないこと、等は記憶に留めるべきである。」（判決書p.237下段～p.238上段）

検察側は被告人の土肥原が共同謀議者の一人であったことを立証するためにこの大川の1934年の証言に依拠している。

土肥原は被告人の一人であると同時に、共同謀議の最初から最後まで一貫して共同謀議者であったと検察側が位置づけている重要人物である。

「検察側は**土肥原**に対する最終論告の中で、この被告人を侵略の先駆者であったと特徴づけており、そして、『彼は原初からの共同謀議者たちの内の1人なのであり、共同謀議の最初から最後まで参画していた』と述べている。」（判決書p.247下段）

土肥原に関し検察側が提出した証拠類をパール判事が取りまとめている（判決書p.247下段～p.249上段）。土肥原が共同謀議者であるとの嫌疑の最大の理由は、土肥原が満州・奉天市長に就任したことである。この件は後ほど詳しく見ることとしたい。ここでは土肥原が大川と関わった部分に限って見てみよう。

「2．**土肥原**は、日本帝国の中への満州の組み込みを熱心に説いていた**大川**周明博士と懇意になった。（法廷証第2177-A号、法廷記録1万5565ページから1万5566ページ）

(a)**大川**は満州事変の2年以上前から陸軍と連携した積極的行動を扇動していた。（法廷証第2177-A号、法廷記録1万5573ページから1万5575ページ、法廷証　第2178号、法廷記録1万5595ページ）

(b)(i)**土肥原**は陸軍の人間であり中国のエキスパートであったことからその中心的人物の内の1名となった。

(ii)陸軍の他の構成員で大川と懇意になった者たちの中には被告人の板垣と小磯がいた。(法廷2177-A号、法廷記録1万5565ページ)

(iii)**土肥原**は、満州に対してもっと積極的な方針を持つ、陸軍を中心とした内閣の設立をもくろむ計画の立案に参画した。(法廷証第2177-A号、法廷記録1万5587ページ)」(判決書p.247下段～p.248上段)

この部分に関する大川証言(法廷証第2177-A号)を見てみよう。

パール判事は次のように2カ所に分けてまとめている。

1カ所目のまとめは次の引用の通りである。

「右記の2.(引用者注:右記に引用した、パール判事による土肥原に関する検察側証拠類の内の2.)については1932年の5月事件の裁判のために東京控訴院で**大川**博士が行《おこな》った証言である法廷証2177-A号に依拠している。**大川**博士は幾人かの陸軍将校たちと懇意になったと述べ、その中でも、**土肥原**少将、**板垣**少将、そして**小磯**中将の名前を博士は挙《あ》げた。博士が彼らと懇意になったのは博士が南満州鉄道株式会社に雇用された後であったようだ。博士が『満州を日本帝国に合併することを熱心に説いた』ことについては、上記の証言の内で**大川**博士が法学博士の学位のための論文について述べている部分に依拠している。この論文の研究過程において博士は『大国の時代は去り超大国の時代がやって来たとの信条』を得た。『現段階において、一国《いっこく》が独立国として存続していくためには、その国は少なくとも自給自足の領土を保有しなければならない。現下の世界情勢はこれを明白に証明している。』『日本の場合には、どの領土を組み入れるべきでしょうか?』との質問に対して、**大川**博士は次のように述べることでその回答とした。『朝鮮と満州が可能性の視野に入って参りますが、私は満州のみでは十分ではないと信じております。』博士のこの見解を理由として、博士と懇意になったことでさえも**土肥原**を有罪としてしまうほどに**大川**博士は邪悪な人間であったのかどうかは本官にはわからない。」(判決書p.249下段)

2カ所目のまとめは次である。

「項番2.(a)についてもまた同じ証言に信頼が置かれている。しかし、この証言はこの点について検察側が要約したレベルまでには到底至ってはいない。**大川**博士は証言のこの部分において、博士は『国民運動を始めた。なぜならば、満州と蒙古の問題は資本家たちと政治家たちの手に委ねるわけにはいかないために国民運動によって解決されるべきだと考えたからだ』と述べていたのである。博士は『この点について講義を行《おこな》った。』すなわち、『小国は独立を維持することはできないとの意見については、博士は、日本は当面の間《あいだ》は**『満州における経済的発展を試みるべきである』**と国民に知らしめるべきで、国民生活の基盤が日本と満州が合体した経済システムの上に構築されなければこの国は立ち至らなくなり、そしてもしもこのことが達成されれば満州問題も同時に解決されると説いた。』**大川**博士は以上の講義を1929年の4月の後半か5月に行《おこな》い、満州事変の勃発までそれ(引用者注:講義)を継続したとのことである。ここまででは、『積極的行動』もしくは『陸軍と協力した積極的行動』について我々は何も聞かされてはいない。しかしながら、この証言者は証言を続けており、『何らかの反響がありましたか?』との質問に対しては次のように回答している。『まったく予期しなかった反応がありました。私は当初、反動がどの程度までになるのかはわからなかったのですが、このプロジェクトを一緒に遂行することについて陸軍当局と相談をした時、もしも陸軍が加われば軍国主義ならびに帝国主義となってしまうとの批判のためにその効果を失うことになるだろうとして、陸軍は**同意をしなかった**のです。そのため私はその運動を単独で実施しました…。』次にこの証人は次のように主張した。『国民の間《あいだ》で不満の声が高まるにつれて陸軍はその傾向に注意を払い、次第に積極的な行動を採り始めるようになりました。』『陸軍は好機を利用することに対して敏感でありますので、この傾向が大きくなった途端に積極的な行動を採り始めました。そして最終的には彼らは我々と行動を共にするようになり、陸軍参謀本部とその他の部署は我々に対し講師を派遣し始めるまでに至りました。』以上がこの物語の全部であり、本官がこれを読む限りでは、その中には『**大川**が陸軍と連携した**積極的な行動**を扇動していた』との最終論告を裏付けるものは何も無い。」(判決書p.250上段～p.250下段)

右記の通り、事実認定の結果、東京控訴院におけるこの大川証言が検察側の2つの目的、すなわち、①土肥原が大川の見解を共有していたこと、また、②大川が満州事変の2年以上前から陸軍と連携した積極的行動を扇動していたこと、はともに立証されていないとの自らの判定をパール判事が明示していることをここでは確認しておきたい。

右記の大川証言の中での大川自身の発言として「このプロジェクトを一緒に遂行することについて陸軍当局と相談をした時」とある。パール判事が当時の日本陸軍に関する極めて重要な指摘を行《おこな》っているので、この機会に引用しておきたい。日本陸軍は「国民の党」であったとパール判事は指摘しているのである。

「日本においては『陸軍の支援を求める』ことは必ずしも武力の行使をする者による何らかの陰謀を意味するものではない。日本における陸軍は、実際は国民の党であった。日本の陸軍の兵士は国民皆兵制度により徴用されていた。農村部で勃興しつつあったプロレタリアートの世代は下士官・兵の主力部分を構成しており、『当時の陸軍』は、当時の世界情勢によって『絶望的な農村部プロレタリアートの立場に貶められたところの小作農を保護する立場の者として自らを任じていた。』当時の陸軍が日本の『国民の』側にあったことの関連については、本官は後ほど検討を加えなければなるまい。本官の現下の目的のためには、自身の運動に利するよう国民の共感を得ようとする1人の個人が陸軍による協力を働きかけることは、必ずしも何らかの邪悪な意味合いを持つものではなかったと申し述べれば十分である。」(判決書p.251上段)

検察側は、共同謀議者リストを作成する上で、田中隆吉の証言を補完するものとして東京控訴院における大川のこの同じ証言記録に依拠している。次の引用の通りである。パール判事は、これについても検察の目的を立証する証拠としての有用性を認めていない。

「項番2.(b)(iii)で記されている、**土肥原**が『内閣の設立をもくろむ計画の立案に参画した』点については、それが依拠した証拠はこれもまた、**大川**の同じ証言である。この証人はそこでは10月事件について語っていた。『最終的な計画を立案したのは誰か』と質問された際に**大川**は、次のように述べた。『私は正確には知らないが、私に命令を出したのは**橋本**欣五郎であった。』次に博士は次のように聞かれた。『するとあなたは計画を作った人の筆頭が誰であったかはご存じないのですね?』これに対して博士の回答は『心当たりはある。』ということであった。次の質問は、『**重**《しげ》**藤**《とう》、**橋本**、**板垣**と**土肥原**は参画していましたか?』であった。証人は『はい』と答えた。これは**大川**による推測以上の何物《なにもの》でもなく、本官は、この証人によるそのような推測もしくは推量が、どのようにすれば**土肥原**がこの計画に参画していたのだと申し述べる資格を我々に与えることになるのかが、わからない。」(判決書

p.251上段～p.251下段）

３月事件を共同謀議に結びつける証拠、また土肥原を共同謀議者の一人とする証拠としての大川証言の有用性を、パール判事は認定しなかったのである。また、重藤《しげとう》、橋本、板垣を共同謀議者リストに載せた根拠が東京控訴院での大川証言であったことも右記引用で判明するが、右記引用から読み取る限り、大川は推測をしたにすぎない。この発言によって彼らを共同謀議者リストに載せるのは、根拠薄弱と言わざるを得ない。

検察側の補完証拠の有用性の否定

以上で見て来たように、柳条湖事件に関して検察側が補完的に繰り出した３人の証言の証拠としての有用性を、パール判事はすべて否認したのである。

王道の原則に則った国

大川が田中隆吉に語ったとされるものによれば、大川は次の意見を持っていたとのことである。これは田中隆吉の伝聞証拠ではあるが、この部分に限っては、正しく大川の意見であったとして捉えても、恐らくは間違ってはいないだろうと思う。パール判事もこの部分の証言の有用性を否定してはいない。

「**大川**博士からは、この証人（引用者注：田中隆吉）は次を得た。

『満州はぜひとも南京政府からは切り離されなければならず、そしてその新しい地域は日本の支配の下《もと》に置かれなければならない。王道の原則に則った国、すなわち平和と法と秩序の国を建国するために。』

大川博士はさらに次のように述べた。

『17世紀前半以降、アジアは西洋の白人種による絶え間の無い侵略の下にあり、アジアは植民地…植民地地域と成り果てたか…、もしくは、アジア地域は植民地もしくは半植民地になったのであった…。日本国民以外の、アジアのすべての人々は今や抑圧され虐《しいた》げられた人々なのである…。独立満州が設立された後には、日本と満州との間《あいだ》にはある関係―不可分の関係―が打ち立てられるべきであり、日本の国力の増大とともに、アジア各人民の解放とアジアの復興を実現するために日本はアジアの人々の指導者としてこの地域から白人種を追い払う努力をしなければならない。』」（判決書p.240上段～p.240下段）

さらに、田中隆吉の証言によれば、大川は張学良に右記の自分の意見を伝えたそうである。

「**大川**博士は証人に対してさらに次のように述べた。

『張学良と話をするために私（訳注：大川博士）は１９３０年の前半に満州に行き、その若い元帥にこの考えを提案した。しかし、張学良は私の計画に何ら食指を動かさず、全く何の賛意も示さなかった。このようなことであったため、日中関係が険悪となっている事実からも…、その理想を実現する唯一の方法は武力の行使によるものだけとなった。』

つまり、この陳述によれば、『武力の行使』の考えは１９３０年のこの会見の後に生まれたのである。」（判決書p.240下段）

右記の最後の文章を読むと、「この陳述によれば」、大川は武力で満州を組み入れることを１９３０年以降は考えていたかのように示唆されている。たしかに大川の思想の根幹は、「満州を日本に組み入れること」であり、これこそが検察側が満州段階（第１段階）の標題とした「満州の支配力の獲得」を日本が目指したとの論拠となっている。しかし、大川の東京控訴院における１９３４年の証言自体によれば、大川は経済的組み入れを目指しているのであって、武力による組み入れを目指すのではないことをパール判事が指摘しているのである。次の引用の通りである。

「検察側は、**大川**が『満州を日本帝国に組み入れることを熱心に説いた』とする申し立てを、**大川**博士の上記の証言によって支持させることを試みている。検察側はその最終論告1万5566ページにて法廷証2177－A号に言及している。そこでは博士はその法学博士号取得の論文となったところの研究に言及しており、その関連で博士は『超大国の時代』を語っている。その関連では博士は朝鮮と満州を組み入れの『可能性の視野に入ってくる』領土として言及している。もちろん、そこには武力による組み入れの示唆は何も無い。その一方、その次のページで博士は外交手腕による『日本の満州への影響力』の取得につき語っており、外国諸国に向けた外交に関し統一された国内輿論《よろん》が日本に無いことを嘆き、博士が外交的愚行と考えるものに言及し、『このようなことが継続するならば、日本の海外発展など決して達成されない』と不満を述べている。この証言の全体を読むと、武力による発展もしくは組み入れを提唱しているものを見つけることは困難である。ここで考えられている組み入れとは政治的なものと云《い》うよりもむしろ経済的なそれであるように見受けられる。それは1931年国際情勢概観（訳注：A. J. Toynbeeが執筆）で描写されたところの『英国世界秩序』と類似のもののようだ。本官は後にこの世界秩序に言及する機会を持つこととしよう。検察側が依拠した証拠は少なくとも**日本帝国**への何らかの組み入れについては何も物語ってはいない。」（判決書p.250上段）

§8. 満州事変と共同謀議との間《あいだ》の連結点たる建川将軍

検察側は奉天での建川《たてかわ》将軍のふるまいこそが、柳条湖事件が共同謀議の一環であった証拠であるとしている。パール判事は次の通り、指摘している。

「しかし**建川**は、柳条湖事件に関して検察側が主張している連鎖の全体の中では欠くべからざる連結点なのである。」（判決書p.238上段）

建川将軍の奉天でのふるまい

満州で大きな事件が勃発するとの情報に接した幣原《しではら》外務大臣は、南《みなみ》陸軍大臣にこの情報を伝えた。陸軍省は建川《たてかわ》少将を満州に派遣しその行動を止めることとした。その建川将軍が奉天に到着したその夜に柳条湖事件が起きた。次の引用の通りである。

「1931年9月15日もしくは16日に**幣原**《しではら》男爵は、1週間以内に満州で大きな事件が勃発すると警備隊の指揮官が申し述べたとの電報による報告を受け取った。**幣原**男爵はこれを、当時は陸軍大臣であった**南**大将に伝えた。この目的のために**建川**を選んだのは誰なのかとの点については、いくらかの論争がある。しかし我々の現下の目的のためには、検察側が主張するように、そのように決めたのは**南**であったと仮定しよう。**南**は直《ただ》ちに**建川**を、いかなる代償を払ってでもその行動を食い止めるための特使として奉天に派遣した。この任務において**建川**は、移動中と奉天滞在中の両方において民間人の服装をしていた。彼は9月18日午後に奉天に到着した。関東軍の**板垣**が夕刻に彼と会い、**建川**と夕飯を共にした。その時の会話の中で**建川**は、旅行で疲れたということ以外は何も話さなかった。なるほど、**建川**はその夕刻には彼の任務を打ち明けなかった。そしてその夜に事件は起きたのである。**建川**は任務を遂行せずに帰還せざるをえなかった。」（判決書p.238下段）

以上が客観的な状況であるが、検察側は、この板垣と建川の夕飯の様子こそが建川が共同謀議者であったこと、また、建川が共同謀議との「欠くべからざる連結点」であったことを示すと云《い》うのである。次の通りである。

「検察側は次のように述べている。

『**板垣**と**建川**との間《あいだ》の談笑（引用者注：1931年9月18日の奉天での夕飯）の中で**板垣**がこの主題に抵触するいずれかの事項を議論することを巧妙に避けたのは、本質的な事柄につき沈黙を守るとの相互的な共謀であった。というのも、沈黙を破ることは計画の全体を未遂に至らしめるかも知れないことを双方ともに意識していたからである。』」（判決書p.238下段）

右記引用の通り、検察側は、建川が黙っていたことこそが彼が共同謀議者であり、連結点である証しだと云うのである。

しかし、パール判事はこれを拒否する。逆の方向から無理なく考えることが可能だと指摘するのである。

「なぜだ？　と誰しもが不思議に思うであろう！　双方ともに共同謀議者だったのである。双方ともに計画のことを知っていたのである。双方ともに計画が遂行されることを熱望していたのである。そこには2人の共同謀議者のみが在席していたのである。何らかの第三者が在席していたことを示すものは無い。壁に耳でもない限り、彼らの談笑の中で**建川**の任務につき一言二言を加えてその点について心からの笑いを楽しんだとしても、それがどのようにして計画を未遂に至らしめると云《い》うのか。」（判決書p.238下段～p.239上段）

確かに、そのことを話題にすれば計画が未遂になってしまうとの検察側の言い分はかなり苦しいと筆者には思える。パール判事が「なぜだ？」と叫ぶのもよく理解できる。

建川の件につき、パール判事は次のように結論する。

「**建川**が共同謀議に参加しておりまさにその夜に計画が実行されることを知っていたとの仮定を前提としなければ、その夜に**板垣**に何も伝えなかった彼のふるまいは何らも驚くべきものではないのである。彼のそのようなふるまいは彼が共同謀議者であることと一貫していると云《い》うのなら、その一方で、彼が共同謀議への参画者であることに依拠しなくてもかかるふるまいは等しく説明可能なのである。そのため本官は、彼のこのふるまいがすでに上記で議論したところの**田中**隆吉の伝聞証拠をどのように補強することになるのかが理解できないのである。このふるまいを、**田中**から得たような類《たぐい》の伝聞証拠を補強するものであるとして受諾するためには、実際、とても強い願望による措置が必要となって来《く》るのだ。」（判決書p.239上段）

「とても強い願望による措置」すなわち「予断に満ちた精神を出発点とした検討」とは、パール判事がたびたび述べているオルダーソン男爵による警句（詳しくは判決書p.520下段参照）である。

建川将軍の奉天でのふるまいこそが、彼が満州事変と共同謀議との間の欠くべからざる連結点であることを示しているとの検察側の主張は、このようにして崩れたのである。

大川証言に建川将軍の名前はない

東京控訴院における大川の証言が「共同謀議者リスト」の供給源となっていることはすでに見た。しかし、この証言の中に建川と河本の名が無いことは重要であるとパール判事は指摘している。次の引用の通りである。

「ここでは、**大川**博士はこの書類（訳注：東京控訴院で大川が1934年9月に行《おこな》った証言記録の写し）によって証拠立てがなされている中での彼の証言において、何らかの陰謀、計画そして方針に結びつけられるとして他の何名かの人間を名指《なざ》しているにも関わらず、彼は**建川**《たてかわ》もしくは**河本**の名をまったく挙《あ》げてはいないことに注意を払うことは、いくらかの重要性を持つものであろう。
　しかし**建川**は、柳条湖事件に関して検察側が主張している連鎖の全体の中では欠くべからざる連結点なのである。」（判決書p.238上段）

検察側は、建川が共同謀議者であるとの有用な証拠が何も無いままに、建川を「欠くべからざる連結点」としているのである。さらに、奉天の夕飯における彼のふるまいは、パール判事が以上で論破したように、何らも驚くべきものではないのである。

柳条湖事件に関する弁護側証拠

ここで柳条湖事件に関して弁護側が提出した証拠を見てみよう。南大将、本庄将軍、石原莞爾の証言である。パール判事はこれについて次のように短くまとめている。

「さて、我々の眼前には今、被告人の1人である南大将の証言、ならびに、**本庄**《ほんじょう》将軍（＊1）が自決直前に残した記述を含む、弁護側の証拠がある。我々にはさらに、関東軍の当時の参謀であった**石原**（訳注：石原莞爾《かんじ》）の嘱託尋問調書（＊2）がある。それらのすべてはこの事件が日本人によって計画されたことを否定している。1931年9月18日の柳条湖事件は関東軍の若い将校たちにより計画されたのだとする**田中**（訳注：田中隆吉）と**岡田**の証拠を受け入れたとしても、本官はその一団ないしは一派の将校たちと被告人のいずれかを結びつける実質的な証拠を何も見つけることはできないのである。本官の意見では、状況は未《いま》だにリットン委員会により見出《みいだ》された状態のままである。この事件は未知の陸軍将校による計画の結果であったのかも知れないが、そうであっても、この事件において行動した者たちはまったくの『**善意(bona fide)**』の下《もと》に行動したものかも知れないのだ。

（**＊1**訳注：本庄繁《ほんじょうしげる》　1876〜1945　陸軍軍人。関東軍司令官を務める。最終階級は大将。1945年11月に割腹自殺）

（**＊2**訳注：嘱託尋問調書。山形県酒田に特設された出張法廷において採られた調書）」（判決書p.239上段〜p.239下段）

パール判事は右記の弁護側証拠について、「それら（引用者注：証言、記述、嘱託尋問調書）のすべてはこの事件が日本人によって計画されたことを否定している」（判決書p.239上段）と指摘している。ところがパール判事は、わざわざ右記引用のように記述した弁護側証拠の有用性に関するコメントを、何も加えていない。つまり、パール判事は、柳条湖事件は日本側によって計画されたとする検察側の主張を否定する有力な証言・証拠・調書を弁護側が提出したことを単に示したのにすぎないのかもしれない。

しかし、検察側が申し立てた共通計画の目的に関する情報の出所はどこかをパール判事はこの直後にあえて指摘している。次の通りである。

「申し立てられた共通計画についてはその目的もまた、折に触れて共同謀議者たち自身から**田中**隆吉に対して行《おこな》われた自発的告白から得られた知識に基づくところの田中の証言により、主として提供されている。」（判決書p.239下段）

共通計画の目的について検察側が依拠しているのは、共同謀議者リスト上にその名を挙げられた「犯罪者」の各々による田中隆吉に対する自発的告白から得られた知識に基づく田中の証言であるとパール判事は指摘している。そして田中隆吉の証言が信用できないことは、パール判事は再三に亘って述べているのである。

§9．被告人6人の訴追事項への判定

被告人6人とは、**土肥原《どひはら》**、**橋本**、**板垣**、**小磯**、**南**と**大川**である。以上の名前はアルファベット順に提示されている。最後の大川は訴訟手続きから解放された。パール判事は、残る5人の被告人につき、南、土肥原、橋本、板垣、小磯の順に判定を下している。以下、その順に従って見ていこう。

南が共同謀議者とされた理由

被告人の南が共同謀議者であると名指されたのは、南自身による次の二つの声明に基づいたものであった。しかし、パール判事はそれら二つの声明のいずれもそのように深刻なものであったとは認定していない。次の通りである。

「被告人の**南《みなみ》**は、彼が1931年7月1日と1931年8月4日に行《おこな》った声明に関する証拠に基づいて、共同謀議者であるとの名《な》指《ざ》しがなされた。本官はこれらの声明の中にそのような深刻なものを何ら発見できなかったことを告白しなければならない。」

（判決書p.236下段～p.237上段）

パール判事は、南に関して検察側が強調している事柄を5つの項番に亘って取りまとめている（判決書p.253下段～p.255上段）。その取りまとめの項番2において右記引用での南による二つの声明が説明されている。次の引用の(b)と(c)が二つの声明それぞれに該当している。

「2.『**南**は危機が差し迫っていることを十分に知らされていた』

(a)このことは1931年7月に行《おこな》われた会合において見えて来《く》る。

(i)彼は、満州・蒙古問題を議論するために満州鉄道当局を彼の公邸に招いた。（1万5753ページ）

(ii)陸軍側からは3月事件の共謀者である建川を含むさまざまな将校がその代表として出席した。

(iii)出席した当事者たちは『満州・蒙古問題につき率直な意見交換をした。』（1万5753ページ）

(b)その後、同じ月に**南**は次のように述べた。『陸軍は朝鮮において我が師団の数を増やす必要性を認識してすでに久しく、我々はそこにもっと多くの師団が派遣される日が到来することを望む。』（1万5753ページ）

(c)1931年8月4日に開催された陸軍と師団長の会合において**南**は次のように述べたとされている。『我々の生命線である満州を守れ』（法廷証第2207号－1万5784ページから1万5785ページ）」（判決書p.254上段）

右記引用の(b)で示された、朝鮮にもっと師団を送れとの発言の趣旨は、陸軍大臣の発言として特に不穏当なものでもなく、この発言が彼を共同謀議者であったとする証拠になるとは筆者には思えない。また、これは満州に関する発言でもない。

むしろ(c)で示された、南が8月4日に行《おこな》ったとされる声明が重要である。検察側は次のように主張している。

「右記の資料によって検察側は我々に対し、『**幣原《しではら》**の宥和策は放棄され、**南**ならびに柳条湖事件により促進され、けしかけられたところの陸軍から発散されている新しい政治的な力が表舞台に立つこととなり、共同謀議の公然たる行動が起きることを可能とした』と主張するように推奨している。検察側によれば、新しい政治的な力が**南**により促進され、けしかけられていたとの事実はリットン委員会によって発見されたものである、としている。法廷証第57号の66ページから67ページがその出典として与えられている。」（判決書p.255上段）

右記引用における法廷証第57号とは、リットン報告書である。

「問題となっている公然たる行動を南が促進し、けしかけたとの検察側の主張は、当時の日本の陸軍大臣による力強い演説に関するリットン委員会の記述にその基盤を置いている。検察側は次のように述べている。

『南は、柳条湖事件の前においては、彼が自らをそうであると描いているような平和の使徒などではなかったことは、リットン委員会の報告書に現れている…そこでは『満州において陸軍が直接的な行動を行《おこな》うことを勧告した、当時の日本の陸軍大臣による東京での力強い演説』は、9月18日のできごと（訳注：柳条湖事件）、ならびにその後に起きたできごとの舞台を用意したものの内の一つであった。』」（判決書p.255下段～p.256上段）

検察側はリットン報告書から「満州において陸軍が直接的な行動を行《おこな》うことを勧告した、当時の日本の陸軍大臣による東京での力強い演説」との文言を引用している。なるほど、この部分のみを取り出せば、陸軍大臣が演説して満州で直接的な行動を取るようにけしかけたようにも読める。しかも、出所がリットン報告書であるとされているため、説得力があるようにも見える。この「演説」に関しては詳しく見ておきたい。

パール判事はリットン報告書の全文に目を通しているのである。該当個所の正確な引用と、リットン報告書の本来の趣旨をパール判事は次のように指摘している。

「リットン委員会報告書の該当箇所は、しかしながら、この事件に関して両国（訳注：日中両国）の報道機関が演じた役割について言及しているのである。同委員会は次のように述べている。

『両国の報道機関は輿論《よろん》を沈静化させるというよりはむしろ憤激させる傾向にあった。満州において陸軍が直接的な行動を行《おこな》うことを勧告した、東京における陸軍大臣による力強い演説が報道された。』

ここではリットン委員会は、演説自体ではなく、報道機関によるその報道を強調していたのである。しかしながら我々は、そのような何らかの罪がもしもあるのであれば、その演説の実行者をかかる罪により有罪とすることを求められているのである。」（判決書p.256上段）

証拠が示す内容について、検察のとらえ方と右記のようなパール判事のとらえ方との間《あいだ》に違いがあるのであれば、真偽を確かめるためにはこの演説自体を読まなければなるまい。しかし、次の引用の通り、演説原稿の原文は入手不能であった。

「検察側は、この演説は１９３１年8月4日に陸軍大臣南によって実施されたものであると指摘した。演説草稿の原文は入手不能であった。検察側はその代替として、申し立てられた演説を引用したとされる１９３１年8月6日付のジャパン・タイムス紙の記事を示した。これは本件裁判における法廷証第１８６号である。そこには演説の全体は含まれてはおらず、その抜粋のみの記載であるとされている。」（判決書p.256上段）

パール判事はこの抜粋に目を通した。

「我々の眼前にある演説の一部分は次のようになっている。

『他の観察者たちの幾らかは、隣国の状況を研究しないままに軍備制限を性急に主張し、我が国と陸軍にとって望ましくないプロパガンダを実施している。満州と蒙古は我が国の国防のみならず政治経済の観点から我が国と密接に関連しているのである。中国のその地域の最近の状況が我が日本帝国にとって望ましくない趨《すう》勢《せい》を辿《たど》っているのは残念なことである。かかる趨勢の原因は、最近時の国際政治の変化ならびに最近時の日本の地位の低下に最近時の中国における排外扇動の高まりならびに同国における新しい経済力などが組み合わされたものであり、かかる趨勢は一過性のものではなく恒久的継続の性質を持つ現象である。かかる状況に鑑み、各官の配下の部隊の教育と訓練に関する貴職の職務を熱意と誠意をもって遂行することにより陛下の大御心《おおみこころ》に完全に副《そ》うこととなることを望む。』」(判決書p.256上段〜p.256下段)

抜粋であるにせよ、この演説は日本が置かれた情勢を落ち着いた筆致で指摘し、南の配下の師団長以下の将校たちがその役割を果たすように訓示したものにすぎないと筆者には思える。自らのこの演説について南自身が次の通りを申し述べている。

「この演説が行《おこな》われた場面は、被告人の南自身の陳述によって現わされている。彼は次のように述べている。

『1931年8月4日に、本官は陸軍大臣職を拝命した後では最初となる定例師団長会議を陸軍省において召集した。その機会において本官が実施した訓示が、思いがけず、政界の一角による反対を喚起した。その内容を一瞥《いちべつ》すれば明らかであるように、そこには1人の陸軍大臣としての自然な見解以上の表現は無い。すなわち、軍備縮小がもたらした困難な状況の中で帝国陸軍の効率性を維持するために、練兵につきあらゆる努力がなされるべきであると述べたまでである。』」(判決書p.256下段)

パール判事が判決書のさまざまな箇所で強調しているように、二次的な証拠ではなく、証拠の原文(一次資料)を読むべき重要性が、ここでも示されている。右記の件では、リットン委員会の記述は二次的な証拠なのであり、抜粋ではあったにせよ、演説そのものが一次資料なのである。

8月4日の南の演説に関するパール判事の結論は次の通りである。

「この一片の証拠については、本官は柳条湖事件を考慮する中ですでに議論を行《おこな》った(引用者注:判決書p.231上段)。定例の会議において陸軍大臣がその配下の師団長たちに対して行《おこな》ったそのような訓示が、かかる重大な共同謀議の陰謀を示すべきものとされるのは何故なのかを本官は今でも理解することができない。」(判決書p.256下段)

3月事件、10月事件と共同謀議:民間人による推測

この8月4日の演説以外にも、南が共同謀議者であるとの証拠を検察側が示しており、この証拠も根拠が薄弱であることをパール判事は具体的に説明している。この証拠とは、民間人の手紙である。次の通りである。

「法廷証第184号は1931年8月6日に民間軍縮同盟のメンバーたちから南に宛てられた手紙であり、その中でこれらのメンバーたちは、南によるこれらの声明の中に何らかの意図があるとしているのである。本官は、そもそもどのようにすればこれがそのような意図の証拠になるのか、そして、どのようにすればそれが南は共同謀議者であるとの証拠となるのかがわからない。……(中略)…どのようにすれば幾人かの民間人により引き出されたそのような推測がその意図の証拠となるのかとの点は、本官の理解を超越している。」(判決書p.237上段)

この「民間軍縮同盟の手紙」を証拠として受け入れたとしても、そこから言えることは次にすぎないことをパール判事は示している。

「この証拠の全体をその額面どおりに受け入れたとしても、そこから言えることは、いくら悪くとったにしても、彼らの内の幾人かは殺人事件(訳注:張作霖殺害)と、幾人かは柳条湖事件と、幾人かは3月事件と、そして幾人かは10月事件とにそれぞれ結びつけることができるということにすぎないのである。」(判決書p.237上段)

検察側はこの証拠により柳条湖事件、3月事件、10月事件について、それらの事件が共同謀議の一部であるとして結びつけるよう判事たちに要請している。次の通りである。

「検察側は我々に対し、次の2点の理由により、訴追された共同謀議の一部としてこれらの事件すべてを結びつけることを要請している。

1．それらの事件は相互に緊密であったこと。

2．それらの事件にはかくも多くの同じ人々が参画していたこと。」（判決書p.237上段）

何が何でも共同謀議が存在することにするのだとの強い意志がなければ、「この期間のあらゆる行動はそのすべてが共同謀議の一部である」との結論へと導かれるようなことにはならないとパール判事は指摘している。パール判事による正確な表現は次の引用の通りである。

「以上の2点の命題が受諾されたとしても、本官は、どのようにすれば『この期間のあらゆる行動はそのすべてが共同謀議の一部である』となることは避けられないとの結論になるのかが、わからないのである。このような結論は、避けられないどころか、つなぎ合わされた1個の全体の内の一部分《いちぶぶん》を形成するよう強制するために必要があれば状況をわずかに背伸びさせることに喜びを見《み》出《いだ》すような精神状態が用意されていなければ、まったく不可能なのである。」（判決書p.237下段）

ここでも、オルダーソン男爵の警句が顔を出している。

南に関するパール判事の結論

以上のさまざまな証拠類を慎重に考慮した後、パール判事は被告人・南に関して次の結論に至っている。

「検察側が我々の眼前に置くことができた証拠を慎重に考慮した後、本官は、申し立てられた共同謀議と**南**との間《あいだ》の関連性は立証されていないとの意見を持つものである。

満州事変は**南**が依然として陸軍大臣であったときに展開したのであり、それは、それとは正逆の閣議決定がなされたにも関わらず展開してしまったのである。証拠は、**南**が正反対の結果をもたらすよう努力したにも関わらず事変が広がってしまったことを明瞭に立証している。

満州事変に対する彼の見解の中には、**南**が共同謀議者であったと主張することへと我々を導くものは何も無い。**南**は依然として、実施された行動（訳注：柳条湖事件における関東軍の行動）は自衛措置として正当化できるものであると信じている。**本庄**（訳注：割腹自殺した本庄繁将軍）も、自決するにあたりこの件で彼がなさなければならなかったことすべてを打ち明けている時においてさえも、その事件は中国人の行動により開始されたとの彼の信条を依然として主張している。本官は上記の証拠を巡って議論を行《おこな》い、疑義は未《いま》だに払拭《ふっしょく》されてはいないと指摘した。**南**の見解表明が『**善意ニ基《もと》ヅク（bona fide）**』ものであったと本官が受け取るべきではないのは何故《なにゆえ》なのかが、本官はわからない。」（判決書p.257上段～p.257下段）

南への訴追は柳条湖事件が起きた１９３１年の1年のみに集中している。これは南が若槻内閣の陸軍大臣であった時期である。

「彼が陸軍大臣の地位に就任していた中での彼のその後の行動は何ものをも示してはおらず、本官はそのことに対して注意を払う必要はまったく無い。」（判決書p.257下段）

土肥原の奉天市長就任に関する分析

すでに見たように、土肥原は共同謀議の最初から最後まで一貫して共同謀議者であったと検察側は主張している。検察側による土肥原への訴追内容を、パール判事は箇条書きにしてまとめている（判決書p.247下段～p.249上段）

その箇条書きの内の項目2．すなわち、大川証言の内の土肥原に結びつく部分は、すでに見た（**・大川周明の証言（法廷証第2177－A号）**）。そこでは、土肥原が大川と懇意であることが何らかの罪になるとは考えられないとパール判事は述べていた。

ここではこの箇条書きの項目5．すなわち、土肥原の奉天市長就任の件を見てみたい。この項目は次の引用の通りである。

「5．東京から帰還した**土肥原**は1931年9月21日に、臨時委員会の過半数の日本人構成員により支持されて奉天市長に就任した。（法廷証第57号、88ページ）

(a)**土肥原**の市長職への就任には重大な意味があった。

(i)日本が9カ国条約でその領土と行政の保全を尊重すると誓約していた中国の市の行政権を、現職の日本陸軍将校が初めて得たのである。

(b)いわゆる独立運動を支援するために1931年9月の後半に奉天において自治指導部が設立された時、**土肥原**は特務機関つまり諜報部の責任者であった。（法廷記録2793ページから2794ページ）

(i)日本陸軍に支援された地域自治を実現するため、あらゆる努力がなされた。（法廷記録3万3628ページから3万3629ページ）

(c)**土肥原**は地方治安維持委員会においても活動を行《おこな》っており、そこに残されていた中国人官僚たちに対して大きな圧力を及ぼしていた。（法廷記録3962ページから3963ページ、同3万3605ページから3万3606ページ）

(d)**土肥原**は前皇帝の**溥儀**《ふぎ》を天津から満州へ移す策謀を指揮し遂行した。（法廷記録1万5726ページ、3万3618ページ）」

（判決書p.248下段～p.249上段）

土肥原の市長職任命の意義についてパール判事は次のように述べている。

「**土肥原**の市長職への任命は他の面では意味を持つものなのかも知れない。それが仮に日本による何らかの約束に関する違反であったとして、そしてそうであった限りにおいて、それは日本の不法行為を構成するものにさえ、なっていたものかも知れない。しかし本官は、それが柳条湖事件について申し立てられた陰謀への**土肥原**の参画の問題に何らかの関連性を持つものであるとは思えないのである。」（判決書p.252下段～p.253上段）

この任命の背景につき、パール判事は次の認識を示している。この任命が共同謀議によるものであるとは考えられないとしているのだ。

「**土肥原**とこの事件（訳注：柳条湖事件）との間《あいだ》の関連性については、柳条湖事件の後に『**土肥原**大佐が奉天市長に任じられ』、3日間の内に通常の市民行政を回復させることに成功したとの事実を通じて立証させることも試みられて来た。1931年9月18日の事件（訳注：柳条湖事件）の結果、奉天市ならびに遼寧《りょうねい》省の市民行政は完全に混乱し、それよりは比較的に小規模であったにせよ、他の二つの省（訳注：吉林《きつりん》と黒竜江《こくりゅうこう》の2省）のそれですらも影響を受けていた。地方政府の立て直しと市の通常の市民生活の復旧は喫緊の課題であった。これは日本人により執《と》り行《おこな》われ、迅速かつ効率的に遂行された。この目的のために**土肥原**大佐を市長に任命することが、なぜ、この事件に関して申し立てられたところの陰謀と彼との間《あいだ》に何らかの関係があること、あるいはさらに、訴追された共同謀議と彼との間《あいだ》に関係があることを何らかの形で示すことになるのかが、わからない。**土肥原**は陸軍将校であって、陸軍当局が彼を選んだのはおそらくは彼が能率的な人材であったからであろう。彼はこの点において有能な行政官であったことが少なくとも立証されたのである。この証拠に基づいて彼を陰謀ないし共同謀議と結びつけることは、本官はできない。」（判決書p.252下段）

項目5．におけるもう一つの重要な検察側論点である溥儀の件（5．ⓓ）については次のように述べている。なお、次の引用中の「この問題」とは、「柳条湖事件について申し立てられた陰謀への土肥原の参画の問題」である。

「検察側が依拠した、**溥儀**《ふぎ》を天津から満州に移すことを含むその後の展開は、本官の意見ではこの問題が関係する限り何の重要性も持たないものである。」（判決書p.253上段）

被告人の橋本、板垣、小磯

橋本、板垣、小磯の3名の被告人が共同謀議者であるとする検察側の主張は、田中隆吉の証言ならびに東京控訴院における大川証言を証拠としている。

「**橋本**、**板垣**そして**小磯**を、柳条湖事件ならびに訴追されている共同謀議と結びつける試みの基盤となった証拠は主《おも》に、この法廷で行《おこな》われた**田中**隆吉の証言ならびに東京控訴院にて1934年に行《おこな》われた**大川**の証言によって構成されている。」（判決書p.253上段）

橋本と小磯はいくつかの事件に参画していたことは間違いないが、それは起訴状で申し立てられているような共同謀議を示すようなものではないとパール判事は述べている。次の通りである。

「本官の意見では、この証拠は彼らと申し立てられた陰謀ならびに共同謀議との間《あいだ》の結びつきを立証してはいない。**橋本**と**小磯**は、この証拠で申し述べられている事件のいくつかに参画していたことは疑い無い。しかし、それらの事件がどれほど邪悪なものであったにせよ、それは起訴状で申し立てられた類《たぐい》の共同謀議を示すものではなかったのである。」（判決書p.253上段～p.253下段）

パール判事は、橋本、板垣そして小磯は、共同謀議とは無関係であったと判定したのである。

§10．満州段階：まとめ

このセクションでは、満州事変を各国がどのように取り扱ったのかを見てみよう。パール判事は、満州事変を各国が「犯罪である」と判断したのかどうかを論じている。また、日本が日清戦争、日露戦争、第一次大戦と勝利を重ねて築き上げた地位を、米英を中心とした世界はどのように扱ったのかも分析している。

各国は満州事変を犯罪とすることを拒否した

パール判事はまず、柳条湖事件以降の満州における日本の一連の軍事的拡大は、世界の賞賛を浴びるような行動ではなかったと指摘している。

「満州における日本の行動が**世界の賞賛を浴びることはないこと**は確かである。それと同時に、それを**犯罪である**として非難することも困難なのである。もしもある領土主権国がその対外防衛においてその領土保全を図る際に、かかる防衛の実施を迫られているのが東洋の国あるいは西洋の国のどちらであろうとも同じ代償を支払わなければならないのだとしたら、本官は当時の満州で優勢であった諸事実と諸事情、そして、当時において存在していた国際法に鑑みて、日本の行動を**犯罪である**と非難することは、行《おこな》わない。」（判決書p.244下段）

右記の引用の通り、満州事変の一連の行動は賞賛されなかったとしても、「犯罪」ではなかったとパール判事は断じるのである。満州事変とは防衛措置なのであり、西洋が東洋に持っていた権益を保全しているのと同様の施策で日本が満州に持つ権益を防衛するのであれば、当時の国際法に鑑みて、日本は西洋諸国と同様の代償を払っているとパール判事は断じるのである。もちろん、このように断じるにあたって、パール判事は善悪の判断はしていない。この防衛措置は犯罪ではないと指摘しているのにすぎない。

「いずれにせよ、列強諸国はこの行為を犯罪とすることを拒否したものと見受けられ、これら諸国によるかかるふるまいは、当時存在していた法の状況をはっきりと示すものである。」（判決書p.242上段）

右記の通り、満州における日本の行動は「当時において存在していた国際法に鑑みて」犯罪ではないとパール判事は断じた。しからば当時において存在していた国際法の状況とはどのようなものであったかと言えば、「列強諸国がこの行為（満州における日本の行動）を犯罪とすることを拒否したものと見受けられ」ることこそが、当時の国際法の状況を「はっきりと」示しているとパール判事は指摘したのである。

マックス・ラディン教授に関する議論：満州事変に対するパール判決書の結論

ここでパール判事は、当時の列強諸国が満州における日本の行動を犯罪とすることを拒否したと見受けた根拠を示す。そのためにパール判事は、満州事変に対して厳しい見方をするアメリカ人学者のマックス・ラディン教授の意見を引用するのである。ラディン教授は、各国のみならずアメリカ国民までもが日本の「犯罪行動」をほぼ黙認したのだとして、嘆くのである。

教授はまず、ケロッグ・ブリアン条約（パリ条約）がもたらした効果を述べている。

「カリフォルニア大学のマックス・ラディン教授（＊）は1946年4月に発行された『ニュルンベルクの裁判』の記事において次の表現を使って、1928年のケロッグ・ブリアン条約と1924年のジュネーブ議定書のもたらした効果について申し述べている。

（＊訳注：Max Radin 1880～1950 現在はポーランド領で当時はドイツ領の都市であったケンペン出身のアメリカの法学者、文献学者）

『かかる条約（訳注：ケロッグ・ブリアン条約）により、多くの国の中でも特にドイツは戦争を国際政治の手段とすることを正式に放棄し、また、すべての侵略戦争を積極的に放棄した。しかし、個別の政治家や著述家による陳述がどのようなものであったにせよ、**何らかの制裁の実施が輿論《よろん》において考えられるにあたり、かかる制裁は最大限でも経済ボイコットであって最小限では世界による道義的否認なのであり、**この条約ができあがった事情を思い起こす者に対して、**それ以外のものが念頭に置かれていたのだ**と説得をすることは困難である。』」（判決書p.242上段）

教授の言う「この条約ができあがった事情」とは、パリ条約（ケロッグ・ブリアン条約）の成立過程において、「この条約は各国による自国の安全保障を侵害するものではないこと」ならびに「各国はどこまでが自国の安全保障の範囲なのかを自ら定義することができること」を、パリ条約の発案者の一人であるケロッグ国務長官が明示したとの事情の指摘である。ケロッグが明示したことに基づく限り、パリ条約のもたらした効果とは、違反した国に対する制裁は最大限で経済ボイコット、最小限では道義的否認にすぎないとラディン教授は指摘しているのである。

英独や日本は、ケロッグ国務長官のその解釈に依拠してこの条約に調印したのであった。このことは明白な事実であったため、満州事変を糾弾する立場を取るラディン教授でさえ、パリ条約の以上の成立経過に鑑みて、パリ条約のもたらした法的効果には限界があったことに触れざるを得なかったのである。ラディン教授の日本非難は、パリ条約に基づくものではないのだ。なお、ケロッグ長官の主張を巡るこの一連の経緯は第一部 予備的法律問題 で詳しく述べられている（判決書p.54上段～p.59上段）。ラディン教授のこの指摘は、第一部でのパール判事のパリ条約の特徴付けに関する判定を支援するものである。

ラディン教授は、パリ条約のもたらした法的効果が限定的であったことを右記のように指摘した上で、満州事変に関する各国の煮え切らない態度を次のように非難している。

「ラディン教授は次に、現下の我々の眼前にある問題（引用者注：満州事変）に適切な関連性を持つところのいくつかの観察を行《おこな》っている。この博識な教授は次のように述べている。（引用者注：以下はラディン教授からのパール判事による引用である。）

『もしもケロッグ・ブリアン条約もしくはジュネーブ議定書への違反が、国の犯罪もしくはそれを扇動する個人による犯罪を構成するのであれば、ニュルンベルク裁判所の創設に参加したすべての列強国（引用者注：米英仏ソの4カ国）は、彼らが犯罪であるとして現在、非難しているものを黙認したとの不幸な立場に自らを立たせることになるのである。条約に違反したところのこの行為が遂行された時点において、これらの列強国は何らの公的な抗議をも行《おこな》わなかったのだ。日本が満州を侵略した時にスティムソン国務長官のような高潔な精神を持つ人間が示した個人的憤慨は、我々の記録を見る限り大統領によっても連邦議会によっても分かち合われることはなかったのである。そしてそれ（訳注：スティムソンの個人的憤慨が分かち合われることがなかったこと）が国民の過半数により分かち合われていたとするならば、その当時のアメリカ人の大多数はそれ（訳注：日本の満州侵略）を理由とする対日戦争の遂行を認めることはなかったのだとする主張の根拠は、有り余るほどにあるのである。』

『合衆国もイギリスも、あるいはフランスやロシアも、それらを犯罪であるとすることを拒否した上に、かかる犯罪をあえて遂行した国やそれを煽動した人々とその後も緊密な関係を続けたことにより、それらの犯罪における事後従犯となったのか？ そうなったのだとの結論へと導かれて行《い》かないのはなぜなのかを理解することは、困難である。』」（判決書p.242下段）

パール判事と異なり、ラディン教授は満州事変は犯罪であると考えており、満州事変の当事国である日本国や満州事変を進行させた人々は犯罪国・犯罪者であると考えている。その一方で、①「米英仏ソの各国はそれを犯罪とすることを拒否した」、②「それらの各国は満州事変の後も日本と緊密な関係を続けた」との重要な事実をラディン教授は指摘しているのである。これら①、②を示すことこそが、パール判事がわざわざラディン教授から引用した目的であろう。

ラディン教授は、①と②により、それらの各国は犯罪における事後従犯と考えるべきだとしている。しかし現実の世界では、米英仏ソの各国がそのような事後従犯であるとする結論へは導かれてはいない。そこが理解できないと教授は嘆いているのである。

ラディン教授のこの意見に対し、パール判事は次のように答える。

「たしかに、かかる結論へは、満州事変に関して日本ならびに現下の被告人たちが目下のところ訴追されているところの犯罪を犯したのだとの見解を我々が受け入れれば導いて行《い》くことができる。本官はしかし、日本がかかる措置は自衛のために必要だと『**善意**

二基ヅイテ（bona fide）』判断したのだと主張する資格を日本にもたらす適切な客観的状況が存在したとの見解に傾いている。そのため、満州事変の時点で侵略戦争は国際法における犯罪となっていたとの見解を仮に本官が受け入れることができたとしても、本官はこの事変がそのような侵略戦争であったとはまったく主張しなかったであろう。」（判決書p.242下段～p.243上段）

右記のパール判事の指摘は極めて重要だと筆者は思う。ラディン教授の言説への回答を考えることによってパール判事は、①日本は満州での「措置は自衛のために必要だと『善意ニ基ヅイテ（bona fides）』判断したのだと主張」できる理由が日本にはあったと考えており、そのように考えるにあたっては「適切な客観的状況が存在した」と判断している、②その「時点で侵略戦争は国際法における犯罪となっていた」としても、「（満州）事変がそのような侵略戦争であったとは」、①を理由として、「まったく主張」しない、との結論に至ったのである。そしてパール判事は以上の結論を、はっきりと述べているのだ。

右記の2点が満州事変に対するパール判事の結論であると筆者は考える。

満州事変に対する米英の反応

満州事変に対する反応は米英の両政府間で大きく異なっていることを判決書の中でパール判事は指摘している。以下、米英両政府のそれぞれの言動を見てみよう。

まずは、ラディン教授が「高潔な精神を持つ人間」と評した米国の国務長官スティムソンの言動を見てみよう。パール判事はスティムソンの覚書を次のように引用している。

「この関連においては、満州事変の後のできごとに注意を払うことも興味あることであろう。

1932年1月7日に、ワシントンの国務長官であるヘンリー・スティムソン氏は中国と日本の政府に同文の覚書を送付したが、その中の最も重要な一節は次のとおりである。

『現下の状況ならびにその中でのアメリカ政府自身の権利と義務を鑑みるに、アメリカ政府が中華民国政府ならびに日本帝国政府に対し以下を通知することは、アメリカ政府の義務であると考える。すなわち、アメリカ政府はあらゆる『事実上ノ（de facto）』状況につきその適法性を認めることはできないこと、さらには、合衆国ならびに中国における合衆国市民の条約上の権利であって中華民国の主権、独立もしくは領土保全と行政上の統一性に関連するもの、そして中国の国際政策に関連するもので一般的には門戸開放政策として知られているものを含むもの、等《など》を阻害するべくそれら2国の間《あいだ》でもしくはそれらの代理人により締結されたあらゆる条約ないし協定を承認する意図はアメリカ政府には無いこと、また、中国と日本に加え合衆国もその締約国であったところの1928年8月27日のパリ条約の上での盟約と義務に違反する手段によってもたらされたあらゆる状況、条約もしくは協定を承認する意図がアメリカ政府には無いこと。』

この覚書の写しは、9カ国条約において中国、日本、そしてアメリカ合衆国と共に締約国であった他の6カ国のワシントンにおける外交代表者たちにも同時に手交された。」（判決書p.214上段～p.214下段）

スティムソンの覚書は、アメリカ政府は満州の現状を認めるわけにはいかないことをややヒステリックに申し述べている。この覚書は日本に対する不満のみならず、日本と条約・協定を結んで日本との友好関係を復旧させる方向に動いていた中国に対しても、それらの条約や協定を「承認する意図はアメリカ政府には無い」と述べている。日中の両当事国が満足して協定を結ぶ方向に検討を進めていたのに、それを適法とは認めないとアメリカ国務省は言っているのだ。

次に英国政府の反応を見てみよう。このアメリカの覚書に対するイギリスの見解は次の引用の通りである。アメリカの掲げる理想主義（満州における門戸開放主義）には表向きでは反対しないものの、満州事変を遂行した日本に対して実質的なアクションは取らないと言っているのである。これこそがラディン教授が嘆いた反応なのである。

「**このアメリカの覚書が**イギリス政府から**引き起こした実際上の反応**は、次の**コミュニケ**である。これはホワイトホールの外務省により1932年1月9日付で発信された。

『イギリス王国政府は、9カ国条約で保証されているところの、満州での国際貿易における門戸開放政策を支持する。』

『最近における満州でのできごと以降において、ジュネーブの国際連盟理事会における日本の代表団は、日本はすべての国々の経済活動の機会均等と門戸開放の擁護国であると10月13日に述べている。さらに12月28日には日本の総理大臣は、日本が門戸開放政策を遵守すること、そして、満州の企業への参加と協力を歓迎すると述べている。』

『これらの声明に鑑み、イギリス王国政府は、アメリカ政府の文書の趣旨に沿った何らかの公式な文書を日本政府に送付することが必要であるとは考えてはいないものの、ロンドンにおける日本国大使に対してはそれらの保証（訳注：原表記はassurances）についての本国政府（訳注：日本政府）による確認（訳注：原表記はconfirmation）を得るよう要請が出されている。』（判決書p.214下段）

満州における経済活動の機会均等と門戸開放を日本政府が続けると言っている限り、満州事変が満州での外国企業の経済活動に影響をもたらさないことをイギリス政府は見て取っているのである。そのような経済政策の推進を（信頼のおけない中国政府ではなく）日本政府が保証する限り、外国企業の満州での経済活動は保証される。だから、イギリス政府としては駐英日本大使に対し、ジュネーブの日本代表団のそのような保証が日本政府による保証でもあることを、東京の本国政府に確認するよう要請するのに留めたのである。

イギリスは満州を政治的に支配することに興味をもたない。満州においてイギリス国民やイギリス企業が責任ある政府による機会均等の下、自由に参入して経済活動ができる機会さえ与えられればそれで満足なのである。

これはイギリス政府の対応である。後に本項の§11.において詳しく述べることとしたいが、トインビー博士はイギリス政府のこのような考え方と同じ歩調を取っていない。トインビー博士は、日本の満州における行動は、「英国世界秩序」に対する深刻な脅威となると考えたのだ。

それでは、トインビー博士以外のイギリス国民一般は満州事変をどのように捉えていたのだろうか。パール判事はぬかりなく、イギリスの新聞の論調に目を通している。次の通りである。

「1932年1月11日にザ・タイムス紙はこれ（引用者注：ジュネーブの日本代表団によるすべての国々の経済活動の機会均等と門戸開放の保証が日本政府による保証でもあることを、東京の本国政府に確認するよう要請するのに留めたこと）をイギリス政府による**賢い行動**であるとみなした。同紙は次のように書いた。

『この状況下においては、芳澤《よしざわ》氏（＊）が10月に国際連盟理事会に対して与えた保証、ならびに日本の新しい総理大臣による2週間前の保証で、日本政府が満州で擁護していると主張しているところの『門戸開放』の原則を日本が遵守するとの保証を確認することの要請にその行動を限定したことは完全に正当化できる。中国における外国の商業と工業が中国の国民党員らによって1922年以降、数次の機会に亘って阻害されている一方で、最初はイギリスの、次には日本の商業に対するこれらのボイコットを組織した政党（訳注：国民党）は現在、名目上で中国を統治しているにすぎないことから、これらの保証が再び行《おこな》われるであろうことは、なおいっそう疑いは無い。さらには、**中国の『行政の統合』に関しては、かかる統合が理想以上の何かになるまでは、**それを擁護することがイギリス外務省にとって喫緊の課題であるとも見受けられない。**それは1922年には存在していなかったし、今日《こんにち》においても存在していない。』**

以上の一節の最後の2つの文章に対しては、この関連において特別な注意を払うことを要する。

（＊訳注：芳澤謙吉　1874～1965 日本の外交官、政治家。1930年に駐仏特命全権大使兼国際連盟代表理事となり、満州事変後の国際連盟外交を担当。1932年に犬養内閣の外務大臣に就任。新潟県出身）」（判決書p.214下段～p.215上段）

ザ・タイムス紙は、アメリカ政府の覚書に対するイギリス政府の日本に対する対応が限定的なものとなったことを支持している。イギリス政府のそのような対応は完全に正当化できるとしているのだ。

さらにもう一つ、ザ・タイムス紙は、国民党には責任能力がなく、名目上で中国を統治しているのにすぎないので、そのような国民党政府を擁護することはイギリス外務省にとって喫緊の課題でもない、と重大なことを述べている。

また、パール判事は「最後の2つの文章に対しては、…特別な注意を払うことを要する」とわざわざ述べている。これはパール判事が判決書原文においてイタリック体を使って強調していた部分であり、①中国の「行政の統合」は理想にすぎない、②中国の「行政の統合」は1922年（ワシントン条約締結年）には存在していなかったし、現在（1932年）にも存在していない、の2点である。イギリスは、責任ある中国政府が存在していないことを一貫して問題視し、指摘し続けているのだ。責任能力を持たない政府との条約締結など、そもそも無意味なのである。

図式的に言えば、イギリス政府は中国の「実態」を重視した上で日本の行動に対応している。一方で、アメリカ国務省は中国を名目上で統治しているにすぎない国民党政府に対し、明示こそしていないものの、彼らが日本の軍事力に屈して協定を締結したから適法ではないと不満を述べているのだ。

日本の地位の追い落とし

第一部 予備的法律問題 においてパール判事はシュワルゼンバーガー教授の申し立てている「パワーポリティクス」を重視している。この語はパール判決書で何回も出てくる。端的に言えば、軍事的に強い国がその主張を押し通す世界であるというのだ。

その強い国々である「太平洋における英語を母国語とするところの人種意識の高い諸国民」ならびに「国民党中国、ソビエトロシア」（判決書p.245下段）は、日本が努力して築き上げた地位から日本を追い落とすことに決め、それを実現するためにあらゆる行動を取った点をパール判事は判決書のさまざまな場所で指摘している。これはもちろん、パール判事個人の意見ではない。トインビー博士や国際情勢概観など、外部の権威者から引用しながら述べているのである。

ここでも第一次大戦以降における対日外交に触れて次のように述べている。長い引用となるが、当時の日本が国際社会の中で置かれていた状況を把握しないと、日本の行動を客観的にとらえることができないので、次の事実はしっかりと認識すべきであろう。これもパール判事の語る「わたくしの歴史」なのである。

「本官は別の場所（引用者注：判決書p.228下段～p.229上段）で第一次世界大戦以降の日本の国際的地位について述べた。パリ講和会議において日本は4大連合国の内の1国たる地位を占め、そしてベルサイユ条約においてドイツは中国の山東省におけるドイツの権利と利益を公式に日本へ移転しなければならなかった。1919年6月28日のベルサイユ条約への調印は繁栄を目指《めざ》した日本の努力に報いるものであると他の連合国によって受け取られた。それでも、国際情勢概観（訳注：英国王立国際問題研究所が発行）において示されたように、この誇り高き一瞬はそのような国家的努力の労苦がもたらした果実をゆっくりと楽しむことを日本国民が許されるところの黄金期の幕開けとはならず、それはむしろ日本が苦難の谷底へと転げ落ちていくところの絶頂点となったのであった。1919年と1926年との間《あいだ》の年月は日本の国際的地位の劇的な逆転をもたらした。ソビエト政府は、アメリカの外交手腕に助けられ、極東と太平洋における一大勢力たる、以前のロシア帝国時代の遺産を確保することに成功した。中国は日本の経済的帝国主義を、後にはイギリスに対しても同様に効果的に発揮されたところの半自発的大衆抵抗の方法により、迅速に打ち破ったのであった。日本の工業の急拡大は異常な戦争状態によって刺激されたところのにわかな急成長であったことが判明し、日本が経済分野で成し遂げたそのような永久的利得は、合衆国によってもっとはるかに大きな規模で成し遂げられた。ワシントン会議において合衆国は大英帝国と協力して、礼儀正しいながらも執拗に、太平洋と極東における**勢力の均衡を保全しよう**としたのであった。この不調の後には、致命的な経済的打撃として大地震（訳注：1923年9月の関東大震災）が続いたのであった。そして合衆国による**1924年の移民制限法**は、ワシントン会議に引き続いて与えられた明白な政治的侮辱であった。最後に、1926年という年自体にロシア共産党の支援を受けた中国の国民党《クオミンタン》の勃興があった。この動きの第1段階では国民党は自身を揚子江流域の支配者にしつつあったが、その攻撃の矛先《ほこさき》はイギリスであって、1925年、1926年を通じてイギリスが不人気であったために日本の対中貿易は増大した。それでも長期的観点からは、中国における状況展開はイギリスよりも日本にとって不吉な前兆となった。仮に中国におけるイギリスの権益がすべて消滅しても、イギリス自身は世界の偉大なる商業・政治の列強国として生き残ることができたであろう。しかし、イギリスが欧州大陸に縛り付けられているのと同様に、日本は変更不能な地理上の偶然からその本土が極東地域に縛り付けられており、もしも好戦的な国民党の中国がロシアの支援によりソビエト連邦と再び手を握り、彼ら両国が日本に対して共同戦線を張るようになれば、日本は苦労して入手したその大国たる地位を維持できる望みはほとんど無くなることとなろう。日本は鉱物資源に恵まれていないため、日本の満州における経済権益は余剰贅沢品などではなく、その国民生活のための死活的な必需品であったのだ。その一方で、関東《カントン》（訳注：山海関の東側、すなわち満州を指す）の租借地ならびに南満州鉄道地域で占めていた日本の政治的地位はロシアにとって目障《めざわ》りであっただけではなく、中国の国家主権にとっては隷属的なものであったので、若い中国が力を得ることになればすぐにでも挑戦して来ることが予想された。」（判決書p.244下段～p.245下段）

第一次世界大戦の勝利国であった日本がベルサイユ条約に調印した時点が日本の国際的地位のピークであった。そのピークから日本は「苦難の谷底へと転げ落ちていく」こととなった。日本の採った政策の失敗がかかる苦難の原因になったわけではない。日本を取り巻く国際情勢が日本をそのような困難の中に突き落としたのである。

日本の採った政策は右記引用の前段にあるような、「繁栄を目指した努力」であるとの他の連合国によって受け取られたようなものではない。外見的には繁栄を目指したように見受けられたのかもしれないが、実際は後段にあるように「日本は鉱物資源に恵まれていないため、日本の満州における経済権益は余剰贅沢品などではなく、その国民生活のための死活的な必需品であったのだ」とする捉え方が正しいのだ。日本は国として生き延びること、生存を確保することを目的とした努力をしていたのである。だからこそパール判事はラディン教授への回答を考える中で、「日本の（満州における）措置は自衛のために必要だと（日本が）**『善意ニ基ヅイテ (bona fides)』**判断したのだ」（判決書p.242下段～p.243上段）と考えているのである。

「このようにして、国民党中国、ソビエトロシア、太平洋における英語を母国語とするところの人種意識の高い諸国民などが日本に向かって囲い込みを始めたために、**日本の国際的地位**は再び、突如として不安定になったのであった。それと同時期に、日本の国内均衡は等しく膨大で等しく唐突な政治的社会的変化により混乱したのであった。本官は日本国内のこの混乱については、申し立てられた共同謀議者たちによる政治的権力の奪取の問題について考慮する中で検討することとする。当然ながら検察側は、このことについてもそれは起訴状で申し立てられた共同謀議の不可分な一部である、と見なすことを選んだ。」（判決書p.245下段）

以上のすべてが当時の日本の外交政策を生み出す効果を持っていたとパール判事は指摘する。次の引用の通りである。

「本官の現下の目的のためには、**以上のすべては当時の**日本政府による**外交政策を生み出す効果を持っていた**こと、ならびに、以上のすべては知識人の心の中に影響を与えるような効果を持っていたこと、を申し述べれば十分である。」（判決書p.245下段）

ここでパール判事は起訴状に立ち返り、検察側が何らかの陰謀や共同謀議を示唆していることについて触れている。次の引用の通りである。

「実際、一国の政策とは、類似的な状況から生ずる発展過程なのである。当時の日本の政策が、隣国に対する正義ならびに公正なやり方に依存する啓蒙的な自己利益によるものであったのか、あるいは単に利己主義による侵略によるものであったのかは、現下の我々の目的のためにはあまり重要ではない。ここで本官が指摘すべきもののすべては、**証拠は単に日本の満州に対するある一定の態度を明らかにしているのみであり、**起訴状で申し立てられた何らかの陰謀や共同謀議を必ずしも指《さ》し示《しめ》すものではない、ということである。」（判決書p.245下段～p.246上段）

右記引用においてパール判事は、日本の採った政策が利己主義による侵略であったのか、あるいは公正・正義に基づく啓蒙的なものなのかは重要ではないと指摘している。証拠は単に日本の満州に対するある一定の態度を明らかにしているのみであり、共同謀議を指し示してはいない、としているのだ。

どの国が採用する政策であっても、類似的な状況からは類似的な政策が出てくるものである。それによって国家は発展するのである。その国がそのような政策を採用した理由を表向きでなんと言おうが、その政策の目指す「実態」を見なければならないのである。

「特定の状況が日本の外交関係を形作《かたちづく》っていたのである。展開されていたその外交政策が正当化できるものであろうとそうではなかろうと、**この証拠に依拠する上では、それは起訴状で申し立て**

られたような何らかの全面的共同謀議の結果であった、もしくは、それは何らかの共同謀議の存在を指《さ》し示《しめ》すものである、等を本官は申し述べることはできない。本官の意見では、この点における検察側の申し立ては奇想天外なものである。」（判決書p.246上段）

右記引用中の次の文章が筆者には印象深い。「特定の（内外）状況が日本の外交関係を形作っていたのである。」…そのような状況に置かれれば、どの国だって類似的な外交関係を取るであろうと述べているのだ。共同謀議がなければそのような外交関係は取れないなどと申し述べるのは「奇想天外」なのである。

善悪判断と正当化

なお、日本を取り巻く国際情勢やその結果日本が採用した政策に関する以上のパール判事の指摘は、善悪判断や日本が採った政策の正当化のためにやっているわけではない。

「現下の目的のためには、日本の内外情勢や中国における無秩序が進行したことを含む当時の世界情勢が日本の行動を**正当化**するかどうかを検討することは必要ではない。これらの進行は、起訴状の訴因第1、あるいは訴因第2においてでさえ申し立てられているところの共同謀議によらずとも、日本の満州政策の**説明**となっていることは確かである。もしも他のすべての列国がその政治家や外交官の間《あいだ》で共同謀議をせずともその外交政策を策定することができるのであれば、本件裁判で挙《あ》げられた証拠の中にそのような共同謀議を推論するよう我々を追い立てるものが日本の場合には存在するとは、本官には考えられない。」（判決書p.247上段）

パール判事があえて右記の点を強調したのは、検察側が、日本のやり方が邪悪で非道であったことを前面に押し立てて審理を進めたからである。

「検察の人たちによる感情的かつ普遍的な言葉を使った復讐に燃えた演説口調は、教育的というよりはむしろ、享楽的なものであった。」（判決書p.644上段）

この検察側のやり方に対し、パール判事が自ら適当と考える判定の筋道を進むためにはそのような善悪判断や正当化などは不要であることを明示しなければならなかったのである。

筆者は、そうはいいながらも、パール判事が判決書のさまざまな場所で述べている「わたくしの歴史」の部分は、日本を取り巻く客観的事情を述べることによってこの東京裁判というものの持つ性格を浮き彫りにするねらいがあったとの考えを捨てられない。日本の政策の正当化を検討するものではないといいながらもその実、パール判事の引用したトインビー博士等の権威ある外部論者の論説を丹念に読むと、「かかる措置は自衛のために必要だと（日本が）『**善意ニ基ヅイテ(bona fides)**』判断したのだ」（判決書p.242下段～p.243上段）という結論を是認するよう、パール判決書の読者をやんわりと、無理なく導いていく効果があるように思えてならない。そもそも、パール判事は「満州事変は侵略戦争ではない」とはっきりと述べているのである。

リットン委員会の指摘：日本の政策変更をもたらした5つの要因

この第②項 満州段階の最後が近づいている。ここでは第四部の第③項以降でパール判事が繰り返し持ち出す重要な論点を見ておきたい。日本の政策変更をもたらした要因に関する論点である。

すなわち、対中国政策として、英米各国は幣原《しではら》外相の「宥和策」を高く評価した。この高評価の「宥和策」を日本が放棄し、新しい政策を展開したのは、被告人の南がそれを促進し、けしかけたからだと検察側は主張した。しかし、リットン報告書はそのような単純な説明をしていないとパール判事は指摘する。次の引用の通りである。

「リットン委員会の報告書は、しかしながら、新しい政策の展開につき、また、それが**南**により促進され、けしかけられたことにつき、そのような単純な説明は何ら行《おこな》ってはいないのである。同委員会は満州における日本と中国のそれぞれの**利害**の間《あいだ》の緊張が大きくなっていることを論じ、そしてそのことがそれら２カ国の軍部の態度に与えた効果を説明した後、リットン委員会は、『何らかの国内的な経済的もしくは政治的要因が、ある期間に亘《わた》って日本の人々に対していつしか満州における積極政策を**再び採用**する心構えをさせていたことは疑い無い』と述べている。」（判決書p.255上段）

具体的には、リットン報告書は次の引用中で述べられている５つの要因を挙げている。この５つの要因はパール判事が重視するものであり、第四部での分析の中で繰り返し触れられていくことになるのである。

「リットン委員会は次に、同委員会によれば『そのようなほんのわずかな成果しか達成しなかった**幣原**《しではら》による中国への宥和策を、放棄する道を用意した』ところのいくつかの要因につき言及した。かかる要因としてリットン委員会は次を挙《あ》げている。⑴『陸軍の不満』、⑵『政府の財政政策』、⑶『すべての政党に対する不満を表明し…さらには銀行家や政治家たちの利己的な方法をもその非難の対象の中に含めているところの、陸軍、地方地区、国家主義の青年たちなどから発散される新しい政治的な力の出現』、⑷『主要産品生産者をして、その産品の価格下落がもたらした境遇を緩和せしめようと冒険的な対外政策を求める方向に傾斜させたところの商品価格の下落』、⑸『もっと強硬な対外政策からもっと良好なビジネスが生まれるのであると、商工業分野に信じさせたところの貿易不振。』」（判決書p.255上段～p.255下段）

この指摘を踏まえれば、被告人南にけしかけの罪の烙印を押すことはできないとパール判事は指摘する。次の引用の通りである。

「一つの政策を放棄しもう一つの政策を展開させる道を用意していた要因がそのように数多くあるのであれば、その渦中から現れたいずれかの人間にそのことにつき何らかの責任を負わせ、その人間に促進とけしかけの罪の烙印《らくいん》を押すようなことは、できるものではない。」（判決書p.255下段）

§11．トインビー博士の語る「英国世界秩序」と「恐怖の年１９３１年」

第②項の最後において、トインビー博士の語る「英国世界秩序」と、「恐怖の年１９３１年」を詳しく見ておきたい。

経済からの観点

大川博士に関する引用において、パール判事はトインビー博士の「英国世界秩序」について述べていた。再度引用する。

「ここで考えられている組み入れ（引用者注：満州を日本に組み入れるべきとの大川博士の考え）とは政治的なものと云《い》うよりもむしろ経済的なそれであるように見受けられる。それは１９３１年国際情勢概観（訳注：A. J. Toynbeeが執筆）で描写されたところの『英国世界秩序』と類似のもののようだ。本官は後にこの世界秩序に言及する機会を持つこととしよう。」（判決書p.250上段）

さきほどはラディン教授の言説を検討することにより、各国は満州事変を犯罪とすることを拒否したことをパール判事が指摘したのを見た。これは国際法の観点からの分析であった。

ここでは日本を取り巻く各国が満州事変をどのように捉えたかを別

の角度から確認するために、この「英国世界秩序」を詳しく見ておきたい。別の角度とは、経済の観点である。ブロック経済が進展しつつあった当時において、日本の生存のために大川周明が発案した「東洋新秩序」がどの程度「理不尽なもの」だったかを知るためには、類似的なものとしてパール判事が指摘している「英国世界秩序」を見ておかなければならないだろう。満州段階の最後において、この件を記しておきたい。

パール判決書で語られる「英国世界秩序」

パール判決書では、「英国世界秩序」に関連してトインビー博士が語ったことを判決書のさまざまな場所で言及している。これは計4カ所に亘っていると筆者は思う。大川周明が構想した東洋の経済秩序と対比する意味で、ここでその4カ所をまとめて紹介しておきたい。次の①〜④の通りである。

①「善隣政策による日本国家の維持：高い賞賛」（判決書p.426上段〜p.426下段）

まずは、満州事変以前の時点における日本の政策を、トインビー博士がどのように捉えているかを見てみよう。日本の政策と言っても、経済政策の観点である。次の通りである。

「実際、この権威者は少なくとも1932年までの日本政府について言及しながら高い賞賛の念をもって記載を行《おこな》っている。1931年の概観においてこの高い権威を持つ著述者は次のように述べている（訳注：1931年の概観もA.J. Toynbeeが著述している）。

『1914年から1921年にかけて追求されていた征服ならびに植民地化の戦略は、1922年から1931年にかけては商業的拡大ならびに政治的な善隣政策という全く異なった戦略に置き換えられた。後者の時期において日本の政府と国民は、増大しつつあった国際貿易総額において日本にもっと大きな占有率を占めさせることにより日本のひどい人口増加に備えようとしたのである。さらに彼らは、この経済政策が必然的にもたらす政治的結果を受け入れたのであった。』

この筆者は続けて次のように述べている。

『商工業を持続的に拡大させることを目的とするこの事業においていくらかの成功の好機が日本にあるとすれば、それは彼らが平穏な世界秩序の精神と調和がとれているところの純粋な平和政策を日本が政治的分野において意識的に**追求し、また、日本がそれを追求していることがその隣国たちにも認識される場合**においてのみ、その事業の成功を追求できる点を日本は承知していた。そして日本は、その歴史の中でのこの段階において、**平和を希求する意志**を示す印象深い証拠を、実践的なやり方の中で多数に亘《わた》って提供した。すなわち、日英同盟の失効を黙認する中で、ウラディオストックならびに青島《チンタオ》からの軍隊の撤収を決定する中で、アメリカによる1924年の挑発的な移民（排除）法に直面したときに彼らが節度ある自己抑制をした中で、また特筆すべきは、中国によるいくつかの注目すべき挑発に対して彼らが慎重な行動を取ったことの中で、かかる証拠を提供したのであり、たとえば1927年の南京騒動での自己防衛において日本は、アメリカやイギリスと比べて断固として軍事志向ではなかったのであった。この同じ時期に日本が自身で実施したことを見る限り、日本は国際連盟の構成国の内の模範国たる姿を示した。これはこの偉大なる世界社会での国際生活における良き市民たるべき、特筆すべき記録となったのである。』」

この高い賞賛を得た日本政府の政策は、象徴的には浜口内閣における**幣原**外相と**井上**蔵相の政策（１９２９～１９３１）が挙げられる。右記のトインビーの記述に対応させながら、パール判決書は別の箇所で次のように述べている。

「**幣原**ならびに**井上**の政治的手腕は、『およそ人間性が実施しうる限りの理知的な運営』の模範であると考えられて来た。日本の歴史上のこの一場面において、日本は純然たる平和政策を追求していたのであったし、隣国の諸国もまた、日本がそれを追求していたことを認識していたのである。」（判決書p.335上段）

この高い評価は、日本による経済面における政策は英国世界秩序に挑戦的ではなかったことによることがその理由であると、パール判決書の一連の流れからは読み取れる。

②「太平洋は円形闘技場」（判決書p.380下段～p.381下段）

１９３１年の満州事変の後、トインビー博士は日本に対する見方をどのように変えたのか。それは次の引用が示している。パール判事は、まずは日本は人口増加問題を引き続き抱えていたと指摘し、それにつなげる形でトインビー博士から引用している。次の通りである。

「本官（引用者注：パール判事）が他の箇所で指摘したように、解決されなければならないある１つの緊急かつ終わることのない国家的問題が日本には常にあった。それは、日本の急速な人口増加に対して年々上昇する生活水準に基づく追加的な生計手段を提供しなければならないとの問題である。この問題は日本の政治家の手腕にのしかかっていた絶《た》え間《ま》の無い心配ごとであったが、それを解決する方法は、日本の政策の異なる局面において異なる方向性の下《もと》に求められたのである。かかる解決方法は、ワシントン会議の時点以降ほぼ10年近くにわたり、商業的拡大および政治的善隣政策の戦術において求められていた。不幸にも、**柳条湖事件**から始まった日中間の衝突は、日本にとって非常に有害となる世界的反響を生み出してしまった。１９３６年時点で日本の諸事を運営する責任を背負った政治家たちは、かかる困難の創出（訳注：柳条湖事件）に関わりを持ったかも知れないし持たなかったかも知れない。しかしながらひとたびそのような困難が創り出されたならば、彼らはそれに直面しなければならなかったのである。

（引用者注：以下はトインビー博士からパール判事が引用したものである）

『ひとたびそのような措置が採られたら、目立たないように**幣原**《しではら》の政策に立ち戻ることは、仮に軍国主義者たちならびにテロリストたちがひっそりとそれに対して賛意を示したとしても、日本政府にとっては容易なことではなくなっていたのである。なぜならば、世界経済不況がすでに日本の諸事を知的に運営することの前途に困難をもたらしていたのであったが、日本の軍国主義の『無知なる浅慮』がかかる困難をさらに大きく悪化させたからである。日本の軍国主義者たちが奉天（訳注：柳条湖）でその最初の一撃を加えた時、彼らは、その行動が満州ならびに中国の境界を飛び越え、極東からはるか遠くに離れた地域にまで到達する深刻な効果を抱え込むことになることを予期するとか、もしくは立ち止まって考えることすらもしなかったのである。世界全体に及ぶ反響がそれに引き続いて実際に発生したのであり、そしてそれは発生することを運命づけられていたのである。』

『満州における日本の作戦がそれほどまでに甚大な打撃を与えた国際安全保障の意識とは、国際金融取引における信用という形を取った精神状態を政治的に表現したところのものであった。満州での日本のこの一撃は、信用と安全保障との間《あいだ》の根底に横たわるこの緊密な関係を通《つう》じて世界経済不況進展の恐るべき推進力となったのであり、それによって間接的ながらも効果的に、日本と満州、もしくは日本と長城の内側の中国との間《あいだ》の貿易だけではなく、日本と世界全体との外国貿易の衰退をも推進したのであった。』

『日本の暴発が不可避的にもたらす政治的帰結については、そのあり得《う》べき深刻さの度合いが、アメリカの国務長官スティムソン氏が中国と日本の両政府に宛てて送付した1932年1月7日付の通告（*）の中で予示されており、そしてそれはこの同じ政治家が12月24日にボラー上院議員に向けて送付した手紙の中において再び、予示されていた。』

（*訳注：第四部 第1段階 満州の支配力の獲得：満州事変　以降のできごと 参照）

以上2つの重要な公式的書面が、『太平洋をめぐる国際的熱情の深淵なる静けさに破壊をもたらし、日本帝国ならびに太平洋に面している英語を話す4つの国々（訳注：米加豪とニュージーランド）を海軍軍拡競争と政治的敵意の潮流の中に再び放り込んだ』可能性を開け放ち、そしてそれにより『政治家たちがその手腕にかけて飼い慣らそうとしていた恐るべき幽霊』が再び大手をふって徘徊《はいかい》する結果をもたらしたのであると、当時においてでさえも考えられていた。

『結局のところ太平洋は、互いに対立している、先例が無いほどに巨大な力を持った列国たちが生死をかけた闘争をするために出会う円形闘技場となることを運命づけられていたのであろう。そこでは勝者が『とどめの一撃』を加えることで世界を支配するとの報償を得るのである。』

以上が1931年の国際情勢概観の調査官（訳注：トインビー博士Arnold Joseph Toynbee）が記述したことである。」

太平洋という円《まる》い闘技場で「英語を話す4つの国々」と日本が死闘を演じ、その勝者が世界を支配するとの報償を得るのだ、とトインビー博士は指摘している。「英国世界秩序」を維持する為には、「英語を話す4つの国々」にとって、日本は全力を尽くして叩き潰さなければならない相手となったことが、満州事変の結果、判明したのであった。

満州事変は、政治的・外交的・国際法的には犯罪ではなかったかも知れない。しかし、「国際金融取引における信用という形を取った精神状態」には大打撃を与えたのであった。経済面の大打撃であると判断されたのである。つまり、英国が作った世界経済秩序に対する深刻かつ強力な対抗者として日本が登場したのである。

満州における日本のふるまいを説明した天羽声明は、キャロライン号事件におけるウェブスター見解やモンロー主義など、すでに確立された原則を援用して述べられていた。この日本の主張に正面切って反論することは困難であった。さらに、リットン報告書が示すように、満州を日本が切り取ることについては、日本がそれなりの主張ができる余地があった。日本は余剰贅沢品を求めて満州を欲求したのではなく、日本の存続のために欲求したのである。過去の英国の重商主義・帝国主義に比べて、より説得力のある理由を日本は抱えていたのであった。しかし、日本の動きをこのまま放置すれば英国世界秩序の正当性に対する深刻な脅威となることが1931年に判明したのである。

これこそ、愛国者トインビー博士が見抜いた「危機」であった。日本の動きは何としても叩き潰さなければならないのである。

なお、天羽声明は第③項「残りの中国への拡大」で詳しく触れられている。判決書p.279上段〜p.280上段である。

③「新参者が入る余地のない世界経済秩序」（判決書p.381下段〜p.382上段）

いよいよ、トインビー博士の描く「英国世界秩序」を引用することにしよう。これは左記の引用では「イギリス流経済システム」として表現されている。語り手はパール判事自身であるが、ところどころにトインビー博士の言説を引用している。

「途絶えることがまったくない日本の国家的問題である、激しく増加する人口に対して備えるためには、増大しつつあった国際貿易の総額の中において日本のシェアを増やすことを日本政府ならびに日本国民が決意してそれに向かって邁進することが、少なくとも当時の日本の政治家たちにとっては不可避であったのだ。しかし、彼らのこの点への平和的希求は『人間の制御を超越した、非人間的な力』によりおそらくは阻害されたのだとの事実を彼らは完全には無視することはできなかったのである。ただし彼らは、それが正しかったにせよ誤っていたにせよ、この阻害は彼らの制御を超越したところの人間的な力のせいでもあったと考えたのである。太平洋に面したそれらの4カ国は日本のこの平和的切望に対して同情的であるとは彼らには見受けられなかったのだ。日本が登場した時には英米による世界経済秩序がすでにできあがっており、新参者《しんざんもの》が参入する余地は無かった。かかる秩序は、それ自体が持つ特性からそれが他国と分かち合われることをまったく認めなかった。それでも、『イギリス流経済システムを世界に押しつけるイギリスの所業は遅かれ早かれ、分裂した傾向――すなわち、部分的にはイギリスからの圧力への消極的な抵抗、そして部分的にはイギリスの達成したことへ向けられた積極的な競争――を抱えたエネルギッシュな反応を惹起せしめることがほとんど不可避であった。』事実、かかる秩序の中で支配的地位に就いている相手に対抗して、イギリスならびに英語国民によるヘゲモニーの原因および結果に即座になってしまうところの自由と富と権力につきそのいくらかの分け前を自分自身のために確保する措置を取ろうとする努力は、必然的に目的の達成に失敗する運命をたどったが、『その理由は、イギリスの古典的な産業革命家たちの持つ自由と富と権力はひどく希求されたものの、それは、彼らにはそれら（訳注：自由・富・権力）をいつでも自由に入手できる能力があったこと、ならびに彼らには世界中に広がっていた領域があったこと、等に依存しており、それら二つの資産（＊1）は破壊をしなければ分配をすることはできないものであったからである。』これらの資産から便益を享受できていた者たちは、そのような分配には容易に賛成をしなかった。新しい志望者による平和的希求でさえ特権を持つそれらのプレイヤーたちから反対される懸念がいくらかはあったのであり、それは、『彼ら（＊2）が持つ、遠い過去から遠い未来に至るまでの人間による行為の発展の概念の全体像』は、『未来とは彼らのみに属するものであり』、彼らの『発展は神から約束されたものであり』、他の者たちは彼らの発展に『ただ寄与するとの運命に定められた歴史上の機能』を充足させるにすぎない場合は特にそうであった。日本の政治家たちはこの可能性を視野の中に入れており、法廷証第216号（＊3）から見つけられるもののすべては、ただ彼らのこの先見《せんけん》の明《めい》を示しているのみである。本官はそこから何らの侵略的準備をも読み取ることはできない。

（＊1訳注：自由・富・権力をいつでも自由に入手できる能力と、世界中に広がる領域）

（＊2訳注：イギリスならびに太平洋に面した4つの英語国を指す）

（＊3訳注：1936年8月7日の閣議決定。検察側の云《い》う共同謀議の究極的目標）」

右記におけるキーワードは、「新参者が参入する余地は無かった」、「他国と分かち合われることをまったく認めなかった」、「自由・富・

権力」、「世界中に広がっていた領域」、「それらの分配には容易に賛成しなかった」、「未来とは彼らのみに属するもの」、彼らの「発展は神から約束されたもの」等ではあるまいか。

④「未来とは英米のみに属するものである。」（判決書p.424下段～p.425上段）

トインビー博士は、日本という「非英語国民」がイギリス人とアメリカ人の心につきつけた、「めちゃくちゃな大混乱」（原表記はtopsyturvydom）について論じている。次の通りである。

「１人の著名な歴史家が**『恐怖ノ年１９３１年（Annus terribilis 1931）』**における**『心理状態』**について著述を行《おこな》っており（＊）、そこでは、その年において1個の非英語国民（訳注：日本国民）が世界において如何《いか》に占めた支配的地位が、知的な面と道徳の面の両方において英語国民にとっての障害物となったか、また、彼らがそのような支配的地位に就《つ》くとの可能性が如何《いか》に『イギリス人とアメリカ人の心の中においてすでに確立されているすべての価値観・分け前・期待感に対する革命的な大逆転を示す、めちゃくちゃな大混乱の究極的な象徴として立ちはだかったか…』を論じている。遠い過去から遠い未来に至るまでにおける人間の諸行為の発展に関して英語を話す諸国民が持っている概念のすべては、未来とは彼らのみに属するものであり、彼らの発展は神から約束されたものであり、他の者たちは英語を話す国民によるかかる発展に寄与するとの運命に定められたところの歴史上の機能を充足させるものにすぎない、というものである。

（＊訳注：この部分はArnold Joseph Toynbeeが１９３１年版国際情勢概観にて著述したもの）

ことによるとこれと同様の精神的態度のみが、この種《しゅ》の巧妙なプロパガンダ（訳注：ウィッテ伯爵によるプロパガンダ措置）が開花する受容力を持つ畑を提供できるのであろう。このプロパガンダは実際に花を咲かせ、実を結んだのである。」

つまり、英国人ならびにアメリカ人が作り上げた世界秩序は彼らのみに便益をもたらす独占的なものであり、日独などの新参者に分け与えることなど、まったく考えられなかったのだ。

以上の①～④のパール判決書の記述から読み取れることは次である。１９３１年までの日本は、幣原・井上政策に代表されるように世界貿易の中で自国を維持しようとしており、それは少なくともイギリスからは高い評価を与えられるものであった。ところが深刻な人口急増問題を抱えた日本は、大恐慌後に世界のブロック経済化が進む中で世界貿易のみによって国を維持することが難しくなった。

その前の１９０４年の段階で日本は生存のためにやむをえず強敵ロシアを相手に日露戦争を戦い、そして１９３１年の時点で生存のためにやむをえず満州を確保しようとした。日本が生存のためにやむをえず戦ったこと、また生存のための方策として日本がいわゆる「軍国主義」に頼ったことは、日露戦争も満州事変も日本の立場から見ればまったく同じである。

一方、英語を話す国々は未来とは自分たちのみに属するものとの信条を持っていた。彼らが未来を確保するための英国経済秩序であった。右記の③で見たように、日本の平和的要求に対して応ずることに、彼らは消極的であった。

その上で日本が起こした行動である満州事変は、この秩序への明白な軍事的挑戦と受け取られたのである。太平洋は死闘を演じる闘技場とみなされたのである。日本が「英国世界秩序」を本気で奪いに来ると考えたのだ。

トインビー博士の表現を再度、引用する。

「『満州での日本のこの一撃は、信用と安全保障との間の根底に横たわるこの緊密な関係を通じて世界経済不況進展の恐るべき推進力となったのであり、それによって間接的ながらも効果的に、日本と満州、もしくは日本と長城の内側の中国との間の貿易だけではなく、日本と世界全体との外国貿易の衰退をも推進したのであった。』」（判決書p.381上段）

つまりトインビー博士は、世界（ここでいう世界とは、あくまでも英米中心の世界である）が大恐慌から回復しようと努力をしているのに、満州事変によって日本がその経済復興の邪魔をしたと述べているのである。大川博士が満州の「経済的組み込み」を考えたのは日本という国家の自己保存のためであったことは無視されている。端的にいえば、日本が自己保存のために努力することは認められないと云《い》うのである。自己保存は国家の最大の義務であると、第一部 予備的法律問題において多くの国際法学者から引用されているにもかかわらずである。

「Annus Terribilis 1931（恐怖の年１９３１年）」

上記の引用の④の通り、１９３１年国際情勢概観でトインビー博士は、その年が「Annus Terribilis 1931（恐怖の年１９３１年）」であったとラテン語を使って表現している。

しかし、トインビーがどのようにしてAnnus Terribilisの着想を得たのかについて、パール判決書は詳しく述べていない。幸いなことにカナダ生まれのアメリカの歴史家ウィリアム H・マクニールが、トインビーの言葉を国際情勢概観から引用しながら、トインビーがその着想に至った経緯を語っている。以下、マクニールの著書から、筆者による仮訳で引用する。

「１９３１年国際問題概観の巻頭には、『Annus Terribilis 1931（恐怖の年１９３１年）』を通じた『心理状態』に関する卓越した小論が置かれている。その小論は次の文章で始まっている。『１９３１年は、一つのずばぬけた点においてそれより前の年からくっきりと区別された。つまり、この１９３１年において、西欧システムによる社会が崩壊して機能しなくなる可能性を世界中の男女が真剣に考え、率直に論じていたのである。』彼（引用者注：トインビー）は続けて、次のように主張した。『この秩序が作り上げられるにおいては英国の企業、技術、構想と責任が主導していたという意味で、それは英国の秩序であった。さらに言えば、英国が主たる発案者であったこの経済秩序が解体されることにより、１９３１年において最も苦しんだのはドイツ人とイギリス人であった。一方、フランス人とアメリカ人はこの解体に主たる責任を持つ者たちであるとの非難にさらされたのであった。』この小論の中ではローマの落日との比較が一貫して取り上げられていたが、トインビーはフランス人とロシア人が、全世界に及ぶ自由貿易に基づいた『この英国経済秩序が生存能力を持っていることを信じなかったことが、解答することがまったく不能な』設問を惹き起こしたのだと結論付けた。」（“Arnold J. Toynbee: A Life” by William Hardy McNeill, Oxford University Press 1989）

右記においてトインビーは、英国が作り上げた世界経済秩序が深刻な挑戦を受け、それが崩壊して機能しなくなることこそがイギリス人トインビーにとって「恐怖」であったと述べている。そのような動きがはっきりと見えた年が、この１９３１年という年であったのだ。

さらに、右記引用中でトインビーは、英国世界秩序の恩恵に浴していたのは英国のみではなく、ドイツ人もそうであったと述べている。逆に、英国世界秩序の解体に責任を持つ（＝解体に手を貸した）のは、フランス人とアメリカ人であったとも述べている。英国世界秩序への挑戦者は日本だけでもなかったのだ。

それではその秩序が崩壊するとの恐怖をもたらした要因とは具体的には何であったのだろうか。アメリカ生まれのイギリスの歴史家であるザラ・シュタイナーは、トインビー博士の着想を演繹する形で、欧州の政治家が直面せざるをえなかった次の3点の窮状こそが恐怖をもたらした要因であったと分析している。①当時進行中であった経済大不況に伴う財政危機、②その状況下で前面に出て来ざるを得なかった軍縮がもたらす安全保障への不安と各国におけるそのような軍縮がドイツにおける改革論を後押ししたこと、③極東における日本の拡大策が引き起こした、国際主義と欧州域外協力体制への挑戦。

つまり、シュタイナーが述べているのは、米国発の1929年大恐慌が経済・財政不安を惹き起こしたこと。これが秩序崩壊の最も大きな要因である。そして、その財政不安によって各国はやむなく軍縮の方向に向かわざるをえなくなり、それは自分たちドイツ人を貧窮へと突き落としたベルサイユ体制を見直したいとのドイツの改革論の後押しとなるためにドイツの軍事力を増す方向にドイツを導いたことを指摘している。その上で三つめの要因として、極東における日本による満州事変が国際協調体制へ不安をもたらしたのだとするものである。

日本は自己保存努力を行《おこな》ってはならない

パワーポリティクスが支配する世界において、日本は一貫して自己保存の努力を行《おこな》ってきた。幸いにも日露戦争においては英米の支援を得ることができた。しかし、満州事変においてはそうではなかった。「太平洋に面している英語を話す4つの国々」は英国世界秩序を維持するため、それへの挑戦者と彼らが考えた日本を叩き潰すための血みどろの抗争をせざるを得なくなったと気づかされたのが満州事変の起きた1931年という年であった。これこそがトインビー博士の云う「恐怖の年」の内容である。

③

満州から残りの中国すべてへの支配力と制圧の拡大

前半では柳条湖事件以降で満州国成立までの満州の状況が分析される。具体的には、塘沽《タンクー》停戦協定と梅津・何応欽《かおうきん》協定、満州が持つ経済的価値、満州国を併合せずに傀儡《かいらい》国としたいきさつ。日本が取った政策は、共同謀議を持ち出さなくとも十分に説明できること。

後半では華北を中心とした満州以外の中国への拡大が分析され、予期せぬ事情によって日本がじわじわと、実際に取らざるを得なかった対策に追い込まれて行《い》った様子が示される。具体的には、天羽《あまう》声明、広田政策、モスクワの指示に基づく国共合作、蒙古を通じて日本に脅威を与えたソビエト・ロシア、日本が中国で戦闘を続けた３つの理由の分析。最後に、アメリカ製品に対するボイコットを清朝・中国に撤回させたアメリカ公使の執念と奮闘が示される。

この第③項 第2段階には、「満州から残りの中国すべてへの支配力と制圧の拡大」というタイトルがつけられている。この段階は、その内容から大きく2つの部分に分けられると思う。満州事変と、満州以外の残りの中国への展開である。

満州事変

1つ目の部分は、第②項 満州段階 の続編となっている。満州段階では柳条湖事件に至るまでの展開が取り上げられていた。その柳条湖事件で満州事変は幕を開けたのであった。この第③項では柳条湖事件以降、満州事変が進展して行《い》く様子と満州国の成立までが取り上げられている。この第③項「第2段階」では満州事変そのものが論じられているのである。これはこの第③項の最初の3分の1(判決書p.260〜p.273)で記述されている。

パール判事は一つ前の第②項 満州段階において述べたことを次のようにまとめている。次の引用において「今までの記述」とあるのは、第②項における記述を指している。

「本官は今までの記述において、満州事変は日本の政治家ならびに軍人の一団による共同謀議の結果であったとの検察側主張を本官が受け入れられない理由を示した。」(判決書p.260上段)

パール判事は右記のように述べるとともに、この第③項「第2段階」において満州に関して論じられる内容を、次のように予示している。

「本官は次に1931年9月18日(訳注:柳条湖事件の日付)以降の展開につき取り上げ、それが何らかの共同謀議の結果であるとどの程度まで云《い》えるのか、そして、それが起訴状で申し立てられた全面的共同謀議が存在したとの推論にどの程度まで我々を導くことができるのかを、検討することとしたい。」(判決書p.260上段)

残りの中国への展開

2つ目の部分については、この第③項の残りの3分の2(判決書p.273〜p.300まで)において、内蒙古を中心とする、満州以外の残りの中国への展開が論じられる。また、その分析においては、日本は中国に進出せざるをえないとの考えに導いた、日本の国内問題に関する論点も取り上げるとしている。次の引用の通りである。

「本官は後ほど、日本の国内問題のいくつかの事例について議論を行《おこな》い、これらの事例はどのような共同謀議からも発生しなかったことを示すこととする。」(判決書p.260上段)

この段階は、次のセクションに分けて順に論じることとしたい。

§1. 満州事変の進展を止めるための方策
§2. 塘沽《タンクー》停戦協定と梅津・何応欽協定
§3. 満州における日本の勢力拡大に関する検察側の主張
§4. 領土併合ではなく、傀儡政権「満州国」を樹立した理由
§5. 満州の経済的価値
§6. 残りの中国への拡大
§7. 天羽声明
§8. 天羽声明と広田政策
§9. 国共合作
§10. 蒙古
§11. 日本軍が戦闘を継続する理由となった中国の国内事情3点
§12. アメリカ公使の執念

§1から§5までは満州事変の進展について触れている。§6から§12までは満州以外の残りの中国への展開である。

§1．満州事変の進展を止めるための方策

資金供与差し止めを巡る議論

柳条湖事件以降の関東軍による満州での軍事展開は、内閣が全員一致で「作戦は停止すべし」と決定したことに反して展開したものであり、非難すべきものであったとパール判事はまず、指摘している。次の通りである。

「満州における1931年9月18日以降の軍事的展開については、非難すべきものであったことは確かである。作戦は即座に停止されなければならないとの内閣の全員一致の意見にもかかわらず、その拡大は継続したのである。」（判決書p.260上段）

検察側は、内閣の決定に反する行動を取る関東軍に対して、資金供与を止めるべきであったという。しかし、この資金供与差し止めはなされなかったので、結局、日本政府の誰も陸軍の最高司令官を差し止めなかったことになるとしている。次の通りである。

「検察側は、内閣は陸軍に対する資金供与を停止することで制御をすべきであったと示唆している。これがなされなかったので、検察側によれば『陸軍の最高司令官を差し止《と》めることを誰も求めなかった、もしくは、あえて誰も差し止《と》めなかったとの結論は明白である』としている。」（判決書p.260上段～p.260下段）

これに対してパール判事は、陸軍はその責任を全うする上で満州におけるさらに進んだ軍事的行動を取ったのだと考えている。資金供与を止めるなどという過激な措置によるスタンドプレーを目指す政治家が日本にいなかったのは、当然だったと考えているのである。次の通りである。

「証拠は、満州における日本人の生命と権益を守る責任のあった陸軍が、そのようなさらに進んだ行動を取る必要があった理由につきいくらかの納得のいく説明の提示を確かに行《おこな》ったことを示している。このような状況においては、陸軍大臣を含めたあらゆる政府職員も、陸軍の司令官たる責任ある高位の人間による説明を無視することは可能なことではないのである。このような状況において資金供与を停止するとの検察側が示唆した過激な方法を用いて統帥部《とうすいぶ》（訳注：日本陸海軍の最高司令部）を止《と》めることを誰も求めなかったか、あるいはあえて誰も止《と》めることがなかったのであれば、その人物は、現場の責任ある人間による決定をそのように無視することを通じた国家破滅のリスクを取ることによって個人的な名声、もしくは決定を行《おこな》った内閣の名声を獲得したいとの考えには取りつかれてはいなかったことを単に示しているだけなのかも知れないのである。」（判決書p.260下段）

満州における在留邦人の生命と権益を守るための軍事的措置だったという説明は、その善悪は別にして、関東軍による戦闘拡大の十分な説明とはなっているのであり、一方、それは共同謀議の存在を推定させるものにはなっていないのである。

「内閣は共同謀議を実行に移しているだけであることを知っていたとの推定を前提としない限り、どのようにすれば申し立てられたいずれかの閣僚によるこの点に関する不作為がその人物が共同謀議につながりを持っていることを示すことになるのか、本官にはわからないのである。」（判決書p.260下段）

§2．塘沽《タンクー》停戦協定と梅津・何応欽《かおうきん》協定

1931年9月18日の柳条湖事件から開始された満州および熱河における関東軍による軍事作戦展開は、1933年5月31日の塘沽《タンクー》停戦協定で終結した。つまり、満州における軍事作戦は1年8カ月ほどで終わったのであった。

「検察側は、1933年5月31日まではすべての満州ならびに

熱河《ねっか》の軍事的征服は完了したと述べている。１９３３年５月31日には、塘沽《タンクー》停戦協定が調印された。この停戦協定の調印をもって中国と日本の友好関係は復旧したのである。」（判決書p.260下段）

この塘沽停戦協定により日中間の友好関係は復旧し、中国における日本公使館は大使館に格上げされた。そして、６月には梅津《うめづ》・何応欽《かおうきん》協定が締結された。

「この停戦協定の後には中国と日本との間《あいだ》の関係は一時的に良くなり、１９３５年５月17日には中国における日本の公使館は大使館に格上げすることが決まったと検察側自身が述べている。１９３５年の初めにはいくらかの騒動があったことは疑い無いものの、それらすべてについては歩み寄りがなされて解決されるに至り、１９３５年６月10日には**梅津・何応欽《かおうきん》協定**が締結された。」（判決書p.260下段～p.261上段）

つまり、満州事変は梅津・何応欽協定により終結したのである。パール判事は次のように指摘している。

「そのため、満州を巡って中国と日本との間《あいだ》に何らかの出来事が発生したにせよ、いずれにしても**戦闘行為**は１９３５年６月10日までには停止したと見受けられるのである。その後に起きた戦争における勝利国が何の権限、何の法的根拠をもって今、日本によるこの行動を問《と》い質《ただ》すことができるのかを理解するのは困難である。」（判決書p.261上段）

たしかに、その後の蘆溝橋事件（１９３７年７月）によって中国と日本は再び戦闘状態に突入する。しかし、１９３５年６月の梅津・何応欽協定により、満州事変そのものは日中双方が満足する形で終結しているのだ。右記引用における「その後に起きた戦争における勝利国」すなわち第二次大戦での勝利国が日本による満州における軍事行動（満州事変）を問《と》い質《ただ》すにおいては、実は彼らには何の権限も法的根拠もないとパール判事は指摘しているのである。

ここで指摘されたこの点は、よくよく認識すべきだと思う。満州事変は東京裁判開廷のはるか前の段階で、法的には解決済みなのである。この件は一事不再理とされるべきなのだ。

§3．満州における日本の勢力拡大に関する検察側の主張

ところが検察側は、満州事変を「全面的共同謀議」の一環としてとらえている。全面的共同謀議という大きな枠組みの中で満州事変に関して訴追をしている以上、この事変を一事不再理とするわけにはいかないという論理を組み立てているのだ。

パール判事は満州における日本の勢力拡大に関する検察側のこの主張を箇条書きにして18項目にまとめた。これら18項目は、判決書p.261上段～p.263下段に記載がある。

18項目の内、いくつかは完全に立証されているとパール判事は指摘している。次の通りである。

「ただちに云《い》えることは、記録されている証拠は上記要約の項番１、２、５、６(a)、６(b)(i)、９、10(a)、11(a)、15、16(a)、17(a)そして18を完全に立証しているとの点である。」（判決書p.263下段）

検察側の主張の内、立証されているとパール判事が事実認定した右記の11点のみを次に引用することとしたい。

「１．１９３１年９月18日の満州事変を日本政府が知るや否や、１９３１年９月19日に臨時閣議が行《おこな》われ、そこでは事態の進行を即座に停止させることが決定された。（法廷証第１６２号、法廷記録１５５４ページから１５５５ページ）。

２．この作戦は即座に停止しなければならないとの内閣の全員一致の意見にも関わらず、作戦展開は継続した。」（判決書p.261上段）

「5．一方、満州での軍事作戦は拡大し続けた。
6．(a)1931年12月10日に**若槻**内閣は辞職した。（法廷記録1575ページから1582ページ。法廷証第2435号、法廷記録1万9790ページ、最終論告D－45ページ）。
(b)(i)その結果、**犬養**《いぬかい》が内閣総理大臣となり、被告人の**荒木**がその陸軍大臣となった。」（判決書p.261下段）
「9．1932年5月15日に**犬養**首相は海軍将校により暗殺された（法廷証第161号、法廷記録1649ページ、最終論告D－52ページ）。その結果、**斎藤**が首相となり、**荒木**は陸軍大臣として残留した。（最終論告D－53ページ）。」（判決書p.262下段）
「10．(a)その日（引用者注：1933年5月31日）に**塘沽**《タンクー》**停戦協定**が調印された。（最終論告D－53ページ）」（判決書p.262下段）
「11．(a)1932年3月に溥儀が臨時総統に就任し、3月12日には満州国の設立が諸列国に通知された。（最終論告D－56ページ、法廷証第57号、法廷記録2775ページ）」（判決書p.262下段）
「15．1932年9月15日に、正式な認可が与えられ、**日満議定書**が調印された。（最終論告D－69ページ）
16．(a)その議定書が調印されるや否や、当時、関東軍の参謀長であった被告人の**小磯**は1932年11月3日に満州国を指導する上での概略を与えられた。（法廷証第230号、法廷記録2903ページから2904ページ）。」（判決書p.263上段）
「17．(a)これらの方針に従い、日本は満州の完全な政治的支配を行《おこな》った。」（判決書p.263上段～p.263下段）
「18．(a)日本による政治的権能の獲得・遂行と並行して、日本は満州の経済的な支配力をも獲得し、それを遂行した。（法廷証第223、225、241、230、231、233、236、851、850、842、841、446、453、444－A、239、438、840の各号ならびに454－A号）
(b)そこにおける支配的な考え方は、日本の下《もと》に、日本と満州国による単一経済単位を形成しようというものであった。（最終論告D－76ページ）。」（判決書p.263下段）

以上を事実認定した上で、パール判事は次のように述べる。

「1国の政府がある政策を採用することは、必ずしも共同謀議を構成することにはならない。政府が採る政策は常に単純な起源によるわけではないことは云《い》うまでもないことである。」（判決書p.264下段）

事実認定された諸点からは、採用された政策の起源を単純に共同謀議に限定することはできないと述べている。他にも起源、すなわち理由と背景があったのである。

日本の国内問題で、中国に対する積極政策の誘因となったもの

満州において日本が積極政策を再開しなければならなかった理由と背景については、すでにリットン委員会が共同謀議によらない客観的な理由・背景を述べている。具体的には次の引用の5点である。「単純な起源」によらないものの実例である。

「リットン委員会は次を申し述べている。」（判決書p.264下段）

「(1)『陸軍の不満』、(2)『政府の財政政策』、(3)『（前略）陸軍、地方地区、国家主義の青年たちなどから発散される新しい政治力の出現』、(4)『（前略）商品価格の下落』、(5)『（前略）貿易不振』」（判決書p.264下段～p.265上段）

以上の5点につき、パール判事は次のように指摘している。

「以上のいずれについても、それは何らかの共同謀議の産物であるなどと云《い》うことはできない。」（判決書p.265上段）

これは正当化ができるとかできないとかの問題ではない。満州とい

う異国の領土を日本が取りに行《い》くことは、そのままでは正当化は難しいだろう。しかし、正当化できないからと云《い》って巨大な共同謀議の存在を推定せざるをえないことにはならないのである。次の引用の通りである。

「ある国が他国の領土に進出していくことは正当化できる政策ではなかったであろう。しかし、当時の国際的ふるまいが持っていた傾向を思い起こすならば、巨大な共同謀議の仮説に頼らなくともかかる進出を説明できるものとしてさえも我々はこれを受け入れてはならないとされるのはなぜなのかが本官にはわからないのである。」（判決書p.265上段）

「当時の国際的ふるまいが持っていた傾向」とは、他人の土地を奪ったのは一人日本だけでもなかったことを指す。それがその時代の世界であったのだ。彼らは次の引用の中で述べられたスローガンをもって、自分たちの行動を「正当化」したのである。それらのスローガンを否定し、侵略的膨張政策と名付けることもできるとパール判事は述べている。もちろん、そのような膨張政策は共同謀議によるものではない。

「我々が嫌《きら》っているところの国が行《おこな》う膨張政策については、我々はそのような国に対して**『天命』**（＊1）、**『死活的権益の防衛』**、**『国家の名誉』**といった語句、あるいは**『白人の重荷』**（＊2）の考え方を基礎として打ち出された語句などの使用を否定し、それらには単純明快に**『侵略的膨張政策』**と名付けることができるものなのかも知れない。そのような場合においてさえも我々は、起訴状で申し立てられたような共同謀議に立ち至ることなどないのである。

（＊1訳注：原表記はmanifesto destiny。合衆国が西部開拓を実施したときのスローガン。未開地を開拓することは天から与えられた使命であるとするもの）

（＊2訳注：原表記はThe Whiteman's Burden. ノーベル文学賞を受賞したイギリスの詩人キップリングJoseph R. Kipling 1865～1936の詩の題名。白人には未開の有色人種を文明的に開化させる重い責任があるとするもの）」（判決書p.265上段～p.265下段）

ここで少し道草をする。パール判決書には嫌みや皮肉の類の記述はごく少ない。それでも、わずかに顔を出す場合がある。右記引用における「我々が嫌《きら》っているところの国が行《おこな》う膨張政策」という記述はまさにそうではないだろうか。当時の日独は世界中から嫌われた国であった。しかし、逆に米英を嫌う立場にいた国々もあったことであろう。それらの国々からすれば、右記引用中の米英のスローガンを拒絶し、そんなものは「侵略的膨張政策」だと一言で片づけることもできるのである。パール判事のこの部分の記述は日本人のみならず、いわゆる「ネイティブ・アメリカン」、ハワイのポリネシア系の人々、オーストラリアの「アボリジニー人」、南アのアフリカ系の人々、さらにはパール判事の母国インドの人々から見て、溜飲の下がる記述ではないだろうか。

本論に戻りたい。梅津・何応欽協定の締結は、満州の安定ならびに日中関係の良好をもたらしたのであった。

§4．領土併合ではなく、傀儡政権「満州国」を樹立した理由

朝鮮と満州

１９１０年、英国の明示的認定の下に日本は朝鮮を併合した。朝鮮を日本帝国そのものの中に組み入れたのである。

一方、満州の場合は皇帝溥儀を迎え入れ、日本とは別の国を樹立したのであった。この理由をパール判事は探求している。以下、パール判事の論点を追っていくこととする。

「満州国は独立国として設立され、日本は１９３２年9月に満州

国を承認した。

満州国の前皇帝であった**溥儀**《ふぎ》は、本件裁判における証言として、自分は日本政府の手中の単なる傀儡《かいらい》（訳注：操り人形）であり、また、満州に設立された政府は傀儡政府であったと申し述べた。」（判決書p.265下段）

「満州に関連した日本の行動の件を離れる前に、申し立てられた満州傀儡《かいらい》政権、ならびに、その全面的共同謀議との関連性につき、本官は一言、申し述べておかなければならない。」（判決書p.265下段）

たしかに、傀儡政府の樹立は何らかの共同謀議と親和性が高いようにも見受けられる。

「日本政府がこの特定の措置（引用者注：傀儡政府の樹立）を行《おこな》った動機は、簡単に識別できるものではない。日本人が手の込んだこの政治的茶番劇を演じることを選んだのは何故《なにゆえ》かとの質問に対して、明快な解答は無い。」（判決書p.265下段）

満州を日本の影響下に置くのが日本の目的であった。しかし、それは新しく「満州国」を樹立することによって充足されるのかどうかは、直ちに明らかであるわけではない。

「というのも、満州における現実の力を日本の手中に収めさせたのは『満州国』という虚構ではないからである。そうではなく、満州という舞台で『満州国』の茶番を演じる力、そして満州を支配する能力を手中にする力、は共に、日本の『**武力（manu military）**』により獲得されたからである。**国際情勢概観**（訳注：英国王立国際問題研究所が発表している年次報告書）により観察されたとおり、日本陸軍による満州の軍事的征服と占領こそが1932年での満州における日本の本当の基盤であった。これが事実であったことを全世界が知っていた。」（判決書p.265下段〜p.266上段）

パール判事は「満州国」設立の措置を快く思っていないようだ。むしろ、あからさまな併合の方《ほう》が、物事《ものごと》がすっきりすると考えているようである。次の引用の行間から、そのようなパール判事の考えが透けて見える。

「日本には、彼らが不当に獲得した利益を維持するために、世界輿論《よろん》に立ち向かわなければならない上に、世界による不承認との結果がもたらされてしまうリスクをも冒《おか》す用意があったように見受けられた。であるならば、何故《なにゆえ》に彼らは、世界中の誰もが真剣には取り合わなかった茶番劇などには拘泥《こうでい》せずに、満州の日本帝国への併合を即座に宣言しなかったのか？　あからさまな併合による満州における中国主権の蹂躙が、『満州国』の設立と承認によるその主権の蹂躙よりももっとひどいものであるいうことにはなりにくかったのである。原則という観点からは、それら二つの選択肢のどちらによって実施されたにしても、そこにもしも何らかの国際法違反があったとすれば、かかる違反は二つとも寛容の範囲を等しく超えていたのである。そして、事実という観点からは、もしもそれが単なる茶番であったならば、その真剣な実施に日本があくまでも固執したことは、日本がやっていることは純然たる暴力によってなされているとの点の日本側による冷笑的な公言よりももっとひどく世界輿論を憤激させる点につき彼らは計算ずくであったのだ。」（判決書p.266上段）

日本がそのような「計算ずく」の措置を取ったのは、日本が当時持っていた、西洋の行動を忠実に模倣したいとの熱望のせいであったとパール判事は結論づけている。パール判事は、傀儡政府樹立の考え方は日本独自のアイデアであったわけでもないことを、トインビー博士の著述から引用して説明している。少し長くなるが、パール判事が引用しているトインビー博士の言説を以下、記載する。なお、トインビー博士は日本が「満州国」設立を選んだ理由も、その後段で述べている。

「それは部分的には西洋の行動を模倣する熱望のせいだとすることも考えうる。明治時代初期以降、その熱望は日本人の心の中において『**固定観念（idee fixe）**』となったとするものだ。次のことが云《い》われている。

『1人の率直な西洋の歴史家は、西洋のやり方を模倣する日本人の態度がとかく勤勉で精緻になり勝ちであったことを思い起こし、さらに加えて、中世日本の国内の歴史でそうであったのと同様に、本質的なインチキが現代の西洋世界による植民地の歴史において如何《いか》に顕著であったかを考え合わせると、以下の可能性を無視することはできない。』

『すなわち、『併合』の婉曲語法として『保護国』という語句を作り出したのは西洋帝国主義ではなかったか？ そしてこの本質的な虚構はその西洋の発明者たちの役に立ったのではなかったか？ フランス共和国政府がモロッコのサルタンの靴の中に足を踏み入れる時の手段にし、また、イギリス王国政府が広大な東アフリカの地域の所有権を現地のアフリカ人たちから冒険主義的な欧州人たちの手に移す手段にしたのは、まさにこれではなかったか？ そしてもし1914年から1918年にかけての総合戦争（訳注：第一次世界大戦）の勝利国たちが戦後になって罪の意識を覚えたからこそ彼らは色あせた『保護国』との語句を真新《まあたら》しい『委任統治領』という語句に置き換えたのだとの抗議を彼らが行《おこな》うならば、日本人たちは、この最新の名称変更は有名無実の区分けを導入したのだとの見解を支持するために、アメリカ人、ロシア人さらにはドイツ人の意見をも引き合いに出すことができたのではなかったか？』

『さらに、日本の立場の弁明者たちは、『満州国』に関して日本が利用したほとんどすべてにつき、西洋の戦後の、さらには戦前の慣習にその前例を見出《みいだ》すことができるかも知れないのである。一例を挙《あ》げれば、『満州国政府』の行動により大連の中国海関（訳注：中国の海事税関）が制圧されたことは、一方は純粋な『満州国』、他方は『中国政府・大連海関長』の間《あいだ》の争いなのでありその問題に日本は関係が無いので日中間の合意に違反した責任を負わないとしてかかる制圧を故意に見逃すことは、日本側による偽善であると考えられうるものかも知れない。しかし、もしもこの事件を、単なる『理想主義的』な正邪の試金石としてではなく、『実務的』に前例を基盤として判断するならば、フランス人が1923年から1924年にかけてラインラント（＊）における架空の『分離運動』を編み出し、その虚構を通じてフランスの手を悪事に染めないままにヴェルサイユ講和条約に違反することを願ったそのやり方に、日本人はほとんど杓子定規《しゃくしじょうぎ》的な厳密さの下《もと》で従ったのだと、彼らは遠慮なく指摘できるのではないのか？ 日本人はその『満州国』の茶番を演じるにあたっての彼らの主張を申し述べるにおいてこれらの西洋の前例を最大限に生かすことには失敗をしたけれども、日本のみならず西洋の前例が実際にこの線に従った方針を日本人の心の中に指《さ》し示《しめ》し、そして推奨したことは、正当に推測できることであろう。』

（＊訳注：ドイツのライン河の沿岸地方。フランス・ルクセンブルク・ベルギー・オランダに接している）

『以上の考察は『満州国』を説明する上で大いに有益である。それでも、すべてが語り尽くされてその詐欺性が公衆の目に決定的にさらされて久しいのに、一片の虚構（訳注：「満州国」という虚構）が、純粋にそれがそうありたいと願っているものにそれが実際上もそのようになっているのだと頑固に弁護している精神状態を完全に理解するのは困難である。この奇妙な精神状態は、いずれにせよ、日本人特有のものではないとは指摘できるのである。以下は我々も思い出すことができることであるが、同じこの戦後時代においてラインラントにおける『分離運動』はラインラント地方の人々の自然な発露による自発的な表現なのであり**フランス占領軍**は何も関係が無いとの抗議をフランス人が行《おこな》った際にもそれは露呈されたのである。同様に、ソビエト連邦政府は**第三インターナショナル**とは何の関係も無いとロシア人たちが主張した時にもそれは露呈されている。以上の諸例の各々《おのおの》で描き出された精神状態は、国際関係の分野ではびこる『古典的な』心理学の遺物であり、それは社会生活のこの特定の分野における文明の進歩に対する最も恐るべき障害の1つであると捉えられなければならないのである。』

　以上は**1932年国際情勢概観**にて英国王立国際問題研究所の研究員（＊）が述べたものである。

（＊訳注：1932年国際情勢概観は英国の歴史学者トインビー博士Arnold Joseph Toynbee 1889～1975が、アシスタントであるVeronica Marjorie Boulterと共に執筆した。）」（判決書p.266上段～p.267下段）

満州における独立運動の存在：リットン委員会への反論

リットン委員会は、「満州国」設立は満州の人々による全般的意志の純粋な発露ではなかったと陳述している。パール判事はこれに反論している。次の通りである。

「日本陸軍がその国を蹂躙するまでは満州において独立運動は決して存在しなかったとのリットン委員会の陳述は、まったく正確であるとは云《い》えないものかも知れない。すなわち、張作霖の政府は、外国勢力との通常の条約類の締結（たとえば、当時において国際的に承認されていた中国政府が以前にロシアとの間《あいだ》で締結していた条約を張作霖が明白に否定し、その否定の後に彼が締結した1924年の中露条約）を含む主権国家のすべての機能を発揮していたこと、そして、中国北部における諸権力を見返りとして南京政府に服従するとの張学良の方針は、彼の将軍たちの内の一団、とりわけ彼の父親（引用者注：張作霖）の参謀長であった楊《よう》宇霆《うてい》（＊）により強く反対されたことは指摘できよう。なお、楊宇霆はその理由のため張により殺害された。日本人たちは次のように主張している。張の強制排除により満州は1929年より前の状況に単に復旧したものではあるが、ただし、それは『**適法ナ(de jure)**』主権であるとの主張によって満州は今や整然としたものとなった、と。（訳注：以前の軍閥政権ではない適法な『満州国』たる政権であるため、満州は以前よりも整然としたものだとの主張）

（＊訳注：楊宇霆1886～1929清朝末期から中華民国初期にかけての中国の軍人）

　我々の眼前に置かれた証拠は、どちらの側の主張に対しても大きく説得力を持つとは言えない。本官はしかしながら、この件をこれ以上追求する必要は無い。というのも、本官の意見では、当時の日本政府もしくはいずれかの被告人が、満州に傀儡政府を設立するとの何らかの**事前に考えられていた計画**を心の中に抱《いだ》いていたとは未《いま》だに立証されてはいないからである。満州事変の発生起源が何であれ、我々の眼前の被告人の内のいずれかがこの事件に対して手《て》を下《くだ》したことが合理的な疑念を超越した上で立証されたものであるとは云《い》えない、とは、たいして躊躇《ちゅうちょ》もせずに申し述べることができる。」（判決書p.268上段～p.268下段）

つまり張作霖は、中国政府とは別個に満州において「主権国家のすべての機能を発揮していたこと」、息子の張学良も「中国北部における諸権力を見返りとして南京政府に服従するとの…方針」であったことを指摘しており、いずれも満州における中国からの独立運動を示すとパール判事は指摘しているのである。

なお、右記の引用の後段においてパール判事は、いずれかの被告人が満州での傀儡政府の設立を事前に考えて計画していたとは立証されていない、すなわち、満州国設立は共同謀議によるものではないと結論づけている。

日本政府は満州国を承認した

日本国が満州国を承認するとのほのめかしは、当時の内田外務大臣によって1932年になされた。次の通りである。

「満州国に対する承認を、当時はまだ決められていなかった将来の何らかの日付において与えるとの日本政府による決定の声明発表は、当時の外務大臣であった**内田**伯爵により1932年7月18日になされた。」（判決書p.269上段）

内田外務大臣は、満州国承認が満州問題解決の唯一の効果的施策であると日本政府が考えていると国会で演説した。

「このほのめかしは8月25日の東京の国会における演説の中で**内田**により繰り返され、その中で**内田**は、満州国の承認は満州問題を解決する唯一の効果的施策であると日本政府が考えていると申し述べることにまで踏み込んだ。」（判決書p.269上段）

内田外務大臣は、日本政府の解決方法の考え方を次の2点により明確化した。

「**内田**伯爵（引用者注：内田外務大臣）はこの問題（引用者注：満州問題）につき解説を行《おこな》い、次のように述べた。

『満州問題解決の方策を見つけることに関しましては、日本政府は次の2点が最も重要であると考えるものであります。』

『第1に、満足の行《い》く解決法を追求するにあたり、日本の権利と利益を適正に保証しつつも、満州を満州人と外国人が同様に安全に生活できる場所とするために、かつての排外政策や排外運動の再発を防ぎ、最終的には満州の安定のみならず極東に恒久的な平和をもたらしたいとの満州の人民の適法な要望を充足させることです。第2に、かかる解決法は、あらゆる感情的な命題や抽象的な説を排除し、現実の状況に堅固に立脚して到来させるべきであることです。』」（判決書p.269上段～p.269下段）

この時点で日本政府が共同謀議者たちによって制圧されたとは検察側は主張していない。つまり、以上の2点は純粋に日本政府のみによるものである。満州国認定は、日本政府による純然たる国家行為であったのだ。

§5．満州の経済的価値

日本がなぜ満州を必要と考えたか。検察側はそれを長々と説明している。パール判事はその検察側説明を判決書p.270上段～p.272下段にかけて記載している。その冒頭で、パール判事は次のように述べている。

「日本による満州の経済的制圧につき検察側が描いた青写真は、その最終論告での言葉遣いによって最も良く描写されている。検察側は次のように述べている。」（判決書p.270上段）

ここでは、検察側による長々とした説明の最後尾だけを引用したい。次の通りである。

「『しかしながら、このような膨大な支配力の蓄積も日本にとっては十分ではなく、満州国に重工業を創始して発展させるために、第一次**近衛**内閣は1937年10月22日に1個の重工業会社の設立を決定した。その資本の半分は満州国が出資し、残りの半分は、決定過程の中で**日産**《にっさん》資本と名付けられたところの日本の民間資本が出資することとなっていた。経営が日本側によってなされることもこの決定において定められ、総裁として**鮎川**義介《あゆかわよしすけ》（＊）を指名した。（法廷証第239号、法廷記録29663ページから29666ページ）。この決定に従い、日本と満州国は**満州重工業開発株式会社**の設立のための経済合意書を締結した。（法廷証第840号、法廷記録8472ページ）。表向きは満州国の会社であったが、日本との経済合意書に鑑みると、それは実際上は日本の『国策』会社であった。（法廷証第840号、法廷記録8472ページ）。この会社は合同の経営の下《もと》にあり、その株式は2国の政府もしくはその国民のみが所有することができた。総裁と理事は2国の政府が任命することとなっていた。（法廷証第438号、法廷記録5018から5020ページ）。』（＊訳注：鮎川義介　1886〜1967　日本の実業家・政治家。日産《にっさん》コンツェルンの創始者）」（判決書p.272上段〜p.272下段）

この検察側説明に対するパール判事の判定は次の通りである。

「この証拠は、最高位に位置づけられたとしても、せいぜい、満州の資源の開発に関する、当時の日本政府による何らかの政策を示すのみである。この政策を形成するにあたっては、さまざまな起源のさまざまな要因が数多《かずおお》く作用したかも知れない点を本官はすでに示した。これらの要因のいずれについても、それが何らかの共同謀議の産物であると申し述べることはできないのである。以上に加えて、申し立てられた共同謀議は当時の日本政府の外に置かれていたと検察側自身によって申し立てられているとの事実をも考え合わせると、経済開発に関するこの証拠がどのようにすれば検察側による共同謀議の主張を前進させることになるのかが、本官にはわからない。」（判決書p.273上段）

以上で満州に関する記述を終える。

§6．残りの中国への拡大

検察側最終論告

このセクション以降は、残りの中国への展開を論ずることになる。

「ここで満州を越えた支配力の拡大の件に立ち至り、盧溝橋事件の日付である1937年7月7日以前の段階で華北の支配力を獲得するために日本が採用した方策の詳細であるとするものを、検察側は我々に対して申し述べている。」（判決書p.273下段）

検察側が述べた、「華北の支配力を獲得するために日本が採用した方策の詳細」は、判決書p.273下段〜p.275上段にかけ、11項目に分けて説明されている。しかし、この検察側最終論告の依拠した出所が問題である。これは例の人物の証言によるものが主であったのだ。パール判事は次のように指摘している。

「検察側の最終論告から抽出された以上の観察ではこの時期に起きたさまざまな出来事に邪悪な意味合いを付与しているが、かかる観察は主として**田中**隆吉の証言に依拠している。この証人に対する本官の印象は、すでに述べた。」（判決書p.275上段）

筆者は、検察側最終論告の右記の11項目をここで引用するつもりはない。一方、弁護側は、田中隆吉が述べたところの華北における自治運動は盧溝橋事件以降の日中事変とは何の関係も無いと主張した。次の通りである。

「弁護側は、盧溝橋事件の前の時点で華北において開始され展開された自治運動は日中事変とは何の関係も無いと主張した。1933年5月の塘沽《タンクー》協定が成された後に、河北、察哈爾《チャハル》、山東、山西と綏遠《すいえん》の5省、ならびに北平と天津の2都市を統治する**華北政務委員会**をその年の6月17日に創設したのは、中国の国民政府自身だったのである。その委員会は黄郛《こうふ》（＊1）を委員長に任命した。1935年には農業者たちによる自治運動が勢いを増し、その年の11月には殷汝耕《いんじょこう》（＊2）を主席とする**冀東防共自治委員会**が創立された。これは完全に中国国内の出来事であったが、中国政府はこれを利用し、反日プロパガンダとしてこれを使用した。

（＊1訳注：黄郛　1880～1936　清朝末期から中華民国初期にかけての中国の政治家）

（＊2訳注：殷汝耕　1885～1947　中華民国の政治家）」（判決書p.275上段）

以上の検察側・弁護側主張の双方を俯瞰した後、パール判事は次の判定を下す。これらの出来事を全面的共同謀議のせいにすることはできないという点を確認したのである。

「ここで本官が指摘すべきことのすべては、この期間に発生したあらゆる出来事を起訴状で申し立てられた全面的共同謀議のせいにすることは困難であるとの点のみである。なるほど、かかる出来事の多くは企まれたものであったかも知れない。また、かかる出来事には多くの日本人が手を染めていたかも知れない。それでも、記録されている証拠の中にはこれらすべてを起訴状で申し立てられた類《たぐい》の全面的共同謀議のせいにすることを正当化するものは、ほとんど何も無いのである。」（判決書p.275下段）

検察側の主張：パール判事による記述

検察側が示した出来事は、日本側の邪悪な計画によるものであると主張したい検察側の趣旨を汲み取って、パール判事自身がその筋立てを16項目に分けて記載している。

「それらの出来事を邪悪な意味合いを持つ連鎖と見せかけて提供する、最も魅力的なやり方は、次のとおりである。」（判決書p.275下段）

これらの項目は、検察側の要点であるとパール判事が考えたものを箇条書きにしてパール判事がまとめたものである。判決書p.275下段～判決書p.279上段にかけて記載されている。ここではその中から、天羽声明、関東軍のプロパガンダ計画ならびに蒙古政策、広田三原則、国家政策に関する陸軍と海軍の合意、東条の提案を引用することとしたい。

天羽声明

「2．1934年4月17日に、日本の外務省は『**天羽声明**《あまう》』を発表し、9カ国条約に署名した諸国に対し、日本政府は中国における日本の計画に対してはいかなる干渉も許さないと警告した。

(a) **広田**はアメリカ大使のグルーに、この『**天羽声明**』は彼の了解もしくは許可の下《もと》に発表されたものではないと説明した。」

（判決書p.275下段）

パール判事は、日本の対中国政策を表すものとしてこの天羽声明を極めて重視している。のちほど、天羽声明の全文を引用することとする。筆者から見ても、この天羽声明は当時の日本の中国に対する立場を如実に正確に説明しているとともに、日本の立場や方針が当時の世界において十分な説得力を持っていることを主張しているように見受けられる。

関東軍のプロパガンダ計画ならびにその蒙古政策

「4．次に我々には、関東軍の**宣伝（プロパガンダ）計画**と呼ばれるものが与えられた（＊）この計画は、華北に向けられた日本のいくつかの意図の中では最も重要なものであると云《い》われた。この計画は1935年12月9日に関東軍参謀副長から陸軍省次官に対して発信された。

(a)その内のいくつかの部分は、とても重要であるとして特別に引用された。

(＊訳注：本項 第四部 全面的共同謀議 第2段階 満州から残りの中国すべてへの支配力と制圧の拡大 の後方の「・関東軍の宣伝計画」に詳細な記述あり)」(判決書p.276上段)

「8．**広田**内閣が国家防衛の名の下《もと》にその膨張的な外交政策を策定している時に、関東軍はその注意を北方の蒙古に向けていた。すでに1936年3月28日の時点で、当時の関東軍参謀長であった**板垣**は次のように申し述べていた。

(a)『外蒙古は今日の日満がもたらす影響力の観点からは重要である。なぜならそれは極東におけるソビエトの領土と欧州とを結ぶ線であるシベリア鉄道の側面防御面であるからだ。もしも外蒙古が日本および満州国と統合すれば、極東におけるソビエトの領土はきわめて危険な状況に陥ることとなるので、戦うことなくして極東におけるソビエト連邦の影響力を取り除くことが可能となる。そのため陸軍は、現下で使えるすべての手段を駆使して、日満の力を外蒙古へと展開することを目指《めざ》す。』

(b)内蒙古の関連では、板垣は次のように述べた。

『内蒙古西部とその西に広がる領域は日本の大陸政策の遂行に大きな価値を持つ。もしもこの地域が日満の影響力の範囲の下《もと》に置かれれば、それは彼ら(訳注：内蒙古)とは同民族である外蒙古の兄弟に対する懐柔策の基盤となることを意味する。さらに、新疆《しんきょう》からやって来るソビエトの影響力も、また、ソビエト・中国間の領土的な回廊上の繋がりも、共に遮断される…。上記の観点から、帝国陸軍はすでに数年に亘り内蒙古西部における作業を進めて来たのである。帝国陸軍はあらゆる障害を乗り越え、これをさらに進展させる決意である。』」

(判決書p.277下段～p.278上段)

広田三原則

「(a)1935年8月5日に、**広田**外務大臣は、**広田**の指示に基づいて外務省東亜局によって用意された計画を中国における外交官および領事に対して送付した。この計画は、外務省東亜局が陸軍と海軍の各当局と協力して中国に対する日本の政策を再調査した結果、用意されたものであった。

(b)この計画においては、三つの一般原則が次のように記載されていた。

『(i)中国は、すべての反日演説や反日活動に対する規制を厳格に行《おこな》うべきであり、また、日本と中国の双方は独立の相互尊重、協調、相互協力、等の諸原則に基づき友好と協調に努めるべきであり、満州国と中国との間《あいだ》の関係発展に努力すべきであること。』

『(ii)両国間の関係の発展の究極目標は中国が満州を公式的に承認し、日本、満州国と中国の3カ国の間《あいだ》での新しい関係の規定の合意を締約することであるため、中国は当面の間《あいだ》は、少なくとも満州の領土と国境を接する華北と察哈爾《チャハル》地区においては満州国の存在の事実を否定すべきではなく、また、中国は経済と文化の分野において満州国との間《あいだ》で相互依存と協調の実際上の関係を持つべきこと。』

『(iii)日本と中国は、外蒙古と境を接する察哈爾《チャハル》その他の地区において、共産主義の脅威を排除することを視野に入れて協力すべきこと。』

(c)１９３６年１月21日に以上の３つの原則は、**広田**による日本の国会での演説により、一般大衆に対して周知された。」(判決書p.276下段)

国家政策に関する陸軍と海軍の合意

「７．１９３６年６月30日に陸軍大臣と海軍大臣は国家政策の基盤について合意に達した。その基本的な政策は、南方海域に進出し開発を行《おこな》うとともに、日本の国家防衛を安定させるために東亜大陸において堅固な地位を獲得することであった。

(a)そこに記載された原則は、

(i)日本は、列強諸国の侵略的政策の誤りを矯正すること、ならびに、一貫した海外展開方針による皇道精神の実現、等に邁進《まいしん》しなければならないこと。

(ii)日本は、東亜安定の勢力たる日本帝国の地位を確保するためにその国家防衛と軍備を完全なものにしなければならないこと。

(iii)日本は、満州国の健全なる発展に期待し、それによる経済発展を推進させるために日満の国家防衛の安定化を希望すること。日本は、ソビエト社会主義共和国連邦の脅威の一掃、イギリスと合衆国に対する準備の実施と日本・満州国と中国との間《あいだ》の緊密な協力の実現、日本が大陸政策を実施するにおいては当然に必要となる他の列国との間《あいだ》の友好関係に留意しなければならないこと、日本は南方海域においてその国内発展・経済発展の推進を計画するが、他の列国を刺激することなく穏和で平和的な手段により国力の増進を試みること、等を企図する。このようにして、満州国の設立により、日本はその国家資源の最大限の開発が期待でき、また、その国家防衛の発展を遂行できるようになる。

(b)以上の計画は国家方針の基盤として五相会議(＊)において１９３６年８月11日に採択された。

(＊訳注：総理、外務、大蔵、陸軍、海軍の５人の大臣による会議)」(判決書p.277上段～p.277下段)

東条の提案

「15．**東条**は当時、関東軍の参謀長であったが、１９３７年６月９日に陸軍参謀次長へ電報を送り、中国における現下の状況から判断すると、ソビエト連邦に対する軍備の観点からは、日本の軍事的実力がそれを許すのであれば、背後の脅威を一掃するために日本は中国中央政府に対してまず一撃を加えるべきであるとの提案を申し述べた。

16．**盧溝橋事件**は１９３７年７月７日に起きた。」(判決書p.278下段～p.279上段)

§7．天羽声明

天羽声明について、パール判事は次のように書き出している。

「天羽声明は本件裁判の法廷証第９３５号である。」(判決書p.279上段)

「当然ながら、この声明自身においては『日本政府は**中国における日本の計画**に対してはいかなる干渉も許さない』(引用者注：右記引用「天羽声明」の２．これは検察側の主張である)などとは申し述べられてはいない。」(判決書p.279上段)

いよいよ、天羽声明の全文を引用しよう。

「この声明の全体は、次のとおりである。

『中国との関係において日本が占めている特別な地位のために、

中国に関する諸事に対する日本の見解と態度は、諸外国のそれとはすべての面において同一というわけにはいかない。しかし、日本が東亜におけるその任務の遂行ならびに特別な責任を果たすことに最大限の努力をする立場に置かれていることは、了解されなければならないのである。』

『日本が国際連盟からの脱退を余儀なくされたのは、東亜における平和維持の根本的原則について国際連盟がその意見を一致させることができなかったからである。中国に対する日本の態度は時には諸外国のそれとは相違することもあるが、日本の地位と任務のために、日本はかかる相違から逃れることはできないのである。』

『云《い》うまでもないことだが、日本は諸外国との友好的関係を維持し推進することに常に努力している。しかし、それと同時に、東亜の平和と秩序を維持するためには、我々は我々独自の責任の下《もと》に孤立して行動する場合もあることは至極当然であると考え、また、それを実行することは我々の責務でもあるのである。それと同時にまた、東亜の平和の維持の責任を日本と分かち合う立場にある国は中国を措《お》いて他には無いのである。従って、中国の統一、その領土保全の維持、さらにはその国内における秩序の回復は、日本によって最も熱烈に望まれているのである。それらは中国自身の自覚と主体的努力以外からは得られないことを歴史は示している。そのため日本は、日本に対して抵抗するために他国の影響力を利用しようとする中国側のあらゆる試みに、反対する。我々はさらに、1つの列国を他の列国に対峙させようと計算されたところの、中国によるあらゆる行動にも反対する。外国勢力の合同行動の企ては、それが技術的もしくは財政的支援の名の下《もと》によるものであっても、満州事件と上海事件を経《へ》た後のこの特定の時期においては政治的な意味合いを持たざるを得ないのである。このような性質を持つ企ては、それが最後まで遂行されるのであれば、勢力範囲の確定（＊）に留まらず、さらに中国の国際的管理や分割といった、中国にとって考えられうる最大の不幸であると同時に日本と東亜に対して深刻な反動をもたらす事項までをも、結果的に議論することを余儀なくされるところの困難を惹起せしめるのである。そのために日本は、原則に関わる問題として、かかる企てには反対せざるを得ないのである。ただし日本は、いずれかの外国が財政や貿易の問題を中国と個別に交渉することに対しては、それが中国の利益となり東亜における平和の維持に有害にならない限りは日本がそれらに干渉する必要を認めない。』

（＊訳注：外国勢力による中国における勢力範囲の確定を指す）

『しかしながら、中国に戦争用の航空機を提供すること、中国において飛行場を建設すること、中国に軍事指導者や軍事顧問を特派すること、もしくは政治的目的のための資金提供のための融資契約を締結すること、等には日本と中国その他の諸国との友好的関係を遠ざけ、東亜における平和と秩序の維持を妨げるとの明らかな傾向がある。日本はこのような諸計画には反対する。』

『日本の以上の態度は、日本が過去に追求した方針から明らかであるはずである。しかし、諸外国によるさまざまな口実の下《もと》での合同的行動の明白な策動が中国に於いて進行しつつあるとの報道がなされた事実がある中では、日本の政策をこの時点で繰り返し表明することが不適当であるとは思えないのである。』

（訳注：日本はこの当時、中国（China）を「支那《しな》」と呼称していた。上記の天羽声明を訳すにあたり、前後の本文との整合性の観点、ならびに、天羽声明の原典は英文であり日本文ではないこと、等に鑑み、「中国」と表記した。）」（判決書p.279上段～p.280上段）

天羽声明は、日中満の3カ国が緊密に連携して東亜の平和を築いていくのだとする理想を堂々と述べており、また、国際連盟の東亜における政策が物足りないために日本は連盟を脱退したと明言している。これは当時の日本が堂々と対等に国際連盟と渡り合っていたことを示している。たしかにこれには、米英がまともに反論することは困難であろう。米英としては、黙殺するしかなかったことであろう。

パール判事は天羽声明を重視しており、判決書の中に3カ所にも亘って詳細に紹介されている。パール判事がこれを重視するのは、天羽声明で述べられた日本の政策への対抗策としてアメリカが取った対応の理解へとつながっていくからである。これは第4段階（最終段階）で詳しく論じられるが、先取りして引用したい。次のように述べられている。

「中国が日本との間《あいだ》で和解の合意に至り西洋諸国の欲望に対する日中共同戦線が形成されるとのリスクとの間《あいだ》で均衡が図られなければならなかったのである。」（判決書第4段階p.516下段）

アメリカが潰そうとしたのは、まさに天羽声明で述べられた日中満の経済共同ブロックだったのだ。天羽声明で日本の中国政策を把握したアメリカは、それが「日中共同戦線」に転じうることを見て取ったのである。パール判事の表現によれば、「西洋諸国の欲望」から「東亜」を守ることこそが、広田政府が平和的に実現することを目指したものである。しかし、西洋諸国の目には、これは「日中共同戦線」に転じうるものであり、自分たちと敵対する勢力となるとして、潰すべき対象と映ったのである。これはまさに、トインビー博士がいち早く気付いて警戒したものである。

「日中共同戦線」を叩き潰すとのこのアメリカの隠された意図を当時の日本は見抜けなかったのである。自国の西部開拓の精神を日本が満州に適用することは許さないというアメリカのダブル・スタンダードを見抜くほどの力が、当時の日本にはなかったのだ。アメリカもイギリスも自国民を「富ませる」政策を自由に取ることができるが、日本が「生き残る」ために東亜ブロックを作ることは断固拒絶したのであった。それも、表だって堂々と拒絶するのではなく、裏口から隠然と進めたのである。

天羽声明が出された背景

天羽声明が出された背景を、パール判事は、当時の西洋諸国の中国に対するビヘイビアの観点から説明している。

「この声明の行《おこな》われた背景を評価するには、この声明が行《おこな》われた表向きの原因であったところの、当時中国で行《おこな》われた西洋諸国の行動の一部にただ単に注意を向けることが適切であろう。これらの行動は、中国への融資の提案、航空設備の販売、軍事専門家や軍事指導者の雇用、南京政府に所属する国際連盟の専門家により提供される技術支援、等から構成されていた。」（判決書p.280上段）

そしてパール判事は、そのような西洋諸国の対中ビヘイビアを、①金融活動、②軍事支援、③技術協力活動の3面に分けて説いている。日本の目からは、これらはいずれも日本の利益に対して有害なものととらえられたのである。これら3面を以下、順に見て行《い》く。

①金融活動

日本も１９２９年大恐慌の影響を深刻に受けた。日本は貿易を維持することで大恐慌を乗り切ろうとしたが、特に英蘭は日本製品を狙い撃ちにした締め出し政策を取った。そこですでに満州段階で見たように、日本は日満支の経済ブロックを組んで大恐慌を乗り切ろうとしたのである。それを邪魔立てする西洋諸国の動きを日本が見逃すはずはなかった。日本は経済・財政面で生き残るために、日中協商を何としても成立させたかったのである。次の通りである。

「その年（引用者注：1933年）の終わり頃までには、日本は前例のない財政的危機に直面せざるを得ず、その財政は他国と比較して非常に危険な状態となっていた。その財政的窮状は、日本の貿易輸出を増やさないまでも維持せしめることが非常に重要であることを強く示した。世界全体を通じて貿易障壁を増やす傾向が増大しつつあり、そしてその多くの場合においては、―イギリス植民地やオランダ領東インドの例のように― 特に日本の製品の輸入を制限しており、これは深刻な心配の原因となった。

日本は経済の分野で、中国との友好的な協力に大きく頼っていた。世界情勢に鑑み、中国が日中経済ブロックの創設を促進すべきであると日本は要望していたものかも知れない。」（判決書p.282上段）

ところが、日中協商を邪魔立てする西洋諸国の金融活動の動きが、頻繁に表れた。

「金融活動については、経済発展を助けるための中国と外国との間《あいだ》の、金融機関による媒介を通じた協力の仕組みに関する新聞報道がわずかばかり前の時点で現れた。この仕組みは国際連盟の黎明期における連盟の事務次長であった、フランスの市民の**ジャン・モネ**氏（＊）の協力の下《もと》に中国政府が苦心して作成したものであった。上海から**ニューヨークタイムズ紙**へ寄せられたあるメッセージには、この協力は商業と投資の分野で増大しつつある日本の支配力を減殺させるように慎重に企画されたものであり、かつ、中国に提供される融資に日本が参加できるとのオプションを提供している**国際銀行借款団協定**を迂回する手段であったと述べられていた。同時に、モスクワから伝えられた報告では、ある国際銀行団からの1件の融資が実際に差し迫っていたとのことである。

（＊訳注：Jean Omer Marie Gabriel Monnet 1888 ~ 1979 フランスの政治経済学者、外交官）

前年のアメリカによる小麦の借款は、日本には異議があったように見受けられるところの、もう1つの金融取り決めであった。その異議の根拠は、小麦の売却によって得られた資金が中国政府により武器の購入に使用されていたことであった。」（判決書p.280上段～p.280下段）

ここで、後の論点である「関東軍のプロパガンダ計画」の先取りとなるが、「関東軍宣伝計画」の原文からの一部を引用する。当時の中国には深刻な通貨問題があったことを関東軍も認識していた。

「2．たまたま国民政府（引用者注：南京の国民党政府）の銀《ぎん》国有制の実施は、北支民衆の該政府に対する怨嗟《えんさ》反感を激成し、ここに急速なる自治政府の樹立運動を展開せることを明らかにす。」（判決書p.285上段）

中国は有力な銀本位制の国であった。一方、当時の大恐慌対策の一環としてアメリカ政府は銀の大量買い上げ政策を打ち出したのであった。そしてこのアメリカの国内経済政策が中国にもたらしたゆがみが、中国の通貨問題の本質であったのだ。自国の通貨価値の裏付けとなるべき銀が大量に中国国外に流出してしまったのである。

「一方、中国においては深刻な通貨問題（＊1）が起こった。イギリス政府は、中国の通貨問題を是正するために中国を国際的に支援する計画を協調して作ることを視野に入れて、ワシントン、パリならびに東京の諸政府との対話に入った。アメリカ国務省の次官は記者団に対して、もしも中国が外国からの金融支援を必要とするならば、アメリカ政府はイギリス政府と一体となって、関係する諸国の協調的行動によりそのような支援を提供する可能性について同情に満ちた検討をすると述べた。日本はいくらかの疑念を持った上でこの動きを眺めた。これは中国問題に関係している外国による活動形式の内で、日中の『**協商(entente)**』を行き詰まらせるために持ち出されたものであるとの疑念を日本に持たせる類《たぐい》のものであった。日本政府は、国際融資は不必要であり望ましくないと考えるとの宣言を行《おこな》うことを急いだ。」(判決書p.282上段～p.282下段)

中国の通貨問題に対し、イギリスは切り札であるリース・ロスを派遣した。

「次に登場したのがフレデリック・リース・ロス卿(＊2)である。現下の状況が惹起せしめる諸問題に関連してイギリス政府が中国政府ならびに関連するその他の政府と話し合いを行《おこな》う目的のため、卿による専門的な助言をイギリス政府に提供できるよう中国の経済状況を調査して報告する使命を卿は帯びていた。その直後に中国政府は日本に相談せずに何らかの通貨対策を導入した。このイギリスの財政専門家からの助言が中国によるこの通貨計画の策定に重要な役割を演じたと推定することは、あながち不自然なことでもない。かかる信条の上に、イギリスの支援による借款の噂によって掻《か》き立てられた疑念がさらに付け加わった。南京政府の指導者たちは彼ら自身の権力を増やすために自らの国を外国人に売り渡していると、日本では見られていた。日本は、半植民地的な中国をイギリスの資本の支配下に置くとのイギリスの側による試みは、それが何であれ黙認することはできないと感じていた。

(＊1訳注：銀本位制の国々が次々と金本位制に切り替える中で中国は最後の銀本位制の国となった。1934年、大恐慌への対策としてアメリカが国内の金保有の3分の1までの銀の政府買い上げを実施したことに伴い世界的に銀の価格が高騰し、唯一の銀本位制を取る中華民国よりアメリカへ大量の銀が流出した問題)

(＊2訳注：Sir Frederick Leith-Ross 1887～1968 英政府の首席経済顧問を1932～1945の間、務めた。1935年8月から1936年7月にかけて中国に出張、中国通貨『銀元』の銀との兌換を停止し米ドルと英ポンドを参照通貨とする一種の管理フロート制への移行を骨子とする貨幣改革を提案したとされる)」(判決書p.282下段～p.283上段)

②軍事支援

「中国への軍事支援は日本による抗議のさらに重大となる根拠を提供した。南京政府は空軍を創《つく》ろうとの努力の中で多額の航空設備の購入契約を締結したばかりでなく、相当数の外国の専門家や指導者による役務提供の契約も締結したのである。合衆国は70機にも及ぶ戦闘機を含む、偵察、爆撃や訓練を行《おこな》う機材等の航空機を中国に提供した。その年の初めにカーチス・ライト社はアメリカ人技術者の支援により運営される航空機工場を建設する契約を結んだ。また、まさにアメリカの支援によって、合衆国空軍の退役大佐が校長を務める軍事航空パイロットの学校が併設された大規模な航空基地が杭州《ハンチョウ》に設立されたのである。

ドイツも、少なくはない人数のドイツ帝国陸軍の有名な上級将校を含む軍事指導者を中国に提供した。そして1934年4月には、『**ドイツ共和国軍(Reichswehr)**』の前の総司令官(＊)が南京政府の筆頭軍事指導者の任命を受けることに成功した。

(＊訳注：ハンス・フォン・ゼークト Johannes Friedrich Leopold von Seeckt 1866～1936 ドイツの軍人。最終階級はGeneraloberst〈上級大将〉)」(判決書p.280下段)

アメリカの対中軍事支援はよく知られている。ジョン・ウェインの映画で有名になった「フライングタイガース義勇軍」航空戦闘部隊がその象徴的な例であろう。アメリカ空軍を「退役」することを「許された」アメリカ人パイロットたちが、アメリカから持ち込まれた最新鋭のカーチス戦闘機に中華民国のマークを付けて操縦し、日本軍航空隊と戦ったのである。

一方、ドイツが軍事面で深く中国に参画していたことはあまり知られていないのではないだろうか。ドイツの対中軍事支援は三国同盟が締結された後にもしぶとく続いていて、現地の日本軍を苦しめたのである。ドイツが中国に魅力を感じていた点の一つは、どうも「タングステン」という鉱物資源の入手にあったらしい。陸軍国ドイツは仮想敵国たるソ連やフランスの戦車を貫徹する対戦車砲弾の先端に取り付ける堅い金属として、中国からのタングステンの安定供給を望んでいたらしいのだ。対中軍事支援の理由の一つはその点ではなかったかと筆者は想像している。

③技術協力活動

「一方、国際連盟による中国への技術協力活動は１９３４年4月には重大な段階に達していた。それらの専門家たちの作業の大きな部分は中国における運輸交通の発展に向けられ、それは軍事的に重要な意味合いを持つと推定することができたために、日本の目には特別な興味が引かれるものであった。国際連盟理事会の技術代理人であるライヒマン博士（＊）は、日本に敵対的であり、日本の権益に有害なやり方で中国において政治的活動に携わっていたとの評判を日本において得ていたことも注目される。

（＊訳注：Ludwik Rajchman 1881～1965 ポーランド生まれの医学博士、専門は細菌学。国際連盟保健機関の理事を１９３９年まで務めた）」（判決書p.280下段～p.281上段）

以上の３点をまとめて、パール判事は次のように締め括っている。

「以上が、１９３４年4月にこの方針声明（訳注：天羽声明）を発する機会を日本に対して与えたところの諸外国による中国における活動の内の、少なくとも幾つかの事例である。」（判決書p.281上段）

天羽声明の根拠：領土の近接性

「この声明（引用者注：天羽声明）は、疑いも無く、中国との関係における日本の特別な地位について何らかのことを申し述べている。」（判決書p.281上段）

この日本の特別な地位の主張は、スティムソンやハルなどのアメリカ政府関係者が徹底して忌避した事項であった。そのようなものの存在を認めなかったのである。しかし、そのアメリカ自身が同様の主張をしていたのである。有名なモンロー主義である。自国が主張するものを日本に対して認めないのは、明白なダブル・スタンダードではあるまいか。

「しかし、このような申し立て（引用者注：特別な地位の主張）は、国際生活においてまったく前例が無かった訳でもない。自国に比較的に近接する地域や諸国に向けて他の大陸の列国が実施する行動に関連して、ある国家がそれ自身の責任において単独で行動することが正しくかつ賢明であると見なすことができるとの主張は、合衆国が**モンロー主義**を推進しようとした行為にその明らかな前例を見ることができる。

合衆国は自己防衛を理由として、米大陸以外のあらゆる国による米大陸すべての上でのあらゆる領土的支配権の新規取得を、その取得がどのような方法によるものであろうとも、合衆国は反対をすることができるとする権利を長期に亘《わた》って主張して来た。モンロー主義に含まれているこの主張は自己防衛を根拠とするものである。合衆国自身の防衛のために必要であるとのこの意識が、合衆国自身によるこのような主張は米大陸の一国家《いちこっか》の政治的独立への不当な干渉となりうることを合衆国が何らかの面で認めることを妨げて来た。本官は、日本による同様の主張がその防衛的な特徴を否定され、侵略的であると特徴づけられるのは何故《なにゆえ》なのかが、わからないのである。

　領土の近接性が国家間で特別な関係を創り出すとの点は、まさに日本の中国との関係においても、はるか以前の1917年11月に石井・ランシング交換公文がかかる点を宣言した時に認識がなされていた。この石井・ランシング合意はワシントン条約後の文書の交換により失効したことは疑い無い。そのため、石井・ランシング合意は約定《やくじょう》としては有効性がなくなったのであろう。しかしそれでも、領土の近接性が国家間で特別な関係を創り出すとの原則自体はそのままなのである。それは国際生活において有効に順守されている原則なのである。」（判決書p.281上段～p.281下段）

つまり、国際社会はアメリカのモンロー主義を認めたという歴史的事実に照らし合わせれば、満州における日本の特別な地位も認められてしかるべきだとパール判事は指摘しているのである。

この項目の最後の部分で、検察側の共同謀議の存在の主張を念頭に起きながら、パール判事は次のように述べている。日本の対中国政策に関する共同謀議に対する、事実上の結論だろうと筆者には思える。

「本官がすでに指摘したとおり、ある国家の外交政策は、1つ《ひと》や2つ《ふた》の単純な要因で決定される訳ではないのである。日本の対中政策の形成に影響を与えた幾つかの複雑な要因について、本官はすでに言及した。それらにさらに追加されるべき幾つかの要因として、日本が中国に持つ権益、中国における外国権益を危殆《きたい》にさらす中国の国内状況、中国のソビエト社会主義共和国連邦（9カ国条約締約国ではない国）との間《あいだ》での増大する相互関係、などが挙《あ》げられる。」（判決書p.281下段）

右記引用中の「日本の対中政策の形成に影響を与えた幾つかの複雑な要因について、本官はすでに言及した」とあるのは、リットン報告書が指摘した例の5つの要因のことである。右記ではこれら5つの要因に追加されるべきものとして、「日本が中国に持つ権益、中国における外国権益を危殆《きたい》にさらす中国の国内状況、中国のソビエト社会主義共和国連邦（9カ国条約締約国ではない国）との間《あいだ》での増大する相互関係」があることが指摘されている。

§8．天羽声明と広田政策

天羽声明の否認

当時の外務大臣であった被告人の広田は、その配下の天羽課長が発したこの声明を否認したことを先に見た。この点につき、パール判事は次のように指摘している。

「広田による天羽声明の否認は、その声明が扱っていた何らかの特定の政策をも彼が否認したことを意味するものではないことは確かである。日本の大使たちに対する彼の電信の中には邪悪なものは何も無い。日本による特別な地位の主張が意味するものは諸外国がそれに付与していたものとは違っていたにせよ、日本は公然とその特別な地位を主張していたのである。」（判決書p.283下段）

つまり広田は、天羽声明は否認しても、天羽声明に記載されている政策を否認したわけではないとパール判事は指摘しているのだ。筆者は、これはむしろ逆であり、広田政策を具体的に述べたものが天羽声明であったと思う。天羽声明の本文と、広田政策の内容に関するパール判事の記述を読み比べると、広田政策を具体的に述べたものが天羽声明であるように思える。広田の否認とは、外務省内の手続き上の不備だったのか、あるいは、声明の形での発表は時節柄まずいと考えたのか、いずれにせよ何か別の理由によるものだと思う。

右記引用中に「日本による特別な地位の主張が意味するものは諸外国がそれに付与していたものとは違っていたにせよ…」とある。「諸外国がそれに付与していた」意味合いとは、後ほど触れるが、例えばハル国務長官は、「本官（ハル長官）が言及したような、専制君主による干渉や支配を意図しているもの」が、日本が主張する「特別な地位」が意味するものの中身であると解釈していたようである。ハル長官は日本の主張する特別な地位が自国のモンロー主義に類例化されるものであるとはどうしても考えたくはなかったようだ。

平和的政策

広田の対中国外交政策は平和的なものであった。広田は軍事力に頼る政策を避けた。当時の日中間の外交関係の状況を、パール判事は次のように述べる。

「1933年春の塘沽《タンクー》停戦協定の調印以降、日本と中国との間《あいだ》の全般的な関係は親善の度合いを増すものであった。両国の指導的立場にある政治家の公的な発表の場において宥和《ゆうわ》的表現がどんどん出現するようになった。中国政府は反日アジテーションを効率的に抑制するようにして欲しいとの東京の要求に応《こた》える意欲を示す証跡を示した。一方、日本政府は善意の意思表示を行《おこな》い、彼らの中国における外交代表団を大使館の地位に格上げすることで中国に対して敬意を表した。これを前例としてイギリス、ドイツ、そしてアメリカ合衆国は次の3カ月の期間中に同様の措置を取った。」（判決書p.281下段〜p.282上段）

その上で、パール判事は広田の政策を次のように説明している。

「（前略）**広田**の政策は確実に協調的な政策だったのであり、そしてそれは円滑に進行していたのであった。彼の手法は、断固とした忍耐強い説得と、少なくとも外見的には南京政府と友好的につきあうことを続けることによるものであった。」（判決書p.282上段）

天羽声明／広田政策に対するアメリカ国務省の反応

天羽声明の内容を受けて、駐米日本大使（斎藤大使）はハル国務長官を訪れ、広田が大使に電信で指示した「特別な地位」に関する主張を長官に伝えた。

「国務長官コーデル・ハル（＊1）による1934年5月19日の覚書（法廷証第937号）に現れているとおり、日本の大使（＊2）は長官を訪問の上、大使が**広田**外務大臣から受領したかかる特別な地位を主張している電信の内容を直ちに長官に伝えている。

（＊1訳注：Cordell Hull 1871〜1955 合衆国の政治家。F・D・ルーズベルト大統領の下《もと》で1933〜1944の期間、国務長官を務めた。国際連合の設立に深く関与した。1945年にノーベル平和賞を受賞）

（＊2訳注：斎藤博《さいとうひろし》1886〜1939 斎藤がルーズベルト大統領に信任状を提出して駐米日本大使に着任したのは1934年2月13日。なお、斎藤は赴任国の米国で客死した。）」（判決書p.283下段）

この覚書におけるハル長官の具体的記述を左記の通り引用する。

「この覚書は次のように述べている。

『ここにおいて、あるいはここ以外のあらゆる他の場所において誤解を受けることを避けるために、本官の祖国に何よりもまず関連をしており、さらには9カ国条約ならびにケロッグ条約の締約諸国、そして東洋に適用される国際法に係るすべての国々に関連するところの諸権利、諸権益と諸義務につき、簡潔ながらも包括的な声明を、友好と敬意を表する精神の下《もと》に、再び行《おこな》うべきであると本官は考える。』

『本官は次に、本官が1934年4月28日に日本の外務大臣に送付した文書の基本的条項のいずれかに日本は異論を持つのかと尋ねた。大使の回答は、異論は無い、日本政府は本官の覚書ないし文書の基本条項に合意したのは確かである、しかしながら、日本政府は中国において平和と秩序を維持するのに特別な権益を持っていると考えているのは事実である、とのことであった。大使はその後、彼の表現によるところの『東亜』における平和的状況において平和ならびに日本の特別な権益を維持する、他国を上回る義務ないし機能を日本政府は持つとの、彼らがこの数週間に亘《わた》って繰り返している決まり文句を申し述べた…。本官は次に、日本政府が『東亜』の平和的状況について他国を上回る特別な権益を主張する条項や決まり文句を持ち出したのはなぜなのかとの疑問が今、この時点であちらこちらから寄せられていると、まったく率直に申し上げたい、と伝えた…。大使は、その意味合いは考えられていたものでも意図されていたものでもないと抗議することから回答を始めた…。大使は、平和維持等における日本の他国を上回る権益に関するこのいわゆる決まり文句は、本官が言及したような、専制君主による干渉や支配を意図しているものではないと再び申し述べた。』…

この文書は日本がその政策に持たせた意味合いを我々に示すと同時に、これに対するハル長官の見解をも示している。」(判決書p.283下段～p.284上段)

ハル長官は日本が使用した「東亜」という語を警戒し、また、日本の主張する「特別な地位」とは「専制君主による干渉や支配」を意味すると解釈している。おそらく意図的にそのように解釈したのであろう。

天羽声明に対するイギリス外務省の反応

さすがにイギリスは、若いアメリカよりも外交巧者である。イギリス外務大臣の反応は次の引用の通りである。日本の主張を忌避する点ではアメリカと同じだが、ハル長官の冷笑的な反応に比べて、日英間の摩擦の発生を用心してそれを避けようとする表現をイギリスの外務大臣は取っている。

「サイモン外務大臣はこの**天羽声明**に言及し、イギリス議会での質問への回答として次のとおりを申し述べた。

『問題となっているこの声明は、列国諸国による中国における何らかの行動が東洋の平和もしくは日中関係あるいは中国の安全保障に有害であるとの心配から発せられたものであるように見受けられる。しかしイギリスの政策に関する限り、かかる心配が惹起されねばならない理由は無い。実際のところイギリスは、申し述べられたような有害な措置を避けているのだ。』(法廷証第3244号)」(判決書p.284上段～p.284下段)

天羽声明に関する右記の一連の引用からは、米国と英国との間《あいだ》の対中政策との乖離を見て取ることができる。米国は大々的に対中軍事援助や各種の融資を含む金融活動を展開したが、英国は中国に対する経済政策立案の援助に留まっていたのである。

グルー米駐日大使の反応

最後に、広田と直接にコンタクトを取っていた東京のグルー大使の反応を見てみよう。グルーは日本政府の考え方を正確に汲み取っていたことが窺える。

「グルー氏(訳注:Joseph Grew、当時の駐日アメリカ大使)の了解によれば、**広田**は同氏に対して次のように述べた。

『日本は、中国の領土保全もしくは行政権を侵犯するような、あるいは、他国が中国と『**誠実（bona fide)**』な通商を行《おこな》うことに関して難題をもたらすような、**特権**を追求する意図を一切何も持ってはいない。』

グルー氏は法廷証第936号の中で次のように述べている。

『**外国によるさまざまな行動**には中国における平和的状況を脅かす傾向があり、日本は中国に近接しているため、当然ながらかかる平和的状況につき多大な関心を持っていた。しかしながら、そのことは、9カ国条約の調印国が持つ資格があるところの諸権利と義務を傷つけるような特権的な地位を主張する何らかの意図や熱望が日本側にあったことを意味するものではない。』

以上はグルー氏が当時、中国に関して日本が取った当面の態度の説明であると考えたものである。」（判決書p.284下段）

広田政策の内容（広田三原則）

広田の政策がどのようなものであったかは判決書p.286～p.287に記載がある。以下、引用していきたい。

まず、広田が政策を担った時点で日本が置かれていた状況は、次の通りである。

「日本の諸問題をうまく管理しようとする針路の上にはすでに世界大不況による困難が置かれていたのだが、この事変（訳注：満州事変）はそれをさらに悪化させることとなったのである。」（判決書p.286下段）

おそらく、満州事変とそれに続く満州国建国が英米を中心に世界中で引き起こした巨大な反応を、日本側は事前には予期していなかったものと筆者は思う。その反応がそのように大きく、そして悪いものとなるとは日本では誰も考えてはいなかったのではないだろうか。日本はモンロー主義の考え方を踏襲し、さらには明白な併合とはせずに、トインビー博士が指摘したような西洋諸国の前例を踏襲して、日本とは別個の独立国とする措置を取ることまで行《おこな》ったのであった。それにもかかわらず、日本の満州国建国は世界では非常に悪《あ》し様《ざま》に捉えられたのである。

「奉天における日本の行動の後には世界規模の反響が実際上も付いて来たのであり、その後に政権を担うこととなった政治家たちは、その状況をもたらした責任が誰にあったにせよ、それらすべての困難を無視することはできなかったのである。実際に起こった出来事は満州事変の後のそのような新しい要因によって決定されたところのその後の展開であったことを、証拠は十分に明らかにしているのである。」（判決書p.286下段）

広田の政策はあくまでも平和的で、協調的なものであった。

「**広田**政策ならびにそれに関連する内閣決定については、法廷証第977号（1936年6月30日）、同第216号、そして同第704号（1936年8月7日）に記載がある。」（判決書p.286上段～p.286下段）

「この政策は何らの侵略的手段をも伴わなかった。**広田**のやり方は堅実で忍耐強い説得によるものであり、南京政府との友好的親交を維持するものであった。彼の政策は、実際上も協調の政策であった。」（判決書p.286下段）

広田三原則を含む、その内容については、パール判事は次の通りを記載している。

「日本はこの協調（訳注：南京政府との協調）を、政治的分野と経済的分野の双方において必要としていた。政治的分野においては、その協調は、第1に中国におけるすべての排日宣言の公的な抑制を示唆しており、第2に日本による共産主義に対する聖戦への協力を示唆していた。これらの2点を強調することは、我々に提供された一連の出来事の連鎖の中で言及された3点プログラム（＊）の主要な特徴であった。経済分野においては、基本的な考え方は日中経済ブロックの創設であった。世界中あらゆる場所でブロック経済が展開していたことに鑑みれば、それが日本の場合においては侵略的であったとか犯罪的であったなどと非難することはできないのである。日本自身が管理できる範囲内に供給源を用意することは実際、日本にとって最高位の重要性を持つものであったのだ。日本政府によるこのような政策の下《もと》では、日中間の**『協商（entente）』**を行《い》き詰まらせようと企図されていた国際的策謀に対し彼ら（訳注：日本政府）が不可の烙印を押すであろうことは、何ら驚くべきものでもない。

（＊訳注：広田による1936年1月21日付《づけ》の3原則、すなわち、(i)日支間の友好と協調への努力のための中国による排日活動の規制、(ii)支那による満州の承認、(iii)察哈爾《チャハル》その他の地区における共産主義の脅威の排除に向けた日支間協力）」（判決書p.286下段～p.287上段）

右記の記載の通り、広田政策の経済面でのポイントは、日中経済ブロックの創設であった。これは、パール判事が「協商entente」と表現したものである。

§9．国共合作

国共合作の成立

一方、中国大陸においては1937年に大きな動きがあった。いわゆる国共合作、すなわち、国民党と共産党が手を握ったのである。パール判事はこれが日本に深刻な悪影響を与えたと指摘している。

「法廷証第672号（訳注：東条の電報）によって伝えられた政策もしくは提案を理解するためには、1937年の初期に出現し日本に深刻な影響を与えた1つの要因を我々は思い起こすべきである。本官はすなわち、**国民党共産党統一戦線**（訳注：国共合作）の形成のことを申し述べている。」（判決書p.288上段）

右記での「東条の電報」とは、パール判事が検察側の主張をとりまとめた16条の箇条書きの内の15番目に記載があったもので、ソ連からの防衛のためには、まずは中国中央政府に対して一撃を加えるべきとの、関東軍参謀長であった東条が提案した電報のことである。

国共合作とは何か

「10年近くも引き離され、とぎれなく抗争を続けた後に、国民党と中国共産党の間《あいだ》の和解が1937年に実現したのである。東亜における共産主義の拡大と戦うために中国と協調することが日本の3点プログラム（引用者注：広田三原則）の礎石であったために、南京と中国共産党との間《あいだ》の友好的関係の回復は日本の政策に深刻な効果をもたらすように仕組まれたものであった。」（判決書p.288上段）

右記引用でパール判事は「仕組まれたもの」と、刺激的に表現している。それでは、日中協調を目指した広田三原則に深刻な悪影響を与えるよう「仕組んだ」のはいったい誰だったとパール判事は言いたいのか…？

モスクワからの影響

国共合作を画策した（「仕組んだ」）のはモスクワのソビエト政府であったとパール判事は指摘している。これは記憶に留めるべき重要な指摘である。

「さらに云《い》えば、この和解（引用者注：国共合作を指す）は**モスク**

ワからの影響を大きく受けたものであったように見受けられる。

モスクワは、南京政府に対する戦いのための何らかの支援を中国共産党に対して行《おこな》えば内戦が維持継続され、それは中国の首都において親日グループを強化させるため、日本人たちを直接的に利することになる点を理解していた。

ロシアからの支援を欠くこととなったために、中国の赤軍には南京政府との和解を求める以外の選択肢は残されなかったように見受けられるのである。」(判決書p.288上段)

モスクワは、日本を利するような中国での内戦の継続を望まなかったので、中国の赤軍を文字通りの「兵糧攻め」にして、南京政府と手を握るしか選択肢が残らないようにしたのであった。つまり、赤軍の方から南京政府にすり寄るように仕向けたのであった。

これは、東京裁判においてソビエト連邦が被告人広田を徹底してマークしていた態度とも通じる指摘であると思う。

§10. 蒙古

ソビエト・ロシアの外交手腕

日本はソビエト・ロシアが膨張的で帝国主義的な動きを捨てない国である点を重大視し、幕末以来ずっとこの潜在的敵対国を見守って来た。不凍港ウラディオストックの確保のための一連の中国との外交交渉、ウラディオストックへの兵員・物資輸送のためのシベリア鉄道の強行敷設、さらにはチタからウラディオストックへの輸送経路の短縮化と高速化を目指した満州横断の東支鉄道の建設など、恐ろしいまでの執念と努力でロシアが日本侵略を目指したことをひしひしと感じていた。シベリアや満州などの未開地における鉄道建設のためにはどれほどの国力・財力を傾けなければならなかったかを客観的に観察して理解できなかった日本ではなかったのである。そうまでして日本海に面した軍港ウラディオストックを強化しようとしたロシアの目的とは何か…？ これに対する備えを取らない人は日本の政治家となるべきではないと筆者は思う。

ロシア帝国が朝鮮半島への影響力を確保しようとした時には、日本はなけなしの国力をはたいて撃破した(日露戦争)。しかし、このような彼らの極東政策は、共産党がロシアを支配する時代となっても変わることはなかった。むしろ強化されたように見受けられる。諸外国の内部に各種工作を施してロシア共産党シンパを作ることによってソビエト本体を守ろうとした第三インターナショナル(別名コミンテルン)の動きはその証である。

ロシアの膨張主義に深刻な懸念を抱いていたのは一人日本だけではなかった。イギリスもそのインドにおける権益を守るために、ロシアを封じ込める政策を取った。「国家」という概念を持たないアフガンの人々を説得して、ロシアとインドの間に緩衝国の役割を果たす「アフガニスタン」を建国することを画策したのも、イギリスである。そして、ロシアに対するその同じ脅威を共有する日本を盟友として日英同盟が締結されたことは、すでに見た。

余談ながら、「アフガニスタン」とは「アフガン人の国」という意味である。○○スタンという表記をしばしば見かけるが、「スタン」とはペルシャ語であり「国」を意味するそうである。ペルシャ語は印欧語族に属しており、「スタン」はドイツ語の「シュタート」、英語の「ステート」につながる語であろうと筆者は推測している。

「紳士協定」

ソビエト・ロシアは秘密裏にモンゴル人民共和国と「紳士協定」を結び、実質的な軍事同盟を締結していた。パール判事は日本を圧迫するロシアの動きの中でこのモンゴル人民共和国の動きも、抜け目なく指摘している。日本の満州防衛策の立案を評価する上で、モンゴルの動きは無視できない。

「モンゴル人民共和国の領土は1921年に赤軍の支援の下《もと》に解放され、その時以来、この国はソビエト連邦と緊密な関係にあった。これら2国の間《あいだ》には、1934年11月27日以降に『紳士協定』が存在しており、この協定においては、軍事攻撃の脅威を避け、また、そのような攻撃を防ぐための相互支援をあらゆる手段において実施すること、また、相互に援助と支援を行《おこな》うことが議定書によって規定されていると我々は知らされた。かかる合意は現下の議定書の形式をとったものとして、その存在については今では確認がなされている。」(判決書p.288下段)

これは口頭の協定ではなく、「議定書」の形式を取った、書面によるものであったことが確認されたとパール判事は述べている。その議定書の第一条の全文を判決書p.288で引用した後、パール判事はロシアの意図を次のように記述している。

「これはロシアの当局に対し、蒙古において実際上の自由裁量を与えるものであろう。ロシア当局と蒙古政府は安全保障手段を提起する機会が発生したことに同意さえすれば良いのである。」(判決書p.288下段)

パール判事は、シベリア鉄道の軍事的役割を指摘することも忘れてはいない。次の通りである。

「ソビエト政府が、トランスバイカル地域においてその軍隊の足場を堅固に固めた時点で、新しいバイカル－アムール川(訳注：黒竜江)間の鉄道の建設は予定よりはるかに進んで進捗《しんちょく》していたことにも注意を向けるべきであろう。」(判決書p.288下段～p.289上段)

蒙古の動きに対する備えを取った関東軍の動き

関東軍の役割は満州国の防衛である。その仮想敵は、ロシアである。そのロシアが蒙古を巡ってさまざまな動きを見せる中で、関東軍は当然にその対策を計画したのである。

その内容を示す証拠の一つが「関東軍のプロパガンダ」とされるものである。次の通りである。

「右記(引用者注：パール判事の16項目の箇条書きの4.)で言及された宣伝(訳注：プロパガンダ)計画は本裁判における法廷証第195号である。これは満州に関する毎日の通常報告の一部分を成しており、1935年12月19日付となっている。この計画の全体は次のとおりである。」(判決書p.284下段)

関東軍のこのプロパガンダ計画の全文は、判決書p.284下段～p.285下段にかけて記載がある。当時の満州を巡る生々しい状況がよく伝わって来ると思い、判決書の翻訳にあたっては原文の文語体を転載した。ここでは引用しないが、ぜひパール判決書で読んでいただきたい。

このプロパガンダ計画からパール判事は、関東軍が副次的に担っていたのは共産主義の脅威との対峙であることを読み取っている。次の引用の通りである。

「このプロパガンダ計画は反共戦線の形成について述べている。我々の眼前に置かれたこの証拠をどんなに粗雑に読んだにしても、日本の中国政策を形成するにあたっての非常に重要な要因の1つは、共産主義の脅威と日本が特徴づけたものであることが読み手には納得できるのである。これがさまざまな列国の外交政策に対してとても大きな影響を与える脅威であったこと、また、今でも依然としてそのような脅威であることをここで再び指摘することは、単なる反復にしかなるまい。」(判決書p.286上段)

内蒙古自治運動

ソビエト・ロシアが蒙古（モンゴル）との間で秘密裏に「紳士協定」を結ぶことに成功した背景には、中国による蒙古族の土地への伝統的・継続的な侵入があった。蒙古族はそれに対して不満を抱き、中国対策の一環としてソビエト・ロシアに近づいた面は否定できないだろう。

なお、「内蒙古」「外蒙古」との表現だが、蒙古を中心とした「内」と「外」の表現ではない。あくまでも漢民族を中心にした世界観なのであり、漢民族の故地に近い地域を「内蒙古」、遠い部分、すなわち蒙古族から見た中心部分を「外蒙古」としている。

「内蒙古自治運動は、1933年には自治委員会の創立にまで立ち至った。蒙古族の牧草地への中国人の侵入に終止符を打つために当時の中国当局が行《おこな》った約束ごとは、外見から見受けられる限りでは非常に不完全に守られたようであり、蒙古族の不満は和《やわ》らぐことがないままとなった。北支における日本政策の遂行者は、この突破口をうまく利用したにすぎなかったのである。自治運動そのものは、純正なものであったのだ。もちろん日本は、満州国と国境を接する地域の状況については常に大いなる関心をもって眺めていたのである。」（判決書p.290上段）

右記の引用中でパール判事は、蒙古族の「自治運動そのものは、純正なものであったのだ」と指摘している。つまり、日本が暗躍してでっちあげたものではないと述べている。

「関東軍はさらに西方へと歩を進め中国と外蒙古の間《あいだ》に彼らが建立する段階にあった新しい『万里の長城』のための便利な道具として、この反乱に支援を与えていたようであった。」（判決書p.290上段）

パール判事の信条の吐露

さてここで、裁判官パール判事の個人的信条の吐露の部分が出てくる。パール判事は裁判官としての任務を全うしてこの判決書を記述するにあたり、このような個人的信条の吐露はあえて避けて来た。実際、パール判決書にはそのような吐露はほとんどないと言ってよいと思う。しかし、満州国に対する日本の政策を分析するには、ある程度は自らの信条を明らかにせざるをえないと判断したようである。

なお、ここで述べられた信条は、第七部 勧告でもチラリと顔を覗《のぞ》かせている。すなわち、第七部に、日本の「指導者たちの罪は、恐らくは幻想に基づくところの思い違いのみにあったのであろう。」（判決書p.644上段～p.644下段）とあるが、日本の指導者たちの「幻想」であったとパール判事が考えているものは、ここで述べられる信条を根拠とするものであろうと筆者は思う。

さて、パール判事の信条とは、次の通りである。

「本官が真っ先に云《い》わなければならないことは、本官は、ある国家が他の国家の領土に権益を持つことを良いことであると信じる者ではないということである。本官の意見では、『我々が欲しがっており、隣国から必ず入手しなければならないそれは、我々の生命そのもののために必要なのである。それなしでは我々は生きることができない』と、ある国民が考えたとしたら、かかる考えは単なる妄想なのである。ある国民が強く熱望するものが何であれ、その国民の心はそれに対して死活的な重要性を付与するように見受けられる。もしそれをその国家が所有しなければ死と破滅が待ち受ける、との幻想が起こるのだ。国民は、その国が所有を熱望しているそれを欠くと、もはや生きることはできなくなると簡単に信じるようになるようだ。

しかし我々の眼前に横たわっている問題は、ある国家がそのような死活的必需品についてかかる妄想を持ち、そしてそれに従って行動することを許されるべきかどうか、ではない。本当の問題は、国際生活においてそのような行動は異常であるとして非難することができるものかどうか、なのである。国際社会ならびに国際法の特徴を思い起こすならば、我々が現在取り組んでいる問題は、ある国家においてそのような幻想が正当化できるものかどうかではなく、そのような妄想が国際生活において事実として存在するのかどうか、また、かかる妄想が国際社会を構成する国家のいくつかに対してどのような影響を与えるのか、である。

日本は、その存続のためには極度に死活的であると彼らが考えたところの何らかの『権益』を中国において獲得した。列国のほとんどすべてが同様の権益を東半球において獲得し、そして、それら列国のいずれもがそのような権益は極度に死活的であると考えたように見受けられる。本官はここで立ち止まってそれらの権益獲得の歴史を検討する必要は無い。そのような獲得の過程の中に何らかの公正な方法の痕跡を見つけ出せることは極めてまれであるとは、問題なく主張できるからだ。いずれにせよ、それらの権益は実際に存在したのであり、そしてさまざまな列国は、パリ条約（訳注：ケロッグ・ブリアン条約）に調印する際には自衛権の留保はそれらの権益の防衛にも及ぶものであるとすることは完全に正当化できると考えた。少なくとも現下の我々の目的のためには、中国における日本の権益に関して彼らが持つところの権利は、この基準において評定されなければならないのである。」（判決書p.291上段～p.291下段）

パール判事がここでわざわざ個人的信条を吐露したのは、右記引用の中央部分で記述されているように、当時においては「国際生活においてそのような行動は異常であるとして非難すること」は、そのような信条の持ち主であってもできないと陳述する前段階とするためなのである。イギリスに支配されたインド人であるパール判事であっても、そして他国を「奴隷の身分」（判決書p.74下段）に落とす諸外国の行為を心底嫌うパール判事であっても、自国を生き延びさせようと努力している「ある国家（日本）」が、そのような死活的必需品についてかかる妄想を持」つことは、当時の食うか食われるかの激烈な帝国主義の時代においては何ら不自然なことではなかったと認めざるを得ないのである。

この部分では、パール氏個人の信条と、裁判官としての職務を遂行して法による正義を追求する上での考え方の両方を併記した上で、それらを峻別したのである。パール判決書がパール氏個人の信条のみによる「意見書」などではないことを示す証左である。

「法による正義のすぐれている点は、判事がどんなに有能で賢くても、純粋にその個人的な嗜好やその独特の考え方のみに基づいて判決を下《くだ》す自由がその判事には無いとの事実にある。」（判決書第二部「侵略戦争」とは何か p.120上段）

§11．日本軍が戦闘を継続する理由となった中国の国内事情3点
当時の中国を分析する上で外せない3点

ここでパール判事は当時の中国を分析する上で外《はず》せない3点を指摘している。この3点は弁護側が提出を希望した証拠を、東京裁判所が不適切であるとして却下した分野に関わるものである。パール判事は中国における日本の戦闘行為の拡大を説明できるかどうかの検証のためには、この分野に関わる証拠を却下することが適当であるとは考えていないのである。次の引用の通りである。

「3つの非常に重要な出来事が、本件裁判のこの局面における我々の検討の中を占めることとなる。すなわち、本官は次のこと

を云《い》っている。

1．中国における内戦と、その結果として蔓延した無政府状態
2．中国による国家的ボイコット
3．中国における共産主義の発展」（判決書p.291下段）

パール判事がこれら3点を指摘し、それに続いて3点の検証と分析を行《おこな》ったことは、東京裁判の判事団の主流派ならびに検察側が持っていた審理の枠組みから、パール判事が離脱することを意味している。

それら3点のパール判事の検証と分析を、パール判決書が取り上げた順に従い、以下、「①内戦と無政府状態」、「②共産主義の発展」、「③国家的ボイコット」の順に引用していく。

①中国における内戦と、その結果として蔓延した無政府状態

この点の検証の前に、パール判事はまず、国際社会における構成員は「人」ではなく「国家」であることを指摘している。

「国際社会においては、その構成員は国家となる。目下の所、国際組織は国家の枠を越えているようには見受けられない。国際組織の基盤を人とすることがいかに望ましくとも、国際組織は実際上、その構成員としては**国家以外の何者をも**認めてはいないのである。」（判決書p.291下段）

国家として認められるためには、国家としての諸機能を備えなければならない。

「国家としての諸権能を備えた国家であるためには、その国民は、外部世界に対して彼ら国民を代表させることができ、また、それを通じて責務を引き受け、そしてかかる責務を果たすことができるところの、政府を持たなければならない、との議論はできるであろう。

1個の政府が1国すべてを支配し続けるのであれば、この問題は単純なままである。しかしながら、互いに争っている2個以上の政府が存在する場合には、その内のどれが旧国家を存続させる資格を持つものとして認知されるのかを決めるのは困難であろう。諸外国には、互いに争っている複数の政府すべてをその国の正当な支配者であると認知しなければならない義務は無いのである。」（判決書p.292上段）

当時の中国は、南部に国民党政府、揚子江沿岸に共産党と赤軍、北部では軍閥が割拠していた。どれが中国を代表する政府か、はっきりしないのである。

「おそらくは政府としての資格が同様に欠けている2つの相互に完全に独立した政府が存在している地域を、単一の国家として取り扱うことを諸外国に期待することはできないのである。そのような考え方は、国際法の基盤そのものと相容《あいい》れないからである。」（判決書p.292下段）

これはすなわち、「無政府状態」であるとパール判事は指摘している。次の通りである。

「『無政府状態』とは政府が何ら存在しない状態を意味するものかも知れない。しかし、それは互いに争っている複数の政府が存在していることを意味することもあるのだ。」（判決書p.292下段）

以上を指摘した上で、当時の中国にそのような「無政府状態」が存在したことがひとたび立証されれば、検察側が華北における日本の侵略的行動であるとしてまがまがしく申し立てた、関東軍のプロパガンダ計画、東条の電報、あるいは、判決書p.289上段～p.290上段にかけて記載されている「外蒙古問題および内蒙古問題」と題された被告人・板垣（当時は関東軍参謀副長）の発言等はすべて正当化されるか、少なくともそれらの日本の行動を説明するための材料となったとパール判事は指摘している。次の通りである。

「『中国での内戦と、その結果としてそこにおいて蔓延した無政府状態』は、もしも立証されれば、検察側によって申し立てられたところの華北における日本の行動を正当化するか、そうでなくとも少なくともその説明を行《おこな》うために大きな役割を果たすこととなろう。」（判決書p.293上段）

ここで重要なのは、中国の無政府状態は華北における日本の軍事行動を「正当化」しうるとパール判事が考えていることである。今までは正当化はできなくても、説明はできるとの表現に留まっていたが、ここでは「正当化」できるとまで踏み込んでいる。

内戦が打ち続く状況では、軍事力の投入は欠かせないのである。日本人居留民が多く居住し、彼らを守る責任が日本政府にはあったのである。そのためには物理的な治安維持能力が必要なのであり、日本国外においてその役割を果たすのは警察ではなく、軍隊である。具体的には満州においては関東軍がその役割を担っていたのである。蛇足ながら、現在のアメリカ合衆国で在外居留アメリカ人の治安維持に責任を持っているのは、海兵隊である。

そのため、パール判事は次のように述べる。

「この関連では、中国における日本の軍隊が中国での平和と平穏を回復させた、との弁護側が申し立てている点が果たして正しいのかどうかの検証は適切な設問となるものと本官は信じる。」（判決書p.293上段）

ところが、東京裁判の判事団の多数派は、弁護側の提出した証拠を却下してしまった。

「日本軍が活動を開始する以前における中国の状況に関する証拠、ならびに日本軍が中国において平和と平穏を復活させたことを示す証拠を、本官がすでに指摘したように、不幸にも我々は１９４６年の7月9日ならびに25日に却下してしまった。本官の意見では、かかる証拠除外はこれらの日本の行動が起訴状で申し立てられているような何らかの事前の全面的共同謀議の兆候を示すものなのかどうかを我々が決定すること、あるいは、それが侵略的であると我々が特徴づけることを、困難にしてしまうのである。」（判決書p.293上段）

証拠を却下してしまった以上、「中国における日本の軍隊が中国での平和と平穏を回復させた」ことの検証は、東京裁判において困難となった。しかし、リットン報告書やトインビーの「概観」など、証拠以外の材料を代わりに提示したことにより、パール判事は日本軍の活動をそのように特徴づけることを十分に立証できたと考えられるのではないだろうか。

②中国における共産主義の発展

この論点についてパール判事は、トインビー博士の手による１９３２年「概観」を材料として論を進めている。このトインビーの論は長く引用されているが、現代日本人があまり意識していない論点だと思われるので、ここで余さず引用したい。以下の通りである。

「中国の共産主義に対する恐怖で中国在留の外国人が関係するところのものは、英国王立国際問題研究所の『概観』においても見受けられる。『概観』は次のように述べている。

『共産主義と山賊行為は（それら2つの間《あいだ》に明白な区分けができる限りにおいては）、１９３２年に中国の現場において優勢であった双生児であった。ここで再度申し述べるが、これら2つの苦悩の種《たね》はその性格を大きく変えることなくその激しさを増して行《い》ったのである。それらは無政府状態、内戦ならびに飢餓の単純なる余波であったために、それらの強力な原因が持続する限りはそれらの苦悩は増大する傾向にあった。山賊行為の横行は、『これは山賊行為の長大なリストの中から無作為に選んだところの描写である』との注釈を付け加えた上で外国人に対する暴行のいくつかの典型的な例を述べることによって、最もうまく説明ができる…。』

『中国における共産主義は、1932年までには大きく広がった領土に対して独占的な行政権能を行使する**組織化された有効な政治的権力**となり、そして、中国の共産主義者たちはロシアの共産党との間《あいだ》で、ある程度の提携を行《おこな》っていた。1932年12月12日におけるモスクワのロシア共産党政府と南京の中華民国国民党中央政府との間《あいだ》の外交関係再開に鑑みると、中国とロシアの共産主義者たちの間《あいだ》の提携はどの程度まで緊密であったのか、そして、中国とソビエト連邦の各々《おのおの》において共産主義は同様の事柄に対して同様の意味合いをどの程度まで持っていたのか、を問うことは適切である。もしも中国の共産主義がロシアにおけるその同音異義語（訳注：「共産主義」という語を指す）に本当に1対1で逐次に対応しているのであれば、モスクワと南京との間《あいだ》の上記の外交関係再開の次には、同様の色合いを持つロシアのソビエトと中国のソビエトとの間《あいだ》で同盟を結ぶための道を切り開くため、打ち負かされた南京政府の排除ならびに信用を失った国民党の排除が引き続き発生するとの可能性に1931年から1932年への年の変わり目にかけての世界は直面したこととなる。中国共産党の領土である揚子江盆地とロシアとの間《あいだ》の地理的な渡り廊下が、モスクワの保護下にあった外蒙古のソビエト共和国によって、また、ロシア的性癖を持つ馮玉祥《ふうぎょくしょう》（＊）の国民軍の本拠地であった中国の陝西省《シェンシー》によって、提供された。すなわち、もしも中国の共産主義がロシアにおける意味合いでの共産主義であったならば、中国とロシアの共産主義が手を組む可能性を考慮に入れなければならなかったはずなのだ。一方で、もしもロシアと中国の国民運動の共通基盤が単なる名前の上での一体感を越えることが無かったのであれば、両者が手を組むなどということは仮説程度のものであった。そして、ここでリットン報告書から引用する文章からは、それも批判に耐《た》え得《う》る見方であったことを見出《みいだ》すことができる。いわゆる中国共産主義とは、その性格が1932年に外の世界に知られた限りにおいては、我慢できない失政に対する単なる農民反乱であり、それ（訳注：共産主義）はこの反乱を威信づけるため、正当化できないままに採用された恐るべき名前であるとのまことしやかな解釈もできる…と云《い》う。1932年から1933年への年の変わり目に存在していた情報を考慮すると、中国共産主義の本質に関する以上の2つの評価のどちらがより真実に近いかを判断することはほとんど不可能であった。』

（＊訳注：馮玉祥1882〜1948 中華民国の軍人。キリスト教徒であった。ロシアのオデッサにて事故死した）

『概観』は、共産主義者たちは中央政府に匹敵する政府を中国において樹立したと述べる。

『湖北におけるこの特定の共産主義者の政府（いわゆる李王政府（＊））の境界は、揚子江の漢口《ハンコウ》よりも上流の北岸の目立った位置に立てられた掲示板によって記されていた。そして、**この政府はその首都において独自の貨幣を鋳造しそして切手を発行していた。**』

（＊訳注：李王政府、原表記はKing Li Government。詳細不詳）」（判決書p.293下段〜p.294下段）

筆者は、右記引用のポイントは次であると考える。共産主義と山賊行為とは明白な区分けがつけづらいこと、中国における共産主義は組織化された有効な政治的権力であり、独自の貨幣を鋳造し切手を発行し、中央政府に匹敵する権能を樹立していたこと、さらには明白に言い切ってはいないものの、「共産主義」という語は中国とロシアでは異なる意味合いを持たされていたと示唆していることである。これは中国における「共産主義」はロシアのそれとは質的に異なる発展をしたことを意味する。これらはいずれも日本の研究者がなかなか書けないことである。概観ならではの分析であろう。

「『この関連では、**リットン報告書**の中で描き出されたところの、1932年における中国共産主義の描写の一部を再び見ておこう。**リットン報告書**は次のように述べている。』

『「信頼できる報告によると、福建と江西の両省の大部分と広東の一部は完全にソビエト化された。共産主義者が影響力を持つ区域はさらに広範囲である。彼らは揚子江の南側の、中国の大きな部分と、その河の北側の湖北、安徽ならびに江蘇の各省の一部を占めている。上海《シャンハイ》は共産主義プロパガンダの中心となっていた。個人の共産主義賛同者は中国のどの町でも見つかるであろう。省レベルの共産党政府は今までの所は江西と福建の二つの省で組織されたのみであるが、さらに細かいソビエトは何百にも及ぶ。共産党政府そのものが地域の労働者と農民の会議によって選ばれた委員会により構成されていた。実際上それは中国共産党の代表者により支配されており、中国共産党はその目的のために訓練された要員を送り込んでいた。そしてその要員の大多数は以前にソビエト連邦で訓練された者たちであった。地域委員会は中国共産党の中央委員会により支配されており、次に地域委員会は各省の委員会を支配し、そして各省の委員会はさらに各地区委員会等を支配し、そして最後は各工場、各学校、各軍事宿営所、等の共産主義細胞の支配にまで至る、との順であった。ある地域が赤軍により占領され、その占領が多かれ少なかれ恒久的な性質を持つ場合には、その地域をソビエト化する努力がなされた。住民による何らかの反対はテロリズムにより抑圧された。行動計画は、債務の取り消し、ならびに、大規模な私的所有者や寺、修道院や教会などの宗教団体から強制的に押収した土地を無産階級の土地を持たない人々や小規模農家に配分すること等で構成されていた。税制は単純化され、農民たちは彼らの土地の産物のいくらかの部分を提供しなければならなかった。農業の改良の観点からは、灌漑、農村の金融システム、また共同消費組合等を発展させる措置が採られた。公的な学校、病院と診療所も併せて創設された。」』

『「このようにして最貧の農民たちは共産主義からかなりの便益を得た。その一方で、富裕層と中産階級の土地所有者や、商人や、地元の郷紳たちは、ただちに実施された没収、もしくは、徴収や罰金などにより完全に没落させられた。そして共産党は、その農業政策の運用にあたっては大衆による支援が受けられることを期待した。この点においては、共産主義の理論は中国の社会制度とは矛盾しているとの事実にも関わらずそのプロパガンダと活動は相当な成功を収めた。重い課税、強奪、高利貸し、ならびに軍閥や山賊による略奪、等の結果として実在していた不平や苦情は、存分に利用された。特別なスローガンが農民、労働者、兵士や知識人によって使用され、そこでは特に女性のために行《おこな》われた変形があった。」』

『「**中国における共産主義**は、ソビエト連邦以外のほとんどの国でそうであるような、現存する政党の中のいくらかの党員が主張する**政治的教義**、あるいは、他の政党と権力を競う特別な政党の組織化とは、**まったく違うのである。それは事実上、中央政府に匹敵する存在となったのである。**それはそれ自身の法律、軍隊と政府、さらには、それ自身が活動する領土的な領域を所有していたのである。このような状況につき、他のどの国においてもこれと類似したものは無いのである。」』

（訳注：上記の三つのパラグラフは、１９３２年10月1日付のリットン委員会報告書の英文原本"League of Nations – Appeal by the Chinese Government – Report of the Commission of Inquiry" の22ページ～23ページからの、「概観」による引用であり、その「概観」をさらにパール判事が引用している）」（判決書p.294下段～p.295下段）

トインビー博士、パール判事ともにリットン報告書を重視している。やはり、現地で念入りに調査した上で作成されたリットン報告書には、第一級の資料であるとの普遍的な評価が与えられるのである。

共産主義に対する批判的意見

その「共産主義」そのものに対する批判的意見も、パール判事は紹介している。ここで紹介される批判は多分に観念的なものだが、共産主義に対するさまざまな批判の中からパール判事が選び出して記載しているものであるので、ぜひとも引用したい。次の通りである。

「それが正しかったにせよ誤っていたにせよ、１９１７年以降、国際社会の精神は共産主義の恐怖にとらわれており、どういうわけかロシアは残りの世界にとって完全に安全な隣人であるとは考えられなくなったようである。今でもなお、多くの方面においては、『ロシアが正しいイデオロギーを持てるようになり、それによってロシアが残りの世界にとって完全に安全な隣人になるまでは、そのマルクス哲学の中の何らかの不当な部分は取り下げられなければならない』と信じられている。そのような欠陥の内の一つは、ロシアによる弁証法的歴史観の決定論であり、その弁証法を単に自然論に適用するのではなく自然そのものに適用している点であると云《い》われている。この誤りの本質的な点は『何らかの理論もしくは『正（テーゼ）』の否定は、たった一つの付随的なアンチ・テーゼとたった一つの付随する『合（ジン・テーゼ）』のみをもたらすのだとの想定である』とされている。『伝統的な共産主義理論のような所与のユートピア的社会仮説を選択してそれを歴史の決定論の名の下《もと》にただちに人類の喉《のど》の中に叩き込むことに突き進んだのなら、歴史過程の性質に対して、もしくはさらに大《だい》なる善の弁証法的な成果に対して、何らかの表現を与えているのだとドグマ的に断定する権利は、誰にも無いのである。』」（判決書p.295下段～p.296上段）

そのような批判に対して、パール判事は判断を加えることを避けている。

「このような、共産主義もしくはロシアにおける理論そしてそれらの実行に対する批判が正しいのか否かを検討する必要は我々には無いであろう。」（判決書p.296上段）

ここで共産主義に対する批判が正当なものかそうではないのかを論じても意味がないからである。しかし、当時の世界が共産主義を恐れていたことは事実であり、それを避けて通ることはできないとパール判事は指摘している。次の通りである。

「いわゆる共産主義の脅威なるものが国際生活ならびに諸国家の生活における新しい展開である以上、この問題は非常に真剣かつ慎重な検討を必要とするのである。」（判決書p.296上段）

そして共産主義の進展に対して日本が備えをしたことは、日本の行動を説明するものであるとパール判事は指摘している。これはこのセクションの結論に相当するものであろう。

「自衛権は日本が中国に持っていた権益には及ばないものであると仮定し、また、かかる権益が中国における共産主義の成長によって脅威にさらされていてもなお、日本の中国における行動は正当化できないものであると仮定するにしても、共産主義の進展は、いずれにせよ、採られた行動を説明し得《う》るものなのであり、それ故《ゆえ》に、かかる行動は全面的共同謀議の中のいくつかの措置にすぎないとの理論には反するものとなるのである。」（判決書p.296上段～p.296下段）

③中国による国家的ボイコット

中国における日本の戦闘行為の拡大についての3つめの説明として、パール判事は中国による国家ぐるみの国家的なボイコットを挙げる。

「戦闘行為の拡大についてはさらにもう一つの**説明**があり、これも申し立てられた共同謀議に依拠せずとも、かかる拡大を満足に**説明している**のである。

　1905年から1931年の間《あいだ》の期間に中国の人々は、中国政府が平和的関係を保っていた諸国に対して11件にも及ぶ大規模ボイコットを開始したのである。1件は合衆国に対して、1件はイギリスに対して、そして9件を日本に対して実施した。弁護側の主張は、日本に対するそのようなボイコットは1931年以降に激しくなったというものである。」（判決書p.296下段）

中国の統治者は誰か

中国の場合、右記引用中の「中国政府」という表現が曲者《くせもの》である。先ほどは中国において複数の「政府」が林立する「無政府状態」に関するパール判事の分析を引用したが、中国においては、これ以外にも問題があるのだ。

　すなわち、通常は政府が国を統治する。しかし中国の場合、その「政府」を支配する存在が、その上にさらにあるのである。「党」である。当時においては国民党、現在においては中国共産党である。この点をリットン委員会が報告している。次の引用の通りである。

「政府によるボイコット参加の問題に関連して、興味深く、また、奇態な状況がリットン委員会に対して提供された。ボイコット運動を推進する上で中国政府が活発な役割を担ったとの日本のための主張がなされた。この主張は中国側の参与官により否定された。国際連盟調査委員会（訳注：リットン委員会）が中国政府の代表と行《おこな》った会話の中で、政府吏員もしくは政府部門がボイコットの何らかの活動に直接的に参加したのかとの質問に対して中国政府の代表は次のように答えたのである。『…政府はそのような命令を与えていない。クオミンタンのメンバーがおそらくはそのようにしたものと思われる。』クオミンタンとは中国の国民党《クオミンタン》である。」（判決書p.297下段）

ボイコットの本質とは、国民による自発的な拒絶であろう。政府が指導して行《おこな》うべきものではないのだ。リットン委員会がインタビューした「中国政府の代表」は、政府はボイコットには関わっていないと主張したのであった。それによってボイコットの責任を言い逃れようとしたものと思われる。

　しかし、その人物は同時に「クオミンタン」がそのような命令を出したと示唆したのであった。これは別の問題を提起する。すなわち、それではいったい誰が中国統治の実際の責任主体なのか、である。

　「リットン委員会が『政府の力の本当の根源は政府自体ではなく政党である』ことを発見した際に、リットン委員会が次のような質問を発したことは驚くにはあたらない。『実際上は国家の支配政党の一機関である政府の責任とは一体、何なのか？』」（判決書p.298上段）

中国においては「政府」とは、「党」の一機関にすぎないのである。リットン委員会はまさにその点を「発見」したのであった。

この点に対するパール判事の判定は次の引用の通りである。

「ある国家が、その国内憲政上で諸政策を決定する権能を無制限に与えられてはおらず他の主体の直接的な支配を受ける対象となっている組織を『政府』であるとして指名することにより、その国家が責任を逃れることはできないと信じられている。もしも『国民政府』が国民党に対して『責任を負って』おり、国民党により『指導』されているのであれば、かかる政党こそがすべての実際上の目的について公的権能の真実の保有者である政府そのものであると見なされるのであり、それらの内の見かけ上の政府は、独自の主導権を持たない創造物なのである。」（判決書p.298上段〜p.298下段）

つまり、中国政府の言い逃れは通用しないのである。本来的には民衆の自発的行為であるべきボイコットに、実際は「国家」が関与していたと考えるべきなのである。

ボイコットと国家責任

リットン報告書を契機として日本は国際連盟を脱退したとの重い事実がある。リットン報告書を国際連盟がどのようにとらえたかについては、常に目を向けておくべきであろう。

そこで、ボイコットに関する限定的な件ではあるものの、リットン報告書を国際連盟がどう捉えたかをここで取り上げておきたい。国際連盟の19カ国委員会は、ボイコットに関して次の2つの結論を出したのである。すなわち、①ボイコットは報復行為である、②ボイコットは自国より強い国による軍事侵略に対する合法的な武器である。

結論①については、次の引用の通りである。

「国際連盟調査委員会報告（訳注：リットン委員会報告）につき研究し報告するために国際連盟によって任命された19カ国委員会（国際連盟総会の特別委員会）は、次の結論を出した。『１９３１年9月18日の出来事（訳注：柳条湖事件）以降の中国によるボイコットの使用は、報復行為の範疇に入るものである』。」（判決書p.298下段）

結論②については、次の引用の通りである。

「国際連盟調査委員会（訳注：リットン委員会）によって『ボイコットは自国より強い国による軍事侵略に対する合法的な武器であることに異議を差し挟むことは困難なように見受けられる…』と表現されたところの見解も、19カ国委員会により受理された。」（判決書p.298下段）

パール判事は結論①についてコメントを加えていない。自明の理であるので、コメントするまでもないと考えたのだろう。筆者は、結論①はまさにその通りであろうと思う。ボイコットはまさに、柳条湖事件以降も中国に居留する日本人に対する中国人による報復行為なのである。

しかし、結論②についてはパール判事は否定的である。次の引用の通りである。

「…『国家的ボイコットは国家責任を提起するのかどうか』との設問を考慮する場合には、かかる運動行為を特徴づける手段こそが本質的な検討対象となるのである。中国のボイコットにおけるそのような手段を記録したものによれば、中国による国家的ボイコットとして知られるようになったところの慣行は個人の選択の自由による表現などとはほど遠く、脅迫と武力を気前よく、かつ、違法に行使することでその効率性が確保されていたところの手段であったことが明白に立証されているものと見受けられる。そしてかかる手段は、全般的に云えば、防衛的行動の実例を構成することはできないものである。」（判決書p.298下段）

右記引用においてパール判事は、国家的ボイコットは国家責任を提起するのかとの問題について、ボイコットの「手段」こそが重要である、と指摘している。そして、中国におけるボイコットの手段は、実際上は脅迫と武力（個人がふるえば「暴力」である）を違法に伴うものであり、19カ国委員会の②の結論、すなわち自国より強い国に対する防衛行動であるとの結論は適当ではないと示唆しているのである。警察や軍隊などの公的権力が防衛行動を取るのではなく、名目上、国民・個人が外国人に対してそのような手段で運動するのであれば、それは外国に対する「防衛的行動」とは言えないのである。

§12・アメリカ公使の執念

中国（清国）の国家ぐるみの不当なボイコットに苦しんだのは日本だけではない。アメリカもそうであった。しかし、次に引用するように、アメリカは交渉の糸口を摑んだ上でしつこいまでの執念をもって清国側と交渉し、対米ボイコットの終結を勝ち取ったのである。この交渉力からは学ぶべき点が多いと筆者は思う。

なお、判決書の翻訳作業においては特に明示しなかったが、この殊勲を挙げたアメリカ公使とは、具体的にはウィリアム・ロックヒルという人物である。William Woodville Rockhill 1854～1914、アメリカの外交官。幼少時にフランスに居住したことがありフランス語が堪能である上に、そのフランス滞在時にチベットに興味を持ち、アメリカ人外交官としては初めてチベット語をマスターした人物であるとのことである。

前任のアメリカ公使は1905年4月4日に駐清アメリカ公使の職位を離れた。ロックヒルはその前後に清国に赴任し、手続きを経て正式に清国駐在アメリカ公使に就任したのは1905年6月17日であったという。なお、当時の駐清アメリカ外交団は「公使館」であって「大使館」ではなかった。「アメリカ公使」とは駐清アメリカ外交使節団のトップにあたる職位である。

ボイコットと国際法：慶親王とアメリカ公使の争い

「以下に議論する実例で示されるように、国家的ボイコットは、一般的に受け入れられている国際法の諸原則の下《もと》での責任を惹起せしめるところの国際的怠慢を、確実に構成するものであると主張することができよう。」（判決書p.298下段～p.299上段）

パール判決書において右記引用に続いて長く記述されているのは、アメリカに対するボイコットに関してアメリカが取った行動の詳細な記録である。アメリカ公使は「特筆すべき不屈さと精神力」さらには「しつこく主張」して押し通し、アメリカに対するボイコットをやめさせたのである。彼が主張の根拠としたのは、清国政府による国際的怠慢であった。

この「しつこさ」から学ぶ点は多いように思われるので、あえて全文を引用する。次の通りである。

「その件が慶親王（＊1）の知るところとなったのは、1905年6月3日にアメリカ公使によって、であった。そしてその日に、扇動を止《や》めさせるための措置が中国政府によって取られるとの保証を公使は得たのである。その年の7月1日に、慶親王はアメリカ公使に対して『就中《なかんずく》(inter alia)』次の通りを通知した。『この運動は理由なしに始められたものではない。すなわち、アメリカに入国する中国人に対する規制は強すぎるのであり、アメリカの排除法（訳注：移民法）は中国の人々にとって極度に不便なものである。』この発言から、アメリカ公使は次のように結論した。『この運動はいくらかの同意を』中国政府から『取り付けている』と。そしてこの見解は公使から慶親王への8月7日付の通信文の中で披露され、これに引き続いて、合衆国はボイコットにより発生した損失については中国政府に責任があるものとする、との声明がなされた。8月26日に慶親王は政府による責任を否認し、次のように付け加えた。『両国間の偉大な友好状況の観点から、最初期の段階で運動を粉砕する命令が出されていたのである。』慶親王への8月27日付の通信文の中で、公使は再び、この運動を終わらせることは中国政府の義務であることを宣告した。8月31日に中国政府はアメリカ製品のボイコットを非難する勅令を発し、それを終結させるための有効な措置を取る義務を知事たちや総督たちに課した。9月4日に慶親王は公使に対し次のように通知した。中国政府は『この件につき中国市民もアメリカ市民も共に金銭上の損失を被らないことを目的として徹底的な対応を取った』と。この勅令の諸条項は無視され、そのような状況は9月26日付のアメリカ公使による通信文により慶親王の注意を引くこととなった。この通信文は『皇帝の意志に迅速に従うことならびに合衆国と中国との間《あいだ》の諸条約を正しく尊重することを確保するために必要となりうる追加措置』の採用に『固執する』としていた。この通信文を『受領した後、直《ただ》ちに』、中国各当局は必要となる行動を取るよう指示された。しかし取られた措置は不十分であり、10月3日にアメリカ公使は再び、有効な行動が必要であることを慶親王に対して布告し、また、今まで勅令の指示に従って来なかった係官によるこれ以上の遅延は、『貴国政府の代理人による**『悪質ナル敵意ノ宣言(flagrant manifestation of hostility)』**であると本官の政府により必然的に了解されざるを得ないこととなり、また、代理人のかかる短所については中国の帝国政府が責任を負わなければならない』と宣告した。遅延は依然として継続し、それは10月30日付のアメリカ公使から慶親王へ発信された書簡の中で抗議の対象となった。11月4日には『広東と広西の両省の総督に対し、その管轄権内でのボイコットの完全な終了を強要する命令を発する差し迫った必要性を督促する』通信文がアメリカ公使から慶親王宛てに発信された。総督による宣言が発せられ、それはその言葉遣いが公使からルート国務長官(＊2)に宛てた文書の中で『旺盛で強調された語勢』と特徴づけられた宣言であったが、これはこの件において合衆国が取った行動の論拠となっていた状況を終結させるのに有効であったと見受けられた。

(＊1訳注:慶親王、愛新覚羅奕劻《えききょう》 1838~1917 清朝末期の皇族で重臣。原表記はPrince Ching)

(＊2訳注:Elihu Root 1845~1937 アメリカの弁護士、政治家。1905年~1909年にかけてセオドア・ルーズベルト大統領の下《もと》で国務長官を務めた)

ボイコットに対して終止符を打つために中国が負う義務の問題は、合衆国により真剣に提起されただけではなく、その特筆すべき不屈さと精神力により、満足できる結果が勝ち取られたように見受けられるのである。慶親王による初期の責任拒否は合衆国に受け入れられなかったのだ。むしろ逆に、当該拒否をアメリカ公使が受領した時点で、中国はその国家責任に関して合衆国の主張に沿った方向性を採用せよとの当該政府の要求は即座に再開され、しつこく主張され、そしてそれは最終的に中国により尊重されたのである。」(判決書p.299上段~p.300上段)

このアメリカ公使は、ボイコットは清国の国内事情であるからアメリカの指図は受けないとのありうべき方向性に議論が進展することを巧みに避けながら、清国の「国際的怠慢」を突きつけて、清国政府がアメリカ側の主張を飲むことを余儀なくしたことが読み取れる。アメリカ公使は交渉相手である慶親王との間でうまく交渉の土俵を作ったのである。これはアメリカの鮮やかな外交的勝利と言えるのではないか。

④

民族意識

本項では、戦争に向けた日本の国民の心理面での準備とされたものが分析されている。すべての若人の精神の中に民族的優越の感情を創り出そうと計画されたとされるが、パール判事はこれは日本人のみの欠陥ではなく、すべての国民に共通する欠陥だとして、西洋人が原住民を「歩く木」ととらえていたとのトインビー博士の言説を紹介する。また、国際連盟設立決議案の起草を行《おこな》う場での日本代表団の活躍を紹介し、豪州等の強硬な反対に直面した日本代表団は、せめて民族平等の理念を連盟規約の前文へ挿入することを願うとトーンダウンさせたにもかかわらず、それさえもが却下された経緯を詳しく紹介している。当時の日本は世界に先駆けて民族平等を掲げ、人種差別の撤廃を目指していたのが事実であった。それが国際連盟で却下されたことが日本に抜き難い劣等感を叩き込んだことが示される。

第3段階の位置づけ、概要と構成

「第1段階」ならびに「第2段階」は満州と中国に関する共同謀議の事実認定を論じたものであった。それらの2つの段階は、それぞれ一つの項（第②項、第③項）でまとめて論じられていた。

続く「第3段階」のメインタイトルは「日本による侵略戦争の準備」である。日本国内の戦争準備に関する検証がなされている。そして「第3段階」は、第④項〜第⑧項の5つの項に分けて論じられている。項のタイトルは順に、④「民族意識」、⑤「教育の軍国主義化」、⑥「政治権力の制圧」、⑦「戦争に対する一般的準備」、⑧「枢軸国との同盟」、である。

5つの内の前の2つの項、④と⑤は、「国家の心理的戦争準備」とのタイトルの下にまとめられている。次の3つ、⑥、⑦そして⑧は、「日本の国内的な準備ならびに枢軸国との同盟を通じての準備」とのタイトルの下にまとめられている。なお、⑦「戦争に対する一般的準備」においては、主として日本国内の経済・産業の拡充が論じられている。

さらに、この「第3段階」の最後尾には、上記の5つの項に付け加えられる形で6番目の項として、ソ連に対する共同謀議が論じられている（第⑨項）。連合国中で最後の対日戦参加国として訴追国に加わったソ連が行《おこな》った訴追は、厳密に言えば、米英が中心になって組み立てた4つの段階の内のどの段階にも所属しないものであった。そこで、パール判事はこの「ソ連段階」を便宜的にこの第3段階の最後尾に付け加えたのである。第⑨項には、検察側の主張に準じて「ソビエト連邦に対する侵略」とのタイトルが付けられている。

パール判決書「第3段階」は以上の合計6つの項で構成されている。この「第3段階」の次に、第4段階たる「最終段階」が位置しており、そこでは最終的な真珠湾攻撃に至るまでの過程が論じられる。

第3段階の開始

パール判事は次の文言で第3段階の記述を開始している。

「共同謀議の訴追を確立させるにあたり検察側は、『日本の政治と輿論《よろん》を戦争に向かわせるための組織化』について触れている附属書の第6節（＊）を切り口として議論を開始した。（＊訳注：起訴状の附属書Aの第6節「日本の政治及び輿論の戦争への編成替え」）」

（判決書p.302上段）

検察側のねらい

パール判事は、ハンマックというアメリカ人検察官による論告を引用することで、この第3段階の5つの項の内の最初の二つ、すなわち、「国家の心理的戦争準備」とのタイトルの下に論じられた、④「民族意識」と⑤「教育の軍国主義化」における検察側のねらいを明らかにしようとしている。

「**ハンマック検察官**（＊）はその主張を附属書のこの節（訳注：第6節）において開始し、彼が引用する証拠は『訴追された被告人たちが、1928年頃から、あるいはそのさらに以前から、日本の**国民**を他の平和を愛する諸国の国民に対する**違法な侵略戦争**に向かわせるよう**準備させたところの**犯罪的共同謀議を開始していたことを証明する』方向に進ませるものである、との意見を述べた。（＊訳注：Valentine C. Hammack 1896〜没年不詳 合衆国の弁護士。本件裁判では副検事を務めた。カリフォルニア州出身）」（判決書p.302上段）

この検察官は、これら二つの項における検察側のねらいをさらに絞り込んで、次のように述べた。

「ハンマック検察官は訴追のこの段階を展開するにあたり、起訴状で申し立てられた共同謀議を説明した後、この証拠は、『かかる目的を達成するために共同謀議を遂行する中で、彼ら（被告人たち）が日本政府自体を支配するために**日本の教育システム、検閲制度、プロパガンダ、警察による威圧、政治組織、暗殺と脅迫、そして政治機構**を故意に、組織的に、そして巧妙に使用したこと、そして彼らは、彼らの目的を達成するために政府組織、法律、宗教そして古くから確立されて来た習慣を最大限に使用した』ことを証明する方向に進ませるものである、と述べた。」（判決書p.302下段）

右記のハンマック検察官の「証明する方向」を、検察側は最終論告において「戦争に向けられた国民の心理的準備」と名付けた。次の引用の通りである。

「検察側はその最終論告においてこれを『戦争に向けられた国民の心理的準備』と名付け、証拠を次の3つの表題の下《もと》に並べた。すなわち、(a)教育の軍国主義化、(b)プロパガンダの支配と拡散、(c)戦争に向けた国民の動員、である。次に検察側は以下のように述べてその要約とした。『経済上と陸海軍上の諸準備を満足に、かつ適切に実行し、そして共同謀議者たちの計画に従ってそれらの諸準備を効率的に使用するには、戦争は必要なものだと日本の国民に考えさせるか彼らが戦争を望むことさえさせるために、戦争に向けて日本の国民をその心理面において準備させる必要があった。この任務は学校における指図を通じ、あるいはあらゆる既存プロパガンダ媒体の使用とその支配を通じ、さらにはプロパガンダならびに支配の目的のために国民を1つの組織へと動員することを通じ、達成された。』」（判決書p.302下段）

「民族意識」

それでは、第3段階の筆頭セクションである第④項「民族意識」にとりかかろう。

右記で引用した最終論告の中で検察側が特徴づけた「日本の教育政策の変更」というのは、要は、共同謀議者たちが「すべての若人の精神の中に民族的優越の感情を創り出そう」としたとの検察側の主張であるとパール判事はまとめた。次の引用の通りである。

「**日本の教育政策の変更**と特徴づけられた点からは、多くを引き出そうとする努力がなされた。そこにおいてはすべての若人の精神の中に**民族的優越**の感情を創り出そうと計画されたのだとされる。」（判決書p.302下段）

パール判事は、この点は日本人のみならずすべての国民に共通する欠陥だとしている。次の通りである。

「本官は、これはすべての国民に共通する欠陥であると信じている」（判決書p.302下段）

そしてこの「欠陥」とは「錯覚」なのであり、この「錯覚」を使えばそれは「防御上の武器」になると指摘している。次の通りである。

「あらゆる国民は自らの民族が他のすべての民族に勝るとの錯覚に陥っており、国際生活において民族的差異が維持される限りは、確かにこの錯覚は防御上の武器となるのである。」（判決書p.303上段）

トインビー教授

この民族感情もしくは人種要因の分析にあたり、パール判事はトインビー教授の著書「歴史の研究」から広範に引用している。

「トインビー教授（＊）はその著書『歴史の研究』の中で、社会事象を人種要因で説明することが現代の西洋世界において如何《いか》に流行しているか、そして、人類の内の異なる社会の間《あいだ》において我々が経験的に見出《みいだ》している幸運の差異や業績の差異の理由を説明する際に、人類の体格の差はそれ自身不変なものであるが、この体格の差は人種間での『**精神(psyche)**《プシケー》』の差が同様に不変であることを証言していると捉えることを如何《いか》に彼らが前面に押し出しているかを指摘している。」(判決書p.303上段)

パール判事は右記の概略を述べた後、トインビー教授の記述から直接に引用している。次の通りである。

「さらに、この博識な教授は次のように述べている。

『この18世紀という時代における、欧州の外の世界を支配しようとする西欧の諸国民間の競争は、英語を話すプロテスタントたちによる勝利で終わった。彼らは未開の人々が住む、欧州人の居住に適する欧州外の諸国の一番大きな分け前を確保し、また、残存している非西洋文明を信奉する人々で、その時点では西洋による征服と支配に抗《あらが》う能力を持たなかった人々の居住する国々からの一番大きな分け前をも確保したのである。7年戦争の結果、北アメリカのすべて、すなわち、北極圏からリオ・グランデ(訳注:現在のアメリカとメキシコの国境となっている河)に至る地域には、西洋文明の内の英国プロテスタント版をその文化的背景に持つ欧州起源の新しい国民が植民されるべきであると決せられた。そして、英国プロテスタントたちにより創始され、かつ、彼らの知識で満たされたところの政府が大陸インドの全体に亘《わた》って君臨すべきことも決せられた。このようにして、我々の西洋文化の内の英国プロテスタント版から発生した人種感情が、我々西洋社会の全体において人種感情が発展する決定的な要因となったのである。』」(判決書p.303上段~p.303下段)

トインビー教授の引用の最後の部分である、「英国プロテスタント版から発生した人種感情が、我々西洋社会の全体において人種感情が発展する決定的な要因となった」点につき、パール判事はただ一言、次のようなコメントを述べている。これはパール判事自身のコメントである。

「これは誠《まこと》に、人類の不幸であった。」(判決書p.303下段)

英国を始めとした西洋社会の人種感情に基づく勘違いは、人類全体に不幸をもたらしたとパール判事は考えているのである。

この欧州人種の人種感情の中身を、トインビー博士は次の引用のようにまとめている。欧州人種は自分たち自身を聖書と絡《から》めることによって、この人種意識を正当化しているというのである。

「この博識な教授(訳注:トインビー博士)によれば、

『欧州外の非欧州人種の人々の中に植民した欧州起源で欧州人種の『聖書を奉ずるキリスト教徒たち(Bible Christians)』は、必然的に彼ら自身をエホバ神の意志に従うイスラエルと同一視し、彼らが『**神ガ約束シタ土地(Promised Land)**』を所有することにより彼らは『**神ノ仕事(Lord's Work)**』をこなしているのだと見なした。その一方で彼らは、彼らの目前に出くわす非欧州人を、『抹殺し征服すべし』として神によって『**神ガ選ンダ人々(His Chosen People)**』の手中に委ねられたところのカナーン人と同一視した。』(*訳注:Arnold Joseph Toynbee 1889~1975イギリスの歴史学者、前出)」(判決書p.303下段)

「歩く木である」

トインビー教授は、西洋人が「原住民」をどのようにとらえているかを極めて率直に記述している。次の通りである。

「教授は次のように述べている。

『我々西洋人がある人々を『原住民(natives)』と呼ぶとき、我々は彼らを知覚する上で彼らの文化的な色合いを暗黙の内に抜き去っている。我々は彼らを歩く木である、もしくは国土を荒らす野生動物であり我々がたまたまその国で出くわしたものであると捉えている。事実、我々は彼らをその地元の植物群の一部であると見ており、我々自身と同様の情熱を持つ人間であるとは捉えていない。そしてその結果我々は、彼らを人類の範疇の外の何かであると見ているために、彼らがあたかも通常の人権を持っていないかのごとくに彼らを取り扱う資格が我々にはあるような感覚を持っている。彼らは単に彼らが占有している土地の原住民にすぎない。そしてどんなに長い占有期間が経過しようとも彼らにはその取得時効は与えられないのである。以上のすべてが現代の英語として我々が使用している『原住民(natives)』という語には内包されているのだ。この語は科学的な用語ではなく、行動のための道具であることは明らかである。すなわちこれは組織的運動の『**事前的(a priori)**』な正当化の語となっている。この語は西洋における行動の領域に属するものであり、西洋における理論の領域に属するものではない。』」(判決書p.304上段～p.304下段)

国際連盟設立決議案を起草する委員会での出来事《できごと》

西洋のこの人種感情はすでに過去のものであり、現在はもはや存在していない、などと考えてはならないとパール判事は次の引用の冒頭で指摘している。

「西洋のこの人種感情を、単なる過去の歴史上の事柄であったとして済ますことが未《いま》だにできない点は、第一次世界大戦の後に国際連盟規約を起草する時点で報道された事案からもうかがうことができる。

本官は、連盟設立決議案の起草を行《おこな》う委員会の会合の席で起きた事案に関する記載から、数行《すうぎょう》を引用するに留《とど》めよう。」(判決書p.304下段)

第一次大戦後に国際連盟を設立するにあたり、日本は五大国(英仏伊米日。ただし、米は結局は国際連盟に加盟しなかった)の一つとして大きな役割を担っていた。連盟設立決議案の起草を行う委員会での出来事《できごと》を記した記事を、パール判事は紹介している。

この記事の原本が何かをパール判事は明示していない。次の引用中に登場するハウス大佐自身が記した文書を原本とした記事ではないように見受けられるが、少なくともハウス大佐の私的な日記などにアクセスできた人物の手による記事のようではある。

「次のような記載がなされている。

『経済面での優先課題が日本では深刻であったにせよ、**それ以上に深刻であった**他の事項が日本人の心の中にはあった。日本は**人種関連**の問題で悩まされていたのである。白人は武力を行使する技能を習得することにより、非白人は**当然に**白人に劣後する存在であるとの信念を4世紀の期間に亘《わた》り彼ら非白人の諸国民の心と精神の中に叩き込んでいたのである。なるほど、日露戦争は、戦闘の分野ではこの優位性に挑むことが可能であることを証明はした。しかし、この汚名はその後も残ったのである。習慣と態度はゆっくりとしか変わらないものなのだ。今、世界史の新しいページが開かれるにあたり、この問題をさらに高い次元へと押し上げ、平等を基礎として人種関連問題をこの1回限りで解決すべき時点が到来したかの如《ごと》くに見受けられるのである。これは、日本による国際連盟規約に対する貢献となるべきものであった。』

『しかし、自らの地位の不当性を晴らすべき立場の側の人々によりその主導権が公式に取られたならば、その好機の恩恵は半分以上も失われることとなろう。そのため、日本代表団の牧野男爵(*1)と珍田《ちんだ》子爵(*2)の任務は繊細《せんさい》なものであった。彼らは国家的要求を携えてやって来たのであるが、そのことについて声を上げるのが他者となることを彼らは望んだのである。この空気の中で、彼らは2月4日にハウス大佐（＊3）を見つけ出したのであった。彼らは大佐に次のように述べた。『貴殿が7月8日に石井子爵（＊4）に対し表明されたことは日本政府が満足するものでありました。そのため我々は貴殿を友人であると考え、貴殿の助言を求めるためにやって参《まい》りました。』そしてその次には決議案の起草と再起草の作業が続いた…。』

（＊1訳注：牧野伸顕《まきののぶあき》 1861～1949 日本の政治家。パリ講和会議で日本国次席全権大使。後に伯爵。鹿児島出身。明治の元勲、大久保利通《としみち》の次男）

（＊2訳注：珍田捨己《ちんだすてみ》 1857～1929 日本の外交官。後に侍従長、枢密顧問官、外務次官を歴任。パリ講和会議で日本国全権大使の1人を務めた。弘前出身）

（＊3訳注：Edward Mandell House, 1858～1938 アメリカの外交官、政治家。ウィルソン大統領の顧問。テキサス州出身。「大佐」は名誉称号であり軍歴はない）

（＊4訳注：石井菊次郎《いしいきくじろう》 1866～1945 日本の外交官・政治家。国際連盟設立にあたり日本代表を務めた。石井・ランシング協定の当事者。上総出身。前出）

『この時点でハウス大佐と日本人たちは、イギリス帝国代表団が彼らの進路を阻《はば》んでいることを知った。彼らの進路を阻《はば》んだのはイギリスではなく主にオーストラリアであった、というより、オーストラリア連邦の当時の首相であり自らを白人優越論の擁護者として任じていたオーストラリア人の個人、ウィリアム・モリス・ヒューズ氏（＊5）であった。』

（＊5訳注：William Morris Hughes 1862～1952 イギリス生まれのオーストラリアの政治家。労働組合出身。1915～1923の間《あいだ》、第7代オーストラリア連邦首相）

『2月9日にハウス大佐は次のように記録した。『日本人たちと私が提案した解決案のもろもろすべてに対しイギリス代表団のヒューズ氏は反対した。』そしてイギリス代表団は、氏の反対を撤回するのは気が進まないように見受けられた。珍田子爵は強い嫌悪感の中で、彼自身が決議案を提出することを2月12日までには決意した…。』」（判決書p.304下段～p.305下段）

珍田子爵が起草した決議案の具体的内容は次の通りだった。

「日本の珍田子爵が起草した決議案は、新しい条項を挿入しようとするものであった。その原文は次のようなものであった。

『各国民均等の主義は、国際連盟の基本的綱領なるにより締盟国はなるべく速《すみやか》に連盟員たる国家における一切《いっさい》の外国人に対しいかなる点に付いても均等公正の待遇を与え人種あるいは国際の如何《いかん》により法律上あるいは事実上何《なん》ら差別を設けざることを約…。』」（判決書p.305下段）

これを決議案に追加するよう、牧野男爵が動議を付した。

「これは宗教の平等条項への追加的条文とすべく、日本の牧野男爵により動議が付された…。読み上げられた牧野男爵の演説は、議事録にその全文が記されている。それは彼の主張を真摯で格調高く、礼儀正しく、節度をふまえて述べたものであった。男爵は、国際連盟規約は『各種人種を包有する』すべての国家間に相互義務のシステムを創り出そうとするものであると指摘し、『少なくとも国民間に均等の主義を認めこれをもって将来の国際間の交流の基礎となすこと』を求めた。それと同時に男爵は、本件には深部に横たわる偏見が介在していることを認めており、そのため、彼が推進している原則の実用的な実現が即座に行《おこな》われることには期待していない、とした。『その実際運用は輿論《よろん》の趨勢を注意し

て怠ることなき連盟員たる国家の責任者の手に一任すること』で自分は満足する、と述べた。」（判決書p.305下段）

日本の動議に対する大英帝国の反応

人種平等条項の追加に関するこの日本の動議に最も鋭く反応したのは、大英帝国であった。次の通りである。

「『彼（引用者注：牧野男爵）の演説が終わった時、ロバート・セシル卿（＊）は次のように述べた。本件は『高度に論争の余地の多い性質の事柄である』、そして、『大英帝国内に極度に深刻な問題を提起した！』と。牧野男爵を奮起させたところの所信は崇高なものであったにもかかわらず、男爵はこの時点ではその議論はしばらく延期させる方が賢明であると考えた…。」

（＊訳注：Edgar Algernon Robert Gascoyne-Cecil, 1st Viscount Cecil of Chelwood, 1864～1958 イギリスの弁護士、政治家、外交官。国際連盟の創設者の1人、後にノーベル平和賞受賞、前出）」（判決書p.305下段）

日本側のトーンダウンと投票結果

大英帝国の抵抗を見て日本側は、主張をトーンダウンした。特別条項の設置ではなく国際連盟規約の前文への文章の挿入に留めることとしたのであった。

「『そのように延期された人種平等に関する議論は、最終の委員会すなわち第15回委員会の席で行《おこな》われた…。もはや日本人たちは特別条項設置の嘆願はしなかった。彼らが求めたすべては、規約の前文への1つの文章の挿入のみであった。その文章とは次である。

「各国民間に公然、正当かつ名誉ある関係を定め、」

「各国民の平等およびその所属各人に対する公正待遇の主義を是認し、」

「国際法の原則を確立し、云々《うんぬん》…」』

『牧野男爵はこの提案発表をするにおいても温和な態度を、注意深く取った。男爵によれば、この修正案は1個の一般的な原則の提示以上のものではないとのことであった。たしかにその点は、それが前文の中で示されておりそれを担保すべき具体的条項が何ら提示されていないとの事実から明らかであった…。ロバート・セシル卿はこの修正案を受諾することを拒否し、そしてその拒否に固執した。卿はイギリス政府からの指示の下《もと》にそのようにしていると述べた…。発言を行《おこな》った後、セシルは座り、視線を机上に固定したままその後の議論には全く参加しようとしなかった…。』

『日本人たちは投票の実施を強く主張した。委員会の19名の委員の内、11名は修正案に賛成であった。2名は欠席した。反対投票は採択されなかった。ウィルソン大統領は次に、「我々の中の**深刻な反対**に鑑みこの修正案は不成立とする…」と裁決した。』（＊）。

（＊訳注：賛否は1919年4月15日に接受された。賛成票は、日本（2票）、フランス（2票）、イタリア（2票）、ギリシャ（1票）、セルブ・クロアート・スロヴェーヌ王国（1票）、チェコスロバキア（1票）、ポルトガル（1票）、中華民国（1票）以上計11票。反対もしくは保留は、アメリカ（1票）、イギリス（1票）、ブラジル（1票）、ポーランド（1票）ルーマニア王国（1票）以上計5票。アメリカのウィルソン大統領は出席者ではあるが議長であるため投票を行《おこな》っていない。以上は講和会議日本国全権大使松井慶四郎から内田外相への報告電報による）」（判決書p.306上段）

このトーンダウンした主張でさえも、右記引用の通り、投票の後に棄却されたのであった。なお、右記の訳注から、賛成した国、反対もしくは保留した国の明細がわかる。中華民国が日本に賛成したことが注目される。また、連盟設立委員会のメンバー国の概略も確認できる。

筆者は、このセシル卿の態度に同情する。卿の苦悩が理解できるような気がするのである。平和を追求すべき国際連盟を設立する決議案の中に、その平和を担保するための人種平等を盛り込みたいという日本の動議は筋が通っていることを個人としては理解するが、大英帝国の代表であるという立場上、この動議に賛成することはできないのである。そのため、大英帝国の代表として最小限の発言しかせず、議論に積極的に参加しなかったのであろう。

「本件の提案をするに際し温和な態度を慎重に取っていた牧野男爵はその時、不吉な警句を発した。『自尊心というものは』と男爵は述べた。『人間の行動原因の内で、最も強制的でしばしば統制不能に陥るものの内の1つである。私は次の点を真剣に申し述べておく。すなわち、国際生活におけるこの特定の中心(訳注：国際連盟規約起草委員会の会合を指す)においてこの問題がこのような危険な展開をしたことの実際的な意味合いはこの時点では正しく了解されないものかも知れないが、少なくとも私は、この問題がもたらし得《う》る将来的な帰結を深く憂慮するものである。』

牧野男爵はこの問題を4月28日の講和会議の本会議で再び取り上げた。男爵は次の語句をもって、その演説を終えた。

『演説を終えるにあたり、次の点をこの機会に明瞭に宣告することは私の義務であると私は感じている。日本帝国政府とその国民は、長期に亘《わた》って存在するこの不満を解決することを目的とする1個の原則を採択せよとの彼らの正当なる要望、この要望は国民に深く根ざした信念に基づく要望であるが、これを認めることに委員会が失敗したことに対し、痛烈なる遺憾の念を抱《いだ》いている。連盟が将来においてこの原則を採択することに、我々は固執し続けるであろう。』」(判決書p.306下段)

牧野男爵の右記警句には深遠な意味合いがあると思う。日本が発案し、動議という形で具体化した、西洋人以外のすべての人間にとって当然の要求が当時の世界を仕切っていた西洋諸国の壁に阻まれてしまったことを、牧野男爵は委員会の「失敗」と評しており、また、「日本国民は痛烈なる遺憾の念を抱いている」とくぎを刺し、その上で「この問題がもたらし得《う》る将来的な帰結を深く憂慮するものである」との警告を発したのである。

結論としては、前文を含めた国際連盟規約の中に人種平等を盛り込もうとした日本のミッションは、実現しなかった。しかし、国際連盟設立の檜舞台《ひのき》で日本代表がそのような主張と努力を行《おこな》ったとの事実は記憶に留めるべきである。この先人の努力が、国際社会における日本および日本人の現在の地位、さらには、西洋人以外のすべての民族の地位の向上につながっていくのである。また、日本側主張が棄却された後の牧野男爵の警句は、実際上もその後の日本の態度に大きな影響を与えたものであるとパール判事が考えたため、わざわざ引用したのだろうと筆者には思える。

次のパール判事のコメントが重要である。第二次大戦後に設立された国際連合においても、人種感情は排除できていないと述べている。これは、決して過去の問題ではないのである。

「国際連盟も、その他のいずれの国際組織も、未《いま》だにこの人種感情を排除できてはいない。」(判決書p.306下段)

右記引用中の「その他のいずれの国際組織」に、戦後の国際連合が含まれていることは明白である。

人種感情は個人の感情のみに留まらず、実際の各国の政策に反映された

パール判事は、当時の日本が持っていた孤独感を次の表現で表して

いる。

「太平洋を取り囲む白人国家群での東洋人排斥運動は、その初期の段階では純然たる局所的な性格のものであった。しかしながらあちらこちらにおけるその運動は、運動の執行について国家的な立法と国家組織の投入がなされたことに特徴づけられたところの国家的な様相を少しずつ帯《お》びるようになって行《い》ったのである。この排斥感情は第一次世界大戦の後までもその勢いを減ずることなく続き、制限と排除の重点的傾向は経済面から、文化面ならびに生物学的な面における議論へと次第に移行して行《い》ったのである。」

（判決書p.306下段～p.307上段）

筆者は小学校時代の後半をまさにオーストラリアで過ごした。50名ほどのクラスで白人でなかったのは筆者1人であった。常に違和感を持った目で見られたが、筆者はやむを得ないものと考えていた。筆者個人に対する区別もしくは差別の扱いは、パール判事の右記表現による「局所的な性格」のもので、彼らは筆者の属性の大きな部分である「日本」という国家に対しては一種の畏敬の念を持っていたと筆者は見抜いていた。だから筆者は耐えることができた。しかし、これが「国家組織」による日本全体への排斥であったらどうか。パール判事が右記引用で指摘しているのはその点である。

シュワルゼンバーガー博士の指摘

この点はシュワルゼンバーガー博士も触れている。パール判事は次のように引用している。

「シュワルゼンバーガー博士は著書『パワーポリティクス』の中で次のように述べている。

『公式的平等ならびに戦利品の配分という表面的な問題の奥底においては、申し立てられた白人種の優越性、ならびに、残りの世界に比べて欧州に過大な比重を置いているとの問題が幾年もの年月を通じて国際連盟にはつきまとっていた。なるほど、主要連合国・連盟加盟国の1つとして日本は連盟理事会においては永久的な席を与えられ、委任統治領の配分においては相応の割り当てを受けてはいる。しかしながらそこには、設置を提案された国際連盟が修復方法を示さなかったと見受けられる問題が今1つあった。すなわち、日本の人口過剰問題である。ハウス大佐はバルフォア氏（＊）に次のように指摘した。『彼ら（訳注：日本）はアフリカへ進出してはならない、いずれかの白人国に進出してはならない、中国へ進出してはならないしシベリアに進出してはならないと世界が言った。しかし彼らは、土地のすべてがすでに耕作地となった国土を持つ、成長しつつある国民であり、どこかには進出しなければならなかったのである。』バルフォア氏は『この見解に大きく賛同の意を表した。』日本の代表団が連盟規約起草委員会で、彼らのもともとの提案から、規約の前文に諸国民の平等と自国の国民の正当な取り扱いの是認の挿入を単に求めることへとトーンダウンしたときでさえも、委員会の中の少数の一派がその受け入れを拒んだのである。』

（＊訳注：Arthur James Balfour, 1st Earl of Balfour 1848～1930 イギリスの政治家、哲学者）

博士によれば、講和会議の側によるこの動きは『日本に劣等感を叩《たた》き込《こ》んでしまったことにつき部分的に責任がある』とのことである。」（判決書p.307上段～p.307下段）

パール判事の結論

この項におけるパール判事の結論は次の通りである。自国を守ろうとして民族的優越性を叩き込んだ日本の指導者を非難することはできないとしている。

「本官が右記で指摘したことがこの感情（訳注：人種感情）の実際上の適用であったことに鑑みれば、本官は、若人の精神に民族的優越性を叩《たた》き込《こ》むことにより彼らの民族を保護したいとの考えを思《おも》い抱《いだ》いたものであろう日本の指導者たちを非難する気持ちにはなれない。」（判決書p.307下段）

今も続く差別…「選び給え、分離か雑種化か、を」

この人種差別の件は常に意識していなければならない。パール判事は原子爆弾とこの人種感情を絡めて、次のようにマイルドながらも重要な指摘を行《おこな》っている。原子爆弾といえども、人種感情というインチキを吹き飛ばしたとは言えないのである。この部分は決して気軽に読み飛ばしてはいけないと筆者には思える。

「原子爆弾はすべての利己的な人種感情を打ち砕き、我々の中に人類の統一感を呼び覚《さ》ましたのだ、と我々は聞かされた。第二次世界大戦末期の複数の原子爆弾の爆発が戦前のインチキのすべてを吹き飛ばすのに成功したというのはあるいは事実なのかも知れないが、我々は単に夢を見ているのにすぎないのかも知れないのである。次の文中に包含されている類《たぐい》の見解を推進している人間も我々の中には依然として残っているのだ。曰《いわ》く、『選び給え、分離か雑種化か、を』…。」（判決書p.307下段～p.308上段）

日本が苦しんだ人種感情による差別とパール判事の「希望」

先ほどの「結論」を補強する意味で、パール判事は再度、自らの希望と絡めて、当時の日本の指導者が置かれていた状況を指摘している。民族的優越が声高に叫ばれたのだとしても、自らの民族を守るために必要だったと日本の指導者たちが考えた際の「**善意（bona fides）**」は、疑うことができないと指摘している。次の通りである。

「しかし、それにも関わらず本官は他の多くの人々と共に、第二次世界大戦はこの人種感情を抹殺し、また、民族的平等の観点からの思考が可能となるようにすべての人々の心を謙虚にすることに成功したのだと願い、そして、信じることとしたい。民族問題を世界中に引き起こしてしまう、とか、特定の地域内に何《なん》らかの深刻な問題を引き起こしてしまう、といった怖《おそ》れから、そのような人種的平等の理想を推進することをためらう人間は、**今はもういない**ものと本官は信じる。しかしながら、ここで問題となっている対策方法（訳注：若人の精神に民族的優越性を叩《たた》き込《こ》むこと）を日本の指導者たちがその心中に思いついたときには、状況はまったく異なったものであったのだ。彼らが、これは彼らの民族を**守るために必要となる対策方法**であると考えたのであれば、本官はその際の彼らの『**善意（bona fides）**』を疑うべき理由を見つけ出すことはできない。」（判決書p.308上段）

⑤

教育の軍国主義化

本項では、大学等の諸学校における軍事教練、超国家主義的・軍国主義的な考え方のプロパガンダ、検閲、治安維持法と特高警察等が取り上げられる。検察側は、教育関係者・マスコミ・行政等から12名もの証人を繰り出した。パール判事は検察側証人からは検証できる事実のみを取り出し、証人による「意見」の部分は切り離していることが注目される。何かと悪《あ》し様《ざま》に捉えられる「国家主義」の本質を、孫文ならびにシュワルゼンバーガー博士から引用して考察している。また、戦後の日本で文部大臣により廃棄された「臣民の道」という書籍の内容なども論じられる。結論としては、当時の当局が日本の青年の軍事教育の再編成に向けて採った諸措置について、それが何らかの侵略の準備であったことを示す証拠は何も無いとのことである。

検察側のハンマック検察官は、第3段階全体を「日本による侵略戦争の準備」の段階であると位置づけた。この「侵略戦争の準備」に関する主張を、まずは「国家の心理的戦争準備」というタイトルの下に開始した。この「国家の心理的戦争準備」は2つの項に分かれる。すでに記述した④「民族意識」と、本項の⑤「教育の軍国主義化」である。

本項の構成

第⑤項は、次の3つの要素で構成されている。それぞれを独立した一つのセクションとして論じたいと考える。

§1．検察による「物語」。パール判事は、第⑤項に関する検察側による訴追は「物語」(原表記はstory) であるとしている。日本が教育を大規模かつ効率的に「組織化」したことが、何らかの侵略的計画の存在や準備を示すものであるとする検察側の論旨の組立方《くみたてかた》とその提示方法を、パール判事はこのように表現したのである。検察側の考え方はしっかりと把握しなければならないので、この「物語」については詳しく述べることとする。

§2．12人の証人による証言と、書面による証拠。検察側は、12人もの証人を繰り出した。これには1人のアメリカ人教官を含む5人の大学教授、2人の新聞人、現職の文部大臣を含む3人の行政関係者、映画事業などの文化人2人で構成されている。多くは現代につながるリベラル・革新の立場の人たちであるが、必ずしもそうとは云《い》えない人もいる。この証言の部分は判決書原著ではp.312～p.324の広大な紙幅で論じられているが、同様の証言や意見表明が多く、論旨がダブっているようなので、短く紹介するに留めることとしたい。

パール判事は「書面による証拠」を13点ほど取り上げているが、その多くは勅令や省令などの政令である。ただし、その中には分析対象として重要な「教育勅語」もあり、パール判事は短く論じている。これが日本人の精神に大きな影響を与えたことを認識したのだと思う。

§3．パール判事の結論。これは本項における「判定」と云《い》ってもよいだろうと筆者は思う。この結論は論理的に述べられているが、その論理構成をしっかり読み取らないとパール判事の真意がわかりにくくなってしまうと筆者は思う。詳しく記述することとしたい。なお、このセクションは陸軍省の職員であった吉田氏という弁護側証人の証言から開始されている。

それでは、3つのセクションを順に述べて行くこととしたい。

§1．検察による「物語」

パール判事は、次の文言で第⑤項を開始させている。

「ここに『教育の軍国主義化』に至り、検察側は口頭と書面の両方の証拠を提出した。これらの証拠を最高位に位置づければ、次のような物語に立ち至《いた》る。」(判決書p.310上段)

パール判事はこの項の冒頭部分で早々と、検察側によるこの「物語」は「受け入れ不能」と述べている。パール判事はこれを本文ではなく、見出しにおいてそのように記述している。この見出しの文言は、次の通りである。

「証拠により提出された『教育の軍国主義化』の歴史と、それが『教育の軍国主義化』であるとの検察側による位置づけは受け入れ不能」(判決書p.310上段)

教育の軍国主義化の歴史

検察側は、日本の教育の軍国主義化を論じるにあたり、その歴史を軍事教練の件から説き起こしている。

「軍事教練は日本の諸学校において最初は『体操』の名の下《もと》に導入された。その教育課程は1890年に明治天皇が発した教育勅語に基づいていた（法廷証第139号、法廷記録1022ページ）。その本来の目的は社会規律の強化ならびに合理的な国家防衛の促進にあった（**大内**証人、968ページ、海後《かいご》、905ページから913ページ）。」（判決書p.310上段）

検察側は次のように続けている。

「このような教練に対する興味が弛緩した時代が第一次大戦後の一時期にはあったが、その後、経済恐慌と社会不安の圧力の下《もと》に1922～1925年には教練は再び活性化された（大内、955ページ、968ページ）。この時期に陸軍省と文部省は軍事教練の再開に向けて注力した。1925年には教練は強化されたが、このことは諸学校における正規の陸軍教官の任命により示されている（**滝川**、990ページ）。

軍事教練をさせるにあたり、1925年4月13日付の勅令第135号は、官立と公立の学校、ならびにその他の教育機関に現役の陸軍将校を配属させるとの規定を設けた。そのように配属された将校は『教練に関しては当該諸学校長の指揮監督を受く』との規定が設けられていた。そのような将校は、要請があれば私立学校にも配属させることができた。教練の課程の査閲《さえつ》に関する規定がいくらか設けられた（法廷証第132号、**法廷記録**1007ページ）。

それ以降、軍事教官はますます影響力を及ぼすようになり、陸軍は次第に各大学ならびに学校制度を大きく支配するようになって行《い》った（**大内**、940ページ。**滝川**、990ページ）。

1926年4月20日付の文部省令により公布された『青年訓練所規定』は、『青年訓練所における教練の時間は…修身および公民科100時間、教練400時間、普通学科200時間、職業科100時間を下らざるものとす』と規定した。」（判決書p.310上段～p.310下段）

日本の軍国主義化の歴史の最後の論述として、検察側は次のように述べている。

「1939年には教育審議会は教科書に精神的な変更を加えることを検討していた。執銃教練が開始された（**海後**、893ページ、889ページ）。青年学校における教練科査閲《さえつ》に関する規定は1940年4月に、**畑**《はた》が署名することにより改正された（法廷証第137号、1021ページ）。教授たちに対しては、極東さらには世界を支配せよとの日本人の責務を鼓舞することを目的とした軍事的理想を教えることへの全面協力が要求された（**大内**、940ページ）。世界情勢につき平和的な考え方を表現した教員たちは、時には職を解かれ、時には治安維持法により処罰された（**大内**、945ページ。**滝川**、990ページから994ページ）。」（判決書p.311上段）

大学における「査閲」と「執銃教練」

「査閲《さえつ》」ならびに「執銃教練《しつじゅうきょうれん》」というのは、現代ではあまり耳にしない言葉である。次の引用中にその説明がある。

「1926年9月27日の陸軍省令第19号は、『教練査閲《さえつ》官』の任命、査閲ならびに報告書、等を管理する規則の概略を規定した。

大学の教育課程に軍事的な授業を組み込むことは必須とされた。しかし学生の立場からは、それへの参加はまだ任意のままであった。1931年に当時の陸軍大臣であった被告人の**荒木**は、軍事講義への出席の義務化を要求した。**荒木**はさらにライフル銃を使った教練（訳注：執銃《しつじゅう》教練）も導入しようとしたが、これは首尾よく拒絶された（**海後・滝川**、994ページから1021ページ。**大内**、936ページから944ページ）。

１９３５年８月には勅令により、陸軍大臣は『現役陸軍士官に青年学校における教練科の査閲を命じる』ことができるようになった。

その後に陸軍大臣が規定した１９３５年８月13日付の規則では、かかる査閲《さえつ》は『当該青年学校の課程を修むる者が兵役に関する特別の資格を具備するや否やを考察するとともに教練科の進歩発達に資するをもって目的』とされた（法廷証第１３６号、１０１９ページ）。」（判決書p.310下段）

被告人の関わり

ここでようやく「教育の軍国主義化」と「被告人」との関わりが論じられる。ここで取り上げられる被告人は、すでに引用された**畑**に加え、**木戸**、**荒木**と**板垣**である。次の通りである。

「１９３７年の支那《シナ》事変（訳注：原表記はChina Incident。日中事変）の後、教練をさらに強化することが必要であると考えられた。そして、被告人の**木戸**はその時点で文部大臣であったが、学校制度は再編成され、さらに多くの時間が軍事科目に費やされることとなった（**池島**、１１０１ページから１１０２ページ）。

１９３８年５月に被告人の**荒木**が文部大臣となった際、**荒木**は彼の考えを実現させることができた（**滝川**、９９４ページから１０２１ページ。**大内**、９３６ページから９４４ページ）。軍事教練課程の修了が卒業のための義務となり、それに合格した者は兵役の服務期間を通常における２年ないし３年ではなく、１年のみとするとの動機付けも追加された。

欧州における大戦、終結しない支那事変、急速に変化する世界情勢などに誘発され、文部省は１９３８年６月29日までには行政官と教育界の指導者たちに対し彼らが教育を行《おこな》うにあたり愛国心、結束、そして奉仕に重点を置くよう指示をした。１９３５年８月21日に発布された青年学校教授および訓練科目要旨（１９３９年と１９４１年に改修された）は、いくらかの道徳的な概念を一般的教育の中で是認するよう教員たちに指導した。軍事教練に関しては、『国体の本義に透徹し国民皆兵の真義に則り…皇国民として分《ぶん》に応じ必要なる軍事の基礎的能力を体得せしむべし』とされている（法廷証第１３８号、**法廷記録**１０２０ページ）。

１９３５年８月の勅令（法廷証第１３４号）は**荒木**が文部大臣として、そして**板垣**が陸軍大臣として署名することにより１９３８年11月30日に改正され、青年学校において教練科「相当科目」に対し陸軍大臣が査閲《さえつ》を命じることができるようになった（法廷証第１３５号、１０１８ページ）。」（判決書p.310下段～p.311上段）

この「物語」に対するパール判事のコメント

パール判決書のコメントは、次の通りである。

「以上の物語のすべてを受け入れたとしても、本官は、なぜ、かかる組織化が何らかの侵略的計画や準備を示しているとされるべきなのかがわからない。以上で示された絵図は、大規模で効果的な軍事的教育の一種を示すものであることはたしかである。しかし、申し訳ないが本官は、これは教育の軍国主義化であるとする検察側による描写は受け入れることができない。」（判決書p.311下段）

以下、**§2．**と**§3．**において、検察側の論告を受け入れ不能とした理由が述べられる。

§2．12人の証人による証言、書面による証拠

検察が以上の「物語」を作る裏付けとなった証言・証拠を検討しよう。

書面による証拠

まずは、書面による証拠を見ておこう。検察側が挙げた計13もの法廷証拠が判決書p.312上段に列記されているが、パール判事はその内の2点のみに検証を加えている。「1925年の勅令」と「教育勅語」である。順に引用する。

法廷証第132号：1925年の勅令

「法廷証第132号は現役将校の諸学校への配属に関する1925年の勅令である。この勅令はすべての師範学校、中学校、実業学校ならびに大学においてすべての男性学生に軍事教練を受けさせる目的のため、現役の将校がそれらの学校に配属されると規定している。これらの将校たちは陸軍省と文部省との間《あいだ》の合意に基づいて派遣され、諸学校の校長の指示の下《もと》に置かれ、その指示に従うものとされた。私立学校については、かかる将校は私立学校からの要請に基づいて配属させることができた。1926年9月27日の勅令の付加条項により、諸学校の査閲《さえつ》制度と査閲《さえつ》の報告方法が制定された。1935年11月30日の陸軍省令により、教練がもたらした結果の検証を教練将校が行《おこな》い、軍事教練の検定合格証書を発行する制度が設立された。」（判決書p.312下段）

法廷証第139号：1890年の「教育勅語」

もう一つは、「教育勅語」である。教育勅語の内容を外国の人の記述によって理解しようとするのはやや奇異な感じが拭えないが、読んでみるとパール判事の記述は至極まっとうであるように筆者には思える。次の短い引用の通りである。

「法廷証第139号は1890年10月30日の教育勅語である。この文書は日本の国民に期待される主な徳目を記載している。日本国民は親に孝行し、家族に対して愛情をもち、夫婦間において調和をとり、慎み深く節度を保ち、すべての他者に対し慈悲深く、学問を追求し、芸事《げいごと》を磨き、そしてそれらにより理知的能力と道徳力を発達させるべきものとされた。彼らはまた、公共の善を促進し、共通の利益を推進し、法を遵守し、危機においては自身を勇敢に国家に提供することが求められた。」（判決書p.312下段）

以上の2点の書面による証拠に対し、パール判事はコメントを加えていない。是非を論ずるまでもない客観的事実であるからであろう。また、右記2点の引用は検察側を介した論述ではなく、パール判事が自ら書面から読み取って記述したものである。

証人たちの証言

それでは、証人たちの証言の検討に移ろう。

「本官は以下に、この関連で審問された証人たちの証言の要約を記載する。」（判決書p.312下段）

検察側の12人の証人を、次の4つのグループに分けて記述したい。①大学・諸学校の教官（5人）、②新聞人（2人）、③行政関係者（3人）、④映画事業等の文化人（2人）。

こうして並べて見ると、検察側はうまくバランスを取ったものだと思う。本項は教育に関する件だから、大学関係者が最も多い。たしかに、大学教授は話もうまいだろうし、発言に説得力もあろう。検閲に関する件は新聞人が必要である。また、特高警察・治安維持法関連ではそれを運用した行政関係者が必要であろう。最後に、映画などの文化事業に携わった人間の証言も必要と考えたのであろう。

それでは、4つのグループを順に述べていきたい。この部分は判決書のかなりのスペースを割いた記述となっているが、特に①のグループは証言の内容がダブる部分が多いように思った。そこで、筆者はかなり切り捨ててコンパクトにまとめるつもりである。以下の記述に違和感を感じたり、読み足りないとの印象をお持ちになる読者は、ぜひ、判決書の原本にあたってお読みいただければ幸いである。

①大学・諸学校の教官

検察側が12人の証人の筆頭に位置させたのは、1人のお雇い外国人教官（アメリカ人）であった。まずはこの人物による証言から記述を開始したい。

ドナルド・ロス・ニュージェント中佐（諸学校教官）

「この証人は、**1937年3月から1941年3月にかけて**日本の商科大学、高等商業学校と中学校に相当する商業学校において英語と商業の教員であった。彼は、日本のそれらの教育機関にて彼が教えていた各年を通じて**それらの特定の教育機関の教育課程において軍事教練があった**と証言した。教練は、集団練兵、行軍、野外演習、兵器部品の名称、軽機関銃までの武器の取扱方法ならびに軍事講義などにより構成されていた。」（判決書p.312下段～p.313上段）

この証人は軍事教練の効果について次のような「意見」を述べている。

「彼は軍事教練の効果につき彼の意見を申し述べた。彼は次のように述べた。『**本官**（引用者注：ニュージェント中佐）**の意見では、**かかる教育は超国家主義、侵略的軍国主義、国への狂信的忠誠、権威に対する盲目的服従と、いわゆる『大東亜共栄圏』において支配的となるとの日本の任務への信心を叩き込む効果があった。』（832ページから833ページ）」（判決書p.313上段）

その「意見」を弁護側は問題視して、その根拠を証人に問い質《ただ》した。

「反対尋問において彼の意見の根拠を述べるように言われた際、…（中略）…証人はこの目的のために戦争俘虜を含む300から350人の人間と面接を行《おこな》ったと我々に語った。」（判決書p.313下段）

多くの人間に面接したことが根拠だと云《い》うのである。また、この証人は証言当時、連合軍最高司令官事務所（SCAP）の民間情報教育課長であった。そこで、自らを民間教育の専門家であるとも称していた。

「この証人は、疑いもなく、自らがこの件に関する専門家であると主張している。しかし、遺憾ながら本官（引用者注：パール判事）はこの点に関する彼の意見から何の重要性も見出《みいだ》すことができない。彼が行《おこな》った証言に関して彼が専門家であるとは本官は考えないし、教練がもたらした効果について彼が証言したところのその理由について本官自身は得心が行《い》かない。」（判決書p.313下段）

検察側としてはこの証人を専門家として起用する必要があったことをパール判事は見抜いているが、検察側はこの証人が専門家であると裁判所を説得するのに失敗した。次の引用の通りである。

「検察側には彼が専門家であるとして前面に押し出す必要があったものの、ウォレン弁護人による反対尋問においては彼が専門知識を持っていることにつきこの証人自身が否認しなければならないことになったのである（法廷記録872ページにある、彼の証言を見よ）。」（判決書p.313下段）

ウォレン弁護人と同様にパール判事も、この証人の開陳した「意見」に有用性を認めなかったのである。

それでは以下、4人の日本人の大学教授を順に並べて記述したい。

海後宗臣《かいごときおみ》（東京帝国大学・教育史助教授）

この証人は日本人大学教官4人の中では最もマイルドな証言をしていると筆者は思う。教育史が専門であることから、1886年以降の日本の軍事教練の歴史を証言した。客観的な事実を証言しており、証人自らの意見を陳述している部分は少ないように見受けられる。

「大学においては1925年以降に行《おこな》われた軍事関連の講義の履修が学生たちには必須となった。**1939年には**執銃《しつじゅう》教練の開始が決定されたが、学生たちには当時、執銃教練は野外演習の機会のみにおいて行《おこな》われ、他の機会においては講義のみに出席するように、と伝えられた。**1941年11月には**、軍事教練の新しい教育課程が作られ、その時以降、大学においても執銃教練が行《おこな》われるようになった。」（判決書p.314上段）

教育審議会の役割について、この証人は次のように証言している。

「1937年には教育審議会が設立され、その任務は教育制度全般につきその内容や方法を研究し調査することであった。かかる研究の結果によって日本の学校制度において軍事教練や講義はさらに重要となったのか、との検察側からの質問に対し、この証人は次のように回答をした。『教育審議会においては軍事教練を強化するとの決定はなされなかった。しかしながら、**支那事変が勃発した**1937年に続く各年には、国全体において軍事教練を強化することが必要となった。』（891ページ）

この証人はさらに、**1937年の**教育審議会で議論された議題は、日本の学校制度を国に貢献させるための日本の教育制度の改革であった、と述べた。」（判決書p.314上段）

1937年以降の教育がもたらした効果について、この証人は次のように証言した。

「1937年に開始された教育のもたらした効果とは何か、との検察側の質問に対し、この証人は次のように述べた。『教育を国へ貢献させるための基盤とするとの方針が教育審議会により決定されたことから、1937年以降の日本の教育は**愛国感情**を推進する教育にその基盤が置かれた。』（894ページ）」（判決書p.314下段）

弁護側の反対尋問に対し、証人は次のように回答している。

「証人は反対尋問において、第一次世界大戦後の日本には大きな社会不安があり、軽佻浮薄《けいちょうふはく》さが蔓延したが、1925年から1926年に軍事教練を教育の中に組み入れたことはそのような傾向を抑制するために大きな役割を果たした、と述べた。」（判決書p.314下段）

以上の証言に対し、パール判事は次の短いコメントをしている。このコメントをパール判事が強調している点に留意されたい。

「**この証人の証言の中には教育制度改革に何らかの誤りがあったことを示すものは何も無い。**」（判決書p.314下段）

右記のコメントがこの証言に関するすべてを語っている。

ニュージェント中佐と海後の2人は、法廷に出廷した上で証言をして、さらに弁護側の反対尋問に応じた。しかし、以降の他の証人は、パール判決書の第三部で詳細に分析されたところの、東京裁判独特の次の方法で証言を行《おこな》っている。

「この証人の審問の後、検察側は、検察側が証人たちから法廷外で取った証言を証拠として提出し、かかる証人たちを出廷させ弁護側による反対尋問を実施することを申し出た。本裁判所は検察側に対し、そうすることを許可した。」（判決書p.314下段）

大内兵衛《おおうちひょうえ》（東京帝国大学・経済学／財政学教授）

「この証人は東京帝国大学の教授であり、経済学と財政学を教え

ている。この教授は過去27年間に亘《わた》りそれらの科目を教えてきた。」(判決書p.315上段)

この教授の証言ならびに意見は判決書のp.315上段からp.316下段まで、丸々2ページに及んでいる。その内、次の2つの段落の引用に留めたいと思う。

まずは天皇への奉仕について。

「『学生たちに軍国主義ならびに超国家主義の精神を吹き込む努力の基盤は、明治天皇により1890年に煥発《かんぱつ》された、国民の最も重要な義務は国家と天皇に向けたものであるとした教育勅語、ならびに、陸海軍の将校や兵卒・水兵に向けられた天皇の勅語にあった。これらの勅語は、教科書、講義、軍事教練と軍事講義などと共に軍事教員たちにより使われ、日本の偉大なる栄光、ならびに、日本が極東さらには世界を支配するとの日本の神聖なる使命を守り、進展させるべきこと、また、その神聖なる使命を達成するにあたり、すべての日本人の最大の栄光は天皇への奉仕の中で死ぬとの特権である、との信念を学生たちに教え、叩き込むことに使われた。』」(判決書p.315下段~p.316上段)

次に、この証人自身の「意見」について。

「陳述は次の一節で完結する。

『大学の教員として過去27年を過ごしたこと、ならびに、私自身が日本でさまざまな小中学校において生徒・学生として得た個人的な経験からしても、すべての小中学校や大学において生徒・学生たちに与えられた軍事教練・軍事講義ならびに軍事授業は、軍国主義的ならびに超国家主義的な精神、日本人は民族として他のすべての民族より優れているとの信念、ならびに、戦争賛美、戦争は生産的で日本の将来的な福利厚生のために必要であるとの信念、等を学生たちに芽生えさせる効果があったこと、また、学生たちに将来の侵略戦争に向けた準備をさせる効果があったこと、などが私の意見である。』(946ページ)」(判決書p.316上段)

この証言に対するパール判事のコメントは次である。パール判事は、この証人の証言の有用性を認定していない。

「軍事教育の効果についての**この証人の意見**についてであるが、反対尋問において彼は、その証言は彼の学生たちが彼にもたらしたところの諸事実によってなされたものであると述べた。この証人自身はそれらの授業にまったく出席をしていなかったのである。彼は授業の内容を学生たちから聞き知ったのである。学生たちがこの証人に対し、彼らは極東さらには世界の支配権を得る熱望を叩き込まれたのだ、と語ったのだ。この証人はその学生たちの名前を誰も挙《あ》げることができなかった。

この証人が陳述の中で表明した意見を申し述べる能力をもっているのかどうかにつき本官は得心をしていない。そのような意見が形成されうる何らの材料も、彼の陳述は開示していないのである。」(判決書p.316下段)

なお、この証人は警察に監禁された経験を持つ。政府の教育課程に協力しないと免職や投獄などの処罰を受けるとの実例を自ら示している証人だったのである。この証人の経験を含めた、教員と治安維持法との関連が次の引用中で示されている。次で引用されるすべての人が、自ら法に触れる行為を行《おこな》ったが故《ゆえ》に逮捕されるという事態を被ったのであった。

「この教育課程に完全に協力しないと免職や投獄などの処罰を受けるとの彼の証言の実例として、この証人は**矢内原**《やないはら》教授(*)、証人自身、そして東京帝国大学の3名の教授の例を述べた。この証人によれば**矢内原**教授は1936年に『国家の平和と理想』についての記事を書いた。**木戸**侯爵は1937年に文部大臣となるに及びこの教授は免職されるべきだと要求した。しかしながらこの教授は大学当局から辞職願を提出するように言われ、そのようにした。

（＊訳注：矢内原忠雄《ただお》 1893〜1961 日本の経済学者・植民政策学者。1951〜1957に亘《わた》り東京大学総長）

この証人自身（訳注：大内兵衛）の例では彼は治安維持法により警察に逮捕され、裁判なしで18カ月も監禁された。彼は最終的には裁判において無罪となった。

件《くだん》の他の3名の東京帝国大学の教授も、1937年に治安維持法により警察によって逮捕されていた。反対尋問において、これらの人々はそのすべてが好ましくないとされる記事を書いていたことが判明した。」（判決書p.316下段）

滝川幸辰《たきがわゆきとき》（京都大学・法学部長）

日本人の4人の先生方《がた》の内で、最も過激な証言をしたのがこの証人だと筆者には思える。この証人については、その証言に関する記述の全体を引用することとしたい。

「彼は京都大学の法学部長である。この証人は次のように述べている。

『初等学校で開始される軍事教練は、日本のすべての学校の教育課程の一部であった。京都大学では1925年前後以降に軍事講義と軍事教練が注目されるようになり、軍事科目を教える職員として1人の大佐と3人の大尉がおり、これらの将校たちは大学において次第に大きな支配力を持つようになり、大学の運営方法につき次第に多くの発言力を得るようになって行《い》った。彼らが最初に大学に来た時には大きな影響力を持たなかったが、1931年の満州事変と1937年の支那事変の後にはますます影響力を持つようになり、その結果、最終的には大学は完全に軍部の支配下に入るようになった。」（990ページから991ページ）

この証人は続ける。

『現在に至るまでの日本の学校制度で蔓延していた教育の形態につき私はよく知っており、それはとても悪い教育形態であった。それは**自由な思考と自由主義的な意見を完全に除外しており**、満州と中国における日本の侵略戦争の正当化に専念するものであった。そしてそれには、戦争は栄光であり、戦争は必要であり、戦争は生産的であり、日本の将来的な偉大さと運命は侵略戦争に依存していることを学生たちに教える意図があり、また、学生たちの心中に他の民族や国民への軽蔑、潜在的な敵への憎悪を叩き込む効果があり、彼らを将来の侵略戦争へ向けて準備させるものであった。」（992ページから993ページ）」（判決書p.317上段）

この先生も解雇の憂き目に遭った。しかし、やはりこの先生も何らかのトラブルを自ら引き起こしていたのであった。

「1933年にこの証人は京都大学から解雇された。証人によればかかる解雇は、証人による満州事変に反対する記事とナチ形態の政府に反対するもう1つの記事のせいであったとのことである。反対尋問において彼は、教育自体は彼の専門分野ではないことを認めた。また、彼の『刑法読本』と題する本の中で訴訟手続きと各裁判を批判したことが証人と当時の文部大臣の**鳩山**一郎との間《あいだ》で何らかの問題を引き起こし、彼はその本のために最終的には免職されたことが判明した。彼自身の意見を除けば、証人がその意見の中で述べた効果につき我々が何らかの推論を導出できるような資料を、この証人は何も提供してはいない。」（判決書p.317上段〜p.317下段）

右記引用の最後の文章からは、パール判事はこの証人の証言の有用性を認めていないこと、そしてその理由を読み取ることができる。パール判事は裁判官として、証人が意見を述べた場合はその意見の根拠となる資料を常に要求するのである。自らがその資料を検証して、証人と同じ意見に立ち至ることができるかどうかを分析するためである。そのような資料が提出されなければ、その意見の有用性を認めることはできない。

池島重信（法政大学・文化政策教授）

池島は、日本人大学教授4人の内の最後の証人である。

「この証人は法政大学の教授であり、文化政策を教えている。」（判決書p.321下段）

この先生は「超国家主義的な考え」と「軍国主義的な考え」が諸学校において「叩き込まれた」（原表記はinculcated）と証言している。次の通りである。

「この証人によると、『支那事変の**後**は陸軍省からの圧力により、**超国家主義的**ならびに**軍国主義的な考え**が諸学校における軍部の監督の下に学生たちに叩き込まれた。』…1941年の年初以降、学生たちは、日本陸軍が中国を征服するのに失敗したのは合衆国とイギリスが中国に対して差し伸べた支援のせいであると教えられ、また、この理由により日本の主要な敵は中国ではなく、合衆国とイギリスであるとの考えが学生たちには印象づけられた。」（1012ページから1013ページ）」（判決書p.321下段～p.322上段）

明らかにこの証人は、国家主義は「悪」であるとの前提で証言をしている。

国家主義

池島の証言に対するパール判事のコメントは長い。長くなったのは、パール判事が証言の中の「超国家主義的な考え」という表現が何を指しているのかはっきりしないと指摘し、そしてその後、孫文とシュワルゼンバーガー博士から引用して、「国家主義」というものをパール判事自身が分析しているからである。

「この証人が云う『超国家主義的な考え』とは何を指しているのかは我々にはわからない。」（判決書p.322上段）

パール判事は、孫文から次を引用している。

「孫逸仙《そんいっせん》（訳注：孫文）の言葉によれば、

『我々、不当な扱いを受けている民族は、我々が世界主義を議論するのにふさわしくなる前に、まず、我々の国民としての自由と平等な地位を取り戻さなければならない。世界主義（訳注：原表記はcosmopolitanism）は国家主義（訳注：原表記はnationalism）の中から成長して行くものであることを我々は理解しなければならない。世界主義の発展を求めるならば、我々はまず、我々独自の国家主義を強固に作り上げなければならない。』」（判決書p.322上段）

孫文は、漢民族が世界から不当な扱いを受けていること、漢民族が世界主義を議論する前に、漢民族が国民としての自由と平等な地位を取り戻すよう自分たち自身の国家主義を強固に作り上げねばならない、と述べている。孫文は、国家主義は必要であると強く訴えているのである。

一方、シュワルゼンバーガー博士からは、次が引用されている。

「シュワルゼンバーガー博士は次のように指摘している。

『この危険な杯《さかずき》（訳注：国家主義）から多くを飲み過ぎた欧州人とアメリカ人は、今は次の主張には賛成をしない傾向があるのだろうが、西洋諸国が過去数世紀に亘って経て来たその段階を今まさに通り過ぎようとしている諸国は『この本質的な発達段階（訳注：国家主義の段階）を省略することなどできない』との主張を行《おこな》

うことであろう。』」(判決書p.322上段)

またパール判事は、この博士の次の指摘も引用している。

「また、シュワルゼンバーガー博士によると、

『判断を行《おこな》うにあたり、我々自身の文明に当然のように依拠してそれを行《おこな》うことは、西洋が負った数多くの偽善の罪の内の1つにすぎない。極東に関する事柄については特にそうである。』」(判決書p.322下段)

国家主義に関するパール判事自身の指摘は次の通りである。

「国家主義(訳注:原表記はnationalism)との語における現在の含意が如何《いか》に堕落し歪められたものであるにせよ、国家主義とは人間の政治的生活の基本的な発展なのであり、それは必ずしも人間の政治的生活の邪悪な発展などではないのである。」(判決書p.322上段)

ただし、パール判事は国家主義には自己制限(自己抑制)が必要であるとも述べている。国家主義は諸国民にとって必要とされているものではあるが、広範な自己制限が必要であると釘を刺しているのである。次の通りである。

「次のことはおそらくは正しいのであろう。

『もしも国家主義が国際共同体全体の立場から見て真に肯定的な機能を発揮するのであれば、かなりの広範囲に及ぶ自己制限の過程を経る必要があろう。』

シュワルゼンバーガー博士によると、この目的のためには、

『まず、国家とは現実のものであり高い価値を持つものであるが、それは相対的価値を体現しているのみであることを国家主義者は理解しなければならない。次に、国家間のさまざまな差異を知覚することは容易ではあろうが、それらの間に正しいヒエラルキーを作ることについては今に至るまで誰も成功してはいないのである。』」(判決書p.322下段)

「国家間のヒエラルキー」とは、東洋の例で言えば、「華夷秩序《かいちつじょ》」が挙げられる。これは、中華を最高位に位置づけ、中華に朝貢する者(例えば朝鮮や琉球)、朝貢すらしない野蛮人(=東夷や南蛮)、と順位を付けて行くものである。シュワルゼンバーガー博士が指摘するように、この「秩序」が「正しいヒエラルキー」であることをすべての国が認めているわけではないのである。

②新聞人

新聞関係者からは2名が証人となった。緒方竹虎(朝日新聞・前副社長)と、鈴木東民(読売新聞・論説委員)である。この2名は共に検閲制度について述べており、その陳述内容はほぼ同様であると思える。ただ、緒方の陳述は、より客観的であり、また証拠となるべき事実をより多く含んでいると思われるので、2名を代表して緒方を引用する。

緒方竹虎《おがたたけとら》

「この証人の陳述は本件裁判における法廷証第146号である。この証人は『朝日新聞』の前副社長であった。この証人は次のように述べている。

『私は35年間に亘《わた》って新聞業に身を置いている。私が新聞業にいたすべての期間に亘《わた》って、日本の**出版の自由**には、政府による検閲により制限が加えられていた。検閲制度は満州事変の直前において特に顕著であった。満州事変の後においては、新聞は、内務省警保《けいほ》局の検閲部門による承認が正しく取られない限り、軍事的事柄に関して書くことは許されなかった。満州事変の直前においてはすべての新聞は検閲のため、新聞販売所に送られる前にその

写しを1部、内務省に提出する必要があった。**1939年には**自社の印刷所内に検閲部門を置く必要が認められるほどに検閲は厳しくなった。その理由は、記事の禁止がそれほど多く内務省から出されたからである。**1941年12月**前の多数の機会において、当社は日本軍が戦っている各戦線から電報を受け取った。そのような電報は、特定の軍事情報につきどのように取り扱うべきかを我々に対して指示するものであった。』(1153ページから1154ページ)」(判決書p.322下段～p.323上段)

③行政関係者

行政関係者の証言は、次の伊藤、小泉、前田の3人の証人によるものである。

伊藤述史《のぶふみ》(内閣情報部・部長)

伊藤はプロパガンダの組織化と情報メディアを政府統制下においたやり方について証言した。次の通りである。

「この証人は、政府による1936年以降の**プロパガンダの組織化**について語っている。**1940年に**証人は内閣情報部の部長となったが、この部は後に証人が初代理事長に就任したところの情報局が設立された結果、解散した。**検閲の権限**がこの局には与えられた。**1941年1月に**、日本のすべての出版社は『日本出版協会』に組み込まれ、すべての書籍配給社は『日本図書配給株式会社』に組み込まれ、そしてすべての新聞社は『日本新聞連盟』に組み込まれた。これらの諸組織の設立は、各々《おのおの》のグループに含まれるすべての情報媒体を完全に政府統制下に置く結果となった。(1081ページ)

証人は、陸軍省が1941年の5月ないし6月以降、合衆国とイギリスのような**潜在的な敵**に対する先入観を日本国民に植え付けるプロパガンダを拡散させたと述べている。」(判決書p.321下段)

小泉梧郎《ごろう》(各県警察部長)

この証人は、出版物を含む広範な範囲を対象とした検閲の施行につき証言した。

「この証人は1935年から1940年にかけて各県において警察部長を務めた。この証人は、新聞、出版、記事、書籍、映画、演劇その他の娯楽、公衆演説、公衆会合などに対する検閲の施行につき語った。証人は次のように述べている。

『1928年には全国的に警察部の中に特高課と呼ばれる課が設けられた。その任務は主として極左と極右の活動を監視することであり、それに加え、1931年から1941年12月7日に至るまでの日本政府の政策に反対するすべての者たちの活動をも監視するものであった。例としては、**1937年の日支事変**(＊)**の後には**、日本では何人《なんぴと》も中国との戦争に対して反対を表明することは許されなかった。もしそのようなことをすれば、治安維持法により逮捕され投獄されたのである。』(1264ページから1265ページ)(＊訳注：原表記はChinese-Japanese Incident)」(判決書p.323下段)

また、この証人は、日本古来の制度である「隣組《となりぐみ》」が政府政策の遂行の手段として使われたことを証言している。次の通りである。

「この証人はさらに次のように述べている。

『日本では古来より、家族的な隣組《となりぐみ》運動が全国的に存在した。古い時代においては、犯罪を防ぎ報告すること、ならびに、相互扶助の目的のために、これらの組織は互いに束ねられていた。1940年の後半には家族的な運動もしくは隣組《となりぐみ》運動は、政府政策につき日本の国民を教育すること、国民の意識を戦争に向かわせること、相互扶助、さらには、彼らを政府に協力させること、などの目的のために再開され、そしてこれらの家族的運動もしくは隣《となり》組《ぐみ》運動の組織は地方行政の下《もと》にあった。』（1265ページから1266ページ）」（判決書p.323下段～p.324上段）

前田多門《たもん》（文部大臣）

「1928年から1938年にかけてこの証人は『東京朝日新聞』の論説委員であった。1945年8月18日に彼は文部大臣となった。」（判決書p.317下段）

この証人は戦後の文部大臣である。この人物は文部大臣として恐るべきことをやってのけた。日本に古来存在するさまざまな書籍を「破棄させた」のである。「破棄」の対象となったのは、「教科書」、「国体の本義」、「臣民の道」、他の多くの書籍である。「破棄」というのは、「書籍があまりにも有害であるので日本の国土の上におけるその存在を許すことはできない」（判決書p.320上段）というものである。これは一般的には「焚書」と呼ばれている行為である。言論封殺の極致であろう。新聞社に身を置いていた人間の所業とはとても思えない。

「**事前に準備されていた彼の陳述書**によれば、この証人は文部大臣となった後、以下の理由により、教科書を破棄することを命じた。まず、日本が他のすべての国に優ると学生たちに教えたこと、これに最も異議がある。次に、神秘ならびに神話と事実関係を混同したこと、軍事行動と戦争の過度の賛美、軍の将校たちへの過度の賛美ならびに尊敬、さらに、個人を国家に絶対的に隷属させたこと、などである。」（判決書p.317下段）

「**前田**氏は戦後、他の多くの書籍も破棄させた。そしてそれらの書籍ははるかな古来より存在していたことを彼は認めた。それらの破棄についての彼の理由は、今の時代においてはそのような書籍類はその存在を認められるべきではないというものであった。」（判決書p.320下段）

この人物はなぜこのようなことをしたのか。パール判事は、この人物が「臣民の道」を破棄させた理由をこの人物自身の言葉で述べている部分を引用している。次の通りである。

「**前田**氏は戦後、この書籍（引用者注：「臣民の道」）があまりにも有害であるので日本の国土の上におけるその存在を許すことはできないとしてその破棄を命じたが、それを命じた理由を彼自身が申し述べているので、かかる理由は彼の証言から取得する方《ほう》が好ましいであろう。この証人はその反対尋問において、書籍の破棄の理由として次を挙げている。

1．書籍の全般的傾向もしくは根底に横たわる哲学に非常に異議がある。

(a)書籍は、日本は他国よりも偉大であり、また、伝説や神話を事実と混同することにより日本は天により特別に祝福された国であることを指摘するか、示している。

(b)書籍は皇道を大きく強調している。すなわち、国家を真実と正義よりも上位に位置づけている。

2．書籍は、国民の道、国家の道、あるいは臣民の道を主として強調していること。**人道の道**は完全に無視されていた。このような考えは文化的国家を作ろうとの理想をまったく否定しているものである。」（判決書p.320上段～p.320下段）

この人物の「分別」について、パール判事は短く、次のようにコメントしている。

「本官はこの面における彼の分別を吟味する必要は無い。」（判決書p.320下段）

ただし、自らの意見に反対だからと云《い》ってそれを抹殺するのはまったく正しいことではない。この人物のやったことは、恐るべき言論弾圧であろう。しかも、この人物はそれを、パール判事が判決書で何度も繰り返して強調しているように「戦後」に行《おこな》ったのである。パール判事は言論の自由に関して次のように指摘している。これは「指摘」というより、「釘を刺している」と言い直した方が良いかもしれない。これは右記引用の文章と同じ段落の末尾で述べられている。

「多くの人は、他方が自分の側の意見を採用すべきだと主張することであろう。多くの人はそれへの適応を主張し、そしてまた多くの人はそれへの反対を主張することであろう。それらの多岐にわたる意見に対する最も健全な対応は、自由な思考ならびに意見の原則に従うことであろう。

『我々の意見に賛成する人々のための自由な思考ではなく、我々が忌み嫌う思考のための自由なのである。』」(判決書p.321上段)

「臣民《しんみん》の道」

破棄を命じなければならないほどひどい内容とはいったい、何だったのだろうか。パール判事は、破棄された「臣民の道」の内容を詳しく論じた検察側の論述を残らず引用している。

「好ましくない書物としてこの証人が名前を挙げたのは、『臣民の道』であり、これは1941年3月31日に発行されたものであるように見受けられる。(1047ページ)。この書物は本件裁判における法廷証第141号である。証人は、この本は文部省により発行されたものであると述べた。これは教師・学生のみならず広く国民全体に読ませる目的で発行された。」(判決書p.318上段)

さて、ハンマック検察官は、この証人が好ましくないとして「破棄」させた「臣民の道」から、多くを読み上げた。パール判事は、読み上げられたその要点を箇条書きにしてまとめている。パール判事があえてそうした意図を汲み、少々長くなるが、パール判事による箇条書きを残らず引用することにしたい。一体、何がそんなに好ましくないのだろうか。

「**好ましくない**とされた部分は議事録の1047ページから1065ページ、そして3124ページから3126ページに書き込まれている。これらの部分は、具体的には次の諸点を強調している。

1. 皇国臣民の道は国体に淵源《えんげん》しており、それは天壌無窮《てんじょうむきゅう》の皇運を扶翼《ふよく》するところにあること。
2. それは抽象的規範などではなく歴史的な日常実践の道であり、国民のあらゆる生活と活動はすべてひとえに皇基を振起《しんき》するところに帰すること。
3. (a)西洋文明の導入に伴い、日本国民は個人主義、自由主義、功利主義、物質主義その他の影響を受けるようになり、古来の国風に反するような誤りをしばしば犯すようになったこと。
(b)現下の急務は、個人主義と功利主義の概念を捨て去り、皇国臣民の道を実践することであること。
4. (a)欧州諸国家が世界に浸透したのは、主として飽くことなき物質的欲望によるものであること。
(b)彼らは先住民を虐殺し、もしくは奴隷化し、あるいは彼らの土地から強制移住させ、その土地を彼らの植民地としたこと。
(c)天然資源は彼らの本国に大量に持ち去られ、貿易を通じて莫大な利益が得られたこと。
(d)全世界への侵略を通じて、彼らは天も人も許すことのない極悪非道を敢《あ》えて行《おこな》ったこと。
(e)アメリカ・インディアン、アフリカ黒人ならびに大東亜共栄圏の人々はすべて同等に扱われたこと。すなわち、すべて一括りに白人の奴隷とされたのである。

5. (a)第一次世界大戦はドイツとフランスの間《あいだ》の長期に亘《わた》る敵対的関係と深い関係があったことには疑いは無いものの、その主たる原因はイギリスとドイツの間《あいだ》の海事上ならびに経済上の覇権争いに根ざしていたこと。

(b)西洋文明の基盤となっている諸要因そのものが全世界を真《しん》の修羅場に落とし込む原因ならびに結果となり、また、最終的に第一次世界大戦による自己破壊をもたらしたこと。

6. その大戦の結果、西洋文明の転落の恐怖がすべての人々の心を満たしたこと。

(a)イギリス、フランスとアメリカは、『**現状**(status quo)』を維持する努力に没頭した。

(b)物質主義の浸透に基づく階級闘争による社会革命に向けた恐るべき動きが共産主義においては激化した。

(c)ナチズムとファシズムがこの世界にもたらされた。ドイツとイタリアにおける人種差別主義と全体主義の教義とは、個人主義と自由主義により引き起こされる意志を排除し改革するものであった。

7. (a)満州事変は、抑圧された日本の国民生活が噴出したものであったこと。

(b)中国との間《あいだ》のこの事件は、道徳に基づく世界の創出ならびに列強諸国の目から見た新秩序の設立に向けられたところの、日本による第一歩を示すものであること。

8. (a)日本の驚くほど華々しい国家伸長と拡大は、欧州とアメリカの諸国の側に嫉妬と羨望《せんぼう》を引き起こしたこと。欧州とアメリカの諸国は東アジアを併合せんとの野心をもっていたのである。そしてその対策として彼らは、日本に対し経済的圧力を加え、政治的妨害を行《おこな》い、もしくは日本の国際的孤立を計画することで、伸長する日本の国力を押さえようとしたこと。

(b)太平洋におけるますます増大する緊張状態の下《もと》、東アジアにおける日本の地位は深刻な状況に直面したこと。

9. 日本は、西洋人による東洋での侵略により植民地化された大東亜共栄圏の諸国を、政治的に支援しなければならないこと。

10. (a)一群の自由民主主義国、これらはすなわち『**現状**(status quo)』を維持することの熱烈な支援者たちであるが、彼らは協同して日本の企図を妨害しており、その一方で植民地群は未《いま》だに彼らの生存のためには欧州人やアメリカ人に依存しなければならないとの幻想にとらわれていること。

(b)定めた目的に到達するためには日本はまだまだ長い道のりを歩まねばならず、そしてその道は決して広く平坦なものではないこと。

11. 現下の戦争でドイツ人たちが収めた輝かしい成功の理由は、彼らが高度に発達した機械化軍団を持っていることのみにあらず、活発なる国家的精神、ならびに国家防衛への熱心な大衆的協力にもあること。

12. (a)皇国繁栄の守護と維持こそが国家総戦争体制強化の真の目的であること。

(b)皇国臣民は皇室を宗家と仰いで、一国一家の生活を営むこと。

(c)万民愛撫の皇化の下《もと》に、億兆心《おくちょうこころ》を一にして天皇陛下にまつろうことが臣民の本質であること。

(d)日本においては忠あっての孝であり、忠が大本《おおもと》であること。忠孝は1つであり、分割不能であること。

(e)皇国臣民はこの新時代においては皇国臣民としての修練を積

まなければならないこと。すなわち、国体の本義に徹して、皇国臣民であるという確固とした信念に生き、気節を尊び、識見を長じ、強固な意思と旺盛な体力とを錬磨して、よく実践力を養い、それによって皇国の歴史的使命の達成に邁進しなければならないこと。

(f)皇国臣民としての修練はまた、果敢断行、勇往邁進《ゆうおうまいしん》する実践力の旺盛に向けられなければならないこと。

13. (a)日本の教育を構成する特徴の1つである規律に大きく重きを置かなければならないこと。

(b)皇国臣民は、悠久なる肇国《ちょうこく》の古《いにしえ》から永遠《とわ》に皇運扶翼《ふよく》の大任を負うものであること。

(c)日常で私の生活と呼ぶものは、畢竟《ひっきょう》、この臣民の道の実践であること。私の生活をもって国家に関係ないものとして、私意を欲しいままにすることは許されないこと。

14. 家庭は皇国臣民の修練の道場であること。そこにおいて剛健で情操豊かな国民精神が錬成され、よく皇運を扶翼する皇国民が育成されること。

15. 日本においては、『元来職業は、国家諸般のことを分担して天皇陛下に奉仕するつとめである…。』『職業の根本義は、営利を主眼としないで、生産そのものを重んじ、勤労そのものを尊ぶ』との風習の中に保持されてきたこと。

ハンマック検察官は次に、この書物の84ページおよび89ページの中から次の節を読み上げた。

『自己の利益の為に、法律をくぐり抜け、他人を犠牲にする者たち、または、利益が出ないなら難儀を被《こうむ》っている他人を顧《かえり》みないでひたすら利益を上げることのみを目指すような者たちは、自らの職業に忠実であるとも国に奉仕しているとも決して云《い》えない。現下においては、特に中小の商工業者は非常に悪い状況の下《もと》にあるが、それでもなお、我々は自国内および海外の情勢に思いを致し、我々の真の義務に専念し、商務に積極的に関与し、それによって国家に奉仕しなければならない。』

『どのような職務に就《つ》いているかに関わらず、我々は国家活動のどの部分に自らが関与しているかを明確に認識して各々《おのおの》の役割を果たさなければならない。そして、個人的利益に関するすべての観念を捨て、国家のために最善を尽くした祖先の人々による古い慣習を復活させることが皇国臣民の真に重要な点である。』

『誠《まこと》に支那事変（訳注：日中事変）こそは皇国の基盤として元来持っていた理想を、アジアのみならず世界のすべての地域に広めることを目的とした聖なる事業であり、いかなる場合においても日本人1億の国民が背負っている責務を軽んじてはならない。皇国の任務を達成し新しい秩序を設立することを望むには長い道のりを歩まなければならず、まだまだ多くの困難に直面する用意が我々にはなければならない。』（3126ページ）」（判決書p.318上段～p.320上段）

このように長く引用した理由をパール判事は次のように説明している。

「本官がここで、検察側が読み上げた部分のすべてを引用したのは、好ましくないとされた点の中のいずれかの主要な語、文章もしくは意味合いを無意識のうちに取りこぼしてしまうことを恐れたからである。」（判決書p.320上段）

パール判事は長く引用した理由を右記のように述べているが、理由はそれだけではなかったことが、次の引用からわかる。「臣民の道」が述べていることが必ずしも非難すべき内容ではないことを示すために、部分的にではなく全体を示す必要があったのだ。トインビー博士を含む「非常に高い権威を持つ著述者たち」の意見と同じ部分が「臣民の道」には多く含まれているのである。次の引用の通りである。

「しかし、彼（引用者注：前田多門）のこの激しい非難（引用者注：この書籍を破棄させたこと）は、必ずしも、書籍そのものが非難されるべきものであるとするものではない。その内容が我々にとって如何《いか》に不愉快に映ろうとも、内容そのものが真実に欠けているわけではおそらくはなかろう。非難された書籍の内容に関する上記の分析の中の項番4、6、7(a)と8は、非常に高い権威を持つ著述者たち（訳注：後述されるトインビー博士を含む）の意見と本質的には呼応しているものである。本官はすでに、国際生活における人種感情の流行の問題に関する検討は終えている。西洋文明が転落する可能性に対する恐怖については、単にロンドンの王立国際問題研究所の1931年版『国際情勢概観』を参考にすればよかろう。本官は後ほど、その内容について引用することとする。1920年から1923年、1925年そして1926年の『概観』は同様に高い権威（＊）の手によるものだが、項番7と8(a)で表明された意見を強く支持している。項番3はもちろん意見の表明ではあるが、その意見の著述者が東洋と西洋の文明の基本的差異を強調し、盲目的な模倣について注意の一言を喚起するにあたって、彼が何らかの深刻な過誤を犯したとは本官は考えてはいない。（＊訳注：これら1920年〜1923年、1925年、1926年、1931年の『国際情勢概観』はArnold J. Toynbeeが執筆した）」

（判決書p.320下段〜p.321上段）

右記引用からは、パール判事が「臣民の道」の要点をまとめた15箇条の内の、項番3、4、6、7(a)と8の5つの部分をパール判事が支持していることがわかる。

ここでパール判事は、次の重要な見解を提示している。

「東洋と西洋のこの出会いは必然であり不可避なものであった。それと同時に、かかる出会いは、幸福で実行可能な解決方法を我々が見つけるために明瞭に認識され徹底的に把握されなければならないところの基本的な問題を惹起せしめるのである。」（判決書p.321上段）

これは、日本の経験で云えばペリー提督による日本開国強要の一連の流れを想起せしめるものである。ペリーによる開国は「幸福で実行可能な解決方法」を見つけることができなかった「西洋との出会い」であった。当時の日本にとって開国とは幸福なものではなく、開国が実行可能であるとも捉えてはいなかった。武力によって否応もなく無理やり開国させられたのであった。日本以外の例では、清国への西洋諸国の国民の駐在は、清国にとって幸福なものではなかったし、また清国に居留した外国人の生命・安全・財産権・衛生面・裁判権等の保護等については、清国政府が実行可能なこと以上のものを要求するものでもあったことを、第1段階ですでに見た。清国以外にも、インド、安南（ベトナム）やインドネシアも同様の経験を経ている。これは必ずしもパール判事個人の主観に限定されるものでもあるまい。客観的に見ても、東洋と西洋の出会いにはそのような要素があったと申し述べることができるのではないか。

前田証人の証言部分

この人物が行《おこな》った書籍「破棄」が衝撃的であるために多くを引用したが、この証人の証言の部分は次の通りである。ごく短い。

「この証人は次を述べた。…（中略）…『1945年に文部大臣となると同時に日本の学校組織の従前あるがままの姿の調査を実施したが、この調査は、軍事教育および訓練を監督する陸軍将校を学校に配属することにより軍部は支那事変以前にあらゆる学校をその支配の下《もと》に置いたこと、かかる支配は**支那事変後**には非常に絶対的なものとなっていて、学校組織の課程や管理の運営方法がどのようになされるべきかについてそれらの将校たちが学校長に指示を出していたほどであったという点を立証した。』（1037ページから1038ページ）」（判決書p.317下段〜p.318上段）

これに対するパール判事のコメントは、次の通りである。この証言は共同謀議の立証にはつながらないとしている。

「いずれにせよ、この証人による証言が開示した事実関係はこの段階における検察側の主張を少しも前進させはしない。申し述べられたこと、そしてなされたことは、日本が世界戦争の最中《さなか》にいた時に実施されたものであり、戦争に対する戦略の一部としてのみ行《おこな》われたものなのである。それは我々を、起訴状で申し立てられた類《たぐい》の計略へとは少しも導いて行《い》くものではない。」（判決書p.321上段）

④映画事業等の文化人

このジャンルの証人は佐木秋夫（紙芝居協会理事長）と中井金兵衛（映画事業）である。これらの2名はいずれも支那事変もしくは1929年以降のプロパガンダについて述べているとのことであるが、パール判事は特に引用はしていないし、コメントもしていない。

§3．パール判事の結論

本第⑤項の主題は、学校教練と青年教練の制度である。これらの制度の導入は日本が侵略戦争へ向けて行《おこな》った心理的準備の一環であるとして、検察側が訴追しているのである。

この訴追に対し、弁護側は陸軍省人事局ならびに兵務局で勤務していた吉田という証人を喚問した。この証人は、この時期に日本が導入した学校教練と青年教練の経緯と理由を詳細に説明しており、パール判事はこの証言を重要視している。

筆者は、この重要な証言を行《おこな》った証人のことを調べてみたが、フルネームが吉田章雄であるということ以外、何もわからなかった。

吉田氏の証言

「**弁護側の証人である吉田氏（＊）は**1930年3月から1935年12月にかけて学校教練の担当官であり、また、1937年8月から1941年3月にかけては陸軍省人事局ならびに兵務局の中の課にて勤務し学校教練の担当官であったが、問題となっている学校教練と青年教練の制度をなぜ日本が変更して適用したのかについての理由を我々に聞かせてくれた。彼の証言は本件裁判における法廷証第2377号である。（＊訳注：吉田章雄。生没年等、詳細不詳）」（判決書p.324上段）

この証人は、教育分野において他の有力諸国が先行しており、日本は後れを取っていたとの事実を指摘し、学校教練と青年教練は日本がその後れを取り戻すために導入したものであると指摘した。この証人の証言内容は次の引用の通りである。

「この証人は次のように述べている。『第一次世界大戦の終了時点から世界の有力な諸国で実施されていた国家的な教練、特に青年への教練は、各国の国内事情を反映したそれぞれ独自の特徴と発展を見せていた。それらの国々はこれらの教練の発展に向けられた共通的な理想を実現しようと奮闘していたが、それは彼らが第一次世界大戦から学んだ教訓に基づいていた。一方で日本は、そのような制度や組織を持たない唯一の国であった。日本の青年層の大きな部分を形成する労働者階級の青年や若い男子たちには、義務教育修了後に通《かよ》うことのできるはっきりとした教育機関がなかったのみならず、彼らは戦前戦後（引用者注：「第一次大戦」の戦前と戦後）の時点での世界における邪悪なやり方に染まるがままにされていたのである。そのような状況であったので、知識人たちは、これは国家の将来に暗い陰《かげ》を投げかけるものではないかと恐れた。有力諸国が実施していた青年教練に関してなされた調査では、もしもこのままにしておくならば、日本のみが各国の発展から大きく取り残されることを示していた。端的に言えば、他の諸国において日本に比べてより熱心に実施されていたこの世界的な傾向、特に国家的な教練は、日本政府と国民にこの教練を実施することの必要性を気づかせてくれたのである。結局、**1923年の関東大震災**の時点で明らかになった市民教練の不足が、1925年の学校教練制度、さらにはその後の1926年の青年教練制度の採用を日本において駆り立てたのであった…。その際、輿《よ》論《ろん》の大部分はそれらの制度の導入に賛成であったし、かかる法案は国会の両院において全員一致で可決された。』」（判決書p.324上段～p.324下段）

つまり、市民教練の不足に気づいたため、日本の輿論《よろん》の大部分はそれらの制度の導入に賛成したし、国会の両院においても全員一致で可決されたものである。日本国の意志として導入したのは明らかであって、共同謀議者たちの策動による導入ではない。

「この証人は次のように続けた。
『堅忍不抜《けんにんふばつ》の精神を養成し、規律と礼儀正しさに着目する習慣、労働の尊重、体育教育の発展、そして、それらを通じて国家の特質の向上を図るためには、学校教育課程の中に軍事教練を採り入れるのが最も単純で効果的であろうと我々は信じた。軍部当局は、この軍事教練の採用を強制する意図は、ほんのわずかにも持ってはいなかった。』」（判決書p.324下段）

軍部当局がこの軍事教練の採用を強制したことはなかったのである。
また、吉田証人は、現役将校が諸学校へ配属された理由についても証言している。

「**吉田**氏は次に、なぜ現役将校たちが諸学校に配属されるようになったかを説明し、次のように述べた。
『1886年という早期の時点で、当時の文部大臣であった**森**（＊）によってすでに軍事教練は学校教育課程で採用されていたが、明治時代の終わり以降にはそれは名のみとなっていた。それが学生の鍛錬に有益な効果をもたらさなかった主たる理由は、学生たちがこの教育を担っていた退役将校たちに信頼を置かなかったからである。この事実に鑑みて我々は、学校教練を進展させるのならば、現役将校が諸学校に配属されなければならないと結論した。このようにして軍部当局は、諸学校での教練ならびに青年教練を通じた学生の肉体的精神的鍛錬は国家防衛力の強化につながると考えるに至った。』
（＊訳注：森有礼《もりありのり》 1847～1889 日本の外交官・政治家。初代文部大臣を1885～1889に亘《わた》り務めた。）」（判決書p.324下段～p.325上段）

証言は、時間数や日数などの数量も併せて指し示していることをパール判事は述べている。これはこの証人の証言が信用できる傍証となっていると筆者は思う。次の通りである。

「**1937年の支那事変の勃発の後**、この教練には重要性がさらに付与されるようになった。この証人は、採用された教育課程の内容、週あたりの教練の時間数、年あたりの野外演習の日数も我々に示してくれた。この点における彼の証言は議事録の1万8454ページから1万8460ページに記録されている。」（判決書p.325上段）

パール判事の事実認定

吉田証言に基づき、パール判事は学校教練全般に関する事実認定につき、次の結論に至っている。

「本官自身はこの教練に何か異常なものを見つけることはなかったし、本官はこれがなぜ何らかの侵略行為の準備を推論することへと我々を導くことになるのかがわからない。…（中略）…軍事教練は必ずしも何らかの侵略計画の準備を意味するものではない。平和な世界においてでさえも、かかる教練は推奨されるべきものだと考えられうるかも知れないのである。未《いま》だにパワーポリティクス（訳注：強権政治）によって支配されている世界においては、このような教練は不可欠であるとあらゆる列国によってみなされている。」（判決書p.325上段）

以下、パール判事はパワーポリティクスに支配されていた世界に目を向ける。

日本が置かれていた状況：教育政策の変更の理由

日本が学校教練を導入したことにつき、日本が置かれていた国際的状況にもパール判事は触れている。それはパワーポリティクスに支配されていた世界であった。次の通りである。

「第一次世界大戦後の講和会議は、『人種平等の原則は新しい共同体制度の基本の1つであると認識すべし』との日本の要請を排除したことにより、日本に劣等感を叩き込む』ことに最大限の効果を発揮したこと（＊2）、ならびに、国際社会においては『**有力国（Greater Power）**』とは、平均以上の水準の国力（軍事的、政治的、経済的そして財政的な国力）を自由に行使できる国のことであり、さらに、国際社会の中でその地位を維持するか改善するためにその力を行使する意志のある国である』こと、等を思い起こすならば、日本のこの教育政策の変更がなぜ、正当な念願以上の何かが政治家たちの心の中にあったことを示すことになるのかが本官はわからないのである。彼らは、彼らの国が生存しその機能を果たさなければならないこの国際社会においては国家の実力が大きく幅を利《き》かせること、また、そのような『国家の実力とは、過去の試練を参照することのみに限らず、起こり得《う》る闘争において開示されそうなエネルギーの量を予想することにおいても計測される』ものであること、等を知っていたのである。

（＊2訳注：第四部 全面的共同謀議 第3段階 民族意識 参照）」（判決書p.325下段）

そもそも、各国ともに世界における有力国の地位を得るために努力していたのである。

この努力をしていたのは日本だけでもない。そしてこの努力こそが軍縮運動の失敗の本質的な理由であったことをパール判事は述べている。次の通りである。

「本官は他の場所において、列国がなぜ軍縮運動の遂行に失敗したのかについて述べた（＊1）。それと同じ理由によって、列国は自国の青年たちに対する軍事教練を主張するのである。シュワルゼンバーガー博士はその著書『パワー・ポリティクス』において、軍備縮小問題にまつわる本質的な問題に取り組む中で次のように述べている。

『欠けていたものは諸政府の間《あいだ》での政治的合意なのであって、それを抜きにしては軍備縮小の実施は不可能となるのである。諸政府はこの軍縮問題に対して競争とパワーポリティクスの精神で臨んでいたために、彼ら諸政府の軍事専門家たちが持っている機能を平和の鳩《はと》へと切り替えることはできなかったのである。自らの国が持つ特別権益を守り、競争相手の国とのバランスの中で自国の相対的地位と国力が有害な影響を受けないことを見届けることこそが彼ら専門家たちの職務であったのだ。世界組織の中にこのパワーポリティクスがある限り、そしてそこに国家間のヒエラルキー（訳注：国家間秩序）がある限り、すべての国家は、そのヒエラルキーの中で自国に対する尊敬を勝ち取れる地位を自国が占めることができるように努力をするのであり、それ故《ゆえ》に彼らは、尊敬に値《あたい》すると世界が評価したものに重きを置くのである。』（＊1訳注：第四部 全面的共同謀議 第3段階 戦争に対する一般的準備・英国王立国際問題研究所による国際社会全体への所見 参照）」（判決書p.325上段～p.325下段）

士気の切り崩しのためのプロパガンダ：敵が発明したもの

ここでパール判事は検察側に対して反撃に打って出る。日本の「敵」（原表記はenemy）が士気の切り崩しのためのプロパガンダという「科学的兵器」を開発したのであり、これに対する防衛として日本が教育再編成をした面もあることを指摘したのである。

「民間人および兵士の士気は重要である。そしてかかる士気のすべてを切り崩すために現代の戦争における科学的兵器としてのプロパガンダが敵によって開発された。そしてそのことが、そのような切り崩しの効果を相当にもたらすか、あるいはおそらくはそのような目的を達成するためになされる発言や声明を、処罰と検閲によって抑圧することを必要とさせたのである。戦時においては、その点について見境《みさかい》のない告発がなされることはありえなくもないが、それがもたらす当然の結果は、当局がすべての不満や不平に関するあらゆる表現を処罰しているとの感情である。それは国民が持つ根源的な自由に対する不必要な侵害のようにも見受けられるかも知れないし、そのような侵害は、かかる措置を導入するための理由、すなわち、分裂を起こさせ士気を低下させるための組織的もしくは故意の試みを防ぐ、との点からはほど遠いもののように見受けられるかも知れない。しかし、現代の戦争に巻き込まれたほとんどすべての国においてこのようなことは起きているのであり、日本が採用したそのような措置が、かかる措置のすべては何らかの将来の侵略戦争のための措置として案出されたのだとの推論へと我々を導かなければならないとされる理由が、本官にはわからないのである。」（判決書p.326下段～p.327上段）

この指摘は筆者には納得できる。日本は古くから、外国に対する自己主張や宣伝が不得手であると筆者には思える。逆に、他国の自己主張に比較的容易に賛同する性癖があるようにも思う。一方、中国を含む諸外国はこのプロパガンダが得意であり、我が国に対してさまざまな情報戦を仕掛けているのは、今を生きている我々のこの「現代」においても同様ではないだろうか。

検閲制度

パール判事は検閲制度について、次のように指摘している。

「証人の何人かが注意を向けていた検閲制度の措置は、ここで我々が検討している事柄とは何の関係も無い。かかる証人による証拠は『この時期において議会制度に基づく自由な組織は少しずつ蹴《け》り出されていき、ファシストないしはナチのモデルに似た制度が導入された』との申し立てを立証することを視野に入れて提出されたものである。しかし、本官は申し訳なく思うが、その証拠は我々をその方向に向けて大きく導いて行《い》くことはないのである。実際上はその証拠は、**中国人による戦闘行為が勃発した以降の時期に関係している**のである。そのような戦闘行為の勃発に際してはほとんどすべての文明国において、戦争遂行のため、そして民間の現場を統制するために、諸規則を改編する幅広い権限を行政官に与えることを立法する措置が採られるか、あるいはそれが自動的に発動されるのである。この措置は現代の戦争における不可避的な結果としてあらゆる場所で認識されている。柔軟で素早い行政行動が必要とされ、そしてそのことが司法放棄の政策へと導いて行《い》くのである。」（判決書p.326下段）

右記引用においてサラリと述べられている、**「中国人による戦闘行為が勃発した以降の時期」**とは、具体的には１９３７年７月７日の蘆溝橋事件（日支事変）以降を指している。というのも、検閲制度について証言したのは、新聞人の緒方竹虎、鈴木東民ならびに各県の警察部長を務めた小泉梧郎であるが、彼らはいずれも日支事変以降の検閲について触れているからだ。このサラリとした表現の中でさらに留意しておくべきと思われるのは、パール判事は、蘆溝橋事件は日本側ではなく中国人が始めた戦闘行為だと考えていることである。

自由な意見表明に対する制限的措置の合法性

いったん戦闘行為が勃発したら、利敵行為を防ぐために制限が加えられることは合法的になされうるとパール判事は述べている。

「この時期において日本は、文書上の意見表明、もしくは口頭の意見表明に関する自由に制限を加えたが、その理由もまた明瞭である。現代の戦争においてあらゆる政府は、敵を利する情報が出版されることを防がねばならない必要、ならびに国家の結束を切り崩すように仕組まれた批判や意見の表現を制限する必要を感じている。現代の戦争における戦場は民間人や国内の舞台にまで広がっていることから、あらゆる敵に直接・間接に利用されうる事柄は、発行されるどの新聞にもおそらくは含まれていることであろう。そのため、検閲制度ならびに発行の差し止めは非常に広範囲に及ぶのであろうし、すべての文書の発行、絵画による表現、写真や映写フィルムなどに関する警戒は合法的になされうるのである。」（判決書p.327上段）

これは平和時においてはなされないものである。

「民主国家においては、もしくは平和時においては、自由な出版ならびに国際社会で機能している他の同様の諸力に対する政治的な統制は、『それら（訳注：自由な出版と国際社会で機能している他の同様の諸力）が自らの影響力を発揮でき、相当量の迷惑な効果を獲得できるところのそれら独自の活動範囲をそれらに許さないというほどには強くはない』のであろう。そしてここで名指《なざ》された『獲得』の可能性こそがいずれかの国の生涯の何らかの特定の時期においてかかる国を無慈悲な厳格さを伴ういくらかの制限的措置へと導いて行《い》ったのであろう。しかしそのような措置は、必ずしもその国が国際的な侵略計画を抱《いだ》いているとの推論へと導いて行《い》くものでもないのである。」（判決書p.327下段）

右記はややこしい表現である。翻訳作業で手間取った覚えがある。要は、平和時においては、自由な出版や表現に加えられる政治的な「統制」は「迷惑な効果」（＝「敵を利する情報」の拡散、利敵行為）を防ぐほどには「強くはない」が、利敵行為が「獲得」されうるとの可能性が存在したことこそが、無慈悲な厳格さを伴ういくらかの制限的措置を取らせたのである。

かかる制限的措置の不条理

ただしパール判事は、そのような制限的措置には、やりすぎの面や不条理な面があったことは否めないと指摘している。次の通りである。

「これらの制限規則を実際に適用するにあたり行政官たちは平和と安全に対する危険が明白かつ緊迫している状況に限定せず、危険が単なる推測にすぎないか、あるいは遠くに隔《へだ》たっている状況においても、その適用範囲に含めてしまったこともあったことであろう。ここで我々は、そのような措置が正しいのかそうではないのかには関わりを持たない。このような制限的な法は誤用されたのであろうし、邪悪が差し迫っているとの見せかけが戦時中の被告人の言葉によって誇張され頻繁《ひんぱん》に行《おこな》われたとの不条理を示すことは今の我々には可能であろう。これらのこと（訳注：誤用や不条理）は改編された措置が持っていた特徴を変更することはないものなのであり、最悪の場合でも時折それが濫用されたことを示すのみである。本官は本件裁判のこの段階で挙げられた証拠につきその詳細に立ち入る必要は無い。本官が申し述べる必要のあるもののすべては、この証拠は、日本が侵略戦争を準備していた、あるいは、日本政府の各省の責任者たちが何らかの侵略戦争を挙行するために共謀していた、との推論へと必ずしも導くものではないということのみである。」（判決書p.327上段～p.327下段）

やりすぎや不条理があったにせよ、それでもなお、日本政府が何らかの侵略戦争を挙行するために共謀していたと「推論」することにはつながらないと指摘されている。

共産主義者たちに対する抑圧的措置

共産主義者たちに向けられた措置についてもパール判事は触れている。ひとり日本のみがこのような措置を取ったわけではなく、共産主義に対する恐怖は各国ともに共有されていたと指摘している。

「共産主義者に対する抑圧的措置を示す証拠がいくらか示されている。これもまた、我々の現下の目的のためには何ものをも示すものではない。これはほとんどすべての国家に共通して存在する恐れによる結果であったものかも知れないのだ。ほとんどすべての国は今においてもなお、その国内の共産主義者たちが政府を国内暴力により転覆させてしまうとの恐れをその心の中に抱《いだ》いているように見受けられる。すべての国はまた、世論が感化されることでその伝統的な生活様式が蝕《むしば》まれるのではないかと心配しているようにも見える。明白かつ実在する暴力革命の危険は無いにもかかわらず、不健全な道徳による脅威が差し迫っているとの信条を持っている責任ある立場の人々は多い。そのような信条は正当化できるものかも知れないしできないものかも知れず、そして、ほとんどの場合は正当化できないものなのである。にもかかわらず、もしもいずれかの国においてその国家機構の運営に責任のある人たちがこの信条を心の中に抱き、そしてそれに従ってふるまう場合、本官は、そのような行政官たちがそのような恐れを心の中に抱いていたとの事実を越えた何らかの推論を引き出すことが、どのようにすればできるのかがわからないのである。」（判決書p.327下段～p.328上段）

軍事教育の再編成は侵略の準備を示すものではない

日本が行《おこな》った軍事教育の再編成は日本が侵略の準備をしたことを示すものではない。次の引用は第⑤項におけるパール判事の結論に相当するものと筆者は考える。

「証人の内の何人かが行《おこな》った意見表明を除外すれば、当時の当局が日本の青年の軍事教育の再編成に向けて採った諸措置が何らかの侵略の準備であったことを示す証拠は何も無い。全面的共同謀議の事案を立証する試みの中で検察側がこのような類《たぐい》の特徴を持つ証拠を出さなければならなかったとの事実そのものが、かかる事案の絶望的な特徴を示しているのである。」（判決書p.326上段）

このような特徴を持つ証拠を検察側が出さなければならなかった事

実そのものが、全面的共同謀議事案の絶望的な様相を如実に示しているとパール判事は指摘したのである。

第四部　全面的共同謀議　第３段階

⑥

政治権力の制圧

本項では、第３段階の内の1928年～1941年の期間における15もの内閣、その最初の田中義一内閣の中国への軍隊派遣政策の詳しい背景、5.15事件と2.26事件、広田弘毅内閣の政策と評価、大政翼賛会、東条英機内閣の成立過程、嶋田海軍大臣と東郷外務大臣が登壇した過程、等が分析される。結論としては、田中義一内閣の対中軍事政策は同じ時代のイギリスと同様の政策を取ったものであり何らも共同謀議の痕跡は見られないこと、広田・東条・嶋田・東郷ら各被告人の閣僚就任の過程では何らの共同謀議の痕跡も見られないこと、である。

この第⑥項の位置づけ

この第⑥項は、「国内的な準備並びに枢軸国との同盟を通じての準備」の３つの項の筆頭である。この項は共同謀議者たちによる「政治権力の制圧」であり、次の第⑦項が共同謀議者たちによる「一般準備」、具体的には経済面での準備であり、最後の第⑧項が枢軸国との同盟を通じての準備である。

「国内的な準備：政治権力の制圧」の記述の開始

それでは、第⑥項を開始したい。パール判事は次のように述べて記述を開始している。

「本官は次に、起訴状において『政治の編成替え』と名付けられ、また、本件裁判での提示において『政府権力の制圧と支配』と名付けられたところの事柄《ことがら》を取り上げるべきであろう。」（判決書p.330上段）

15もの内閣

起訴状の訴因第１によれば、全面的共同謀議の期間は最大で１９２８年１月１日〜１９４５年９月２日までの17年８カ月であった。この第⑥項は、その全面的共同謀議の期間の内の第３段階における日本の政治の動きを追っている。この第３段階の期間は、具体的には田中義一内閣（１９２７年４月20日〜１９２９年７月２日）の期間中である１９２８年１月１日（すなわち、全面的共同謀議期間の始まり）から、東条内閣が組閣された１９４１年10月18日までの13年10カ月ほどの期間である。

その間に組閣された内閣の数は、最初と最後の田中内閣と東条内閣を数え、また、この第３段階の期間中に第一次、第二次、第三次と、３回に亘って組閣された近衛内閣をそれぞれ別の内閣として数えれば、15にも上る。

暗殺を伴う重大な政変と大政翼賛会の成立

この第３段階の期間中に、５・15事件（１９３２年）、２・26事件（１９３６年）という大きなクーデターがあった。いずれも日本国内での政治家暗殺を含む政変である。検察側によってこれらは、全面的共同謀議の存在を裏付ける「共同計画」のイベントの一環として取り上げられている。また、検察側が重要性を付した「大政翼賛会」の成立もこの期間中であった（１９４０年10月10日）。

重視される３つの内閣

田中内閣から東条内閣に至るまでに成立した15にも上《のぼ》る内閣のうち、パール判事は田中内閣、広田内閣、東条内閣の３つを重視しており、詳しく分析している。

まず、田中内閣は全面的共同謀議の期間での最初の内閣であった。その時点での中国での出来事と、田中内閣の対中政策の内容をパール判事が詳しく分析しているのは、一つには検察側の田中内閣に対する態度がはっきりしないためである。検察側は、ある部分では田中内閣の対中政策は平和的なものであると述べ、別の場所ではそれは軍事的攻勢によるものであると述べており、腰が据わっていない。また、パール判事が田中内閣を詳しく分析しているもう一つの理由は、田中内閣よりも前の内閣はいずれも平和を希求する政策を取っていたことについては世界的に評価が定まっており、田中内閣が日本の平和的政策の転換点であったと考えられるからである。なお、田中義一は１９２９年に死亡しており、本件裁判では被告人としても証人としても登場していない。

次に、被告人・広田弘毅の内閣（１９３６年３月９日〜１９３７年

2月2日）も重視されている。これは、広田内閣における1936年8月7日の閣議決定において「イギリスとアメリカに対する準備」を行《おこな》うことが決定されており、これが全面的共同謀議による「共通の計画」が日本政府中枢に送り込まれた証左であるとして検察側が重視しているからであるように筆者は思う。しかし、閣議決定がどのようなものであったにせよ、広田本人は平和指向の政治家であったし、また、広田は政権運営を巡って陸軍と対立する立場にあった。陸軍に協力的だったと言える政治家ではなかったのである。そのような広田が「全面的共同謀議」のシナリオの中での重要なプレイヤーであるとされ、検察側がさまざまな場面で引き合いに出したのは、上記の閣議決定が広田の内閣で行《おこな》われたことが大きな理由となっているように見受けられる。

重視される3つめが、被告人・東条英機の内閣（1941年10月18日〜1944年7月22日）である。検察側は東条の登壇によって日本の統治機構が共同謀議者たちによって完全に制圧され、共同謀議が完成したと述べている。そのため、東条がどのように「政治権力を奪い取ったか」を分析することが重要であるとパール判事は考え、東条の首相就任の経緯が詳しく分析されているのだと思う。

なお、東条内閣における海軍大臣の嶋田繁太郎と外務大臣の東郷茂徳はいずれも本件裁判の被告人である。検察側のシナリオによれば、いずれも共同謀議者として東条に協力したことになっている。この2名の被告人が大臣職に就任した経緯についても、パール判事は詳しく分析しているので、後ほどご紹介したい。

第⑥項のセクション立て

以上の流れを踏まえ、この第⑥項の記述を進めるにあたっては、次の通りのセクション立てとしたいと考えている。

§1．検察側による申し立て
§2．第3段階における15の内閣
§3．田中義一内閣の政策と評価
§4．5・15事件と2・26事件
§5．広田弘毅内閣の政策と評価
§6．大政翼賛会の成立
§7．東条英機内閣の成立過程
§8．嶋田海軍大臣が登壇した過程
§9．東郷外務大臣が登壇した過程

§1．検察側による申し立て

検察側が何を目的としてこのシナリオ（パール判事の表現では「筋書き」（原表記はstory、判決書p.362上段）を組み立てたかを把握することは重要である。

通常は、ある国による政府中枢たる内閣の組閣、また、その内閣による政策決定は、その国の純然たる「国家行為」なのであり、かかる国家行為を他国が裁くことはできない。

しかし東京裁判における連合国諸国は、侵略戦争を推進したナチ党に比肩しうる「全面的共同謀議」が日本にもあったと申し立てて、その「共同謀議」の構成員であったとする被告人たちを裁いたのである。そうであれば、共同謀議者たちによる「政治権力の制圧」がどのようなものであったと検察側が主張しているのかを、詳しく見ておかなければならない。

キーナン主席検事の冒頭陳述

まずはキーナン主席検事の陳述を見てみよう。パール判事は次のように述べている。

「キーナン氏（訳注：主席検事）はその冒頭陳述の中で、政治の組織化もしくは政治権力の制圧につき説明を行《おこな》っている。この関連においては、本官がすでに行《おこな》ったところの、氏による冒頭陳述に関する分析の中の項番4（訳注：第四部の序論にある）が引用できよう。本官がここでそれを繰り返すことはおそらくは有益となろう。キーナン氏は次を述べた。

『4．(a)中国に対する侵略戦争の遂行は、政府の各省庁の支配を確保するために民間人と協調した行動を取った軍部により幇《ほう》助《じょ》され促進されたこと。

(b)陸軍大臣は現役の陸軍大将か中将でなければならない、また、海軍大臣は現役の海軍大将か中将でなければならない、と定めた1936年の勅令に内包されていた権能は、政府を支配することとそれを掌握すること、ならびに、武力による拡大を行《おこな》うとの日本の政策を推進するため、陸軍によって利用されたこと。

(c)国家の一般的事項と陸海軍の統帥権とをくっきりと分けるとの大日本帝国憲法の明文規定を利用し、共同謀議者たちには国家の一般的事項を犠牲にして統帥権の概念中に含まれることがらの範囲を絶えず拡大させる傾向が共同謀議の全期間中に亘《わた》って一貫して存在したこと。

(d)(i)軍国主義的な派閥ならびに国粋主義的な秘密組織は、暗殺による支配の手段に訴え、それにより軍事的侵略の進展に向けて大きな影響力を行使したこと。

(ii)暗殺ならびに反乱を行《おこな》うとの脅迫は、軍部による文民政府の支配をますます可能にし、1941年10月には軍部はついに政府の内の民事と軍事の両部門を完全に掌握するに至ったこと。

(iii)軍首脳部は侵略的目的の進展のために1940年の米内内閣の倒壊を引き起こしたこと。』」（判決書p.330上段～p.330下段）

パール判事は右記についてさらに詳細な説明をするために、起訴状から引用して次のように分析している。

「詳細事項を説明するにあたり、起訴状においては次の陳述がある（訳注：起訴状附属書A第6節　日本の政治及び輿論《よろん》の戦争への編成替え）。

1．大日本帝国憲法の規定のいくつかは、内閣を支配する力を獲得する機会を軍部に与えている。

(a)そのような規定の内の第1は、

(i)参謀総長・軍令部長そして陸海軍のその他の指導者は、天皇への帷幄上奏《いあくじょうそう》が直接にできること。

(ii)彼らによる陸軍大臣、海軍大臣の任免を可能としていたこと。

(iii)この権能は、陸・海軍の両大臣は現役の上級将校でなければならないとする規則により1936年5月にさらに強化されたこと。

(iv)これらの権能によって彼らは、内閣組閣の阻止、もしくは、組閣された内閣の打倒、等が可能となったこと。

(b)規定の内の第2は、帝国議会には予算案を否決する権利があったものの、これは議会に対し何らの実際的な支配力をも持たせなかったこと。これは帝国議会が否決をした場合には、その前年の予算案がそのまま有効となったからである。

(c)この時期を通じて、自由な議会組織は少しずつ蹴《け》り出《だ》されて行《い》き、ファシスト的もしくはナチ的なモデルに類似した制度が導入されたこと。」（判決書p.330上段）

起訴状からの右記の陳述に対し、パール判事は、右記陳述の直後の部分で自らの意見を次のように述べている。

「本官の意見では、以上の陳述それ自体があまり説得力を持つものではない。」（判決書p.330上段）

検察側が問題にした「邪悪なる諸事件」

検察側はこの期間におけるさまざまな事件を、証拠の提出によって具体的に提示している。検察側が問題としているこれらの事件を、パール判事は箇条書きにして9つにまとめている。次の引用の通りである。

「この件に関連して提出された証拠によって示された、いくつかの邪悪な事件は次である。

1. １９２８年６月４日の張作霖殺害の結果としての１９２９年７月の**田中**内閣の倒壊。
2. **浜口**内閣の任期中の１９３１年の３月事件。
3. **浜口**の殺害とその結果としての１９３１年４月14日の浜口内閣の倒壊。
(a)被告人の**南**を陸軍大臣とする**若槻**内閣が１９３１年４月14日に登壇したこと
(b)１９３１年９月18日の柳条湖事件
(c)１９３１年の10月事件
(d)１９３１年12月13日の**若槻**内閣の倒壊と、被告人の**荒木**をその陸軍大臣とするところの**犬養**内閣の登壇
4. １９３２年の５月事件（訳注：５・15事件）：１９３２年５月15日の**犬養**の殺害とその結果としての犬養内閣の倒壊。
5. 被告人の**荒木**をその陸軍大臣とするところの１９３２年５月26日の**斎藤**内閣の登壇。
(a)被告人の**広田**が外務大臣として登場する。
6. **斎藤**内閣の倒壊と１９３４年７月８日の**岡田**内閣の登壇。岡田内閣においては被告人の**広田**が外務大臣として残留した。
(a)１９３６年の陸軍による反乱（訳注：２・26事件）
7. １９３６年３月９日の**岡田**内閣の倒壊ならびに**広田**内閣の登壇
(a)１９３６年の勅令（訳注：その詳細は本節にて後述される）
(b)１９３７年２月２日の**林**内閣の登壇。どの被告人もこの内閣には参画していなかった。
8. **広田**内閣の倒壊に伴い、**宇垣**大将に組閣の大命が降下されたが、軍部による反対のため、彼は組閣に失敗した。
(a)１９３７年１月４日の第１次**近衛**内閣の登壇ならびに**広田**、**賀屋**《かや》、**板垣**、ならびに、**木戸・荒木**が、それぞれ外務、大蔵、陸軍、文部の大臣となったこと。
9. １９４０年の大政翼賛会の設立」（判決書p.346下段～p.347上段）

右記の内、若槻内閣における南陸軍大臣（被告人）の言動、柳条湖事件、10月事件については、すでに第１段階で分析されている。残りの事項につき、この第⑥項で分析されることになる。

各段階における共同謀議者たちによる統治組織への参画状況

パール判事は、検察側が第１段階から最終段階までの４つの段階に分けてその主張を行《おこな》っていること、そしてそれら４つの段階における統治組織への共同謀議者の参画状況につき、検察側が何を主張しているかをはっきりと認識することが重要だとして、次のように述べている。

「この件に立ち入る前に、この点における検察側の主張をはっき

りと把握しておく方《ほう》が良かろう。検察側は、次の明瞭に区分けされた諸段階の中でその主張の最終的な提示を行《おこな》った。

1．第1段階においては、共同謀議者たちは、それが誰であったにせよ、統治組織のまったく外にいたのであり、統治組織に対しては何の影響力も持たなかった。

2．第2段階においては、共同謀議者たちは未《いま》だに統治組織の外にあったが、次第に統治組織に対して影響力を持つようになって行《い》った。

3．第3段階においては、共同謀議者たちは次第に統治組織の中に入り込むようになって行《い》った。

4．最終である第4段階においては、共同謀議者たちにより政府は完全に制圧された。」（判決書p.330下段～p.331上段）

全面的共同謀議の全期間は、起訴状訴因第1によれば最大で1928年1月1日～1945年9月2日である。そして検察側は、すでに見たようにこの全面的共同謀議を4つの段階に区分けしており、そのうちの第3段階を、右記引用の3．の通り、共同謀議者たちが日本の統治機構に徐々に入り込んで行《い》った過程であるととらえている。

なお、右記引用において、第1段階とは「満州段階」（第②項）、第2段階とは「残りの中国への制圧の拡大段階」（第③項）、第3段階はこの第⑥項を含む「日本による侵略戦争の準備段階」、第4段階とは「最終段階」（第⑩項）のことである。

検察側主張によれば、右記引用の通り、第3段階における共同謀議者たちは日本の統治組織に徐々に入り込みつつあったものの、日本政府をまだ完全には制圧していない状況であった。そのような状況の中で、広田内閣が1936年の閣議決定でイギリスとアメリカに対して準備を行《おこな》う方針を初めて打ち立てたことを検察側は重要イベントとして取り扱っている。

§2．第3段階における15の内閣

既にみたように、第3段階の期間中に15もの内閣が組閣され、倒壊した。

検察側は15の内閣の内の最後の東条内閣の登壇によって日本の統治組織は完全に制圧され、それによって第4段階、すなわち最終段階に立ち至ったとしているのである。そのため、第3段階においては1941年12月の真珠湾攻撃以降の開戦時の東条内閣から小磯国昭内閣を経て1945年8月の日本降伏時の鈴木貫太郎内閣に至る迄の内閣については、分析の対象にしていない。なお、小磯国昭は本件裁判の被告人である。

パール判決書の記述を見てみよう。

「1928年以降、東条内閣の組閣（訳注：1941年10月18日）までの間《あいだ》に、11もの内閣が登壇しては倒壊したことが示されている。

弁護側によれば、それらの倒壊の多くは純粋に国内的な理由によるものであり、あらゆる国際情勢とも無関係であったとのことである。それらが倒壊した理由の内のいくつかは、次のとおりであった。1929年7月1日の**田中**内閣の倒壊は閣内不一致が原因。1931年4月13日の**浜口**内閣の倒壊は総理大臣の疾病によるもの。1931年12月12日の第2次**若槻**内閣の倒壊は、連立内閣とすべきかどうかについての**若槻**と内務大臣**安達**との間《あいだ》の意見の不一致が原因であった。

1932年5月25日の**犬養**《いぬかい》内閣の倒壊は、**犬養**がその日に国内政治問題を巡る件のために青年将校たちにより暗殺されたことによるものであった。1934年7月7日の**斎藤**内閣の倒壊は閣僚数名と政府高官を巻き込んだ醜聞によるものであった。1936年3月8日の**岡田**内閣の倒壊は2・26事件の結果であった。1937年2月1日の**広田**内閣の倒壊は衆議院を解散すべきかどうかについての**広田**と陸軍大臣**寺内**との間《あいだ》の意見の相違がきっかけであった。1937年6月3日の**林**内閣の倒壊は**林**が国会を解散したことによるものであった。選挙後の新しい国会は**林**の国内政策に反対であったのである。1939年1月4日の第1次**近衛**内閣の倒壊は反コミンテルン協定（訳注：防共協定）に関する閣内の意見相違が原因であった。1939年8月29日の**平沼**内閣の倒壊は閣内不一致ならびに、予期していなかった不可侵条約がドイツとロシアとの間《あいだ》で突然に締結されたことが原因であった。1940年1月15日の**阿部**内閣の倒壊は国内物価政策ならびに貿易省を新設すべきか否かの問題によるものであった。1940年7月21日の**米内**《よない》内閣の倒壊は新しい政党の設立に関する意見の不一致が原因であった。1941年7月17日の第2次**近衛**内閣の倒壊は外交協議を巡っての**近衛**の意見が**松岡**外務大臣のそれと異なっていたことによりもたらされた。1941年10月16日の第3次**近衛**内閣の倒壊は対米政策を巡っての**近衛**と**東条**との間《あいだ》の意見の相違が原因であった。

ヒトラーと違い日本においては、これらの内閣または軍部の内で起訴状が対象としている期間に亘《わた》って継続的に支配的地位に就《つ》いていた者はいなかったのである。以上の内の3つの内閣、すなわち、1927年4月20日から1929年7月1日までの**田中**内閣、1929年7月2日から1931年4月13日までの**浜口**内閣、そして、1937年2月2日から1937年6月3日までの**林**内閣、の各々《おのおの》の任期中においては、被告人たちの内の誰1人《だれひとり》としてその閣僚ですらなかったのであり、また、参謀総長・軍令部長でもなかったのである。」（判決書p.345下段～p.346上段）

右記引用の冒頭に「11もの内閣」とあるのを奇異に感じた読者もおられると思う。筆者はこの間の内閣の数を15と申し述べていたから、数が合わないとお考えかも知れない。田中義一内閣と東条英機内閣を数えず、また3次に亘った近衛内閣を1つとして数えればパール判事の記述の通り11になる。以上を勘定に入れて細かく数えると、15になるのである。

右記引用に記載された内閣を一覧化しておきたいと考えた。次のようになった。

総理大臣	期間
田中義一	1927年4月20日～1929年7月2日
浜口雄幸《おさち》	1929年7月2日～1931年4月14日
若槻礼次郎（2次）	1931年4月14日～1931年12月13日
犬養毅《つよし》	1931年12月13日～1932年5月26日
	（犬養総理暗殺後の11日間は高橋是清が総理を代行）
斎藤実《まこと》	1932年5月26日～1934年7月8日
岡田啓介	1934年7月8日～1936年3月9日
広田弘毅（被告人）	1936年3月9日～1937年2月2日
林銑十郎	1937年2月2日～1937年6月4日
近衛文麿《ふみまろ》（1次）	1937年6月4日～1939年1月5日
平沼騏一郎《きいちろう》（被告人）	1939年1月5日～1939年8月30日
阿部信行	1939年8月30日～1940年1月16日
米内光政	1940年1月16日～1940年7月22日
近衛文麿（2次）	1940年7月22日～1941年7月18日
近衛文麿（3次）	1941年7月18日～1941年10月18日
東条英機（被告人）	1941年10月18日～1944年7月22日

右記の一覧を一瞥すると、東条内閣を別にすればこの時期には長期安定政権が無く、日本の政局は安定しなかったことが見て取れる。そ

してこのことは、この時期が日本にとって苦難の期間であったことを示していると思われる。

§3．田中義一内閣の政策と評価

田中内閣以前の日本の政策

田中内閣よりも前の時期の内閣による政策は、諸外国から高く評価された平和的なものであって、軍事志向ではなかった。次の引用の通りである。

「それ以前の内閣ならびにそれらの内閣の対中政策に対しては何の不服も検察側には無いことは完全に明白である。少なくとも**田中**内閣よりも前の時点においては、実際上も日本政府は『慎重で穏やかな世界秩序の精神と調和したところの純然たる平和政策』を熱心に、また一貫して、追求していたのだ。

（＊訳注：田中内閣の首相は田中義一《たなかぎいち》　１８６４〜１９２９　田中は日本陸軍の軍人、政治家）

『日本は、その歴史の中でのこの段階において、平和を希求する意志を示す印象深い証跡を、実践的なやり方の中で多数に亘《わた》って提供した。すなわち、日英同盟の失効を黙認する中で、ウラディオストックならびに青島《チンタオ》からの軍隊の撤収を決定する中で、アメリカによる１９２４年の挑発的な移民（排除）法に直面したときに彼らが節度ある自己抑制をした中で、また特筆すべきは中国によるいくつかの注目すべき挑発に対して彼らが慎重な行動を採ったことの中で、かかる証跡を提供したのであり、たとえば１９２７年の南京騒動での自己防衛において日本は、アメリカやイギリスと比べて断固として軍事志向ではなかったのであった。』（＊）

（＊訳注：これは英国王立国際問題研究所の１９３１年の国際情勢概観からの引用である）」（判決書p.331上段〜p.331下段）

検察側による田中内閣の評価

それまでの日本の政策に変化があったのが、田中義一内閣の時だったのだ。ただし、すでに述べたように、この田中内閣に対する検察側の評価は定まっていない。次の通りである。

「検察側は田中内閣に対してどのような態度を取るべきかについて確信が持てないように見受けられる。」（判決書p.331上段）

検察側の相反する２面の見方を引用したい。

まず、田中内閣が「軍事力に頼る」政策を取ったとしている評価を見ておく。

「**田中**内閣は１９２７年4月20日に成立した。検察側によれば、この内閣は中国に対して、以前の**幣原**《しではら》（訳注：幣原喜重郎、前出）の『善隣友好政策』とは根本的に異なる政策を採用したとのことである。**田中**の政策は『積極政策』と名付けられた。ある場面において我々は、検察側はかかる政策の採用の件から彼らの侵略の主張を開始させているのではないかとの印象を持った。検察側は次のように述べている。

『１９２７年4月から１９２９年7月の間《あいだ》の期間に日本は、**田中**総理大臣の内閣の下《もと》で『積極政策』を実施したが、それは満州に関して軍事力に頼るものであった。この『積極政策』は満州を残りの中国から切り離して考えることに大きく重点を置いており、もしも騒動が満州と蒙古に広がることにより日本の特別な地位を脅かすようであれば、日本は満州と蒙古を防御するとの宣言をその中に含ませていた。この**田中**政策は、日本の権益のみを守ることにその目的を限定していた善隣友好政策とは対照的に、満州での平和と秩序を維持する行動を日本自身が取る、と主張するものであった。』」（判決書p.331下段）

その一方で検察側は、別の場面で次のように述べていた。

「しかしながら別の場面においては、**田中**政策とは『満州における日本の要望を平和的手段によって手に入れる』種類のものである、と特徴づけられていたのである。」（判決書p.331下段）

検察側による、以上の相反《あいはん》する見方をどのように考えればよいだろうか。これを探るには、まずは東京裁判における「法廷証拠」にあたるべきであろう。

証拠に見る田中政策

「この政策に関する証拠は、法廷証第171、172、173、174、175号ならびに法廷証第57号の41ページ、等の文書の中にある。

　これらの証拠は、**田中**の下《もと》での日本政府は満州における中国の主権を尊重し『門戸開放、機会均等政策』を維持するためにあらゆることを行《おこな》いながらも、現地の平穏さを破り日本の死活的権益を危《あや》うくする事態が満州において生じさせないようにするとの堅い決意を持っていたことを示している。」（判決書p.331下段～p.332上段）

田中内閣の対中政策に関する田中義一首相自身による発言内容は、次の引用の通りである。

「**田中**はしばしば、日本政府は満州における平和と秩序に最上級の重要性を置き、かかる平和と秩序を乱す事態の発生を防ぐためにはできうることのすべてを実施する用意が日本政府にはあると宣言していた。彼はさらに、満州の平和と秩序を脅かす騒動が展開したならば、日本は平和と秩序を維持するために適切となる処置を強《し》いられることになるかも知れないと宣言した。」（判決書p.332上段）

これは、田中内閣よりも前の内閣で取られていた、「慎重で穏やかな世界秩序の精神と調和したところの純然たる平和政策」（前述、判決書p.331上段）とは明白に異なる政策である。いったい何が起きたのだろうか。

「弁護側は、この明白な政策変更を説明するために、当時の中国の内情を示す証拠を提出した。残念ながら我々はこの証拠を不適切であるとして却下した。この裁定に関する本官の意見は、この裁判所における証拠と手続きを論じた部分（訳注：第三部）においてすでに申し述べた。」（判決書p.332上段）

弁護側は、日本を取り巻く外部環境、具体的には、日本の経済的存続に死活的な意味を持っていた中国の内情が変化したことがこの政策変更の理由であることを示すために証拠を提出しようとしたが、それは却下されたのである。第三部において、パール判事は次のような意見を述べていた。

「弁護側の証拠を却下したことに鑑み、我々は検察側によるこの最終論告を受諾することはできない。この最終論告において検察側はこの点に関するリットン委員会の研究成果のすべてを受諾するように我々に求めた。本官の意見では、弁護側には、証拠を示し、関連する事実の認定問題につき裁判所独自の評決に至るように本裁判所に対し要求する資格があったのである。」（判決書p.165下段～p.166上段）

中国情勢に関する証拠の却下

右記引用のとおり、東京裁判においては証拠に関してかなり独断的な採用と却下が行《おこな》われていた。そしてこの点については、パール判決書 第三部で分析済みである。

たとえば、ウェッブ裁判長は中国において日本が「侵略戦争」を遂行したことは立証済みの事実であるととらえていたため、それを覆すための証拠提出はことごとく却下した。ウェッブ裁判長の立場からは、裁判の円滑な運営を確保するため、冗長な証拠の提出を却下することでそのような無駄な検証を避けたということだったのだろう。

　しかし、これは不幸なことであったとするのがパール判事の意見であった。次に示すように、パール判事は却下された証拠の代わりに「概観」等の独自の客観的材料を持ち込んで検証し、満州事変、支那事変、真珠湾攻撃などの日本の戦争が、「侵略戦争」ではなかったことをこの判決書で最終的には示すことになる。ウェッブ裁判長が立証済みの事実として捉えていたことを、ひっくり返したのである。

却下された証拠を補うための「概観」からの引用

　当時の世界情勢を把握するツールとして、パール判事は英国王立国際問題研究所の各年の「国際情勢概観」を重視している。この「概観」は、そのほとんどがトインビー博士が執筆したものである。東京裁判において証拠が受理されていればその証拠に依拠するのは当然だが、その証拠が却下された以上、次善の策として「概観」に頼ることにしたのである。

「概観」は信頼が置けるものであると、筆者にも思える。少なくとも、たとえば田中隆吉あたりの証言よりもはるかに信頼がおけると考えているのはパール判事と同様である。そのため筆者は、当時の世界情勢を知るためにも、パール判決書において「概観」が引用されている場面では、この「概観」の記述を残らず引用するように心がけている。

　田中内閣の政策を鑑定するため、パール判事は次のように「概観」から引用している。


「**田中**政策を鑑定するためには、当時の中国で発生していた出来事についての王立国際問題研究所による説明を引用することが有益であろう。『概観』は次のように述べている。


『１９２５年と１９２６年の両年を通じて、中国革命の嵐の中心は南部沿岸と揚子江盆地においてさまよっており、そしてロシアの共産主義者の影響力は国民党の顧問団の中で増大していたが、その両年においては中国の主権に対する外国による侵犯に反対を唱える運動の最初の矛先《ほこさき》は、まずはイギリスならびにイギリス国民に対して向けられた。しかしながら、１９２７年を経過するに従い状況は抜本的に変化した。すなわち、ロシアの共産主義者による影響はその年の1月に頂点に達していたが、12月には最終的倒壊に至ったのである。それと同時に中国革命の嵐の中心は再び動き出し、イギリスが支配的な権益を握っていた揚子江流域から、日本が支配的な権益を握っていた北東部の各省に移動したのである。以上の二重の状況変化に対応して、外国の『帝国主義』に対する中国人による運動は新しい方向性を採り、その矛先《ほこさき》は日本に向けられ始め、中国におけるイギリス人たちはいくらかの圧力の緩和により一息《ひといき》入れることができるようになったのである。』

『国民党と安国軍（訳注：北京を掌握した張作霖が１９２６年に総司令に就任した軍）との間《あいだ》の内戦の中で、蔣介石《しょうかいせき》の軍（訳注：国民党軍）がその１９２７年の作戦の中で山東《シャントン》の南側の境を越えるや否や、青島《チンタオ》—済南府《チンナンフ》鉄道の日本の権益は危機にさらされた。そして最近時にイギリス政府が上海でこれといくらか似たような状況の中で実施した措置を日本政府も採った。すなわち、現場に防衛軍を送り込んだのである。この措置は、１９２８年春に山東《シャントン》が中国の内戦における最終的で決定的な決戦の舞台となった時に再び実施された。そしてこの時には、日本軍と中国の国民党軍との間《あいだ》で激しい衝突が起きたのである。』

『このような衝突が起こるリスクはこの政策の中に本来的に内包されていた。そして、上海におけるイギリスの防衛軍、ならびに、山東《シャントン》に送り込まれ前年に撤退した日本の防衛軍は損害を受けないまま事態は沈静化したものの、あらゆる列国の中でも日本が山東に防衛軍を派遣することは特に危険であったことは思い起こさなければならない。山東省におけるドイツ政府の領域に入り込もうとした日本政府による1915年から1922年にかけての試みは、中国の外交関係における強烈な問題であったのだ。この孔子の母国への外国による侵害に対する感情が中国全土で覚醒され、そしてそれは中国の人々に国家的な意識を呼び起こすのに他の何よりも有効であった。このようにして、山東における日本の政策は日中関係における『試練』となったのであった。1922年2月4日のワシントンにおける2国間条約への署名、そして同年12月17日における、最後の日本軍部隊の山東からの撤退の後には、日中間の「**緊張緩和**(detente)」が続いた。この1922年の決着が中国人の心の中を沈静化し始めたものの、日本軍の部隊が青島《チンタオ》と済南府《チンナンフ》に1927年と1928年に再び姿を現した時に、痛みを伴うこの記憶がくっきりとよみがえったのである。かかる記憶は、1915年から1922年にかけての日本の政策が呼び起こした「**猛烈ナ敵意**(animus)」を、復活させたのであった…』

『青島《チンタオ》は海における「条約港」であり、そこは1898年に中国が外国勢力に対して貸し出すことを強要された領土であった。その領土は1914年から1918年にかけての世界大戦ならびに1921年から1922年にかけてのワシントン会議、等によるいくらかの効果によって1922年にようやく中国の政権に返還されたのであったが、それを中国が予期することはできるはずもなかった。』

済南府《チンナンフ》は内陸部にあり、1904年の清朝政府の片務的布告により外国の商業に対して開かれた都市である。それは省(訳注:山東省)の首府であり、鉄道の合流点でもあった。済南府で合流する2つの鉄道は、青島—済南府線と、天津—浦口《プーコウ》線であった。青島—済南府線は日本が所有していた。

『1922年2月4日にワシントンで調印された日中間条約を履行する中で、青島《チンタオ》—済南府《チンナンフ》鉄道は1923年1月1日に日本政府から中国に正式に移転された。その際に付された条件は、日本の交通管制官を遺留させることと、中国による日本からの鉄道買収が完了するまでは日本人の合同経理者を置くこと、のみであった。1906年に中国政府の主導により、この中国の都市の外壁の外の鉄道合流点の付近に商業センターが設置された。そしてこの新しい区域は外国人居留者と外国のビジネス企業を引き付けた。済南府はすでに1904年に、それら外国人居留者と外国のビジネス企業に対して開かれていたのであった。』…」(判決書p.332上段~p.333下段)

右記には1925年と1927年の両年における中国国内の情勢が記述されている。中国国内では内戦が打ち続き、情勢が不安定になっていたことが如実に示されている。そのために、イギリスは上海に防衛軍を派遣したと述べられている。日本が山東に防衛軍を派遣したのは、イギリスと同様の措置を取ったにすぎないのだ。

以下、1927年に起きたことを引き続き「概観」から引用する。

「『1927年の年初においては、東京の外務省はまだ**幣原**《しではら》男爵が取り仕切っていた。男爵は1921年から1922年にかけてのワシントン会議における日本代表であって、1924年6月に大臣職に就《つ》いてからは穏健で協調的な政策を慎重に追求した。外国が持つ特権に対して暴力をふるう運動の矛先は揚子江の谷においてイギリスに対して向けられていたが、その運動が北の方向に移動して日本人に対して向けられること(結果的にはそのようになったが）に対する予防措置を取るようにと、日本の本国において**幣原**男爵に対して１９２７年１月以降にいくらかの圧力がかかった。』…

『１９２７年４月16日に、**幣原**男爵がその閣僚の一員であったところの政府は辞職し、19日に**田中**男爵・陸軍大将が引き継ぎ…総理大臣職と外務大臣職を兼任した。１９２７年５月28日に**田中**男爵の政府は、国民党軍の進出ならびに山東《シャントン》における日本の権益への潜在的な脅威に鑑み、必要となる補助的な隊を付加した２個大隊をその省（訳注：山東省）における日本の権益を守るために青島《チンタオ》へ派遣するとの声明を発表した。日本政府は、これは欠くことのできない防衛措置であると認識しているものの、中国の土地の上に長期に亘《わた》ってその部隊を残留させる意図は無く、日本人居留民への危険の怖れが取り除かれればすぐに撤退させると付け加えた。部隊は５月31日に青島に上陸した。そして７月８日には部隊は鉄道線上に展開し、済南府《チンナンフ》自身を含む鉄道線上のいくらかの地点を占拠し、その一方では、５００名の海軍陸戦隊が周辺の防衛のために青島に上陸し、さらには砲兵隊を含む２００名の増派が大連より青島に７月12日に到着した。』…

しかしながら、中国と日本の軍隊の間《あいだ》では衝突は起こらなかった。１９２７年７月が終わる前には、中国の軍隊は浦口《プーコウ》に向けて南進し始めた。

『８月29日に**田中**男爵は、近い将来において山東のすべての日本軍を撤収させることが決定されたとの声明を発表した。そしてその撤収は９月８日には適切に完了した。』」（判決書p.333下段～p.334上段）

右記引用には、日本による中国への防衛軍の派遣は、日本の権益を混乱から守るためであったことが明示されている。侵略を目的としたものではない。幸いにも軍事衝突は起こらなかった。日本はその目的を果たし、約束通り防衛軍を中国から撤収させたのであった。この防衛軍派遣は、当時のイギリスもまったく同様の目的のために同様の行動を起こしたものである。これは当時の国際法上、認められた行為であった。

しかし、中国大衆は納得しなかった。以下、パール判事による「概観」からの引用を続けることにする。

「『１９２７年５月末の最初の上陸ならびに７月における済南府への進軍は、中国において大衆的な抗議を喚起した。そして７月を通じて、南京の国民党政府により試験的に支援された反日ボイコットが揚子江下流の流域ならびに広東において部分的に実施された。しかしながら、山東そのものでは、日本の防衛軍は中国の軍隊もしくは中国の民衆との暴力的な衝突に陥ることなく進軍しそして撤収することができた。そのため、この第一次の試験においては成果が収められたことによって**田中**男爵の政策は正当化できるものであったと見受けられるかも知れない。これに従い、８月29日での田中の声明においては、次の暗示が現れた。』

『「将来的に山東のみならず中国のその他の日本人大量居留地域において秩序と平和が脅かされ彼らの安全が影響を受けることが危惧される場合には、状況に応じて日本政府は自衛措置の採用を強《し》いられることになるかも知れない。時宜を得て軍隊を派遣したことが、深刻な脅威にもかかわらず我々が日本居留民を満足に守ることができ、そして予期せぬ出来事の発生を防ぐことができたとの事実を説明しているものと確信している。」』

以上において、**田中**政策の展開の説明はなされたのである。」（判決書p.334上段）

それまでの内閣が取っていた政策とは異なる政策を田中内閣が取ったのは、中国の国内情勢のためだったのだ。それを証明するためにパール判事は右記のように長々と「概観」から引用したのである。繰り返しになるが、パール判事が「概観」を持ち出したのは、田中政策における「この明白な政策変更を説明するために」弁護側が提出した証拠が、却下されたためである。

「ともあれ、検察側はその最終論告の中で、**田中**内閣は申し立てられた共同謀議と何らかの関連があったとか田中内閣はそれに対して共感していたなどの非難は行《おこな》ってはいないのである。事実、**田中**内閣の崩壊は『政府政策形成への陸軍自身による関与を示す、最初の公然たる行動』の結果であったとされている。『陸軍は自身の立場を守るために政府に反抗するのにすでに十分に強力であった』のかも知れないが、その時までは政府ならびにその政策は共同謀議者たちの目的に対し敵対的であったのだ。陸軍は政府に反抗的であったかも知れないが、未だに、政府に影響を与えることのできる立場にはなかったのである。

（中略）

検察側の主張によれば、1929年7月2日の**田中**内閣の倒壊までは、申し立てられた共同謀議は政府の外にあり、陸軍の中にあったのである。証拠は、共同謀議は『関東軍の中の「何名かの青年将校たち」』に限定されることを示している。」（判決書p.334下段）

つまり、「田中義一は共同謀議者ではない」と、検察側自身が主張していたのであった。

田中政策に関するパール判事の結論

以上を分析した後、パール判事は「（田中内閣による中国への軍隊派遣の政策は）正当化できないと申し述べることは困難である」と指摘している。次の引用の通りである。

「政策展開に関するこの説明（引用者注：この説明とは「概観」からの引用を指す）においてですら、採用された政策は正当化できないものであると申し述べることは困難である。**いずれにせよ、その展開については、検察側が申し立てている類《たぐい》の共同謀議を持ち出さずとも、十分な、そして満足のいく説明ができるのである。**」（判決書p.334下段）

それまでの内閣と異なり、田中内閣において中国に軍隊が派遣された。それが1928年6月の張作霖爆殺事件とタイミングが重なった。また田中義一が陸軍の出身であったことも何らかの影響があったものかもしれない。そこで検察側は、1928年を全面的共同謀議の始期であるとしたのであろう。

浜口内閣における幣原・井上の政策：高い評価

田中内閣は浜口内閣に引き継がれた。そして浜口内閣における幣原外務大臣と井上大蔵大臣の政策は、再び、諸外国によって高く評価されたのであった。次の引用の通りである。

「**田中**内閣は1929年7月に倒壊し、**浜口**内閣が後を引き継ぎ、**幣原**《しではら》男爵を外務大臣、**井上**（＊）を大蔵大臣とした。善隣友好政策はこの内閣により復活され、この政策は少なくとも1931年9月までは、次の**若槻**《わかつき》内閣により引き継がれた。…（中略）…。

（＊訳注：井上準之助《じゅんのすけ》 1869～1932 日本の政治家、財政家。大蔵大臣、日銀総裁を務めた）

幣原ならびに**井上**の政治的手腕は、『およそ人間性が実施しうる限りの理知的な運営』の模範であると考えられて来た。日本の歴史上のこの一場面において、日本は純然たる平和政策を追求していたのであったし、隣国の諸国もまた、日本がそれを追求していたことを認識していたのである。」（判決書p.335上段）

田中内閣の次の内閣の政策がこのように高く評価されたとの事実から見ても、直前の田中内閣の政策を悪《あ》し様《ざま》に評価することは困難であることが納得される。

幣原・井上の政策

この『およそ人間性が実施しうる限りの理知的な運営』をした幣原・井上の政策を、1931年以降に「ねじ曲げた」諸要因についてリットン報告書が提示した5つの要因については、すでに第②項「満州段階」で示されていた（判決書p.255上段～p.255下段）。そこにおいて示されていたのは、リットン報告書が示した5つの要因の箇条書きであった。本第⑥項においてパール判事は、その5つの要因に関するリットン報告書の原文を引用している。次の通りである。

「本官がリットン報告書自体から指摘したように、複数の要因が**幣原**の宥和策（訳注：善隣友好政策）を放棄する道を準備するよう作用していたのである。リットン報告書は次のように述べている。『何らかの国内的な経済的・政治的な諸要因がいつしか日本の人々に対して満州における積極政策を再び採用する心構えをさせていたことは疑い無い。諸要因とはすなわち、陸軍の不満、政府の財政政策、すべての政党に対する不満を表明し西洋文明による妥協的方法を軽蔑し日本古来の美徳に依拠し、さらには銀行家や政治家の利己的な方法をその非難の中に含めているところの陸軍・地方地区・国家主義の青年たちなどから発散される新しい政治力の出現、主要産品生産者をしてその産品の価格下落がもたらした境遇を緩和せしめようと冒険的な対外政策を求める方向に傾斜させたところの商品価格の下落、もっと強硬な対外政策からもっと良好なビジネスが生まれるのであると商工業分野に信じさせたところの貿易不振、等々である。これらの諸要因のすべてが、そのような貧弱な結果しか生まなかったように見受けられる**幣原**による中国との『宥和政策』を廃棄する道を準備したのである。』」

（判決書p.335下段～p.336上段）

右記の5つの要因は国内・国外の双方の要因を示しているが、国内要因と云《い》えども、国外からもたらされた理由によることが見て取れると思う。日本の国難は、常に外国からやって来るのである。

パール判事は、トインビー博士から広範に引用しながら、日本のこの政策変更を次のように分析している。

「おそらくは、これら、ならびにその他のいくつかの要因が、ワシントン会議以降10年ほどに亘《わた》って続いていた日本の外交政策の道筋をねじ曲げる方向に作用したのであろう。『**幣原**および**井上**の政治的手腕により例証されるような、およそ人間性が実施しうる限りの理知的な運営は、1国家《いちこっか》の政治手腕による最大限の努力も歯が立たないように見受けられた盲目的で無機質な運動効果をもたらすほどの膨大な規模の下《もと》に世界全体を舞台として機能した社会的な応力の集合体の影響によって、挫折させられたのであった。』

『世界恐慌による、正当な筋道から外れた無情なる経済循環のために長期に亘《わた》って苦しんだ』日本の人々は、彼らの商工業での企業活動の持続的拡大のためにそれまで実施されて来た政策に、最終的には幻滅することとなった。それが正しかろうと間違っていようと、『彼らは国家の活路を経済分野において見つけようとの試みを継続することに絶望した』のであって、『人間が制御できる範囲を超越した非人間的な力』、さらには日本が制御できる範囲を超越した人間的な力により、それまで継続して来た政策は『挫折することを運命づけられたように映った』のであった。おそらく彼らはこの時点までには、『増大する国際貿易の総額の中における日本の占有率を上げることにより、日本で激的に増大している人口』に対して備えをしたいとの希望を実現する余地は、英米による世界経済秩序が完成した後においてはもはや残されていないことを、感じ取ったことであろう。この点における彼らの幻滅が、おそらくは彼らの『無知から来る先見の明の欠如』のみを示している方向性へと彼らを押しやったものと思われる。しかし、これは何らかの共同謀議を首尾よく遂行させることを試みる何ものかを示すものではないことは、明白である。」（判決書p.336上段～p.336下段）

右記で分析された通り、幣原・井上の政策の具体的中身は「増大する国際貿易の総額の中における日本の占有率を上げることにより、日本で激的に増大している人口に対して備えをしたい」とするものだったのだ。しかし、「『世界恐慌による、正当な筋道から外れた無情なる経済循環のために長期に亘《わた》って苦しんだ』日本の人々は」、「『人間が制御できる範囲を超越した非人間的な力』、さらには日本が制御できる範囲を超越した人間的な力」、さらには、「英米による世界経済秩序が完成した後においては（幣原・井上の政策を実現する余地は）もはや残されていないこと」を意識せざるをえないこととなり、日本の目を満州の獲得に向けさせ、さらには満州防衛をもその目的の一つとした、中国大陸における「泥沼の日中戦争」へと日本を追いやっていったものと思われる。

ここで、「人間が制御できる範囲を超越した非人間的な力」とは、端的に云えば、1929年の世界大恐慌のことであろう。大恐慌の発生を防ぐこと、ならびに大恐慌からの平和的な手段による回復は、人間の力では不能であった。また、「日本が制御できる範囲を超越した人間的な力」とは、トインビー博士の表現でいう「イギリス流経済システム」（原表記はBritish economic system判決書p.382上段）もしくは「英国世界秩序」（原表記はBritish world order 判決書p.250上段）の存在が一つ、そしてもう一つは最終段階 後編の先取りとなってしまうが、アメリカ国民のほとんどが参戦に反対であったのにドイツと日本に対して何とかして戦端を開こうと努力していたルーズベルト政権のことを指しているものと筆者には思える。いずれも「人間的な力」であるが、「日本が制御できる範囲を超越」していた。

なお、満州事変の性質についての当時の若槻内閣の「決定」は、次の通りであった。浜口内閣の閣僚であった幣原・井上は、その次の若槻内閣においても、引き続き閣僚であった。

「満州事変は自己防衛の性質を持つものであることは、**内閣全員一致による決定**であった。」（判決書p.339上段）

すなわち、幣原外務大臣、井上大蔵大臣も含めた当時の日本政府（若槻内閣）は、満州事変が「侵略」であるなどとはまったく考えてはいなかったのである。全面的共同謀議による世界征服計画の一端としての満州侵略、というシナリオは、ここでも崩れている。

さらに、若槻内閣は、日本が満州に対する領土的野心はないことを決議して、合衆国に伝えたのであった。パール判事は次のように指摘している。

「9月26日に内閣は、領土的野心は無いとの決議を採択し、それは同日の内に出淵大使（＊）を通じて合衆国に伝えられた。これらのすべては誠実で正直なものであった。その際のいずれの時点においても、日本政府は領土拡大の意図や考えを抱《いだ》いてはいなかったのである。（＊訳注：出淵勝次《かつじ》 1878～1947 日本の外交官・政治家）」（判決書p.339上段）

§4．5・15事件と2・26事件

第3段階の期間中、要人暗殺を伴う政変が多く起きた。象徴的なのは1932年の5・15事件と1936年の2・26事件である。それらの事件を判決書がどのように描写しているかを見てみよう。

5・15事件

パール判事は、英国王立国際問題研究所の「1932年国際情勢概観」を引用することで、5・15事件の全貌を紹介している。次の通りである。なお、この1932年「概観」はトインビー博士が執筆したものである。

「『日本人による日本人に対する政治的な殺人行為は1932年に勃発したが（訳注：5・15事件）、それは日本の民族精神を独特のやり方で表明するものであった。』

『かかる一連の内の最初の犠牲者は1929年7月に民政党政権を形成した大政治家であった浜口氏であった。』氏は、1930年11月14日に彼が受けた負傷により1931年8月27日に死去した。

『その後、1930年のロンドン海軍会議を通じて互いに知り合った日蓮宗の僧侶と海軍航空兵により作られた「血盟団」は、**井上**準之助氏（瓦解した民政党内閣の大蔵大臣であった）を1932年2月9日に成功裏に暗殺し、そして団琢磨《だんたくま》男爵（三井財閥の総取締役）を3月6日に暗殺した。これらの犯罪は特に卑怯であった。というのは、その各々《おのおの》において実際の暗殺行為は血盟団の**2人**の設立者たちが煽動して武装させた小作農の少年により遂行されたからである。』…

＊＊＊＊＊

『一連の内の絶頂に達した犯罪は、1932年5月15日に当時の政友会政府の総理大臣であった犬養氏が官邸において銃撃され致命傷を受け、東京の5つの重要な建物が爆破されたことであった。これは6人の青年海軍将校と11人の士官学校の学生もしくは元学生の一団により行《おこな》われた。それらの犯罪者たちは皆、制服を着用しており、爆破を行《おこな》った一団により街路にまき散らされたビラの中で彼ら自身を「軍人行動隊ならびに農民決死隊」と称していた。彼らのうちの数名はそれを自動車に乗って行《おこな》った。爆破された5つの建物は、政友会本部、警視庁の本部、日本銀行、三菱銀行そして内大臣官邸であった。同時に、東京の発電所に対する失敗に終わった攻撃は、「農民決死隊」の民間人構成員により行《おこな》われた。この日の暴発においては**犬養**氏以外にもあわせて8名が負傷したが、致命傷を受けた被害者はその総理大臣自身のみであった。』

『これらの場面はあらゆる面において日本の伝統に合致していた。暗殺者たちの側はその任務を遂行した後に、逮捕されるために自主的に憲兵隊本部に出頭することにより日本の伝統に従ってその個人的名誉を維持することができた。そして最大の勇敢さと尊厳は、殺人襲撃が実施された時の**犬養**氏とその家族によって示されたのであった…。』

＊＊＊＊＊

『16日の早朝、2人の歩兵隊中尉と1人の少尉が、私服を着用した3名の将校と共に武装して陸軍省に出頭し、陸軍大臣である**荒木**大将との面会を要求した。彼らの要求は拒絶され、彼らは参謀次長による尋問を受けたが、拘留はされなかった。』

『この報告を受けるとすぐに、内閣は「**総辞職（resigned en bloc）**」した。その際、天皇は各大臣に対し、次の指示が出るまで各々《おのおの》の職位に留まるように命令を出した。株式取引は東京のみならず大阪、神戸、名古屋においても一時的に停止された。戦闘部隊において何らかの煽動の兆候が見受けられれば抑圧せよとの命令が、海軍大臣である**大角**《おおすみ》海軍大将から各艦隊に向けて、そして、陸軍大臣である**荒木**大将から陸軍のすべての師団長に向けて発せられた。』

『1932年5月15日の暴行事件に対するこれらの公的な非難は、しかしながら、海軍と陸軍の上層部には**事件の結果として発生した政治的な好都合を利用するつもりが無かったこと**を意味するわけではなかった。彼らの実際上の意図は、これに刺激を受けて翌日の東京**朝日**新聞に現れた記事において予示された。その記事は次のとおりである。』

『「昨日の事件へ陸軍将校が参加していなかったことは、陸軍の指導者たちはすべての階層からの支持を維持できていることを示す。しかし、青年将校たちはこの国の苦難を了解しているのであるから、軍の上層部が国民の支持に欠ける政治家たちと連携するとすれば、彼ら上層部がはたしてこのまま軍紀を維持できるかについては疑問がある。国民はそれ故《ゆえ》、腐敗した政党政治を取り除くべきであり、現在の状況に取り組む能力を持つ強力な国民政府を要求すべきである。陸軍は政友会内閣ないし政党連立の内閣の継続を認めることはできない。」』

（引用者注：右記最後のパラグラフは東京朝日新聞の記事である。この記事を概観が引用し、それをさらにパール判事が引用している）（判決書p.348下段～p.350上段）

以上のとおり、5・15事件において犬養総理が暗殺された。また、右記引用の冒頭にあるように、この事件の前触れとして1930年11月に浜口総理が狙撃された。このときに受けた傷の影響により、浜口総理は翌年1931年8月に死亡した。

2・26事件

この事件はパール判事自身が記述している。次の通りである。

「1936年2月26日に起きた軍による反乱（訳注：2・26事件）は日本陸軍の中の過激分子が、彼らが転覆《てんぷく》させようとした社会的・政治的秩序に対して『直接行動』を行《おこな》うことにより、軍における彼ら自身の上司たちが自ら行動を取ることへと追い込もうとの試みであった。それには政治的革命と反乱の、二重の特徴があった。日本陸軍のように高度な規律を維持している組織でこのような反乱が可能となったのは、保守派のグループと『青年将校』グループとの間《あいだ》に亀裂が発生したからであった。保守派のグループは軍による政治への関与を禁ずるとの**明治**天皇の命令を尊重すると明言したのである。それはともかく、続いて組閣された内閣には共同謀議参加の罪状は何ら問われてはいないのであり、また、本官が上記で指摘したとおり、**広田**を除きどの被告人もその内閣には入閣してはいなかったのである。」（判決書p.352上段）

右記引用中での「保守派のグループ」と「『青年将校』グループ」とは、当時の陸軍内で派閥争いをしていた、いわゆる統制派と皇道派のことであろう。

1936年の勅令

軍による反乱を収拾させるためには、軍の規律を速やかに回復しなければならない。そこで2・26事件の直後、勅令が発せられた。この勅令の内容は、キーナン主席検事の冒頭陳述の項番4の(b)としてパール判事が引用した通りである。再度引用する。

「(b)陸軍大臣は現役の陸軍大将か中将でなければならない、また、
海軍大臣は現役の海軍大将か中将でなければならない、と定めた1936年の勅令に内包されていた権能は、政府を支配することとそれを掌握すること、ならびに、武力による拡大を行《おこな》うとの日本の政策を推進するため、陸軍によって利用さ

れたこと。」（判決書p.330下段）

右記に引用した「項番4の(b)」の前段に、1936年勅令の内容が記載されている。後段は検察側による見解である。

ただし、この勅令の前の段階で、すでに憲法に同様の規定があったのである。この勅令は憲法の既存の規定に変更を加えたのみである。勅令が新しいルールを定めたわけではない。5・15事件を記述した1932年「概観」は、この件につき、次のように記述している。

『「実際、陸軍は、引き続いて実施された政府再建の交渉の中で二つの政党の政治家たちが政権に再び就任することに対しては、その形式上の就任に対してすらも拒否権を発動した。彼らはその拒否権につき、**『事実上(de facto)』**のみならず、海軍大臣ならびに陸軍大臣は海軍・陸軍の各々《おのおの》が現役将校の中から大臣職に推薦する者でなければならないとの**大日本帝国憲法が要求している条件**によって**『法的(de jure)』**にも有効性を持たせることができたのである。さらに、新しく組閣される政府は、それがどのようなものであれ、農業プロレタリアートを救う精力的かつ効果的な措置を採らなければならないとの条件をも陸軍が課したことにより、この急場における陸軍による政治への介入は単なる消極的なものであったわけでもなかった。陸軍には方策があったのである。』

斎藤内閣がその結果であった。」（判決書p.350上段）

つまり「概観」は、陸軍は農業プロレタリアートに同情しており、政治改革の意志が陸軍にはもともとあったことを述べている。

なお、右記の「概観」の引用の末尾の部分で、陸軍の方針によって斎藤内閣が組閣されたことが示唆されている。ただし、斎藤実《まこと》は海軍大将であることには注意を払うべきである。斎藤は4年後の2・26事件で暗殺された。

パール判事自身は、この勅令について次のように記述している。

「憲法への重要な変更を行《おこな》った1936年勅令の発布は、検察側により、軍部による政治権力の制圧への重要な一段階であったと特徴づけられている。勅令が取り扱っていたのは陸海軍大臣の地位であった。本官は、憲法のこの変更は検察側がかかる変更に付したような何らかの邪悪な動機により駆り立てられたものであるとは思わない。陸軍の規律は当時の喫緊の課題であったのである。これを首尾良く成し遂げるためのやり方を勅令の発案者は了解していたように見受けられるのだが、それはすなわち、青年将校たちに対する何らかの制御を正常に効《き》かせることができると期待される現役の高位の将軍を内閣の中に持ち込むことであったのである。この着想は本官にはあながち不合理であるとも思えず、我々がその中から何らかの邪悪な計略を読み取るべきであるとされるのはなぜなのかがわからない。」（判決書p.352下段）

パール判事は、陸軍の規律を回復するために現役の高位の将軍から陸海軍大臣を任命するとした勅令の措置は、必ずしも不合理ではないし、そこから邪悪な計略を読み取ることは困難であるとしているのだ。

また、別の場所ではパール判事は次のように記述している。

「海軍と陸軍の最高司令部は暴行（訳注：5・15事件）の結果として発生した政治的な好都合を利用する意志が無いことは示さなかったかも知れない。**しかし、この状況自体は決して彼らが創り出したものではないのである。**」（判決書p.350上段）

つまり、日本の当時の経済的貧窮・不安な社会情勢などにより陸軍・海軍の若手将校が「決起」する事態となったが、右記引用の通り、その状況自体は決して彼ら陸海軍の最高司令部が創り出したものではないというのがパール判事の事実認定である。

彼らが創り出したのでなければ、何がこの状況をもたらしたのか？それについては、リットン報告書が指摘した、日本の政策転換をもたらした例の5つの件が思い起こされる。重要と思われるので、次に再記する。
「(1)『陸軍の不満』、(2)『政府の財政政策』、(3)『(前略)陸軍、地方地区、国家主義の青年たちなどから発散される新しい政治力の出現』、(4)『(前略)商品価格の下落』、(5)『(前略)貿易不振』」(判決書p.264下段~p.265上段)

当時の日本の社会情勢に関するスティムソンの分析

スティムソンはフーバー大統領の下で国務長官(外務大臣に相当)を務めた人物であり、国務長官時代に当時の日本の社会情勢と日本の歴史に対する次の分析を行《おこな》った。この分析自体は相当に的確かつ客観的な分析であると筆者は思う。

「この、軍部による権力の掌握は、決して、現下の被告人のいずれかによる何らかの侵略的計画を示すものではない。この関連においては当時の日本の状況に関するスティムソン氏(*)による考察を引用できるものと本官は考える。

(*訳注:Henry Lewis Stimson 1867~1950 アメリカの政治家。陸軍長官、米領フィリピン総督、国務長官を歴任、共和党)

日本が、1人《ひとり》の人間の生涯の内という短い期間において、孤立した軍事的専制政治(訳注:鎖国政策を採った幕政)から如何《いか》に現代的な工業国家に生まれ変わったかを指摘した後、スティムソン氏は次のように述べている。

『非常に遠くの将来までを見通《みとお》した元老政治家たちによる指導の下《もと》に、日本は非常な早さで西洋文明の物質的要素を吸収した。活力的で有能な日本の国民は、技術的技巧の分野、製造業ならびに商業において、膨大な発展を収めた。この産業発展は、社会的・政治的な考え方に対しても少しずつ変化をもたらす結果となった。日本は議会制の特徴を持つ憲法を導入し、その国民の中に選挙権を拡大して行《い》った。しかし、1850年以前の7世紀に亘《わた》って、その行政面での特権階級は武門の人々であったのであり、一方で、産業の担い手と商人たちは下位の役割を担うものとして落としめられていたのである…』

『長期に亘《わた》るこの伝統は、日本人のような先鋭的に愛国的な人々の場合、現代の人民主権の理論によって簡単に取り除くことはできない成果を生み出していた。内閣制度が導入されて以来長期に亘《わた》り、その指導者たちは武門の者であったのだ。全国民の代表である文民政府が陸海軍からの忠誠を獲得しなければならないとの理論は、日本国民により一概には受け入れられるものではなかったのである。軍務の指導者たちは内閣に従属せずに、国家元首である天皇に対して直接的かつ独立的に帷幄上奏《いあくじょうそう》することができた。西洋的な民主主義の考え方も浸透しつつあったものの、かかる浸透は緩慢であり、その考え方が人口のうちの大きな部分により完全に担われることは決して無かった。1930年にはイギリスならびにアメリカとの海軍条約の批准は、軍令部の長であった加藤海軍大将が反対した。文民政府の長である浜口雄幸《おさち》首相の進言に基づいて海軍の抗議を押し切って天皇が批准を行《おこな》った際、現代的な憲政主義へと向かったこの一歩は深い憤慨を引き起こし、おそらくはそれに引き続いた暴力的な反動のいくつかに対して影響を及ぼしたのである。その直後に浜口氏は軍部の狂信者により暗殺され、日本の歴史の道筋の中で有害な影響を持つ運命にあったところの秘密結社がいくつか設立されたのであった。』

『しかし1931年9月の時点では、職位に就《つ》いていた政治家たちはまだ穏健派もしくは憲政派に属しており、彼らはまた、西洋的な考え方を目指した運動の指導者でもあった。若槻礼次郎氏が総理大臣として浜口氏を引き継いだが、若槻氏はロンドン海軍会議で日本代表団を率いた人物であった。外務省は、外務、特に対中方針において啓蒙的で自由主義的な政策を持つことでよく知られていた幣原喜重郎男爵が統括した。大蔵大臣である井上氏は日本の金融財政を健全な状況に至らせており、そのことは世界の金融界で広く認識されていた。国会の衆議院議員の選挙では成年男子普通選挙制度が採用され、それによる最初の選挙は1928年2月に実施された。』

『一言《ひとこと》で言えば、北太平洋の向こう側の日本の隣人たちは、国務省（訳注：米国国務省。外務省に相当）の目には、誇り高く、敏感で、野心的な人々であり、また、強烈に愛国的な人々であると映る。もともと彼らは合衆国に対して伝統的に友好的であったが、日本人たちが**侮辱的な作法**であると捉《とら》えたところのわが連邦議会による移民法の立法のため、それは最近時には傷つけられた。彼らが基本的に受け継いで来た武断主義が持つ美徳と弱みは、発展する経済と社会情勢による産業革命ならびにそれに伴う西洋的な民主主義の考え方によりわずかに修正を加えられたにすぎず、彼らの政府は未《いま》だに2つの要素（訳注：西洋的な民主主義の考え方と武断主義）を反映しており、そしてそれらの2つはまだ不完全にしか統合されておらず、その各々《おのおの》が指導権の獲得を争っていたのであった。』」（判決書p.350上段〜p.351下段）

パール判事もこの分析を受け入れている。その上で、パール判事は次のようにコメントしている。

「すなわち、軍部が政治的な好都合を利用する意志を持たなかったわけではない、という点は不思議なものでもなかったのである。」（判決書p.351下段）

当時の日本の社会情勢に関する1932年「概観」の分析

スティムソンの分析は過去何世紀もの日本の武家政治までも俯瞰したものであった。1929年以降の情勢にもう少し特化した分析を、今度は「概観」から見ておこう。

「1932年の概観（＊）の中で王立国際問題研究所は、以上の日本国内の展開を次の流儀によって説明した。1931年12月13日に、当時の**民政党**内閣は**政友会**内閣に取って代わられ、**犬養**氏が総理大臣となった。新政府は着任したその日に金《きん》の輸出を禁止した（訳注：金本位制からの離脱）。

（＊訳注：1932年国際情勢概観は英国の歴史学者トインビー博士 Arnold Joseph Toynbee 1889〜1975が、アシスタントである Veronica Marjorie Boulterと共に執筆した）

『1929年7月以降から執務をしており1930年2月に行《おこな》われた総選挙の結果、再任された前の政府は、その前の段階からの帝国議会の過半数を依然として維持したままであった。そして、政権が瓦解した時には国会は開会すらもされていなかったのである。このような状況下で**保守派**の政党（訳注：政友会）が**自由主義派**の政党（訳注：民政党）に取って代わったことは、日本においては…議院内閣制は依然として馴染《なじ》んではおらず、まだまだ脆弱《ぜいじゃく》な舶来物であったことを示している。しかし、その実地検証はすぐに激しい形で行《おこな》われることとなった。というのは、**政友会**の中核であった金融家や産業人たちは、日本の政治のこの新しい動きの**背後にあった推進力ではなかった**からである。かかる金本位制からの離脱によって彼らは、これは彼らが**予期していなかった権力掌握**であったことを即座に浮き彫りにしたのであり、そして金本位制からの離脱は彼らが代表している権益にとって利益となるものであったことは疑い無いものの、このようにして公共金融の手段を私的利益に変換することの実際上もしくは想像上の成功は、日本を含む全世界を巻き込んでいた経済的な嵐に後押しされて急速に力を増してきた新しい政治的勢力により、不正義であるとして攻撃されることとなった。そして、2月20日に実施された総選挙の結果、国会において**政友会**が他のすべての政党の議席数を136議席超過する過半数（＊）を取って復活したことは、その後3カ月以内に**自由主義派**の同僚議員たちがたどった道を**保守派**の議員たちが歩むことを、たしかに防いではくれた。』

（＊訳注：1932年2月20日の第18回衆議院議員総選挙では、立憲政友会は301、立憲民政党は146、その他の諸派が19の議席を獲得した。定数は466であった）

『前面、―あるいは、それは下から上方に浮上して来たものであるので水面と云《い》うべきか―に押し出してきた**新しい推進力**は、すべての色合いの議会政治家に対して敵対的であった。そしてそれは、議会制度が立脚していると考えられていたところの産業・金融「資本家」によるブルジョワ都市文明に対しても敵対的であった。かかる推進力とは、日本陸軍であった。そして陸軍は自らを小作農階級の保護者であると任じていた。小作農階級は、近時の穀物の世界価格の壊滅的下落、ならびに、すでに収穫逓減の形で具現化されていた日本の農村地区における過剰耕作と過剰人口による経済面への跳ね返りとの組み合わせによって、絶望的な農村プロレタリアートの状況に没落していたのである。産業労働者による近時の都市人口の急増にもかかわらず農村人口は依然として当時の日本の人口の52パーセントを占めていたこと、そして、**日本陸軍は一般徴兵制度により募集されていた**ため、増大する農村プロレタリアートの世代が兵卒の出身母胎を形成していた。兵士ならびにその家族の窮乏状態は下級将校の一団にはよく知られており、（下級将校たちの名誉のために付け加えるならば、彼らはその配下の兵卒との間《あいだ》で思いやりのある関係を持っていたし、また、その点について述べるなら彼ら自身も比較的低い社会層の出身であった）、また、農奴的なみじめさを背景として青年将校たちの間《あいだ》に引き起こされた政治的な動きは、その上司たちによる暗黙の同情と認定を勝ち得ていたのである。日本陸軍の上級将校たちもまた、兵卒たちと同様に、青年将校たちの熱意がもたらす果実から利益を得る立場にはあったものの、上級将校たちはその慎重さ故《ゆえ》に彼ら自身を背後に控えさせることを続けたし、その一方で兵卒たちはその無力さならびに経験の浅さから受け身の立場のままであったために、軍部と農民の暴発における矛先《ほこさき》の役割（あるいはもっとロマンチックではない表現を取るならば、暗殺者の刃《やいば》もしくは爆弾もしくは弾丸の役割）を演じるのは青年将校とならざるを得なかったのである。』

『西洋的な表現によれば、かかる暴発は「ファシスト」もしくは「国民社会主義」運動であった…。』

『これらの日本の若い「ファシスト」将校たちが単なる頭の混乱した理想家たちであったのだとしても、彼らが力を握ったことによってもたらされた大混乱はそれでもなお非常に大きなものであったことは疑い無い。しかし、日本においては不幸にも**侍《さむらい》の伝統**が、暴力による政治的犯罪は、その犯罪者が愛国的動機により鼓舞された限りは、そしてその凶悪な意図を達成するために彼自身の生命を代償とする準備がある限りは、理想主義もしくは名誉とは無関係ではないと教えていたのである。従って、形式に則《のっと》ったものではなかったものの1931年9月18日から1932年5月26日にかけて日本で実際に放たれた軍事的な『**檄文(pronunciamiento)**』（＊）は、連続的に起きた政治的な殺害によって加速された上で撒《ま》き散《ち》らされたのである。』

＊　＊　＊　＊　＊

（＊訳注：pronunciamientoは特に19世紀のスペイン、ポルトガル、ラテンアメリカでの軍事的反乱やクーデターの先駆けとしてなされた、『政府に反対である』との公的で激烈な宣言。多くは形式に則ってなされた。かかる宣言は、意図している反乱やクーデターが大衆の支持を得られるかどうかの試金石であった。支持が得られなければ首謀者は失敗をしたのであり、国外逃亡等を余儀なくされた）」（判決書p.347上段〜p.348下段）

ここでの重要な指摘は、「農村プロレタリアートの保護者を任じていた日本陸軍」という点であろう。特に下級将校たちは農村プロレタリアートのおかれた惨めな状況に強く「連帯」していたのである。

また、軍事クーデターの本場はラテン諸国である。トインビー博士は日本のクーデターをラテン諸国のそれと比較する方向へ意識を導くためにわざわざ「pronunciamiento」という語を入れたのであろう。

パール判事の指摘

この時期における政治家の暗殺事件に関するパール判事自身の指摘は、次の通りである。

「軍部の一部で、この時期の様々な政治家の暗殺につき責任がある一派は、陸軍もしくは海軍の特定の構成員ではない。検察側の証人は誰1人《だれひとり》として、この一派は関東軍自身もしくは陸海軍の特定の構成員であったと申し述べることはできなかったのである。**幣原**男爵はその証言の中で、この一派は関東軍とは異なっており、また、陸軍大臣の**南**がこの一派にはいなかったことは確実であることを明らかにした。男爵によれば、陸軍の『何人かの青年将校たち』がこの一派を形成していたとのことである。男爵は彼らの名前を挙げることはできなかった。男爵は、我々の眼前の被告人の誰をもこの一派に所属した者であるとして指名はしなかった。被告人の**橋本**、**板垣**と**小磯**は、この時期の邪悪な諸事件のうちのいくつかに関係しているとして何人かの証人によってその名を挙げられた。しかし、これらの証人でさえもそれらの被告人がその一派の中にいたと位置づけることはしなかった。その一派に**荒木**大将が関係していたと申し述べた証人は誰もいない。その一方で**犬養健**《たける》は、**荒木**は満州事変の拡大を防ぐために最善を尽くしたものの、『青年将校』たちの一団を制御することは**荒木**の力を超越するものであったと証言した。**荒木**自身もこの一団による殺害の対象とされたのである。」（判決書p.347上段）

右記引用中に登場する犬養健とは、暗殺された犬養毅総理の子息である。父親の秘書を務めていた。本件裁判の証人として出廷した。

右記引用中の「陸軍の特定の構成員」とは、たとえば「関東軍」とか「桜会」といった、特定の組織の構成員のことである。実際に「刃《やいば》をふるった」のはそれらの特定の組織の構成員ではなく、一般の青年将校たちであったとパール判事は指摘している。つまり、何らかの共同謀議による暗殺・政変であるとは考えられないと述べている。

§5．広田弘毅内閣の政策と評価

広田は全面的協同謀議のシナリオの中で重要なプレイヤーであると目されたために、検察側はあちらこちらで広田について言及した。そのため、パール判事もそれに応じてあちらこちらで広田について言及しており、検察側が広田のどの行動を重く見たのかがわかりづらくなっていると筆者は思う。

そこで第四部における広田に関するパール判事の分析を、ここでまとめて取り上げておきたいと考える。

なお、被告人・広田は悲劇の人であると筆者は考える。東京裁判では7人の被告が絞首刑となったが、そのうちの6名は陸軍関係者であった。軍人でなかったのは広田だけである。広田は外交官出身の政治家であった。平和指向の人であり、共同謀議の中心とされる陸軍とは対立する場面が多かった。そのような人物がなぜ訴追され、極刑に処されなければならなかったのか。筆者は残念でならない。

広田が共同謀議者と名指された理由

まず、広田が共同謀議者であると検察側によって名指された証拠立てを見てみよう。パール判事は次のように述べている。

「(前略)検察側は共同謀議者による政治権力の制圧の足取りを追跡することを目的として、**広田**内閣を共同謀議の第3段階であると銘打っている。**広田**は、主として法廷証第935号と同第216号において証拠立てがなされているところの彼の外交政策に基づいて、共同謀議者であると名指《なざ》されているのである。」(判決書p.353下段)

広田はここではその「外交政策」によって共同謀議者と名指されたのである。

広田の外交官時代

それでは、広田は外交官時代にどのような「悪いこと」をしたのだろうか。パール判事は広田の外交官時代を次のように記述している。

「**広田**が初めて外務大臣に指名されたのは1933年9月14日のことであり、それは**斎藤**内閣においてであった。この日以前においては、申し立てられた共同謀議と**広田**とのつながりを示す記録は何も無い。彼はそれ以前においては陸軍もしくは海軍にて何らかの職務に就《つ》いたことは決して無かった。彼は合衆国、イギリス、中国、オランダそしてソビエト連邦において外務官吏として服務していたのである。また自国においても彼は外務省の重要な地位を歴任した。1930年10月15日から1932年11月19日にかけて彼はソビエト社会主義共和国連邦における大使であった。この職位を免じられた後、彼は自適の生活に戻っていたが、1933年9月14日に外務大臣の地位を受諾するよう要請された。ソ連大使であった時期の彼の活動については検察側によって多くのことが申し述べられた。しかし本官は、彼のかかる活動の中に何らかの邪悪なものを見出《みいだ》す者は誰もいないものと信じる。上記の時期に関連している証拠はむしろ、**広田**に対する検察側による主張が絶望的であるとの特徴、ならびに、なんとか**広田**を捕縛《ほばく》しようとする検察側の狂気じみた努力を示している。」(判決書p.353下段)

右記引用のように、広田の外交官時代の活動の中からは「何らかの邪悪なものを見出《みいだ》す者は誰もいないものと信じる」というのがパール判事の結論であろう。

パール判事はたたみかけるように、「証拠はむしろ、広田に対する検察側による主張が絶望的であるとの特徴」、「なんとか**広田**を捕縛《ほばく》しようとする検察側の狂気じみた努力」を示しているとまで、述べている。「狂気じみた努力」…。原表記はfrantic effortである。

広田のソ連に対する方針

パール判決書の記述から読み取れるのは、検察側は、広田のソ連に対する方針が敵対的であったことを問題視している点である。広田のソ連政策に関する検察側の言い分をもう少し詳しく見ておきたい。次の通りである。

「**広田**に対して不利な取り扱いをさせているところのこの証拠から我々が得られるものは、せいぜい、彼のソ連に対する方針はソ連政府に対して敵対的であったというものにすぎない。当時はしかし、他国の責任ある政治家たちの多くはソ連に対して同様の方針を抱《いだ》いていたのである。アメリカ合衆国でさえ、1933年という年に至るまでその国を承認しようとはしなかったことを我々は思い起こすことができる。ソビエト政府が設立された時、世界中の既存の政府に対する革命を喚起するプロパガンダならびに行動を通じて他国をソビエト化しようとすることを含めたところの彼ら自身の政策により、彼らは他国の不興を自ら買ったのである。ウィルソン大統領は1919年に、『この政府（合衆国政府）の見解では、国際関係面において合衆国政府自身が持つそれとは完全に異なる認識を持つ政府、我々の道徳的認識とは全く合致しない政府、そのような政府とは合衆国政府は共通の立場に立つことはできないのである…。我々の組織に対して陰謀を巡らせることを決意し、そしてそれを実行する義務を負っている政府、その外交官たちは危険な反乱を煽動する者たちである政府、かような政府の代理人たちとの間《あいだ》で昔ながらの関係を認めること、そして彼らを友好的に迎え入れることは、我々にはできない…』と宣言した。

1928年にケロッグ国務長官は、クーリッジ政権の姿勢を次のように要約した。

『既存の政治的、経済的そして社会的な秩序を世界中で転覆《てんぷく》させること、ならびに、他の国々に対する彼らの行動を右記に従って規定すること、を任務としているグループの代理人である政府組織との間《あいだ》においては、友好国との間《あいだ》では一般的となっている基盤に基づいた関係を設立することはできない、というのが合衆国政府の信念である。』（判決書p.353下段～p.354上段）

右記引用が示すように、ソ連に長らくに亘って敵対的だったのはアメリカ合衆国も同様だったのである。合衆国がようやくソ連を承認するのは、フランクリン・ルーズベルトが政権を取った後の1933年になるまで待たなければならなかったのだ。日本がソ連に対して敵対的であったことを断罪するなら、アメリカも同罪なのである。さすがにソ連は、検察派遣の同僚国であったアメリカを非難をすることはしなかったが…。

これは検察側が一枚岩ではなかったこと、つまり、ソ連が後から検察団に加わったことから発生した事象であることを示しているものと思う。また、一国の外交政策はその国家の「国家行為」であり、その政策を担った個人の罪を他国が断罪することはできないという、第一部 予備的法律問題 におけるパール判事の指摘も思い起こされる。パール判事が検察側訴追に対して広田を擁護するのは、そのような諸事情によるものと思われる。

広田と他の共同謀議者との関係

広田が日本政府に閣僚として参画したのは1933年のことであり、外務大臣として入閣した。これは共同謀議者たちによる権力の制圧だったのだろうか。そのような証拠は絶対的に何も無いとパール判事は指摘している。次の通りである。

「本官の現下の目的のためには、外務大臣に就任するよりも前の段階において**広田**が、申し立てられた共同謀議への参画者もしくはその共感者としてかかる共同謀議と何らかの関係を持っていたことを示すものは、記録の中には絶対的に何も無いことを申し述べれば十分である。彼が、申し立てられた共同謀議者たちと知り合いであったことを示すものでさえ、もしくは、共同謀議の目的に対する彼の見解が誰かに知られていたことを示すものでさえ、何も無いのである。さらに、彼を大臣職に就《つ》けようとの何らかの計略がどこかにあったことを示すものさえも、絶対的に何も無いのである。実際、そのような計略は無かったのであり、彼自身が大臣職に就《つ》くことを求めたわけではなく、また、申し立てられた共同謀議者たちのいずれかがそのことを知ることさえもなく、彼は大臣職に就《つ》いたのである。」（判決書p.354上段～p.354下段）

広田の外務大臣・総理大臣就任に関するパール判事の結論は、次のとおりである。広田の外務大臣就任と首相職への就任に関して、共同謀議の痕跡は何も無いのである。

「ここで我々が思い起こすべきことのすべては、彼の外務大臣職もしくは首相職への就任は、彼の側による、もしくは、誰か他の者による、何らかの計略の結果であるなどとは今に至るまで立証されてはいないことである。すなわち、共同謀議者たちが誰であるにせよ、かかる共同謀議者たちによる政治権力の制圧は少なくともこの段階までは無かったのである。」（判決書p.354下段）

広田に対する検察側による「実際上の」訴追：1936年閣議決定

外交官・外務大臣としての広田の外交政策については右記の通り、「何らかの邪悪なもの」（判決書p.353下段）は無かった。それでは、検察側は「何」を問題として広田を訴追したのであろうか。

「**広田**に対する検察側の訴追は、実際上は1936年8月7日の閣議決定から開始されている。法廷証第216号がその閣議決定である。検察側はこの決定は明らかに侵略的であると主張している。本官はまもなく、この問題を検討することとしよう。」（判決書p.354上段）

つまり、広田内閣におけるこの閣議決定こそが、広田に対する訴追の本丸だったのである。パール判事は「まもなく」検討すると述べているが、これは本項の次の第⑦項「戦争に対する一般的準備」で触れられている。ここで先取りして引用しよう。

「検察側は我々の注意を1936年8月7日の閣議決定（法廷証第216号）に向けさせた（＊）。かかる閣議決定では国家政策の根本原則として『北方におけるソビエトの脅威の根絶、**それと同時に、イギリスとアメリカに対する準備を行《おこな》う**ための日本と満州国の国家防衛の強化、そして経済発展のための日本、満州国と支那との間《あいだ》の緊密な協力の実現』を採用した。検察側によれば、これこそが共同謀議の究極的目標であるとのことである。

（＊訳注：この閣議決定は広田内閣におけるものである。第四部 全面的共同謀議 第3段階 政治権力の制圧・広田訴追への検討 参照。上記の通り検察側は共同謀議の究極的目標は広田内閣において設定されたと述べている。以下、広田政策に対する検証が続く。なお広田は本件裁判にて死罪となった）」（判決書p.380上段）

この閣議決定の要点は3点あると読み取れる。右記引用より書き出してみる。

①北方におけるソビエトの脅威の根絶
②**イギリスとアメリカに対する準備を行《おこな》う**ための国家防衛の強化
③経済発展のための日本、満州国と支那との間の緊密な協力の実現

パール判事は②をイタリック体で強調している。日本政府がイギリスとアメリカを意識して防衛策を強化するとの最初の決定が広田内閣において行《おこな》われたのだ。これこそが「共通の計画」を日本政府が具現化した証拠であるとして検察側は重視したのであろう。

また、③においては満州国、支那（China）との緊密な協力が決定された。この点についてパール判事は、この第⑥項においては次のように記述している。

「検察側は、**広田**の外務大臣としての満州政策、さらにはその中国政策に対し、非難をしている。これらの政策については後ほど、

検討する機会を設けよう。それらは現下の我々の目的のためには何の関連も無い。」(判決書p.354下段)

右記引用においてパール判事は「これらの政策については後ほど、検討する機会を設けよう」と述べているが、これは第四部の第⑩項「最終段階」である。これも先取りして引用したい。次の通りである。

「日本が戦うことになる可能性のある列強国として広田政策がイギリスとアメリカに言及している限りにおいて、本官はすでに1936年の広田政策、ならびに広田政策が持つ意味合いについて検討を行《おこな》った。(*)本官はまた、それがソビエト連邦に言及している限りにおける、かかる政策への検討をもすでに行《おこな》った。本官の意見では、この政策によっても、我々は申し立てられた共同謀議についての何らかの推論へと導かれるものではないのである。本官はさらに、この政策が日本側による侵略準備を示す政策であると本官が捉《とら》えることができない理由も、すでに指摘した。

(*訳注:第四部　全面的共同謀議　第2段階　満州から残りの中国すべてへの支配力と制圧の拡大、の中の『広田政策』、ならびに第四部第3段階 戦争に対する一般的準備の中の『軍事的準備に関するイングリッシュ氏による証拠の提出』)

いずれにせよ、検察側自身が示しているとおり、中国本土への何らかの進出をするだけでも2つの障害、すなわち西欧列強とソビエト連邦の両方を呼び込むとされているのである。それらの列国の名前がそれらの政策もしくは計画の中で列挙されていることの中にあるとされている、かかる計画は中国のさらに向こう側にあるいずれかの領土を征服するものであったとの推論へと我々を導くものとは、いったい何であると云《い》うのか?」(判決書p.449下段~p.450上段)

右記引用の末尾部分が重要である。広田の閣議決定においてイギリス、アメリカ、ソ連という列強国の名前が列挙されていることが、中国のさらに向こう側にあるいずれかの領土を征服するものであったと「推論」せよと検察側は云っているのである。そしてパール判事はここで、そのような推論をさせるものは何も無いと述べているのである。中国本土へ進出するだけで英米ソという障害を呼び込むからである。

広田内閣の組閣と倒壊

広田内閣の組閣と倒壊の事情をここで見ておこう。パール判事は次のように述べている。

「**広田**は次の**岡田**内閣においても引き続き外務大臣であった。**岡田**内閣は1936年の2月26日の事件(訳注:2・26事件)の結果、倒壊した。**広田**は1936年3月9日に天皇陛下に召喚され、組閣を行《おこな》うようにとの大命降下を受けた。彼の内閣は1937年2月1日に倒壊したが、これは起訴状における訴追内容とは何の関連性も持ちえない事柄を巡って国会を解散せよとの陸軍大臣**寺内**による要求を、**広田**が拒んだ結果の倒壊であった(*)。

(*訳注:1937年1月の第70回帝国議会において政友会の浜田国松代議士と寺内寿一陸軍大臣との間《あいだ》で口論となり、立腹した寺内が広田首相に国会の解散を要求。首相や海軍大臣など他の閣僚はこれに応じなかったが、寺内大臣は解散しないなら単独辞職すると述べた。これにより広田内閣は閣内不統一を理由とした総辞職に追い込まれた。)」

(判決書p.354下段~p.355上段)

右記引用は、広田内閣の倒壊に陸軍が深く関わったことを示している。この点は、この時点での共同謀議者グループが政府の「外」にあり、陸軍の「中」にいたと検察側が主張していることと考え合わせると、広田が共同謀議者であると「推測」するのに、大きな妨げとなる。

さて、広田は浜口や若槻同様、立憲民政党の政治家であった。当時の政界でどのような議論があったかを理解するために、立憲民政党の政敵であった政友会がどのように広田の政治を批判したのかを、ここで併せて見ておくこととしたい。そこからは、政党政治におけるごく普通の論争があったことが見て取れる。なお左記引用の最後尾に、広田内閣倒壊の理由が別の証人（次田《つぎた》書記官長）による証言から引用されている。

「１９３７年1月20日に、**政友会**大会において広田の内閣が実施していた政策を批判する宣言が行《おこな》われた。彼ら（訳注：政友会大会）は、防共協定の締結というしくじりが他の列国の間《あいだ》で疑念を生んだこと、準戦時体制を立ち上げたこと、ならびに、純然たる官僚による経済運営は、善よりも多く害をなしたと宣言したのである。彼らは、**広田**内閣の取った措置はその全般において国家の福利厚生に基づくものではなく、官僚体制と軍部の独断的偏見の影響を受けたものであると非難した。その2週間後、**広田**の内閣は倒壊した。**次田**《つぎた》証人（訳注：次田大三郎、幣原《しではら》内閣の書記官長）は、**広田**内閣の倒壊の責任は、陸軍、特にその衆議院における代表で議会制度の改革に反対した者たちにあったと述べた。対立は陸軍大臣が最終的に辞任するほどにまで深まり、**広田**は内閣をそれ以上維持することができなくなったのである。」（判決書p.355上段）

広田内閣の倒壊の責任が陸軍にあったことが、右記引用の次田証人の言葉からも裏付けられる。広田と陸軍は対立する立場にあったのである。

§6．大政翼賛会の成立

検察側は、ドイツにおけるナチ党に比肩しうる存在として、日本においては大政翼賛会を大きく取り上げた。たしかにこれは当時の日本において重要な組織であった。「大政翼賛会の設立の後には、重要な組織は他には存在しなくなった。」（判決書p.343上段）

しかし大政翼賛会は、「公事結社」であり、政策を推進する「政党」ではなかったのである。その点がナチ党との大きな差である。ナチ党は名実ともに「政党」であった。パール判事は、大政翼賛会の理念と成立過程、その役割などを詳細に分析している。

パール判事は大政翼賛会のあらましを、次のように述べている。

「大政翼賛会の組織の設立は、**近衛**首相により１９４０年に決定された。その設立は１９４０年10月10日のことであった。検察側証人の**後藤**文夫はその組織の目的を次のように述べている。『万民一億一心**職分奉公**の国民組織を確立し、その運用を円滑ならしめ、もって臣道実践体制の実現を期するをもって目的とす。』検察側によれば『大政翼賛会はよく知られたナチ・ファシスト政党を原形とする、その忠実な複製なのであって、それは政府を利し反対派を抑制するために国民を統制するものであった。』この組織をそのように特徴づけることを支持する証拠は、絶対的に何も無い。それは、訴追をしている諸国による単なる疑念にすぎない。」（判決書p.352下段〜p.353上段）

大政翼賛会は、断じてナチ・ファシスト政党の複製などではない。大政翼賛会をそのように特徴づける証拠は、「絶対的に何も無い」のである。

大政翼賛会に向けられた近衛文麿総理の理想

大政翼賛会の設立を決意し、推進したのは、時の総理大臣であった近衛文麿《このえふみまろ》であった。近衛は、ある理想をもってこの組織を設立したのであった。パール判事は、後に述べる検察側証人・後藤文夫の証言を踏まえた上で、近衛の持っていた理想を次のように事実認定している。大政翼賛会の性格を把握するために、先取りして左記に引用する。

「**近衛**の理想とはすなわち、政治的イデオロギーや政治的意見は違っていても日本の国民のすべての層が合意できるような組織を設立する、というものであった。それは、はっきりとした綱領を持ちそれを実行させる能力をも伴った一つの大きな政党などではなく、さまざまな種類の意見を持つさまざまな種類の国民が合意でき運用できるような組織であった。１個の強力な政党を望んだ人々にとっては、大政翼賛会は失望であった。彼らは、大政翼賛会に参画するためにその政党を解体したのであったが、大政翼賛会が政治的権能を欠くことに彼らは大いに不満であった。」（判決書p.343下段）

つまり、近衛の念頭にあったのは「はっきりとした綱領を持ちそれを実行させる能力をも伴った一つの大きな政党」ではない。そうではなく、「日本の国民のすべての層が合意できるような組織」であったのだ。この組織の性格としては、「さまざまな意見を持つさまざまな種類の国民が合意」できる組織の設立を近衛は目指したのであった。当時の日本が抱えていた困難な内外事情を踏まえ、日本という国家がそれを乗り切れるようにするために、近衛が考え出した方策が大政翼賛会の設立であったのだろう。

やはりこれは「１個の強力な政党」などではなかった。ドイツにおけるナチ党のような性格の組織ではなかったのである。右記引用の末尾にこうある。「大政翼賛会が政治的権能を欠くことに彼ら（１個の強力な政党を望んだ人々）は大いに不満であった。」

大政翼賛会に関する証人・後藤文夫の証言

大政翼賛会に関して、検察側証人として後藤文夫が出廷して証言した。この証人について、パール判事は次のように紹介している。

「**後藤文夫**《ふみお》：（法廷証第１６６号、１６３８ページ）

この証人は１９３４年に**岡田**内閣での内務大臣となり、その在任期間中に、１９３６年の陸軍による反乱（訳注：2・26事件）が発生し、**岡田**総理大臣の暗殺が試みられた。**岡田**が包囲された３日間、証人は総理大臣を代行した。」（判決書p.342下段）

後藤文夫の証言①：大政翼賛会設立委員会での設立案と年間予算

後藤は大政翼賛会の設立に深く関与した。設立委員会の委員だったのである。次の引用の通りである。

「**近衛**首相が大政翼賛会の設立を１９４０年に決意した際、**近衛**は証人（訳注：後藤文夫）に対して、この組織の設立案を作ることに関する助言を求めた。証人は**橋本**が委員として参加していたところの設立委員会において、多くのことを試みた。証人は後に総務委員会の中に地位を得て、かかる組織に参画した。

大政翼賛会の設立の後には、重要な組織は他には存在しなくなった。これは、高位の政府官僚がそのすべてを統制する、重要な公事結社（訳注：大政翼賛会）が立ち上がる結果となった。この結社は政府資金から年額８００万円を限度とする補助金を得ていた。それは、あらゆる県、市、そして町内にまで至っていた。

反対尋問の中でこの証人はかかる大政翼賛会の設立、すなわちその実践要綱の策定ならびに運動規約の策定にも彼は参画したと述べた。彼は大政翼賛会の理事の１人であり、総務委員会の総数の正確な数字は思い出せないとしながらも、その数は30人から40人の間《あいだ》であった、と述べた。大政翼賛会は１９４０年10月10日に設立され、**鈴木**内閣（訳注：鈴木貫太郎　１８６８～１９４８　日本の海軍軍人、政治家。終戦時の総理大臣）の任期中の１９４５年に解散した。」（判決書p.342下段～p.343上段）

後藤文夫の証言②：大政翼賛会の目的

この証人は、大政翼賛会の目的について次の通りの証言をした。

「証人は、大政翼賛会の目的はまさに『万民一億一心、職分奉公の国民組織を確立し、その運用を円滑ならしめ、もって臣道実践体制の実現を期する』ことに他ならなかった、と述べた。その目的の中には、世界の道徳的な指導者となる、また、世界新秩序の確立に努める、等といった考えは含まれてはいなかった。大政翼賛会が公事結社であると称することについては、証人はそれが政治的組織ではないという意味であると証言した。証人は、大政翼賛会は政府により統制されていたものであって、大政翼賛会が国民を統制していたわけではなかったと証言した。政府から受領した800万円の資金は、国民の臣道実践を目的とする大政翼賛会の運営のために使用された。

　国民の臣道実践とは、証人によれば、日本の人々に課された兵役、納税その他の法的・道義的なものを含む義務を日本の国民が遂行することである、とのことであった。」（判決書p.343上段～p.343下段）

後藤文夫の証言③：実践要綱における問題部分

検察側は、大政翼賛会の実践要綱の2点を問題視した。その1つは「我々は世界の道義的指導者たらんとす」という部分、もう1つは、第2条にある「本会は、世界新秩序の確立に務む」という部分である。後藤証人は、これらについて次のように証言した。

「大政翼賛会の要綱の語句にある『我々は世界の道義的指導者たらんとす』とは、彼らが国家の道義的水準を高め他の国々からの尊敬を得ようと努めるという意味であった。

　実践要綱の第2条にある、『本会は、世界新秩序の確立に務《つと》む』という語句についてはこの証人は、大政翼賛会にはそのことを実施する時間が無く、そのことを実施する十分な力を得ることは幸いにも決して無かった、と証言した。」（判決書p.343上段）

世界の指導者という表現は、道義的水準を高めて尊敬を得るように努めるという意味合いを持つものにすぎない。また、あたかも政治的意味合いを持っているようにも見える「世界新秩序」については、大政翼賛会にはそれを確立するように務める時間も力も無かったのであった。

後藤文夫の証言④：既存政党の解体

大政翼賛会が1つの契機となって、既存政党が解体された経緯があった。これも見かけ上は、大政翼賛会は日本の独裁政党であったとの意見に短絡させる要因になりうる。

　しかし、後藤証人によれば、事実としては、既存政党の解体は大政翼賛会の設立のための準備委員会が結成される「前」の段階であったのだ。「大政翼賛会の設立の結果として既存政党が解体されたわけではなかった」のである。次の引用の通りである。

「この証人はさらに、大政翼賛会の設立の結果として既存政党が解体されたわけではなかった、と述べた。国会における諸政党が解体されたのは、準備委員会（訳注：大政翼賛会の設立のための委員会）が結成される前の段階であったのだ。証人は、**近衛**が1つの大きな政党を作ろうとしているとの一般的な意見が存在し、いくつかの政党の指導者たちはかかる大きな政党に加わろうとして彼らの政党を解体したものと証人は信じている、と述べた。それは証人による誤認であったかも知れないが、とにかくそれらの政党は解体されたのである。**近衛**は、そのもともとの計画であった一つの大きな政党の設立についてはあきらめた。また同時に、輿《よ》論《ろん》の傾向は、そのような考えは日本の国体とはそぐわないもので

ある、というものであった。」（判決書p.343下段）

近衛はもともとは大きな政党を作る計画を持っていたが、それはあきらめた。また、肝心の日本の輿論も、そのような大きな政党は日本の国体とはそぐわないという考え方だったのだ。日本の輿論がそのような考え方を持っていた点は、ドイツとの違いを認識する上で重要だと思う。

パール判事の事実認定

以上の後藤の証言も踏まえた上で、パール判事は次の二つの引用のように事実認定する。

「大政翼賛会は、国民を非人道的かつ違法な対英米戦争へと準備させるために設立されたものではなかった。」（判決書p.343下段）

「大政翼賛会は主として、国民の義務はどうあるべきかといった精神的な面での運動を遂行した。それは主として国内的な運動に関わっていた。たとえば、生産の増強であるとか、国民生活の規律、といったものであった。」（判決書p.344上段）

右記二つの事実認定は、大政翼賛会の特徴に関するパール判事の結論であると、筆者は考える。大政翼賛会は、ドイツにおけるナチ党に比肩しうる政党、あるいは、侵略戦争推進のための全面的共同謀議の担い手ではなかったのである。

翼賛政治会

紛らわしい名前だが、「翼賛政治会」という組織が設立されている。これは、近衛の大政翼賛会に不満を持った人たちが設立した、歴とした「政党」である。

「1個の強力な政党を望んだ人々にとっては、大政翼賛会は失望であった。彼らは、大政翼賛会に参画するためにその政党を解体したのであったが、大政翼賛会が政治的権能を欠くことに彼らは大いに不満であった。」（判決書p.343下段）

そこで、そのような人々は、別途、「翼賛政治会」を設立したのである。

「政治家たちは力を備えた新しい政党を設立する必要を認めたため、彼らは大政翼賛会から脱退し、**翼賛政治会**を設立した。**近衛**内閣が帝国議会において、大政翼賛会は公事結社であり政治的な結社ではないと宣言したのは、その時であった。」（判決書p.344上段）

右記引用中の最後尾にある、「大政翼賛会は公事結社であり政治的な結社ではない」と、近衛内閣が帝国議会で宣言したとの事実は重要である。

「翼賛政治会の設立の後にも、大政翼賛会の機能に大きな変化はなかった。大政翼賛会はその機能を維持し続け、一方で、翼賛政治会は国会活動や政治綱領の主張に耽《ふけ》っていた。（法廷記録１６６４ページから１６７２ページ）」（判決書p.344上段）

つまり、既存政党の解体後に政党として政治活動を行《おこな》った組織は「翼賛政治会」である。大政翼賛会ではない。さらにこの翼賛政治会は、その重要性において大政翼賛会に劣後するのである。

大政翼賛会：弁護側証人に対する検察側のコメント

後藤文夫は検察側証人であったが、誰かは明記されていないが「弁護側の証人」も証言している。その証言内容と、それに対する検察側コメント、そのコメントに対するパール判事の意見は次の通りである。

「弁護側の証人は大政翼賛会のことを、山積する国家的危機に対《たい》峙《じ》するよう設立された平和的組織であったと述べている。この証言に対して検察側は一言、次のようにコメントしたのみである。

『そのように主張するにあたり弁護側は、かかる危機を引き起こした責任は単に共同謀議者たちのみにあったとの重要な事実を完全に見落としている。』危機はそのようにして作り出されたものであったと想定したにしても、組織の特徴自体が変わるものではない。どの政治家も、単にその国自体が以前の段階で採った措置が危機の原因であったかも知れないとの理由によって、かかる危機を見過ごすことなどできないのである。上記のコメントは、その組織の特徴と機能について適切な審査を行《おこな》うにあたって何の手助けともならない。かかるコメントは、国家の政策を管理運営している者たちに向けられたところの、特定の動機に基づく非難を受け入れる方向へと人の心を感情的に傾斜させる傾向のある、気晴らし的なテーマを提供するのみである。」（判決書p.353上段）

右記のような冷笑的なニュアンスを持つ検察側コメントに対し、パール判事は、「単にその国自体が以前の段階で採った措置が危機の原因であったかも知れないとの理由によって、かかる危機を見過ごすことなどできない」と指摘した上で、そのようなコメントは「気晴らし的」なものにすぎない、つまり、検察側の一種の自己満足にすぎないと冷静に述べている。責任ある政治家は、どのような経緯でもたらされた危機であるにせよ、そのような危機を見過ごすようなことはできないのである。

大政翼賛会：パール判事のまとめ

大政翼賛会についてパール判事は、次の引用のように述べて、結んでいる。

「しかし我々の努力は、かかる組織の機能と運用を示している諸事実を正確に評価することのみに限定されるべきなのである。『職分奉公』（訳注：自分の分をわきまえた職務を遂行すること）は、日本の社会構造においては特別な意味合いを持つ。日本がその階層制度に対して持っている自信は、人間と国家との関わりについての日本のすべての観念の基盤となるものである。国際的な精神の目には大政翼賛会という組織が如何《いか》に邪悪なものに映ろうとも、秩序と階層に日本人が標準的に依拠していることを思い起こすことさえすれば、その中にはそれほどまでに邪悪なものは何も無かったのである。」（判決書p.353上段）

やはり、パール判事の日本に対する理解は他の判事たちとはレベルが違う。右記引用のようなコメントをサラリと申し述べることができることこそが、パール判事の持つ凄味《すごみ》であると筆者は思う。「国際的な精神の目からは如何《いか》に邪悪なものに映ろうとも、日本の社会構造を踏まえれば、それほどまでに邪悪なものは何も無かったのである。」これが大政翼賛会に関するパール判事の結語である。

§7．東条英機内閣の成立過程

検察側は、東条内閣の成立によって共同謀議は最終段階（第４段階）に到達したとしている。

「我々は次に、検察側により最終段階であると描写された段階に至る。検査側によれば、この最終段階には東条内閣が１９４１年10月18日に組閣された際に到達したとのことである。」（判決書p.355上段）

「陸軍青年将校の１人」：共同謀議の初期からすでに共同謀議者であったとされる

検察側は、共同謀議の初期の段階においてすでに共同謀議者たる「陸軍青年将校」の１人であったと主張している。

「検察側のコミンス・カー氏は次のように主張した。『すべての証拠を「考慮」すれば、**東条**が共同謀議の初期の段階ですべての東アジアの征服を企んだ「陸軍青年」将校の1人であったとの**必然的な結論**が導かれるのである…。』」(判決書p.359上段～p.359下段)

これに対し、パール判事は次のように述べる。東条をそのように申し立てている証人は誰もいないので、カー検察官の主張は成り立たないとしているのだ。次の引用の通りである。

「本官はカー氏が、**東条**は証人たちが言及した『青年将校』の1人であるとなぜそのように強く主張できるのかがわからないのである。証人の内の誰も、**東条**の名を挙げてはいないのだ。カー氏の主張の唯一の基盤は、**東条**は陸軍将校であってそれらの日々において彼は若かったということのみである。記録されたありのままの証拠類によるならば、**東条**は証人たちが陸軍青年将校と名付けたグループの内の1人なのであると自らを説得してその信念にするとの心理状態に到達することすらも本官はできないことを、ここに本官は告白しなければならない。そのような信念は事実であるともっともらしく表現することに近づけていく何らかの手助けとなるようなデータは、無いのである。精神におけるそのような信念の形成過程に入《はい》り込《こ》んだ実質的なデータは無かったように見受けられる。申し訳ないが、そのような信念は公明正大な精神によるものでは無いのである。それは何らの説得も受け付けない精神による信念なのである。現下におけるありのままの証拠は、かかる方向に向けられた何らかの容疑すらかけてはいない。ましてや『必然的な結論』に導かれるなどということを物語《ものがた》ってはいないのである。」(判決書p.359下段)

着実で急速な昇進

東条とは、どういう経歴の人物だったのだろうか。

カー検察官は、共同謀議の期間を通じて東条が着実で急速な昇進をした経緯を示し、それを通じて東条が共同謀議者であると特徴づけようとしている。次の通りである。

「カー氏は、**東条**に言及し、次のように述べている。

『彼(訳注:東条)の経歴は、共同謀議の期間を通じて着実で急速な昇進を示しており、大佐で参謀本部の課長からさらに重要で強力な複数の地位を経《へ》て、彼はついに第3次**近衛**内閣における陸軍大臣として1個の内閣を倒壊させて首相兼陸軍大臣に就任し、戦争の初期の段階から日本の最終的な敗北の始まりに至るまでの間《あいだ》、合衆国とイギリスならびにオランダに対し攻撃を行《おこな》うように日本を導く権力を得るまでに到達したのである。』

『大佐として、あるいは課長(1931年8月1日から1934年3月5日)として、そして少将・歩兵第23旅団長(1934年8月1日から1935年8月1日)として、**東条**は**満州侵略**において十分に重要な役割を演じ、彼の業績に対して勲章が与えられたのである。』」(判決書p.359下段～p.360上段)

このカー氏の主張に対し、パール判事は次のように指摘する。

「本官は、一人《ひとり》の将校の着実で急速な昇進は、彼が共同謀議者であったことによるものでは必ずしもないと信じる。以上の期間を共同謀議の生涯であったと特徴づけることは、検察側の主張にすぎない。少なくとも我々の眼前には、彼の着実で急速な昇進ならびに勲章を受けたことを彼の功績以外の何物かと結びつける証拠、もしくは、上位の権限者が功績であると認識したもの以外の何物かと結びつける証拠は、無いのである。」(判決書p.360上段)

パール判事は、東条の昇進を理由として彼が共同謀議者であると特徴づけることは、必ずしもできないと判定したのである。

東条の入閣

東条の政界へのデビューは、第二次近衛内閣（1940年7月22日に組閣）であった。陸軍大臣に就任したのである。

「**米内**《よない》内閣の倒壊に伴って**東条**が入閣したことにつき、本官はそこに邪悪なものを何も見出《みいだ》すことはできない。**米内**《よない》内閣の倒壊に関して**東条**は何の関わりも持たないのである。**東条**による何らかの行動や態度が1940年7月の**米内**《よない》内閣倒壊の原因であったことを示す証拠を、検察側は何も挙《あ》げることはできなかった。その時点に至るまでの間《あいだ》、**東条**は陸軍の航空総監の職にあり、日本の航空人員の訓練に全身全霊で打ち込んでいたのであって、政治にはほんのわずかな関心も興味も持ってはいなかった。前の陸軍大臣であった**畑**《はた》は、天皇に次の陸軍大臣を推奏するにあたり、急ぎすぎたということはあるかも知れない。本官はしかし、その点からは、政治権力の制圧のための何らかの計略、試みもしくは熱望を読み取ることはできない。急ぐことは、そうすることが適当である場合は特別に何らかの含意を持つものでもないし、後任の推奏は前の陸軍大臣の任務でもあったのだ。」（判決書p.355上段～p.355下段）

東条が入閣した第二次近衛内閣の前の内閣は、米内《よない》内閣であった。東条の入閣は米内内閣の倒壊には何の関わりもないとの右記引用中の指摘には、十分に留意する必要がある。

近衛内閣倒壊に関して東条が果たした役割の暗示：1941年7月2日の御前会議

しかし検察側は、米内内閣の次の近衛内閣の倒壊に関して、東条が果たした役割を強調している。

「**近衛**内閣の倒壊に当たっての**東条**の役割は、検察側によりとても大きく強調されている。しかし、それが何らかの邪悪な計略の一部であったわけではないことは確かである。**東条**は正直な意見を持っていて、彼はそのような意見を明らかにし、そしてその信念の強さを示すことにつき、ためらうことが無かった。証拠は、国家の危機的状況に鑑み、一群の新しい顔ぶれの政治家たちに努力する機会を与え、また、可能なものなら破滅を避けるために、**東条**を含む内閣全体は当時、辞職を強く望んでいたことを明らかに示している。」（判決書p.355下段）

検察側のカー氏の最終論告において、東条が総理大臣としての政治権力を摑み取るために近衛内閣を倒壊させたことが「暗示」されていると、パール判事は述べている。次の引用の後段には、その「暗示」の根拠も示されている。

「ここにおいて暗示されているのは、**東条**は総理大臣としての権力を摑《つか》み取るために**近衛**内閣を倒壊させたという点である。

この暗示の根拠は、次のカー氏による最終論告からの抜粋に現れている。

『1941年7月2日に、**東条**、**鈴木**、**平沼**ならびに**岡**は御前会議に参加した。そこでは、大東亜共栄圏、支那事変の処理、北方諸問題に関連する件、などに対する重要な決定が行《おこな》われ、さらに、仏領インドシナならびにタイに対する策略を遂行するとの日本の政策に立ちはだかるすべての障害を取り除くこと、南方方面の関係諸国と交渉し『措置を取る』こと、ソビエトに対する軍備を秘密裏に整えること、そして、イギリスと合衆国との戦争の準備を行《おこな》うこと、などの決定が行《おこな》われた。』（法廷証第588号、同第1107号、同第779号、法廷記録6566ページ）」（判決書p.360上段）

つまり、1941年7月2日に重要な御前会議が開催され、そこに参加していたのが**東条**であり、その御前会議において日本国の進むべき道筋に関する重大な機関決定がなされたと検察側は主張したのである。東条は自らの示した道筋を進むために、近衛総理を排除したのだと「暗示」したのであった。そのことを「明示」することは少なくともできなかったのであろう。なお、第三次近衛内閣の倒壊は1941年10月18日のことであった。

1941年9月6日の御前会議

また、1941年9月6日には、対米英戦争に関する重要な事項が決定された御前会議が開催された。御前会議とは天皇陛下の面前で行《おこな》われる会議である。この御前会議で東条が主導的な立場で会議をリードしたことが、カー検察官の最終論告からの次の引用から読み取れる。

『『1941年9月6日の御前会議には**東条**、**鈴木**（＊）、**武藤**ならびに**岡**が参加し、次が決定された。

⑴日本は南進を続けること、

⑵日本は合衆国、イギリスならびにオランダとの戦争を見据えた計画を完成させること、

⑶日本はその要求を外交的手段によって得るように努力し、それが成功しない場合は、合衆国、イギリスならびにオランダとの開戦を10月の初めまでに決定すること、

⑷日本はロシアとアメリカとの間《あいだ》のあらゆる結び付きを抑えるよう努力すること。』』（法廷証第588号、同第1107号、法廷記録8814ページ）

（＊訳注：鈴木貞一　1888～1989　日本の陸軍軍人。本件裁判の被告人。この当時は企画院総裁であって、総裁在職は1941～1943）

『1941年10月12日前後に**東条**は計画の内の最終行動を取った。それは彼自身を首相に就かせ日本を合衆国、イギリスならびにオランダに対して攻撃を行うように導くことであった。彼自身と、**近衛**、**及川**《おいかわ》（海軍大臣）、**鈴木**（企画院総裁）、ならびに外務大臣が参加した会議において、**東条**は戦争に向けた断固とした決議を要求した。**及川**は戦争回避を求めていた。』（法廷証第1147号、1万2246ページ、法廷証第1148号、1万2251ページ、法廷証第1136-A号、法廷記録1万2272ページ）

『10月14日の閣議において、この議題に関し膠着状態に陥った。』（法廷証第1148号、法廷記録1万2258から1万2263ページ）

『10月15日に**鈴木**は、**近衛**が**東条**の見解に同調しない限り内閣総辞職は不可避であるとの**東条**のメッセージを**木戸**に渡した。その後、**鈴木**は**木戸**に電話し、**東条**の考えは陸軍と海軍との間の調和をとることであると伝えた。』（法廷証第1150号、法廷記録1万276ページ）

『その結果が、**近衛**内閣の辞職であった。』（法廷記録1万285ページ）

『**東条**は総理大臣となり、**及川**は海軍大臣を免職され**嶋田**《しまだ》がその後を引き継ぎ、**永野**が海軍軍令部長に留任した。**東条**はその目的を果たしたのである。すなわち、**嶋田**が海軍大臣、**永野**が軍令部長ということで調和が回復したのであった。そして、真珠湾、コタ・バル、ダバオならびに香港への攻撃について、異議は無いこととなった。』』（判決書p.360上段～p.361上段）

右記引用のコミンス・カー検察官による最終論告を裏付けるための証拠書類は、次の通りである。

「右記の最終論告で引用された書類は次のとおりである。

法廷証第588号　：1941年7月2日の日米交渉に関す

る決議

法廷証第1107号：1941年の御前会議に参加した人々の名前のリスト（法廷記録1万140ページ）

法廷証第779号：1941年7月2日の御前会議の議事録よりの抜粋（7，904ページ）

法廷証第1147号：**木戸**日記1941年10月12日からの抜粋

法廷証第1148号：なぜ内閣が辞職したかについての**近衛**首相自身による説明

法廷証第1136A号：拘置所で取られた**東条**の証言の抜粋

法廷証第1150号：**木戸**日記1941年10月15日の抜粋」

（判決書p.361上段）

検察側が示した一連の東条の言動につき、パール判事は次のように述べている。

「本官は、この点に関して検察側ならびに弁護側の双方から挙げられた証拠の全体につき、慎重に検討を行《おこな》った。本官の意見ではそれらの証拠は、**東条**が当時の状況に関して自らその結論に達したこと、そして、彼の断固たる態度に関する表明を行《おこな》ったこと、等を示していることは確かである。

我々の現下の目的のためには、**東条**が下《くだ》した決定が依拠したところの彼の結論、すなわち、当時の日本と合衆国との間《あいだ》の諸問題は調整不能であるとの彼の結論が正しかったのかそうではなかったのかを検討する必要は無い。おそらく、それは正しかったのであろう。この点につき現時点で提出されている弁護側の証拠は、**東条**が当時に到達したかかる結論を十分に支持している。」（判決書p.361上段～p.361下段）

右記引用で目を引くのは、パール判事が、「当時の日本と合衆国との間《あいだ》の諸問題は調整不能であるとの彼（東条）の結論（中略）おそらく、それは正しかったのであろう。」と述べていることである。当時、他の閣僚と海軍は外交交渉への期待をもう少し続けようとの意見であったが、日米交渉による調整は不能であるという東条の判断が「おそらく」正しかったのだろうとパール判事は認識しているのである。

パール判事のこの認識の根拠は、次の引用中に記述されている「1941年7月よりもはるか以前の段階で」合衆国政府は日本との問題は調整不能であるとの結論に立ち至っていたとの「はっきりした」証拠である。それらの証拠は、その時点で弁護側が提出していたものであった。

「本官の現下の目的のためには、合衆国政府は1941年7月よりもはるか以前の段階で合衆国と日本との間《あいだ》の問題は調整不能であるとの結論に立ち至っていたことをそれらの証拠ははっきりと示していると申し述べればことは足りる。少なくとも1941年3月以降に当該政府が日本に対して取った諸行動は、両国の政府のあらゆる政治家に対し、当該政府が立ち至った上記の結論に関して疑いを持たせるような余地を残さなかったのである。本官はここで再び、現下の目的のためにはこの状況につきどちらの国が非難されるべきなのかとの点は重要ではないことを強調しておきたい。ともかくそのような状況であったのであり、**東条**はその状況をはっきりと見て取ったのである。いずれにせよ、彼は自身でかかる結論に至ったのであり、そしてその結論に依拠して決定を下《くだ》したのである。

本官は、ここで問題となっているような時期において**東条**が占めた地位に就《つ》く人々は、決定を下《くだ》す能力を備えているべきであり、その確信につき勇気を持つべきことを期待されている、と信じる。

その後に起きた出来事は、その成り行きの上で当然に起きたことである。これらの出来事の中から本官は、何らの計略の存在をも読み取ることはできない。その後に引き続く情勢の下《もと》においてすべての責任を背負うように要請されたならばそのようにする、との完全なる準備が**東条**にはあったのであろうが、彼は権力を握るために策謀を巡らしていたわけではないことは確実である。」

（判決書p.361下段）

右記引用の冒頭部分を繰り返すが、合衆国政府は東条内閣が登壇するはるか以前の段階で日本との問題は調整不能であるとの結論に立ち至っていたことをはっきりと示す証拠があると指摘されているのである。その合衆国の態度を東条は状況認識の上で誤りなく正確に捉えていた、とパール判事は右記引用で指摘している。「**東条**はその状況をはっきりと見て取ったのである。」（判決書p.361下段）

東条が日米交渉で合衆国に対して不誠実な対応をしたなどと主張する以前に、合衆国政府自身の側に、1941年7月よりも「はるか以前の段階」において、日本との合意に至りたいとの意志がなかったのである。パール判事がここでこのように事実認定していることは、第⑩項「最終段階」における詳細な分析の重要な前触れとなっている。

東条が首相に選出された状況

東条の首相職就任が「政治権力の制圧」と言えるものかどうかを、パール判事は1941年10月17日の重臣会議での議論の進展の様子を詳しく述べることで検討している。当時の日本は対米開戦が勃発する可能性が極めて高い、危機的状況に置かれていた。その状況の下で、次の総理大臣の選出のための重臣会議が開催された。その会議において東条が選出されたのである。次の通り引用する。なお、引用文はすべてパール判事による記述であり、検察側によるものではない。

「**東条**に対して（中略）1941年10月における首相職への就任によって彼が政治権力を制圧したと言えるのかどうかを見てみよう。首相職の候補として検討された主な人々は次の通りである。**東久邇宮**《ひがしくにのみや》、**宇垣**大将、**及川**《おいかわ》海軍大将、そして**東条**大将。当時の重大な問題をうまく処理することができる首相が必要であった。

1941年10月15日に**東久邇宮**を首班とする内閣の組閣問題が浮上した。宮内大臣の**松平**と天皇はこの組閣に反対であった。**東久邇宮**については実際上の問題もあった。陸軍が宮の総理大臣たる地位を利用して国を戦争に引きずり込む可能性があったのだ。宮の側近には多くの危険分子が抱え込まれていると考えられていた。加えて、**東久邇宮**には才能はあったものの、宮は政治的経験ならびに修練に欠けていた上に、状況は極度に困難なものであったので、宮がかかる状況を的確に把握し状況をうまく処理する案を作り出すことはほとんど不可能であった。

及川《おいかわ》は不適任であると考えられた。というのも当時、海軍と陸軍との間《あいだ》には意見の相違があり、陸軍は即座に戦争に踏み切ることを強く主張していたのである。もしも**及川**《おいかわ》が任命されたら、陸軍がさらに強硬な手段で反応して来ることが考えられた。

宇垣大将は以前の機会において内閣の組閣に失敗しており、かかる失敗を蒙《こうむ》る可能性は依然として続いていた。

他のすべての選択肢をこのようにして取り除いていくことにより、最終的な選択は**東条**ということになった。もしも**東条**が選ばれ、そして、9月6日の御前会議の決定（訳注：次の段落に記載あり）を無視するよう天皇に命令されれば、彼は陸軍を統制することができるようになるものと考えられた。この段階、特に軍隊が南部仏領インドシナほどにも遠くに南進している当時の状況の中で陸軍が統制不能となれば、果たしてどのような状況に放り込まれることになるのかは誰にも予測がつかなくなると考えられたのである。そのような不測の事態を避けるためには陸軍をその掌中に収めることができるであろうと期待された**東条**が首相職を受諾すべきであると考えられたのである。特に、過去数日間の**東条**の発言から判断すれば、彼はすぐにアメリカとの戦争に訴えることを主張していなかったこともその理由であった。

以上のすべてが元老政治家たちによる1941年10月17日の会合で真剣に討議されたのである。この会合には以下の者たちが出席した。**若槻、原、岡田、阿部、清浦**《きようら》（＊）、**米内**《よない》、**広田**、そして**林**であった。出席者たちは高い評価を受けた高位の者たちであったことについては疑いを差《さ》し挟《はさ》むことはほとんどできない。陸軍の人間は**阿部**ならびに**林**両大将の2人のみであって、また、海軍の人間は**米内**《よない》ならびに**岡田**両海軍大将の2人のみであった。この会合の前の段階および会合のさなかに、何らかの外部からの影響力が及ぼされたとする証拠は無い。証拠は無いのであって、これらの人々の考え、発言や行動をいずれかの者ないしいずれかの一団の者たちが何らかの形で制御することができたなどと示唆するのは、まったくもって荒唐無稽なことである。隠された目的を心の中に抱《かか》えて**東条**を推薦しなければならない何らかの理由がこれらの偉大な政治家たちにはあったなどと示唆することはできない。これらの政治家たちによって何らかの事実が隠匿されたとの検察側からの主張は存在し得《え》ない。辞職する首相である**近衛**《このえ》公によって慎重に用意された、出来事に関する長く完全な要約が最初に読み上げられた。**近衛**《このえ》公はその陳述の中で、10月の上旬までに外交交渉が行き詰まったならば政府は戦争に訴える決意をするとの1941年9月6日の御前会議の決定を明瞭に指摘した。**近衛**《このえ》公は、外交による解決が成功する可能性に関する陸軍による見解と政府による見解が相異《あいこと》なることを示した。陸軍の立場は日本の主張が受諾される展望は無いというものであり、一方、政府の考えはもしもっと多くの時間が与えられるのであれば外交交渉は成功しうる、というものであった。

近衛《このえ》公は、1941年9月6日での決定に基づき戦争に訴えることを統帥部が政府に督促しているとの事実に対して皆の注意を向けさせた。もちろん**東条**は統帥部にはいなかった。**近衛**《このえ》公はさらに、アメリカとの交渉における難題は次であると指摘した。(1)中国から軍隊を撤退させる意図に関する問題、(2)三国同盟、(3)太平洋地域における通商上の無差別。中国からの軍隊の撤退問題に対する陸軍、政府さらには合衆国の各々《おのおの》の態度を**近衛**《このえ》公は説明した。戦争に対する政府ならびに陸軍による態度は詳細に説明された。**近衛**《このえ》公はさらに、海軍の立場と、外交交渉か戦争かの決定を全面的に総理大臣に預《あず》けるとの海軍の結論についても説明を行《おこな》った。**近衛**《このえ》公は、海軍周辺に存在する、戦争は避けるべきであるとの有力な意見も指摘した。加えて**近衛**《このえ》公は4月以降からその日までのアメリカとの外交関係を一歩一歩、順番に強調して説明した。**近衛**《このえ》公は、アメリカとの外交交渉の成功に関する陸軍と政府との相互に異なる見解を再び指摘してそれを結論とした。以上を背景として元老政治家たちは見解を表明した。彼らは事例を一つ一つ検討し、そして最終的には、**東条**が推奏されるべきであること、また、**東条**は陸軍大臣職も兼任すべきであるとの決定に立ち至った。

（＊訳注：清浦奎吾《きようらけいご》 1850〜1942 日本の司法官僚、政治家。1924年1月〜同年6月の期間、第23代内閣総理大臣を務めた）」（判決書p.357下段〜p.359上段）

つまり、東久邇宮、宇垣、及川、東条の4人の候補がいたが、他の候補を一つ一つ消して行《い》った結果、最後に残ったのが東条であった。その選出過程において重臣たちが誰かにコントロールされていたとの証拠は無いと明瞭に指摘されている。パール判事は東条が選出された過程に何の疑いも差し挟んではいないのである。

また、去りゆく前首相の近衛公の真摯な態度が印象的である。首相として日米交渉を担当した自身が知りうる状況のすべてを重臣会議の出席者に報告したことが、右記分析からは明確に読み取れる。「国を戦争に引きずり込む可能性」を回避するために最適な首相は誰かを、前任の近衛公を含む出席者の皆が真剣に検討していたのである。

この選出に関するパール判事の結論は、次の通りである。

「我々はこの選択が賢明だったかどうかの問題に立ち入る必要はない。ここで留意しておくべきことのすべては、総理大臣として**東条**を選出する件について上記で指摘したことを踏まえるなら、彼の首相職就任は、かかる危機的な時期における権力の制圧を行《おこな》うとの彼自身による、もしくは何者かによる彼の為の、何らかの計略の結果であると示唆することは、荒唐無稽なことであるという点のみである。」（判決書p.359上段）

東条内閣の成立に関する結論

東条内閣の成立に関するパール判事の結論は、次の通りである。

「証拠が今や十分に示しているように、日本の歴史の中でのこの特定の時期は、いずれかの個人もしくは個人の集団にとって権力が重要であると考えられる時代ではなかったのである。それは日本の歴史の中でまさに危機的な時期だったのであり、**東条**を含むすべての偉大な政治家が知る限りにおいて日本の国家としての存在そのものが深刻なまでに危殆にさらされていたのである。その場に巡り合わせたすべての政治家と外交官は、完全なる破壊からの何らかの名誉ある脱出の方法を見つけ出すために神経を尖らせて思考を巡らせていたのである。そのような時期においては、偉大な政治家は権力を奪い取りはしないものだ。彼らは重い責任ならびに差し迫った危険に、勇気を持って直面せよとの神聖なる義務を背負うように招請されたのである。

東条は、かかる差し迫った危機を十分に認識して登壇したことを証拠は示している。彼はその政治家としての能力を最大限に発揮して外交的行動を継続したが、最終的には合衆国との間《あいだ》で名誉ある解決に立ち至ることに失敗した。これに関して我々の眼前に並べられた証拠の中に、この出来事（訳注：外交交渉の失敗）は権力を摑《つか》み取るためのものであったと特徴づけることを正当化するものがどんな形であるにせよ存在するとは本官は思わない。」

（判決書p.361下段～p.362上段）

右記のパール判事の結論をまとめれば、以下となろう。①東条の首相就任は共同謀議によるものではない。②東条は、日本に「差し迫った危機を十分に認識して登壇したことを証拠が示している。」そして、③「そのような時期においては、偉大な政治家は権力を奪い取りはしないものだ。彼らは重い責任ならびに差し迫った危険に、勇気を持って直面せよとの神聖なる義務を背負うように招請されたのである。」その「招請」に、東条内閣の閣僚たちは応えたのであった。だからこそ、パール判事は東条を「偉大な政治家」の1人と評しているのである。

東条の評判は概して悪い。パール判事が右記のように東条を評していることに違和感を覚える向きは多いであろう。しかし、パール判事は東京裁判における東条に関する証拠、東条自身の証言や態度に接した上で上記の判定に至っているのである。裁判官としてのパール判事が司法判断の下にそのように判定したことはよくよく留意すべきではないだろうか。東条は、少なくとも東京裁判に関しては全身全霊で立ち向かったことを筆者は痛感している。東京裁判での東条は、守るべきものを守るために、文字通り必死に戦ったのである。自らの無罪を勝ち取ろうなどとは微塵も考えず、捨て身で立ち向かったのである。

§8．嶋田海軍大臣が登壇した過程

被告人の嶋田と東郷は、東条内閣の重要な閣僚であった。パール判事は、彼らが選出された経緯を詳しく分析している。

「ここに至って**東条**内閣自身に触れる段階となり、検察側はこの内閣をもって共同謀議者たちは完全に打ち揃った一団となったと描写している。**嶋田**《しまだ》、**東郷**そして**東条**が組み合わさったこと自体が何らかの邪悪なものであったと見られているのである。」（判決書p.355上段）

まず嶋田である。パール判事は、嶋田の職歴を検討した上で、嶋田が海軍大臣職に就任した経緯を述べている。次の通りである。

「**嶋田**《しまだ》（*）は海軍大臣となる前には、政治的職務に就《つ》いたことは一切なかった。彼の以前の職歴のすべては海上勤務ならびに軍令部での勤務に追いやられていたのである。彼が海軍大臣となる前の段階において、申し立てられた共同謀議と彼とが関連づけられることを示すものは、どのような方法によっても我々の眼前に置くことはできない。支那海（China Sea）方面艦隊司令としての彼の行動につき何らかの申し立てがあったものの、かかる行動を理由としてどのような方法であれ彼を共同謀議と結びつけることができる者がいるなどとは本官には思えない。彼が海軍大臣として選ばれたことの背景に何らかの計略があったことを示す証拠は、我々の眼前には絶対的に何も無いのである。日本の海軍大臣が現役の高級将校以外であったことは、それまでは一切無かったように見受けられる。そのため、その件における実際上の慣例を視野の内に留めるならば、海軍大臣の地位に関する限りは1936年の勅令が状況に影響を与えることは本当のところは無かったのである。次期海軍大臣を推奏する義務と責任は、退任する海軍大臣の手中にあった。いったん海軍大臣が彼の後継者の推奏を行《おこな》えば、かかる推奏は任命に等しいものであった。というのも首相にはこの件については個人的な選択権が無いため、かかる推奏は首相に対しては強制的なものであったからである。辞職する海軍大臣は**及川**《おいかわ》（訳注：及川古志郎）であって、彼が**嶋田**を推奏したのであった。**及川**はこの件につき証言を行《おこな》い、**嶋田**を彼の後継者として推奏した理由を述べた。**嶋田**を入閣させるにあたり**及川**の側、ないしその他のいずれかの者の側に何らかの計略があったことをどのようなことであれ示唆しているものは、その証言の中には無い。**嶋田**自身には大臣就任について何の選択権も無かったことは確かである。彼が何らかの方法でその地位に就くための努力を行《おこな》ったとのほんのわずかな兆候さえも無い。**嶋田**自身がこの件につき証言を行《おこな》っており、彼は長時間に亘《わた》る尋問に応じている。彼は率直な質問に対して率直な回答を常に行《おこな》うところの、高度に実直な兵士であるとの印象を本官に与えたことを、本官は申し述べなければならない。彼はこの裁判所に対して、大臣就任は決して懇請された訳でもなく、最初は辞退もしたし、また、実際上も歓迎すべき任務ではなかったにもかかわらず彼はそれを受諾したと、率直な態度で述べた。**嶋田**《しまだ》海軍大将によるこの証言は、**及川**海軍大将の証言によって完全に裏付けがなされた。**東条**と**嶋田**《しまだ》の間《あいだ》に何らかの個人的な関係が存在した、もしくは相互間の政治的目的を通じた何らかの関係が存在したと申し述べる資格を我々に与えるものが我々の眼前に置かれたことは、無かった。**東条**と**嶋田**《しまだ》海軍大将とは当時、相互に面識すらも無かった。**東条**が彼の内閣に**嶋田**《しまだ》を入閣させることを求めたから**嶋田**《しまだ》海軍大将は大臣に任命されたのだ、との申し立てを支持する証拠は、絶対的に何も無い。そのような申し立ての中には、絶対的に何の真実も存在しない。

（＊訳注：嶋田繁太郎《しまだしげたろう》　1883～1976　日本の海軍軍人、政治家。本件裁判の被告人）

嶋田《しまだ》の方針と彼の大臣としての行動は、本官の現下の目的のためには適切となる検討対象ではない。しかしながら、大臣職を受諾するにあたり**嶋田**《しまだ》は、天皇の希望に沿って戦争を回避するとの目的のため、外交交渉の妥結への到達を『白紙に戻して』全身全霊かつ誠実に希求することが内閣の方針であるとの保証を**東条**から得ていた、との証拠が存在する。この点については、本官は後にもっと多くを述べる機会を設けることとする。本官の現下の目的のためには、**嶋田**《しまだ》が海軍大臣の職位に就任したのは彼自身による権力の制圧ではなかったことに留意すれば十分である。これは、1人の共同謀議者が権力を制圧し、さらに、かかる制圧の目的は共同謀議の進展であった、などというケースではない。実のところこれは、偉大な政治家が適正な過程を経《へ》て権力に就《つ》き、おそらくはそれによって初めて、共同謀議者であるとの形容辞を自らに蒙《こうむ》ることとなったケースなのである。」（判決書p.355上段～p.356下段）

右記引用中の最初のパラグラフにある、「彼が海軍大臣となる前の段階において、申し立てられた共同謀議と彼とが関連づけられることを示すものは、どのような方法によっても我々の眼前に置くことはできない」と、最終パラグラフの、「嶋田が海軍大臣の職位に就任したのは彼自身による権力の制圧ではなかった」ことが嶋田に関するパール判事の結論である。大臣就任前の嶋田が共同謀議者であったことは証明できず、大臣に就任したことによって初めて、嶋田は共同謀議者であるとされたのであった。共同謀議者だったから大臣に就任したわけではなかったのだ。話があべこべである。

なお、右記引用中の「彼は率直な質問に対して率直な回答を常に行《おこな》うところの、高度に実直な兵士であるとの印象を本官に与えたことを、本官は申し述べなければならない」とのパール判事のコメントに留意する必要がある。嶋田は証人としての信用をパール判事から勝ち取ったのである。これは第⑩項「最終段階」の後編において、パール判事が嶋田の証言を当時の日本の状況を知るための決定的な証拠とする前触れとなっている。

§9．東郷外務大臣が登壇した過程

東条内閣の外務大臣に就任した被告人・東郷についても、パール判事は同様に次のように述べている。

「同様のことが**東郷**（＊）についても言える。彼が申し立てられた共同謀議の共感者であることを示すものさえ、絶対的に何も無いのである。検察側はある段階で、被告人の**東郷**は1941年10月に**東条**内閣に入閣する前の段階で何らかの共同謀議に参画していたから訴追を行《おこな》ったというわけではないことを認めた。**東条**内閣に在職していた期間において**東郷**がどのような業務を行《おこな》ったのか、そして、それによって彼が共同謀議者になるとの違反を犯してしまったのかそうではなかったのかについては、後ほど検討することとする。本官の現下の目的のためには、**東郷**の場合についても、**東郷**もしくはその他の何者かがこの権力（訳注：外務大臣の官職）を制圧するための計略を持っていたことを示すものは絶対的に何も無いことに留意すれば十分である。かかる権力は最も合憲的なやり方で彼に巡って来たのである。彼が総理大臣候補

（訳注：東条）からその内閣の外務大臣に就任するよう要請を受けた時、**東郷**氏は事実上、無冠の退職生活に入《はい》っていて、１９４０年11月以降は無任所の名目上の大使の地位に就《つ》いていたのであった。大臣職が推奏されたのは、**東条**大将と**東郷**氏との間《あいだ》の何らかの人間関係の結果によるものではなかった。２人の間《あいだ》にはそのような関係は無かったし、**東郷**氏と新内閣の他の閣僚との間《あいだ》に、かかる親密な関係は無かったのである。**東郷**氏は当時、外務省の古参であって、通常の経過に沿うならばその省の最高の職位へ任命されるのに適任であった。彼が選ばれたことにつき、このような自然で明白な理由以外の他の理由を探し求める必要は無い。彼が選ばれた理由が何か他にあったにせよ、少なくともその理由の背景には検察側が示唆するような邪悪な性質を持つ陰謀や計略は無かったのである。**東郷**の前歴を共同謀議と結びつけるものは、共同謀議への参画者としてもあるいはその共感者としても、何も無い。彼が共同謀議者たちから何らかの好意をもたれていたとの示唆すらもなし得《え》ない。この件を共同謀議者たちによる政治権力の制圧であると特徴づけようとの検察側の試みは、控えめに言っても、荒唐無稽なものである。本官が申し述べたように、この内閣において彼が外務大臣としてどのようなふるまいを見せたかは、現下の目的のためには本質的なものではない。大臣として彼が何らかの犯罪を犯したものなのかどうかは、後ほど検証することとしよう。ここで本官が申し述べる必要のあることのすべては、彼はこの権力を求めたわけでも、また、この権力を制圧したわけでもない、ということのみである。彼がこの地位に就いたのは、申し立てられたいずれかの共同謀議者たちの行動によるものでも、あるいはかかる共同謀議者たちによる計略の結果によるものでもない。

（＊訳注：東郷茂徳《とうごうしげのり》１８８２〜１９５０日本の外交官、政治家。本件裁判の被告人）

東郷氏がこの官職を受諾した意図は、証拠から十分に明らかである。彼はこの段階では、国際情勢、特に日米関係がどのようになっていたかにつきいくらかの理解を得るまでは外務大臣の職位に伴う責任を引き受けることは望まなかった。彼は**東条**から日米交渉の進捗状況の全般的な方向性を教えられ、**東条**からはさらに、かかる交渉における諸問題、その中には中国に軍隊を駐在させる件も含まれているが、それらの諸問題については再検討が実施されるとの保証を得た。かかる保証により彼はその官職を引き受けたのである。いずれにせよ、彼もまた、政治権力の制圧もしくは政治権力への就任を目論《もくろ》む共同謀議者もしくは共同謀議への共感者であった、とのケースにはあてはまらない。それは偉大なる政治家が自らの国の歴史の中の危機的な時期に重い責任を背負うということなのであって、そしておそらくはそれによって、検察側が今、彼に与えようと熱望している形容辞（訳注：『共同謀議者である』との形容辞）を蒙《こうむ》ることとなったのであろう。」（判決書p.356下段〜p.357下段）

右記引用中の最終パラグラフにある、「彼（東郷）もまた、政治権力の制圧もしくは政治権力への就任を目論《もくろ》む共同謀議者もしくは共同謀議への共感者であった、とのケースにはあてはまらない」との記述が、東郷に関する結論であろうと筆者は思う。

ヒトラードイツとの行き過ぎた類例化

１９２８年以降の日本の政情を以上のように追ってくると、やはり、日本とドイツでは事情がまったく異なることがわかる。パール判事はこの第⑥項を、次の文章で締めくくっている。

「ここでの筋書き（＊）は、おそらくは一群のヒトラーの類例の中にそれを位置させようとしたために、多少なりとも行《ゆ》き過ぎとなった感がある。（＊訳注：検察側による筋書き）」（判決書p.362上段～p.362下段）

これもまたサラリと述べられているが、東京裁判そのものがニュルンベルク裁判を模して執り行われた点については、パール判決書のあちらこちらで指摘されている。しかし、「枢軸国」であるということ以外に、日独で共通するものはないのであって、ニュルンベルク裁判と同じパターンで訴追し、同じパターンで裁判所を立ち上げ、同じように裁判を運営しようとしても、対日裁判においては無理があったのである。

⑦

戦争に対する一般的準備

本項ではどの被告人も名指しされておらず、個人の行為ではなく国家の政策そのものが検証対象となっている。検察側が前面に押し出した日本の戦争準備「5カ年計画」の存在、これに対する弁護側の６人の証人の証言、の各々への詳しい分析がなされる。この６人が述べたのは、基礎産業と通商政策に関する全般的政策、日本の５カ年計画はソビエトの５カ年計画への対抗であったこと、電力産業、造船業、アメリカ海軍の巨大な軍拡への対抗として日本が取った貧弱な海軍力拡充、日本側が予測していたアメリカ海軍の能力、等である。さらに、全面的共同謀議の下で共通計画が推進されたのかどうか、世界全体において軍縮がうまく進展しなかった背景、「王様たちの遊戯」から脱却させ、「全面戦争」の時代をもたらした民主主義と産業主義が議論される。結論としては、日本が取った政策は諸国の動きに歩調を合わせたものにすぎず、侵略準備を示すものではなかったことが示される。

「起訴状付属書Aの第5節は戦争に対する直接的かつ一般的な準備について申し述べている。」(判決書p.364上段)

「第3段階」の第⑦項「戦争に対する一般的準備」は、日本国内の経済・産業面の戦争準備について論じている。検察側は、日本が用意周到に「5カ年計画」を準備し、国民全体を戦争準備に邁進させたとしている。日本は、この計画を中心にして邪悪な侵略戦争の準備活動を行《おこな》ったとして訴追されているのである。

第⑦項：個人の行為ではなく国家の政策そのものが検証対象となっている

第⑥項「政治権力の制圧」までの各項とは異なり、この第⑦項「戦争に対する一般的準備」では、個別の被告人への訴追は行《おこな》われていない。この第⑦項では被告人は誰も名指しをされていないのである。(強いて言えば、広田内閣での閣議決定に触れているのみである。)起訴状は、個別の被告人の訴追とは切り離した上で、日本が国家として行《おこな》った戦争準備のための各種の経済・産業政策を訴追の対象としている。検察側としては、そのような政策は「全面的共同謀議」の存在を「推測」させる「共通計画」であったことを立証したかったのだと筆者は考える。

ニュルンベルク裁判と東京裁判

東京裁判のお手本となったニュルンベルク裁判は、侵略戦争の共同謀議推進組織たるナチ党が将来において再出現することの防止を最大の眼目としていた。ドイツの裁判においてはヒトラー率いるナチ党が党是として侵略戦争を推進したことは明白な事実であったことが前提となっており、審理においてその点を事細かに検証する必要はなかった。

ところが、繰り返しになるが、ナチ・ドイツと異なり日本の場合には「邪悪」な侵略戦争を推進する「全面的共同謀議」を行《おこな》った組織の存在を、直接に証明する証拠は無かったのである。これは検察側自身が認めていることである。そのため対日裁判において検察側は、「全面的共同謀議」の存在を「推定せざるをえない」ことに追い込むような、侵略戦争推進の「共通計画」が存在したことの立証に努力したのである。すなわち、「全面的共同謀議」の下で「共通計画」なるものが推進されたというのが検察側のシナリオである。

検察側は、日本の戦争準備は日本国の国家行為たる単なる行政措置ではなく、共同謀議による行為であるとして訴追したのであった。対日裁判においては必然的に、「日本」という国家が行《おこな》った政策の検証を免れるわけにはいかなかったのである。日本が行《おこな》った準備政策が共同謀議に基づく準備行為としての特徴を有するかどうかに関する司法判断が、東京裁判においては求められたのである。

「共通計画」はあったのか

検察側が作った、以上の「土俵」の上でパール判事は訴追の検証に取り組んだのであって、検察側が「全面的共同謀議」の存在を判事団に「推定」させるための大きな要素としているこの「共通計画」について、パール判事は詳細に検証した上でこの判決書を記述したのである。

一貫した「共通計画」なるものが日本にあったのかどうかである。もしも、日本の政策は主として日本国外の要因によって日本がその都度、採用を余儀なくされた政策であったことが、「共通計画」を前提としないで客観的かつ合理的に無理なく説明できるのであれば、「共通計画」なるものの存在は必ずしも立証されないこととなり、さらには、その先にある「全面的共同謀議」の存在も立証されないこととなるのである。

パール判事は、日本を取り巻く外部要因を詳細に分析しつつ、日本国内の動きを並行して分析した上で、対象期間の日本のさまざまな政策について客観的かつ合理的な説明ができるかどうかを一貫して検証して来たのである。この検証姿勢は第3段階も含めて最終段階まで続く。日本が取った政策は共通計画によるものとせざるをえないのか、あるいは、その都度に発生した国内と国外の諸要因によって日本政府がそのように行動するようジワジワと追いやられたものかを満州段階以降、ずっと検証して来たのであった。

「正しかったのかどうか」は判定していない

もちろん、その検証過程において日本の政策が「正しかったのかどうか」の検討は行《おこな》われていない。行政行為たる政策立案・決定は、そもそも司法判断の対象にはなりにくいが、いずれにせよ「正しいかどうか」は司法判断ではないからである。

単なる「国家行為」

さらに言えば、少々、先走《さきばし》ることになるが、ひとたび「全面的共同謀議」の存在が崩れれば、日本という国家の行《おこな》った開戦・戦闘開始を含むさまざまな決定は、他の列強国が行《おこな》ったものと同様の単なる「国家行為」にすぎないことになる。そして国際社会を構成するのは個人ではなく国家なのであり、世界連邦のような、国家を超越した統治機構が未だに存在してはいないことを思い起こせば、日本の国家行為について、戦勝国を含む諸外国がそれを訴追することは、本来的にはできないのである。

個人を訴追対象としない面をも抱え込んだ東京裁判

この第⑦項では自然人たる被告人は誰も名指しをされていない。そのため本項においては、個人の行為ではなく、日本政府の政策そのものを検証の対象にしなければならなかったとの東京裁判特有の状況が最も明白となっている。国家としての日本の政策立案と推進行為が訴追の対象とされたことが最も明確になっているのが、本第⑦項である。東京裁判をわかりにくくしているのが、「全面的共同謀議」であると筆者は思う。

再びニュルンベルク裁判を考えてみよう。その裁判での被告人たる個人22名はドイツ降伏と共に消滅した支配政党であったナチ党と深いかかわりを持った者たちであった。それを裁くためにニュルンベルク裁判所憲章が用意され、「平和に対する罪」、「人道に対する罪」が事後的に定義され、それを遡及して被告人に適用したのであった。

さらにニュルンベルク裁判のローレンス裁判長は、ニュルンベルク裁判所憲章は遡及法として有効であると明言している。ニュルンベルク裁判においてはその裁判所憲章をgoverning lawとし、平和に対する罪、人道に対する罪、通例の戦争犯罪の共同謀議の企《たくら》みにどの程度かかわったかで有罪・無罪の判定と量刑判定がなされたのであった。事後法は何が何でもダメ、というものでもないのである。

ちなみに、この点は東京裁判との大きな違いである。パール判事は、東京裁判における検察側は、東京裁判所条例が犯罪を定義した法であるとは述べていないと判定している。首席検察官キーナンはその点をあいまいにしたのであった(判決書p.24下段)。パール判事自身も、東京裁判所条例が法であるとは認定していない。

以上をまとめると、ニュルンベルク裁判においては共同謀議推進組織たるナチ党が行《おこな》った侵略戦争の企ては自明との大前提があったこと、ニュルンベルク裁判所憲章は被告人が犯した違法行為を定義した法であると明示されていたこと、以上の2点が、東京裁判との大きなちがいであった。

東京裁判での被告人25名は、特定の組織に属したものではない。互いに面識すらなかった者たちもいた。東京裁判では彼等は「全面的共同謀議」に関っていたとして訴追されたが、ナチ党のケースと異なり、かかる「全面的共同謀議」の存在は自明ではないのである。

そこで東京裁判では、多大なエネルギーが「全面的共同謀議」の立証に費やされた。その検証過程で、日本が行《おこな》った「侵略戦争の準備」政策が分析されざるをえなかったのである。つまり、国家が国家を裁くこととなったのだ。そして多数派判決書は「全面的共同謀議」が存在したとの前提で書かれたのであった。

ダグラス判事補

しかし、個人だけを裁いたニュルンベルク裁判と異なり、国家をも裁いた東京裁判はもはや「司法裁判」であるとは言えないのではないのか?

ここに合衆国連邦最高裁のウィリアム・オービル・ダグラス判事補による意見書がある。この意見書は、1949年6月に発表されており、その中でダグラス判事補は、東京裁判所（IMTFE：極東国際軍事裁判所）は司法裁判所ではなかったと明言している。以下、ダグラス意見書の結論部分から抜粋する。英文原典から筆者が仮訳した。

「そのため、東京裁判所が政府（引用者注：合衆国政府）の行政部門による軍事力の手段として機能したとの結論は明白である。総司令官（引用者注：マッカーサー）は東京裁判所を設置するための軍事命令書を出したが、その軍事命令書の中で総司令官が表明した意志に、東京裁判所は対処したのであった。東京裁判所はその法を東京裁判所を設置した者から受け入れたのであって、申立人たちの権利を国際法の下で裁定するところの自由で独立した裁判所としては行動しなかった。パール判事が申し述べた通り、東京裁判所は司法裁判所としては開廷されなかったのであった。それはひとえに、政治権力の手段であった。」

さすがに司法の専門家はパール判決書を正確に読み込んでいたようである。

第⑦項の結語

話が飛躍してしまった。頭を冷やして第⑦項に戻りたい。

結論を先取りしてしまうことになるが、本項におけるパール判事の結語は、日本が政策として行《おこな》った「準備は何らかの侵略的性格を帯びた武力衝突の為であったとの見解を受け入れることはできない」というものであった。当時の世界情勢を踏まえれば、「日本の特徴的な先見《せん》《けん》の明《めい》から」日本は国家として当然の準備を行《おこな》ったにすぎず、その準備行為は侵略的性格を持つものではなかったとパール判事は判定したのである。

第⑦項のセクション立て

さて、この第⑦項ではパール判事は、日本国内の出来事を事実認定する上で弁護側の提出した証拠を大きく取り入れている。その上で、日本を取り巻く国際環境を考えるために、例によって国際情勢概観などの信頼できる外部の情報を取り入れて、はたして日本が取った政策が「共同謀議の仮説によらないで」説明できるのかどうかを検証している。最後に、パール判事が事実認定した事柄を結論としてまとめている。この結論部分は、第四部「最終段階」につながる重要な認定となっている。

そこで、この第⑦項は、次のセクション構成で記述したいと考える。

§1. 検察側主張

§2. 弁護側証言

§3．世界の情勢（軍縮がうまくいかなかった背景）

§1．検察側主張

この件に関する連合国側の担当検察官はニュージーランド陸軍のキリアム准将であった。ただし、キリアム准将はアメリカ人法廷弁護士のジョン・グランビル・リーバート氏ならびにジョセフ・F・イングリッシュ氏が用意して提出した証拠に依拠している。両氏はいずれも検察側の人物である。

キリアム准将がまとめた命題

キリアム准将の提示した命題は、次の通りである。

「キリアム准将《じゅんしょう》（＊）は本件裁判の内のこの段階を提示するにあたり、その部分は『日本により1932年以降に執《と》り行《おこな》われたところの、侵略戦争に向けた全般的な陸海軍向けの生産ならびに財政上の準備を取り扱っている』と特徴づけた。准将は以下の命題の立証のための証拠の提出を提案した。

日本は陸海軍面の、そして経済面での準備を実施したが、それは、

(a)適法な防衛が必要とする水準をはるかに越えるものであったこと、

そして、

(b)その真の目的は、侵略戦争ならびに条約等に違反した戦争を遂行するとの共同謀議の執行であったこと。

以上を立証するために、准将は次の資料を提出した。

1．軍需品ならびに戦争に必要となる資材の生産増大のために日本が採った諸施策と、その目的のために改編された財政措置

2．日本の全般的な陸上戦力の準備

3．日本の全般的な海上戦力の準備

（＊訳注：Ronald Henry Quillium 1891~1972 ニュージーランド陸軍の軍人。本件裁判でニュージーランドが派遣した検察官。原表記はBrigadier Quillium. 准将は少将と大佐の間に位置する階級）」

（判決書p.364上段）

リーバート氏が発見した「5カ年計画」

パール判事はリーバート氏を簡単に紹介し、氏が特別調査を行《おこな》ったとの事実を示している。次の通りである。

「日本の生産面と財政面での戦争準備の立証のため、准将はJ・G・リーバート氏（＊）の証拠に依拠した。リーバート氏は経済と財政の専門家たる証人として提供されたのであった。氏は1945年10月以降、連合軍最高司令部経済科学部に雇用されており、日本による経済面と財政面での戦争準備の特別調査を、明らかにこの裁判での使用を視野に入れて実施した。

（＊訳注：John Granville Liebert 1915~1984 アメリカの弁護士、政府職員。東京裁判では1945年から1947年に亘り、GHQ経済科学局の課長（Chief）を務めた。カンサス州出身）」（判決書p.364上段~p.364下段）

リーバート氏は日本が「5カ年計画」を持っていたとの証拠を提出した。これは法廷証第841号である。また、この5カ年計画と緊密に結びついていた「重要産業拡充計画」があったことも証拠として提出した。これは法廷証第842号である。次の通りである。

「リーバート氏の証言は本件裁判における法廷証第840号である。彼の証言を準備するにあたりリーバート氏が主として依拠した文書は、1937年6月23日付の『5カ年計画』（法廷証第841号）ならびに『重要産業拡充計画』（法廷証第842号）であった。

これらの証拠に依拠することにより、キリアム准将が上記において提示した命題は立証できたと検察側は主張している。検察側によれば、リーバート氏の証言は次を立証したとしている。

1．(a)1937年6月に日本の陸軍省は軍需資材生産のための5カ年計画を立案したこと。（法廷証第841号）
(b)この5カ年計画の目的は、主要な軍需資材の戦時供給を完全なものとするために産業を奨励し、かつ、統制することであったこと。

2．この計画は、主要諸産業に関する他のもう一つの計画と緊密に結びついていたこと。かかる他の一つの計画は、企画院によって作成された。（法廷証第842号）」（判決書p.364下段）

「5カ年計画」と「重要産業拡充計画」を発見したことが、東京裁判におけるリーバート氏の最大の功績であったと考えられる。逆に言えば、氏の役割はそこまでであったのだ。

リーバート氏の証拠に基づく、検察側主張

右記引用の2つの証拠ならびにリーバート氏の証言に基づき、検察側は次の主張を行《おこな》った。

「検察側はそれらの計画の邪悪な素性を示すため、それらが持つ次の特徴を強調した。

1．それらは日本経済全体に対する人工的な刺激の供与と人工的な制御の実施を余儀なくさせたこと。

2．それらには、通常の適法な企業においては支持もしくは正当化ができないような価格による、国家レベルの自給自足が必要であるとされたこと。

3．それらには、政府による奨励金、特権ならびに保護、補助金、配当金ならびに利益の保証、さらにはその他の金融面での特権の適用が必要とされたこと。

4．それらは国策を軍事運営と統合させることに基づくものであったこと。

5．それらは平時から戦時への転換を念頭に、日本、満州と中国における原材料やその他の資材、燃料に関する自給自足達成の加速化、素材産業に対する統制の速やかな施行等を規定していたこと。

6．戦力の主要要素である航空機、武器弾薬、戦車と軍用トラック、その他の装備品、またそれらの要素に直接的に関係する品目、等の速やかな生産が強調されたこと。

7．戦争資材に関する限りは、東アジアならびに太平洋における諸国を征服し占領するとの日本の諸計画を実行に移すことが可能となる位置へ日本が1941年の末までには到達することを確実ならしめるため、それらの計画はおよそ人智の及ぶ限りにおいて完璧かつ包括的であることが期されたこと。

8．生産計画の主旨のすべてとその目的は、以下のいくつかの産業を調査することで示される。
(a)電力産業。（法廷証第843号）
(i)計画は1941年までの電力生産能力の莫大《ばくだい》な増加を規定していた。
(ii)政府が管理する国策会社が電力管理法の下《もと》に設立されたが、かかる法の立法により1938年に電力産業は全体主義的基盤の上に置かれた。管理措置は配電にまで及んだ。
(b)石油の生産と課税。（法廷証第844号）
(c)石炭産業の発展。
(d)化学産業の発展。
(e)造船業の発展。

(f)製鉄業の発展。
(g)機械・工具産業の発展。
(h)自動車産業の発展。
(i)非鉄金属の生産。
(j)航空機産業の発展。
9．徹底的な統制があらゆる面において課されたこと。
10．日本経済に必要な原材料や財を保護領から獲得することを目的として保護領を日本の経済システムへ統合するため、また、外国貿易から得られる便益を極大化させて工業生産を支えるため、全体主義的な金融統制措置が導入されたこと。」（判決書p.364下段～p.365下段）

右記は経済・産業への検察側言及である。軍備への言及については、次の通りである。

「検察側はさらに、1931年以降の全般的な陸海軍の準備が立証されたと主張し、その際に以下に力点を置いている。
1．1938年4月の国家総動員法。
2．1940年末での総力戦研究所の設立、ならびにその活動。
3．委任統治領の島々の要塞化。
4．戦争に向けた、日本の全般的な海軍力の準備。
(a)日本は、日本が締約国の一つとして参加していたところの軍縮条約により課せられた制限と限定から、自らを解き放ったこと。
(i)日本は『1936年海軍条約』への署名を拒んだこと。（法廷証第58号）」（判決書p.365下段）

なお、右記引用の「3．委任統治領の島々の要塞化」については、パール判事は次の認識に至っている。島々は要塞化されてはおらず、検察側の証拠は説得力を持たないとしている。

「**委任統治領の島々の要塞《ようさい》化**についての、その検察側による証拠は、本官の意見ではまったく説得力を持つものではない。弁護側の証拠は、これらの島々は要塞化されてはおらず、もしも日本政府が他の列国によるこれらの島々の査察を許さなかったのであればそれは他の列国が持つ幻想（訳注：要塞化されたという幻想）を滅失させたくなかったからだ、というものであった。より説得力があるものとしては弁護側の説明のほうを受け入れることに本官は傾いている。」（判決書p.374下段）

イングリッシュ氏の提出した証拠

「イングリッシュ氏（＊）は軍事的準備についての証拠提出を行《おこな》った。（＊訳注：Joseph F.English 生没年他、詳細不明）」（判決書p.377上段）

イングリッシュ氏は軍事的準備に関し、14項目にも及ぶ証拠を提出した。ここでは引用はしないが、14項目は判決書p.377上段～p.378上段にかけて述べられている。

これらの14項目の内、検察側が強調したのは、筆頭の1．であった。これについては引用したい。次の通りである。

「1．法廷証第862-A号と863-A号：**1938年5月19日と20日付**の『ジャパン・アドバタイザー』と云《い》う新聞の『陸軍、戦時法を説明す』と題する記事。これは陸軍省が発行した、国家総動員法の中の諸規定を説明したパンフレットであるとされている。」（判決書p.377上段）

これは陸軍のパンフレットを紹介した新聞記事である。パール判事はわざわざこのパンフレットの全文を引用している。次の通りである。日本の陸軍ははたしてどのような邪悪な準備をしたと云うのだろうか。

「右記の項番1にて言及されている記事の内容につき、検察側は大《おお》いに強調をしている。

このパンフレットは次のように述べている。

『日本はその北側で、世界をソビエト化しようとの野望の下《もと》に、巨大な陸軍を組織済みであり、また、その国境線すべてにわたり国家防衛体制を構築済みであるソビエト連邦に面している。日本の西側には日本に対して凶暴に抵抗するとの方針を持つ蔣介石の政治的勢力がある。さらに、日本は合衆国およびイギリスの強力な海軍により取り囲まれている。日本は島国帝国であるためにその国土は狭く限定され、悲しいかな、天然資源に欠けている。かかる条件の下《もと》においては、日本は効率的な国防計画を立案するにあたり大きな困難に直面することは避けられない。』

『満州事変は国家防衛条件に大きな変更をもたらした。現下の事変により状況は変化したのである。新しい状況の下《もと》では防衛線は国境よりも数百マイルも先に移動され、それは満州北部と支那北部を通り支那中央部へと至っている。その長さは千マイルを越える。この事実に直面し、満州国ならびに北支と中支との協力の下《もと》に東洋久遠《くおん》の平和を設立せんとしてこの防衛線を維持するため、日本の国力をそのすべての面において拡大し強化することは最高位の重要性を持つ問題となったのである…。日本は、緊急時の国家防衛においてその国力を最も効率的に活用するため、国家総動員によりその人的・物的資源のすべてを最大限に制御し運用することを目指す。換言すれば、日本はその国家生命安定化のための円滑な経済活動を確保することを目的として、戦時において必要となる莫大な量の軍需品をその陸海軍に供給することを可能とすること、またそれと同時に、戦場、経済と宣伝の各前線において敵の士気を喪失させること、などのためにその国家活力を最大限に動員することを目指す。将来の軍事的成功は、戦争が継続する限りにおいて、総合的国力を組織的かつ効率的に動員することによる、敵に勝る戦闘能力に主に依存している。総合的国力とは、有形無形すべての人的・物的資源の要素で構成される国力を意味する。国家総動員は、戦争において最終的勝利を得るために、1個の定常的な総合的国力へのこれらの要素の最大限の組織的集中による効率的遂行を呼びかけるものである…。戦闘力の源は国民ならびにその精神力である。この考察からは、国力のあらゆる要素の中で精神力の動員が最も重要であることが明らかである。そのため、教育機関ならびに宣伝組織の動員を通じ、国民の戦闘精神を強化する統一的運動のための実施可能な努力については、そのすべてがなされなければならない。そのことがあらゆる艱難辛《かんなんしん》苦《く》に耐えることを国民に可能とさせるのである。』

『総動員計画の中でのもう一つの重要な事項は、陸海軍に供給する莫大な量の必要物資の獲得である。戦時においては、科学の発展に伴い大きく拡大したあらゆる種類の戦闘用物資が莫大な量で消費される。この需要を充足させるために政府は、それらを可能な限り少ない時間で速やかに収集し用意しなければならない。軍需品の不足は、適時に外地において調達してこれを補わなければならない。一方で、あらゆる不測の事態に備えるために、政府はそれらの物資を内地で増産する努力をして備蓄しなければならない。政府は、幾つかの軍需品については通常の目的の下《もと》でのその消費の制限もしくは禁止、あるいは、国民にその代替品の使用を奨励することが必要となるかも知れない。』

『かかる活動を促進するには、組織的生産と分配のため、すべての生産企業ならびに輸出入組織を統一することが必要である。この目的のため、政府はさまざまな規則を勅令により発布しなければならない。政府はまた、物資の価格騰貴を防ぐための必要措置を取り、また、必要とあらば、かかる物資に公定価格を設定することにまで踏み込むであろう…。』

『戦時においては、人員・軍需品・食糧を前線に手早く輸送することは勝利のために不可欠である。これは陸海におけるすべての運送設備の最大限の統一的運用を提起するものである。…』

『国力の内の科学的要素の動員は総動員計画の中のもう一つの重要項目である…。この目的のためには、政府は科学者ならびに科学研究組織の効率性を最大限に引き上げるための特別措置を取ることとする。』

『国家総動員を促進するため、政府は、情報宣伝ならびに警備業務を動員し整備する業務の一環として国内及び海外におけるすべての種類の情報を正確に集めることとする。政府はまた、国家精神の動員ならびに戦争遂行のための国民輿論《よろん》の統一に向けた宣伝活動を開始する。宣伝の一部として、外国諸国において日本に対する好ましい輿論《よろん》を喚起せしめるための努力を行《おこな》う…。』

『総動員を必要とするようないかなる不慮の事態に対しても対応できるよう必要な準備を平時において行《おこな》うことが政府にとって重要である。そのため政府には、必要物資の生産、それらの輸送、ならびに総動員促進のためのその他の活動を行《おこな》うこと、等の効率を迅速に上げるための遠大な計画が用意されていなければならない。』

『総動員については、内閣がまず素案を作ることとし、それに基づいて政府のすべての省がその各々《おのおの》の計画を立案し準備を行《おこな》うものとする。外国貿易の関係者、ならびに物資の生産と分配に携わる企業の関係者は、政府各省が作成する計画に従わなければならない。以上の関係者による行為は、勅令により公布される規則もしくは既存の法律の改訂により生じる規則により、管理されるものとする…。』（８７９２ページから８８００ページ）」（判決書p.378下段～p.380上段）

右記引用の通り、パール判事は陸軍のパンフレットをそのすべてに亘って引用した。そしてそのようにした理由を述べている。次の通りである。

「本官は上記の中身を『**広範囲ニワタッテ(in extenso)**』述べた。それは何らかの問題を含む箇所を知らず知らずのうちに除外してしまうことを恐れたからである。」（判決書p.380上段）

このパンフレットの記事について、パール判事は次のように判定をしている。

「本官の判定ではこの記事は当時において支配的であった情勢を『**善意ニ基《もと》ヅイテ(bona fide)**』説明しており、すべての責任ある政治家に期待されているところの、彼らが行《おこな》うべき配慮の総量を開示しているのは確かである。それはたしかに、将来の戦争ならびにその恐ろしい特徴への心配を開示している。さらにそれは、その著述者による『**全面戦争(la guerre totale)**』の認識、ならびにかかる危機に対して必要となる準備に関する著述者の見解をはっきりと示している。しかし本官は、これがなぜ、本件裁判で申し立てられている何らかの侵略戦争の準備の推論へと我々を導くことになるのかがわからないのである。」（判決書p.380上段）

右記で指摘されているように、陸軍のパンフレットは当時の情勢を善意に基づいて説明しており、何らかの侵略戦争への準備の推論につながるとは思えないとパール判事は述べている。この説明には邪悪なものはないと指摘しているのである。

広田内閣の閣議決定：１９３６年８月７日

広田内閣においてイギリスとアメリカに対する準備が決定されたこ

とを検察側はここで指摘している。次の通りである。

「検察側は我々の注意を1936年8月7日の閣議決定（法廷証第216号）に向けさせた（＊）。かかる閣議決定では国家政策の根本原則として『北方におけるソビエトの脅威の根絶、**それと同時に、イギリスとアメリカに対する準備を行《おこな》う**ための日本と満州国の国家防衛の強化、そして経済発展のための日本、満州国と支那との間《あいだ》の緊密な協力の実現』を採用した。検察側によれば、これこそが共同謀議の究極的目標であるとのことである。

（＊訳注：この閣議決定は広田内閣におけるものである。第四部 全面的共同謀議 第3段階 政治権力の制圧・広田訴追への検討 参照。上記の通り検察側は共同謀議の究極的目標は広田内閣において設定されたと述べている。以下、広田政策に対する検証が続く。なお広田は本件裁判にて死罪となった）」（判決書p.380上段）

この閣議決定に対して、パール判事はただちに判定を下している。次の通りである。

「この1936年でのイギリスとアメリカに対する準備への言及は、必ずしも何らかの侵略的準備を指し示すものではない。特定の動機を、いずれかの国におけるその外交政策を動かしている者たちに帰せしめることは非常に容易である。しかし責任ある政治家は、常に単なる邪悪な計略によって突き動かされているわけではない。彼らの諸機能には何らかのその国の国民に対する責任が含まれているのである。すなわち、彼らが承知しているところの国民による要求と国民が抱える困難は、彼らが政策決定を行《おこな》うにあたり、かかる政策決定の要因として作用することが許されているものと我々は推定できるのである。」（判決書p.380上段～p.380下段）

被告人・広田には邪悪な計略はなく、日本国民に対する責任によって広田は政策決定をしたとパール判事は指摘しているのである。

§2. 弁護側証言

以上の検察側主張に対し、パール判事は日本の実際の国内情勢に関する事実認定に入る。その際に、パール判事は弁護側証言を重視したのであった。

パール判事が弁護側証言を重視したのは、検察側が日本側の事情を説明できる証人をそろえなかったからであろう。検察側の訴追方法は、5カ年計画など文書による証拠をそろえることがその主眼であったのだ。それに対し弁護側としては、当時の日本が行《おこな》った経済・産業政策は必要に迫られて実施したものであることを示すために、政府関係者を中心とした大量の証人を準備したものと考えられるのである。また、パール判事の立場からは、日本国内の事情を詳細に亘って事実認定するには、日本側の証人に頼るのが最も効果的と考えたものと筆者には思われる。なお、当然ながらこれらの証人たちは、検察側による反対尋問の対象にもなった。

弁護側証人6名

パール判事は、吉野、岡田、大和田、小野、近藤、吉田の6名の政府関係者の証人を重点的に取り上げた。6名のそれぞれの証言内容は次の通りである。

吉野信次《しんじ》　：基礎産業と通商政策に関する全般的政策
岡田菊三郎：5カ年計画（ソビエトの5カ年計画への対抗）
大和田悌二《ていじ》：電力産業
小野猛　　：造船業
近藤信竹《のぶたけ》　：海軍力の拡充（アメリカ海軍の軍拡への対抗）
吉田英三《ひでみ》　：日本側が予測していたアメリカ海軍の能力

これらの証人による証言の紹介においては、パール判事はその都度、事実認定を行《おこな》っている。証言と事実認定が渾然一体となって記述されている場合もあり、両者を分けるのが困難である。すなわち、パール判事はそれらの証言を全般的に事実認定したものと考えてよいと筆者は思う。

吉野：基礎産業と通商政策に関する全般的政策

当時の日本の基礎産業と通商政策に関する全般的な政策については、吉野信次の証言に依拠した。吉野証人のプロフィールは次の通りである。

「1．**吉野信次**《よしのしんじ》　この証人は1925年から1938年にかけて商工省において課長、局長、次官、そして最後には大臣として勤務した。彼は戦時中、愛知県知事を2年間にわたり務めた。彼の宣誓供述書は本件裁判の法廷証第2368号である。彼の証言の全体は議事録の1万8198ページから1万8240ページにかけて記録されている。…（中略）…**吉野**氏は、商工省の大臣として、支那事変（訳注：原表記はChina Incident）の初期の1年の間《あいだ》、戦時経済政策を立案し遂行する責任を持っていたこと、また、リーバートが触れたすべての経済政策に直接または間接に関係していたこと、を述べた。この証人によれば、支那事変の後に採用された経済施策は、戦争準備というよりは純粋な戦時経済の様相を呈していたとのことである。」（判決書p.366上段～p.366下段）

基礎産業を設立する政策について、吉野証人は次のように指摘した。

「この証人（引用者注：吉野証人）は、基礎産業を設立する政策は、第一次世界大戦後以降、戦争と経済との間《あいだ》の関係において、そしてその理論と実践の両面において、大きく変化したと指摘した。それ以前においては、戦争は1国の持つ経済力に全く関係が無かったというわけでもなかったものの、主要国においてはその必需品のすべてをその国自身の経済能力の中でまかなうことが可能であったと考えられていた。

すなわち、真の意味での世界大戦が無かったために、中立国からの供給を常に利用することができたのである。日本は、合衆国ならびにイギリスからの借入金によって日露戦争を戦った。しかしながら、第一次世界大戦においては事実上すべての主要国が大戦に巻き込まれたが故《ゆえ》に、国際貿易は完全に遮断されたのであった。戦闘においてはあらゆる経済資源を消費し尽くすことが求められた。高性能爆薬、航空機ならびに化学品の出現は、当時の国防用兵器が持っていた欠陥を露呈させたのである。

自国の安全を保証するために必要となる産業の育成にあらゆる犠牲を払ってでも尽力しなければならないことは、常識的な事項となった。かかる戦時要因は、戦後（訳注：第一次大戦後）の経済においてさえもその重要性を維持したのである。」（判決書p.366下段）

次に、吉野証人は幾つかの特定の産業の発展について説明した。次の通りである。

「次にこの証人は、第一次世界大戦の期間中の日本および日本の同盟諸国における幾つかの特定の産業の発展の説明に進んだ。証人は、(1)染料ならびにグリセリン産業、(2)製鉄業、(3)石油産業、(4)造船業につき詳細に論じ、さまざまな産業を合理化するために日本が採用した措置につき説明を行《おこな》った。

それらの産業は軍需産業となってしまう可能性があったことは確かである。それと同時に、日本の経済生命にとってそれらは重要であったことも認識されなければならない。単にそれらの産業に重大な潜在的可能性があったからと云《い》って検察側が申し立てているような邪悪な動機がそれらの発展にはあるものとすべきであるとは、本官には思えないのである。

　この時期においてこれらの産業の合理化のために改編がなされたところのさまざまな措置は、当時の世界で広く蔓延していた状況によって完全に正当化ができるのである。これらの合理化措置に言及しながら、証人は次のように述べた。

『それは日本のみに関係した問題などではなく、イギリス、合衆国やその他諸国をも含めたすべての国で共通となっていた政策であった。日本は後れを取ってしまった。そして日本は諸措置を形成するにあたり、他国のそれを範としたのである。』

『主たる問題は、第一次世界大戦中に突然に出現した諸産業の再調整であった。主要国のすべてはその現存する産業を進展させただけではなく、他の国に頼っていたさまざまな物品を自国で得られるようにするために新しい産業を設立していたのだ。これは交戦国に限られた事象ではなかった。中立国ですらそのようにしていたのである。戦争が終われば、世界経済は需要に比べて過剰な供給に直面することとなった。さらに、戦時の消耗のため、世界の購買力は衰退していたのである。世界の列国は、戦争関連産業を再調整し撤収させるとの新しい経済政策を採用しなければならなかった。』

『このことは深刻な失業を惹起せしめていたかも知れず、そしてそれは、労働不安が蔓延する時代においては危険なことであった。産業設備と産業施設を維持する努力が、不合理に高いコストを伴いながら行《おこな》われた。列国たちは『獲得また獲得』(＊)の新政策に従った。各国はともに、国内産品の使用を奨励する措置を採った。日本は1920年に、国内の産業を促進し国内産品の消費を奨励する運動を開始することで、その時流に乗った。』

（＊訳注：原表記は“take and take”である。“give and take”ではない。提供はせずに一方的に獲得することのみをめざした）（判決書p.366下段～p.367下段）

右記引用の中における、パール判事の「この時期においてこれらの産業の合理化のために改編がなされたところのさまざまな措置は、当時の世界で広く蔓延していた状況によって完全に正当化ができるのである」との事実認定が決定的だと思う。この時期の日本が行《おこな》った産業合理化・改編は、当時の世界状況によって説明できるのみならず、完全に正当化できるとしているのだ。

　通商政策に関する証言に移る。吉野証人は、小規模産業者と大規模産業に観点を分けて説明している。この説明が描いているのは、今に至る日本の産業構造にも通底する状況だと筆者は思う。

「この証人は次のことを正しく指摘している。『日本の産業の独特な特色は、輸出産品の生産が数多くの中小製造業者により担《にな》われていたという点である。これらによる向こう見ずな競争のために、海外市場は混乱に陥った。』

　向こう見ずで過当な競争を抑制するために、日本は小規模産業者たちならびに輸出産業の従事者たちの間《あいだ》において秩序を維持させなければならなかった。この件については政府による統制が必要だったのである。

　大規模産業は自分自身で始末をつけるであろうと考えた日本政府は、彼らに対して最初の内は『**自由放任主義（laissez-faire《レッセフェール》）**』の態度を取った。大恐慌の期間を通じて日本は金輸出禁止の撤回（訳注：「金解禁」。金本位制への回帰）を含むいくつかの対応策を採用したが、これは一時的に日本の工業活動に閉塞状態をもたらす結果となった。政府は産業の合理化ならびに幾つかの大規模産業の支援に乗り出したが、かかる努力だけでは十分ではなかった。次に政府は、経済危機においては大規模産業に対しても政府はその権能を行使すべきであるとの見解に立ち至った。こうして1931年に重要産業統括法が制定されることとなったのである。『その法律はイデオロギー的には全体主義であったかのごとくに見受けられるものの、その中身を見ればそれはまったくそうではなかったことが見て取れる。その法律は、中小企業の統制、ならびに産業人の間《あいだ》の自発的合意をその目的とするものであった。それは、少数派が多数派の要望に従わない場合に政府が少数派に対して介入を行《おこな》うとの原則に基づいていた。それは、国家政策を充足させるために多数派の要望に反して権能の行使を許すことを主旨とするものではなかった。それはカルテルを促進する措置であった。』」（判決書p.367下段～p.368上段）

カルテルという語は邪悪な類推を招き易い。パール判事は次のように釘を刺している。

「カルテルに関しては、国際連盟による論考にほとんど従った法案を日本は作成したのである。重要産業統括法の中にはカルテルを促進する条項とともにそれを統制するための記載もあった。必要となって来《く》る公示に関する規定も設けられた。それは問題を広く世論にさらした方《ほう》が罰則による統制よりも好ましいとの合衆国のクレイトン法の原則に従うものであった。日本による産業合理化策は他の各国が実践したオーソドックスな手法に従うものであって、そのような手法から逸脱はしていない。ただし1937年の『輸出入の制限に関する特別措置法』はまったく異なるカテゴリーに属するものであった。これは戦時経済を施行するための基本法であった。」（判決書p.368上段）

リーバート氏が提出した2つの証拠の内、法廷証第842号「重要産業拡充計画」に関しては、吉野証人の証言に従い、パール判事は右記の通り「日本による産業合理化策は他の各国が実践したオーソドックスな手法に従うものであって、そのような手法から逸脱はしていない」と事実認定したのであった。侵略戦争準備等の邪悪な特徴はないとしたのである。

「この証人はリーバート氏が言及したところの、重要戦争資材生産のための5カ年計画（引用者注：法廷証第841号）についてはまったく何も知らなかった。」（判決書p.368上段）

岡田：5カ年計画（ソビエトの5カ年計画への対抗）

法廷証第841号「5カ年計画」については、岡田菊三郎証人が証言した。岡田のプロフィールは次の通りである。

「2．**岡田菊三郎**《おかだきくさぶろう》　この証人は1935年以降、陸軍省整備局戦備課に在籍し、その在籍期間の全てにわたり国家総動員と軍事動員の立案に関係していた。彼の証言は1万8271ページから1万8339ページにかけて記録されている。」（判決書p.366上段）

岡田証人の証言は次の通りである。

「**岡田**氏がこの5カ年計画につき説明を行《おこな》った。この計画はこの証人によって立案されたのである。法廷証第841号と同第842号に言及しながら（引用者注：リーバートが探し出した『5カ年計画』ならびに『重要産業拡充計画』）、この証人は次のように述べた。『各々《おのおの》の計画には明確な目的があり、その目的とは日本の国力の増進を意味している。法廷証第841号はその全体が軍事計画に関連していた。法廷証第842号（『1937年5月29日の重要産業五カ年計画要綱、1937年6月10日の重要産業五カ年計画要綱実施に関する政策大綱、そして企画院作成の生産力拡充計画要綱』）の中には多くの軍事的側面が含まれているものの、それは平和時の経済を確立するための計画であった。日本はロシアによる軍事力の拡大への対策を取らなければならなかったのである。』(判決書p.368上段〜p.368下段)

岡田証人の証言をここでいったん区切った上で、パール判事自身がソ連の産業発展に関して次のコメントをしている。

「ソビエトの産業発展は驚愕的と云《い》えるものであった。1929年にはその鉄鋼生産高は戦前のレベルにまで回復したが、2つの5カ年計画を経《へ》た後にはそれは戦前の3・5倍分の超過にまで達したのである。1933年にはソビエト社会主義共和国連邦の鉄鋼生産高は世界第3位で欧州では第2位に位置していた。その次の年にはそれは世界第2位で欧州では第1位に昇進したのである。1937年にはその鉄鋼生産高は1770万トンに達していた。日本はさらに、ソビエトは第3次5カ年計画をまさに開始するものと信じていた。そのため日本は、ソビエトの計画生産高の少なくとも半分には達することを試みる決意をすることを余儀なくされたのである。

　日本の重要産業の多くは外国から輸入される原材料に依存していたために、日本の経済基盤は不安定なものであり、またその独立性の確保は非現実的であった。日本は国際貿易において不利な立場にあった。この時点以前においては、日本は繊維工業といくらかの軽工業を通じて不安定ながらも貿易収支を維持することができていた。日本は将来において国民福祉を提供できる現代的な国家となる資格を得るために重工業を発展させるべきであると考えられていた。」(判決書p.368下段)

　そもそも「5カ年計画」なるものはソビエトが本場である。そのソビエトが5カ年計画の下に軍事力の直接的なバロメーターたる鉄鋼生産量を「驚愕的」に伸ばしたために、日本は対抗上、5カ年計画を立てて対ソ国家安全保障を確保しようとしたのであった。右記でパール判事が指摘したのはその点である。

　岡田氏は、「法廷証第841号(『5カ年計画』)はその全体が軍事計画に関連していた」(判決書p.368上段)と証言した。この部分から邪悪な結論に短絡しないようにパール判事はソ連の産業発展が当時の日本にとって脅威になっていたとわざわざ釘を刺したのである。現代日本人とは違い、当時の日本人はソビエトからの軍事的圧力をひしひしと感じていた。ソビエトの対日軍事圧力を無視できるような情勢ではなかったのである。この点は、判決書第四部第⑨項「ソビエト連邦への侵略」でさらに詳しく論じられる。

　岡田証言に戻ろう。

　「この証人(引用者注:岡田証人)は次のように述べた。

『ソビエトは第3次5カ年計画を開始するものと日本は信じ、ソビエトの第3次5カ年計画に合わせて終わるように日本も計画を開始させた。しかし、日本の5カ年計画が終わるようスケジュールが組まれた年には、特別な意味合いは無い。あらゆる産業開発計画は数年のサイクルで組まれなければならないが、第1次計画が終了したら第2次計画に乗り出す意図があったのであって、そのため、第1次5カ年計画が終了するとのスケジュールが組まれた1941年末という時点には、何の重要性も置かれてはいなかった。』…

『支那事変(訳注:日中事変)の勃発により、特に軍需品の生産増進のためにもっと大がかりな計画が必要となったので、法廷証第841号は実際には使われなかった。軍需を満たすために軍部に対し可能な限り多くのものを提供するため、法廷証第842号の計画は切り詰められて変更をされなければならなかった。このため、実際の遂行は計画からはかなり異なったものとなった。』『それら2件の法廷証拠は非常に限定的な経済統制を計画したものである。しかしながら、支那事変の勃発が産業の動員ならびに大規模経済動員、そして最後には国力の総動員を必要とさせるに至った。』…」(判決書p.368上段~p.369上段)

当時の日本の仮想敵国の最たる国はソビエト連邦であった。ロシアは幕末以降、日本に対する侵略意図を明確に示し、前線基地として日本海に面した軍港ウラディオストックを建設し、多大な国力を傾けてシベリア鉄道を建設した上でウラディオストックとロシア中央部を結んで兵員・軍需品の輸送力を確保したのである。ソビエト・ロシアに対する備えは、日本政府として常に意識しなければならなかった。なお、ウラディオストックとはrule the East、すなわち「東方を支配せよ」の意味であると聞く。物騒な名前にしたものだ。

そのソビエトが5カ年計画により驚愕的な産業発展を果たしているのである。産業政策で後れを取れば、たちまち攻め込まれると当時の日本は危惧したのである。日本の5カ年計画はソビエトの産業計画に対抗するためのものだと、岡田証人は証言したのであった。

この証人に対して検察側が反対尋問を行《おこな》った。この5カ年計画(法廷証第841号)は1941年に戦争が起きることを想定して立案されたものではないかとの指摘を行《おこな》ったようである。次の引用の通りである。

「法廷証第841号に関する反対尋問においてこの証人(引用者注:岡田証人)は、その5年後を目標とする、ならびに、1942年とそれに続く年には戦時能力を必要とするとの語句に気づいたと述べた。このことは1941年に戦争が起きることを意味するものではなかった。それは単に140個の飛行中隊のための陸軍の航空機生産が完了することを意味するにすぎない。というのも、航空機の供給を抜きにしてそれらの飛行隊を組織しても無意味だからである。

その年に戦闘行為が勃発したら備品の早急な補充のための特別措置が案出されると記している第5-cの段落については、この証人は、それは1942年に言及しているものだと証言した。1941年という年には意味が無いとの発言にまだ拘泥《こうでい》するのかと質問された時、この証人は、**もしも**1941年に日本とソ連との間《あいだ》で戦闘行為が発生していたら日本は140個の飛行中隊に十分な航空機を供給できたかどうかについては、それは単なる見積もりにすぎなかったと述べた。

この証人は書類に現れる『戦闘行為の初年』との語句は彼自身が記載したと証言した。飛行中隊の組織化が完了した時点で供給が補充されるかどうかは単なる見積もりであったのだ。計画は1943年まで延伸するように立案され、そして更新が予期されていた。証人は、それ以前にも複数の計画が立案されたことがあり、その一つは1935年を最初の戦争年として示していたこと、さらに、1933年を最初の戦争年、1934年を第2の戦争年として示している国家総動員計画が何年も前に存在していた、と指摘した。」(判決書p.369上段~p.369下段)

つまり岡田証人は、検察側が問題にしている1941年を戦争開始年とすることを示唆している5カ年計画の問題箇所とは、具体的には5カ年計画における「1942年とそれに続く年には戦時能力を必要とするとの語句」であると指摘した上で、その意味するものは陸軍の飛行中隊のための航空機生産であると回答したのだった。しかもそれは対米英ではなく対ソ連の戦闘行為を意識したものであったと証言したのだ。この5カ年計画の存在をもって、日本が1942年以降に対米英戦争に入ることを計画した証拠とはならないのである。

大和田：電力産業

大和田証人のプロフィールは次の引用の通りである。

「3．**大和田悌二**《おおわだていじ》　この証人は1917年から1940年8月にかけて逓信省に在籍し、電気局長、電力管理準備局長官を歴任し、最後には逓信省次官となった。彼は電力管理法の立案と実施に直接的に関わった。彼の証言は1万8243ページから1万8270ページにある。検察側はこの証人に対し、反対尋問を行《おこな》わなかった。（法廷記録1万8270ページ）」（判決書p.366上段）

パール判事はわざわざ、「検察側はこの証人に対し、反対尋問を行《おこな》わなかった」と指摘している。反対尋問を行《おこな》わなかったのであれば、検察側は証人の証言に不審を抱かず、弁護側尋問の内容で満足したと考えられるのである。証言が確かなものであったとの傍証となる。

なお、電力政策に関する検察側の主張は次の通りである。

「検察側によれば、日本の水力開発は直接的に戦争目的に向けられており（法廷記録1万8252ページ）、この目的を視野に入れながらこの業界はだんだんと全体主義的統制の中に取り込まれて行《い》ったと云《い》う。検察側によれば、これはまず、この管理法（引用者注：1938年施行の電力国家管理法）が可決されるまではすべての電力発電会社は私企業であったとの事実によって示されると云《い》う。検察側の主張は『この法律の採択以降、この産業は全体主義的となった』（法的記録1万8253ページ）というものである。」（判決書p.369下段）

これに対して大和田証人は、次のように証言した。

「**大和田**《おおわだ》悌二《ていじ》氏は電力産業につき十分な説明を行《おこな》った。この証人は、電力国家管理法の主たる規定は1938年8月10日から施行されたと述べた。」（判決書p.369下段）

パール判事は次のように続ける。

「**大和田**氏はこの法律の根拠を十分に説明した。この措置についても、ここから戦争準備だけを嗅《か》ぎつけるのはまったく馬鹿げたことである。

この証人は、1929年頃から確立され始めた国際的なブロック経済により、如何《いか》に日本が最小限の自給自足経済を確立する必要に直面したかを説明した。その当時からいくつかの計画の立案に取りかかったものの、それらの計画が熟成したのは1938年頃のことであった。

この証人によると、電力国家管理法の目的の一つは、日本の水力開発を長い期間をかけて確実ならしめることであった。以前のやり方が継続されるなら、それはバラバラに遂行され、利用可能な日本の水力資源は短期間の内に使い尽くされていたことであろう。最大限に経済的かつ有用な方法で水力資源を利用するためには、日本は水力資源の不必要な浪費を避けなければならなかったのである。

日本の西部は水力資源に乏しく、東部は豊かであった。もしも東部と西部の発電所が送電線で結ばれれば、西部では、以前は発電のために使われていた石炭を節約することができる。石炭の経済的使用はこの法のもう一つの目的であった。次に、農村地区への送電の問題があった。この証人の証言によれば、電力管理の問題を検討するにあたり日本はスイスを手本とした。というのもスイスも日本同様、天然資源に欠けた国であったからである。スイス同様日本も、すべての家庭で電力を使用させることで家庭を基盤とする小規模工場の成長を見出《みいだ》し、それによって『日本経済を維持する一助とする』ことを熱望した。電力開発が営利目的を基盤として継続されたなら、家庭にこのように電力を供給することは不可能であると考えられた。

国家管理の動機は第1に『入手可能な水力資源を最も合理的かつ効率的なやり方で利用し、それを100%利用するためである。第2に、日本では非常に乏しかった石油と石炭を節約するためであった。そして第3に、低価格で入手できるように、中でも公共的性質を持つ需要には特別な低価格で入手を可能とさせるため、発電を豊富に行《おこな》うこと』であった。

『大規模電力開発の達成を希望するとの前提で開始したために、基本方針は政府によって決められることとなっていた。しかしながら、決定は単に政府官吏のみによってなされたわけではなく、電力審議会に提出された議題とそれへの答申を基盤としてなされていた。審議会の委員の過半は消費者の代表であり、それは国会議員その他の高度に知的な有識者の人々で構成されていた。かかる方針を政府は自身では遂行しなかった。政府はその遂行のための特殊会社、すなわち、日本発送電株式会社を設立したのである。この会社はその他の会社と同様のものであって、株主はすべて民間の個人であった。』」(判決書p.369下段~p.370上段)

大和田証人の証言に基づくパール判事の結論は、次の引用の通りである。

「電力産業の開発は戦争産業に切り替えられる潜在性を等しく持っていたにしても、本官の意見ではこの証人の証言は、電力産業の開発は日本の経済的必要性を理由としてなされたことを十分に説明するものである。リーバート氏は『電力産業は日本の産業の中で最初に国有化されたものの内の一つである』と申し述べたが、おそらくはそれは正しかったのであろう。そして、ことによるとそれは『全面戦争を支援する新機構における一つの柱』として使われる潜在的可能性を持っていたことだろう。しかし本官は、これが戦争準備の一つの段階であった、ましてやそれが何らかの侵略戦争の準備であったとの見解を受け入れることはできない。」

(判決書p.370上段~p.370下段)

小野：造船業

小野証人のプロフィールは次の通りである。
「4．小野猛《おのたけし》　この証人は1935年7月に逓信省管船局長、次に1938年1月に逓信省次官となった。彼の証言は1万8342ページから1万8355ページにある。彼の宣誓供述書は法廷証第2369号である。」(判決書p.366上段)
小野証人の証言は次の通りである。
「小野氏は造船業につき陳述を行《おこな》った。彼は、大型船舶の建造と注文を奨励しそれに対する助成金の拠出を定めた造船奨励法と遠洋航路補助法が可決された理由を説明した。この証人も検察側によって反対尋問を受けることはなかった。(法廷記録1万8355ページ)
『日本の最初期の政策は外国から古い船舶を輸入することであった。その過半は旧式もしくは劣等なものであった。それは我が国の船舶業の効率的運営の足かせとなり、また、海上における事故を頻繁に惹起せしめた。これらの海難事故における異常に多数の人命損失のため、政府の政策に対しては厳しい批判があった。』…『輿論《よろん》は、余剰積載トン数の徹底的な再調整ならびに使用される船舶の質の改善を政府が行《おこな》うよう要求した。しかしながら、かかる余剰積載トン数のため、造船設備は稼働不足のままとされざるを得なかった。多数の労働者が雇用を失い、彼らに救済を与える必要があった。』
『全国船主団体、造船業団体ならびに労働団体と協議した後、海運業の状況改善、海運の合理化、造船業の発展、そして失業者の救済、等のため、『**廃棄オヨビ新造策（scrap and build measure）**』が提案された。」

この措置は1932年に施行された。

『この措置により、経済面の諸目的は達成され、業界は回復した。この日本の成功に基づき、イギリスとノルウェーが同様の措置を採用している。この措置により、50万トンもの古い船舶が廃棄され、30万トンが新造された。1933年5月に、外国船舶の輸入が禁止されるに至った。』

『日本政府が意図したものは、余剰積載トン数を整理することにより海運業を改善させるとの『**徹底的（out and out）**』な経済措置であり、そしてこの措置により日本の船腹は実際に減少したのである。政府の意図は、個々の船舶は優れた経済的性能を持つべきだとするものであった。彼らは戦争を予期して高速の性能を持つ高品質な船舶を造らせたわけではない。船舶の高速化は経済面の必要性によるものであった。この措置では、船舶は国内の材料を使用し国内の造船所で建造することが条件とされていた。』古い案は1937年に廃止され、現代的な船の建造が始められたのである。

『これは、実現できないまま長く待ち望まれていた希望が限定的な補助金拠出によって具体化したものであった。大西洋海運における列国間の超現代的船舶の建造競争はよく知られており、それは日本の海運関係者の羨望の的《まと》となっていた。』

この証人は次に、1937年の製鉄事業法が海軍の反対を押し切って可決された理由を述べた。製鉄事業法は、造船業についても他の産業同様の免許制度を規定したものであった。それは不必要な競争と混乱を避けるためになされたのであった。現存する造船所には免許が与えられることで『**現状（status quo）**』は維持された。」（判決書p.370下段～p.371上段）

小野証人の証言を受けて、パール判事は次の結論を下している。

「この証人は日本の海運と造船業を十分に説明した。造船業界の潜在力がどのようなものであったにせよ、採用された政策についての説明は、何らかのはっきりとした戦争に対する準備を示唆せずとも、十分になされたのである。」（判決書p.371上段）

近藤：海軍力の拡充（アメリカ海軍の軍拡への対抗）

右記において小野証人は、日本の海運と造船業について証言した。小野証人は主として民間事業としての海運と造船業を説明したのであった。この流れの中で、パール判事は続けて海軍の動向に関する吉田証人と近藤証人の二人の証言を紹介している。これは「海軍」に関する検証であるが、「海」の話の続きであると位置づけられよう。

「この関連では、**吉田**《よしだ》英三《ひでみ》氏の証言（法廷証第3003号）ならびに**近藤**《こんどう》信竹《のぶたけ》氏の証言（法廷証第3006号、同第3001号、同第3003-A号ならびに同第3003-B号）も参照されうるものである。」（判決書p.371下段）

近藤証人は1930年代の日本海軍が置かれていた状況を説明した。パール判事はこの証言を受け入れている。

近藤信竹証人のプロフィールは次の通りである。

「**近藤**氏は1930年6月から1932年12月にかけて海軍軍令部の第一課長であった。彼は、1935年12月から1938年12月にかけて第一部長、1939年10月から1941年9月にかけて海軍軍令部次長であった。」（判決書p.371下段）

ロンドン軍縮会議が日本海軍に与えた影響に関し、近藤証人は次のように述べた。

『1930年のロンドン軍縮会議の直後に証人（引用者注：近藤証人）は第一部第一課長に任命された。この時点で国家防衛案は新しい状況に適合するようにさらに一層、防衛的なものに改定されなければならなかった。ワシントン条約によって、日本の主力艦と航空母艦は合衆国とイギリスの60％までに限定された。しかしながら、条約の後に収集された情報によれば、合衆国海軍は大洋間巡航作戦を準備しつつあり合衆国の艦隊はその必要があればいつでも日本の本土海域に到達しうるものと考えられた。これに対抗するため、艦隊付きの巡洋艦ならびに本土海域における迎撃のための主として魚雷に依存するもっと小型の艦艇、等により国家防衛を完全なものにするべく努力がなされた。』

『1930年ロンドン条約によって補助艦の保有量に制限が課されたため、日本海軍のこの特色ある軍備は制限されることとなった。合衆国海軍が新種の軍艦を建造するのを彼らは眺《なが》めていなければならなかった。枢密院における条約批准は深刻な問題であった上に、スティムソンによる『脱帽』演説（＊）は日本の人々の感情を悪化させるのに大きく貢献した。海軍軍令部は、軍備の不足を補うためには技量向上のための猛訓練ならびに条約で制限されていない小型艦の建造、さらには航空機の建造、によるしか、この事態に対処する方法は無いと結論した』

（＊訳注：『脱帽』演説。1930年のロンドン海軍軍縮会議においてスティムソン国務長官は合衆国代表団の団長であった。彼は日本代表団が自国の憲法の規定の問題を乗り越えて軍縮を推進した態度に『感銘』を受け、帰国後、合衆国連邦議会の上院外交委員会にて次のように陳述した。ただし、これが本意であったのか皮肉を述べたのかについては解釈が分かれる。『軍縮会議を尻目に他国の政府が建造を続ければ、1936年以降に条約が継続しない場合には他国の政府がはるかに良いポジションに就《つ》くことになると云《い》うのに自分自身を静止状態に縛り付ける条約を結ぶほどの勇気を1国の政府が持つ場合、その政府は困難な問題を抱え込むことになるのであり、どれほど議論を重ねてもこの問題を小さくすることなどできない。どんなに貧しい国であっても危険に怯《おび》えれば競争的建造に走るものである。本条約において私は日本政府に対し脱帽する。』）（判決書p.371下段～p.372上段）

日本はロンドン海軍軍縮会議から脱退した。その間《かん》の日本の事情を、近藤証人は次のように説明した。

「証人は次のように述べている。『会議（引用者注：1930年のロンドン海軍軍縮会議）において日本は、非侵略的で脅威とはならない軍備を目指すとの以前の要求から一歩前進することを提唱した。かかる見解は他国の支持するところとはならなかった。その乏しい資源に鑑み日本は、国家防衛に関する責任を可能な限り最小限の予算内にて充足させるためのさまざまな実験に意識を差し向けていた。その結果は、以下に示す特徴を軍備計画に持たせること以外に方法は無いとの発見であった。』この証人は次に、彼が**第3次補充計画**ならびに**第4次補充計画**と名付けたものを説明し、また、合衆国の拡充計画がこれらの計画に対してどのような影響を与えたかも説明した。」（判決書p.372上段）

右記引用中の「以下に示す特徴」とは、左記引用中の「応急軍備計画」のことである。また、右記引用最後尾の「合衆国の拡充計画」にも筆者としてはぜひとも触れておきたい。ソビエトの鉄鋼生産量の拡張も日本にとって驚愕的であったが、アメリカの海軍軍拡も負けず劣らず驚愕的であった。次の通りである。

「彼（引用者注：近藤証人）は特に1940年7月の『ヴィンソン案』と『スターク案』（＊）に言及し、次のように述べた。

『その時点までは合衆国の拡大策に対抗する国家防衛策の立案が

何とかできていたのであったが、合衆国のそれらの巨大な計画が実現したら、限定的な国家資源の視野の中では日本の国家防衛義務を果たす手段は無いことを発見した。合衆国による貿易制限が強化され、オランダ領東インドならびにフランス領インドシナとの交渉は進展しなかったために、国家の基盤そのものが脅かされているように見えた。ハワイにおける合衆国艦隊の動きは、合衆国とイギリスによる重慶政府への支援強化と相《あい》まって、重慶政府に勝利を確信させたため、支那事変（訳注：日中事変）の解決をさらに困難にした。この状況では、現下に実在する戦争の危険がいつ何時《なんどき》、極東に展開して来るかも知れず、第3次ならびに第4次の補充計画の執行は急がれねばならなかった。』

『第4次補充計画での2つの軍艦の計画が進展しなかった上に、防衛のために必要な小型船舶の建造にすべての努力を集中させるために、主力艦の建造は1940年11月に打ち切られた。1940年秋には非常の場合に商業船員を補助艦へ配置転換する案が提出された。』

『1940年末に国際情勢は突然に悪化した。フィリピン予備軍に動員がかけられたこと、合衆国陸軍省長官が真珠湾において戒厳令を発布したこと、支那北部における合衆国の軍隊が撤収されたこと、シンガポール海峡の東側入り口に機雷が敷設されたこと、マラヤでオーストラリアの軍隊が強化されたこと、合衆国・イギリスとオーストラリアがマニラのフィリピン軍を強化する協議をしていたこと、などの情報を受けたのである。』

『海軍軍令部は、資源には乏しいにせよ、合衆国の拡大策ならびに以上の国際情勢に鑑み日本は海軍の軍備を何とかしなければならないと認識していた。1941年5月には応急軍備計画が施行され、防衛用の戦艦に加えて9隻の中型潜水艦ならびに9隻の小型潜水艦が建造された。1941年8月には1隻の航空母艦、2隻の巡洋艦、26隻の駆逐艦、33隻の潜水艦、ならびにその他の防衛措置を拡充する緊急軍備計画が実行に移された。それでも合衆国海軍と歩調を合わせることはできず、彼らは焦燥の念に駆られたのであった。それらの軍備計画は、合衆国の圧倒的な拡大計画ならびに日本への軍事的包囲であると彼らが考えたものに追い立てられて立案されたものであった。それらの計画は泥縄式に作られたものであり、それも主として小型の防衛的な軍艦に依拠するものであった。』

『これらの方針が作られる一方、国家資源の乏しさが心配の大きな源となっていた。多くの困難があった。戦争の勃発に伴い合衆国とイギリスはその建造のペースを加速させることが予期されていたが、一方で日本の建艦計画は戦争勃発に伴い遅延することが大いにあり得《う》るし、むしろ、日本の建艦量は戦争が勃発すれば増やす訳にはいかなくなったのである。』

『緊急時に補助的な軍艦に改造できる第一級の商船を日本はわずかにしか持たなかったが、イギリスと合衆国は数多く持っていた。合衆国やイギリスが持っていたような予備空軍機に変換可能な民間航空機を日本はまったく持ってはいなかった。戦時には軍需品生産に振り替えられる能力を持つ民間工場を日本はわずかにしか持っていなかったが、合衆国とイギリスには戦時になれば民間工業を軍需用に大規模に変換できる能力があった。』

『日本は軍需材料の欠乏に直面したが、合衆国とイギリスではそれは有《あ》り余《あま》っていた。これらの事実に直面した日本は、乏しい国家資源に大きな負荷を負わせることにはなるものの平時の軍備を比較的に大きく維持しなければならなかった。合衆国とイギリスが持っていた、急速に動員できる能力ならびに膨大な資源を引き出すことができる能力が、そうすることを日本に対して余儀なくさせたのである。これらの諸要因を考え合わせることを見落としていたら、国家防衛に深刻な欠陥をもたらしてしまったことであろう。』

（＊訳注：スターク案ならびにヴィンソン案。ドイツによるフランス占領を見て取った合衆国海軍次官のハロルド・スタークは１９４０年６月17日に合衆国の戦闘艦隊を２５７艦増やすため40億ドルの予算を連邦議会に対して要求した。これを受けた連邦議会の下院海軍委員会委員長であったカール・ヴィンソンは今後は航空機と航空母艦（空母）の時代となることを見込み増額を企画し、連邦議会は結局、85・5億ドルの支出を認可したもの。ヴィンソンは航空母艦を中心に駆逐艦、巡洋艦と潜水艦がそれを取り囲んで形成する艦隊形態こそが新時代の海軍機動部隊であると考えた。１９４０年７月19日に制定されたこの『両洋艦隊法』Two Ocean Navy Actと呼ばれた法は合衆国史上最大の海軍調達法であり、実に航空母艦18艦、アイオワ級戦艦２艦、モンタナ級戦艦５艦、アラスカ級重巡６艦、巡洋艦27艦、駆逐艦１１５艦、潜水艦43艦、航空機１万５０００機、他、の建造・調達を認可することで合衆国海軍の規模を一気に70％も拡大するものであった）」（判決書p.372上段～p.373下段）

この「両洋艦隊法」の両洋Two Oceanとは、大西洋と太平洋のことである。合衆国が堂々と世界２正面作戦を予期して海軍力の大幅拡充を目指していたことを、法律の名称が示している。右記証言のように、合衆国は圧倒的な軍備拡張計画で日本に多大な脅威を与えたのであった。この圧倒的物量の前に、日本は国家安全保障の確保が危ぶまれる状況に陥ったのであった。

防衛を目的とした航空母艦

日本もアメリカもほぼ同時に、将来的に海軍の主力は航空母艦になっていくであろうことに気付いた。航空能力による機動性を重視せざるをえない状況になることを見て取ったのである。

確かに日本海軍は世界で初めて航空母艦を中心とする機動部隊を組み、これを実戦において攻撃目的に使用した。真珠湾攻撃である。これを念頭に検察側証人の合衆国海軍提督が、「日本の航空母艦の建造は侵略戦争の準備であった」と宣誓供述していたようである。これに対する近藤証人の回答は次の通りである。

「航空母艦の問題に至り、証人は次のように述べた。

『リチャードソン提督はその宣誓供述書の中で、日本海軍は侵略戦争を準備する中で航空母艦の建造に邁進《まいしん》していたと述べた。』

『航空母艦は、攻撃用途のために使うことは容易なのかも知れないが、一般的に認識されていたのは、それは航空母艦を含む艦隊集団から受ける攻撃に対する防衛用に必要であるという点である。他の列国がそれを持つ限り、航空母艦は絶対的に必要であると日本の海軍当局は信じていた。』

『日本には航空母艦の艦載機によって攻撃を受ける大きな危険があったのであり、そしてその被害は甚大なものとなる。日本は細長く、海に囲まれており、列島のどの部分も艦載機の作戦範囲の外にはない。ほとんどすべての主要都市、工業地域ならびに通信交通の幹線は海岸付近にある。日本の家屋は可燃物でできており、爆撃を通じての被害は甚大となり、また、もしも焼夷弾が使用されれば大火災による被害が発生する。』

『自身を守るためには日本は数多くの飛行場と航空機が必要であった。そのような攻撃から身を守るためには、航空機、対空兵器ならびに阻塞《そそく》気球などがあるが、航空機がもっとも効果的である。

攻撃対象が海岸に沿って存在している場合、対空兵器ならびに阻塞気球は攻撃をかわすためには十分な効果をもたないと予測された。日本の悪天候は航空機の運用と集中の阻害要因となるので、数多くの飛行場と航空機が必要であった。

『国家資源が乏しいために膨大な数の航空機を維持することは不可能であったし、飛行場建設は国土が細長いこと、ならびに平坦な土地が乏しいことから困難であった。』

『他国の艦隊が航空母艦を持つ一方で我が艦隊が航空母艦を持たないことは、偵察能力、長距離攻撃能力、対航空機防衛能力等に著しい劣後があることを意味する。航空機の発達に伴い、航空母艦を持たない艦隊は意味を失った。そのため、敵国に対して十分に対抗できるほど強い航空母艦を自国自身の艦隊の中に維持することは有利なのであって、それを通じて国家防衛に資することができたのである。』

『日本の航空母艦の特徴と能力からは、それが防衛目的であったことが見て取れる。航空母艦を攻撃用途で使うためにはそれに付随させる軍艦が必要であるが、日本海軍にはそのようなものは無かったのだ。』」（判決書p.373下段〜p.374上段）

近藤証人による証言の通り、日本の航空母艦は、当初は純然たる防衛目的のためだったのだ。真珠湾攻撃は、アメリカを始めとする連合国の対日諸施策によって先制攻撃を行《おこな》うことに追い込まれた日本が、防衛用の航空母艦をやむなく攻撃用に転じたものにすぎなかったのである。

吉田：日本側が予測していたアメリカ海軍の能力

最後に、吉田証人による証言を見てみよう。

弁護側は吉田証人に対し、真珠湾攻撃時点での合衆国と日本の艦艇を比較できるリストを作るよう依頼した。吉田証人はこのリストを作成した。これは法廷証として受理された。次の引用の通りである。

「吉田《よしだ》英三《ひでみ》氏は1946年6月から1947年5月にかけて第2復員局資料整理部の一員であった。1946年以降、彼は以前の日本帝国海軍の装備に関係する報告書を数多く準備した。1947年4月、弁護側は合衆国海軍の艦艇に関する合衆国海軍の公式書類を彼に手交し、1941年12月7日時点で合衆国と日本がすでに完了したか建造中であった艦艇を比較できるリストを作るように要請した。彼はその**比較リスト**を紙2枚にわたって作成し、それを弁護側に手交した。これらは法廷証第3003－A号と同第3003－B号に含まれている。」（判決書p.374上段）

パール判事がこの吉田証人の比較リストの件をあえて取り上げて記述した理由は次の引用で述べられている。この証人は「特筆すべき発見をした」というのである。

「証人（引用者注：吉田氏）はある特筆すべき発見をした。すなわち、日本の海軍軍令部が合衆国海軍の能力につき予測したものは、上記の公式書類で示された実際の能力に驚くほど近似したものであり、さらに、日本の予測はむしろ実際の数字よりもいくらか低いものであった。もしもそのこと（訳注：予測が実際の数字よりも低いこと）に何らかの意義があるなら、ではあるものの。」（判決書p.374上段〜p.374下段）

吉田証人は、真珠湾攻撃の時点で日本海軍軍令部は合衆国海軍の能力につきほぼ的確な予測をしていたことを発見したのであった。一般に日本の諜報能力は諸外国よりも劣っているとされる。それにもかかわらず当時、何かにつけて日本に対して敵対的態度を取っていた合衆国の海軍能力をほぼ正確につかんでいたとは、どのように解釈すればよいのだろうか。海軍軍令部が国防義務を果たそうとしてそれほど必死になって情報収集に努めていたと解釈すべきか、それとも日本が将来を悲観するよう合衆国側が情報をリークしたと解釈すべきか…。

いずれにせよ、海軍軍令部は日本国内の士気を鼓舞するためにこの予測を行《おこな》ったわけではないのは確実である。というのも、パール判事は「日本の予測はむしろ実際の数字よりもいくらか低いものであった」とわざわざ断っているからである。国内の士気を鼓舞するためなら、実際よりも大きな数字を言い立てていたはずであろう。

以上で、弁護側証言の記述を終えたい。パール判事は日本国内の様子を見るために、日本政府関係者の証言を重視したのであった。これらはすべて、弁護側が用意した証人なのであった。

日本の急速な人口増加の問題

経済・産業面での日本の戦争準備に絡めて、パール判事は日本の抱えていた人口増加問題について多くの紙幅を割いて記述している。これは当時の日本国内の情勢を把握する上で、避けることはできない分析となる。パール判事は弁護側証人ではなく、トインビー博士の1931年「国際情勢概観」から多くを引用しながら分析した。次の通りである。

「途絶えることがまったくない日本の国家的問題である、激しく増加する人口に対して備えるためには、増大しつつあった国際貿易の総額の中において日本のシェアを増やすことを日本政府ならびに日本国民が決意してそれに向かって邁進することが、少なくとも当時の日本の政治家たちにとっては不可避であったのだ。しかし、彼らのこの点への平和的希求は『人間の制御を超越した、非人間的な力』によりおそらくは阻害されたのだとの事実を彼らは完全には無視することはできなかったのである。ただし彼らは、それが正しかったにせよ誤っていたにせよ、この阻害は彼らの制御を超越したところの人間的な力のせいでもあったと考えたのである。太平洋に面したそれらの4カ国は日本のこの平和的切望に対して同情的であるとは彼らには見受けられなかったのだ。日本が登場した時にはすでに英米による世界経済秩序ができあがっており、新参者《しんざんもの》が参入する余地は無かった。かかる秩序は、それ自体が持つ特性からそれが他国と分かち合われることをまったく認めなかった。それでも、『イギリス流経済システムを世界に押しつけるイギリスの所業は遅かれ早かれ、分裂した傾向—すなわち、部分的にはイギリスからの圧力への消極的な抵抗、そして部分的にはイギリスの達成したことへ向けられた積極的な競争—を抱えたエネルギッシュな反応を惹起せしめることがほとんど不可避であった。』事実、かかる秩序の中で支配的地位に就《つ》いている相手に対抗して、イギリスならびに英語国民によるヘゲモニーの原因および結果に即座になってしまうところの自由と富と権力につきそのいくらかの分け前を自分自身のために確保する措置を取ろうとする努力は、必然的に目的の達成に失敗する運命をたどったが、『その理由は、イギリスの古典的な産業革命家たちの持つ自由と富と権力はひどく希求されたものの、それは、彼らにはそれら（訳注：自由・富・権力）をいつでも自由に入手できる能力があったこと、ならびに彼らには世界中に広がっていた領域があったこと、等に依存しており、それら2つの資産（＊1）は破壊をしなければ分配をすることはできないものであったからである。』これらの資産から便益を享受できていた者たちは、そのような分配には容易に賛成をしなかった。新しい志望者による平和的希求でさえ特権を持つそれらのプレーヤーたちから反対される懸念がいくらかはあったのであり、それは、『彼ら（＊2）が持つ、遠い過去から遠い未来に至るまでの人間による行為の発展の概念の全体像』は、『未来とは彼らのみに属するものであり』、彼らの『発展は神から約束されたものであり』、他の者たちは彼らの発展に『ただ寄与するとの運命に定められた歴史上の機能』を充足させるにすぎない場合は特にそうであった。日本の政治家たちはこの可能性を視野の中に入れており、法廷証第216号（＊3）から見つけられるもののすべては、ただ彼らのこの先見《せんけん》の明《めい》を示しているのみである。本官はそこから何らの侵略的準備をも読み取ることはできない。

（＊1訳注：自由・富・権力をいつでも自由に入手できる能力と、世界中に広がる領域）

（＊2訳注：イギリスならびに太平洋に面した4つの英語国を指す）

（＊3訳注：1936年8月7日の閣議決定。検察側の云《い》う共同謀議の究極的目標）」（判決書p.381下段～p.382下段）

浜口・若槻の両内閣における幣原外務大臣と井上大蔵大臣による外交・財政政策は諸外国の賞賛を浴びたことをすでに第⑥項「政治権力の制圧」で見た。これをもって日本は、国内の人口増加問題を改善する糸口にしようとしたのであった。

しかし、日本が直面した「人間の制御を超越した、非人間的な力」がこの平和的経済政策を阻害したのだ、とパール判事は右記引用で指摘している。この「非人間的力」とは、具体的には1929年世界大恐慌のことであろう。これは人間が制御できるものではなかったのだ。ただし、この「非人間的な力」のみならず、「人間的な力」、すなわち太平洋に面した4つの英語を話す諸国が日本に突きつけた状況も、日本のこの政策転換を余儀なくした、とパール判事は述べている。

トインビー博士の分析に基づいて、パール判事はそのような事実認識に至ったのである。次の引用で詳しく説明される。

「本官が他の箇所で指摘したように、解決されなければならないある一つの緊急かつ終わることのない国家的問題が日本には常にあった。それは、日本の急速な人口増加に対して年々上昇する生活水準に基づく追加的な生計手段を提供しなければならないとの問題である。この問題は日本の政治家の手腕にのしかかっていた絶《た》え間の無い心配ごとであったが、それを解決する方法は、日本の政策の異なる局面において異なる方向性の下《もと》に求められたのである。かかる解決方法は、ワシントン会議の時点以降ほぼ10年近くにわたり、商業的拡大および政治的善隣政策の戦術において求められていた。不幸にも、**柳条湖事件**から始まった日中間の衝突は、日本にとって非常に有害となる世界的反響を生み出してしまった。1936年時点で日本の諸事を運営する責任を背負った政治家たちは、かかる困難の創出（訳注：柳条湖事件）に関わりを持ったかも知れないし持たなかったかも知れない。しかしながらひとたびそのような困難が創り出されたならば、彼らはそれに直面しなければならなかったのである。

『ひとたびそのような措置が採られたら、目立たないように**幣原**《しではら》政策に立ち戻ることは、仮に軍国主義者たちならびにテロリストたちがひっそりとそれに対して賛意を示したとしても、日本政府にとっては容易なことではなくなっていたのである。なぜならば、世界経済不況がすでに日本の諸事を知的に運営することの前途に困難をもたらしていたのであったが、日本の軍国主義の『無知なる浅慮』がかかる困難をさらに大きく悪化させたからである。日本の軍国主義者たちが奉天（訳注：柳条湖）でその最初の一撃を加えた時、彼らは、その行動が満州ならびに中国の境界を飛び越え、極東からはるか遠くに離れた地域にまで到達する深刻な効果を抱え込むことになることを予期するとか、もしくは立ち止まって考えることすらもしなかったのである。世界全体に及ぶ反響がそれに引き続いて実際に発生したのであり、そしてそれは発生することを運命づけられていたのである。』

『満州における日本の作戦がそれほどまでに甚大な打撃を与えた国際安全保障の意識とは、国際金融取引における信用という形を取った精神状態を政治的に表現したところのものであった。満州での日本のこの一撃は、信用と安全保障との間《あいだ》の根底に横たわるこの緊密な関係を通《つう》じて世界経済不況進展の恐るべき推進力となったのであり、それによって間接的ながらも効果的に、日本と満州、もしくは日本と長城の内側の中国との間《あいだ》の貿易だけではなく、日本と世界全体との外国貿易の衰退をも推進したのであった。』

『日本の暴発が不可避的にもたらす政治的帰結については、そのあり得《う》べき深刻さの度合いが、アメリカの国務長官スティムソン氏が中国と日本の両政府に宛てて送付した1932年1月7日付の通告（＊）の中で予示されており、そしてそれはこの同じ政治家が12月24日にボラー上院議員に向けて送付した手紙の中において再び、予示されていた。』

（＊訳注：第四部 第1段階 満州の支配力の獲得・満州事変以降の出来事参照）


以上2つの重要な公式的書面が、『太平洋をめぐる国際的熱情の深淵なる静けさに破壊をもたらし、日本帝国ならびに太平洋に面している英語を話す4つの国々（訳注：米加豪とニュージーランド）を海軍軍拡競争と政治的敵意の潮流の中に再び放り込んだ』可能性を開け放ち、そしてそれにより『政治家たちがその手腕にかけて飼い慣らそうとしていた恐るべき幽霊』が再び大手をふって徘徊《はいかい》する結果をもたらしたのであると、当時においてでさえも考えられていた。

『結局のところ太平洋は、互いに対立している、先例が無いほどに巨大な力を持った列国たちが生死をかけた闘争をするために出会う円形闘技場となることを運命づけられていたのであろう。そこでは勝者が「とどめの一撃」を加えることで世界を支配するとの報償を得るのである。』


以上が1931年の国際情勢概観の調査官（訳注：トインビー博士Arnold Joseph Toynbee）が記述したことである。」（判決書p.380下段～p.381下段）

この人口増加問題への対処は日本の政治家にのしかかっていた重大な圧力だったのだ。トインビー博士がこのことを1931年に予測できていたのなら、それよりも後の1936年の時点における日本の政治家がそれを予期して政策転換したことを、将来の侵略戦争のためであったなどとすることはできないとパール判事は指摘する。次の引用の通りである。

「もしもこの調査官（引用者注：トインビー博士）が1931年の時点でそれを予見することができていたなら、1936年の時点で日本の政治家たちがその可能性を予期しそれに従ってその方針を決定する立場にはなかったとされるべきなのはなぜなのかが、本官にはわからないのである。日本の政治家は、正当な憂慮がなされていたところのそのような衝突による不慮の事態に対する準備を行《おこな》っていただけであるとする代わりに、かかる政治家は日本をそれらの国々に対する将来の侵略戦争のための準備に向かわせたと本官が想定しなければならないのはなぜなのかが、本官にはわからないのだ。」（判決書p.381下段）

§3. 世界の情勢（軍縮がうまくいかなかった背景）

パール判決書の特徴の1つは、日本の国内情勢だけではなく、日本を取り巻く世界環境にも必ず目配りをすることである。日本が取ることを余儀なくされた政策を巡る外部環境を確認するのである。

　この第⑦項においても同様であって、外部環境がどのようなものであったかを確認している。そのために、英国王立国際問題研究所の国際情勢概観（多くはトインビー博士が執筆）をはじめとする文書を参考としている。

軍縮条約からの脱退

　すでに近藤証人の証言の分析で見たように、日本はロンドン海軍軍縮会議から脱退した。パール判事はこの脱退の件に着眼した検察側の動きを次のように短くまとめている。
　「軍縮条約による制限や制約から日本を解放するためであったと検察側が特徴づけたところの日本が採った諸措置については、多くのことが取り沙汰された。」（判決書p.374下段）
　検察側は、軍縮会議からの脱退が日本の侵略的な計略や準備を推論させるものとして「多くのことを取り沙汰」したのである。これに対してパール判事は、軍縮運動そのものが当時の世界全体で失敗したことに目を向けていく。以下の通りである。

日本が採った措置から侵略的な計略や準備を推論すべきではない：軍縮運動の失敗

　当時の世界において、軍縮運動が失敗した理由であると信じられていたものがあり、それに留意することが適切であるというのがパール判事の指摘である。

　「日本が採った諸措置の意義と、そこから何らかの侵略的な計略や準備を推論すべきかどうかの問題に関してその措置が持つ意味合いを評価するためには、当時においてほとんどすべての地域で起きていた現象で、軍縮運動が失敗した理由であると信じられていたものに留意することが適切である。」（判決書p.374下段）

　その「信じられていたもの」とは何だったのだろうか？

　「この点（引用者注：『信じられていたもの』の検証）については、本官はむしろ**国際情勢概観**から引用することとしたい。」（判決書p.374下段）

　日本が採った政策については弁護側から多くの証拠が提出された。パール判事はここでは弁護側証言ではなく、日本「国外」の情報に「むしろ」頼りたいと述べているのである。

　「概観」は次のように述べている。

　「概観の執筆者は国際社会全体を語りながら、次のように述べている。

　『最近、社会生活のあらゆる分野において、それまでのような**『適法ナ（de jure）』**選挙有権者を通じた権力の拡散よりも、権力が**『事実上ノ（de facto）』**の専門家の手中にますます急速かつ効率的に集積されつつあることは、悪評高く知られている。本質的理論と政治的事実との間《あいだ》の、このような著しくそしてますます増大しつつある食い違いについては、その理由が曖昧なわけでもない。その理由とは、民主主義は現代の二つの支配的制度の内の一つにすぎないから、というものである。もう一つは産業主義である。産業主義の発展はそれ自身と共に物質的技術ならびに社会組織の複雑化をも持ち込んだのであり、そのため実際上それらは専門家の手中に必然的に収まって行《い》ったのであり、それもまさに人々が自らの運命のコントロールを自分自身が次第に引き受けつつあるのだとの幻想に酔っている時代においてそうなったのである。』

　『この傾向はすべての生活分野において同様であったものの、かかる傾向のもたらした帰結は、異なる専門分野におけるさまざまな専門家が持つ各々《おのおの》の機能の基本的な差異に応じて、そしてその各々《おのおの》における公衆との関わり方に応じて、各々《おのおの》の分野において大きく異なっていた。たとえば経済分野においては、経済専門家たちは商工業制度ならびに金融制度の運営の専門家たちなのであった。そして、商工業と金融の制度は、もしもかかる制度が有益に、もしくは効率的に機能するようにしたり、あるいは、その制度をそもそも機能させようとするのであれば、それらの制度が発展するに伴い世界全体をその制度自身の活動対象とするようにとのますます執拗《しつよう》となったところの要求をして来たのである。実際、経済専門家たちには彼らの業務自体によって、彼らの展望においてはますます世界的な見方をしなければならないとの制約が付け加えられたのであって、経済専門家たちが彼ら自身の業務において成功を収めるための職業的努力をするならば、当時の人類の生活を窒息させて来た偏狭なナショナリズムは彼らが死活的な戦闘をする相手として位置づけられたところの竜（訳注：原表記はa dragon）なのであった。従って経済分野においては、選挙有権者から専門家たちへの権力の移譲は公益のための建設的な国際協力を阻害することはありそうもなく、むしろそれを促進するものであったのだ。その一方で、軍備縮小と安全保障の分野では、ここで問題となっている選挙有権者から専門家たちへの権力の移譲の効果は、まったく逆の方向性にあった。』

『この分野においては、1932年において世界の人々は、「次の戦争」においては彼ら自身ならびに彼らの子供たちと家庭は空《そら》からの爆撃による攻撃を受けるとの展望を鋭敏に持つに至っており、そのため彼らは次なる戦争の勃発を防がなければならないと鮮烈に切望していたものの、軍備縮小ならびに安全保障の包括的取り決め等を通じて平和を保証することは、この分野の専門家たちがもともと訓練されそれらを遂行するよう委任された業務では全然なかったのである。この分野における専門家たちの業務は、平和の維持を確実にするというものではなく、何らかの戦争が勃発した**場合には**それら専門家たちの各々《おのおの》の国が勝利を収めることを確保するために最善の努力をするというものであった。そして1932年の軍縮会議での専門委員会の経験においては、将軍たち、提督たちならびに空将たちに対して、記憶されていないほどの太古からの彼らの職業的伝統を凌駕するとの奇跡を起こし、国家的に戦争を遂行する専門家から国際的な平和組織の専門家へと彼らを変貌させるような力は、効力を保ち続けて来た訓令の単なる取り消しにおいては存在しないことが明白になったのであった。』

『ジュネーブにおける世界軍縮会議の専門委員会において、戦争専門家たちが彼らの新しい立場（訳注：国際的な平和組織の専門家としての立場）において主役を務《つと》めることに完全に失敗したことは、**個人による悪意や不誠実があったとの仮説を持ち出さずとも、彼らの悪名高き職業的習慣**の力を考慮に入れることで十分に説明ができるのである。』

『公的な方針ならびに大衆的な要望を、戦争を**準備**することから平和を**組織化**することへと目的転換をさせるにおいては、』いずれの国においても『かかる目的転換へ向けられた誠意は不十分であり、さらには曖昧さをも抱えたものであった。その一方で、効率的な平和の組織化は今や政治家が純粋にその対象とするものになったとの認識の下《もと》、平和の組織化がどのようにすれば潜在的な平和破壊者に対して最も有効となるかを技術的立場から考えるように、と専門家たちは指示されたのであった。しかしながらそれと同時に、**各々《おのおの》の国家グループに属する専門家たち**は、政治家たちが国家の軍備の内の相当量を減少させることに合意した場合において、彼ら自身の国の戦争遂行力の**削減を最小化した**上で軍備の縮小を図るにはどうすれば良いかを、狭義の国家という語の下《もと》で考えるようにとも、引き続き指示されたのであった。』…」(判決書p.374下段～p.376上段)

商工業と金融の専門家たちには、世界全体を対象としたいとするインセンティブがあった。しかし、軍備縮小と安全保障の分野の専門家たちは、平和を追求することと、「国家」というものを意識した上で縮小された軍備で最大限の国防効果を挙げるようにとの、相互に矛盾する2つの目的を追求するよう指示されたのであった。つまり、彼らは自国を意識して検討せざるを得ないのであった。世界全体を対象にして考えることはできなかったのである。これが軍縮がうまく行《い》かなかった理由であったと概観は述べているのだ。詳しい議論は右記の概観の文章から読み出していただければ幸いである。

右記の「概観」からの引用は、もう一つ、看過できない重要な指摘をしている。「1932年において世界の人々は、『次の戦争』においては彼ら自身ならびに彼らの子供たちと家庭は空《そら》からの爆撃による攻撃を受けるとの展望を鋭敏に持つに至っており、そのため彼らは次なる戦争の勃発を防がなければならないと鮮烈に切望していた」というのである。航空機の攻撃力が前線の陸軍兵力だけではなく、非戦闘員たる「家庭」への爆撃という恐ろしい事態を招くことを、日本を含む当時の人々は鋭敏に感じ取っていたのである。国防力の拡充をこの観点から行《おこな》うべきことを、誰もが納得していたのである。

パール判事は、軍縮会議について次の結論に至っている。

「もしも以上のことが軍縮会議自体で起きていたのだとしたら、そのことはすべての国々のあらゆる者たちの心の中に影響を与えていたこととなり、平和の組織化が成功することなど誰も信じていなかったことになる。」(判決書p.376上段)

うまく行《い》かない軍縮会議から脱退したことが、そのように邪悪なことだったのだろうか？　これが右記引用におけるパール判事の指摘である。

動物たちの軍縮会議の寓話

右記の「概観」に基づく議論を裏付けるため、パール判事は唐突に、動物たちの軍縮会議の寓話を記述している。筆者が調べたところ、この寓話の作者はどうもチャーチルらしい。この寓話を読むと、パール判事がこの寓話を持ち出したのも納得できる気がする。これは軍縮を巡る当時の世界の情勢をうまく説明できているように思うからだ。次の通りである。

「この概観の中で述べられた『悪名高き職業的習慣の力』は、対象となる時期に特有の何らかの特徴に特定的に関係している、というものでもあるまい。軍事的利害の削減は常に同様の運命に直面したように見受けられるのである。いずれの列国もその仮想敵の側による軍備縮小を好んだのであり、そして、いずれの列国もその国が持つ独自の特別な力が削減されることを嫌ったのである。

『ライオンはワシの目をにらみながら「我々はタロン(訳注：talons 猛禽類の足爪)を廃止しなければならない」と述べた。ワシはまっすぐにライオンの目を見返しながら「我々はクロー(訳注：claws猛獣の足爪)を廃止しなければならない」と述べた。クマは、ユニバーサル・エンブレース(訳注：universal embraceすべてを抱きこむこと。クマの戦闘方法)を除けば、あらゆるものの廃止に賛成であった。』(＊)

(＊訳注：ウィンストン・チャーチルが語ったとされる、動物たちによる軍縮会議の寓話に基づいている。動物たちがお互いに相手の持つ武器を廃止するよう呼びかけ合い、膠着状態になった時、クマが最終的に『同志たちよ、すべてを廃止してuniversal embraceだけを残そうではないか』と引き取るのがオチとなっている。Universal embraceとは、表面上は美辞麗句であるが実際はクマの戦闘方法である。クマはロシアを表現する比喩として多用される。ロシアは広大な領土内に敵を『抱き込んで』冬将軍により殲滅する作戦が得意。また、『同志』はロシア共産党員が相手に呼びかける時に使用する語。なお、ライオンはイギリスとフランスの国章、ワシはドイツとアメリカの国章である。）」（判決書p.376上段～p.376下段）

「航空機による爆撃」

概観の議論を裏付ける、もう一つの論点をパール判事は紹介している。

「1856年のパリ会議以降に何らかの軍事的な事項に制限をかける試みがなされた場合には、さまざまな列国の態度はその各々《おのおの》の国の生存もしくは生存のための将来的な強さと常に密接に関連していた。彼らは偏狭な功利的動機によって常に突き動かされていたのである。ロイス博士（＊）はその論説『航空機による爆撃(Aerial Bombardment)』の中で、かかる態度は博士が『軍事的利害(military interests)』と命名した特徴そのものによって必要とされたものだと説明した。

（＊訳注：Morton William Royse 1896～1992 アメリカの国際紛争学者、ジョージタウン大学教授。上記の著書の正式書名はAerial Bombardment and the International Regulation of Warfare。1928年出版）

ここで、この博識な学者の見解を検討することを本官は目的とはしていない。ここで本官が指摘すべきことのすべては、これらの会議（訳注：軍縮会議）において、あるいは、これらの会議に関連した日本の態度自体の中において、彼らがそのような何らかの**侵略的な計略**を準備していたとの推論に我々を導く特殊なものは何も無いということのみである。」（判決書p.376下段～p.377上段）

ロイス博士の引用によってパール判事が強調しているのは、軍縮が持ち上がった際に列国は、自国の生存を確保するための将来的な強さを維持したいとの態度を取ったというロイス博士の主張である。列国のこの態度は、ロイス博士が「軍事的利害」と名付けたものが必要としたとのことである。

右記引用の最後部分が重要である。軍縮会議に関連した日本の態度は、日本が何らかの侵略的な計略を準備したという推論には結びつかないというのである。

全面戦争をもたらした民主主義と産業主義

一方で、日本が1930年代を通じて戦争の準備を続けていた事実は確かにある。さらに、真珠湾攻撃を仕掛けたのは、日本側である。これらの点を検察側は強調している。次の引用の通りである。

「提出された証拠は、しかしながら、日本が戦争の準備を行《おこな》い続けていたとの事実を十分に立証していることは否定できない。このことを日本が最終的には侵略戦争を開始したとの事実と考え合わせるならば、**準備それ自体がかかる侵略的行為のためであった**との推論へと導くべきものであると検察側は主張した。検察側は計画された侵略の凶悪さを強調するために、準備が周到であったことを強調しており、これは全体主義的侵略戦争（訳注：原表記はtotalitarian aggressive war）の悪辣《あくらつ》なる計略であったと非難している。」（判決書p.382下段～p.383上段）

この検察側主張を、パール判事は受諾しない。戦争が「王様たちの遊戯」であった時代は南北戦争によって終わりを告げ、民主主義と産業主義の2つの要素が、国家全体を巻き込む全面戦争（la guerre totale）の時代に世界を招き入れたことをその理由に挙げている。次の引用の通りである。

「申し訳ないが、本官は検察側によるこの主張を受諾はできない。戦争を根絶するための第一次世界大戦は、戦争を根絶する代わりに世界のあらゆる国々の心の中に将来の消耗戦についての世界的規模の心配を惹起せしめることに成功したように見受けられるのだ。産業主義と民主主義という新しい推進力の導入によってもたらされたところの戦争の性質のこの恐るべき転換は、1914年において我々の世代に驚愕をもたらした。1861年から1865年にかけてのアメリカの南北戦争こそが戦争の歴史に新しい時代を切り開いたことは疑い無い。というのもそこにおいては、古《いにしえ》からのこの国際的害悪（訳注：戦争）に対して二つの新しい駆動力―民主主義と産業主義―がもたらされたことが見て取れるからである。

民主主義と産業主義が叩き出したこの恐るべき新しい武器が導入された結果、戦争というものはアメリカの南北戦争が開始された1861年の時点よりもそれが終了した1865年の時点においてさらに一層、恐るべきものとなったのである。トインビー博士により記述されたように、『その時以降、戦争とはもはや『王様たちの遊戯』などではなくなり、国民全体の**全知全能を投入したビジネス**となったのであった…。1861年から1871年にかけてのいくつかの戦争の経験が、18世紀末に開始された反奴隷運動と同等の強烈さと執拗さを伴うような反戦運動を引き起こしていたならば、今日の我々の立場はその実際よりももっと好ましいものとなっていたことであろう。』

『全体主義的』な戦争は、その精神と社会的帰結の両方において18世紀における『王様たちの遊戯』のアンチ・テーゼなのであり、それは今、我々に向けて開かれている唯一の戦争のやり方である。古《いにしえ》からの戦争の慣例は、民主主義と産業主義という新しい社会的な力のインパクトにより、なまなましく、かつ先例が無いほどに強力な推進力を受け取ったのである。

すなわち、戦争の全体主義的たる特質は、いずれかの特定の個人もしくは個人のグループによる何らかの計略の結果などではないのである。それは、戦争それ自体の現代的特質なのだ。

これは、民主主義と産業主義が合体してもたらしたインパクトにより戦争の害悪が決定的に変形されたために追い込まれて行《い》ったところの極悪さなのである。民主主義が、熱情的なまでに『王様たちの遊戯』を国家による戦争に変えたのだ。そして産業主義は交戦国のコミュニティーが持つ物質的富のすべてを『**戦争用物資（materiel de guerre）**』に変換し、同時に、産業主義は交戦国の政府がその国の勤労人口の全体を動員することをも可能とし、またそうすることを余儀なくもさせたのである。銃後において補給物資と軍需品を生産する男女は、前線の兵士たちと同様に戦争遂行に不可欠であり、また彼らに対しては戦争遂行の精神も前線の兵士たちに対するのと同様に強く吹き込まれていたのである。

非常に近い将来において戦われることになるであろう戦争の絵図、そしてそのような戦争が切迫しているとの恐れは、すべての人の心を鷲摑《わしづか》みにした。あらゆる国がそのための準備を多かれ少なかれ行《おこな》っていたのである。」（判決書p.383上段～p.383下段）

フランスとアメリカによる全面戦争への準備

フランスのムッシュー・クロッツという人物が、「全面戦争」という重いテーマを洒脱に説明している。この人物は、前線の戦闘部隊のみではなく、国民全体がこれに対応しなければならないと述べている。次の通りである。

「フランスでは1927年3月7日に、富・知力・マンパワーの徴用に関する過激な法案の投票がフランス下院で行《おこな》われ、これは共産党の議員を唯一の例外としてほぼ全員一致で可決された。この法案は1928年2月17日に上院を通過した。この法案が基づいている前提は、上院における当該法案の『**説明者(rapporteur)**』であるクロッツ氏(訳注：原表記はMonsieur Klotz)により次のように明らかにされることで裏付けもなされた。

『「**全面戦争(la guerre totale)**」の概念は、我々が将来に向けて心に描かなければならない処方であり、また、我々が思い描いている組織が対応しなければならない処方でもあります。(そしてその点については皆様の陸軍委員会も法案の提案者との間《あいだ》で完全なる合意に至っております。)この概念は、国民による努力はもはや武装した兵団による活動に限定はされないのであり、自ら自身がなまなましい衝突に関わっていることを国民自身も明日《あした》には発見するであろうほどに、戦いの中から勝利をもぎ取るためには国民の力と資源のすべてを戦いの中に投げ入れる用意をすることを国民に強《し》いるのです。国民の責務とは、戦争手段において優位性を最大限度にまで発揮することなのです。そしてこの目的を追求するにあたり、国民には自身の緊張を解《と》きほぐすことが許されることは決して無いのです。と云《い》うのも人は、すでに達成している強さよりももっと強くなれる可能性が残っている限り、自分が十分に強いとの確信を持てないからであります。』」(判決書p.383下段～p.384上段)

民主主義と産業主義の本家、アメリカにおいても1920年以降、当然に念入りな経済的動員がかけられていた。次の通りである。

「我々はまた、1920年以降のアメリカによる念入りな経済的動員にも言及することができよう。その時以降、『アメリカ流の政府と産業の制度に順応させられたところの、適正で、調整済みで、統合された**戦時**調達プログラムであり、**戦争が起きた場合**に効率的に機能するもの』を目標とした念入りな計画立案がなされて来たのである。発生する困難や、困難を克服するための方法論も明白に描かれたのであった。」(判決書p.384上段)

科学的調達

「王様たちの遊戯」ではなくなった近代の民主主義・産業主義の下での戦争は、戦争用の資材の調達を科学的に行《おこな》うことも要求するようになった。

「戦争のための調達とは通常は軍事的機能である一方で、現代的概念における戦争とは主として工業社会同士の戦いであるため、十分な調達がなされることの確保は国家全体の任務となったのである。調達を遂行するあらゆる組織は、国家経済への混乱を最小限に抑えながら物資を効率的に生産し、製品を組立ラインから戦場の最前線へと効率的に輸送しなければならないとの課題に、かかる組織自身が関連していることを無視することはできないのである。有能な組織者ならば、現下の緊急性においては通常の調達技術から乖離させることが必要であるためそのような通常技術は崩壊するであろうことを認識し、そしてかかる崩壊に備えようとするであろう。

今や多くの国々で採用された計画案は第一次大戦末期にようやく開発された中央集権型の管理方法の早期における導入を目標としており、そしてそれは、価格の急上昇、特定業者に対する発注の集中、ある組織に対しては物資が過剰となり他に対しては不足するといった事態を招くところの、破滅的な組織間競争を排除するように計画されたものであった。第一次世界大戦の期間中は、準備の重要性に気づいていたわずかな者たちもそれを人間の面から考えたのであって、物資の面からは考えなかった。資源は目録化されなかったし、陸軍は自分自身が何を必要としているかの認識に欠けていたし、必要な生産を開始させる計画も無かった。これらの欠陥を視野に入れた上で、あらゆる国は日本が改編を加えたのと同様の経済的動員へ向けて、その持てる資源を注ぎ込むことに専念したのである。」（判決書p.384上段～p.384下段）

パール判事は続けて次のように述べる。

「戦争調達は、戦争用の機械ならびに設備の突然の発注を経済の中へ投入するのである。現代の戦争準備はそのかなりの部分が、複数のグループが重複した目的のために働かないように経済を統合させる問題で占められている。適正な経済的動員の達成は相互に調整された管理を前提としており、それに不可欠な部分として次を意に留めなければならない。(1)調達、(2)優先課題の管理、(3)物価統制、これには投機、貯蔵ならびに商習慣の抑制も含まれる、(4)産業用資産の徴用ならびに取得。これらすべてが経済的動員の本質的な部分を形成するのである。」（判決書p.384下段）

申し立てられた「侵略戦争への準備であるとの推論」へは導かれない

以上を俯瞰した上でパール判事は、日本の戦争準備だけが即座に侵略戦争の準備であると直結できるものではないと述べている。日本は、他の国々が行《おこな》っていたのと同様の準備を行《おこな》っていただけなのである。

パール判事による正確な記述は、次の引用の通りである。

「日本に影響を及ぼした現代的戦争において必須となって来る諸事項を、その複雑性とともに日本は第一次世界大戦を通じて学び、他の交戦国と同様にその教訓に従ったのであり、本件裁判において提出された証拠は日本の側による上記の動員の絵図を超越したところの何かへと我々を導いて行《い》くことはないのである。それは疑いも無く戦争準備を示しているものの、前述した状況を視野に留めるならば、そして、同様の準備は多かれ少なかれ世界中で行《おこな》われていたことを思い起こすならば、これによって**日本は何らかの侵略戦争を準備していたのだ**との主張へと我々は駆り立てられるべきであるとされる理由を本官は見出《みいだ》し得《え》ないのである。この証拠で申し立てることができるものはせいぜい、日本は同様の恐れを他と分かち合っていたこと、日本の特徴的な先見《せんけん》の明《めい》から日本は未来の戦争が持つ特質を直視したこと、そしてそれに対する準備として日本が採ることができた措置を日本は採ったということが関の山である。彼らは、もしも次の戦争が起きたならば、その戦争はありとあらゆる人と物を巻き込むこととなると認識し、そして彼らは他の諸国同様、そのような偶発性に対する準備を行《おこな》っていたのである。少なくとも、本件裁判に提出されたところの準備に関する証拠は、我々をそれ以上に駆り立てることは無い。国際生活の性質そのものが、これらの帰結へと導いて行《い》ったのである。

必要となる力の最大限を手に入れるための国家的努力の集中は、国家による個人に対する政治的そして経済的な管理幅の増加へとつながった。このような状況は国家間の関係に重大な影響を与えずにはおかないのである。その直接的な結果は、古今未曾有の軍拡競争、増大する相互不信、そして、絶《た》え間《ま》なく続く大戦争勃発の危険である。」（判決書p.384下段～p.385上段）

５カ年計画：１９４２年を戦争の初年として立案されたとの示唆

検察側は、リーバート氏が発見した日本の「５カ年計画」（法廷証第８４１号）には「１９４２年が戦争の初年である」と示唆されていると云《い》う。そして真珠湾攻撃が１９４１年12月であったことと考え合わせると、この計画が戦争準備の一環であると完全に立証されると主張している。検察側の主張は次の通りである。

「検察側は法廷証第８４１号の付属書３の証言を大きく強調しており、そこでは１９４２年という年は戦争の初年であると言及されている。検察側は、これはこの計画の首謀者たちが彼ら自身によって企てられた戦争を明瞭に準備したこと、ならびに、彼らの計画は１９４１年の末までにはこの戦争を開始するというものであったこと、等を示すものであると主張している。このことと、実際上も彼らが１９４１年12月に戦争を開始したことが組み合わされると、この計画が１９４１年12月に彼らが開始したこの戦争を準備する一つの段階であったことは完全に立証されたと検察側は云《い》う。」（判決書p.385上段～p.385下段）

この検察側の申し立ては、弁護側証人の岡田による証言で、「仮定の上での対ソ戦」とされていることから、成り立たない点をすでに見た。パール判事は次のように述べて、検察側の主張を棄却する。

「申し訳ないが、その主張を受け入れることは本官には不能である。５カ年計画において１９４２年を戦争の最初の年であると特徴づけているのは、本官の考えでは、仮定上の戦争として言及していることなのであって、これは弁護側の証人である**岡田**により明らかにされている。その証言を疑うべき理由は本官には無い。日本はアメリカとの衝突を避けるべく努力していたのであって、ドイツの勧誘によるイギリスならびにアメリカとの開戦につき日本は常に**躊躇**《ちゅうちょ》を示したとの点については、十分な量の証拠が記録上に存在する。」（判決書p.385下段）

日本を開戦に追い込んだ米英列強と、対英米戦争を最後まで躊躇した日本

右記引用の最後尾の文章は重要である。日本が開戦を避ける態度を一貫して取っていたとの事実認定を理由の一環として、パール判事は１９４２年を戦争の初年度として日本は５カ年計画を立案していたのだとする検察側主張を棄却したのである。

パール判事が認定したように、日本は、日米交渉において一貫して対米戦争の開戦を避けようとして交渉していたのである。東条内閣の第一任務は日米交渉を通じた対米開戦回避であったことを第⑥項ですでに見た。日米交渉については第四部の第⑩項 最終段階で詳しく論じられる内容ではあるものの、パール判事は日本の開戦忌避の態度につき、「十分な量の証拠が記録上に存在する」とこの第⑦項ですでに指摘しているのである。この指摘には十分に留意する必要があると思う。

重要な指摘：最終段階の先取り

右記引用中の最後尾の文章に続けて、パール判事は左記の引用のように指摘している。これは例によってサラリと述べられているが、ほとんど第⑩項 最終段階での結論を前取りしていると言っても過言ではあるまい。左記引用の一文一文をしっかりと読み込み、記憶に留めなければなるまい。

「本官はこの証拠（引用者注：法廷証第８４１号）については起訴状の附属書Ａの第９節に関連して詳細な検討を実施した。当時それらの列国（訳注：アメリカ合衆国（フィリピンを含む）とイギリス連邦）が創り出した状況によって、日本はそれらの列国に対して行動を取ることに実際に追い込まれたのである、と申し述べれ

ばここでは十分である。それらの列国により創り出された状況から脱け出すのに、日本にとってはそれ以外のやり方は無かったのである。日本はイギリスとアメリカを仮想敵国として視野に留《とど》めた上で準備を行《おこな》い、そして、彼らとの最終的な戦闘に関して自国自身を十分に準備された状態にしようと努力したことは疑い無い。しかし本官は、かかる準備は何らかの侵略的性格を帯びた武力衝突のためであったとの見解を受け入れることはできない。」（判決書p.385下段）

右記引用中に記述のある「起訴状の附属書Aの第9節」は、付録としてパール判決書p.681下段～p.683上段に添付した。これは日本がアメリカ、フィリピン、イギリスに対して開戦したことを訴追しているものである。右記引用中の「当時それらの列国（訳注：アメリカ合衆国（フィリピンを含む）とイギリス連邦）が創り出した状況」とは、具体的には、判決書p.372下段にある、「1940年末に国際情勢は突然に悪化した。フィリピン予備軍に動員がかけられたこと、合衆国陸軍省長官が真珠湾において戒厳令を発布したこと、支那北部における合衆国の軍隊が撤収されたこと、シンガポール海峡の東側入り口に機雷が敷設されたこと、マラヤでオーストラリアの軍隊が強化されたこと、合衆国・イギリスとオーストラリアがマニラのフィリピン軍を強化する協議をしていたこと、などの情報を受けたのである。」との指摘であろう。

パール判事は第⑩項 最終段階においてこの附属書Aの第9節による訴追を詳細に検討し、右記引用のような結論、すなわち、「当時それらの列国が創り出した状況によって、日本はそれらの列国に対して行動を取ることに実際に追い込まれたのである」との事実認定に至っているのだ。「それらの列国」とはフィリピンを含む米国と英連邦である。対米英開戦は日本が創り出した状況によるものではなく、米英が創り出した状況によって日本は開戦に追い込まれたと、ここで明記しているのだ。これは極めて重要な指摘である。

また、「それらの列国により創り出された状況から脱け出すのに、日本にとってはそれ以外のやり方は無かったのである」とも指摘している。これらの文章は日本が取った行動に対するパール判事の重要な事実認定を示しており、読み飛ばすべきではないと思う。

戦争に対する一般的準備：結論

右記引用の最後尾が、本第⑦項の結論に相当する部分である。以上の記述から明白なように、パール判事は最終段階での検討結果も踏まえた上で本第⑦項のこの結論に至っているのである。以下、再記する。

「しかし本官は、かかる準備は何らかの侵略的性格を帯びた武力衝突のためであったとの見解を受け入れることはできない。」（判決書p.385下段）

日本の戦争準備は侵略的性格を帯びたものではない。さらに具体的には、「防衛的性格を帯びたものであった」とパール判事が判定していると筆者が申し述べても、過言ではあるまい。日本は、迫り来る戦争の脅威に備えていたのである。

第四部　全面的共同謀議　第３段階

⑧

枢軸国との同盟

本項では、連合国が問答無用の絶対悪としていたナチ・ドイツとの間で日本が手を結んだこと自体が邪悪であるとする検察側に対し、日本が締結した諸条約の実際の内容を詳しく分析して、それらが何らの邪悪性もない単なる防衛条約であったことを解き明かした上で、日本が日独伊三国同盟を締結した本当の理由を探っている。具体的には、反コミンテルン協定と秘密協定の本文、世界における反共の実情に関する分析、日独伊三国同盟の本文、日本が独伊と手を結んだ本当の理由を複数の外部論者の見解を紹介しながら検討している。

本項での訴追の目的

この第⑧項「枢軸国との同盟」は、第3段階の実質的に最後の項である。第3段階は日本による侵略戦争の準備全般に関するものであった。その最後尾において、検察側は三国同盟を論じたのである。

当時の連合国は、ナチ・ドイツを「絶対悪」と認識していた。そして絶対悪であることは議論の余地のない自明のものと考えていたのである。ナチ党は残虐なやり方で侵略を推進する共同謀議機関であったとしてニュルンベルク裁判で訴追されたのであった。そのナチと手を結んだ日本を、邪悪であったとして訴追するための中心的検討事項がこの第⑧項なのである。

本項のセクション分け

本第⑧項は、次のセクション分けに沿って記述を進めたいと思う。

§1．検察側の主張の内容
§2．反コミンテルン協定と秘密協定の本文
§3．日本と世界における反共の実状に関する分析
§4．三国同盟の本文
§5．日本がドイツと手を結んだ本当の理由
§6．被告人・大島に関する証拠の分析
§7．秘密性には何の邪悪もない

§1．検察側の主張の内容

タヴナー氏の陳述

本項における検察側の目的の概略は、本項冒頭の検察官の陳述で明らかにされている。本第⑧項の担当検察官は、アメリカ人弁護士のフランク・ステイシー・タヴナーであった。

「タヴナー氏（＊）は、日本、ドイツそしてイタリアとの間《あいだ》の協力体制につき取り扱っている附属書の第7節における議論を開始した。タヴナー氏は次のように述べた。

『我々は、訴追がなされているところの共通計画もしくは共同謀議の形成と執行に被告人たちが参加したことの立証を目的として、また、この共同謀議の目ざすものを達成する上でのドイツとイタリアの指導者たちによる効果的で不可欠となる貢献の論証を目的として、さまざまな条約締結のために行《おこな》われた秘密交渉に関する証拠、ならびにこれらの条約の締約国の間《あいだ》の協力に関する証拠でその多くが今までは秘密にされて来た証拠を提出する。この証拠は、各々《おのおの》の枢軸国が抱《かか》えていた相互不信にもかかわらず、また目先の利益相反を理由として時折に惹起された不和にもかかわらず、一方の日本はその枢軸国の相手国たちとの同盟により莫大な軍事的な力ならびに政治的な交渉力を手に入れることを追求してそれらを入手したし、他方でドイツとイタリアもそれによって大きな利益が得られたことを示すこととなろう。共同謀議の目指すものをさらに推進させるためにこれらの軍事的な力と政治的な交渉力が取り扱われたところのそのやり方は、証拠の開示が進展するにつれて明らかとなるであろう。この証拠は、共同謀議の事実、ならびに被告人たちがその参画者であったこと、の両方を共に立証するであろう。』

（＊訳注：Frank Stacy Tavenner, Jr. 1895～1964 アメリカ合衆国の弁護士。本件裁判で合衆国が派遣した検察官。ヴァージニア州出身）」（判決書p.388上段）

右記においてタヴナー氏は、2種の目的のために証拠を提出したと述べている。一つは「共通計画もしくは共同謀議の形成と執行に被告人たちが参加したことの立証」、もう一つは「共同謀議の目ざすものを達成する上でのドイツとイタリアの指導者たちによる効果的で不可欠となる貢献の論証」である。

一つめの目的はパール判事が本第⑧項で特に意識して重点的に検討を進めたものである。しかし、2つめの目的については、パール判事は検討結果を述べていない。検察側は第⑧項では大量の証拠を出したとパール判事が述べており、2つめの目的について証拠を出さなかったとは考えにくい。その点についてパール判事が検討しなかったことはなかったのだろう。しかしその結果、あまり重要性がなかったことがわかって、あえて記述しなかったものと筆者は思う。実際、独伊の指導者が日本に協力した事例はほとんど無いのである。

検察側の主張

本第⑧項における検察側の具体的な主張は、次の引用の通りである。

「検察側はこの局面における彼らの主張を要約して次のように述べている。

『日本の軍隊、経済と国民を侵略戦争に向けて準備することは、日本が侵略的拡張の政策を推進するための戦争の青写真の単なる一面にすぎなかった。日本の国内を戦争に向けて適合させていったのと同時に、日本は自らの計画に従い、枢軸国、特にドイツとの同盟に参加することによっても戦争準備を行《おこな》ったのであり、その目的は日本の拡大政策の中で状況に応じて日本を外交的もしくは軍事的に、そして直接または間接に支援してくれる同盟国を得ることであった。共同謀議者たちは1936年8月7日の決定（訳注：広田内閣の閣議決定）以降で初めて、彼らの共同謀議を日本の国策とするとの彼らの使命を最終的に達成したのであり、国内的には重要な反対勢力はもはや存在せず、日本の拡大策に対する唯一の抑制力は外国勢力から来るそれのみとなったのである。すでに指摘したとおり、かかる反対は二つの源泉からやって来《く》ることが考えられた。すなわち、ソビエト連邦ならびに西洋諸列強国である。それらの諸国は、日本が南方に向けて進出するに際して関わって来る地域ならびに中国において権益を持っていたのである。』

『拡張策に対する以上二つの抑制力の内の緊急なものは、ソビエト連邦であった。ソ連は共同謀議者たちとその計画に対して文字通りのジレンマとなったのである。一方においては、ソ連そのものが侵略の共同謀議の目的であった…。そしてもう一方においては、ソ連自体が日本の侵略の目的ではなかった場合においても、日本が南進をする上でソ連は深刻な障害ではあったのだ…。以上の両方の理由において早くも1932年の段階でソビエト連邦との戦争は不可避であると考えられていたのである…。』

『日本が第三の勢力と同盟することにより、もしもソビエト連邦が中国を支援したならばソ連が抱《かか》える他のもう一つの戦線においてもう一つの強力な敵に彼らが直面するようにして、ソ連が中国を支援し中国での衝突に介入することを牽制《けんせい》することが達成できたとすれば、中国に対して侵略的行動をまずは開始してしまう策が、より良い解決策となる。これこそが最終的に採用された解決方法であった。1936年8月7日の計画は、南進を選択する一方で、欧州の政治的状況が東アジアに大きく影響すること、また、欧州の列強国に日本を支援させるように、特にソ連を抑えるように、日本はあらゆる努力をしなければならないこと、をも認識していた。この目的を達成するために日本が軍事的同盟者として選んだ欧州の列強国はそれが持つ政治力と交渉力を理由としてドイツだったのであり、そしてドイツは当時、欧州での侵略行動のための軍事的準備計画に没頭していた国であった。』」（判決書p.392下段～p.393上段）

検察側は、日本が侵略戦争を準備する上での2つの抑制力、具体的には「ソビエト連邦」ならびに「西洋諸列強国」を牽制するために、ドイツと同盟したというのである。その2つの抑制力の内、緊急なものはソビエト連邦であり、ドイツと同盟することでソ連の中国への支援を牽制できたので、日本は中国に対して侵略的行動を取ることができるようになったとしている。

1936年8月7日の計画

右記引用での検察側主張の中に、「1936年8月7日の決定」という文言がある。

この日付が意味するのは、広田内閣における「閣議決定」である。この閣議決定において「イギリスとアメリカに対する準備」を行《おこな》うとの決定がなされた。これはすでに前の第⑦項「戦争に対する一般的準備」の中で検証がなされている。（法廷証第216号、判決書p.380）

一方、この同じ日に「四相会議」による「帝国の外交方針」という決定もなされた。これは法廷証第704号である。この四相会議決定はソビエト連邦に対する方針を決めたものである。つまり、「閣議決定」において対英米、「四相会議」において対ソの2つの重大な外交方針が同じ日に決定されたのである。これらがいずれも広田弘毅首相の下で決定されたことに留意すべきであろう。被告人・広田が連合国に目を付けられた大きな理由が、以上2点の決定にあると筆者は考えている。

四相会議については、次の引用中に説明がなされている。

「検察側による最終弁論からの上述の抜粋において言及されているる1936年8月7日の計画は、本件裁判の法廷証第704号である。検察側はこれを『四相会議、すなわち、首相、外相、陸相そして海相による1936年8月7日の会議における「帝国の外交方針」との題名の下《もと》の極秘決定事項』と名付けた。検察側はこの文書の内の『方針の最も重要な傾向』との題目の下《もと》の一部分のみに言及をしており、それは次のとおりの記載であった。『しかし、現下における日本とソビエト連邦との間《あいだ》の関係の実情を考慮に入れるならば、支那のための現実的計画としては、第1に北支を速やかに親日・親満州そして反共の特別地域にすること、国家防衛のための資源を入手すること、そして、交通施設を拡充するとともに支那全体を反ソ・親日にすること、等を重要なポイントとする。現下において執行すべき実際的な措置は、別途立案するものとする。』

法廷証第704号は6ページの紙幅で構成される。本官はこの文書全体を注意深く検討した。そして、侵略戦争の一般的準備の問題に関連して本官が法廷証第216号を検討する中ですでに表明した見解（＊）を再認するに至った。

（＊訳注：法廷証第216号は1936年8月7日付の広田内閣の閣議決定であり、『法廷証第216号から見つけられるものすべては、ただ彼らのこの先見の明を示しているのみである。』とするパール判事の見解が『第3段階　戦争に対する一般的準備」の後半にある』）」（判決書p.393上段～p.393下段）

パール判事は、閣議決定（法廷証第216号）と合わせて、四相会議議決定（法廷証第704号）も注意深く検討したと述べている。その上で、この四相会議での決定は、共産主義に対する日本の態度の変化を示す決定であったとパール判事は認めている。しかしパール判事はこの決定は共同謀議を指し示すものではないと、ただちに結論を出している。次の通りである。

「本官は後ほど、検察側が言及をしたこの特定の一節につき、共産主義に対する日本の態度の変化を認めながらも、その特徴が無害であることを示すこととする。

拡大策は、仮にそれが侵略的な拡大であったとしても、共同謀議と同一なものではない。実施されたいかなることも、採用されたいかなる措置も、それが『日本の侵略的拡大政策を進めるためであった』にしても、必ずしも何らかの共同謀議を指《さ》し示《しめ》すものではない。ましてや、起訴状で申し立てられた巨大な共同謀議を示すものなどではないのである。」（判決書p.393下段）

タヴナー氏の具体的取組みの対象：反コミンテルン協定、秘密協定、三国同盟

第⑧項での訴追につき、タヴナー氏は具体的な立証方法として次の諸事実を対象にして取り組むことを申し出た。

「この博識な法廷内弁護士（引用者注：タヴナー氏）は、次の事項に関する諸事実に取り組むことを申し出た。

1．1936年11月25日の反コミンテルン協定（訳注：日独防共協定）（法廷証第36号）、と秘密協定（法廷証第480号）

2．三国同盟

(a)三国間軍事同盟のための交渉

3．三国同盟の諸条項の下における日本、ドイツそしてイタリアとの間の協力」

（判決書p.388上段〜p.388下段）

つまり、反コミンテルン協定、秘密協定、三国同盟の3つの条約について詳しく論議するというのである。

この「反コミンテルン協定」（1936年11月）はさまざまな呼ばれ方をしている。我が国では一般に、「日独防共協定」として知られている。パール判決書では短く「防共協定」と呼称している箇所がある。なお、東京裁判の起訴状 附属書Aの第7節において、三国同盟の締結に至る経緯の途上で、日独伊の3国での調印を目指したことから検察側が「三国軍事協定」あるいは「三国協定」と呼称している協定も浮上したが、これは締結されなかった。

反コミンテルン協定と秘密協定

まず、1936年に締結された2つの協定（反コミンテルン協定と秘密協定）につき、タヴナー氏は次のように指摘した。

「反コミンテルン協定と秘密協定についてタヴナー氏は『**就中**《なかんずく》(inter alia)』、次を指摘した。

1．(a)1936年初頭の関東軍は、ソ連との戦争の危険があったため満州から蒙古への西進が阻まれていたこと。

(b)日本による残りの中国への拡張についても、中国北部における中国の軍閥たちが中国国民党政府から離脱することを拒否した結果、阻止されたこと。

(c)以上の状況に直面した日本は、ドイツとの軍事同盟締結交渉を開始したこと。

2．(a)交渉は、いわゆる**梅津**・何応欽《かおうきん》協定の日付である1935年6月に開始されたこと。（法廷証第477号、478号、479号）

(b)これらの交渉は、交渉の目的が厳密に軍事的な事項であったことから、軍事的窓口を通じて実施されたこと。

(c)蒙古とソビエト連邦の間《あいだ》の相互援助協定が締結された直後の1936年4月に、交渉行為はドイツ駐在武官であった被告人の**大島**から外務省に移管されたこと。

3．(a)この協定は1936年11月25日に締結され、表面的には共産主義インターナショナルの諸活動に対して向けられたものであったこと。（法廷証第36号）

(b)それと同時に、日本とドイツの間で秘密協定が締結されたこ

と。（法廷証第４８０号）

4．反コミンテルン協定は、日本が中国に持っていた手先の強化、条約締結国が統一戦線を形成したとの印象をあらゆる国において創り出すこと、さらには、軍事的侵略を継続するための口実の取得、等がその目的ならびに意図であったこと。

5．この協定は枢密院の会合において批准されており、その会合には被告人の**広田**、**永野**、**東郷**、そして**平沼**が出席していたこと。（法廷証第85号）

6．１９３８年2月4日にヒトラーはドイツの陸軍および海軍の最高統帥権を掌握したこと。そしてその直後に、ドイツはその軍事顧問たちの中国からの引き揚げ、中国への戦争物資の提供の停止、そして満州国の承認を行《おこな》ったこと。（法廷証第５９１号、５９２号、５９３号、５９４号、５９５号）

7．１９３８年の9月ないし10月に、ドイツ陸軍と日本陸軍は、ロシア軍に関する諜報についての情報を相互に提供することに合意したこと。（法廷証第４８７号、４８８号、４８９号、そして４９２号）

8．その後に、イタリア、満州国、ハンガリーとスペインはこの反コミンテルン協定への参加が認められ、そして１９４１年11月25日に、この協定は5年間を追加期間として更新されたこと。（法廷証第４９１号、４９２号、４９３号、４９４号、４９５号）

9．１９３９年2月22日に協定の範囲が拡大され、経済ならびに金融関連での協力のやり方に関する全般的方針が採用されたこと。」（判決書p.388下段～p.389上段）

三国同盟に至る経緯：大島と白鳥

タヴナー氏は次に、反コミンテルン協定と秘密協定を締結した１９３６年の後の段階における日独伊三国間の同盟に向けた展開を記述している。

まず、大島と白鳥の両被告人の動きを次のように述べている。大島と白鳥は日独伊三国間での軍事協定の実現を目指していた大使たちであった。

「三国協定に至り、タヴナー氏は次の見解を表明した。

1．(a)中国と日本の衝突に関するドイツの方針を再決定した直後に、当時のドイツの外務大臣であった**フォン・リッベントロップ**は、世界全体を対象としたドイツと日本の軍事同盟を提案したこと。（法廷証第４９７号）

(b)被告人の**大島**と**白鳥**は、提案された同盟に合流するよう**ムッソリーニ**を説得する目的でローマに送り込まれたこと。（法廷証第４９７号と第４９８号）

(c)１９３９年1月に**ムッソリーニ**はそれへの承認の意思を示したこと。

2．(a)**大島**と**白鳥**は、留保条件が付《ふ》されていない軍事同盟を望んだこと。

(b)その点について日本の陸軍は賛成することができたが、海軍はそうすることができなかったこと。

(c)当時の**平沼**内閣は、条約の施行を必要ならしめる非常事態が果たして起きたかどうかを決定する権利は各々《おのおの》の締約国に留保されるべきであるとする妥協案に到達したこと。

(d)修正されたこの提案を携えて伊藤使節団がベルリンとローマに送られたこと。

(e)**大島**と**白鳥**は、伊藤使節団が届けた指示に従うことを拒否したこと。

(f)**大島**と**白鳥**は、同盟協定を無条件で受け入れるよう日本の外

務省に電報を打ち、そうしなければ彼らはそれぞれドイツ大使、イタリア大使を辞任すると脅したこと。（法廷証第502号）

(g)(i)外務省は**大島**に対して打った電報にてその主張に修正を加え、関係する国がロシア以外の国であれば日本は非軍事的支援以上のものを実施することを欲《ほっ》しないとの単なる宣言としたこと。（法廷証第502号）

(ii)1939年5月4日に**平沼**首相はヒトラーに宛てた宣言の中で、ドイツとイタリアがロシア以外のどの列国に攻撃された場合であってもドイツとイタリアに軍事支援を行《おこな》う決意をしたと述べたこと。しかし、日本の現状に鑑み、状況の変化がそれを可能とさせない限り、かかる支援を行《おこな》うことはできないとも申し述べた。（法廷証第503号、504号）

(h)(i)このようにして交渉が進展する中で、ドイツとソビエト連邦は1939年8月23日に不可侵条約を締結したこと。

(ii)これは、反コミンテルン協定に付属する秘密協定への違反であると日本では考えられたこと。（法廷証第486‐L号、506号）

(iii)それに対する日本における反動はとても大きく、**平沼**内閣がただちに倒壊するほどであったこと。

(iv)三国軍事協定締結の失敗により、**大島**と**白鳥**の両大使は辞任したこと。」

（判決書p.389上段〜p.390上段）

大島と白鳥は、日独伊三国間の軍事協定を実現しようとしたが、右記引用の通り、失敗した。

三国同盟に至る経緯：各国の動き

タヴナー氏はさらに、三国同盟調印に至るまでの日本を中心とした各国の動きを次のように述べた。

「この三国協定に関連して、タヴナー氏は次の諸点を強調した。

1．1939年9月に**大島**大使が、日本、特に日本海軍が東南アジアへ進出する準備ができているとの**ヒトラー**による見解を披露したこと。かかる行動は**ヒトラー**自身が提案したものである。

2．1940年3月に、中国における1940年3月の汪精衛《ワンチンウェイ》政府（＊）の設立に対する抗議として、イギリスとアメリカによる明らかな政治的態度の硬化が見られたこと。（5859ページ）

（＊訳注：汪兆銘《おうちょうめい》 1883〜1944 精衛は号。中国の政治家。孫文の死去に伴い1925年に南京国民政府主席。国民党所属。日本との徹底抗戦を貫く蔣介石と決別し、日本と和平を結ぶことによる新政府の樹立を目指した。名古屋の病院で客死。）

3．英米との間《あいだ》で合意に達しようとの**米内**《よない》**・有田**《ありた》政府（＊）による努力に反対する立場から、ドイツは、報道機関ならびに指導的立場にある政治家個人に対する影響力の行使、また、日米間の衝突は長期的には不可避であるとの表明によって、日本の対米感情を沸騰させようと努めたこと。（法廷証第515号、516号）。

（＊訳注：有田八郎《ありたはちろう》 1884〜1965 日本の政治家、外交官。米内内閣における外相）

4．(a)ドイツによるオランダ侵略の後、オランダ領東インドに関するドイツの意図につき日本は懸念を表明したこと。（法廷証第517号、518号、519号、525号）

(b)フランス陥落の2日後である1940年6月19日に日本はフ

ランス領インドシナにつき同様の懸念を表明し、これらの領域につき日本に自由裁量を与えるようドイツに要求したこと。（法廷証第520号）

(c)駐日ドイツ大使（訳注：オイゲン・オット）は本国政府に対し、以下の理由により、日本によるフランス領インドシナの併合を推奨したこと。

(i)そうすることにより中国での衝突が早期に終了する見込みが増大する（法廷証第523号）。

(ii)それは日本とアングロサクソン系の列国との間《あいだ》の違いを際《きわ》立《だ》たせることになる。

(iii)それは**米内**《よない》内閣に深刻な打撃を与え、おそらくは親独の内閣に置き換わることとなる。

5. (a)同じ日（1940年6月19日）に日独同盟の交渉は駐独日本大使である**来栖**《くるす》（*）により再開されたこと。

(b)来栖は、重工業の開発における日独間の緊密な協力により、日本は合衆国に対して行動の自由を得ることになると表明したこと。

(c)さらに来栖は、彼ならびに当時は駐露大使であった被告人の**東郷**は日露関係の改善を熱心に推進しており、また、国家の将来は南方にあり、それ故《ゆえ》に北方の敵は友人とされなければならないことが日本では明らかになったと表明したこと。

(d)この駐独大使は、日本がアメリカを太平洋地区に縛り付ける義務を負うとの条件の下《もと》であれば（例としては、アメリカがドイツに対する戦争に参画するならばフィリピンもしくはハワイを攻撃するとの約束によって）、ドイツはインドシナにおける日本の行動に何らの反対もしないであろうと暗示したこと。

（*訳注：来栖三郎《くるすさぶろう》 1886～1954 日本の外交官）

6. (a)1940年7月12日に、日本の陸軍、海軍と外務省の合同会議が、日本、ドイツとイタリアの間《あいだ》の軍事同盟を実現する努力を強化する目的で開催されたこと。（法廷証第527号）

(b)当該会議は1940年7月16日に再び召集され、その目的は、提案された協定案文に関する統一方針の採用に関する陸海軍の意見の獲得であったこと。（法廷証第528号）

7. (a)**米内**《よない》内閣の倒壊を実現せんとする幾つかの試みの失敗が明らかになった後、軍部は陸軍大臣を辞任させるとの手段に出たこと。陸軍大臣の**畑**大将は1940年7月16日に辞任した。軍部の3人の幹部は後継者の推薦をすることを不本意とした。**米内**首相はそのために辞任を余儀なくされた。（法廷証第532号、533号）

(b)『陸軍は、ドイツとイタリアとの交渉の遅延は日本にとって致命的となるであろうこと、**米内**内閣は外交政策を満足に遂行することができないこと、深刻な国際情勢に対峙するためには内閣の交代が必要であること、等を考えていた。』（法廷証第532号）

(c)『**松岡**が外務大臣に任命された。退任する陸軍大臣であった**畑**大将は被告人の**東条**の陸軍大臣への任命を秘密裏に天皇に推奏した。』（法廷証第535号、537号、538号、539号）

8. 1940年7月26日の会合で、新内閣は日本の**基本国策**の概要を定めたこと。（法廷証第537号、538号、539号）

(a)『基本国策の根本的な目的は、八紘一宇《はっこういちう》とする肇国《ちょうこく》の大精神にもとづき世界平和の確立を招来するにありと決定せらる。』（法廷証第529号、541号）

(b)それは、日本、満州国ならびに中国の堅固な連帯において設立される大東亜の新秩序の建設を目的とする。（法廷証第54

4号)
(c)かかる国策の実現のため、国家の総力が動員されなければならない。
(d)国家の総力発揮の明示を通じた国家防衛体制を基盤とした国策の遂行を確実とするために、軍備の拡充がなされるべきである。
(e)**東条**陸軍大臣は日本人の間《あいだ》に反イギリス感情を推進させる計画を開始した。
(f)1940年8月23日に**松岡**外務大臣は多くの大使、公使、参事官および領事の召還を発表し、この行動は彼が開始した新外交政策を確実ならしめるために必要となったものであると断言した。1946年9月には四相会議(訳注:首相、外相、陸相、海相による会議)が開催され、欧州およびアジアでの新秩序の設立のためにあらゆる手段を通じて相互に協力することにつき3国の間《あいだ》で基本合意に至ることが原則であるとそこにおいて宣言された。イギリスならびに合衆国に対する武力の使用が考えられ得《う》るものの、その点については、日本は独自にその決定を行《おこな》うものとされた。(法廷証第541号)

9.三国同盟は1940年9月27日に締結された。(法廷証第43号、550号、551号、552号、553号、555号、557号、558号、559号)」(判決書p.390上段~p.391下段)

検察側によれば、右記の経緯を経て三国同盟は締結されたのであった。タヴナー氏が取り組むと申し出た内の1.の反コミンテルン協定・秘密協定と2.ならびに2.(a)の三国同盟についての氏の主張は、以上である。

三国同盟の諸規定の下での三国間協力

タヴナー氏が取り組むと申し出た、最後の3.の三国同盟の諸条項の下における日独伊間の協力については、氏は次のように主張している。

「タヴナー氏は次に、三国同盟の諸規定の下《もと》での日本、ドイツとイタリアの間《あいだ》の協力の実例を強調した。彼は次を示すための証拠の提出を提案した。すなわち、被告人たちはその指導者を通じて、かつ枢軸国のパートナーと十分に協力しながら行動し、三国同盟の下《もと》に政府ならびに国民を統一し、起訴状で訴追された共同謀議の目的を達成すべく計画された強制力を行動と宣言によって実行に移したこと、である。

この目的のために彼は次の諸点の立証を申し出た。

1.(a)日本の活動家グループは早くも1941年1月から、西太平洋におけるイギリスのポジションの要《かなめ》であるシンガポールへの攻撃を要求したこと。(法廷証第562号、569号)
(b)1940年11月に**来栖**《くるす》大使は、日支間ならびに日露間の合意の締結がタイを含む支那の南側の地域を日本が通り抜ける上で必要となる前提条件となっており、かかる地域を使わない限りシンガポールを成功裏に攻撃することはできないと宣言したこと。
(c)かかる攻撃は、日本が中国、太平洋、そしてインド洋において大東亜政策を確立するための自由裁量を日本に与えるべく計画されたものであること。(法廷証第588号)
(d)日本によるシンガポールの攻略は、ドイツによるイギリスとの戦争を早期に終結に向かわせるようドイツを支援したいとの日本側の要望の充足でもあったこと。(法廷証第573号、574号)

(e)１９４１年２月の国務長官（訳注：コーデル・ハル国務長官）との会合において**大島**大使は、シンガポールを制圧するためにはまず香港を取得する必要があるとの見解を披露したこと。
（法廷証第５７０号）

2．(a)１９４１年６月22日にドイツがロシアに侵攻したこと。

(b)１９４１年７月２日の御前会議で、ソビエト連邦をその東側から攻撃せよとのドイツの要請に対して明確な行動を取ることを延期させる効果を持つ決議がなされたこと。

3．枢軸国の間《あいだ》では政治的・軍事的協力に並行して、文化面と商業面での合意が行《おこな》われたこと。文化条約が、ドイツと日本との間《あいだ》で１９３８年11月25日に締結され、そして、イタリアと日本との間《あいだ》で１９３９年３月23日に締結された。（法廷証第37号、39号、５９８号）

4．１９４２年１月18日に、日本、ドイツならびにイタリアの軍部は三国同盟の精神の下《もと》に軍事条約を締結し、彼らの間《あいだ》での運用上の調整を規定したこと。」（判決書p.391下段～p.392下段）

以上で、検察側の主張に関する引用を終える。以下はパール判事による事実認定作業に関する記述である。

§2．反コミンテルン協定と秘密協定の本文

条約や協定を判断する場合、まずはその条約類の本文にあたるべきことをパール判事は第一部で述べている。

本項においても事実認定を行《おこな》うにあたり、パール判事は協定と同盟の本文を引用している。

反コミンテルン協定の本文

次の引用の通りである。

「問題となっている反コミンテルン協定、もしくは、関係者が『第三インターナショナルに対する協定』と名付けたものは次のとおりであった。（訳注：１９３６年11月25日に締結）

「共産『インターナショナル』に対する協定」

「大日本帝国およびドイツ国政府は、共産『インターナショナル』（いわゆる『コミンテルン』）の目的がその執《と》りうるあらゆる手段による現存国家の破壊および暴圧に在《あ》ることを認め、共産『インターナショナル』の諸国の国内関係にたいする干渉を看過することはその国内の安寧《あんねい》および社会の福祉を危殆《きたい》ならしむるのみならず、世界平和全般を脅かすものなることを確信し、共産主義的破壊にたいする防衛のため協力せんことを欲し次のとおり協定せり。

第一条　締約国は共産『インターナショナル』の活動につき相互に通報し、必要なる防衛措置につき協議しかつ緊密なる協力により上記の措置を達成することを約す。

第二条　締約国は共産『インターナショナル』の破壊工作によりて、国内の安寧を脅かさるる第三国にたいし本協定の趣旨による防衛措置を執りまたは本協定に参加せんことを共同に勧誘すべし。

第三条　本協定は日本語およびドイツ語の本文をもって正文とす。本協定は署名の日より実施せらるべくかつ５年間効力を有す。締約国は上記期間満了前適当の時期において爾後《じご》における両国協力の態様につき了解を遂《と》ぐべし。』」（判決書p.393下段～p.394上段）

この反コミンテルン協定には、その従物として「付属議定書」があった。次の引用の通りである。

「本協定の従物であった付属議定書は次のとおりであった。

『本日共産『インターナショナル』にたいする協定に署名するにあたり下名の全権委員は次のとおり協定せり。

(a)両締約国の当該官憲は共産『インターナショナル』の活動に

関する情報の交換ならびに共産『インターナショナル』に対する啓発および防衛の措置につき緊密に協力すべし。
(b)両締約国の当該官憲は国内または国外において直接または間接に共産『インターナショナル』の勤務に服し、またはその破壊工作を助長する者にたいし現行法の範囲内において厳格なる措置を執るべし。
(c)前記(a)に定められたる両締約国の当該官憲の協力を容易ならしむるため常設委員会設置せらるべし。共産『インターナショナル』の破壊工作防遏《ぼうあつ》のため必要なる爾余《じよ》の防衛措置は上記委員会において考究かつ協議せらるべし。』」(判決書p.394上段〜p.394下段)

右記の条約本文を付属議定書も含めて読む限りでは、タヴナー氏ならびに検察側が主張するような、日本による侵略戦争の準備を示唆する邪悪な内容は一切読み取れない。パール判事は次のように指摘している。

「検察側の主張を支持するものは、協定ならびに議定書の中には絶対的に何も無い。検察側もこれを認めざるを得なかったのである。」(判決書p.394下段)

反コミンテルン協定と付属議定書には全く問題はないと、検察側自身も認めているとのパール判事の右記指摘は重要である。

秘密協定

しかし、検察側も負けてはいない。この反コミンテルン協定には公表されなかった「秘密協定」が付随しており、実際に重要なのはこちらであると述べている。次の引用の通りである。

「しかしながら彼ら(引用者注:検察側)の主張は、この協定と同時に秘密協定が存在しており、実際に重要なのはこの秘密協定であると云うものである。

検察側によれば、『署名され世界に知らされたところの協定は、日本とドイツとの間で締結され反コミンテルン協定に添付された秘密協定のための目隠しにすぎなかった』とのことである。検察側の主張は『この協定(訳注:反コミンテルン協定)は、かかる秘密協定ならびにそれに必要な議定書、さらには1922年のラパッロ条約(*1)や1926年の中立条約(*2)などのドイツとソビエトとの間の政治的な条約はこの秘密協定ならびにそれによって負った義務とは矛盾はしないとのドイツによる保証、等によって軍事同盟に変換されたのである』というものである。

(*1訳注:1922年4月16日、イタリアのラパッロにおいてドイツとソビエト連邦との間《あいだ》で成立した条約。両国間の外交関係を正常化すること、相互親善の精神によって両国の経済的必要を充足するよう相互に協力すること、等に合意した。)

(*2訳注:1926年4月24日にベルリンにおいてドイツとソビエト連邦との間《あいだ》で成立した条約。その内容から独ソ友好中立条約とも呼ばれる。)」(判決書p.394下段)

ソ連のリトビノフ人民委員(西側諸国の外務大臣に相当)も、その演説の中でこの秘密協定に邪悪な特徴を付したとパール判事は述べている。次の引用の通りである。

「11月28日の演説の中でリトビノフ氏(*3)も、協定に対するよりもむしろこの秘密協定に対して邪悪な特徴を付したのである。彼は次のように述べた。

『事情に通じた人々は、ドイツと日本との合意に関して公表されたこれら二つの短文の文書を作り上げるために15カ月もの歳月を費やして交渉をする必要があったとか、これらの交渉が日本の将軍とドイツの最高位の外交官(訳注:リッベントロップ外務大臣)

に委任されなければならない必然性があったとか、さらには、これらはドイツと日本の公式な外交筋に対しても秘密とされなければならないほどに厳重な機密の下《もと》に行《おこな》われなければならなかった、等を信じることを拒否するのである。ドイツと日本との間《あいだ》のこの合意は特別な暗号で記されており、その中では『反共産主義』という語は辞書とはまったく異なる何らかの意味合いを持っているのであり、彼らはこの暗号をさまざまな異なるやり方で読み解いているのだ、との推測があることは驚くには当たらない…。実際、公表された日独合意には一切《いっさい》、何の意味合いも無かったのである。それは、それが同時に議論され仮調印され、そしておそらくは調印もなされたであろうところのもう一つの条約の偽装にすぎなかったから、との単純な理由によってである。そして、そのもう一つの条約は発表もされず、また、公表される意図も無かったのである。本官は、その中においては共産主義という語さえも使用されていないところの、まさにこの秘密協定の作成のためにこそ、日本の武官とドイツの最高位の外交官との間《あいだ》で15カ月もの交渉が充《あ》てられたのだと、自らの全責任を認識しながら宣言するものである。』

（＊3訳注：Maxim Maksimovich Litvinov　１８７６～１９５１　ソビエト連邦の政治家、外交官）」（判決書p.394下段～p.395上段）

秘密協定の本文

検察側がこのようにもったいぶって紹介した秘密協定は、東京裁判に置いて白日の下にさらされている。次の通りである。

「リトビノフ氏の演説の中で言及されたところの『15カ月もの交渉』は今、我々の眼前に置かれている。」（判決書p.396上段）

この秘密協定の正式なタイトルならびにその内容は次の引用の通りである。

「かかる秘密協定は法廷証第４８０号として我々の眼前にある。これは次のとおりである。

「共産『インターナショナル』に対する協定の秘密付属協定」

「大日本帝国政府およびドイツ国政府は、『ソビエト』社会主義共和国連邦政府が共産『インターナショナル』の目的の実現に努力しかつこれがためその軍を用いんとすることを認め、上記事実は締約国の存立のみならず世界平和全般を最深刻に脅かすものなることを確信し、共通の利益を擁護するため次のとおり協定せり。

第一条　締約国の一方が『ソビエト』社会主義共和国連邦より挑発に因《よ》らざる攻撃を受けまたは挑発に因《よ》らざる攻撃の脅威を受ける場合には他の締約国は『ソビエト』社会主義共和国連邦の地位につき負担を軽からしめるがごとき効果を生ずる一切の措置を講ぜざることを約す。

前項に掲《かか》ぐる場合の生じたる時は締約国は共通の利益擁護のため執《と》るべき措置につきただちに協議すべし。

第二条　締約国は本協定の存続中、相互の同意なくして『ソビエト』社会主義共和国連邦との間《あいだ》に本協定の精神と両立せざる一切の政治的条約を締結することなかるべし。

第三条　本協定は日本語およびドイツ語の本文をもって正文とす。本協定は本日署名せられたる共産『インターナショナル』に対する協定と同時に実施せらるべく、かつ、これと同一の有効期間を有す。』」（判決書p.395上段～p.395下段）

右記の「秘密協定」本文の中から、何か侵略的なものや邪悪なものを見つけ出すことはできるのだろうか。パール判事は秘密協定を次のように分析している。

「すなわち、この秘密協定の中で日本とドイツは、いずれかの国がソビエト連邦から挑発に因《よ》らない攻撃（訳注：挑発ではない本当の攻撃）を受けるか脅威を受けたら、他方の国はソビエト連邦の地位につき負担を軽くする効果を生じさせる一切の措置を講じないこと、さらには、両国はその共通の利益を擁護する措置をただちに協議すること、等に日独両国は合意したのである。締約国は、この協定の5年の期間中には相互の同意なくこの協定の精神に合致しない政治的条約をソビエト連邦との間で締結しないことも規定されている。

なるほど、この秘密協定はソビエト社会主義共和国連邦と関連していることは確かである。しかし本官は、その中に何らかの侵略的なものがあったとは申し述べることはできない。」（判決書p.395下段～p.396上段）

パール判事は「秘密協定の中に何らかの侵略的なものがあったとは言えない」と事実認定している。これを踏まえ、パール判事は秘密協定に関して次の結論に至っている。

「しかし、我々は今や秘密協定の全貌を握っており、我々は今やそれがソビエト連邦に対する防衛的な同盟にすぎなかったことを知っている。秘密協定は、検察側が詳細に規定した諸目的のいずれにも貢献することはなかったのである。」（判決書p.398上段～p398下段）

「この膨大な証拠の集合体そのものの中から検察側の主張を支持しているものを、それが何であれ探し出すのは困難である。」（判決書p.396上段）

日本の反コミンテルン政策に関する弁護側の最終弁論

この結論に至った理由を、パール判事は弁護側の最終弁論を引用することによって述べている。パール判事は弁護側の主張には留保条件を一切付《つ》けていないことから、弁護側の主張をそのまま事実認定したものと筆者には思える。

「弁護側はその最終弁論の中で次のようにその要約を述べた。

『検察側による理論とは裏腹《うらはら》に、すべての証拠は、協定と秘密協定はその両方が共に、共産主義の脅威ならびにその拡大に対する純然たる防衛的な性格を持っていたこと、さらにソビエト連邦による武装圧力の行使が拡大したことを、明瞭に示している。これらの出来事があらゆる国家の持つ最も死活的な権益に、その中でも特に日本とドイツの持つそれに、影響を与えたのである。１９３５年にモスクワで開かれたコミンテルンの第7回会議は、日本とドイツをその主たる敵として指名する決議を採択したのである。』（法廷証第４８４号、２２，４８６ページ）」（判決書p.396上段）

つまり弁護側は、因果関係が逆だと述べているのだ。秘密協定の前年の１９３５年でのコミンテルンの会議の採択が示しているように、コミンテルンのほうが日独を主たる敵であると指名したのだ。コミンテルンによる日独敵視、共産主義の脅威の拡散、ソ連の武装圧力の行使が先にあって、日独の最も死活的な権益に影響を与えたために、日独は１９３６年11月に反コミンテルン協定を結ぶことになったのである。対ソ侵略戦争の準備のために日独が反コミンテルン協定を結んだわけではないのだ。

また、弁護側は、次の重大な事実を指摘している。ソビエト・ロシアとコミンテルンとは一体で不可分だと述べているのだ。パール判事は弁護側の主張を次の通り引用している。

「『ソビエト・ロシアとコミンテルンの間《あいだ》には不可分の関係が存在していたことは、当然のことながら否定することができない。そして、枢密院の会合において広田が示したように、日本政府はかかる事実を見落とすようなことは決して無かったのである（法廷証第484号、2万2480ページ)。実際、コミンテルンによる破壊的活動の脅威と格闘するためにコミンテルンに対する何らかの国際合意が必要であると日本政府が考えたのは、それら2つの組織の間《あいだ》の不気味な関係を彼らがその視野の内に入れていたからである。』」(判決書p.396上段～p.396下段)

なお、ソビエト・ロシアとコミンテルンが不可分だとの指摘は、トインビー博士も行《おこな》っていたことが思い起こされる。「…同様に、ソビエト連邦政府は**第三インターナショナル**とは何の関係も無いとロシア人たちが主張した時にもそれは露呈されている。…」(判決書p.267上段)

弁護側は秘密協定の内容についても述べている。それは純粋に防衛的なものであったと指摘している。次の通りである。

「『防共協定に付属する秘密議定書についても、その内容は純粋に防衛的なものなのであり、締約国の一方がソビエト・ロシアから挑発に因《よ》るものではない攻撃や脅威を受けるとの偶発性のみを視野に入れているのにすぎない。しかしながらその秘密協定の中では、かかるできごとの発生の折には締約国の間《あいだ》で相互支援をするとは記載されてはおらず、ただ単に、ソビエト・ロシアの負担を軽くする措置を講じないとの義務のみが記載されている。広田と有田《ありた》は、ソビエト・ロシアがその5カ年計画によって如何《いか》に軍備を増強したか、そして、極東において大きく増大したソビエト軍により如何《いか》に重い圧力が日本にかかったと感じていたかを枢密院において説明している。(法廷証第484号、2万2480ページ、2万2483ページ)』」(判決書p.396上段)

ソビエト軍の軍事圧力の増大が先で、それに日本は対応するよう迫られた、と広田は枢密院において説明していたのだ。因果関係を正しくとらえることが重要である。

広田による防共協定の説明

広田は反ソ的な政策を行《おこな》った人物であるとして、検察側に非難された。その広田が反コミンテルン協定をどのように説明したかについても弁護側は触れており、次のように述べている。

「『広田は、防共協定の目的は、防共協定を単にソビエト連邦ならびにボルシェビキの活動による武装圧力を抑制する準備を行《おこな》う手段とすることにあったと説明した(法廷証第484号、2万2482ページ)。実際、この秘密協定により防共協定が軍事同盟に変更されたとの検察側の主張は、実に大《だい》それた牽強付会《けんきょうふかい》(訳注：こじつけ)である。我々弁護側は、これらの協定の中には軍事同盟の性質を持つものは何も含まれてはいないと主張する。』

『枢密院における広田と有田の追加陳述は、これらの協定の防衛的で平和的な特徴を立証しており、この点に対する何らかの疑いの余地はまったく残されてはいない。』

『この両人はともに、日本はソビエト連邦との関係を悪化させるかもしれない積極的措置を取ることは当然のことながら差し控えるべきであり、また、日本はイギリスとの友好的な関係を維持し推進するための最大限の努力を常に行《おこな》うと主張している(法廷証第484号、2万2482ページ)。』」(判決書p.396下段～p.397上段)

秘密協定は軍事同盟ではない。他国の軍事圧力から自国を守ろうとの平和的な協定であったのだ。また、日本はソ連を恐れていて、その機嫌を損なう措置を取ることは差し控えることとしていた。広田が枢密院でそのように報告していたと事実認定されたのである。

共産党への警戒は、日本は少ないほうだった

さらにパール判事は、そもそも日本はロシアのプロパガンダや外国における破壊活動に対する警戒が諸外国に比べて少なかったと指摘し

ている。次の通りである。

「日本は、ロシア革命の後の10年もの間《あいだ》、『ロシアの革命的プロパガンダと外国におけるその破壊活動』に対する心配を、そのようなものの感染源となりうる場所から日本よりもさらに遠くに離れた他のいくつかの民主主義諸国に比べて、わずかにしか示していなかった。」（判決書p.397上段）

「実際、1925年と云《い》う、共産党の危険が欧州の目には大きく映っており、ソビエト連邦は依然として排斥されるべき国家であると全般的に位置づけられ、また、共産主義者の影響は中国では大きいままであり、さらに、日本とロシアとの間《あいだ》の緩衝地帯として作用する『満州国』が未《いま》だに存在していなかったその年に、日本政府は友好関係を再び確立するとの条約をモスクワと結んだのである。そして日本を訪れた最初のソビエトの使節は、日本に到着した時に温かく迎えられたのであった。」（判決書p.397上段）

§3．日本と世界における反共の実状に関する分析

日本が反コミンテルン協定を締結するに至った経緯について、パール判事は日本が共産主義をどのように取り扱っていたかに関する日本の国内事情の分析を進め、また、当時の世界が共産主義に対してどのような見方をしていたかについても、目配っている。以上の両方の点につき、パール判事は1936年国際情勢概観の記述を引用することで分析している。

日本国内の統治権力がリベラルな政治家から軍人階級へと移った

まず日本の国内事情であるが、1936年概観は、日本の統治権力の主体が1925年時点の「リベラルな政治家」から軍人階級へと移ったことを指摘している。次の引用の通りである。

「その後の日本で起きた態度の変化については、いくつかの要因がその原因となっている。1936年の国際情勢概観（*）はそのような要因につき次のような説明を行《おこな》っている。

（*訳注：1936年国際情勢概観は英国の歴史学者トインビー博士Arnold Joseph Toynbee 1889~1975が、アシスタントであるVeronica Marjorie Boulterと共に執筆した。）

『最初の段階では日本の統治権力は1925年時点では比較的リベラルな政治家の手中にあったが、かかる統治権力の多くはしばらくの後には強烈に国家主義的であって共産主義的国家理論を忌避していた人たちにより構成される軍人階級による支配へと移って行《い》った。彼らの影響力と指導の下《もと》、日本は極東においてある『任務』を担ったのである。それは世界のその部分において日本は『唯一の安定化勢力』であるとして取り扱われることの要求を含意しているだけではなく、『特定の種類の政治的文化的見解の普及を推進する者』たることを天から任じられたと日本は自らをみなしていたことをも意味していた。』」（判決書p.397上段～p.397下段）

日本は極東地域における唯一の安定化勢力であると自負していたと概観は述べている。また、「特定の種類の政治的文化的見解」とは、ずいぶんと本質から距離を置いた突き放した言い方だが、要は「大東亜共栄圏」のことであろう。東洋は西洋の影響力を排除して東洋の国同士で手を握ろうという発想であったと筆者は理解している。英米諸国はナチのプロパガンダであった「Lebensraum（レーベンスラウム：ドイツが存続するために必要な「生存圏」）」という表現を警戒していた。「大東亜共栄圏」とは、日本がLebensraumと同様の主張をしているものと警戒し、トインビー博士はその語の使用を忌避したのであろ

う。

日本の恐るべき競合相手：共産主義の教義

極東地域に安定化をもたらそうとしていた日本の軍人階級にとって、中国とモンゴルには日本が推進していた「特定の種類の政治的文化的見解」（大東亜共栄圏）の恐るべき競合相手たる、「共産主義の教義」が広がっていたとパール判事は指摘する。次の通りである。

「かかる役割を果たすにあたり日本は、日本がその影響力の下《もと》に置こうとしていたところの中国とモンゴルの人々の間《あいだ》に、共産主義の教義という恐るべき競争相手が広がっていることに自らが直面していることを発見したのであった。そしてついには共産主義の権化《ごんげ》であるロシア自身が、無害な弱き隣人から強力な軍事的競争相手へと最終的には成長し、その力は日本の拡張的な意図に制約を課すものとなり、そしてそれは日本の軍国主義者たちには耐えられないものであった。」（判決書p.397下段）

共産主義を外的な危険と認識

概観の記述に戻りたい。パール判事は次を概観から引用している。ここでは日本の支配者たちは共産主義の日本本国への拡大を主たる外的な危険であると捉えるようになったと指摘されている。

「『従って日本の支配者たち―劇的な抑圧を加えて農民層の不満を他の政治的道筋へとそらしたことなどにより、共産主義を**国内的な**問題として取り扱うことに少なくとも外見的には成功していた人たち―は、東アジアに位置する日本本国への共産主義の拡大を、日本の主たる**外的な**危険であると捉えるようになったのである。そして、この危険の撃退が、満州と中国北部における1932年以降の日本の行動の非常に大きな部分に動機として横たわっていたことは疑い無い。共産主義に対抗するための協力は、初期の段階から中国政府に対して求められた最も強い要求の内の一つであった。江西省における中国の共産主義者たちの連合が1935年に分裂し『赤軍』が四散した後に、中国の北西部の、日本が進行しようとしていた計画線に極めて近い位置にある共産主義者たちの中心部が強力に補強されたが、このことは日本の心配の種《たね》を増やすのに貢献したのである。』」（判決書p.397下段）

日本の支配者たちは共産主義を国内的な問題として処理していたが、中国の共産主義が拡散して日本に至るかもしれないとの、外的な問題と捉えるようになったのであった。

反コミンテルン協定は共同謀議を意味しない

以上のように日本の政治情勢を分析した後、パール判事は次の結論に至る。日独には共通してボルシェヴィズムへの恐怖と憎しみがあったとしている。

「以上が日独間の防共協定の背景として日本側において投影されていたとするなら、共同謀議の特徴を抱《かか》えた検察側の理論をどのようにすれば我々が受け入れることができるのか、本官にはわからないのである。概観の執筆者は次のように述べている。『ドイツの国民社会主義政権（訳注：「ナチ」政権）の初期の日々において、日本とドイツの間《あいだ》にはすでに「**親善（rapprochement）**」の兆候が見られたのであり、両国には自然な連帯のきずなが』何らかの共通の侵略計画の中にではなく、『政治的に孤立しているとの共通の感情ならびにボルシェヴィズムへの共通の恐怖と憎しみの中にあった。』」（判決書p.398上段）

概観の見解では、日独両国にはボルシェヴィズム（引用者注：レーニン主義。コミンテルンを中心として展開された暴力革命の運動論、組織論）を恐れるという共通の意識があったために、すでにナチ政権の初期段階において日独間の親善の兆候・自然な連帯のきずなが見られたと云《い》う。1930年代には日独共に失業者を多く抱えた経済不安を抱えており、ボルシェヴィズムによる外からの手引き（概観の云《い》う主たる**外的な**危険）による政府転覆を恐れたのである。

アメリカ政府が持っていた共産主義への恐怖：ウィルソン大統領とヒューズ国務長官

共産主義に対する恐怖を抱えていたのは日本の軍人階級だけではなかった。次の引用の通り、アメリカはフランクリン・ルーズベルト政権が政権を握るまで、つまり、1933年11月の遅きに至るまで、モスクワのソビエト連邦政府を承認しなかったのである。

「共産主義を恐れることにおいて、そしてかかる恐れをソビエト連邦に結びつけることにおいて、日本の軍国主義者たちは孤立していた訳《わけ》ではなかった。アメリカ合衆国でさえかかる恐れから自らを解き放つことができず、それは1933年11月16日の遅きに至るまでソビエト連邦を承認することが怖《こわ》くてできなかったほどであったことを我々は知っている。1919年にウィルソン大統領は次のように宣言した。

『我々の組織に対して陰謀を巡らすことを決心しそれを行《おこな》う義務を負っている政府、その外交官たちは危険な反乱を煽動する者たちである政府、かような政府の代理人を承認し、彼らと関係を持ち、もしくは彼らを友好的に迎え入れることは我々にはできない…。』

ヒューズ国務長官も『我が国のさまざまな組織を転覆せんとする継続的なプロパガンダ』を持つものとしてソビエト連邦を糾弾《きゅうだん》した。1923年にヒューズ国務長官は次のように述べた。『最も深刻なのは、モスクワで支配をしている者たちは、彼らがそうすることができる場合はいつでも世界中の既存の政府の破壊を行《おこな》うとの、彼らのもともとの目標を彼らはあきらめてはいないとの確実な証拠が存在することである。』1928年にケロッグ国務長官は声明を発表しソビエト連邦を次のように特徴づけた。『現存する政治的経済的秩序ならびに社会的秩序を世界中で転覆《てんぷく》させること、ならびに、他国に向けた彼らの行動をそのように規定すること、を自らの任務とする一団である』と。長官によれば、『かかるソビエト政権に対して承認を行《おこな》うこと』さえも『そのような**承認を行《おこな》う国**のいずれかに対する内政干渉の実施を、ボルシェビキの指導者たちが中止することをもたらしたことは無い…』とのことである。ケロッグ長官は続けて以下のように述べる。『実際、承認を与え交渉の場を設けることは、現在のロシアの支配者たちに対して彼らによる『債務履行拒否ならびに没収』の政策を奨励し、そしてまた、他国に現存する政治的社会的秩序に対する戦いを彼らが継続するための有用な基礎を他の国々の承認の下《もと》に確立できるとの彼らの望みをも奨励することとなるのみであることを信じるべき、あらゆる理由が存在する。』」（判決書p.398下段～p.399上段）

右記引用中でケロッグ長官の言う「債務履行拒否ならびに没収の政策」とは共産主義の教義の実践的な部分を示すものであろう。すなわち、労働者階級による一切の債務履行の拒否と、彼らによる資本家の財産の没収こそが共産主義の教義が顕現化したものだと筆者は思う。

ソ連政府と第三インターナショナルは一体である

労働者・社会主義者の国際的な運動組織としては、すでに19世紀半ば以降、第一インターナショナル（1864年～1876年）と、それに続く第二インターナショナル（１８８９年から１９１４年）が存在していた。そして第三インターナショナル（別名：コミンテルン）はモスクワで結成され、１９１９年から１９４３年まで存在した。これは世界の労働者の団結を助け、共産主義の教義を世界中に広げようとしていた組織であるが、その過程において既存の政府組織の転覆を謀《はか》ることもあったため、世界中で危険組織であると見なされていた。

ロシア人たちはこの世界規模の組織とソ連政府は無関係であると主張していたが、実体はそうではなかった。判決書のp.267、つまり第四部 第2段階「残りの中国へ」の中で、トインビー博士が第三インターナショナルとソ連政府は、彼らが無関係と言っていたにもかかわらず、一体であったと指摘していたことが思い起こされる。これは次の通りであった。

「『（前略）同じこの戦後時代において（引用者注：第一次大戦の後の時代）ラインラントにおける『分離運動』はラインラント地方の人々の自然な発露による自発的な表現なのであり**フランス占領軍**は何も関係が無いとの抗議をフランス人が行《おこな》った際にもそれは露呈されたのである。同様に、ソビエト連邦政府は**第三インターナショナル**とは何の関係も無いとロシア人たちが主張した時にもそれは露呈されている。以上の諸例の各々《おのおの》で描き出された精神状態は、国際関係の分野ではびこる『古典的な』心理学の遺物であり、それは社会生活のこの特定の分野における文明の進歩に対する最も恐るべき障害の一つであると捉えられなければならないのである。』」（判決書p.267上段～p.267下段）

右記の記述に触れながら、パール判事は次のようにソ連政府と第三インターナショナルは一体であったとこの第⑧項において再び指摘している。

「この判決書の最初の部分で本官がすでに指摘したように（訳注：第四部 第2段階 残りの中国へ）、ソビエト連邦政府は第三インターナショナルとは何の関わりもないとのロシアによる抗議は、当時の世界によって受け入れられなかったのである。国際情勢概観の著者（＊）は、１９３２年の概観において、この抗議は国際関係の分野につきまとう古典的心理学の遺物の一つであり、社会生活の内のかかる特定分野における文明の発展に対する恐るべき障害物であると捉《とら》えざるを得ないところの奇妙な心理状態の発露であると特徴づけた。

（＊訳注：１９３２年国際情勢概観は英国の歴史学者トインビー博士Arnold Joseph Toynbee １８８９～１９７５が、アシスタントであるVeronica Marjorie Boulter と共に執筆した。）」（判決書p.399上段）

つまり、第三インターナショナルは世界各国政府、特に日独の両政府を名指しで敵視していたが、日独政府の転覆は実際はソ連政府自身の意図だったのである。このような見方を取っていたのは「日本の軍国主義者たち」だけではなく、トインビー博士もそうであったのだ。

中国における共産主義

以上、アメリカ、ソ連と見て来たが、中国の共産主義の状況について、パール判事は次のように述べている。中国の共産党が中国国内の地理的な回廊（渡り廊下）を通じてソ連共産党と手を握る可能性が憶測されていたというのである。次の引用の通りである。

「この関連では、共産主義は１９３２年までには中国において組織化され効果的な政治勢力となっており、その領土の内の大きな部分に亘《わた》って独占的な行政権能を行使していたこと、そしてまた、中国の共産主義者たちはある程度まではロシアの共産党に従属していたこと、も思い起こすべきである。本官がすでに指摘したとおり、中国における共産主義はロシアにおけるその同音異義語（訳注：「共産主義」の語を指す）との間《あいだ》で一対一の対応をしているのだと信じるように世界を導くような状況、そして1931年末から1932年初にかけてモスクワのロシア共産党政府と南京における中華民国の国民党中央政府との間《あいだ》の1932年12月12日の外交関係回復の結果としてもたらされたモスクワと南京の間《あいだ》の関係更新の次には、同じ色合いを持つロシアのソビエト連合と中国のソビエト連合が同盟をする道を切り開くために失政を重ねた南京政府と信用を失った国民党の排除が続くとの可能性に世界は直面しているのだと信じるように世界を導くような状況があったのである。ロシアと揚子江流域の中国共産党の領域との間《あいだ》の地理的な渡《わた》り廊《ろう》下《か》が、モスクワの保護下にあった外蒙古のソビエト共和国ならびに中国の陝西《シエンシー》省によって提供された。それにより中国とロシアの共産党が手を握る可能性が憶測されたのである。」（判決書p.399上段～p.399下段）

ロシアの欧州部と極東ウラディオストックを結ぶ手段として、ロシアは国力を傾けてシベリア鉄道ならびに東支鉄道を建設した。これは未開発の森林地帯や山岳地帯を対象とした難工事であった。一方、中国のソビエト連合の中心であった揚子江流域とロシアの欧州部との間には大平原と草原が広がっていた。それを右記引用は「渡り廊下」と表現したのである。人が邪魔立てさえしなければ、軍需物品を運ぶのは比較的容易だったのだ。

「日本の政治家たちによる共産主義への恐れ」に関するパール判事の結論

以上、日独米における共産主義への恐怖と、ソ連・中国における共産主義の実態を分析した上で、パール判事は次の結論に至る。

「以上（引用者注：右記引用中の最後の部分で、中国とロシアの共産党が手を握る可能性が憶測されたことを指す）が世界の持つ恐怖であったのならば、日本の政治家たちもこの恐れを分かち合い、そしてそれを効率的に阻むものと彼らが考えた措置を取った場合に、我々は彼らを糾弾すべきであるとされるのはなぜなのかが本官にはわからないのである。いずれにせよ、今においてさえも世界全体にこのような反共同盟を求める叫びが響き渡っていることを思い起こせば、なに故《ゆえ》に我々はこの同盟の中から何らかの侵略的計略を読み取らなければならないのだろうか。」（判決書p.399下段）

反コミンテルン協定の意義に関する検察側の陳述

以上の議論・考察によって、検察側は進退窮まるところまで追いつめられた。そして検察側は「ついには」次のように述べたと、パール判事は指摘している。

「検察側はついには次のように述べた。

『反コミンテルン協定は共同謀議の遂行に大きな意味を持つにもかかわらず、かかる協定の本当の意義はその直接的もしくは実質的な効果の中には存在しない。本当の意義は、日本はこの協定の締結により、世界におけるとまでは言えなくとも当時の欧州における指導的侵略国家であったドイツと同盟を結ぶ最初の一歩を踏み出したとの事実の中に存在する。共同謀議者の日本は、ヒトラー・ドイツの中に同質的な精神性を見出《みいだ》したのである。』

本官は、かかる結合がそれ自体で現下の被告人たちに対して何らかの罪を背負わせることになるのかどうかはわからない。しかし、このことは現下の問題には何の関連も無い。」（判決書p.399下段）

つまり、反コミンテルン協定の本当の意義は、日本がドイツと同盟を結ぶ最初の第一歩であったとの点にあるというのである。

右記引用の中の第2パラグラフでパール判事は重要な指摘をしている。すなわち、日独の結合がそれ自体単独で被告人たちに何らかの罪を背負わせることになるのかどうかは「わからない」が、そもそも日独の結合が何らかの罪をもたらすかどうかとの問題は、「現下の問題」すなわち「共同謀議が存在したことの認定」という「probandum（証明されるべき事実）」とは何の関連もないと指摘しているのだ。この反共産主義の防衛的結合は、共同謀議が存在したことの認定には何の関連もないとパール判事は指摘しているのである。

反コミンテルン協定ならびに秘密協定が共同謀議が存在したことの認定には結びつかないことを検証し終えた今、いよいよ、残る「日独伊三国同盟」に至ることとなった。

§4．三国同盟の本文

例によってパール判事は、三国同盟条約の全文を引用している。次の通りである。

「本官は今や三国同盟にまで至った。これは本件裁判の法廷証第43号である。これには次のように記載されている。

『**日本国、ドイツ国およびイタリア国間三国同盟**』

『大日本帝国政府、ドイツ国政府およびイタリア国政府は万邦をして各その所をえしむるをもって恒久平和の先決要件なりと認めたるにより、大東亜および欧州の地域において各その地域における当該民族の共存共栄の実を挙げるにたるべき新秩序を建設し、かつこれを維持せんことを根本義となし、右地域においてこの趣旨に拠れる努力につき相互に提携し、かつ協力することに決意せり。しこうして三国政府はさらに世界いたる所において同様の努力をなさんとする諸国にたいし協力を吝《おし》まざるものにして、かくして世界平和にたいする三国終局の抱負を実現せんことを欲す。よって日本国政府、ドイツ国政府およびイタリア国政府は左のとおり協定せり。

第一条　日本国はドイツ国およびイタリア国の欧州における新秩序建設に関し指導的地位を認めかつこれを尊重す。

第二条　ドイツ国およびイタリア国は日本国の大東亜における新秩序件建設に指導的地位を認めかつこれを尊重す。

第三条　日本国、ドイツ国およびイタリア国は前記の方針にもとづく努力につき相互に協力すべきことを約す。さらに三締約国中いずれかの一国が現に欧州戦争または日支紛争に参入し居らざる一国によって攻撃せられたるときは三国は有らゆる政治的、経済的および軍事的方法により相互に援助すべきことを約す。

第四条　本条約実施のため各日本国政府、ドイツ国政府およびイタリア国政府により任命せらるべき委員より成る混合専門委員会は遅滞なく開催せらるべきものとす。

第五条　日本国、ドイツ国およびイタリア国は前記諸条項が三締約国の各と『ソビエト』連邦との間に現存する政治的状態に何らの影響をも及ぼさざるものなることを確認す。

第六条　本条約は署名と同時に実施せらるべく、実施の日より十年間有効とす。

右期間満了前適当なる時期において締約国中の一国の要求にもとづき締約国は本条約の更新に関し協議すべし。

右証拠として下名は各本国政府より正当の委任を受け本条約に署名調印せり。昭和十五年九月二十七日すなわち千九百四十年、『ファシスト』暦十八年九月二十七日『ベルリン』において本書三通を作成す。』」（判決書p.400上段～p.400下段）

蛇足ながら、この日付の表記が面白いと筆者は思った。日本は「昭和」、ドイツは「西暦（もしくはグレゴリウス暦）」、以上には違和感はないが、イタリアはなんと、「ファシスト暦」だというのである。ムッソリーニの考え方の一端が出ているようだ。

日中事変、世界大恐慌とは無関係の同盟

この三国同盟は日中事変（蘆溝橋事件１９３７年）の「はるか後」で、しかも世界大恐慌・ロンドン海軍軍縮会議はじめ日本に悪影響を与えた諸状況の発生の「はるか後」であったとパール判事は指摘している。次の通りである。

「これが締結されたのは１９４０年9月27日であり、それは日中事変のはるか後、そして、国際社会生活における日本の地位に影響を与えた多くの状況が発生したはるか後、であった。」（判決書p.400下段）

パール判事が右記引用中で2度に亘って繰り返した「はるか後」という語句に込めた意味合いは、三国同盟は、日中事変（１９３７年）や、日本の地位に影響を与えた日英同盟破棄（１９２３年）、世界大恐慌（１９２９年）やロンドン軍縮会議（１９３０年）などの諸状況への対策のための同盟ではなかったことをパール判事が強調して示したものと筆者は思う。

たとえば、日英同盟（１９０２年、１９０５年）を見てみると、その同盟の本質的な意義は対ロシア軍事同盟であった。帝政ロシアは日英両国に対して敵対的態度を取っていたのであり、イギリスはインド、日本は南満州・朝鮮の権益をソ連から守るために同盟したのであった。

それではこの１９４０年の日独伊三国同盟は日中事変や右記の防衛的内容を持っていた日英同盟が破棄されたこと、経済面での世界大恐慌や軍備面でのロンドン軍縮条約の対策のために締結されたのか、と言えば、パール判事が「はるか後」という語句で示唆しているように、時間差が大きくあるために、それらの対策として三国同盟が締結されたとはとても言えないのである。以上の意味合いを含めた表記を、例によってパール判事は「はるか後」との表現を使って、サラリと述べているのである。

特に、三国同盟と日中事変が無関係との指摘は、検察側の主張をパール判事が受諾していないことを明確に示しており、重要である。検察側は「日本が第三の勢力と同盟することにより、もしもソビエト連邦が中国を支援したならばソ連が抱《かか》える他のもう一つの戦線においてもう一つの強力な敵に彼らが直面するようにして、ソ連が中国を支援し中国での衝突に介入することを牽制《けんせい》することが達成できたとすれば、中国に対して侵略的行動をまずは開始してしまう策が、より良い解決策となる」（判決書p.393上段）と主張していたことが思い起こされる。この主張を、パール判事は否定したのである。事実としては、三国同盟（１９４０年）は日中事変（盧溝橋事件１９３７年）の「はるか後」に締結されたからである。

実証されるべきは全面的共同謀議が存在したとの推論

問答無用の「絶対悪」と認識されていた「ナチ・ドイツ」と結合したことに目が奪われがちな三国同盟ではあるが、パール判事はここで検察側の主張の本質を再び繰り返している。つまり、日独の結合を検証することを通じて検察側が試みるべきなのは、「全面的共同謀議が存在したとの推論」が成り立つことの立証なのだとパール判事は再び指摘している。ところがここで検察側が努めたのは、ドイツならびにイタリアとの協定の締結によって日本が何らかの違反を犯したことの立証であったと指摘している。これは筋違いの立証方針である。次の引用の通りである。

「タヴナー氏の冒頭陳述にて引用された幾つかの事項を支持させるために提出された証拠は、書面によるものが主であった。これ

らは本件裁判における法廷証第36号、37号、39号、43号、45号、49号そして477号から609号にかけて、である。

証拠の量は膨大である。しかし我々は、我々がここで検討している問題を再び思い起こさなければならない。ドイツならびにイタリアとの間《あいだ》でのこれらの協定の締結によって、さらにはこれらの列国との協力の実施によって、はたして日本が何らかの違反を犯したのかどうかの問題は、これらの膨大な資料により立証がなされようとしたところの諸事実はどの程度まで**現在において実証されるべき事項、すなわち**起訴状が申し立てているところの**全面的共同謀議**を証拠立てたのかとの問題とはまったく異なる、別個のものなのである。」（判決書p.400下段）

パール判事は次のように続ける。

「現下の我々の目的のためには、日本がドイツならびにイタリアと同盟したとの『**事実（factum）**』そのものには大して重要な意義は本当に無いのである。検察側が示唆しているかかる同盟の**目的**こそが本質的なものなのであり、そしてもしもそれが立証されたならば、それは多くの意義を持つものとなるのである。

もちろん、かかる目的（訳注：検察側が示唆している目的）について語っている部分は証拠自体の中には無い。これらの証拠により開示されたところのその明示的な理由（訳注：同盟を締結した明示的な理由）はまったく異なったものなのであり、かかる明示的な理由は検察側の主張を支持するものではないことは確実である。」（判決書p.400下段～p.401上段）

右記においてパール判事は、日本が独伊と結合したとの事実そのものには大して重要な意義は「本当に」ないのであって、むしろ、検察側自身が三国同盟の目的だと見なしている、「日本による侵略戦争の準備」こそが本質的なものであること、そしてもしもそれが立証されたならば多くの意義を持つものとなることを指摘している。日本が「悪の権化」たるナチと結びついたことに目を奪われてはならず、三国同盟によって日本が侵略戦争の準備をしたことになるのかどうかを検証しなければならないとパール判事は指摘しているのである。

ところが、その本質的であるべき三国同盟の「目的」たる「日本による侵略戦争の準備」は、推論できないとパール判事は指摘している。そのような推論は単なる憶測になってしまうというのである。次の引用の通りである。

「そのため、この問題は次に収斂《しゅうれん》されて行《い》くこととなる。すなわち、これらの証拠全体ならびに状況によって我々は、示唆された目的を推論することへと導かれて行《い》くのかどうか、である。検察側は我々に対し、そのような推論を行《おこな》うように奨励している。本官の考えでは、もしも我々の眼前の証拠から我々がそのような推論を行《おこな》うのであれば、それは単なる憶測に基づいて行動することとなってしまうのである。証拠により開示されたさまざまな状況を改編し、欠けている継ぎ目を単なる推測や憶測によって埋め合わせながらそれらの状況が全体像を構成する一部となるよう無理強いするためにほんの少し背伸びをさせて解釈を行《おこな》うような用意が我々に無ければ、我々は提案された推論を行《おこな》うことなどできはしないのである。反コミンテルン協定に関する限り、もっと納得がいく上に権威も備えたところの他の説明を我々はすでに見ている。」（判決書p.401上段）

盧溝橋事件の「はるか後」に締結された三国同盟は、侵略戦争の準備であったなどという主張は時間的に成り立たないのである。「中国を侵略する」ための準備であったならば、盧溝橋事件の「前に」三国同盟を締結していたはずだからだ。そのように強弁することは、「単なる憶測」となってしまうのである。

なお、右記引用において、反コミンテルン協定に関する「もっと納得がいく上に権威も備えたところの他の説明」とは、１９３６年概観からの引用のことであり、判決書p.397に記述されている。

§5．日本がドイツと手を結んだ本当の理由
パワーポリティクスの下での世界：シュワルゼンバーガー博士

右記で見たように、三国同盟の締結は侵略戦争の準備などではないとパール判事は事実認定した。

それでは、日本はなぜ三国同盟を締結したのか。

その分析を開始するにあたり、パール判事は当時の世界情勢を政治面で分析した、シュワルゼンバーガー博士の指摘を示している。「パワーポリティクス」である。

「国際的な関係における同盟や反同盟はイデオロギー的な同質性や相違性に必ずしも依拠してはいないとの点は、指摘するまでもない。シュワルゼンバーガー博士によって次のように巧みに説明されているとおりである。

『パワーポリティクス（訳注：強権政治）の制度の下《もと》では、『悪隣政策』とでも呼ぶべき（訳注：善隣政策の反対の概念）非人間的原則に従って友好国と敵国との関係を定義する必要性が圧倒的な力を持つが、かかる必要性の多寡はパワーポリティクスの利害とイデオロギー戦線の利害が衝突したと見受けられた場合において測ることができるのである。』

イデオロギー戦線の教義（＊）に対する論駁《ろんばく》の最適な例は、民主主義国家群とソビエト連邦との間《あいだ》の同盟、もしくは、ソビエト連邦とドイツとの間《あいだ》の同盟において見受けられることであろう。これらの経験は、国際分野におけるイデオロギー的な同質性ならびに相違性の重要性を過大評価してしまうことへの警告を提供しているものと捉《とら》えるべきである。

（＊訳注：諸国家が同一戦線を取るのはイデオロギーを同じくする場合であるとの教義）

国際生活におけるこれらの同盟は、何らかの重要な機能を充足させるために締結されるのである。『それらは、ライバル国と比較した場合の自国の想像上もしくは実際上の劣等感を埋め合わせるものなのである。』まさに検察側が述べたように、三国同盟は共同戦線を構成したとの印象を他のすべての国に与えるものであり、またそのように意図されていたのだとしても、それに関して誤っていることは何も無いのである。」（判決書p.401上段～p.401下段）

右記引用においてパール判事が指摘しているのは、確かに日本は軍国主義・侵略戦争推進を党是としたナチが支配するドイツと手を結んだが、イデオロギー戦線を確立するためにそのようにしたわけではないということである。日本はナチのイデオロギーを採用したわけではないということをやんわりと表現していると思うが、この部分は注意深く読み進めないと、このことにわざわざ触れたパール判事の意図を見落とし易いように思う。

世界に広がっているパワーポリティクスの平原においては、各国はイデオロギー戦線の確立ではなく「パワーバランス」のために同盟を組まざるを得ないのだとパール判事は指摘しているのである。次の通りである。

「構成員の利害が基本的には衝突し合っている社会においては、その各々《おのおの》の構成員の主たる懸念は必然的に自己保存に向けられなければならないのである。目下のところ発展しつつある国際的社会連合は、偏《かたよ》りのない普遍性によって自己保存の問題を解決する試みをその構成国たちに許すには、あまりにも自意識過剰であり

そしてあまりにも強すぎる諸国によって構成されているのだ。そのため、地理的にも政治的にも特に優れた安全保障を享受できるポジションにはない諸国が**パワーポリティクスの平原**において採りうる**唯一の現実的な選択肢**は、パワーバランスの原則によって与えられたのである。それは同盟と反同盟に分割された世界においては、相対的安定性をもたらすたった一つの要因となっているのだ。一つのグループもしくは他のグループが優勢となってしまうとの常時存在する危険を忌避するためには、この政治的組織体には、かかる組織体自身の持つ特徴により、**継続的にバランスを取っていく努力**が必要なのである。」（判決書p.403下段）

これでパール判事の述べた「まさに検察側が述べたように、三国同盟は共同戦線を構成したとの印象を他のすべての国に与えるものであり、またそのように意図されていたのだとしても、それに関して誤っていることは何も無いのである。」との指摘（判決書p.401下段）に得心することができる。すでにあった「米英仏ソ」の「連合」にパワーバランス上で対抗できる同盟が三国同盟なのであり、それはまさに日独伊三国が共同戦線を張ったという印象を他国に与えることを意図したものであったとしても、そのこと自体で誤っていることは何も無いとパール判事は指摘している。

「パワーバランス」のための同盟：大島とピゴット少将

この「パワーバランス」のための同盟との説明は、被告人・大島と在日イギリス大使館付武官のピゴット少将も同じ見方をしている。次の通りである。

「被告人の**大島**は日本政府がドイツと反コミンテルン協定ならびに秘密付属協定を締結した**目的**についての彼自身の認識を述べている。彼によれば、協定は三つの目的を果たすために締結されたとのことである。

『第1に、満州事変の後に日本は**国際的**に孤立していた限りにおいて、何らかの同盟国もしくは同盟諸国を見つけることでその不安な気持ちを取り除くことが望ましかったこと。第2に、スペイン内乱や中国における共産主義者の反乱などで見受けられたような、各国の国内組織への食い込みを伴うコミンテルンによる破壊工作が当時は欧州とアジアにおいて蔓延していたために、できうる限り多くの諸国が手を結び対抗措置を取ることが賢明であると感じられたこと。1935年のモスクワにおける第7回コミンテルン会議の決議において彼らの主たる敵は日本とドイツであると宣言されたことに鑑み、これ（訳注：コミンテルンに対する対抗措置を取ること）は特に日本にとって必要であった。そして第3に、当時日本はソビエト・ロシアからの圧力を先鋭に感じ取っていたことである。ロシアは5カ年計画によって重工業を発展させ、その軍備を大きく増強させていた。ロシアは極東における彼らの陸軍をずいぶんと強化していたのである。』

『そのため日本は、ロシアからの圧力に対して日本の地位をもっと不安のないものにするために、当時ソビエト・ロシアに『**対シテ(vis-à-vis)**』同様な状況にあったドイツとの間《あいだ》で政治的合意に達することを欲《ほっ》していた。』

この被告人は我々に対し、三国同盟に関する交渉とその目的につき詳細な説明を行《おこな》った。その説明を我々がその全部にわたって受け入れるかどうかは別にして、当時の日本にはその**外交的な孤立**への対策を行《おこな》う必要があったことは否定することができないのであり、かかる説明を却下することへと我々を導く何ものかが検察側の証拠の中にあるとは、本官は考えない。**白鳥**の証言も、実質的に同じ説明を提供している。この関連ではフランシス・スチュワート・ギルデロイ・ピゴット少将（＊）の陳述（法廷証第3548号）も参照されたい。少将はその陳述の中で『三国同盟の本当の起源は政治的なものと云《い》うよりは本当のところは心理的なものであったのであり、それは日本の持っていた孤立感によるものであった』との意見を述べている。

（＊訳注：Francis Stewart Gilderoy Piggot 1883～1966 イギリスの軍人。東京の駐日大使館で駐在武官を4回、合計15年間務めた）」

（判決書p.403上段～p.403下段）

日本が三国同盟を締結した本当の理由は、右記によって説明された。ナチのイデオロギーに同感したことによる同盟などではなかったのだ。それは「パワーバランス」のためであり、また、外交的な孤立への対策であり、そして心理的な孤立感によるものであった。

§6．被告人・大島に関する証拠の分析

被告人の大島と白鳥が訴追されたのは、三国同盟締結を推進したことを咎《とが》められたことによってであった。

「検察側は被告人の**大島**と**白鳥**がこれらの協定に関して重要な役割を演じたとしている。これら両名の被告人は証言席に上《のぼ》り、検察側による厳しい反対尋問を受けたのである。」（判決書p.402上段）

被告人・大島の訴追においては、ドイツ側の書類が証拠として採用された。しかし、その証拠価値についてパール判事は疑義を述べている。ドイツ側の書類は事実を述べていないとしているのである。次の引用の通りである。

「検察側は、被告人の両名が各々《おのおの》ベルリンとローマに大使として赴任していた時に行《おこな》った多くの陳述を提出した。それらの陳述の多くは外交辞令と外交上の自由裁量に彩《いろど》られていたため、それらにつき論議することが有益な目的に資することはまったく無い。

この関連で被告人の**大島**は、検察側が提出したドイツ側の書類につきいくらかの見解表明を行《おこな》った。これらの書類には、ヒトラー、リッベントロップその他のドイツ人たちと**大島**との間《あいだ》の会話の記録が含まれているとされている。**大島**は次のように述べている。

『これらの会談は常にドイツ語で行《おこな》われ、当然ながら通訳無しであった。私がヒトラーと会談したときはリッベントロップが常に同席していた。私がリッベントロップに会見した際にはシュターマー（＊1）もしくはその後継者が時折は同席していた。しかしながら、速記者もしくは記録者は同席しなかった。これらの会談の記録は、後刻に記憶に基づいて作成されたものに相違なく、そのうちのいくつかは何日も後に作成されたものであろう。そのため、それらは常に正確であるという訳《わけ》にはいかない。』

（＊1訳注：Heinrich Georg Stahmer, 1892～1978 ドイツの外交官。日独防共協定締結に参画。Eugen Ottの後任として1943～1945に駐日ドイツ大使）

『私のリッベントロップとの会談に関する書類に関しては、それらは全般的には一方的にリッベントロップに有利となるような文脈で構成されていると私には見受けられる。何らかの事項につき私が彼に賛成したとさえ時には記載されているが、実際にはそれらは会談の流れの中で話題に上《のぼ》ったのみであり、私はそれにつき何の意見も申し述べなかったのである。リッベントロップはドイツ政府ならびにドイツ軍部の中に多くの敵を抱えていたのであり、それらの人々に書類を配布するにあたり彼が開始した親日政策の成功を示すために、彼はこのような類《たぐい》の内部的な政治的操作を行《おこな》わざるを得なかったのだと、私は考える。』…

『ヴァイツゼッカー（＊2）やエルトマンスドルフ（＊3）等の人々と私との間《あいだ》の会談について彼らが用意した会談記録が今、こ

の裁判において提示されているが、その中には私の記憶にない多くの事項が記載されている。彼らがこれらの書類の下書きを書き、私との非公式な談笑に多くのことを書き加えてあたかも彼らが私と重要な会談を行《おこな》ったような形に仕立て上げ、その上でリッベントロップに提出したのは明らかである。』

（＊2訳注：Ernst Freiherr von Weizsäcker　1882～1951、ドイツの外交官、男爵。ナチ親衛隊の名誉隊員。ニュルンベルク裁判にて有罪となり7年の懲役刑の宣告を受ける。なおその三男《さんなん》は戦後のドイツ連邦共和国第6代大統領のリヒャルト・フォン・ヴァイツゼッカー）

（＊3訳注：Otto von Erdmannsdorff　1888～1978　ドイツの外交官で1937年にナチ党員となる。アメリカ合衆国によるナチ戦犯に対するニュルンベルク継続裁判のうちの、いわゆる『大臣裁判（Wilhelmstraßenprozess）』において訴追されたが無罪となった）」（判決書p.402上段～p.402下段）

§7．秘密性には何の邪悪もない

反コミンテルン協定に付随した秘密協定の存在、あるいは三国同盟の締結において見受けられた秘密性には、邪悪な性質があると検察側は示唆した。これに対し、パール判事は次のように指摘している。

「かかる同盟に関連して見受けられた何らかの**秘密性**は、必ずしも邪悪な性質を示すものではない。秘密性は強権外交に通常は伴うものであり、パワーポリティクスの本質的な要素なのである。秘密条約、秘密協定もしくは秘密合意の事例は、連合国諸国の間《あいだ》でさえも事欠《ことか》くことはない。日本とソビエト連邦との間《あいだ》の関係が外面的には全面的に友好であった時期にスターリンが日本に対する戦争への参加を引き受けたことにつき、スターリンと連合国諸国との間《あいだ》で秘密合意があった証拠を、我々は持っている。」（判決書p.403下段～p.404上段）

⑨

ソビエト連邦に対する侵略

本項は、パール判事の「わたくしの歴史」の大きな部分を構成する項となっている。**前編**では、連合国の中での「変わり種」であるソ連の訴追が取り扱われている。日本は戦争の全期間を通じてソ連に対して何の侵略もしていないと指摘してソ連側訴追に梟《けり》を付けている。**後編**では、1853年のペリー来航まで遡《さかのぼ》り、その後1925年の日ソ条約までの日本の歴史上の諸事項を国際法の観点から選び出して論述している。具体的には、ペリー来航による日米和親条約締結、各国との不平等条約の締結、清国との摩擦の原因となった琉球と朝鮮の件、グラント将軍による日清間調停、日清戦争の勝利、それによって初めて可能となった不平等条約の解消、満州を軍事制圧したロシア、3度に亘った日英同盟条約締結のいきさつ、日露戦争、「勝利を浪費するのは犯罪的である」との見解、英米の対日観の悪化、ルーズベルト「白い大艦隊」による対日威嚇の顛末《てんまつ》、シベリア出兵の内実、等である。

第3段階の最後に位置するのがこの第⑨項、すなわち「ソビエト連邦に対する侵略」である。筆者はこの項を「ソ連段階」と名付けたい。

「ソ連段階」が第3段階に組み込まれた背景：「変わり種」

パール判事は第⑨項の冒頭で、次のように述べている。

「検察側による、ソビエト社会主義共和国連邦に対する共同謀議の主張は、実際のところは上述の各段階の区分けの外にある。検察側主張のこの部分については上述の共同謀議の第4段階、すなわち最終段階に入る前に、この段階において検証を行《おこな》えば都合が良いであろう。」（判決書p.406上段）

第3段階の内の他の第④〜第⑧項（計5項）は、全面的共同謀議のシナリオに沿った訴追であった。それら5項は、第1段階・満州段階、第2段階・残りの中国への侵略の進展、と続いた分析の次の段階として位置付けられていた。それらの項は、侵略戦争を是とする方向への日本の国内世論と教育システムの改編、政治権力の制圧と経済面での戦争準備、そして三国同盟の締結による外交面での準備、等を検察側の訴追シナリオに沿って検証したものであったのだ。

ところが、このソ連段階は、以上のシナリオとは趣を異にする項である。この項は変わり種なのである。ソ連は1945年8月9日、つまり終戦記念日の8月15日の直前になって日ソ中立条約を破って対日宣戦布告をしたが、この事実が示すように、ソ連はかなり後の時点になって対日訴追国の一端に参加したのである。そして他の訴追国に対し、独自の日本観に基づく訴追を主張した経緯があったのだろうと、筆者には思える。ソ連の訴追は異彩を放っており、そもそも全面的共同謀議のシナリオに組み込むには無理があるように見受けられる。そこでパール判事も右記引用で「都合が良いであろう」と述べているように、ソ連の訴追への対応を便宜的にこの第3段階に組み入れたのであろう。

ソ連段階への結論

このソ連の訴追に対しては、パール判事は自らの結論を早期の時点で次のように述べてしまっている。

「本官がすでに他の場所で示したように、少なくともソビエト連邦に関する限り、戦争の全期間を通じて日本はソ連に対し何らの侵略をも取ってはおらず、ドイツでさえもそのような行動を取るよう日本を説得することはできなかったのである。」（判決書p.408下段）

日本がソ連に対し侵略的行動を取ったとのソ連の訴追は成り立たないという右記のパール判事の事実認定は、判決書の408ページ下段で述べられている。つまり、第⑨項の最初の数ページで、純然たる「ソ連段階」の事実認定の過程に、鼠《けり》を付けてしまったことになる。

歴史を遡《さかのぼ》るべしとのソ連の提案

一方、訴追にあたってソ連の検察官は、あるユニークな提案をしていた。すなわち、全面的共同謀議の始期である1928年よりも前の歴史的背景に注意を向けるよう主張したのである。ワシリエフ将軍は次のように述べた。

「この**局面**の証拠に関する最終論告においてワシリエフ将軍（＊4）は、『1928年から1945年にかけての事象の多くは、その期間の前の時期において日本帝国主義が犯した侵略行為に光を当てることによりさらに明らかとなるのである。日本の戦争犯罪の主要な被疑者たちが訴追されているところの侵略行為は、右記の側面において1904年から1905年にかけてのロシアとの戦争ならびに1918年から1922年にかけての日本によるシベリア介入（訳注：シベリア出兵）と緊密に連携しているのである』と強く主張した。

（＊4訳注：原表記はGeneral Vasiliev. 生没年等詳細不詳。本件裁判においてソ連が派遣した検察官の1人。当時の階級は少将。東京裁判関連文書の中ではMajor General A. N. Vasilievとの表記がある。1947〜1950年に国際連合軍事参謀委員会へのソ連代表であったAlexandre Vasiliev（この時の階級は中将）と同一人物と思われる。）」（判決書p.409上段）

ワシリエフ将軍の右記主張を受けて、パール判事は次のように記述している。

「検察側は、現下の裁判が取り扱う侵略行為が展開していたところの歴史的な背景を提供するものとして右記の諸行為（引用者注：『1904年から1905年にかけてのロシアとの戦争ならびに1918年から1922年にかけての日本によるシベリア介入』）を提示する、と称しており、また、彼らが『一般に知られた歴史的な出来事』と特徴づけたものを我々に指し示した、と称している。」（判決書p.409下段）

ソ連の提案の詳細は後ほど記述していくこととしたいが、端的に言えばソ連の検察官は、1928年を始期として日本を訴追するのではなく、1904年の日露戦争にまで遡《さかのぼ》ってそうするべきだと主張しているのである。この主張は、少なくとも時間軸について言えば、検察国多数派の「全面的共同謀議シナリオ」とは相容《あいい》れない見解であると言わざるをえない。

これに対してパール判事は次のように指摘する。歴史を遡《さかのぼ》るべきであるとのソ連側の主張を認めながらも、遡るなら1904年（日露戦争）ではなく、もっと別の時点まで遡るべきであるというのである。

「何らかの歴史的背景に言及することにそもそも正当性があると云《い》うのであれば、本官はなぜ、1904年から1905年、もしくは1918年から1922年を開始時点とすべきなのかがわからない。歴史的な探究が適切に関連して来るのは、それが極東における現在の状況の多くに関わっている原因を我々が理解する一助となり、それにより現在の状況を正しい大局観の下《もと》に置くことができるようになる限りにおいて、なのである。」（判決書p.409下段〜p.410上段）

その上でパール判事は、右記分析のためには、むしろ1853年のペリー来航とその翌年の日米和親条約締結まで遡《さかのぼ》るべきであると指摘するのである。これは後ほど、「パール判事による日本の歴史書」と題したセクションで記述することとしたい。

この第⑨項「ソ連段階」の大部分は、この「パール判事による日本の歴史書」の記述なのである。右記で見たように、ソ連側の対日訴追そのものについては、パール判事は手短《てみじか》に鳧《けり》を付けてしまったのだ。

「ソ連段階」：2つの内容

以上見て来たように、この第⑨項「ソ連段階」は、内容が次の二つに大きく分かれていると指摘できると思う。これを筆者は前編と後編に分けて記述したいと考える。

1）前編：ソ連による訴追とそれに対するパール判事の事実認定と結論

2）後編：「パール判事による日本の歴史書」

セクション分け

この第⑨項「ソ連段階」は、パール判決書全体の中でも重要な指摘が多いと思われる重要な項であると筆者は考えている。そこで、パール判事の一つひとつの論点と指摘が浮き彫りになるよう、この項は次のように細かく23のセクションに分けて記述したいと思う。

前編
§1．ソ連による訴追の内容の分析
§2．満州をソ連侵攻への跳躍台としたとのソ連の主張
§3．ロシア帝国とソビエト社会主義共和国連邦は別の国である
§4．日ソ不可侵条約締結を拒否した日本への邪悪な特徴付け
§5．ソ連による訴追へのパール判事の結論

後編
§6．日本の歴史書：ペリー開国以降の日本の歩み
§7．強制された開国と不平等条約の締結
§8．不平等条約解消への努力
§9．清国との摩擦の原因①：琉球
§10．清国との摩擦の原因②：朝鮮
§11．グラント将軍による日清間調停
§12．日清戦争と下関条約
§13．満州制圧をねらったロシア
§14．日露戦争
§15．「勝利を浪費するのは犯罪的である」
§16．満州を巡る日露両国間の協力体制：1920年の日露協約
§17．ウィッテ伯爵が奏功させたプロパガンダ：英米の対日観の悪化
§18．白い大艦隊による対日威嚇
§19．ロシアならびに共産主義への警戒が薄かった日本
§20．シベリア出兵は日本のイニシアティブによるものではなかった
§21．1925年の日ソ条約：新しい日ソ関係の幕開け
§22．ウォルター・リップマンのロシア観
ソ連段階：結論
§23．ソ連段階：結論

前編は、ソ連の訴追に対する分析とパール判事の結論である。**後編**は、パール判事が語る「わたくしの歴史」に相当する。第⑨項全体の結論が、§23である。

前編

§1．ソ連による訴追の内容の分析

ソ連の検察官は、ゴルンスキー検察官とワシリエフ将軍であった。パール判事によれば、ゴルンスキーは冒頭陳述、ワシリエフは最終論告を担当したようである。

ソ連の主張を、パール判事は次のように切り出している。

「本件中のこの**局面**の主張は、起訴状の附属書Aの第8節においてなされている。起訴状の訴因第1、第4、第5、第17、第25、第26、第35、第36、第44、第51ならびに第52はこの局面に特に関係している。この点に関してなされた主張は**ゴルンスキー検察官**（＊1）が提示した。

（＊1訳注：Sergei Alexandrovich Golunsky 1895～1962 ソビエト連邦の法律家。国際司法裁判所の判事を務めた。本件裁判ではソ連が派遣した検察官であった）」（判決書p.406上段）

パール判事の「この**局面**」とは、この第⑨項「ソ連段階」を指している。「起訴状の附属書Aの第8節」とは、ソ連による訴追である。

ゴルンスキー検察官：１９０４年の日露戦争まで遡《さかのぼ》るべきとの主張

ゴルンスキー検察官は日露戦争にまで遡《さかのぼ》るべきだと主張した。次の通りである。

「本件を切り出すにあたりゴルンスキー検察官は、『起訴状が取り扱っている時期（＊2）に先んじて発生した、一般に知られた歴史的な出来事』と彼が特徴づけた点について簡潔な説明を行《おこな》った。それはこの検察官が取り扱う侵略行為が展開した歴史的な背景を提供するためである。彼によれば、現下の被告人たちの行動に課された諸条件はこれらの歴史的な出来事によりすでに事前に決定されていたとのことである。検察官はその説明を１９０４年の日露戦争から開始しており、その戦争での軍事的勝利のために日本が如何《いか》にとてつもなく高い犠牲を払わなければならなかったか、そして日本は、人的能力と軍事的資源を消耗したにもかかわらず如何にその成功の果実を十分に活用できなかったかを我々に説明した。日露戦争に引き続いた日本の侵略行為は１９１８年の極東ソビエトへの介入（訳注：シベリア出兵）であると検察官は云《い》っており、沿海州における傀儡政府の樹立に関する当時の日本による試みにつき、我々はずいぶんと長い説明を受けた。

（＊2訳注：起訴状の附属書Aの第8節は１９１８年以降を対象としている）」（判決書p.406上段～p.406下段）

ゴルンスキー検察官はソ連側起訴状が訴追している１９１８年よりも、さらに前に遡《さかのぼ》るべきだと主張しているのである。具体的には、１９０４年日露戦争まで遡《さかのぼ》るべしとしている。

極東ソビエト共和国

次にゴルンスキー検察官は遡《さかのぼ》ることの正当性を「極東ソビエト共和国」という、聞き慣れない国に対する日本の政策を持ち出すことで説明しようとした。１９３１年の日本の満州政策と、それを9年ほど遡《さかのぼ》る１９２２年の時点での日本の「極東ソビエト共和国」に対する政策は「同じであった」と主張したのである。次の通りである。

「検察官は次に、１９２２年における極東ソビエト共和国（＊3）に向けた日本の政策を立証することを申し出て、かかる政策を後の日本による１９３１年の満州政策と比較するよう我々に推奨し、１９３１年における日本の侵略的な野心ならびにそれを実現するために日本が採用した方法は、１９２２年における野心ならびに方法と同じであったと主張した。ソビエト極東地域を制圧しようとした日本の試みは失敗した。しかし日本の軍国主義者たちはそこにある天然資源のことが忘れられなかった。ソビエト領域からの撤退は、当時の状況により日本に強いられた一時的な退却であると日本は捉えた。日本の軍国主義者たちならびに政治家たちは、ロシアに対する侵略計画を尊重するとのこの『堅固に確立された伝統』と共に第二次世界大戦の時期へと踏み込んで行《い》ったのだ、と彼は云《い》う。

（＊3訳注：極東共和国は、モスクワのソビエト政権が日本のシベリア出兵に対峙させるために建国した国。現在のブリヤート共和国、ハバロフスク地方、沿海州に相当。１９２０年に建国、１９２２年にソ連邦に吸収され消滅。わずか2年半の短命の国であった。前出。第四部 全面的共同謀議　第1段階・成果 参照）」（判決書p.406下段）

ソ連の検察官による冒頭陳述における強調点

パール判事は、ゴルンスキーが強調したその他の諸点を箇条書きにして、次のようにまとめている。

「続いてこの博識な検察官は、その冒頭陳述の中で次の諸点を強調した。

1．日本のプロパガンダ活動：日本人たちは次を宣伝していた。

(a)日露戦争ならびに日本と清国との間《あいだ》の戦争（訳注：日清戦争）は、第一次世界大戦の前に起きていたこと

(b)満州事変は次の出来事の前に起きていたこと

(i)ドイツにおけるナチの政権掌握

(ii)アビシニアの併合（訳注：イタリアによるエチオピア併合、1936年）

(iii)スペインの内乱

(iv)ライン河地区（訳注：ラインラント）の再武装化

(c)日支事変はチェコスロバキアとアルバニアの併合、さらには『**独墺併合(der Anschlus)**』の前に起きていたこと

(d)彼ら（訳注：日本人たち）は、世界のファシズムと世界侵略の創始者であったこと

2．近時の3つの侵略国（訳注：日独伊）に共通する特徴は次であること。

(a)残虐な国家主義の主張：彼らが申し立てている、他の諸国民を支配する権利の主張を自国民に対して印象づける試み

(b)国家組織それ自体を犯罪の武器として使用すること

3．起訴状が取り扱っている期間における、日本のソビエト連邦に対する侵略の展開。

(a)宣戦布告が無いままに公然たる戦争状態にまで至ったのは二つの場合でしかなかったものの、その他の場合における日本のソビエト連邦に関する行為は『平和状態』の概念にはまったくあてはまらない日ソ関係の下《もと》での行為であったこと

(b)ソビエト連邦に対する日本の侵略行為の期間全体は4つに分けることができること。すなわち、

(i)1928年から満州制圧までの期間

(ii)1931年から1936年までの期間

(iii)1936年から1939年の欧州大戦の勃発に至るまでの期間

(iv)日本が降伏するまでの最終期間

この博識な検察側法廷弁護士（訳注：検察官）は次を立証することを申し出た。

1．日本は、日本が行《おこな》った以下のすべての誓約を乱暴に破ったこと

(a)1905年のポーツマス条約における

(i)ロシアに対するいかなる軍事的な準備をも朝鮮ないし満州において行《おこな》わないとの誓約

(ii)満州鉄道を軍事目的で使わないとの誓約

(b)1925年の北京条約における

(i)ソビエト政府に対して敵対的となる活動を行《おこな》ういかなる組織ないしグループに対しても直接・間接に支援を行《おこな》わないとの誓約

2．(a)日本は満州の領土においていわゆる『協和会《きょうわかい》』を創立し、その会員数は後には450万人にも上ったこと

(b)1925年の**北京会議**で日本政府が自らに課した義務にも関わらず、関東軍司令部は、その特別な目的のために割り当てられた資金を活用してソビエト連邦に敵対的な分子、すなわち満州に居住するロシアからの移民を分子として持つ組織を立ち上げたこと

(c)日本人たちは『ロシア人事務局』と称する特別機関を創立し、それは『協和会』と組織的なつながりがあったが、その機関は哈爾浜《ハルビン》におけるいわゆる日本軍特務機関の直接的指導の下《もと》

に活動を行《おこな》ったこと
(d)その機関はロシア人の移住者たちの間にソビエト連邦に敵対的な親日プロパガンダを浸透させることを追求し、ロシア人の移住者たちにサボタージュの方法を教え、彼らを特別サボタージュ分遣隊に仕立て上げて平和時において秘密裏にソビエトの領土内に密入国させた上で、ソビエト連邦と中国の共有財産であり満州の領域に展開していた東支鉄道（訳注：原表記はChinese Eastern Railway）に対しさまざまな挑発的行為を実施させたこと
(e)最近時においては、ロシア白軍の中から特別分遣隊を募り、日本の諜報機関の指導の下に特別訓練を施すことが計画されたこと
(f)これらの分遣隊は赤軍の背後で活動することとなっていたこと

3. 1928年以降、日本の軍閥、参謀本部ならびに日本政府は、ソビエト連邦に対する侵略戦争を計画したこと
(a)(i)日本の軍部の注意はまず満州に向けられ、その目的は満州を、中国ならびにソビエト連邦に向けた侵略を日本がさらに行うための軍事基地に作り替えるというものであった
(ii)1931年夏にはソビエト連邦に対する攻撃の件がすでに議題に上《のぼ》っていた
(b)(i)かかる第1ステップを準備するにあたり日本の軍部は、1928年から1931年にかけての期間、またその後においても、ソビエト連邦に対する地下サボタージュ戦を計画し遂行していた
(ii)日本の軍務・外交要員がこれらすべてのサボタージュ活動にて積極的役割を担った
(c)この侵略計画を考慮して、日本は1931年から1932年にかけてソビエト連邦との間《あいだ》で不可侵条約を締結することを拒《こば》んだ
(d)日本の軍部は、モンゴル人民共和国の領土をソビエト連邦の重要な兵站線《へいたんせん》への攻撃のための軍事基地に切り替えることを企図してその国の占領を計画した
(e)1936年11月25日にドイツとの間《あいだ》でのいわゆる反コミンテルン協定（訳注：日独防共協定）への調印が日本によってなされた。この協定にはソビエト連邦に対して直接的に向けられていた秘密協定が付属していた（法廷証第36号）

4. 日本の実際の侵略行為
(a)ソビエト政府は1935年に、東支鉄道の低価格での売却に合意するよう強要された
(b)1937年夏に日本は中国において一連の新しい侵略を開始した
(c)翌年の1939年に彼らは侵略を再開したが、今回はモンゴル人民共和国のノモンハン地区への侵略であった

5. 日本の侵略的同盟は以下であった。
(a)1936年の反コミンテルン協定と秘密協定
(b)1940年9月27日に締結された三国同盟

6. (a)1941年4月13日に日ソ中立条約が調印された
(b)ドイツは裏切るかのように1941年6月22日に不可侵条約に違反し、ソビエト連邦を攻撃した
(c)日本はソビエト連邦に対する軍事攻撃の準備を熱狂的に行《おこな》っていた
(i)日本は当面の間《あいだ》はソビエト連邦に対して戦争を仕掛けないものの、もしも独ソ間の戦争が日本に有利に進行するなら

武力を用いることを決定した

(ii)その時になるまで日本は、外交交渉の覆面の下《もと》でソビエト連邦に対する軍事的準備を秘密裏に遂行するものとした

(iii)この決定の後、日本の参謀本部と関東軍司令部は秘密動員の特別計画を作り上げた

(iv)1942年には日本の陸軍全体のおよそ35%が満州に集結していた」(判決書p.406下段～p.408下段)

パール判事は、右記引用中の4.(a)の東支鉄道の売却の件については特にコメントを加えている。次の通りである。

「本官は、1935年のソビエト政府による東支鉄道の売却取引が、現下の問題に対してどのような意味合いを持つのかが理解できない。本件裁判においてこのような事項をいくらかの荘厳さを伴わせながら持ち出すこと自体が、むしろ、検察側による主張が絶望的であるとの特徴を論証しているのである。」(判決書p.436上段)

「このような事項をいくらかの荘厳さを伴わせながら持ち出すこと自体が、」ソ連の主張は「絶望的である」ことを示すと言うのである。ソ連の主張を事実認定するつもりはない、というパール判事の意向を早々と示しているのである。

ゴルンスキー検察官の主張に関するパール判事の結論

ゴルンスキーの主張を右記の引用の通りに箇条書きにして細かく分析した直後に、パール判事は次のように結論を出してしまっている。

「この局面に関する証拠も膨大であった。この証拠は他の何かを立証できるものなのかも知れないが、それは現下で我々が検討している全面的共同謀議を立証することはない。本官がすでに他の場所で示したように、少なくともソビエト連邦に関する限り、戦争の全期間を通じて日本はソ連に対し何らの侵略的行動をも取ってはおらず、ドイツでさえもそのような行動を取るよう日本を説得することはできなかったのである。」(判決書p.408下段)

右記の通り、戦争の全期間を通じて日本はソ連に対し何らの侵略的行動をも取っていなかったとの事実をパール判事は指摘している。この指摘に対して異を唱えることは困難であろう。何らの対ソ侵略的行動も取っていない日本に対し、いったいどのようにして訴追を維持するつもりなのか。そもそもナチ・ドイツはソ連を東から攻めるように再三に亘って日本に督促していたが、日本は動かなかったとパール判事は指摘しているのである。

「全面的共同謀議」と「ソ連の検察官の主張」との間の関係

ソ連独自の主張を行《おこな》うにあたり、ソ連の検察官は他の検察国の訴追内容に配慮していないというわけでもなかったのであろう。ゴルンスキー検察官は、他の検察国が主張している「全面的共同謀議」(1928年を始期としている)に関連して次の約束をしている。

「ゴルンスキー検察官はその冒頭陳述において、日本の軍閥たちがソビエト連邦への侵略戦争の計略策定を1928年から開始したことを指《さ》し示《しめ》すことを約束した。本官は、これを裏付ける何らかの証拠をこの検察官が提出できるとは考えていない。」(判決書p.430上段)

パール判事は右記引用の後段で、ゴルンスキー検察官がその約束を果たせないだろうと述べているのだ。「証拠を提出できない」とは、言うまでもないことだが、その主張を裏付けるものがないということである。日本がソ連への侵略戦争の計略策定を1928年に開始したという主張は、成り立たないのである。つまり、右記でパール判事が示唆しているのは、ソ連の検察官が主張するソ連への侵略計画策定なる

ものは、訴因第1で訴追されている「全面的共同謀議」とは無関係だということである。

以上を俯瞰すると、ソ連の検察官が日本の対ソ軍事計画なるものをいくら挙《あ》げ募《つの》っても、無意味だということになるのではないだろうか。英米はじめ他の国に対するものはさておき、対ソに限れば、日本が侵略戦争を共同謀議したとの検察側主張は成り立たないとパール判事は考えているのである。

ワシリエフ将軍の最終論告

次に、ソ連のもう一人の検察官であるワシリエフ将軍の最終論告に対するパール判事の検討を見てみることとしよう。この将軍の主張を再度引用する。

「我々は、本件の切り出しにおいて検察側が提示したところのこの件の導入理由に留意しておいた。この**局面**の証拠に関する最終論告においてワシリエフ将軍（＊4）は、『1928年から1945年にかけての事象の多くは、その期間の前の時期において日本帝国主義が犯した侵略行為に光を当てることによりさらに明らかとなるのである。日本の戦争犯罪の主要な被疑者たちが訴追されているところの侵略行為は、上記の側面において1904年から1905年にかけてのロシアとの戦争ならびに1918年から1922年にかけての日本によるシベリア介入（訳注：シベリア出兵）と緊密に連携しているのである』と強く主張した。

（＊4訳注：原表記はGeneral Vasiliev. 生没年等詳細不詳。本件裁判においてソ連が派遣した検察官の1人。当時の階級は少将。東京裁判関連文書の中ではMajor General A. N. Vasilievとの表記がある。1947～1950年に国際連合軍事参謀委員会へのソ連代表であったAlexandre Vasiliev（この時の階級は中将）と同一人物と思われる。）」（判決書p.409上段）

右記引用で見るとおり、ワシリエフ将軍も、1904年の日露戦争と1918年～1922年のシベリア出兵にまで遡《さかのぼ》って日本を非難する点で、ゴルンスキー検察官の主張と同じであった。

パール判事は次のように指摘している。「全面的共同謀議期間」を越えた長期に亘る大量の証拠を提出したソ連に対するパール判事のため息が聞こえてきそうである。

「この**局面**に関して展開された証拠は日露間関係の歴史のすべてを取り扱っている。本官は、1904年から1905年にかけての事象（＊1）、あるいは1918年の事象（＊2）もしくは1922年の事象（＊3）が、どのようにすれば現下の裁判の目的に適切に関わって来るのかがわからないのである。

（＊1訳注：日露戦争）

（＊2訳注：日本によるシベリア出兵）

（＊3訳注：日本による極東共和国への干渉）」（判決書p.408下段～p.409上段）

ワシリエフ将軍の云う「1904年から1905年にかけてのロシアとの戦争ならびに1918年から1922年にかけての日本によるシベリア介入」なるものが、現下の裁判の目的とは適切に関わって来ることはないとパール判事は述べているのだ。

§2．満州をソ連侵攻への跳躍台としたとのソ連の主張

ワシリエフ将軍の提出した証拠

ここでパール判事は、ワシリエフ将軍が提出した証拠を箇条書きにしてまとめて記述している。パール判事はソ連側主張を取りこぼさないよう、綿密に検討しているのである。

ワシリエフ将軍が提出した証拠は、満州に関するものと、国境紛争

に関するもの、日本のドイツとイタリアとの同盟に関するものである。

パール判事はワシリエフ将軍の証拠を次のようにまとめて提示している。

「ワシリエフ将軍は、この件の要約を行《おこな》うにあたり、証拠類を次の見出しの下《もと》に並べた。

1．1928年以降より1941年のドイツによるソビエト連邦への攻撃までの期間における、ソビエト連邦に向けた戦争の計画立案と準備。

(a)満州の制圧、ならびに満州と朝鮮をソビエト連邦に向けた戦争のための跳躍台へと変換すること。

(i)1928年から1931年にかけての、ソビエト連邦『**ニ対スル(vis-a-vis)**』戦争の諸計画…満州を対ソ攻撃のための跳躍台へと変換することを目的とした満州制圧

(ii)1932年から1941年にかけての、ソビエト連邦『**ニ対スル(vis-a-vis)**』戦争の諸計画

(iii)ソビエト連邦『**ニ対スル(vis-a-vis)**』戦争のための日本の武装兵力準備

(iv)満州と朝鮮における軍事基地の設立

(v)ソビエト連邦に対する戦争のため、満州の住民に施《ほどこ》した準備

(vi)関東軍最高司令官ならびに参謀が果たした役割

(vii)1905年のポーツマス条約ならびに1925年の北京協定に対する日本の違反

2．日本の帝国主義者たちによるソビエト連邦に対する破壊工作

(a)ソビエト国境の組織的侵犯

(i)第1期におけるサボタージュ活動

(ii)東支鉄道の破壊活動

(iii)ソビエト国境の組織的侵犯

(iv)最終期における破壊活動

3．日本によるソビエト連邦に対する、ハサン湖地区における宣戦布告のない侵略戦争(1938年)

4．日本によるソビエト連邦に対する、ノモンハン地区における宣戦布告のない侵略戦争(1939年)

5．日本、ヒトラードイツならびにファシストイタリアによる、ソビエト連邦侵略のための同盟

(a)反コミンテルン協定(訳注：日独伊防共協定)：ソビエト連邦に対する侵略の連合

(b)民主主義諸国に対する、中でも特にソビエト連邦に対する、侵略者たちの共同謀議の最終的具体化としての三国同盟

6．ソビエト連邦に対するドイツによる攻撃の後の期間における、中立条約への日本の違反とソビエト連邦に対する侵略行動

(a)中立条約締結後での、日本によるソビエト連邦に対する攻撃の準備

(b)ソビエト連邦の政治上、経済上の情報ならびに軍事的ポジションの情報をドイツに提供したこと

(c)極東におけるソビエト海運の妨害、ソビエト船舶の違法な抑留ならびにそれに対する海賊的な攻撃

検察側は満州事変をこのように最大限に利用し、日本の軍部の注意は満州に向けられており、その最終的な目的はそれをさらにソビエト連邦への拡張のための基地へと変換することにあったと主張した。」(判決書p.430上段～p.431上段)

パール判事はすでに第1段階 満州段階で、満州が日本の生命線であったと日本が考えていた点を分析済みである。日本が満州をそのように捉えていたことを踏まえれば、満州をソ連侵略のための跳躍台

（原表記はspring board. 体操選手が高く跳ぶ時に使用する板）にしようとしたという推論を引き出すべきだとの検察側主張は「本官にはわからない」とパール判事は述べている。次の引用の通りである。

「本官は日本による判断の中において満州は日本にとって重要であったことをすでに他の箇所において示しており、満州における日本の活動から検察側が示唆した推論（＊）を我々が引き出すべきであるとされるのはなぜなのかが、本官にはわからないのである。当然ながら、検察側によるこの申し立てを裏付ける直接的な証拠は無い。

（＊訳注：満州を対ソ拡張のための基地へと変換することが日本の目的であったとの推論）」（判決書p.431上段）

§3．ロシア帝国とソビエト社会主義共和国連邦は別の国である

ワシリエフ将軍の最終論告を取り上げる中で、パール判事は重要な指摘をしている。「ロシア帝国」と「ソビエト社会主義共和国連邦」は別の国であるとの指摘である。次の引用の通りである。

「我々がここで検討しているのは、**ソビエト社会主義共和国連邦**に対する現下の被告人たちによる行動であると申し立てられたところのもののいずれかに関する、現下の被告人に対する訴追事項についてである。ソビエト社会主義共和国連邦は『**事実ノ上デハ (de facto)**』は1917年に誕生した。国際社会におけるその『**法的ナ (de jure)**』存在は、文明国のいくつかがその国を承認した1924年以前には、まだ開始されてはいなかったのである。アメリカ合衆国はその承認を1933年まで留保した。日本はその『**法的ナ (de jure)**』承認を1925年に与えたのであり、少なくともその日付以降には新しい日ソ関係の時代の幕開けがなされたのである。ここで思い起こすべきことは、ここでの訴追は日本政府それ自体に対するものではないことである。申し立てられた共同謀議の最初の2つの段階（＊5）の期間を通じて、共同謀議者たちは政府集団の外にいたと検察側自身が申し述べているのである。少なくとも共同謀議の初期段階においては、証拠は共同謀議を、せいぜい軍部の内の何らかの一団に探し求めているのみである（＊6）。帝政ロシアに対する行為、もしくは各国による承認が与えられなかった時期のソビエト連邦に対する申し立てられた行為につき責任がある人々は、我々の眼前にはいないのである。

（＊5訳注：「満州の支配力の獲得」の第1段階と、「満州から残りの中国すべてへの支配力と制圧の拡大」の第2段階）

（＊6訳注：ワシリエフ将軍が申し立てている諸行為は、共同謀議者が参画していなかった段階での日本政府もしくは東京の参謀本部が行《おこな》ったものである）

たとえ親の罪を子に着せる準備があったとしても、1904年から1905年、もしくは1918年から1922年のロシアに向けて何らかの特異な振る舞いをしたかも知れない『軍部の中の小さな一団』による当時の行為や態度を参考とすることで、あるいは日本政府による行為や態度を参考とすることで、どんなやり方にせよ現下の被告人たちに手を伸ばすことができるとか、彼らの犯罪を審判することができるとは、本官には考えられない。」

（判決書p.409上段～p.409下段）

「帝政ロシア」と「ソ連」は異なるとのこの指摘は重い。よくよく認識する必要があるように思う。

まず、ソ連の検察官が歴史を遡《さかのぼ》った上で非難した日本の行為は、「帝政ロシア」との戦争（日露戦争1904年）もしくは各国が承認していなかった時代のソビエト連邦に対する行為（日米両国によるシベリ

ア出兵1918年～1922年）であるとパール判事は指摘している。

　ところが、パール判事が右記引用の冒頭で申し述べていることであるが、東京裁判は日本の「ソビエト社会主義共和国連邦（現表記はUSSR）」に対する被告人の行為に関して申し立てをしているのである。25名の被告人は、「帝政ロシア」もしくは各国が承認していなかった時代のソビエト連邦に対して行《おこな》った行為について、責任を負うべき客観的状況にはないのである。

　次に、以上の客観的状況にあるにもかかわらずあえて「帝政ロシア」に対する日本の侵略行為を取り上げたソ連の主張は何を意味するか、を考えてみたい。

　その点を考えると、ソ連の申し立ては、東京裁判における25名の被告人を眼中に入れていないことがわかる。つまり、「日本」という国家の持つ「対外侵略」の体質を非難の対象にしていることが示唆されるのである。日本国家が持つ対外的な侵略体質（それが実際にあろうがなかろうが）をソ連は問題にしているのである。その場合、侵略対象は「帝政ロシア」だろうが「ソ連邦」だろうが、かまわないのだ。

　しかし、それを現行の法体系の下で「裁判」で持ち出すのは筋違いというものであろう。それでは東京裁判は司法裁判ではなくなってしまう。そういう点について日本を非難したり糾弾したいのであれば、司法裁判ではなく、「軍事委員会」などの行政委員会の性格をもつ組織で行《おこな》うべきであろう…。それがこの判決書におけるパール判事の指摘だと筆者には思える。

　最後に、パール判事は国際法を基盤にして分析を進めていることがここでも確認できる。国際社会の構成員は出生により私権の享有を認められた「自然人」や、各国国内法に基づき人格を認められた「法人」ではない。「国家」である。そして、各々の「国家」が国際社会の構成員であると認められるためには、その国家は他の国家に承認されていなければならないのである。各国に承認されていなかった時代のソビエト連邦は、国際社会においては権利義務を享有できる主体とは認められなかったのである。

　さらに言えば、パール判事のこの問題提起はロシアのみならず、中国（China）にもあてはめることができるのではないかと筆者は考える。第二次大戦の勝利国は当時国際的に承認されていた蒋介石の国民政府、すなわち「中華民国」なのであり、毛沢東の共産党政権ではなかったとの事実がある。東京裁判で検察官ならびに判事を派遣した「中国（China）」とは、「中華民国」であった。

　なお、中国共産党の国家たる「中華人民共和国」の成立が中国国内で宣言されたのは、東京裁判の判決が申し渡された後の1949年10月のことである。各国が中華人民共和国を承認したのは、さらにその後の時点となる。

§4．日ソ不可侵条約締結を拒否した日本への邪悪な特徴付け

ソ連の提案に対する日本の拒否

　ソ連は1931年に、日本に対して不可侵条約の締結を持ちかけた。日本はいったんこれを拒否した。日本が拒否したとのこの事実に、ソ連の検察官は邪悪な特徴を付した。この件に関するパール判事の記述は、次の通りである。

　「検察側は、日本が1931年から1932年においてソビエト・ロシアとの間《あいだ》で不可侵条約を締結することを拒否したとの事実にいくらかの重要性を持たせている。日本側が不可侵条約を締結することに後ろ向きであった点から、当時の日本はロシアに対する侵略意図を持っていたに違いないとの推論を引き出すことは妥当であると検察側は主張した。本官は、申し立てられたこの日本の行為によって、問題となっている意図（訳注：対ソ侵略の意

図）についての何らかの推論が支持でき得《う》るとは考えない。
検察側自身によって、日本は協定や条約を尊重しない国である、とされているのである。仮にそうであるならば、たとえ日本がソビエト連邦に対して侵略的な計略を持っていたにしても日本がそのような条約の締結をためらう理由が本官にはわからない。もしも検察側による日本に対するそのような特徴付けが正しいのであれば、むしろ逆に、日本が自ら進んでそのような協定を締結することによって、ソビエト連邦がその国防準備を投げ捨てることに日本は少なくとも賭《か》けるであろうことを、誰もが期待するはずだ。（＊）ドイツがソビエト連邦との間《あいだ》の不可侵条約に違反することを、何《なに》ごとも防ぐことはできなかったのである。日本は最終的には中立条約をソビエト連邦との間《あいだ》で締結こそしたものの、そのことは日本が他の三つの連合国（訳注：米英と中華民国）との戦争にすでに破れていた時点でソビエト連邦が日本に宣戦布告を行《おこな》うことを防ぐことにはならなかったのである。

（＊訳注：そのような賭けの狙いであるソ連による国防準備の放棄が成就しなくても、日本は失うものは何も無い）」（判決書p.431下段～p.432上段）

日本が拒否したとのこの件は、ゴルンスキー検察官が取り上げている。ゴルンスキー検察官の表現は、次の引用の通りである。

「ゴルンスキー検察官はその冒頭陳述において検察側の主張を次のように表現した。

『1931年の末にソビエト政府は日本政府に対し、不可侵条約の締結を提案した。この提案は1932年に繰り返された。日本政府はその提案を却下した…。』

『日本政府はソビエト連邦との間《あいだ》で不可侵条約を締結することを拒否したが、その理由はソビエト連邦と日本との間《あいだ》には係争問題が存在しており、かかる条約を締結する時期にはまだ立ち至ってはいないから、というものであった。』

『これらの係争問題の解決のためにはこの条約の締結が好ましい基礎を作るであろうとのソビエト政府による議論に、日本政府はまったく耳を貸そうとはしなかった。』

『日本政府のそのような態度にはたった一つの意味しかない。それはすなわち、日本政府はこれらの係争問題について交渉を続ける間、軍事的攻撃による脅迫を議論の材料として使うことを欲《ほっ》し、そして、そのような脅迫が十分な効果を持たないのであれば、かかる攻撃を実行に移すことである。』

『ソビエト連邦が提案した条約に調印することへの拒否は、日本の軍事当局が満州の占領の後にただちに開始した軍事的準備は、防衛を目的とするものなどではなく、満州と朝鮮をソビエト連邦に対する侵略戦争のための軍事基地に変換することこそがその目的であったことが、あらゆる疑問を乗り越えて、証明されるのである。』

ゴルンスキー検察官はこれと並行して、おおよそ1931年から1936年にかけて満州における日本の軍事力は強化され、『満州北部の無人地帯に軍事倉庫や軍事集積場が作られ、ソビエト連邦との国境へとつながっていく戦略的な鉄道や幹線道路が建設され、要塞化された地区がソビエト国境に建設された』ことを指《さ》し示すことを提案した。」（判決書p.432上段～p.432下段）

ゴルンスキー検察官の主張に対するパール判事の回答は、次の通りである。ソ連の提案に検討を加えたのは日本政府であり、共同謀議者等ではなかったと指摘している。

「この不可侵条約の提案が日本に到達した時、それは当時の日本政府により取り組まれたのであり、それが誰を指しているにせよ、申し立てられたような『軍事派閥』や共同謀議者の一団などによって取り組まれたものではなかったのである。」（判決書p.432下段）

パール判事の指摘が示す通り、ゴルンスキー検察官の主張は、共同謀議のシナリオによる訴追には合致しないのである。

それでは、その日本政府はソ連政府に対し、実際上はどのように回答したのだろうか。パール判事は日本政府の回答を次のように引用している。

「日本政府による回答は法廷証第745号に含まれており、それは1932年12月13日に内田（＊1）からトロヤノフスキー（＊2）に対してなされた口頭通知であった。この回答には、『**就中**《なかんずく》**(inter alia)**』、次の陳述が含まれていた。

（＊1訳注：内田康哉《うちだこうさい》　1865〜1936　日本の政治家。1932年時点で外務大臣）

（＊2訳注：Aleksandr Antonovic Trojanovskij　1882〜1955　ロシアの外交官。1932年時点では駐日大使）

『日本とソビエト連邦は互いの主権を誠実に尊重する準備が相互にできており、お互いの国境を侵さないことをきちんと守っている。しかしながら、この満足できる関係を正式な不可侵条約の締結へと至らしめるところの適正な時点と方法については異なる意見があろう。ある人々は、2国間を紛争に至らしめる性質を持つさまざまな問題が存在するとの事実に鑑み、かかる不可侵条約の予備的締結を手段とすることによりそのような雰囲気を一掃しこれらの紛争を解決することが望ましいとの意見を持つ。一方でその反対側の意見が、不可侵条約のような全般的な性質をもつ問題を検討する前に、かかる紛争の原因を取り除くためのすべての努力を最初に行《おこな》うべきだと信じている人々により、主張されている。』

この通知は次のように申し述べることによってその結論とした。

『この件の議題についての交渉を両国政府間で公式に開始することは、時宜を得てはいないものと思われる。』そして、両国が直面するさまざまな問題を解決する試みを実施して、かかる解決を達成することが望ましいと示唆した。

この回答に対するソビエト側の通知は1933年1月4日付の法廷証第746号である。その通知に対する日本側の回答は1933年2月13日付の法廷証第747号である。」（判決書p.432下段〜p.433上段）

右記の日本の回答は、日英同盟を考え合わせれば、納得できるような気がする。日本とイギリスは全面的（whole-heartedly）にお互いを信頼したからこそ同盟を結んだのである。筆者には、日英同盟の期間中に明治天皇が崩御された際、イギリスが同盟国として他国をはるかに凌ぐ大規模な弔問団を日本に派遣したことが思い起こされる。結局、日本のソ連に対する信頼がそこまでには至っていなかったということであろう。一旦、国際条約を結ぶと、その条約を守るべしとの「神聖な義務」が発生するのである。これが少なくとも日本を含む「西側」諸国の考え方であったのだ。必ずしも信頼のおけない国に対して、そのような義務を背負うことはできないと日本は考えたのだろう。ドイツのヘーゲルが述べたような（判決書p.56上段）、国の存続のためなら国際条約を破っても良いなどという考え方を日本は取らなかったのである。

日本が取ったような考え方は、他のどの国も取らなかったとは言えないとパール判事は指摘する。次の引用の通りである。

「この件に関して日ソ双方が述べた理由の長所と短所を検討することに歩を進める必要は無い。本官が指摘すべきことのすべては、当時の日本政府が述べた理由はまったく不合理であるとも云《い》えないということのみである。いずれにせよ、以上が当時の状況への日本政府による見解であった。本官は、このような見解は当時の他の分別ある政治家の誰もが採《と》らなかったような見解であった、とは申し述べることはできない。

ついでに申し述べておきたいのだが、少なくとも当時においては世界の列強は、ソビエト・ロシアを、友好関係を容認できる相手であるとは必ずしも見ていなかったのである。ここでは、アメリカ合衆国は1933年に至るまでソビエト政府を承認しなかったことを我々の記憶によみがえらせることができよう。アメリカのクーリッジ大統領は、はるか昔の1923年12月の時点で、アメリカ政府がソビエト連邦と外交関係を持たない理由の一つとして大統領がソ連を次のように見ていたことを挙《あ》げている。『ソビエト連邦は『国際的な義務の神聖さを認めることを拒《こば》む政権である。』ウィルソン大統領は1919年に、ソビエト連邦の特徴付けを次の発言によって行《おこな》った。ソビエト連邦は『遵守するつもりがない条約に調印をした。』ケロッグ国務長官は1928年に声明を発表し、その中で特に次のように述べている。『ソビエト政権を承認することは、かかる承認を行《おこな》う国の内政へのボルシェビキ指導者たちによる干渉が中止されることをもたらしてはおらず、また、国際外交上の基本的義務を彼らが受諾することへとも導いてはいない』と。」(判決書p.433上段～p.433下段)

他国に対する非難は、往々にして自国が腹の内で意図していることの裏返しである場合がある。ソ連が不可侵条約の締結を日本に持ちかけたのは、右記引用のようなことをソ連自体が日本に対し考えていたからではないかとの疑念を、筆者は持った。

検察側の主張に対する弁護側コメント

弁護側は、自国の行《おこな》った歴史的事実に目をつぶって、臆面もなく日本を非難するソ連の検察官に対し、次のようにコメントした。

「弁護側は、検察側の主張のこの部分(引用者注:不可侵条約を日本が拒否したのは対ソ侵略の計画があったからだとする検察側出張)に対して次のように申し述べることでそのコメントとした。『リトビノフ人民委員(＊1)が、かかる不可侵条約はソビエト連邦とリトアニアを含むさまざまな諸国との間《あいだ》で締結されたとの点、また、ソビエト連邦は当時、『ポーランドと締結交渉をしており、さらにはフィンランド、エストニア、ラトビアとも締結交渉を開始していた』との点、等の事実に基づいて不可侵条約の持つ価値の描写を実施したことには、史実に照らせば、何らかの哀れな感傷が付随しているのである』(＊2)。このコメントにはいくらかの真実が含まれていることは否定することができない。いずれにせよ、世界の見解には以上の傾向があったのであり、それによって全世界がソビエト・ロシアに対して何らかの侵略的傾向を示していたとは、本官は申し述べることができないのである。

(＊1訳注:原表記はCommissar Litvinov. 人民委員は大臣に相当。リトビノフは外務担当の人民委員であった。Maxim Maksimovich Litvinov 1876～1951 ソビエト連邦の政治家、外交官、前出)

(＊2訳注:ソ連はその後、名前を挙げられた5カ国すべてに侵攻した。」)(判決書p.433下段～p.434上段)

右記引用において、パール判事は控えめに、「このコメントにはいくらかの真実が含まれていることは否定することができない」と述べている。

なお、ここでも検察側は被告人・広田の1936年の四相会議に言及しているようだ。広田については検察側はあちらこちらで言及している。これは検察側が広田を共同謀議シナリオにおける重要人物と見なしている証左であるように筆者には思える。パール判事は次のように述べている。

「この関連において検察側が言及したところの軍事的準備は、その最終論告の中で記載がなされており、そこにおいては1936年の**広田**政策によって開始された一時期《いちじき》への言及がされている。この政策に対する本官の見解について本官はすでに申し述べているが、さらに述べる機会を後に設けることとしたい。本官には、申し立てられたそのような準備と不可侵条約の締結拒否との間《あいだ》に多くの関係があるようには見えない。本官は日本によるこの締結拒否の行為の中から、何らかの侵略的意図もしくは計略を読み取ることはできない。」（判決書p.434上段）

右記引用は、前段が広田に関するもので、後段は日本がソ連の条約締結の提案を拒否したことに対する、パール判事の結論であると思う。

§5．ソ連による訴追へのパール判事の結論

この第⑨項においては、パール判事は分析の早期の時点で検察側主張に対する所見を述べていることをすでに見た。

第⑨項の末尾部分で、パール判事は「協和会」と「関東軍」について触れながら、早期の時点で述べた所見の補足をしている。

まず、協和会の存在理由と関東軍の任務について、次のように述べている。

「検察側は**協和会**をいくらか目立つように取り扱っており、満州をソビエト連邦に対する戦争のための軍事基地へと変換することへの貢献を目的としてこの協会は存在したのだと強く主張した。本官はそれに関する証拠にあまり強い感銘を受けなかった。関東軍はソビエトの領土への侵略や占領をその任務として割り当てられてはいなかったのである。

証拠は、関東軍が満州に駐在していた目的は、防衛であったことを示している。いずれにせよ関東軍の満州における駐在が、何らかの共同謀議の一部であったことは無い。」（判決書p.436下段）

次に、関東軍が行《おこな》っていた「関東軍特別演習」について、次のように述べている。

「さらには、関特演《かんとくえん》もしくは関東軍特別演習についても、現下で検討されている問題に関する限り、検察側の主張を前進させるものとはなっていない。この関連では、ロシアが欧州における戦争に没頭していたことを日本は利用しようとさえもしなかったのであり、そしてもしも外的な行為が内的な精神の何らかの証拠となるのであれば、それはまさにソビエト連邦に対する何らかの計略もしくは共同謀議の存在を否定する明らかな証拠となるのである。」（判決書p.436下段）

ロシアが欧州における戦争に没頭して日本に背中を向けている間、その好機を捉えてロシアの背中を背面から突き刺そうなどとは日本はしなかったのである。好機にもかかわらずそのようにしなかったとの日本の態度は、日本がソ連に対して何らかの計略や共同謀議をもっていなかった「明らかな証拠」となると、パール判事は指摘している。

証拠は、日本がソ連との衝突の回避を熱望していたことを示している

むしろ逆に、日本はソ連との軍事衝突を避けようとしていたのである。この点からパール判事はこの件に関する結論部分を説き起こしている。これは検察側主張に対するパール判事の最終回答に相当すると筆者は思う。

「時の経過に応じて日本が申し述べたことがどう推移したにせよ、

また、日本の準備がどうであったにせよ、証拠は、日本はソビエト連邦との衝突の回避を熱望していたことを示している。日本はそのような衝突を常に恐れていたように見受けられる。ドイツによる要求すらも、ソ連に敵対した動きへと日本を誘発させることはできなかったのである。本官の意見では、この件における証拠類の累積的効果は、日本はロシアの力、軍備、およびロシアによる満州侵攻の可能性などに対して恐怖を抱《いだ》いていたこと、ならびにその結果としての、ロシアによる満州侵攻の偶発性に対する日本の用心深さと神経質な準備を示している。」（判決書p.436下段）

日本がソ連を侵略する計画は無かったのだ。日本が実際に取っていたのは、ソ連による満州侵攻の偶発性に対する「神経質な準備」だったのである。これがソ連側訴追に関して分析を進めたパール判事が、日本の実際の対ソ政策として認定した事実であった。

後編

§6．日本の歴史書：ペリー開国以降の日本の歩み

さて、いよいよパール判事が語る「わたくしの歴史」に足を踏み入れよう。

言うまでもなく、パール判事は司法判決書を記述しているのであり、冗長な無駄話をしているわけではない。ソ連の検察官が訴因第1の時間的始期である1928年を乗り越えて、1904年まで遡《さかのぼ》るべきだと主張したのに対応して、やむを得ず日本の歴史を記述することとなったのである。

その記述を行《おこな》う際にパール判事が採用した尺度は、「現在の状況を正しい大局観の下におくことができるようになる限りにおいて」（判決書p.410上段）というものである。その尺度に従って取捨選択をした上で、日本の歴史を記述しているのである。筆者は、パール判事が語る「わたくしの歴史」の価値はこの点にあると思う。優秀な裁判官であるパール判事が司法判決書を準備するにあたって、大量の証拠書類から取捨選択して記述した歴史であるからこそ、その「歴史」は十分に読み込む価値があるのである。

この判決書においてパール判事は、「真理」を追究したのである。その追究の課程で必要となる事項を過不足無く記述したからこそ、この部分は重要なのではないかと筆者には思える。

どこまで遡《さかのぼ》るべきか

まずは、パール判事は、遡《さかのぼ》るべきは日露戦争までとのソ連の検察官の主張に異議を唱える。次の通りである。

「検察側は、現下の裁判が取り扱う侵略行為が展開していたところの歴史的な背景を提供するものとして上記の諸行為を提示する、と称しており、また、彼らが『一般に知られた歴史的な出来事』と特徴づけたものを我々に指し示した、と称している。

何らかの歴史的背景に言及することにそもそも正当性があると云《い》うのであれば、本官はなぜ、1904年から1905年、もしくは1918年から1922年を開始時点とすべきなのかがわからない。歴史的な探究が適切に関連して来るのは、それが極東における現在の状況の多くに関わっている原因を我々が理解する一助となり、それにより現在の状況を正しい大局観の下《もと》に置くことができるようになる限りにおいて、なのである。」（判決書p.409下段～p.410上段）

そこで、日本の歴史をどこまで遡《さかのぼ》るべきかという問題が浮上する。これについては、結論から言えばパール判事は1853年にまで遡るべきとしている。この年は幕末のペリー来航の年である。日本が国際社会に引き戻された端緒となったのはこの事件であること、ならびに

その結果としてこの時、日本がその翌年に日米和親条約を結ぶことを強要されたからである。これは日本が「外の世界に強制的に引き戻された日付」(判決書p.410上段)だったのである。

パール判事はあくまでも国際法の観点から分析を進めている。そして国際社会の構成員たる「国家」の法的権利義務は、他国との条約の締結によって発生する。開国並びに日本としては久々の対外条約の締結がなされたきっかけが１８５３年だったのだ。この点に関するパール判事の正確な表現は次の通りである。

「かかる開始時点を、日本帝国が2世紀以上にも及ぶ厳格な鎖国状態から再び外の世界に戻った、と云《い》うより、もっと正確に云《い》うならば、外の世界に強制的に引き戻された日付とすることが我々には許されるのであって、その際には西洋列強はある手法により日本から諸条約(訳注:不平等条約)を獲得し、その諸条約の条項の下《もと》に日本は外の世界に引き戻されたのである。そして、後《のち》に同様の獲得手法を日本が近隣諸国に対して適用した際には、日本との上記諸条約の締約相手の諸国自身から日本は『侵略的である』とされたのである。日本を結局は諸国家の一団(訳注:国際社会)の中に引き戻し、ついには日本を第一次世界大戦における5大連合国(訳注:米英仏伊日)の内の1国に位置づけることとなるこれらの新しい関係の起源と展開を理解するためには、我々は最低限、これらの諸条約から検討を開始すべきなのである。」(判決書p.410上段)

日本を外の世界に強制的に引き戻すにあたって西洋列強が使った「ある手法」とは、何だったのだろうか?

§7. 強制された開国と不平等条約の締結

１８５３年に日本は武力により強制的に開国され、そしてその次には諸外国と次々と不平等条約を締結することを余儀なくされた。これが「ある手法」の具体的中身である。端的に言えば、武力で脅し、条約締結に持ち込むとの手法である。その後、日本はそのようにして締結することを余儀なくされた不平等条約の改正に全力で取り組んだが、これは１８９４年の日清戦争の勝利によって日本が国際社会における威信を確立するまで、長期に亘って実現しなかった。パール判事のコメントは次の通りである。

「本官は、１８５３年から１８９４年にかけて起きた出来事の詳細を申し述べる必要は無い。それらはすべて歴史上の事項なのであり、そしてまた、それらの性格がどのようなものであるにせよ、少なくともそれらは日本の何らかの侵略的な考え方を示すものではないのである。仮にこの期間に西洋列強が行《おこな》ったことすべては彼らが『純粋な真心《まごころ》による高貴な目的』で行《おこな》ったものであり、西洋と交際する恩恵をひたすら日本に与えようとしたのだと我々が想定したにしても、そうする上で彼らが採用した手法は日本にとって愉快なものではなかったことは確かである。しかしながら、国際法においては、それは単に日本の『平和的開国』であったのである。」(判決書p.410上段)

パール判事の右記記述は、十分に認識するべきだと思う。「開国」と「不平等条約の締結」は、武力による脅迫の下《もと》に行《おこな》われたのである。なお、パール判事は、これを西洋列強が「純粋な真心による高貴な目的」で日本に対して行《おこな》ったとの主張も考えられなくはないが、少なくともその手法は江戸幕府や日本国民にとって「愉快なものではなかったことは確か」であったと指摘している。

日本が結ぶことを強要された一連の不平等条約、ならびにそれが日本にもたらしたであろう教訓と世界観は、次の通りである。

「合衆国、イギリスとロシアとの間《あいだ》の１８５４年と１８５５年の条約がここでの物語の開始点であった。その際には日本は、それらの条約締結においてあらゆる公式的な『要請』を行《おこな》わなければならなかったのである。しかしそれは序《じょ》の口《くち》に過ぎなかった。新しい要求とそれ以上の譲歩が引き続いてなされたのである。

1857年7月に『一隻《いっせき》の合衆国の船が下田《しもだ》に到着し、清国が6月にイギリスならびにフランスとの間《あいだ》で新しい条約を締結するよう、それらの国々の持つ軍艦ならびに軍団による圧力の下《もと》に強要され、清国はさらにロシアと合衆国ともかかる条約を締結した、とのニュースをもたらした。勝ち誇ったこれらの連合国たちはその艦隊をまさに日本に向けて展開しようとしているとも報告された。』このニュースは日本の首府において驚愕の念を惹起せしめた。7月29日早朝、日本は新しい条約に署名することに同意した。『おそらくは清国での欧州の介入の成功が日本からも同様の条項の獲得を確保するための強い努力を引き起こしたのであろう。譲歩をさらに行《おこな》うことをもしも日本の朝廷が禁止し続ければ、戦闘行為の発生がその後に容易に続いたことであろう…。』『数週間の内には、ロシアとイギリスの代表団が清国から到着し、その少し後にはフランスの使節団が続いた。長崎からはオランダの代理人も新しい条約を求めてやって来た。』

日本はこれらの4つの条約（訳注：露英仏蘭との条約）を締結しなければならなかった。『もしも条約締結の容認が軍事力を見せつけることで勝ち取られたものであるならば、新しい国交関係はすべての勤皇派の心を苦しめる条件の下《もと》に開始されたものだということになる』と、我々には伝えられた。実際に採られたこの手法による限り、どのようにすれば心の中のこの苦しみを防ぐことができたのかを見出《みいだ》すことは困難である。これらの行動を行《おこな》う資格を西洋列強にもたらしたところの、彼ら列強が『直面していた事態』とは正確には何であったのかを我々は知らない。しかし、国際社会はこれらをただ単に『人間の行動を支配し、そして却下するところの事態の進展である』（＊）としか考えないのである。

（＊訳注：フィリピン併合を正当化するためにマッキンリー大統領（William McKinley 1843~1901 第25代合衆国大統領）が述べた言葉）

このようにして獲得されたこれらの条約すべてがもしも日本に恩恵をもたらしたのだとしたら、それらは、将軍から各々《おのおの》の藩主に渡された、朝廷の権威の復興を訴える書簡の中において次のように最もよく表現されているところの感情をも惹起せしめたのである。『我が国と外国列国との交通は日々繁忙を極めつつあり、我が国の全武力を挙《あ》げてこれに当たるにあらざれば、我が対外政策を遂行すること能《あた》わず。』

その後にはこれらの条約を改定することへの日本の苦闘が続いた。この苦闘は1894年まで続いた。この時期を通じて日本は、西洋の思想と科学を習得すべくあらゆる努力を行《おこな》った。ことによると日本は、彼らがこうして強制されて登場した世界においては、**権利**と**正義**は軍艦ならびに軍団の数によって計測されるということをも認識したのであろう。」（判決書p.410上段～p.411上段）

右記引用中でパール判事が詳しく述べることを避けた、彼ら列強が「直面していた事態」とは何だったのだろうか？　合衆国について考えると、開国のための条約締結を日本に強要しなければ、合衆国の存続に死活的な問題があったというのだろうか？　あるいは単に、捕鯨船の補給基地が欲しかっただけだったのか？　あるいはまた、イギリスの手法を真似てアヘン販売により莫大な利益を挙げつつあった対清貿易の中継基地が欲しかったのだろうか？　いずれにせよ合衆国の国家安全保障確保の上でのニーズではなく、経済面、あるいは、「欲得面」でのニーズに基づく日本開国強要であったとの考えを、筆者は持っている。

なお、右記引用の「一隻の合衆国の船が下田に到着し…」以降の一連の引用文は、後ほどパール判事が明らかにするが、スタンフォード大学の歴史学教授のペイソン・ジャクソン・トリート教授の著作「日本と合衆国」から取られている。

§8．不平等条約解消への努力

日本は不平等条約の改定に向けて必死の努力をした。有名な鹿鳴館の件もその一端であろう。パール判事はペイソン・トリート教授から引用して次のように記述している。

「これらの条約を改定しようとした日本の努力は、非難に値《あたい》するものではないことは確かである。条約を締約した諸国と日本との間《あいだ》の主たる係争点は関税自主権ならびに治外法権であり、それらはいずれも日本の主権を傷つけていたのである。

当然ながら日本人たちは、関税課税の法を自国自身で決めるとの彼らが持っている権利の上に押し付けられた諸制限から、逃れたいと強く望んだのであった。大商業列国の内のいくつかは、従前の関税により創り出された有利さを維持したいと希望した。彼らは、日本人たちに関税自主権を回復させるようなあらゆる条約改定に同意することを嫌った。合衆国のみが日本のこの要望に対して一貫して好意的であった。

従前の関税にも主権の原則が関係していたものの、主権原則へのさらに深刻な損傷は、外国人の治外法権によりなされた。

条約改定に向けた長い苦闘が日本に与えた可能性があるところの影響を、我々は無視できないのである。

『影響の一つは、西洋流の方法の採用を促進して、政府、特に司法運営を西洋のそれに同化させることであった。しかし、一握《ひとにぎ》りの人数の居留外国人の権利を守るために国の司法制度のすべてを外国のそれに沿わせることをその国民に強制することに純粋な利点があったとは、とても言えないのである。』

『**もう一つの影響**は、条約締約国による不正とわがままに対する強い意識が植え付けられたことであった。』

『列国が治外法権を維持したことも日本人の自尊心に突き刺さったものの、古い関税を維持することは絶対的な不正であると感じられた。そのため、改定交渉が何度も失敗したことと相《あい》まって、反外国感情の波が日本全土を覆った。そしてそれと共に、脆弱《ぜいじゃく》であった時代に失われてしまった**諸権利**を回復する**要求**を行《おこな》うための日本の軍備面での十分な強化に向けて、必要とあらば進んで犠牲を払うとの精神も生まれたのである。』

『日本人の幾人かがそれらの日々において外交関係に対する冷笑的な態度を育んでいたのだとしたら、その弁解を行《おこな》う余地がいくらかはあるのだ。西欧列強のいくらかは、それがどのような手法で獲得された利点であったかには関わらず、その利点のすべてから最大限の利益を搾《しぼ》り取《と》るやり方を日本人に指し示したのである。さらに、１８８０年代の末から１８９０年代の初めにかけての苦悩の年月を過ごした若人たちは、後年および今日において日本の政策に大きな影響力を及ぼす人々となったのである。もしも列強のうちのいくらかが彼ら自身の国の商人たちや居留民たちの特権ではなく、一国の国民全体の感情についてもう少し考えが及ぶようであれば、もっと良かったであろう。』

この期間の全体を通じて日本に向けられた合衆国の態度は一貫して友好的で同情的であった。日本の政治家たちはアメリカ政府の高潔なる意図と純粋なる善意を一瞬たりとも疑うことはなかっ

た。」（判決書p.411上段～p.412上段）

右記引用の最後尾、「日本の政治家たちはアメリカ政府の高潔なる意図と純粋なる善意を一瞬たりとも疑うことはなかった」の部分が筆者には印象的である。日本が不本意ながら西洋諸列強に対して開国した最初の直接の原因を作ったのはアメリカ政府であったにもかかわらず、当時の日本の政治家たちはアメリカ政府の善意を疑わなかったというのである。

野村大使とハルの間で行《おこな》われた１９４１年の日米交渉では、日本側はアメリカとの戦争を回避できる可能性を信じて懸命に交渉したことが、第⑩項「最終段階」の後編で詳述される。アメリカという国の誠実さを信頼しなければ、そのような交渉態度を取ることはできない。その前触れとしてパール判事はわざわざ右記のように記述したと筆者には思えるのである。

ジェネラル・シャーマン号遭難事件

ともあれ、日本は１８５４年に開国し、長い努力の末、各国との不平等条約は１８９４年に改定された。そこでパール判事は日本と近隣諸国との関係に目を向ける。

「日本とその近隣諸国との関係に至り、我々はまず、日本と清国との摩擦について取り上げることとする。この摩擦は１８９４年の両国間の戦争（訳注：日清戦争）にまで至ったのである。」（判決書p.412上段）

日本が近隣諸国との摩擦に至ったのには、まず、朝鮮、アメリカと清国の三国を巻き込む悶着があった。パール判事は、アメリカと朝鮮との間で発生したあるトラブルから説き起こしている。「ジェネラル・シャーマン号遭難事件」である。

「これを論ずる目的のためには、朝鮮が合衆国に対し、合衆国が非難をする原因を与えたところの、ある事件から始めることとする。

１８６６年8月に、アメリカの商船であるジェネラル・シャーマン号は商用航海で朝鮮西岸に向かっていたが、船が破壊されその乗組員たちが殺害された。どのような状況の下《もと》にそれが起きたかはいまだに神秘の闇に覆われている。その2カ月後、複数のフランス人宣教師が処刑されたことへの賠償を確保するため7隻の船団と４００名の兵士から成るフランスの遠征隊がソウルへ向かって強行していたが、彼らは拒絶された。

１８６７年1月にジェネラル・シャーマン号の乗組員たちが辿《たど》った運命をつきとめるために1隻のアメリカの軍艦が朝鮮を訪れたが、要領を得ることは無かった。

これらの出来事があったことを知った日本の幕府の最高会議は、１８６７年5月10日にアメリカのヴァルケンバーグ将軍（＊1）に対し日本による友好的介入を申し出て、解決を目的として朝鮮に使節団を派遣することを提案した。

（＊1訳注：Robert Bruce van Valkenburgh １８２１～１８８８ アメリカの軍人、政治家。北軍の側で南北戦争を戦った。１８６６～１８６９の期間、日本駐在公使を務めた）

日本の使節団が派遣されたが、それは朝鮮側が迎え入れなかった。

しかしながら合衆国は、朝鮮側から何らかの釈明を得たいとの考えをあきらめなかった。１８７１年にアメリカ公使のF・F・ロウ氏（＊2）を擁した強力な陸軍中隊が清国に送られたが、その目的は条約の締結を行《おこな》うことであった。この年、日本も清国との条約締結交渉のために使節団を送り込んでいた。

（＊2訳注：Frederick Ferdinand Low １８２８～１８９４ アメリカの

政治家。連邦下院議員、カリフォルニア州知事を務めた。1869～1873の期間、清国駐在アメリカ公使）」（判決書p.412上段～p.412下段）

当時の日本の近隣諸国との関係を論ずるにあたって、パール判事は「朝鮮」の件から論を開始しているのだ。それも「アメリカの」商船が巻き込まれた事件から述べているのである。この半島こそがこの地域の不安定要因であるとのパール判事の認識が示されている。

この商船の遭難事件に関する朝鮮の態度に関しては、対外排撃の頑迷固陋さがよく表現されている。このジェネラル・シャーマン号事件の全容は現在でも判明していないと思われる。少なくとも東京裁判の時点においては、その全容は判明してはいなかったのである。

日本の友好的介入は朝鮮に拒否されている。思うに、「格下国」たる日本の指図など受けないということなのであろう。アメリカは朝鮮の問題を解決するために「清国」に陸軍の一個中隊を含む外交使節団を派遣した、とパール判事は述べている。日本にしろ、アメリカにしろ、朝鮮の問題を解決するためには、朝鮮と交渉するのではなく、その宗主国たる清国を巻き込むしか方法がなかったのであろう。それが当時の極東情勢であった。

日清間の互恵的条約の締結

1871年には日清間で条約が結ばれた。

「1871年7月29日に日本と清国との間《あいだ》の条約が北京で調印された。この条約は、その後の展開に鑑み、興味深いものである。というのも、その諸条項は完全に互恵的であったからである。」

（判決書p.412下段）

右記の記述は重要である。日本が清国と結んだ条約は不平等条約ではなかったのだ。「完全に互恵的」であったのだ。

§9．清国との摩擦の原因①：琉球島民の台湾における殺害事件

「この条約（引用者注：1871年の日清間条約）が調印されるとすぐに2件の紛争事案が勃発した。一つは朝鮮の宗主権に関する清国による主張であり、もう一つは琉球諸島の領有を巡って、であった。」（判決書p.412下段）

1860年代当時の極東の情勢は、台湾が持ち主不明の島であり、琉球は日本民族の国ながら清国に朝貢しており、清国が「属国」と見なしていた。また、李氏朝鮮は長きに亘って清国が宗主国として振舞っていた。これはパール判決書に記載があるものではないが、事実としては、清国から使節が来ると、朝鮮の王はその使節に向かって3回に亘って土下座して、土下座の度《たび》に3回ずつ、従って計9回に亘って額《ひたい》を地面に叩きつける礼（三跪九叩頭《さんききゅうこうとう》の礼）を取っていたのであった。

まずは琉球について見てみよう。パール判事は次のように述べている。

「琉球諸島は日本と台湾の間《あいだ》に位置するが、日本と清国の双方に対して政治的義務を負うことを承諾していた。1871年12月、琉球の66名の人々が台湾の南岸で難破し、彼らの内の54名が台湾人によって殺害された。日本はこの件で行動を取ることを決め、台湾人による行為につき清国がどのような責任を取るのかを見届けようとした。清国政府は、台湾の原住民族（訳注：原表記はFormosan aborigines）は清国政府および中国文化の到達域の外にある（訳注：『化外《けがい》である』）と述べて、すべての責任を事実上、否定した。しかしながら彼らは、琉球人は清国の国民であるとも主張した。日本側はこれをただちに否定した。

台湾への派遣隊

日本政府は台湾に派遣隊を送り込むことを決定した。そのような政府の意図は1874年4月17日に布告の形で公告された。布告は1871年における54名の琉球の人々の殺害と1873年3月に4名の日本人の財産が略奪されたことについて申し述べていた。布告は台湾人に関する清国側大臣の口頭の声明をそのまま繰り返した上で、次のように公告した。

『この台湾という島は日本に近接しており、すでに説明したような船舶の難破が再び起こりうることに鑑み、我が国の通商を保護するために台湾のこの地方に住む人々が将来再びこのような行為を犯さないよう制止する必要があるように見受けられる。この決定を遂行するために、前記の問題を調査し、かつ、将来において我が国民の行動の安全を保証するような方途を講じるとの任務の下《もと》に、西郷（＊1）を長とする数名の者がその土地に派遣された。この使節団に対して現地の島民が適切な敬意を払わずに騒擾《そうじょう》を起こす可能性が考えられるので、西郷には十分な護衛隊が付けられた。』

（＊1訳注：西郷従道《じゅうどう》 1843～1902 日本の軍人、政治家。西郷隆盛の弟。本件の台湾出兵においては蕃地事務都督《はんちじむととく》として軍勢を指揮した）

この派遣隊は日本に対するペリー提督によるそれと異なってはいないことに気づくことであろう。しかし台湾の事案においては清国の主権の問題がただちに惹起されたのである。

西郷将軍と、最終的には3600名を数えた主力部隊は5月22日に台湾に上陸した。未開人（訳注：原表現はsavages）との間《あいだ》でいくつかの戦闘が行《おこな》われ、さらに、その土地は野生のままであったことから作戦遂行は困難を極めた。厦門《アモイ》から派遣された清国代表団との間《あいだ》で非公式な交渉がおこなわれたが、彼らは日本の撤退を要求し何らの満足な保証も提供しなかったために、合意に至ることはできなかった。ここで留意しておくべきことは、日本のこの派遣団に仕えるために3名のアメリカ市民が雇用されていたことである。ル・ジャンドル将軍（＊2）はその内の1名であった。

（＊2訳注：Charles William Joseph Emile Le Gendre 1830～1899 フランス生まれのアメリカの軍人、外交官。本件にて1872年に明治政府に雇用された。日本に1890年まで居住し日本女性との間《あいだ》に3人の子をもうけた。軍人としての最終階級は准将）

7月にル・ジャンドル将軍は任務を帯びて厦門《アモイ》に派遣された。それは本件につき厦門総督と議論を行《おこな》うというものであった。彼はそこでアメリカ領事に逮捕され（＊3）、上海に送られてその地で釈放された。彼はただちに北方に向かい、清国と交渉するために日本から送られていた大久保氏（＊4）と合流した。

（＊3訳注：ル・ジャンドルは米国領事の職を辞して明治政府に雇用された経緯があり、米国から見て職場放棄の罪に問われた）

（＊4訳注：大久保利通《としみち》 1830～1878 明治の元勲の1人。本件の台湾出兵においてはその戦後処理のため全権弁理大使として1874年に清国に赴いた）」（判決書p.412下段～p.413下段）

清国は台湾は化外の地であるとして関わりを持つことを拒み、その一方で、琉球人は清国の国民であると主張した。これは日本の思惑とはまるで逆であった。日本から見れば、台湾の面倒は清国が見るべきであり、そしてまた琉球は疑いも無く日本の一部なのである。

清国の見解は次のようなものであったと思う。清国の国民たる琉球人が持ち主のいない島である台湾で殺された。だからこれは清国の国内問題であり、日本が出る幕などない、ということではないだろうか。しかしこれは日本がとうてい容認できる態度ではなかったのである。

だからこそ日本はアメリカ人を雇って清国と交渉しようとしたのであろう。

「この交渉は9月14日から10月30日まで実施された。イギリス公使のウェード氏（＊5）は合意に至るために2度に亘って斡旋《あっせん》の労を取った。交渉は破談の域に達しそれは戦争を意味することもあり得《え》たが、清国は最終的に日本が懲罰的派遣団を送り込んだことは正しいと認めることに同意した。１８７４年10月31日に条約が締結され、清国はその後は台湾の未開人たち（訳注：原表記はFormosan savages）を取り締まることに同意した。

（＊5訳注：Thomas Francis Wade １８１８～１８９５ イギリスの外交官、中国学研究者。本件においてはイギリスの駐清公使であった）

この協定は、琉球人の地位は日本国の国民である、と認めた。しかしながら、清国政府はその含意《がんい》のすべてを受諾した訳でもなかった。そこで日本人たちは琉球諸島をさらに完全に自国の領域に組み込むことに踏み切り、１８７５年には守備隊を送り込み、また、琉球王に貢ぎ物を清国へ贈ることをやめるよう命令も行《おこな》った。これに引き続いて起きたことの詳細を検討する必要は無い。」

（判決書p.413下段～p.414上段）

イギリスの斡旋《あっせん》の下《もと》に１８７４年に日清間で条約が締結された。その協定は、琉球人の地位は日本国の国民であると認めた。しかし、「清国政府はその含意《がんい》のすべてを受諾したわけでもなかった」…。恐ろしい記述である。これは現在の中国共産党政権による琉球に関する見解まで脈々と引き続いているのではないだろうか。

§10・清国との摩擦の原因②：朝鮮

日本と朝鮮の間の紛糾

次に、朝鮮を巡る清国との摩擦について触れたい。

朝鮮は１８６６年のジェネラル・シャーマン号遭難事件を惹起せしめ、まずアメリカとの間でトラブルを起こした。そして、日本とのトラブルは、１８７５年に起きた測量船砲撃事件であった。次の引用の通りである。

「朝鮮に関する紛糾は１８７５年に起きた出来事から論を起こすことができよう。

１８７５年に、朝鮮沿岸の測量に従事していた日本の船員の一団に対して火器による攻撃が加えられた。そして、その報復として砦が砲撃されその武具が破壊された。その後日本は、可能ならば和平親善条約締結の交渉をするために使節団を派遣することを決めた。」（判決書p.414上段）

これは日本がアメリカにやられたことをそのまま朝鮮に対して実施したものであるとパール判事は述べている。ただし、日本はもう一つの例を参考にしたとも述べている。フランスと安南（ベトナム）との間で１８７４年に締結された条約のいきさつである。これら2つの前例を参考にして日本は朝鮮と条約を結ぶことになったとパール判事は述べている。次の引用の通りである。

「この件において日本は、外国による2つの前例を踏襲したように見受けられる。一つは日本に向けられたペリー使節団であり、もう一つはフランスによる安南《あんなん》（訳注：ベトナム）との１８７４年の条約の件である。安南は、朝鮮同様、清国の属国であった。１８７４年の条約においてフランスは、安南の完全独立を認め、外国からの侵略ならびに国内の無秩序に対する保護を安南の王に提供したのである。この条約を受諾するにあたり、安南は清国との古い関係を解消したように見受けられたものの、安南にはそうする意図は無かった。日本人たちは、その前例に従い、朝鮮との条約の中に次の条項を盛り込んだ。『朝鮮は独立国家であり日本同様の主権を有する。』しかしながら朝鮮人たちにはその宣言の含意を完全に受諾する意欲は無く、彼らは最終的には、どちらの条約も清国と陸続きの二つの国家（訳注：安南ならびに朝鮮）の依存的結びつきを壊すものであるとして、検討の実施を拒んだ。」（判決書p.414上段）

清国の属国であった朝鮮

右記引用の最後尾の文で、朝鮮が検討の実施を拒んだとあるが、これは、日本との条約は結ぶものの、日本が盛り込んだ、「朝鮮は独立国家であり日本同様の主権を有する」との条文については検討を拒んだというのである。朝鮮は清国を宗主国として仰ぐことをやめるつもりはなかったのだ。

ペリー開国の時点で、日本はどの外国の属国でもなかった。完全な独立国として1854年日米和親条約を締結したのであった。ところが、安南と朝鮮は日本とは事情が違っていた。両国はいずれも清国の属国であったのであり、しかも、2国ともにその属国たる地位に満足していて、むりやり独立国にされることを拒んだというのだ。これは記憶しておくべき歴史的事実である。属国たる地位に不満があったのであれば、この事件を奇貨として、独立を模索するはずだからである。

日本が清国と結んだ完全に互恵的な条約とは異なり、この朝鮮との間の条約は不平等条約であった。次の通りである。

「1876年の朝鮮の条約は日本が西洋列強の諸国と交渉した通商条約を範としたものだった。朝鮮における日本人は刑事事件につき治外法権を享受することとなっていた。こうしてこの条約は、24年前に合衆国が日本を開国したのと同様、朝鮮の『平和的開国』の結果をもたらした。

しかしながら清国は朝鮮の宗主権を主張したので、清国と日本との関係は戦争の崖っぷちにまで立ち至った。」（判決書p.414上段～p.414下段）

§11. グラント将軍による日清間調停

以上で見たように、1870年代当時、日本と清国との間には二つの争いがあった。一つは琉球の帰属を巡る問題であり、もう一つは朝鮮の立場に対する問題であった。

琉球が清国に朝貢していたことから、琉球人は清国人であると清国は見なしていたのである。また、清国は朝鮮に関しては宗主権を主張していたのだ。日本としては、琉球人が清国人であるという主張はとうてい承服できないし、日本の安全保障上、朝鮮は独立国であってもらわねば困るのである。

お互いの意見が真っ向から異なっている場合、どうやって解決するか。

日清両国は相互に了解した上で、アメリカ合衆国の前大統領であったグラント将軍に調停を委ねることとしたのであった。日清両国ともに、戦争による解決は避けたのである。

この、いわば「グラント調停」の全容は、次の引用の通りである。

「日清両国は相互に了解した上で、この件をアメリカ陸軍の前の最高司令官であり最近にはアメリカ合衆国大統領となっていたグラント将軍（＊1）に委ねることに合意した。これは純粋に略式かつ非公式な照会であった。グラント将軍は北京において、恭親《きょうしん》王《のう》（＊2）ならびに大総督である李鴻章《りこうしょう》（＊3）との間《あいだ》で幾つかの面談を行《おこな》い、清国の主張の公式的な申し立てが将軍に提出された。

（＊1訳注：Ulysses S. Grant 1822～1885 アメリカの軍人、政治家。1869年から1877年にかけ第18代合衆国大統領）

（＊2訳注：恭親王、愛新覚羅 奕訢《えききん》 1833～1898 清の皇族。

道光帝の第6子）

（＊3訳注：李鴻章1823～1901 中国清代の政治家。下関条約の締結において清側の全権大使を務めた）

1879年6月20日にグラント将軍は長崎に到着した。清国と日本との間《あいだ》の紛糾事項は将軍により慎重に検討され、彼の見解は公文書として東京の天皇と北京の恭親王に送達された。

琉球を巡る紛糾の件については、グラント将軍は清国政府に対し、その主張を取り下げるよう勧告した。

朝鮮の件については、将軍はその王国（訳注：朝鮮）を合同の**国際管理**の下《もと》に置くことを提案した。将軍は次のように述べた。

『この取り決めは両国（訳注：日本と清国）にとって完全に満足のいくものではなかろう。しかし、これは世界の良心を満足させることを通じて、東洋の事案に関する欧州諸国による非友好的介入に対して門戸を閉鎖することとなるものなのである。そのことをこそ、他のどのようなものをさしおいても、日本と清国の双方はその方針とすべきであろう。両国間のこれらの問題の何らかの平和的な解決は、戦争よりも良いものである。あなた方両国の争いは彼ら（訳注：欧州諸国）による非友好的介入にとっては好機であり、これら二つの問題（＊）のどちらかを巡って両国の間《あいだ》に戦争が勃発したら、欧州の列強諸国は、それ独自のやり方で、それ独自の利益のために、そして長期に及ぶ計り知れない量の損害を両国にもたらしながら、それ（訳注：両国の間《あいだ》の戦争）をやめさせるようにするだろう。』

（＊訳注：琉球を巡る紛糾と朝鮮の件）」（判決書p.414下段～p.415上段）

グラント前大統領の調停の件は、どのような事情によるものかわからないが日本では教えない。少なくとも筆者は、この件をパール判決書で初めて知った。グラント調停の重要な点を再記しておきたい。

・グラント調停は1879年のことであった。
・琉球に関してグラントは、清国がその主張を取り下げるように勧告した。
・朝鮮に関してグラントは、合同の国際管理の下に置くことを提案した。
・グラント調停は日清両国に受諾された（次項）。

歴史は繰り返すと云われる。現在の北朝鮮非核化を巡る6ヵ国協議は、まさに朝鮮を合同の国際管理下に置くとの考え方である。当事者能力を欠いた国が戦略的に重要な位置に存在する場合、合同の国際管理下に置くのがもっとも有効な方法なのであろう。アメリカは19世紀からそのような方法を考えていたのである。

グラント調停を日清両国がどのように扱ったかを、パール判事は次のように記述している。

「清国との関係の件に関するグラント将軍によるこの平和的な勧告は、受諾された。琉球問題についての平和的解決がなされたが、日本はそれにとどまらず、清国との防衛的同盟条約をも交渉しようと努力した。これは李鴻章の根深い敵意により成功しなかった。しかしながら、平和な状況が15年間も維持されたのであり、最終的に戦争が勃発した時には、まさにグラントが予測したとおりのやり方で欧州列強の3つもの国がそれを終息させようとして身を乗り出して来た（訳注：露仏独による三国干渉。本節で後述）。すなわち『それ独自のやり方で、それ独自の利益のために、そして長期に及ぶ計り知れない量の損害を両国にもたらしながら。』しかしそれは別の物語であり、その件については後ほど検討することとしよう。」（判決書p.415上段）

右記のいくつかの引用からは、アメリカと欧州各国は必ずしも一枚岩ではなかったことがわかる。欧州、中でも特に英露が横暴を極めていたのだ。イギリスは清国・インドにおいて、そしてロシアは極東シベリアと清国国境や満州において、ぞれぞれ私利私欲成就のためにやりたい放題であったことを当時のアメリカは見抜いていたのだ。右記のグラントの言葉を読む限り、後の三国干渉が起こることをグラントは「予言」したに等しい。また、当時の「アメリカ」という国を、清国も日本も信頼していたことがわかる。アメリカによる調停なら、従ったのである。この当時のアメリカは極東における局外者、「『善意』の第三者」であると見なされていたのである。

ただし、アメリカの極東政策は1898年の米西戦争の勝利の結果、アメリカがフィリピンを植民地として獲得して以降は変容したことは指摘しておかなければならない。

日清間の根本的解決には至らなかった

グラント調停は日清両国に受諾されたものの、「公式な解決」すなわち、日清間の何らかの条約や協定の締結には至らなかった。条約を締結しない限り、公式な解決にはならないのである。次の通りである。

「公式な解決は、しかしながら、遅延した。結局、清国は1881年にこの議題につき交渉をするために公使を日本に送り、翌年には両国政府は合衆国による斡旋《あっせん》を願い出た。しかしながら何も達成はされず、他の外国からの紛糾の種《たね》がもたらす圧力が清国を暗黙裏に『現状（status quo）』の容認へと向かわせた。」（判決書p.415上段）

米朝友好通商条約の締結

前述の通り、日本は1876年に朝鮮と条約を締結した。その後、アメリカも朝鮮と友好通商条約を締結した。1882年のことであった。次の通りである。

「日本が行《おこな》った通商条約の交渉は、朝鮮に対するアメリカの興味を復活させた。アメリカによる朝鮮との友好通商条約は1882年5月22日に締結に至った。」（判決書p.415下段）

§12．日清戦争と下関条約

日清戦争の原因は朝鮮である。日本は朝鮮が自立的に国防措置を取ることで朝鮮半島がロシアもしくは清国が日本に対して侵攻する道筋（回廊）とならないよう、朝鮮をあらゆる面で手助けしていた。しかし、これは必ずしも歓迎されなかったものであり、朝鮮にとっては「よけいなお節介」もしくは「いらぬ世話」であったのであろう。しかし、日本にとっては自国自身の存続に関わる安全保障上の死活問題であったので、清国やロシアの影響力を朝鮮から追い払いたかったのである。

日本公使館襲撃事件：日本人が命を失う

そのような中、朝鮮で事件がおきた。1882年、ソウルの日本公使館が攻撃され、日本人数名が死亡したのである。攻撃されたのは朝鮮駐留の日本の軍隊ではない。平和的外交施設たる公使館である。また、その後の2回目の襲撃の時には、なんと清国の軍隊も日本公使館攻撃に加わっていたというのである。次の通りである。

「このアメリカとの条約の調印後の数カ月以内に、朝鮮における日本人たちに対する最初の攻撃が発生した。それは1882年7月23日のことであったが、日本公使館の追放、ならびに、日本人の数名が生命を失うとの結果となった。戦争か平和かの問題を再び決断しなければならなくなり、そして、日本の天皇は再び平和を選んだのであった。

『1883年5月に、ルシアス・フット将軍(＊)は、批准済みのアメリカとの条約(訳注：前述の1882年5月の条約)を交換し、ソウルに居を構えて公使館とした。』…

(＊訳注：Lucius Foote 1826~1913 アメリカの外交官。1883年から1885年にかけ駐朝鮮米国公使)

『翌年には日本公使館に対して2回目の攻撃が行《おこな》われ、この時には清国の軍隊もそれに関わっていた。このことは、清国の朝鮮に介入する権利の問題を俎上《そじょう》に上《のぼ》らせた。当時、清国は安南を巡る問題でフランスとやり合っており、結果的にフランス・日本の両国との間《あいだ》で戦争が勃発する可能性があった。その場合には日本が陸上軍団を提供することができたし、フランスは艦隊を提供することができた。しかし、日本政府にはそのような意図は一切無かった。』…。

井上伯爵(訳注：井上馨《いのうえかおる》)は清国に対し、日本は清国とのすべての問題の解決が得られるよう平和的精神の下《もと》に努力する、と保証した。この件は最終的には平和的に解決された。清国はソウルにおける清国の軍隊のふるまいにつき遺憾の意を表明した。両国は各々《おのおの》の軍隊の撤収、ならびに、相手国に通知をしない限りはたとえ秩序維持のために必要であったとしても将来において軍を派遣しないこと、に合意した。清国は朝鮮の独立こそ認めなかったが、日本が朝鮮において清国と同等の立場に立っていることを認めることには追い込まれた。

『1885年から1894年にかけての期間、清国はソウルにおけるその優越的地位を誇示し続けた。そこでは袁世凱が清国の弁務官として居住していたのである。』」(判決書p.415下段~p.416上段)

1882年のこの時点では日本は何とか踏み耐えて、戦争には至らなかった。

東学党の乱：1894年

ところが、1894年に朝鮮の国内で、有名な「東学党の乱」が起きた。これに日清両国は出兵した。東学党の乱の顛末《てんまつ》とそのもたらした結果は次の通りである。ペイソン・トリート教授からパール判事が引用している。

「『1894年3月には東学党の構成員による反乱が勃発した。彼らは反政府であったが、ある程度までは外国に対しても反発をしていた。無能な朝鮮政府がこの反乱を鎮圧できるとは見受けられなかった。』

清国は清国軍を送り込むことを決定し、かかる決定を日本に通知した。それに対して日本政府も軍隊を送り込む準備をした。清国はその通知の中で、朝鮮はその属国(訳注：原表記はtributary state)であると主張した。かかる主張は日本が黙って見過ごすことができるものではなかった。

両国の軍が到着する前の段階で反乱は朝鮮の兵隊によって鎮圧された。朝鮮国王は清国人たちに退去するよう要請したが、清国人たちは日本人たちがそうするまでは退去することを拒否した。

『6月中旬には極度に緊迫した状況となった。日本は、かかる反乱は官僚の腐敗と圧制によるものだとする立場を取り、将来における平和を保証する抜本的改革を行《おこな》うのに清国も参加して欲しいと要請することを決めた。』

中国は拒否した。朝鮮の国内事情に干渉はしないと云《い》うのである。

『日本は今や、必要となる改革を清国の協力無しで行《おこな》うことを決定した。』」(判決書p.416上段)

日本による朝鮮改革に対する、アメリカの2つの見方

清国の協力を得られなかった日本は、朝鮮の改革を単独で行《おこな》った。この日本の行動に対する見方が、アメリカで2つあった。まるで逆の見方である。次の通りである。

「この日本の行動が、異なったアメリカ代表によって如何に異なった見方をされたかに注意を向けることは興味深い。北京のアメリカ代表は6月26日（訳注：1894年）に次のような報告を行《おこな》った。『日本の行動はこの地では性急で不法に好戦的であると批判されている。』ソウルのアメリカ代表であるシル氏（＊）は次のように書いた。『日本は朝鮮に対して非常に親切な対応を行《おこな》っているように見受けられる点を、本官は付け加えておきたい。日本は今度こそ中国の宗主権のくびきを投げ捨てさせ、次に、平和、繁栄、そしてその国民を啓蒙するような改革を行《おこな》うことにより脆弱な隣国が独立国家として強化されるよう支援することのみを希求しているように見受けられるのである。そのような動機は多くの知的な部類に属する朝鮮官僚を満足させており、また、本官が想像するに、かかる動機はアメリカの不承認を被《こうむ》ることもあるまい。』それはアメリカにおいては何らの不承認も被《こうむ》らなかった。しかし、清国はそれを承認することはできなかった。

（＊訳注：John Mahelm Berry Sill 1831～1901 ミシガン出身の米国人。1894～1897の期間に朝鮮駐在の総領事を務めた）」（判決書p.416上段～p.416下段）

二人のアメリカ人外交官はそれぞれの任地国の見方を反映している。ソウル駐在の総領事であるジョン・シル氏は、日本は朝鮮が独立国家として強化される支援「のみ」を希求しているように見受けられ、それは朝鮮の「知的な部類に属する」官僚を満足させていると述べている。この視点は大事だと考える。

日清戦争

朝鮮を巡る日清間の意見の相違は、ついに戦争にまで立ち至った。1894年のことである。

ここで強調しておきたいのは、日清間の紛糾の源流をたどっていくと、1871年の琉球島民の台湾における殺害事件にまで遡《さかのぼ》ることができることである。そのトラブルのあと、日清両国ともにグラント将軍の調停を仰ぐなど、平和的努力を続け、1894年まで23年間に亘り戦争を回避することができたのである。少なくともパール判事の「わたくしの歴史」たるこの第⑨項を読む限り、日清戦争が日本による帝国主義的侵略戦争であるという指摘はまったく該当しないことがわかる。

「最終的には、清国と日本との間《あいだ》に戦争が起こった（訳注：日清戦争）。清国は1894年7月31日に宣戦を布告し、日本は8月1日にそれを行《おこな》った。

『日本陸軍の戦勝は極東における多くの欧州人たちが全く予期しないものであった。彼らは清国の力を過大評価し、日本が達成した発展を正しく評価することに失敗したのである。9月中旬までには清国軍は朝鮮から駆逐され、そして清国の艦隊は黄海で打ち破られたのである。』」（判決書p.416下段）

下関条約

「下関《しものせき》条約が1895年4月17日に調印された。『しかし、その日付の前の段階で日本からその戦勝の果実の内の一つを盗み取るべく、**ロシア**が三国干渉を行《おこな》う算段をした。ドイツとフランスがロシアに加わり、4月23日に彼らの東京における公使たちが同文通知を提出し、遼東半島の現状を維持するよう日本に勧告したのである。その理由は、その区域を日本が占拠することは清国の首

都（訳注：北京）の存続と朝鮮の独立を危殆にさらすのみならず、東洋の平和をも乱すことになるから、というものであった。』本官は別の場所で、この干渉に対する世界の見解を分析した。（訳注：第四部 全面的共同謀議 第1段階 満州の支配力の獲得 参照）

『三国干渉によって引き起こされた恨みは残ったものの、日本は強化された威信ならびに多大な賠償金獲得と共に戦争から抜け出した。また、1894年から続いていた外国との条約の改定交渉に成功したことは、日本は1858年に奪われた司法的自立を、1899年までには回復することを意味していた。』

『日本は国際社会に受け入れられたのである。しかし日本の過去の経験は、「平和の代償は永遠に続く警戒」であると日本に納得させたのである。「日本が理解した世界」においては、権利と正義は軍艦ならびに軍団の数によって計測されるように見受けられた。』

『清国と日本との間《あいだ》の戦争は一つの問題を解決したものの、はるかに深刻な他の諸問題を生み出した。清国は朝鮮の独立を認めることを余儀なくされたが、清国に入《い》れ代《か》わって、もっとはるかに侵略的な勢力が朝鮮半島における日本の影響力に挑戦するために出現したのであった。』

『1895年から1904年の間《あいだ》に、ロシアは朝鮮においてますます強力になって行《い》った。そしてついに日本はその戦略的地域が敵対勢力の下《もと》に置かれることを防ぐために第2の戦争を戦うことを余儀なくされるに至ったのである。朝鮮は、1869年以降ずっと、日本外交の**台風の目**であり続けたのであった。』」（判決書p.416下段～p.417上段）

この最後の文章は重要である。パール判事は、ペイソン・トリート教授からの引用を通じて「朝鮮は1869年以降ずっと、日本外交の**台風の目**であり続けたのであった」と指摘している。そして、この指摘にはいくつかの重要な含意があるように思う。

まず、1869年というのは、明治2年であり、近代国家たる明治政府が発足した年である。その年に天皇が京都から東京に移り、遷都がなされたのであった。

次に、日本外交が本格的にスタートしたのも明治政府が成立した後であることをこの文章は示している。それ以前の幕府は、本格的な「外交」を担っていたとは言えないのである。

最後に、この文章は日清・日露の両戦役はともに朝鮮を巡る争いが原因で起きた戦争であったことを示唆している。否、21世紀の今に至るも朝鮮は、日本外交にとって「台風の目」なのではないか。筆者はパール判決書のさまざまな箇所で紹介された英国のトインビー博士の分析の鋭さには敬服しているが、ここでのスタンフォード大学のペイソン・トリート教授の慧眼にも恐れ入る。

右記引用ではもう一つ、重要な指摘がある。引用の中段部分で「日本は国際社会に受け入れられたのである」とある。トリート教授は、日本が本当の意味で国際社会に一人前の国であるとして認定されたのは、日清戦争の勝利によるもの、と指摘しているのである。当時は帝国主義の時代であった。戦争で勝たない限り、一人前の発言権を持つ国際社会構成国家とは認められなかったのだ。パール判事が何度も指摘しているが、これは良い悪いの問題ではなく、国際社会自体がそのような枠組みを持っていたのである。そのような国際社会の中で生き延びようと必死であった国が、日本だったのだ。

「国際社会に受け入れられた」日本が受益するに至った直接のメリットは、一連の不平等条約の改定であった。これは日清戦争の勝利が日本にもたらしたメリットの一つなのである。少なくとも、日清戦争のあった1894年を、パール判事は歴史上の重要な区切りの年であると認識している。これは、次の文章から明らかである。判決書p.410

上段から、再び引用する。「本官は、1853年から1894年にかけて起きた出来事の詳細を申し述べる必要は無い。」パール判事はさらにトリート教授からの引用を通じて「日本は1899年までには司法的自立を回復」していた（判決書p.417上段）とも述べている。

§13．満州制圧をねらったロシア

この時代のイギリスとアメリカの両国は、極東においては経済的利益の追求を主たる目的としていた。ただし、領土獲得にまったく無関心であったわけでもなく、機会があれば領土も獲得した。1898年にイギリスは威海衛を、そして同年にアメリカはフィリピンを獲得した。

一方、ロシアは露骨に領土獲得を目指していた。また、ロシアはフランスとドイツを味方に付けていた。次の引用の通りである。

「清国は『欧州の三つの同盟国（訳注：後述の露仏独）たちに、金額の記入欄が空欄となったままの小切手を署名済みで手渡したかのように』見受けられた。その時点に至るまで、イギリスが北京において支配的影響力を持っていたが、今やロシアが、その同盟国であるフランスとドイツに支援されて指導権を握ったのである。このことは、清国が第1回目の賠償金の支払いを行《おこな》うにあたりイギリスの銀行家たちではなく、ロシアとフランスから資金の借り入れを行《おこな》うようそれらの2国に強制されたことから明らかとなった。

『ロシアもそのシベリア横断鉄道につき、満州を横切りウラディオストックに至るまで敷設する権利を確保することに興味を持っていた。この特権は1895年11月までには与えられたように見受けられる。（＊1）』ロシアの影響力は圧倒的であった。それでも鉄道の『満州地域の貫通』の計画は、もちろん、『平和的な貫通』であった。しかしそのことは日本人たちの心の中に平安をもたらすことはなかった。（＊2）

（＊1訳注：これは後の東清鉄道として実現する。東清鉄道の完成は1903年であった）

（＊2訳注：日本から見れば、鉄道敷設の名目が何であれ日本海側の不凍港であるウラディオストックと欧州ロシアがシベリア横断鉄道で結ばれることとなりロシアによる対日侵略の脅威がさらに進展するものであった）

『ドイツにも、手ぶらのまま傍観する意図は無かった。』本官はここで、清国の同盟国であるロシアとドイツが如何《いか》にして清国に対して要求の悪循環を繰り返したかを数え上げる必要は無い。

『ドイツ人たちが1898年に膠州《こうしゅう》を占拠した直後に、ロシア艦隊が旅順《りょじゅん》港に入港し、3月3日には旅順港、大連《だいれん》そして遼東《りょうとう》半島南端を租借させよ、との要求がロシアによってなされた。25年間の租借契約が3月27日に調印された。このなりゆきが日本にもたらす効果は容易に想像できるであろう。日本の軍隊が戦争によって取得した要塞を、その区域を日本が占拠することは朝鮮の独立ならびに北京を危殆《きたい》にさらすから、との理由で強制的に日本から取り上げることに指導力を発揮したロシア自身が、その後3年も経《へ》ない内《うち》に乗り込んで来たのである。日本政府はこの点に関して錯覚を起こすことは無かった。』

清国は『夷《い》をもって夷《い》を制することを引き続き行《おこな》っており、威《い》海衛《かいえい》の租借をイギリスに提案した。』ロシアが旅順港を租借した後、イギリスはその北京駐在の公使に対し、ロシアが旅順港を租借したのと同様の条件にて租借を得るように指示した。」（判決書p.417下段～p.418上段）

清国の分割

日清戦争の結果を通じて清国の脆弱さを把握した西洋列強は、清国の分割をどんどん進めた。

「清国の分割が西洋列強の間《あいだ》で如何《いか》に愉快に引き続いたかを、本官はすでに他の箇所で分析した。軍事面での日本の成功は清国による抵抗を崩壊させていたものの、この日本の隣国が欧州諸国によってコントロールされることがもたらす脅威によって日本は清国自身の次に多くの危険に直面していたにもかかわらず、日本はこのような侵略的な動きにはほとんど加わらなかった。『日本は、しかしながら、台湾の対岸の福建省を欧州がコントロールすることから自身を守ること以外にはこの利権争奪の輪には加わらなかったのである。』

合衆国もその時点までは無関心であった。しかし、欧州による清国への侵略が行《おこな》われ、清王朝が解体の危機に瀕したその年（訳注：1898年）に、合衆国も米西戦争の結果としてアジアにおいて存在感のある列国となった。すなわち、フィリピンの併合がアジアの出来事への発言権を合衆国にもたらしたのである。」（判決書p.418上段）

義和団事件をきっかけにしたロシアの満州占領

清国が抱えていた問題は国外関係だけではなかった。国内でも清朝の統治体制に対する不満が顕現化し、義和団事件が発生した。そして義和団事件をきっかけとして、ロシアが猛然と満州に襲いかかり、占領したのである。

「1900年の義和団事件についてここでその詳細を述べるのは本官の目的を超越したものとなろう。この作戦を通じて、イギリス、合衆国、ロシア、フランス、ドイツと日本の6つの列強が全般的協調の下《もと》に一緒になって活動したのである。しかしながら、北京を占拠した後、ロシアの行動が警告の契機となった。ロシアは北京からの速やかな撤退を主張したが、他の連合国諸国がそのようにはしなかった。その時、『ロシアは中国の領土を獲得する計画は何も持ってはいないと抗議をする一方で、突然にその矛先《ほこさき》を変えて満州に襲いかかり、その首都である奉天を10月2日に占拠したのである。このことが10月の英独間の合意に至らしめた。この合意は門戸開放政策ならびに中国の領土保全の原則の宣言であった。合衆国、フランス、イタリア、オーストリアそして日本もそこに記《しる》された原則を受諾した。』」（判決書p.418上段～p.418下段）

当時のロシアの動きとそれに対する日本の反応は次の引用の通りである。なお、パール判事が判決書のこの部分に付けたタイトルは、「ロシアの外交手腕」である。武力で強要して自国に有利な条約を締結したのは「外交手腕」だというのである。これは嫌みでも皮肉でもなく、外交と武力は表裏一体であるとの、パワーポリティクスのもたらす明らかな結果なのであろう。

「それらの日々においてロシアの外交は、成功した1858年と1860年の前例（＊1）を忠実に踏襲していた。

1900年に『アレクセイエフ提督（＊2）は旅順港において、条約締結のための交渉を増棋《ツエンチー》（＊3）と行《おこな》っていた…それは満州をロシアの保護領としていたかも知れないものであった。』

（＊1訳注：1858年のアイグン条約でロシアは清国領アムール川左岸を獲得、さらに1860年の露清北京条約でロシアはハンカ湖からウスーリ川以東・アムール川以南の地域を獲得。いずれも武力で脅迫して条約締結にこぎつけたもの）

（＊2訳注：Yevgeni Ivanovich Alekseyev 1843～1917 ロシアの

軍人。海軍提督、極東ロシア総督を務めた。日露戦争における旅順総司令官）

（＊3訳注：「奉天将軍」職を清朝から拝命していた満州人。詳細不明）

『この合意の第一報は1901年1月3日にロンドンで公表され、ロシアと清国の両国は共にその公表が真正なものであることを否定したものの、日本、合衆国、イギリスそしてドイツは清国に対し、他のすべての諸国との友好関係を保つことに努める一方で、一つの列強のみと交渉を行《おこな》うことの危険につき警告を発した。ロシアは条約の批准を強要した。2月28日に清国政府は清国とロシアとの間《あいだ》の調停をするよう合衆国、日本、イギリスならびにドイツに対して懇願した。するとロシアはその要求の内容をいくらか変えた上でその条約を3月26日までに調印するよう要求した。清国は再び列強諸国に対して、交渉の時間を延長するようロシアに対して影響力を行使してもらいたいと懇願した。そして合衆国は清国とロシアに対して再度、個別交渉は行《おこな》わないよう警告を発した。ドイツ、イギリス、そして日本はかかる条約を北京での外交会議にかけるよう提案を行《おこな》ったが、ロシアはそのようにすることを拒否した。』

『1898年から1901年にかけてのこの中国危機を通じて、合衆国、イギリスそして日本は協調活動を遂行した。それらの国の各々《おのおの》は、門戸開放ならびに清国の領土保全が賢明であることを信じていたのである。そして日本以上に危険にさらされていた列強は無かったことも確かである。しかし清国はロシアのこの見《み》え透《す》いた侵略意図に対して自国を防衛する能力が無く、一方でロシアはフランスの支援を頼りにできたし、ドイツの支援もしばしば頼りにすることができた。いくつかの不凍港をめざしたロシアの南方進出は、最終的にはロシアによる南満州と朝鮮の占領を意味しており、それは日本には耐えられないことであったため日本は最大の危機にさらされたのである。しかし日本単独ではかつて1895年に日本に辱《はずかし》め（訳注：三国干渉）を与えた3国による『**協調(entente)**』に直面することは困難であった。日本は支援国を持たなければならなかったのである。』」（判決書p.418下段～p.419上段）

ロシアのむき出しの欲望に接した日本の不安は頂点に達した。日本は自国を守り自存を図るため、同盟できる国を探し求めたのであった。

日英同盟

日本が得た同盟国は、イギリスであった。日英同盟の条約締結経緯は次の通りである。

「合衆国は、どのような目的のものであれ、同盟を締結することを一貫して拒否していた。その一方でイギリスは、ロシアの進出を長期に亘《わた》って恐れていた。イギリスは、まずロシアによるインドへの進出を恐れ、そして今度はロシアによる朝鮮と中国に向けての進出を恐れたのであり、それはイギリスがそれらの地に持つ商業的な権益が危うくなるためであった。そのためイギリスには、極東においてロシアに対するイギリスの力を増強するような同盟を結ぶ意欲が十分にあったのである。『日本の最高意志決定機関グループにおいては、はたして、ロシアとの衝突へと導かれて行《い》くと思えるところのイギリスとの同盟を行《おこな》うべきなのか、あるいは、日露間での相反する利害関係の解決をロシアとの間《あいだ》で試みるべきなのか、を巡る意見の相違が浮上した。』

ロシアは、しかしながら、その国家計略に対して日本が干渉することを許すような気分ではなかったのである。そこで1902年1月30日に日英同盟がロンドンで調印された。その同盟においては『両締約国は清国および朝鮮の独立を承認し、また、両締約国はいずれも、それら2国に対して侵略的な性向をまったく持っていないことを宣言した。イギリスの特別な利害は清国にあり、一方で日本は、清国に持っている利害に加え、朝鮮においても政治面、商業面そして工業面の利害を持っているとの主張がなされた。』

『日本とイギリスによるこの断固たる行動は、満州での冒険からロシアを撤退させたかのように見えた。4月8日にロシアは清国との協約に調印したが、そこにおいてロシアは明示されたゾーン(訳注：区域)の各々《おのおの》を3カ月毎《ごと》に手放すことにより、18カ月以内に満州から撤退することに同意した。しかしロシアには、この誓約を守る意志はまったく無かったのであった。』」(判決書p.419上段～p.419下段)

朝鮮におけるロシアの脅威

ロシアの脅威は満州を越え、朝鮮にまで及んでいた。

「朝鮮においては、1895年以降、ロシアの影響力が着実に増大しつつあった。

『日本は、ロシアによる支配の締め付けが強化されていくのを大いなる警戒の念をもって見守っていた。そのためロシアがその清国との合意を守らずに、第1年の終わりにおいて第2ゾーンからロシア軍を撤収しなかっただけではなく、追加的な特権を確保しようと動いた時には、日本はロシアに直接に働きかけて、清国と朝鮮の独立と領土保全を尊重するとのはっきりとした保証をロシアから獲得するよう努力することを1903年6月26日に…決定した。』

　ロシアは中国の領土保全を尊重することを拒否した。」(判決書p.419下段～p.420上段)

「領土保全を尊重することを拒否した」ことによって、ロシアは中国の領土を侵略する意図を明示したことになる。

§14. 日露戦争

日本は戦争を避ける努力として、ロシアとの外交交渉を熱心に進めたのであった。ところが、ロシアは「そのような気分ではなかった」のであった。日本の要望を聞くつもりはなかったのである。

　ここに至って、誠に残念なことながら、外交交渉では埒《らち》があかないことが判明した。

「『ロシアは朝鮮との国境沿いに大量の軍団を集結させ、その極東における艦隊を増強させたので、日本は交渉の打ち切りを決意した。かかる決定は1904年2月8日に行《おこな》われ、戦闘行為は9日夜に旅順港にて開始された。』

『合衆国は日本とロシアの両国に対し、清国の中立の尊重、ならびに、戦闘が行《おこな》われる地域のできうる限りの局限化を、ただちに督促した。両国はともにこれに同意したものの、ロシアは満州の全土が戦闘区域に含まれるべきであると主張した。』

『この戦争(訳注：日露戦争)は清国の領土の上で闘われたものの、その目的はロシアによる朝鮮と満州の獲得を防ぐことにあったように見受けられる。しかし日本は、日本自身の国家的利害が危殆《きたい》に瀕《ひん》するようなことがなければそのような犠牲を払うことは決して無かったのである。つまり日本は日本自身のために戦ったのであり、それは自己防衛のためであった。朝鮮と清国の弱さこそが、この闘技場への入場を日本に余儀なくさせたのであった。日本には当然ながらそれを理由とした大いなる義憤があった。なぜなら清国は、自身の防衛のための行動を取ろうとはしなかったからである。この清国の弱さならびに怠惰こそが日本をこの危険な事業に巻き込んだのであった。この事実が、その後数年に亘って、多くの日本人たちの清国に対する態度を彩《いろど》ることとなった。』『その戦争の間《あいだ》、合衆国の輿論《よろん》は日本に対して強く好意的であった。日本は自己防衛の戦争をしているのだと信じられていたのである。』『日本の戦力が陸海上で揃《そろ》って勝利を収めたこと、その優秀な病院および衛生設備、その戦争捕虜の人道的扱い、それらのすべてが日本の信用の増強に寄与したのであった。』

この戦争を終結する際のロシアとの条約においてさえも、日本ははっきりとした寛大さを示した。

『日本は、日本にとってもっとも重要な、朝鮮における政治的、軍事的、そして経済的権益を確保し、ロシアを南満州から強制的に追い出し、自国自身のためにはロシアがそこで所有していたところの土地賃借権ならびに鉄道の権利を手に入れたのであった。』」（判決書p.420上段～p.420下段）

右記のトリート教授の引用の中で見落とすべきではないのは、「当時の合衆国の輿論は日本に対して強く好意的であった」ことと、「日本は自己防衛の戦争をしているのだと（合衆国の輿論によって）信じられていた」ということだと思う。

日露戦争の勝利

日露戦争の結果についてのパール判事の記述は、そっけない。次の通りである。

「日本は、10億ドルを越える莫大な負債を背負ってこのロシアとの戦争から抜け出した。その見返りとして日本は、南満州鉄道、サハリン（訳注：樺太《からふと》）の半分、そして日本に引き取ったロシアの戦争捕虜の費用につきその名目的な額を受け取った。」（判決書p.420下段）

§15.「勝利を浪費するのは犯罪的である」

ここでパール判事は、重大な考えを表明する。戦争の勝利を無駄にすることは犯罪的であるというのだ。なお、これはパール判事自身の考えである。

パール判事による正確な表現は次の通りである。ぜひ、ゆっくりと味わいながら読んでいただきたい。「本官」とはパール判事である。

「本官は、戦争の後において平和を具体化する責任を負った者たちが、おそらくは戦争において途方もない犠牲と努力により得られたものであろう利得をまず維持し、次にそれを発展させることを考えることは、まったく当然なことであると信じる。勝利を浪費することは不自然なことである。いやしくも何らかの戦争の目的そのものを無に帰するような勝利の浪費は、犯罪的である。戦争によって成し遂げられたことを保全するのは、公人の基本的な任務であると考えられているのだ。」（判決書p.420下段）

＊＊＊＊＊

右記は、パッと読んだ段階では違和感を持つコメントであるが、じっくり読み込んでいくにつれ、戦争を避けるために努力をしたものの、国家安全保障の確保のために否応もなく開戦に追い込まれた国が、人命と金額において途方もない犠牲を払って勝利を収めた後、その勝利を最大限利用しないのは、やはり間違いなのであり、パール判事の指摘には説得力があると考え直すのである。パール判事のこの指摘に正面切って反論できる人はいないのではないだろうか。

満州の開発が決定されたのはいつか

日露戦争に勝利したことで、日本はロシアの脅威を満州と朝鮮から駆逐した。その後、日本は満州の開発に乗り出したが、問題は「満州を開発する」との日本の決定が、いつなされたのかである。

「日露戦争の後の日本は、欧州が中国と関わる上で作った前例をぴったりと踏襲したように見受けられた。」（判決書p.420下段）

「『1905年10月、当時の首相であった桂《かつら》伯爵（＊1）はアメリカの鉄道王であるE・H・ハリマン氏（＊2）と覚書を調印した。それによると、南満州鉄道はハリマン氏が組成するシンジケート団に譲渡され、そしてそのシンジケート団は日本法の下《もと》に鉄道を運用することとなっていた。ハリマン氏は東清鉄道（満州におけるロシアの鉄道）の買収を提案することでシベリアを横断する運送権利を確保し、アメリカ資本がその財政を管理するところの世界一周運送システムを形成しようとしたのである。』

（＊1訳注：桂太郎1848～1913 日本の政治家）

（＊2訳注：Edward Henry Harriman, 1848～1909 アメリカの実業家）

しかし小村男爵（＊3）はその計画に反対した。

（＊3訳注：小村寿太郎 1855～1911 日本の外交官、政治家）

『彼は原則としてその考えに反対した。というのも、鉄道は日本が戦争で得た唯一の価値ある資産であり、この生産的な事業を外国へ移転することに対しては国民が激しく憤慨すると彼は信じたからである。この点につき彼は疑いもなく正しかった。完全に成功を収めたと見受けられた戦争から得られたものがわずかな利得にすぎなかったことから、すでに大きな義憤が示されていたからである。』」（判決書p.420下段～p.421上段）

アメリカの資本家が南満州鉄道を手に入れようとしたことに対し、日本政府は覚書まで調印したが、最終的には小村寿太郎が反対したことでこの話は沙汰止《さたや》みとなった。このことは何を示しているか。

当時の国土開発の重要なツールは鉄道であった。日露戦争の勝利によるほとんど唯一の利得である南満州鉄道をアメリカに売ってもよいといったんは考えたのである。つまり、その時点では日本は、鉄道を利用して満州を開発しようという考えを持っていなかったことが示されている。その頃の日本には、満州開発の計画はなかったのである。

以上の経緯を受けて、パール判事は次の重要な指摘を行《おこな》う。

「そのため、満州の開発を行《おこな》うとの決定は、その後の段階における展開であったと見受けられるのである。」（判決書p.421上段）

右のパール判事の指摘は例によってサラリとしているが、これは日本は満州を開発して儲けようという考えを日露戦争の前の段階で持っていなかったという指摘なのである。よく、日露戦争は日露の2つの帝国主義国同士の戦いであって「どっちもどっち」といった議論がなされるが、少なくとも日本は満州から得られる利得をねらいとして戦ったわけではないことを、右記のパール判事の指摘は示している。

また、パール判事のこの指摘は、満州の開発を行《おこな》うとの決定は鉄道売却に関するアメリカとの覚書締結の「後である」と示すことにより、日露戦争は、ソビエトの検察官が主張するような日本の「共通計画」などではなかったとの論点を提示したことにもなる。

中国の自己中心的解釈

日露戦争に関し、中国は自己中心的な見解を取った。ペイソン・トリート教授は次のように表現している。中国はあまりにも自国のみに都合のよい解釈をしたものだと筆者は思う。

「『中国人たちは、日本が勇敢にも戦争に飛び込んでいったのはロシアの脅威から満州を解放するためと、清国の領土保全を維持するためであったとの立場を取った。日本が達成したすべてに対して清国は大いなる感謝の念を示したものの、それに加えて彼らは、日本が撤退をすること、また、その撤退を通じて彼らの行《おこな》いが滅私奉公であったことを証明することをも期待した。』

『日本人たちは、戦争が進行していた期間を通じてそれとはまったく異なった結論に至っていた。それは、彼らがロシアとの戦いを余儀なくされたのは清国の弱さが**その理由である**というものであった。彼らは多くの人命と財産を犠牲にしたのであって、彼らにはその代償を受け取る権利がある。日本が求めたもののすべては、清国が自発的にロシアに与えたものにすぎなかったのである。』さらには、ロシアが立ち戻って来る懸念もあった。

二つの国の間《あいだ》のこのくっきりとした意見相違は、その次の段階において引き続いて発生したものに関して多くを説明するものである。」（判決書p.421上段～p.421下段）

さらに清国は、日本の権益を損壊させる行動に出た。次の通りである。

「満州における状況は鉄道権益を巡る争いによって複雑化した。日本が鉄道を経済面のみならず政治面でも使用することを清国は恐れ、イギリスとアメリカの資本がその対抗企業に出資されるように努めた。日本はその満州権益を最大限に利用する決意であり、当然ながら競合につながるものすべてに対して反対を表明した。

『1907年11月に清国はイギリスの資本家たちに対し、新民屯《しんみんとん》から法庫門《ファクメン》に至る短い路線を建設し、さらにはそれを最終的には斉斉哈爾《チチハル》まで延伸できるとの権利が付随した特権を与えた。斉《チ》斉哈爾《チハル》は400マイル北方のシベリア横断鉄道線上（訳注：東清鉄道線上）にあった。日本はただちに、かかる特権は1905年の北京秘密協定の内の一つに違反するものであるとして反対した。この協定において清国は、南満州鉄道の近辺にそれに平行させて幹線鉄道を建設せず、また、南満州鉄道の利益に反するあらゆる鉄道支線も建設しないことに同意していたのである。イギリスが日本を支援し、かかる特権は遂行されなかった。』

『この特権を巡っての議論が行《おこな》われていたまさにその時、清国の満州督撫《とくぶ》（訳注：満州の太守）が…鉱業、林業ならびに農業開発、そして鉄道建設に関して満州政府の金融代理人となる満州の銀行を設立する権利が付随しているところのアメリカからの2千万ドルの借入れに関する骨子…の交渉を行《おこな》っていた。』

この交渉は最終的には、皇帝（訳注：光緒帝）と皇太后（訳注：西太后）の死去により無に帰した。」（判決書p.421下段）

§16．満州を巡る日露両国間の協力体制：1920年の日露協約

よく言われるように、ロシアはまだまだ戦える力を十分に残して日露戦争を終結させたのだろう。一方、日本は完全に疲弊しており、戦争を継続する力はすでに無かったと筆者は思う。ポーツマス条約におけるロシアの強気な立場は、そのあたりの日露両国のもてる力のバランスをよく見極めていたからであろう。だからこそ、日露戦争で日本が得た利得は、極めて少なかったのである。

ただ、悪いことばかりでもない。ロシアは日本の戦力と国力を認め、これ以上、日本と争うことは自分の得にはならないと考えを改めたのだ。そのため、日露戦争後のロシアの態度は、対日融和的であり、満州を日露共同管理の下に置こうという動きに出た。日本に異存はなかった。

「『この時期には満州は世界の危険地帯の一つであると考えられていた。清国は北満州におけるロシア、南満州における日本の存在に驚愕していた。両列強は共に、その商業的ならびに政治的な

権益を発展させる強力な手段として鉄道を使用した。影響力を及ぼすことができる領域の内《うち》の失地してしまった部分を回復するために、ロシアはすぐにも日本に対して反撃を行《おこな》うだろうとの予測があったにもかかわらず、協力体制は争いよりも優れているとの決定に両国（訳注：日露）は急速に到達したのであった…。』

この時点で合衆国は、満州における対立を取り除き、門戸開放ならびに清国の領土保全が危殆《きたい》に瀕《ひん》しているとの主張を鎮静化させる一つの試みを実施した。

当時の国務長官であったノックス氏（＊1）はイギリス、ロシア、フランス、ドイツ、日本および清国に対し、『ロシアと日本が所有している鉄道線を清国が1937年までに買い戻すことができるように、6カ国が協力して資金を融通する』ことを提案したのである。ロシアと日本は共にこの考えを否認し、イギリスとフランスは彼ら（訳注：日露）を支持した。日本は、提案されたような国際的な鉄道管理は政治的急務のために経済性と効率性を犠牲にするものであり、また一方、管理責任の分割は深刻な不便を招くものである、との意見を主張した。さらに、多くの日本の商工業の企業が鉄道線に沿って育成されており、それらを略奪や攻撃から保護できるのは日本が輸送線たる鉄道を所有しているからこそであって、保護と防衛を可能とするこの手段を引き渡すことは政府としてできなかった。日本がこれを入手するために犠牲にした人命と財産を心の中に留め置くならば、同様の境遇に置かれたならば他のあらゆる国々も同様の回答を行《おこな》ったであろうことは、疑うことができない。門戸開放の原則ならびに中国の領土保全を侵害することなく日本の商工業の関係者の発展のために鉄道を使用することは、まったく可能であったのである。さらに、日本が払った犠牲により獲得したすべての合法的利得につき、それらを主張する資格が自国にはあると日本は信じていたのであった。

（＊1訳注：Filander Knox 1840～1911アメリカの政治家）」

（判決書p.422上段～p.422下段）

満州を巡り、力を温存していたロシアと日本が再び戦火を交えるのは必至であると思ったが故に、合衆国は満州が世界の危険地帯であると考えたのだった。そこで、合衆国のノックス国務長官は、満州の鉄道を国際管理の下に置こうと提案したのだが、日露両国は反対し、イギリスとフランスは日露を支持した。合衆国のこの提案は理想を掲げたもののように見受けられるものの、その実《じつ》、日露両国の支配力を満州から削減させて合衆国が満州で利益を上げる方策を模索したもののように筆者には思える。

日露協約の締結と朝鮮併合

このアメリカの動きに対し、日露両国は相互の協力体制を明確に打ち出すため、1910年に日露協約に調印した。

その間、朝鮮には大きな動きがあった。朝鮮近代化に大きな足跡を残した朝鮮総監の伊藤博文侯が殺害されたのだ。これをきっかけにして日本は朝鮮併合に動いた。

以上を示すのが次の引用である。

「この件（訳注：ノックスによる提案）の非常に迅速なる結果が、満州の『現状（status quo）』を維持するための1910年7月4日の日露協約の調印であった。

『ロシアが脅威を与えるような地歩を朝鮮において固めたことがロシアとの戦争（訳注：日露戦争）の原因の大部分であった。すなわち、日本が清国と戦った（訳注：日清戦争）のは外国勢力が朝鮮半島を支配するのを防ぐためであったが、その戦争の後で中華王国（訳注：原表記はMiddle Kingdom）が退いた場所に、ロシアが踏み込んで来たのである。日本は同様なことが再び起きることを欲《ほっ》しなかった。日本は宣戦布告（訳注：日露戦争の宣戦布告）を実施した後《あと》の2週間以内に朝鮮と条約を締結したが、その条約は大韓帝国の独立とその領土保存、ならびに帝室の安全を保証するものであったのだ。』

『1904年8月に大韓帝国は、財務上ならびに外交上のアドバイザーを日本から受け入れることに同意した。財務のアドバイザーはハーバード卒業生の目賀田《めがた》氏（＊2）であり、外交のアドバイザーはアメリカ市民のダーラム・ホワイト・スティーヴンス氏（＊3）であった。翌年の11月に、日本の保護国（訳注：大韓帝国）が設立された。』

『合衆国ならびに、条約を締結した他の列強は、その出来事の論理を理解し、その各々《おのおの》の公使館をソウルから引き揚げた。』ルーズベルト氏（＊4）は、大韓帝国は『自治もしくは自己防衛を行《おこな》う上で自身が完全に無能力であることを示していたのである』と認識し、氏はこの件へ介入することを拒んだ。

（＊2訳注：目賀田種太郎《たねたろう》 1853～1926 日本の政治家・官僚）

（＊3訳注：Durham White Stevens 1851 ～ 1908 アメリカの外交官。後に日本の外務省に雇用される。1908年、米国籍の朝鮮人、張仁《ジャンイン》煥《ハン》と田明雲《ジョンミョンウン》の2名によってサンフランシスコで暗殺された）

（＊4訳注：Theodore Roosevelt 1858～1919 当時の合衆国大統領。第26代合衆国大統領を1901年から1909年にかけて務めた）

『次の3年間には、駐韓の総監、伊藤侯爵（＊5）の下《もと》で多くの著しい改善がなされ、それらの改善は、昔の状態（訳注：昔の朝鮮の状態）を知る多くの外国人たちの賞賛を獲得したのであった。』

（＊5訳注：伊藤博文《ひろぶみ》 1841～1909、日本の初代総理大臣）

しかし不幸にもこの偉大なる政治家は、朝鮮の狂信者（訳注：原表記はa Korean fanatic）の手にかかって1909年10月26日に落命してしまった。1910年8月22日には条約が締結され、大韓帝国の皇帝はその主権を日本の天皇に譲渡したのであった。

『大韓帝国の併合は、領土保全の約束が繰り返されていたにも関わらず実施されたものであり、日本による外交政策には道理が通《とお》っていないことに関して、もっとも実証的な批判を生じたのであった。外交的にはすべての段取りは正しいものではあったものの…、それのみを取り上げるなら、誓約に対して真逆の結果が生じたのであった。』

しかし、前例が大きく取り沙汰されるこの世界においては、日本人たちは多くの前例によってその行為を擁護することができたのである。

『イギリスのエジプト占拠は、撤収するとの約束に違反するものであった。オーストリアによるボスニアとヘルツェゴビナの併合は、厳粛なる条約を破り捨てるものであった。朝鮮は外国による支配に下った唯一のアジア弱小国ではなかったのである。そして日本の朝鮮に対する主張は、国家権益によって測るならば、イギリスのインド所有に対するそれ、フランスのインドシナに対するそれ、オランダの東インドに対するそれ、アメリカのフィリピンに対するそれに比べて、もっとましな主張であったのだ。朝鮮で日本人たちは、あるアメリカの政治家に向かって、彼らが直面していたのは『理論ではなく状況』であったと申し述べることが可能であったのである。あるいは、フィリピン併合（訳注：米西戦争の結果、合衆国が併合した）を正当化するためにマッキンリー大統領が述べたように、『事態の進展が人間行動を支配するし、また却下もするのである。』』

この出来事（訳注：韓国併合）の後、合衆国と大英帝国の両政府は、日本との伝統的な友誼を維持したいとの彼らの要望を、条約を締結することを通《つう》じて表明したのであった。」（判決書p.422下段～p.423下段）

パール判事は、3年間の朝鮮総監の時代に伊藤博文が「多くの著しい改善」をなしたと認識している。そしてその改善は、昔の朝鮮を知る多くの外国人たちの称賛を獲得したのであった。リットン委員会のマッコイ少将はそのうちの一名であった。本書p.64参照。それ故《ゆえ》にパール判事は伊藤を「偉大なる政治家」と評したのである。

また、右記引用の最後の文章は重要である。合衆国と大英帝国は、朝鮮を併合した日本と伝統的な友誼を維持したいと表明した。つまり、両国は日本による朝鮮の併合を、事実上、認可したのである。当時のアメリカの雑誌の記事に掲載された地図を見ると、朝鮮を日本の領土として日本本土と同じ色で塗り分けている。英米は日本による朝鮮併合にまったく異存はなかったのである。

満州における日本の鉄道線の延伸

南満州鉄道を手に入れた日本は、南満州地区を中心に鉄道線を延伸した。しかし、それはソ連に対する何らかの侵略的計略を必ずしも意味するものではないとパール判事は指摘している。次の通りである。

「満州における鉄道線の延伸は、ソビエト連邦に対する何らかの侵略的計略を必ずしも示唆するものではない。」（判決書p.434上段）

満州の開発に関する日本の動きを、パール判事はさまざまな引用を交えて次のように説明している。

「1925年までの満州の鉄道状況は、王立国際問題研究所によるその年の国際情勢概観にて論評が加えられている。少なくともその年までの日ソ関係の支配的な要因は、満州への経済的浸透の問題、ならびに、競合的な鉄道システムの開発の問題であった。その競争の目的は主として、ウラディオストックもしくは大連《だいれん》の商業的支配、そして最終的にはロシアもしくは日本による満州の支配の確立であった。

満州における鉄道建設は、ロシアにより1896年に開始された。その広大な土地は農業の巨大な可能性を秘めていたにもかかわらず、当時は、その領土（35万平方マイル）のほとんどが未耕作地であって、狩人と牧畜業者がまばらに居住していたのみであった。手頃な価格で製品を市場に運ぶ交通手段が欠如していたことが、その大きな理由であった。

初期の鉄道建設の直後には、それにより容易に到達できるようになった範囲内の土地の開墾がただちに続いたのであり、満州の植民プロセスが真剣に開始されたのであった。

満州の経済的重要性の増進にさらに大きく貢献した出来事としては、世界の商業において『大豆《だいず》』が特別な重要性を持つ作物の地位に昇格したことがあった。

朝鮮銀行が発行した『満州経済史』は、満州の農業の可能性について次のように述べた。

『満州は農業面では依然として極東における最も恵まれた土地である。そしてその好機は『計り知れないほど大きい』と形容して差し支えない。満州の中央部の全域にわたって広大な平地が広がっており、遼河《リヤオホー》、松花江《ソンホワイチヤン》、嫩江《ネンチヤン》、呼蘭江《フランチヤン》の盆地を形成している。その土地の生産性は、日本あるいは朝鮮のどの部分と比較しても劣らないものであり、この平地だけでも中国半島（朝鮮半島もしくは韓半島）あるいは日本の本州と同じ大きさを有しているのである。そして日本・朝鮮両国において真に耕作に適している平地、もしくは、実際に耕作がされている平地がどんなに狭小なものかを知っている者にとっては、見たところ無限に広がっている肥沃な土地について2国の国民がどんなに驚嘆したかを想像することはまったく難しいことではない。』

国際情勢概観の博識な記述者（＊1）は、次のように述べている。

（＊1訳注：1925年の「概観」のこの部分の記述者は以下の2名であった。
①Carlile Aylmer Macartney 1895〜1978 イギリスの歴史家。中欧の歴史の専門家。
②Veronica Marjorie Boulter 1893〜1980 イギリスの歴史家、編集助手。V. M. Boulterは1946年にA.J.Toynbeeの2番目の妻となった）

『そのため、満州は鉄道による開拓の理想的な平野を提供したのである。大きく広がる肥沃な土地は耕作がなされることを求めている。これらの有望な農作地を耕す、苦難に耐え勤勉な入植者は中国の過剰人口の省からすぐに手に入る。必要なもののすべては、土地にそのような人々を運び込み、そして農作物の運搬をも促進する鉄道網だけであった。そのため、この肥沃な平野において建設される鉄道はそれのみでも利益の上がる交通手段となることは事実上、確定的であるが、それと同時に、鉄道によってその国土の資源を開発することが日本の人口過剰の島々に対する食糧の提供源となる可能性をも秘めていたのである。』

『この開発はさらに、日本の製造業者に新しい市場を提供することとなるために日本自身の経済生活に有利に働く方向性を持っていた。日本による初期の経済浸透の日々において、大阪紡績会社の山辺《やまのべ》氏（＊2）は以上の可能性のすべてを包括して次のように述べた。』

（＊2訳注：山辺丈夫《たけお》 1851〜1920 明治時代の実業家、紡績技師。現在の東洋紡㈱の前身である大阪紡績会社の社長を務めた）

『我々の目から見れば、満州人の購買力はほとんど無限である。満州の住民は朝鮮人よりもはるかに裕福であり、その優位性に加え、毎年およそ2万人もの人々が山東やその近隣から満州に流れ込んでいる。これらの新しい移入者たちが新規需要に加わるので、満州における綿製品の消費がどこまで大きく伸びるのかを予測するのは困難である。』

『満州自身が綿織物製品の世界最良の市場の一つなのである。紡績技術はまだまだ非常に原始的な段階にあり、近い将来においてそれが改善されることは決して無いため、住民たちは彼らの衣料品を海外からの供給に頼らなければならない。人口の大多数は小作農と労働者であり、彼らは当然に肌理《きめ》の細かいキャラコよりも、目が粗くもっと頑丈な日本綿を好む傾向がある。』』

『従って日本は、満州での鉄道支配への奮闘に全身全霊で飛び込んでいったのである。もっとも、以前に獲得した基盤に相手方《あいてがた》が安住している中でそれが本当に奮闘と呼べるものであれば、であるが。20世紀の最初の四半世紀を通じて東支鉄道（訳注：原表記はChinese Eastern Railway）は何らの新しい支線をも建設せず、実在する唯一の支線である哈爾浜《ハルビン》から長春へと延びる線（全長148マイル）は、南向きの交通需要が関係する限りにおいて、長春へ生鮮物を運びそこから4フィート8・5インチ軌間（訳注：標準軌1435㎜）の鉄道システムに直接に積み込む荷馬車業者たちとの競争に直面しなければならなかったのである（＊3）。すなわち東支鉄道はまっすぐに引き延ばされたそれ自身の区域のみの交通需要しか引きつけることができなかった。一方、日本の影響下にある線路は奉天から扇状に広がっており、満州の複数の部分に同時に到達できたのである。』

（＊3訳注：東支鉄道の本線はシベリア鉄道線上のチタから分岐し、

そこから満州中央部を東南方向に直線的に横断し、日本海に面した不凍港ウラディオストックに至る。ロシアが敷設したものであり、軌間は5フィート（1520㎜）である。東支鉄道にはその本線の途中、満州のほぼ中央にある哈爾浜《ハルピン》で分岐し南南西の方向に、順に長春《ちょうしゅん》、奉天《ほうてん》、大石橋《たいせききょう》を経て黄海に面した遼東半島の大連《だいれん》にまで至る支線がある。この支線は途中の長春《ちょうしゅん》より大連《だいれん》にまで至る区間がポーツマス条約により日本に譲渡された。この区間が後《のち》の南満州鉄道の母体となった。この区間は日本の手によって標準軌1435㎜に改軌されたため、長春を境に荷物の積み替えが必要となった。『概観』では、農作物の需要地帯である大連などの遼東半島方面に向けた輸送につき、哈爾浜《ハルピン》から長春までの区間の広軌のままであった支線と荷馬車が、競合をしたと述べている。）

『日本は、4カ国借款《しゃっかん》団の組成に先だつ交換公文の中で日本が、日本独自の特殊権益地域であると説明した満州南部ならびに内蒙古東部の地域を組織的に開発していただけではなく、彼らはロシアの区域の中にまでまっすぐに突き進んでいたのである。』」（判決書p.434上段～p.436上段）

この日本の鉄道延伸措置が、ロシアの対日懸念の端緒となったとパール判事は指摘している。次の通りである。

「これが、日本がロシアの領域へ浸透するとの筋立て、ならびに、満州北部におけるロシアの地位への潜在的脅威に関するロシアによる懸念、の端緒となったのである。」（判決書p.436上段）

先に見たように、合衆国は日露戦争の直後にロシアが日本に再び挑戦して満州における失地を回復すると見ていた。彼らは、「満州は世界の危険地帯」と見ていたのである。ところが、この合衆国の見方は誤っていた。「協力体制は争いよりも優れているとの決定に両国（訳注：日露）は急速に到達したのであった…。」（判決書p.422上段）日露両国は平和裏に、ロシア・ソ連が北満州、日本が南満州をその勢力下に置いたのだ。そして日本が早い段階から熱心に南満州を開発したのに比べて、ソ連の北満州の開発は遅れ気味だったことを右記引用は示している。

「『ソビエト政府はそれ独自の権益を守る努力を何もせずに日本の影響力が拡大するのをただ、眺めていたわけではなかった。1926年5月には彼らは日本との了解を得ようと試みて、その目的のために東京に、前の逓信大臣であったソレブリヤコフ氏（＊4）を送り込んだ。しかしながら彼は、シベリア鉄道、東支鉄道、南満州鉄道、の各鉄道を一貫させた交通の提案に対する『原則的な』受諾を日本から確保すること以上には、何らの目的も達成せずに東京から帰国の途に着いた。ソレブリヤコフ氏は、鉄道の有効利用のためには、日本とロシア帝国との間《あいだ》に締結された古い秘密協定でそうされたように満州は二つの影響圏に分割されるべきであるとの点の了解を日本から得ようとも努力した、と伝えられた。彼はこの点については完全に失敗した。日本は彼に対し、中国の主権を無視した何らかの条約を日本が締結するためには、克服できない障害としてワシントン条約が存在すると言及したのであった。』

（＊4訳注：Leonid Petrovich Serebryakov 1890～1937 ソビエトの政治家。トロツキーに与《くみ》したとされ反逆罪等に問われ、1937年に処刑された）」（判決書p.436上段）

右記引用は、ワシントン条約に対する日ソ両国政府のそれぞれ異なる姿勢を示している。つまり、日本はワシントン条約を少なくともある程度は尊重していたが、ソ連は必ずしもそうではなかったことがわかる。

§17．ウィッテ伯爵が奏功させたプロパガンダ：英米の対日観の悪化

日露戦争の勝利は、列強各国の日本に対する見方の変化ももたらした。弱小ながらも必死に自己防衛を図っている国、という見方から、自分たちの強力な競争相手が出現したとの見方に変化したのである。

「1905年という年には日本は満州の戦場と東洋の海域において勝利を収めたのであったが（訳注：日露戦争の勝利）、その年においては日本に対する国際世界の輿論《よろん》が変化する最初の兆候も見届けられたのであった。合衆国においては日本人移民問題の端緒が見られ、また、日本の外交政策に対する懐疑の声も上がったのであった。本官は、それ以降急速に浮上して来た移民問題につきその詳細を論ずる必要は無い。日本は常にその伝統的な友情をさまざまなやり方で示して来たし、また、『紳士協定』（＊）の下《もと》で忠実にそして注意深く移民を制限することで、想像上のものであれ現実のものであれ、あらゆる反対理由の出現を排除して来たにもかかわらず、容赦のない一撃（訳注：米国による移民法の制定）を日本は免れることはできなかったのである。ここではさらに、『個人対個人の比較においては、日本人移民はこの時期の欧州からの移民に比べて非常に良好であった。彼らは全般的に読み書きができた上、ほとんど常に法律を守り、勤勉で、世界において身を立てることに意欲的であった』ことに注意を向けておくこともできよう。しかしこのことは、ここで検討している点からは逸脱している。

（＊訳注：紳士協定とは1908年、当時の林董《はやしただす》外務大臣と米国のオブライエン駐日大使との間《あいだ》で結ばれたもの。日本は認定されたごく少数の日本人を除き、米国への移民を自主的に制限することとした。その見返りとして米国は排日的な移民法を立法しないこととなっていた。

第四部 全面的共同謀議 第3段階 政治権力の制圧 にて前出）」（判決書p.423下段～p.424上段）

ウィッテ伯爵のプロパガンダ措置

また、ロシアの動きも活発であった。日露協約を締結したものの、ロシアは日本を依然として競争相手としてみており、日本の信用を毀損させる行動を取っていたのである。

「日本とロシアの両国は、戦争遂行期間を通じて、プロパガンダを効率的に使って両国の各々《おのおの》が考えていたところの戦争原因を世界の中立国に提示した。アメリカの報道機関は戦争期間中ほとんど一様に日本に対して友好的であったが、戦争の末期になってはっきりとした変化が見受けられた。この時点から非常に愚劣な記事が印刷されるようになり、そしてそのような記事は事実と幻想との間《あいだ》の区別をつけるにはわずかな情報しか与えられてはいなかった人々に、受け入れられたのであった。

『日本はフィリピンを、次にはハワイを、そして最後には太平洋岸のすべてを簡単にもぎ取ることができるとアメリカ人は警告された。カナダ人たちにはブリティッシュ・コロンビア州（＊1）が日本の実際上の標的であると伝えられた。オーストラリア人は北部特別地域（＊2）は人口希薄であるため彼らによる侵略を招き入れると警告された。それは日英同盟が失効する1911年には確実に起きると主張されたのである。』『フランス人は日本がすぐにフランス領インドシナを征服すると考え、オランダ人たちは、彼らの豊かな熱帯帝国（訳注：オランダ領東インド、現在のインドネシア）が東洋のこの新しい軍閥を誘惑するのではないかと警告された。』『イギリス領インドでさえも日本の陰謀にとっては遠すぎるということはなく、メキシコならびに南アメリカの西岸も日

本が侵略する可能性のある地域であると言及された。』

（＊1訳注：カナダの西端で太平洋に面した州）

（＊2訳注：ダーウィン市を擁するオーストラリア最北端の準州）

報道機関の態度のこのような変化は、一般的にはロシアの代理人であるウィッテ伯爵（＊3）によるプロパガンダ措置が成功したせいであるとされている。

（＊3訳注：Sergei Yuljevich Witte 1849～1915 帝政ロシア末期の政治家）

『以上の陳述は1905年直後に発行された多くの真面目な記事の中に見つけることができる。一つの段落の中にまとめられれば、それらは馬鹿げていると当然に見受けられるのであるが。これらの言論人によれば、日本人たちはあらゆる方向に向かって侵略を開始し、合衆国、イギリス帝国、フランス、オランダそして南米の各共和国を紛争に巻き込む瀬戸際にあるとのことである。もちろん、南満州を皮切りに中国はただちに蹂躙されることであろう…。』

以上のような物語は西洋全体に亘《わた》って流行したのであり、それらはそれ以降の日本の政策に対して抱《いだ》かれたほとんどの疑念の底流にあったのだ。」（判決書p.424上段～p.424下段）

西洋が抱いた恐怖の実態を、トインビー博士は著書「歴史の研究」の中で、「第三の要因」と表現している。これについては判決書p.308を参照いただきたい。

トインビーが記述した、英米による対日疑惑

トインビーは時代の動きがその先に何をもたらすかを読みとることに鋭敏であった。1931年の時点で、彼は日本の躍進が英米人の未来を「めちゃくちゃな（原表記はtopsy-turvydom）大混乱」に突き落とす「究極的な象徴」であると見た。

「1人の著名な歴史家が『**恐怖ノ年1931年（Annus terribilis 1931）**』について著述を行《おこな》っており（＊）、そこでは、その年において1個の非英語国民（訳注：日本国民）が世界において占めた支配的地位が、知的な面と道徳の面の両方において如何《いか》に英語国民にとっての障害物となったか、また、彼らがそのような支配的地位に就《つ》くとの可能性が如何《いか》に『イギリス人とアメリカ人の心の中においてすでに確立されているすべての価値観・分け前・期待感に対する革命的な大逆転を示す、めちゃくちゃな大混乱の究極的な象徴として立ちはだかったか…』を論じている。遠い過去から遠い未来に至るまでにおける人間の諸行為の発展に関して英語を話す諸国民が持っている概念のすべては、未来とは彼らのみに属するものであり、彼らの発展は神から約束されたものであり、他の者たちは英語を話す国民によるかかる発展に寄与するとの運命に定められたところの歴史上の機能を充足させるものにすぎない、というものである。

（＊訳注：この部分はArnold Joseph Toynbeeが1931年の国際情勢概観にて著述したもの）

ことによるとこれと同様の精神的態度のみが、この種《しゅ》の巧妙なプロパガンダ（訳注：ウィッテ伯爵によるプロパガンダ措置）が開花する受容力を持つ畑を提供できるのであろう。このプロパガンダは実際に花を咲かせ、実を結んだのである。」（判決書p.424下段～p.425上段）

§18．白い大艦隊による対日威嚇

この場面で、セオドア・ルーズベルト大統領は大きな賭けに出た。アメリカの巨大な戦艦で構成される大艦隊を日本に差し向けて、日本

を力でねじ伏せようとしたのである。ペリーは黒船だったが、今度は船体を白く塗っていた。もしも日本海軍が攻撃してきたら、そのまま叩き潰そうとしたに違いないと筆者は考える。

日本はどのように対応したか。なんと、「褒《ほ》め殺《ごろ》し」に出たのである。大艦隊を大歓待したのだ。思惑が外れたルーズベルトは、自らの企画を意味のあるものにするために、次の引用の中にあるような弁明を口にせざるを得なかった。

「右記で見たように、１９０５年における日本人の成功の後には多くの無責任なゴシップが続き、戦争の可能性が気安く論議されたのである。この急場においてセオドア・ルーズベルト大統領は、戦艦で構成される艦隊（＊）が世界一周の航路の一環として太平洋を横切るようにとの命令を発したのである。この計画が発表された時、多くの人々はかかる航海の目的を即座に誤認し、その他の人々は破滅的な結末を予測した。一部の人たちはこれを日本に対する脅迫であると考え、その一方で、欧州の幾つかの国々の高位の海軍当局者たちを含む他の人々は、日本の艦隊がこれに攻撃を加えることは確実であると了解していた。

（＊訳注：いわゆる「ルーズベルトの白い大艦隊（Great White Fleet）」）

この戦艦の艦隊の世界航海はルーズベルト大統領が計画したとおりに実行に移された。ルーズベルト大統領の意見では、この航海での最も特筆すべき出来事は、艦隊が日本において受けた歓迎であったと云《い》う。大統領は次のように述べた。

『礼節と教養において日本人が西洋世界の諸国に対して多くを教えることができることは確かである。私は、日本の国民がこの航海が何を意味するかを正確に理解してくれるであろうこと、また、この偉大なる島国の帝国に対して私自身が感じており、アメリカ国民も感じているものと私が確信しているところの高位の敬意と友情を表明する証《あかし》として、そしてそれは実際上もそのつもりであったのであるが、我が艦隊の訪問を彼らが受け入れてくれることについて確信を持っていた。その出来事は私の期待さえも越えるものであった。我が艦隊に乗り組んでいた将兵に対して日本人が気前よく示した礼儀正しさに対し、私は感謝の念をいくら示しても足りないくらいである。さらに私は、我が将兵のすべてが日本人に対する友情と賞賛の念を持って帰国したことを付け加えておきたい。』」

連合国諸国が深刻かつ非常に重大な必要性に迫られていた第一次世界大戦において日本は、その忠実な同盟国として、貴重な支援を彼らに提供したのであった。

以上が、日本の実際上の政策が展開したところの歴史的背景であった。上述の説明はペイソン・トリート教授（＊1）の『日本と合衆国』（＊2）からその相当部分が採取されている。そしてこれは１８５３年以降に起きた諸々の出来事に関する忠実な説明であることは確かである。

（＊1訳注：Payson Jackson Treat １８７９～１９７２ 米スタンフォード大学の歴史学教授）

（＊2訳注：原題は"Japan and the United States １８５３～１９２１"）（判決書p.425上段～p.425下段）

日本は実際上、大歓待する以外に打つ手が無かったのだろうと筆者は思う。当時の日本の海軍力でアメリカの巨大艦隊に攻撃を仕掛けるなどは自殺行為なのであり、やれるはずはなかったと思う。しかし、おそらくアメリカはこの時、この程度の威嚇では日本は動かないことを悟ったのであろう。日本は徹底的に痛め付けないと戦端を開くには至らないことを強く認識したのであろう。これが１９４１年11月のハル・ノートにつながって行くのではないだろうか。この「白い大艦隊」

の一件をパール判事がわざわざ取り上げた意味はそこにあると筆者には思える。

§19．ロシアならびに共産主義への警戒が薄かった日本　トインビー博士の指摘

第一次大戦後のロシアの革命的プロパガンダならびに海外におけるロシアの破壊活動の危険に対し、日本は他国に比べてわずかな懸念しか持たなかったとトインビー博士が1936年「概観」で指摘している。

「第一次世界大戦の後に何が起きたかについては、本官は別の場所ですでに触れた。（＊1）ソビエト社会主義共和国連邦に対する日本の態度が関係する限り、非常に権威のある歴史家が**1936年の国際情勢概観**（＊2）において次のような記録を行《おこな》っている。

（＊1訳注：第四部　第1段階　満州の支配力の獲得・成果「英語を話す諸国の政治的手腕による日本の追い落とし」）

（＊2訳注：英国王立国際問題研究所が発行。1936年の概観はArnold Toynbeeが著述）

『1918年から1922年にかけての連合国諸国によるシベリア出兵の際に日本は卓越した役割を演じたにも関わらず、日本はロシア革命の後の10年間に、ロシアの革命的プロパガンダならびに海外におけるロシアによる破壊活動の危険に対し、感染源（訳注：ロシア）からもっと遠くに離れた幾つかの他の民主主義国に比べてわずかしか懸念を示さなかった。実際、1925年という、共産党の危険が欧州の目に大きく映っており、ソビエト連邦は依然として排斥されるべき国家であると全般的に位置づけられ、また、中国では共産主義者の影響は大きいままであり、さらに、日本とロシアとの間《あいだ》の緩衝地帯として作用する『満州国』が未《いま》だに存在していなかったその年に、日本政府は友好関係を再び確立するとの条約をモスクワと結んだのである。そして日本を訪れた最初のソビエトの使節は、日本に到着した時に温かく迎えられたのであった。』」（判決書p.425下段～p.426上段）

当時の日本はひどい人口増加圧力に苦しんでいた。国内の農業生産力の増強は限界に達していたので、農業以外にその人口を維持するための収入の道を探さなければならなかったのである。ただし、当時の日本はその方策のために軍国主義には走らなかった。平和的な商業拡大と善隣政策でまかなおうとしたのであった。

トインビー博士は次のように指摘している。

「実際、この権威者は少なくとも1932年までの日本政府について言及しながら高い賞賛の念をもって記載を行《おこな》っている。1931年の概観においてこの高い権威を持つ著述者は次のように述べている。（訳注：1931年の概観もA. J. Toynbeeが著述している）

『1914年から1921年にかけて追求されていた征服ならびに植民地化の戦略は、1922年から1931年にかけては商業的拡大ならびに政治的な善隣政策という全く異なった戦略に置き換えられた。後者の時期において日本の政府と国民は、増大しつつあった国際貿易総額において日本にもっと大きな占有率を占めさせることにより日本のひどい人口増加に備えようとしたのである。さらに彼らは、この経済政策が必然的にもたらす政治的結果を受け入れたのであった。』

この筆者は続けて次のように述べている。

『商工業を持続的に拡大させることを目的とするこの事業においていくらかの成功の好機が日本にあるとすれば、それは彼らが平穏な世界秩序の精神と調和がとれているところの純粋な平和政策を日本が政治的分野において意識的に**追求し、また、日本がそれ**

を追求していることがその隣国たちにも認識される場合においてのみ、その事業の成功を追求できる点を日本は承知していた。そして日本は、その歴史の中でのこの段階において、**平和を希求する意志**を示す印象深い証拠を、実践的なやり方の中で多数に亘《わた》って提供した。すなわち、日英同盟の失効を黙認する中で、ウラディオストックならびに青島《チンタオ》からの軍隊の撤収を決定する中で、アメリカによる1924年の挑発的な移民（排除）法に直面したときに彼らが節度ある自己抑制をした中で、また特筆すべきは、中国によるいくつかの注目すべき挑発に対して彼らが慎重な行動を採ったことの中で、かかる証拠を提供したのであり、たとえば1927年の南京騒動での自己防衛において日本は、アメリカやイギリスと比べて断固として軍事志向ではなかったのであった。この同じ時期に日本が自身で実施したことを見る限り、日本は国際連盟の構成国の内の模範国たる姿を示した。これはこの偉大なる世界社会での国際生活における良き市民たるべき、特筆すべき記録となったのである。』」（判決書p.426上段～p.426下段）

ところが、日本の賞賛された政策は、方向転換せざるを得なかった。次の通りである。

「そして次には日本の**『方向転換（volte face）』**が行《おこな》われたのであった。これが行《おこな》われた理由については、本官はすでに申し述べた。これについてはさらに申し述べる機会を本官は別に設けようと思う。」（判決書p.426下段）

パール判事が「すでに申し述べた」というのは、判決書p.255上段～p.255下段に記載のあった、リットン報告書の5つの要因のことである。ここで再記しておきたい。

「かかる要因としてリットン委員会は次を挙《あ》げている。(1)『陸軍の不満』、(2)『政府の財政政策』、(3)『すべての政党に対する不満を表明し…さらには銀行家や政治家たちの利己的な方法をもその非難の対象の中に含めているところの、陸軍、地方地区、国家主義の青年たちなどから発散される新しい政治的な力の出現』、(4)『主要産品生産者をして、その産品の価格下落がもたらした境遇を緩和せしめようと冒険的な対外政策を求める方向に傾斜させたところの商品価格の下落』、(5)『もっと強硬な対外政策からもっと良好なビジネスが生まれるのであると、商工業分野に信じさせたところの貿易不振。』」（判決書p.255上段～p.255下段）

「本官は以前の段階（＊）で起きていたこれらの出来事に関する証拠につき詳細な議論の実施を提案するものではない。本官はただ、これらの出来事を詳細に検討することは日本の立場を不利にすることにはならないとだけ、申し述べておきたい。

（＊訳注：ゴルンスキー検察官の云《い》う『起訴状で取り扱っている時期に先んじた』段階）」（判決書p.426下段）

これらの5つの要因は、主として日本国外からもたらされた要因である。だからこそ、「日本の立場を不利にすることにはならない」のである。

日露戦争のケース

日本の立場を不利にすることはないもう一つの例として、パール判事は「日露戦争」を挙げている。

「1904年から1905年にかけての日露戦争を取り上げてみよう。歴史家たちは日露戦争について、ここで検察側が行《おこな》ったのと同様の特徴づけを常に実施しているとは限らない。この1904年～05年の日露戦争はツァールのロシア帝国がその頑迷さによって満州を蹂躙《じゅうりん》し軍事的占拠を行《おこな》った際に、ロシアが厳粛なる国際条約に対して目に余る違反をしてその軍隊の撤収を拒絶したことによって引き起こされたものであり、そしてロシアは日本ならびにアジアに対して脅威を与えたのだ、と申し述べる歴史家たち(＊)が存在するのである。本官がすでに述べたように、イギリスは当時の日英同盟を更新した上にその強化をも行《おこな》っているのであるし、同時代の列強たちは日本の行動を侵略的であるなどと非難することはなかったのである。(＊訳注：トインビー博士A. J. Toynbeeはそのような歴史家たちの1人である。)」(判決書p.427上段)

ソ連の検察官は、日露戦争はロシアに対する侵略であったと主張しているが、トインビー博士をはじめとする歴史家たちはそのような見方をしていないのである。前にも記述したが、日本がロシアを侵略しようとして戦端を開いたのではなく、義和団事件を契機に満州を制圧したロシアが、さらに朝鮮まで手を伸ばして来たので、日本は自己保存のためにやむを得ず開戦したのであった。これもパール判事の語る「わたくしの歴史」である。

§20．シベリア出兵は日本のイニシアティブによるものではなかった

日本陸軍がシベリアに派遣された、有名な「シベリア出兵」の経緯と背景を、パール判事は詳細に追っている。この「シベリア出兵」も日本ではあまり詳しくは教えられていない。パール判事の語る「わたくしの歴史」に耳を傾けてみよう。次の引用の通りである。

「次に、ゴルンスキー検察官の冒頭陳述で言及された、日本による極東ソビエトへの1918年の介入の件(訳注：シベリア出兵)を取り上げてみよう。本官はこの出来事についての説明を、王立国際問題研究所の国際情勢概観から読み取ることとしたい。1920年から1923年にかけての『出来事の概観』の中には次の指摘がある。極東におけるロシア人たちは1917年の革命の瞬間から分裂を起こし、『トランスバイカル地方、アムール川、ウスーリ川流域におけるいくつかの自治コサック共同体は極端な**反革命**の見解を取り、彼らのアタマン(訳注：頭領)であるセミョーノフ(＊1)ならびにカルムイコフ(＊2)はその各々《おのおの》の本部であるチタとハバロフスクからは独立した軍事的勢力として行動を始めた。その一方で、残りの地方は穏健な革命勢力がまず制圧し、その後には(それよりは比較的に不完全ながらも)ボルシェビキ運動が制圧した。以上が、**連合国が**1918年夏に東シベリアに軍団を送り込むことを**決定した**時の状況であった。』

(＊1訳注：Gregori Michaeilovic Semyonov 1890～1946 トランスバイカル・コサックのアタマン)

(＊2訳注：Ivan Pavlovitch Kalmykov 1890～1920ウスーリ・コサックのアタマン)」(判決書p.427上段～p.427下段)

トインビー博士は、シベリア出兵当時のシベリアの状況を右記のように説明した後、シベリア出兵は日本の主導権の下に行《おこな》われたわけではないと指摘した。西欧諸国が日本を動かすようアメリカを説得して、そのアメリカが日本を動かしたのである。次の通りである。

「この博識な概観執筆者(訳注：1920年～1923年「概観」はトインビー博士Arnold Joseph Toynbeeが執筆している)は次に、(1)日本では他国への干渉に強く反対する政党が当初からあったため、**日本が主導権**(訳注：『シベリア出兵の』主導権)**を握ったわけではないこと**、(2)そのもともとの動機は欧州戦争という遠隔の舞台(訳注：シベリアから遠隔)の中での出来事に結び付けられた軍事的な配慮であったこと、を指摘した。続いて概観は次のように述べている。

『ブレスト・リトフスクの講和条約(＊3)が調印された後、欧州東部戦線でロシア軍に参加していたチェコスロバキアの部隊は、

シベリア横断鉄道を使ってウラディオストックを目指した。そこから船に乗りフランスに向かい、西欧で連合軍に再び加わろうとしたのである。チェコスロバキアのこの冒険的プロジェクトは西欧連合国が知るところとなった。ただ、それと同時に、チェコスロバキア人たちによるこの撤収活動はドイツ、オーストリアならびにマジャール（訳注：ハンガリー）の元戦争捕虜たち（＊4）による武装兵力からの脅威を受けている、さらには、欧州中央列強（＊5）と共謀したソビエト当局からすらも脅威を受けている、などの噂が西欧連合国に届いた。欧州の連合国は、ドイツの影響力が（そしてすでにウクライナを蹂躙《じゅうりん》していたドイツ陸軍さえもが）シベリアを横切って東進することを純粋に恐れていた。**彼らはこの危険に対してシベリア戦線（＊6）を作り上げようと願い、彼らはさらに、この戦争**（訳注：第一次世界大戦）**においてもっとはっきりとした役割を日本に与えたいと欲《ほっ》したのである。**ドイツとボルシェビキからの脅威に対する連合国側の第一の中核はセミョーノフの軍団であり、この軍団はすでに日本からの支援を受け取っていたものの、シベリア作戦というこの漠然とした責任に首を突っ込むことに**日本政府は長期に亘《わた》ってためらいを見せていた。ここに至り欧州の連合国諸国は、日本はアメリカからの合図が無い限り決して動かないことを悟った。**そして最初の段階では腰が引けていたウィルソン大統領は、シベリアを横断してロシアへの道を切り開くとの意欲的ながらも茫漠《ぼうばく》として摑《つか》みどころの無い事業計画を抱《かか》えていたアメリカの鉄道専門家たちからのおそらくは何らかの圧力により、ついに譲歩をした。（訳注：すなわち、ウィルソンは日本に対してシベリア出兵の合図を出した。）この状況の下《もと》では、**チェコスロバキア部隊の撤収行動は介入のための便利な口実となったのであり、**彼らの撤収を支援するために連合軍をウラディオストックに派遣することが**西欧の連合国によって**提唱されたのである。しかしながら、かかる連合軍の軍団の主要部分は合衆国ならびに日本から供給されなければならないことは明らかであった。（訳注：連合軍の主力は欧州戦線の戦闘に参加していたから。）そして、日本が過去の数年間においてコサックのアタマンたちに与えていた支援を理由として、ほとんどすべてのロシアの関係者、中でも特に左翼の側の関係者の目から見て日本はすでに疑惑の対象国であると了解されていたために、外交的な主導権はワシントンによって取られるべきであると決せられたのである。』

（＊3訳注：ドイツを中心とする同盟国と、ロシアならびにウクライナとの間《あいだ》の1918年の講和条約。これによりロシアならびにウクライナが事実上はドイツに降伏した。ただし、第一次世界大戦はこの時点ではなお継続している）

（＊4訳注：ロシア・チェコが敗れたために一時的に戦勝国となり捕虜の身分から解放された者たち）

（＊5訳注：原表記はCentral Powers. 独墺洪（ハンガリー）を指す）

（＊6訳注：欧州西部戦線と、ブレスト・リトフスク条約の締結により消滅した欧州東部戦線の他の、第3の戦線）

『これに従い1918年7月に、合衆国政府はロシア国民に対する宣言を発表し、合衆国の発議、さらに、イギリス、フランス、そしてイタリアによる事前同意により、アメリカ政府ならびに日本政府は、チェコスロバキアの部隊を支援するためにウラディオストックに軍隊を送ることを決定したとの声明を発表した。』

合衆国と日本は各々《おのおの》7000名ずつの部隊を送り込むべきことが連合国の間《あいだ》で合意された。

『これらの部隊のウラディオストックへの上陸は1918年8月11日に行《おこな》われた。』

我々の現下の目的のためには、これらの出来事に引き続いてロシア自身の国内で起きた事柄は我々には関係が無い。1919年の終わりにはバイカル湖の西側にあるシベリアのすべてはモスクワのソビエト政府の直接統治の下《もと》に置かれたこと、ならびに、その時点でチェコスロバキア人たちはこの湖の東側へと通り抜けたことを申し述べれば十分である。

『1920年1月8日に、ウラディオストックのアメリカ分遣隊の司令官はその日本側の同僚に対し、この作戦が担《にな》ったところの『不明瞭な性格』を理由として撤収せよとの命令を彼はアメリカ政府から受け取った、と知らせた。』…」(判決書p.427下段～p.428下段)

シベリア出兵は、実はアメリカも乗り気ではなかったのである。日米両国は各々7000人ずつの部隊を1918年11月に送り込み、アメリカ側は1920年1月に撤退した。ところが日本側は同じ年の8月になるまで撤退しなかったのである。この撤退遅延こそが今に至るまで、日本の悪行として喧伝される要因となったのだ。その間《かん》の経緯は次の通りであった。

「『**ただちに二つの際《きわ》だって異なる意見が日本で台頭した。**その一方の人々はシベリア出兵は財政的にも政治的にも無益であると捉《とら》え、もう一方の人々はこの好機が与えてくれたように見受けられるものを最大限に利用する決意であった。後者の人々は、日本のための特権の入手、東シベリアにおける日本の商業的地位の強化、さらには東支鉄道の管理権の獲得の可能性、等に期待したのである。また、一握《ひとにぎ》りのわずかな『軍国主義者』たちに限定されるものではあったが、領土征服の夢もあった。**もっと強い動機**はウラディオストック(旅順と青島《チンタオ》からロシアとドイツの各々《おのおの》を追放した後には、極東海域において最後に残った直接的に日本を脅かす外国海軍基地)を武装解除するか中立化したいとの熱望、ならびに、日本の支配階層が死ぬほど恐れていた**ボルシェビキの考え方**が特に朝鮮における不平分子の日本国民(＊1)の間《あいだ》での蔓延を筆頭に極東世界において蔓延することを**予防すること**にあった。**最後に、日本人たちは彼らが合衆国から独立していることを示すことを切望していた。**以上の動機の混ぜ合わせの結合体が流布されていた。』

(＊1訳注：原表記はdisaffected subjects of Japan in Korea. 1910年の朝鮮併合の結果、朝鮮人は日本国民となった)

上記で示唆されている動機の内の最後のもの(＊2)でさえ、**パワーポリティクス**(訳注：強権政治)の世界では単なる感情の問題で済まされることはなかったのである。

(＊2訳注：日本人たちによる、自分たちの合衆国からの独立を示すことの切望)

今やこの日本の行動(＊3)は連合国諸国により『侵略的』であると見なされるようになった。しかしながらその時点では日本人たちは、ソビエト軍がその権威を以前のロシア帝国の端《はし》の境界にまで浸透させようと東の方向に押し出して来る可能性があったことに鑑み、彼らはボルシェビズムに対する『ブルジョワ文明』の保護者の役割をほぼ自任していた。

(＊3訳注：アメリカ分遣隊が1920年1月に撤収したにも関わらず日本分遣隊はシベリアにとどまったこと)

1920年8月に日本の軍隊は実際に撤退した。それもトランスバイカル東部のセミョーノフの地域からだけではなく、遠く哈《ハ》爾浜《ルビン》にまで至る東支鉄道の本線からも撤退したのである。」(判決書p.428下段～p.429下段)

右記引用の中でパール判事は、シベリアからの撤退を遅らせた「一握りのわずかな軍国主義者たちの夢」に言及している。しかし、次の引用で見ることになるが、そこにおける「軍国主義者」たちと東京裁判での被告人たちとを結びつけるような証拠は何も無いのである。ソ連の検察官が日本の侵略行為の証として重視するシベリア出兵は、東京裁判とは何の関係もないのである。

日本は最終的にはシベリアから完全に撤退した。パール判事は、シベリア出兵は日本が計画したものではないことさえわかれば、起訴状の云《い》う共同謀議とは何の関わりもないのは明白であるとしている。シベリア出兵に関するパール判事の結論は次の通りである。

「本官はこの説明をこれ以上追求する必要は無い。本官が上述したように、以上は、日本による1918年の介入は日本の計画に基づくものではまったくなく、また、かかる介入は起訴状で申し立てられているような類《たぐい》の何らかの共同謀議の結果ではないことは確実であるとの点を示していることを除けば、現下の我々の目的には何の関連性も無い。

いずれにせよ、これらの出来事は現下の裁判の目的に何らかの背景を供給することはできないのである。もしもこの遠征の中に『領土征服の夢もあった』のであれば、その夢は『一握りのわずかな軍国主義者たち』に限定されていたのであった。我々の眼前の証拠の中には、そのような軍国主義者のグループと被告人の内のいずれかとを結びつけるような、もしくは、そのような軍国主義者のグループと被告人席にはいないものの彼ら被告人の仲間であると申し立てられている者たちとを結びつけるような証拠は、絶対的に何も無いのである。かかる軍国主義者グループの罪を現下の被告人たちに着せることができるような訴訟手続きがあるとは、本官はまったく承知していない。」(判決書p.429下段)

§21・1925年の日ソ条約：新しい日ソ関係の幕開け

日本はソビエト社会主義講話国連邦を早い段階で承認した。それは1925年のことであった。その年に新しい日ソ関係の幕開けを迎えたのであった。

「日露関係は1925年1月21日の北京における日ソ条約の調印により、新しい幕開けを迎えた。(法廷証第31号)。この条約は、一つの協定と、いくつかの覚書ならびに宣言で構成されていた。協定の最初の三つの条項により、**『法的(de jure)』**な相互承認がなされることとなっており、また、外交ならびに領事の代表者の取《と》り交《か》わしがなされることとなっていた。1917年以前のロシアと日本との間《あいだ》の条約類は、1905年のポーツマス条約を除き、将来の会合において改定されるか破棄されることとなっていた。1907年の漁業協定は改定され、一方で1924年に設立された漁業基地に関する暫定措置は維持されることとなった。**『第4条(Article 4)』**により、最恵国待遇の下《もと》で商業条約が締結された。この関連では、当時において国際的に承認されていた中国政府(訳注：南京の国民政府)との間《あいだ》でロシアが締結した条約を張作霖がはっきりと否認した後の1924年にソビエト連邦が張作霖との間《あいだ》で協定を締結したことにより、ソビエト連邦は事実上は満州を別の国であると承認したことに留意しておくことは適切であろう。」(判決書p.429下段～p.430上段)

§22・ウォルター・リップマンのロシア観

結論の記述に至り、パール判事は日本がドイツと締結した反コミンテルン同盟について次のように記述している。

「本官は、反コミンテルン同盟ならびにそれに付随する秘密協定が現下の問題に対して持つ意味合いについては、日本による欧州の枢軸国との同盟の意味を検討する中ですでに論じた。そこにおいて本官は、申し立てられた共産主義の脅威が世界を如何《いか》に戦慄《せんりつ》させたか、そして、ロシアの第三インターナショナルとの関連について世界がどのような見解をもっていたかについて指摘した。」（判決書p.437上段）

ここでパール判事は合衆国の著名な政治評論家であるウォルター・リップマンのコメントを登場させている。ロシアが興味を持っていた対象とは何であるかについて、世界の列強国の間で重大な意見の相違があったことを指摘している。次の通りである。

「この関連では、ロシアの興味の対象と意図について世界の列強の間《あいだ》で重大な意見の相違があったことを本官は指摘しておきたい。リップマン氏（＊）は、かかる相違を次のように指摘した。

『ロシア人たちはこれからの将来の長きに亘《わた》って彼らの広大な国土の国内的開発に没頭するであろうこと、ならびに、ソビエト連邦は19世紀の合衆国のような自己中心的な国にとても近づいていくであろうこと、等を主張する人々がいる。これは一つの仮説である。この仮説が正しいと証明する方法は無い。』

『もう一つの見解は、もちろん、ソビエト・ロシアとは侵略的な国であり、ツァール（訳注：ロシア皇帝）の帝国の時代における野望と第三インターナショナルの諸計画とをさまざまに組み合わせてそれらを融合させようとする国である、とするものである。この仮説が正しくないと証明する方法は無い。』」

（＊訳注：Walter Lippmann, １８８９～１９７４ アメリカのジャーナリスト、政治評論家）

しかし、リップマン氏が述べているように、外交政策というものを二つの証明不能な仮説のどちらを採るのかとの盲目的な選択に基《もと》づかせる必要はないのである。思慮分別は、１個の国家は合理的に予測されるすべての事態に対して準備がなされているべきことを要求する。これは政治的手腕における思慮分別の初歩的なルールであり、日本がソビエト連邦との関連で準備していたことは、この初歩的なルール以外の何物《なにもの》をも示してはいないのである。」（判決書p.437上段～p.437下段）

右記引用においてリップマンは、レトリックを利かせた表記をしている。

○「ロシアは広大な領土の国内開発に没頭することになろう」：正しいと証明できない。

○「ソビエト・ロシアは侵略的な国である。帝政時代の野望と第三インターナショナルの諸計画を組み合わせて融合していく措置をとるであろう」：正しくないと証明できない。

さて、リップマン自身はどちらの方の意見に軍配を上げたと考えられるか…？　パール判事はその回答を記していない。しかし、ソビエト・ロシアとはそのような恐ろしい意図を抱えた国であると想定して用心したのが日本だったとパール判事は最後に指摘している。これは「政治的手腕における思慮分別の初歩的なルールである」と述べたのである。

ソ連段階：結論

§23．ソ連段階：結論

結論として、パール判事は日本がソ連に対して何らかの侵略的計略を持っていたことは立証されない、としている。次の通りである。

「証拠類は、日本がソビエト連邦に対する何らかの侵略的な計略を持っていたことを立証してはいない。世界が共産主義に対して持っていた嫌悪を日本も分かち合って持っていたことは疑い無い。そして、ことによると、そのような嫌悪こそがもっとも不当であると云《い》えるものであったのであろう。なぜだかロシアは、共産主義イデオロギーを採用して以降、残りの世界にとって完全に安全な隣人であるとは考えてもらえなかったのである。今に至ってもなお、次のように信じられている。『ロシアが正しいイデオロギーを持てるようになり、それによってロシアが残りの世界にとって完全に安全な隣人になるまでは、そのマルクス哲学の中の何らかの不当な部分は取り下げられなければならない。』その一つ（訳注：不当な部分の一つ）は『歴史学における弁証法的な理論に基づくロシアの決定論と、この弁証法を単に自然論に適用するのではなくそれを自然そのものに適用している点である』とされている。『何らかの理論もしくは『正《せい》（訳注：テーゼ）』の否定は、たった一つの付随的な『合《ごう》（訳注：ジンテーゼ）』のみをもたらすのだという仮定が、かかる誤りの中の本質的な部分である。』…　しかし、『伝統的な共産主義理論のような所与のユートピア的社会仮説を選択してそれを歴史における決定論の名の下《もと》にただちに人類の喉《のど》の中にたたき込むことに突き進んだのなら、そのことが歴史過程の性質に対して、もしくは、さらにもっと大《だい》なる善の弁証法的な成果に対して、何らかの表現を与えているのだとドグマ的に断定する権利は、誰にも無いのである。』

　いずれにせよ、全世界が共産主義ならびに共産主義の展開の恐怖におびえていたのであり、日本はその感情を分かち合ったにすぎないのである。現在においてもなお、かかる恐怖が実際的なものであろうと空想的なものであろうと、世界はこの恐怖からその精神を自由に解き放つことができてはいないのである。世界は昔も、そして今においてもなお、共産主義ならびに共産主義国によって実施されると心配されているところの侵略に対して準備を続けているのである。本官は、日本の準備のみが侵略的なものであったとして単独で指摘されるべきであるとされるのはなぜなのかが、わからないのである。」（判決書p.437下段～p.438上段）

日ソ間の国境紛争については、簡単に次のように述べている。

「検察側が依拠した国境紛争は、単なる国境紛争にすぎない。本官はそこから何らかの共同謀議をも導き出すことはできない。」（判決書p.438上段）

⑩

最終段階　前編

この項では、フランス領インドシナ（仏印）、タイ、オランダ領東インドに対する日本の政策とその背景が分析される。日本が仏印北部に軍事的に進駐せざるを得なかったのは、「援蔣《えんしょう》ルートを断ち切るため」と「中国における軍事作戦のための仏印北部の軍事基地の使用」であったことが示される。日本は仏印の領土保全を認めたのであり、仏印を侵略したわけではない。仏印を巡るフランスとの外交折衝の経緯には多くの反省材料が含まれており、興味深い。オランダ領東インドとの交渉はABCD包囲網により困憊《こんぱい》した日本が石油を得るために行《おこな》ったことも示される。

ここに最終段階に至った。

この最終段階では、1)フランス領インドシナへの進駐、2)オランダ領東インドとの経済交渉、3)タイとの関係、そして4)8カ月に及んだ日米交渉が検討される。この最終段階ではパール判事が特に念入りに証拠を検討して事実認定作業を展開している。4)についても丹念に検討されているので、筆者は細かく見ておきたいと考えている。

そこで、一つ前の第⑨項「ソ連段階」と同様に、この第⑩項「最終段階」も前編と後編に分け、前編ではインドシナ進駐とオランダ領東インドを、後編では日米交渉を、それぞれ次のように細かくセクション分けをして記述して行《い》きたいと思う。

前編　フランス、オランダとタイ
§1．検察側主張の検討
§2．フランス領インドシナへの進駐
§3．タイの状況
§4．オランダ領東インドとの経済交渉

後編　アメリカ合衆国
§5．日米交渉
§6．検察側主張の明確化と分析
§7．日米諒解《りょうかい》案・日米交渉の出発点
§8．3つの論点
§9．論点1：三国同盟の解釈の問題
§10．論点2：日米両国の経済活動の問題
§11．論点3：日支関係の問題と支那事変の解決
§12．甲案
§13．傍受電文の歪曲
§14．論点4：インドシナ問題
§15．3つの論点における日本の譲歩のまとめ
§16．乙案
§17．ハル・ノート
§18．合衆国の対中支援の数々
§19．嶋田海軍大臣の陳述：日本側の考えていたこと
§20．日米交渉：合衆国側の立場の分析
§21．連合国が自らの行為を正当化するために依存した3つの条約
§22．日米交渉：結論

前編　フランス、オランダとタイ

§1．検察側主張の検討

広田政策から最終段階の議論を開始した検察側

パール判事は最終段階（第4段階）を次のように切り出している。

「ここでは我々は共同謀議の内の、申し立てられている第4段階を取り上げることができよう。検察側はこの**段階**に関する最終論告において、1936年の広田計画から論を開始している。この1936年の計画が東アジアの残りの地域と太平洋へのさらに進んだ拡張と申し立てられたものの開始点であるとすることがもしも彼らの主張であるならば、本官の意見では、拡張に関するこの論述は、**起訴状**で申し立てられているような類《たぐい》の全面的共同謀議がこれよりも前の段階で存在していたのかどうかとの問題を決定するためには、何らの適切な検討対象にもならないのである。本官が検察側の主張を読む限りでは、1936年の計画へのかかる言及は、拡張をさらに進めるための計略の開始時点を定めるためではなく、すでに考えられていたこの計画がただ単にこの段階で鮮明に宣告され得《え》たことを示すことがその目的なのである。」（判決書p.440上段）

右記引用でパール判事は、検察側がこの最終段階を「広田政策」から開始させていると指摘している。この「広田政策」はすでに第3段階で分析されており、その具体的内容は「1936年8月7日の**閣議決定**（イギリスとアメリカに対する準備を国家政策とすることの決定。判決書p.380上段）」ならびに、同じ日付の「**四相会議**（ソ連に対する方針の決定。判決書p.393上段）」の2点であったことがそこで明らかにされた。

そこにおいては、共同謀議の重要な構成員である被告人・広田が主導して打ち出したこの政策こそが「全面的共同謀議の究極的目標（判決書p.380上段）」であったことが示されていた。つまり、全面的共同謀議の構成員たちが目指した目標が日本政府の政策そのものとなったことが「広田政策」によって顕現化したことを示すことが、検察側主張の中身であると筆者は考える。

「広田政策」については、検察側があちらこちらで言及している。そしてこの第⑩項における検察側の広田に関する（あいまいな）主張は、「広田政策によって最終段階が開始された」というものである。

パール判事は右記引用において、最終論告において検察側があいまいに主張したことが「事実である」と認識されて一人歩きを始めることを警戒しているのであるが、これは少々わかりにくい記述となっている。以下、右記引用のパール判事の記述を、上段・中段・下段の三つに分けて追ってみよう。

上段においてパール判事は、検察側の主張を解釈する上で一つの仮定を置いている。パール判事は、次のように記述している。「検察側は（中略）1936年の広田計画から論を開始している。この1936年の計画が東アジアの残りの地域と太平洋へのさらに進んだ拡張と申し立てられたものの開始点であるとすることがもしも彼らの主張であるならば（以下略）」（傍点引用者）。

これは、検察側が、「広田政策が（満州・中国を除く）東アジアの残りの地域と太平洋へのさらに進んだ拡張（すなわち最終段階）の開始点である」と示唆しているのにとどまり、そうであると明示的に主張していないということであろう。つまり、最終段階の論を広田政策への言及から開始したことを通じて検察側は、「広田政策が最終段階の開始点である」との点をあいまいに主張したと考えられるとパール判事は指摘しているのである。

中段においてパール判事は、上段における、「東アジアの残りの地域と太平洋へのさらに進んだ拡張」という論述部分を「拡張に関するこの論述」と表現した上で、「本官の意見では、拡張に関するこの論述（傍点引用者）は、**起訴状**で申し立てられているような類《たぐい》の全面的共同謀議がこれよりも前の段階で存在していたのかどうかとの問題を決定するためには、何らの適切な検討対象にもならないのである」と記述している。

これは、中国を除く東アジアの残りの地域と太平洋への「さらに進んだ」拡張との検察側による論述は、「全面的共同謀議がこれよりも前の段階で存在していた」ことには結びつかないとの指摘なのである。これこそがパール判事が警戒した点である。ここでの「さらに進んだ」という検察側の言葉づかいが、それ以前の段階で「全面的共同謀議」が当然に存在していたことを示しているなどと短絡してはいけないと指摘しているのである。

下段においてパール判事は、「広田政策」への言及は（侵略の）計略の開始時点を定めることの検討にはならず、以前のいつかの時点で考えられていた侵略計画が「広田政策」によって単に鮮明に宣告されたことを検察側が示したことにしかならないと述べている。つまり、以前からあったかも知れないのは「侵略計画」なのであって、「全面的共同謀議」ではなかったと指摘しているのである。その上で、「広田政策」への言及は最終段階の開始時点が1936年8月7日であったことを定めることにはならないと指摘している。
検察側は広田を共同謀議のシナリオ中で重要な役割を果たした共同謀議構成員として扱っており、さまざまな場面で「広田政策」に言及している。しかしパール判事は、「広田政策」への言及は検察側のシナリオの中で存在していた「侵略計画」をアナウンスする効果を持たせられているのにすぎず、これは「全面的共同謀議」がこれより前の時点で存在していたことの証明にはならないし、また、全面的共同謀議の開始時点を定めることにもならないと指摘することで、被告人・広田に難が及ぶ論点の浮上を避けようとしているように筆者には思える。

本項における「広田政策」の記述

「広田政策」につき、この第⑩項の記述においてパール判事は次のように述べている。

「日本が戦うことになる可能性のある列強国として広田政策がイギリスとアメリカに言及している限りにおいて、本官はすでに1936年の広田政策、ならびに広田政策が持つ意味合いについて検討を行《おこな》った(＊)。本官はまた、それがソビエト連邦に言及している限りにおける、かかる政策への検討をもすでに行《おこな》った。本官の意見では、この政策によっても、我々は申し立てられた共同謀議についての何らかの推論へと導かれるものではないのである。本官はさらに、この政策が日本側による侵略準備を示す政策であると本官が捉《とら》えることができない理由も、すでに指摘した。

（＊訳注：第四部　全面的共同謀議　第2段階　満州から残りの中国すべてへの支配力と制圧の拡大、の中の「広田政策」、ならびに第四部第3段階 戦争に対する一般的準備の中の軍事的準備に関するイングリッシュ氏による証拠の提出）」（判決書p.449下段～p.450上段）

右記引用は、判決書全体に散開された広田に関するパール判事のさまざまな分析の結論に相当すると筆者は考える。英米ソの3カ国に対して日本が何らかの準備を行《おこな》うとの広田内閣の決定は、日本がそれらの国に対して侵略するとの計略を決定したことにはならないのである。

全面的共同謀議の内容の確認

ここでパール判事は、全面的共同謀議に関する検察側の主張を確認している。検察側は、共同謀議の諸計画は中国の支配のみならず、東アジアの残りの地域ならびに南西太平洋の残りの地域の支配をも企図したものであるとしている。次の引用の通りである。

「検察側は『アジア大陸に確固たる足跡を残し、**大東亜**において日本の新秩序を建設する目的で**南洋地域**に進出し、中国の戦闘での必要限度を越えた全面的な戦争準備をする、との1936年の計画は、日本の拡張計画は中国国境の内に留《とど》まらなかったことを**明らかにしている**』と述べている。それによれば、『共同謀議の計画は広大な中国の領土の占領だけではなく、東アジアの残りの地域ならびに南西太平洋の占領をも想定していた』とのことである。

検察側によれば、この『壮大な目的』の実現のためには、手ごわい2つの障害があったとのことである。すなわち、

1．中国本土と中国の南の地域への進出に関しては、西洋列強、特にイギリス、合衆国、フランスとオランダが障害であった。

2．中国本土と中国の北の地域への進出に関しては、ソビエト連邦が障害であった。」（判決書p.440上段～p.440下段）

次に、検察側は特にイギリスとアメリカについて言及しており、英米2カ国が日本の計略にとっての障害となったのは次の3つの理由によるとしている。

「検察側によれば、上で列挙された西側列強、それも特にイギリスと合衆国は、次の3つの理由により障害となっていたとのこと

である。
1．それらの国々自身が日本の侵略の目的であったから。
2．それらの国々もしくはその国民は、莫大な金融ならびに経済的権益を中国とそれ以外の残りのアジアならびに太平洋地域に所有していたために、もしも共同謀議の計画を成功させるのであれば、彼らは放逐されるか制限されることで日本の権益に従属させなされなければならなかったから。
3．日本はそれら諸国との間《あいだ》で、厳粛なる条約と合意を通じて、まさに共同謀議の目標と目的を形成するもの自体の実施を放棄すること、そして、それを達成するために必要となるすべての行動を控えることを、堅く義務づけられていたから。」（判決書p.440下段）

パール判事の反論

パール判事は、以上の検察側主張にただちに反論している。次の短い引用の通りである。

「検察側の主張に従えば、中国本土への何らかの進出自体が右記の2組の障害（訳注：西欧列強とソ連）を呼び込むことが明らかであるように見受けられるのだ。もしもそうであるなら、単体として存在しているそれらの障害を取り除くためのいかなる準備も、単に中国本土のみへの拡張の推論を超越したところの推論へと我々を押しやることはないのである。」（判決書p.440下段）

つまり、中国本土への日本の進出が英米ソの障害を呼び込むと言うなら、英米ソに対して日本が準備したことは、中国本土を越えた侵略の計略を日本が持っていたとの推論の根拠にはならないとパール判事は指摘している。英米ソに対する日本の準備は、中国本土における英米ソの障害に限定した取り組みだと考えられるからだ。

パール判事は重ねて、次のように述べている。

「いずれにせよ、検察側自身が示しているとおり、中国本土への何らかの進出をするだけでも二つの障害、すなわち西欧列強とソビエト連邦の両方を呼び込むとされているのである。それらの列国の名前（引用者注：イギリスとアメリカ）がそれらの政策もしくは計画の中で列挙されていることの中にあるとされている、かかる計画は中国のさらに向こう側にあるいずれかの領土を征服するものであったとの推論へと我々を導くものとは、いったい何であると云《い》うのか？」（判決書p.450上段）

端的に言えば、英米ソに対する何らかの準備計画があったからと云って、中国以外を侵略する計略の存在を推論することなどできないとパール判事は指摘しているのだ。

日本の侵略計略の存在を推論するために検察側が持ち出した諸条約

日本が広範囲の地域に及ぶ侵略計略を持っていたと推論するために検察側が材料としたのは、日本が締結したさまざまな条約と合意に対して日本が違反をしたとの主張であった。

「検察側は『1899年7月29日にハーグで調印された国際紛争の公的解決のための協約』から論を起こしている。この協約は、戦闘行為の勃発を協約によって防ぐための全世界を対象とした最初の試みとしてその足跡を残している。（この協約は本件裁判における法廷証第12号である。）」（判決書p.441上段）

これらの条約と合意を、検察側は3つの部類に分類した。次の通りである。

「これに関連してくる条約と合意は、検察側によって次の三つの部類に分けられた。

第1部類：戦闘行為の勃発を防ぐことを目的とした合意等
第2部類：日本と他の国々との関係を規定した合意等
第3部類：特に中国を取り扱っている合意等」（判決書p.440下段～p.441上段）

第1部類に属する条約と合意は、次の二つである。

「右記の協約に沿って、第1部類の下《もと》には、次が位置づけられた。
1．1919年6月29日の国際連盟規約（法廷証第23号）
2．1928年8月27日のケロッグ・ブリアン条約（法廷証第33号）

合衆国は、決して国際連盟の加盟国ではなかったことに留意すべきである。日本は1935年に国際連盟から脱退した。ソビエト連邦はその後に国際連盟に加入が許されたが、国際連盟理事会は1939年12月3日付のフィンランドの訴えによって1939年12月14日に決議を採択し、ソビエト連邦はそれ以降、国際連盟の構成国ではないと宣言した。」（判決書p.441上段）

右記でパール判事は2つの指摘をしている。1点目は、合衆国は国際連盟に加盟しなかったこと。2点目は、ソ連は国際連盟から除名されたこと。すなわち、英米ソの3つの障害のうち、米ソ2カ国は国際連盟に関係していない。つまり、ここではパール判事は、検察側が持ち出した国際連盟規約について、その法廷証拠としての有用性に疑問を呈したのである。

第2部類に属するものは、次の通りである。

「第2部類の下《もと》にあるものとしては、検察側は次に言及している。
1．1908年11月30日付で合衆国と日本との間で締約された合意（法廷証第22号）
2．1921年12月13日付の条約で、英連邦諸国、日本と合衆国がもともとの締約国であり、オランダとポルトガルが1922年2月の4日と6日に各々参加した条約（法廷証第24号）（訳注：4カ国条約）
この条約において締約諸国は、太平洋地域における彼らの島嶼部の属地と島嶼部の自治領の権利の、締約諸国の間における尊重に合意した
3．(i)国際連盟からの統治委任の下《もと》において日本は、かかる委任で取り扱っている島々を要塞化してはならないことに合意した（法廷証第23号）
(ii)領土内の警察ならびに地域的防衛のための訓練を除き、現地人の軍事教練は禁止されるものとする（第4条）
(iii)合衆国は国際連盟の加盟国ではないため、1922年2月11日に日本との間で条約（＊）を締結することで第4条の恩恵にあずかることができた（法廷証第29号）
（＊注：ヤップ条約。前出：第四部第1段階 満州の支配力の強化・成果）」（判決書p.441上段～p.441下段）

第1、第2部類とされた条約や合意について、パール判事は詳しく検討をしていない。パール判事が詳しく分析したのは第3部類である。それは検察側が第3部類とりわけワシントン9カ国条約に関して強く主張したからである。

「**第3部類**の下《もと》では、検察側のヒギンズ検察官（＊）は、アメリカ合衆国、英連邦、ベルギー、中国、フランス、イタリア、日本、オランダとポルトガルが締約国であり、中国に関して日本および他の締約国が負った本質的義務を規定した1922年2月6日の9カ国条約（訳注：ワシントン条約）を強調した。（法廷証第28号）
（＊訳注：Carlisle Wallace Higgins 1889～1980 アメリカ合衆国の弁護士・法律家。本件裁判では合衆国派遣の検察官を務めた。ノースカロライナ州出身）

ヒギンズ検察官によれば9カ国条約は、中国のみならずすべての国家に対するアメリカの外交政策の宣言にすぎないとのことである。条約には期限が付されていなかったが、他の諸国はその条約の日付以降、条約の諸条項は日本の中国に対する外交政策を構成しているものであるとみなす権利を得た。平易な表現で述べれば、日本は次の義務を負ったのである。

(a)中国の主権を尊重すること
(b)中国がその国内問題を、干渉を被《こうむ》らずに解決することを許すこと
(c)中国における商業の機会均等を促進すること
(d)特別な権益の追求のために中国の状況を利用することを差し控えること

ヒギンズ検察官による9カ国条約への言及

ヒギンズ氏は次に、以下を述べた。

1. 日本は、この条約の日付（訳注：1922年2月6日に締結された）から1931年9月までの間《あいだ》、その誓約を相当程度に遵守したことを証拠は示している。
2. (a)1931年9月の後、日本の外交政策の宣言は9カ国条約の上での誓約とはますます相容《あいい》れないものとなって行《い》った。
(b)その時以降、日本の政策は原則によるものではなく好機を求めるものとなった。それは武力と征服の政策となったのである。
3. (a)日本は、満州侵略の最初の時点から、合衆国と英連邦との通信文の中で日本は満州における領土的計略は持たないと申し述べていた。（法廷証第293号、924号、931号）
(b)柳条湖事件が満州全体の侵略的な軍事占領に拡大しても、合衆国と英連邦の双方は、平和政策ならびに条約上の義務を堅固に遵守するとの、公表された方針に従った。
(c)満州国の傀儡政府が設立された。合衆国とイギリスは双方ともにこの傀儡政府を承認することを拒否した。
4. (a)中国における侵略により、日米関係は悪化した。
(b)1934年2月に日本の外務大臣であった被告人の広田はハル国務長官に対し、国家間においては『解決できないものは基本的には』無いと述べて平和な外交関係への熱望を語った。ハル国務長官も真心《まごころ》をこめて対応した。
(c)しかしながら、その後1カ月も経《へ》ない内に、日本外務省情報局の課長の天羽《あまう》が『中国に手を出すな』との政策を宣言し、日本を中国の政治的な保護者かつ経済的な請負人と位置づけた。他の国々は日本の権益に損害を与えるいかなる企ても行《おこな》わないよう警告された。
(d)英連邦と合衆国は、非暴力的でありながらも真摯な異議申し立てを行《おこな》った。」（判決書p.441下段～p.442下段）

検察側に対するパール判事の指摘

日本が締約した第1～第3部類の条約や合意が、英米ソの3カ国を日本の侵略計略上の手ごわい障害にしたとの検察側の切り出しに対し、パール判事は次のように短くコメントしている。

「検察側によれば、共同謀議の目的は上記で挙げられた手ごわい障害が取り除かれて初めて成功裏に達成できるのである。本官は、かかる障害の内の一つがソビエト連邦であることを基盤として提示されたところの本件裁判の局面については、すでに検討を終えている（引用者注：第四部第3段階⑨ソ連段階）。ここでは本官は、西欧列強のそれのみに限定して検討を行《おこな》うものとする。

検察側によれば、西欧列強がもたらす困難が関係する限りにおいて、それらの条約の条項ならびにそれと相関しているさまざまな義務や責務を何とか打破した場合にのみ、かかる困難の除去は達成できるのである。そのため共同謀議者たちはこれらの条約を回避し変更し無視するために、考えられうるあらゆる手段に訴えたとのことである。検察側は日本側によるこのような試みを立証することを申し出ており、そしてもしもそれが立証されれば、それは訴追された共同謀議を促進するための日本の準備を示すものとなる、と主張した。」(判決書p.442下段)

ソ連への侵略については、パール判事は第3段階において分析済みであり、ソ連への侵略計画の存在はあり得《え》なかったという結論に達している。そこでこの最終段階においては英米の2カ国に対する侵略計画の検討に対象を絞ることとしたのである。

検察側の主張

日本が中国に進出する上でもたらされた英米2カ国の障害とは、煮詰めていくとワシントン9カ国条約による枠組みが日本に課したものであった。ワシントン9カ国条約の真の目的についてパール判事は明示していないが、それは、後から中国にやって来たアメリカが中国で利益を挙げられるように、後発であったとのハンディキャップを軽減することを目的として中国における先発組の日本の活動を阻害するよう、多国間の公平な枠組みを装って締結されたものであろうと筆者には思える。

障害を除去しようとの日本側の試みを、検察側はどのように表現したのだろうか。パール判事は、この日本側の試みを具体化しようとした検察側の努力を、次の4点を箇条書きにすることで示している。次の4点はいずれもワシントン9カ国条約の制約から逃れようとした日本の努力であると云《い》うのだ。

「検察側は、この点における日本側の試みを次のように分類をするよう努めた。

1. 最初の期間を通じて共同謀議者たちは殊勝にも、彼らはその義務に忠実であると述べていた。彼らは、表向きは条約の制度の中に留まるもののもしも西欧列強により受諾されればこれらの条約を完全に去勢しうるような新しい方策を考え出すことにその精力を注いだ。

2. その次の期間を通じて彼らは、日本の行動を正当化するような、条約制度の特別な解釈に依拠することを模索した。

(a) この新しい方策に対する条約締結国の反応を試すために1934年4月17日に天羽《あまう》声明の形を取った『観測気球』が打ち上げられた。

3. 第3の期間を通じて共同謀議者たちは、彼らによる条約制度の解釈に、いくつかの新しい要素を付け加えた。

(a) そのような新しい要素の内の一つは、条約制度の諸原則のさまざまな目標は極東においては極東地域の**現実の特異な状況**を完全に認識し実態的に検討することによってのみ達成されうるとの興味深い但し書きであった。

(b) もう一つは、日本の行動は中国による反日政策とその実践に鑑み日本が取ることを余儀なくされた自衛措置であり、そのため、かかる行動は9カ国条約の枠の外にある、というものだった。

4. 第4そして最終の期間において、新しいアプローチ方法が導入された。次が決定されたのである。

(a) 条約の諸原則を肯定するような言葉遣《ことばづか》いをすべて避けること

(b) 合衆国に、第三の列強国が持つ現存する権利と利益(訳注:

中国における権利と利益）は尊重されることを理解させること。
しかし、かかる尊重は
(i)条約の当然の結果としてではないこと
(c)これ以降は、中国において第三国の政府が行《おこな》う活動を規制する標準的な法律は、これらの新しい条件に合致して立法されることが決定された。」（判決書p.442下段～p.443上段）

ワシントン9カ国条約の分析

ここでワシントン9カ国条約を再び、詳しく分析する必要性が浮上する。検察側によれば、日本がこの条約に違反することが共同謀議における共通計画の重要な一部とされているからである。

ワシントン9カ国条約は、すでに第1段階、第2段階で分析されているが、パール判事はここで再び取り上げている。次の通りである。

「9カ国条約（訳注：ワシントン条約）はその**第1条**において、締約国の側による、中国の主権と領土保全ならびに行政面での統一性を尊重するのみならず、中国の独立をも尊重するとの保証を規定している。締約諸国はさらに、『友好国の国民もしくは市民の権利を弱体化させるような特別な権利や特権を求めるために中国における諸状況を利用すること、そして、かかる国の安全保障上有害となる行動を取ることの奨励、等を差し控えること』にも合意した。また、この条約は中国が実施すべき自制をも具体化していた。

その基礎的な前提は、中国は機会均等の基盤の上に他の列強諸国との国交を促進する政策を採用するとされていたことであった。そして中国は、その領土のいずれかの部分もしくはその沿岸地帯を列強国のいずれかに譲渡したり貸与したりはしないとの約束を公式に発表した。さらにその**第5条**において中国は、その鉄道の使用や使用料について不公平な差別を許したり実行したりはしないとの明瞭な合意をも行《おこな》った。

強烈かつ広範囲に及ぶ反日態度を含む中国の排外的な態度は、条約の最も基礎的な前提に確実に違反していた。

本官がすでに指摘したように、イギリスと合衆国を含む締約国は繰り返し次を指摘していた。

1.『ワシントン条約以降における中国政府の持つ有効な能力の漸進的な低下』

2.『十分な権威を伴って列強諸国と交渉することについての、そして列強国との間《あいだ》のあらゆる国際合意を効果的に履行することについての、北京政府の無能力』

3.『北京政府の権威の、ほとんどその消滅点に立ち至ったほどの、減少』

そして

4.『分裂の進行、内戦、中央権威の衰弱、等が加速しながら継続したこと』

また、これらの列強は中国に対し、外国居留民の生命と財産の尊重を強化し、無秩序と排外的扇動を抑圧する中国の能力と意欲についてのしっかりした証拠を指し示す必要性につき、忠告を行《おこな》った。彼らはまた、条約上のこれらの義務を遂行する能力を持つ安定的な政府を中国が持っているかどうかを疑っていた。中国の『行政的一体性』を擁護する問題への言及として、ある一角（＊1）においては『かかる一体性が単なる理想以上の何かになるまでは、』この問題（＊2）を提起するべきではないと考えられていたのである。

（＊1訳注：1932年1月11日付のイギリスのザ・タイムズ紙の記事。第四部 全面的共同謀議 第1段階 満州の支配力の獲得・満州事変

以降の出来事 参照）
（＊2訳注：中国の行政的一体性を擁護する問題）

（中略）

共産主義の発展が、ワシントン条約以降の中国において優勢であった諸条件に対し如何《いか》に抜本的な変化をもたらしたかについての検討を、本官はすでに行《おこな》った。

我々はまた、1925年以降の中国によるボイコットは、国民《クオミン》党《タン》によって単に奨励されたのみならず、国民党《クオミンタン》によって組織化され、統制され、監督もされたことを思い出すことができよう。」

（判決書p.446上段～p.446下段）

右記引用で見落とせないのは、9カ国の内でもっとも重要な締約国である中国が「（9カ国条約の）最も基礎的な前提に確実に違反していた（判決書p.446上段）」とのパール判事の指摘である。これは、中国が違反しているのに、他の締約国がその条約の条項をそのまま遵守する必要があるのか、という論点につながるのである。日本が英米2カ国の障害から逃れるためにワシントン9カ国条約に違反したことを検察側は非難しているが、その前に、もっと重大な違反を他ならぬ中国自身が犯しているとパール判事は指摘しているのである。

そしてその論点は、第1段階でイギリスのザ・タイムズ紙が指摘しているものである。この指摘は判決書p.214下段～p.214上段に述べられている。イギリスは、アメリカ主導で作られた9カ国の枠組みに対し、冷ややかであった。イギリスもまた、日本同様、早い段階で中国に進出した先発組であり、さまざまな権益を獲得していたからである。新参者のアメリカが作った枠組みが自国に必ずしも有利に働くものとは考えにくいのだ。

中国による重大な違反の他にも、中国の国内における共産主義の進展や、中国が行《おこな》ったボイコットなども、ワシントン条約の前提を弱める要件であるとして、パール判事が指摘している。

弁護側の論点：9カ国条約以降の重大な状況変化の5点

弁護側は、この条約が締結された後に、次の引用中の5点の重要な事件が起きたと指摘している。

「従って弁護側は、極東においては、条約の締結時点において予期されてはいなかっ少なくとも5つの重要な事件が9カ国の調印以降に起きていたと主張した。弁護側によれば、この状況変化によって日本は、条約上の義務を無視する資格を与えられたのだ、と云《い》う。

弁護側が言及した五つの重要な事件とは、次である。

1．中国による、条約の最も基本的な原則の放棄。中国は、条約以降、広範囲に及ぶ強烈な反日態度を含む排外的態度をその政府政策の一つとして採用した。

2．中国共産党の発展。中国共産党は実際上、国民政府の匹敵物となったのであり、それ独自の法律、軍隊そして政府を所有し、それ独自の活動領域を持っていた。

3．中国の軍備の増大。

4．ソビエト連邦の強力な国家への発展。ソ連は中国の隣国であるにも関わらず、9カ国条約への参加を招請されなかった。

5．世界経済原則の根本的変化。」（判決書p.446下段～p.447上段）

最後の5．は、1929年大恐慌により世界経済が根本的な変調を来《きた》したことを指《さ》している。経済状況の変化は政治・外交上の変化に比べて目に付きにくいが、経済こそが人々の考えに根本的な影響を与えるものではないだろうか。多くの識者が指摘しているように、大恐慌さえなければ、ナチ政権の誕生も、満州事変も、起きなかったかもしれないのである。
パール判事は、弁護側主張からの引用の形で、中国が重大な違反をしていることがもたらす影響を次のように表現している。

「『ある一国の行為が協定への重大な違反であると公平に見なしうる際には、協定を軽蔑しているかのように見受けられる国の行為に緊密に絡み合っている具体的な約束を順守することから他の国を特定の場合において放免することになるのである。さらにまた、彼らの内のいずれかの一国が協定で約束したこととは相容《あいい》れない行為にふけっている場合には、彼らの行《おこな》った約束の内の一部はその効力が停止されるべきであるというのが、締約国諸国の意図であったのだろうと考えられる。』」(判決書p.447上段～p.447下段)

パール判事は、ここで警告を発する。ある条約が無効であることを一国が主張している場合、それは極めて複雑な状況なので、慎重な分析が必要であるとの指摘である。次の通りである。

「他国間条約の締約国が、もはやその条約のいずれの条項にも縛られないとの権利を合理的に主張できる状況とは疑いも無く複雑な状況なのであり、また、独断的な規則を設定する試みがなされる危険性に対して有益な警告をたっぷりと多様に与えることができるような状況でもある。各々《おのおの》の締約国には、さまざまな約束事《やくそくごと》が義務を負わせているのである。」(判決書p.447上段)

「事情変更ニヨル条約拘束力失効ノ原則」

ここで弁護側は、国際法上の重要な原則を持ち出した。

「以上(引用者注:右記5点の大きな変更)を理由として弁護側は、**『事情変更ニヨル条約拘束力失効ノ原則(maxim clausela rebus sic stantibus)』**の援用を訴えた。」(判決書p.447上段)

この原則の援用は他にも例がある。他ならぬルーズベルト大統領がこの原則を援用して、アメリカが締約した条約からの離脱を宣言したのだ。次の通りである。

「**『事情変更ノ原則(rebus sic stantibus)』**という教義が存在する。1941年8月9日にルーズベルト大統領は、1930年の国際吃水線《きっすいせん》協定は『現下の非常事態が継続している間《あいだ》は』もはや合衆国を拘束しない、と宣言した。大統領はこの一方的な条約停止は『変化した状況』に基づいているとし、それは条約の運用につき『国際法で認められた原則の下《もと》において疑問の余地なく受け入れられた権利と特権』を合衆国に付与したのだと述べた。大統領によるこの宣言は検事総長代理のフランシス・ビドル(*)の助言に基づき行《おこな》われた。彼は大統領に対して、『国際法の中の**『事情変更ノ原則(rebus sic stantibus)』**、すなわち、条約が基づいているところの基礎的条件が本質的に変更された場合には条約の拘束力は停止するとの原則は、十分に確立されたものであります。かかる状況において協定が停止することは、そのような本質的な変更により不都合な方向へと影響を受けた国家が持つ、疑問の余地の無い権利です』と通知したのであった。

(*訳注:Francis Beverley Biddle 1886～1968 アメリカの法律家。第二次大戦中に合衆国の検事総長を務めた)

検事総長によってそのように了解され、そしてその助言に基づき合衆国大統領もそのように了解したところの**『事情変更ノ原則(rebus sic stantibus)』**という教義は、正しく理解されててはいなかったものかも知れない。しかし、我々が『都合が良いことに二つの国際法がある…一つは自国のためおよび我々が好む国々のためのもの、もう一つは我々が嫌う国家のためのもの』とでも考えない限り、合衆国大統領がこの教義を了解し適用したのと同様にかかる教義を了解し適用した為政者ならびに政治家の『**善意(bona fides)**』を疑うのは困難である。

締約国の一つが条約の条項に不満を持ち、その国の判断においてはその条約の下《もと》での約束から自国は解放されている、もしくは、その約束から自国を解放することができる、との確固たる理由がある場合には、それと同時に、その国はその状況につき他国と議論を行《おこな》うことや、自国の状況につき他国に連絡すること以上の何らかのことをすることは望ましくないとみなすことは、いくらかの根拠と共に主張できうるものなのかも知れない。」(判決書p.447下段～p.448上段)

パール判事はこの原則について、右記引用の最後の部分にあるように、「いくらかの根拠と共に主張できうるものなのかも知れない」と言うのにとどめており、弁護側主張を認めるまでには至っていない。

この弁護側の訴えに、検察側は反対した。そしてパール判事は、どちらかといえば検察側の主張を認めているように筆者には思える。次の引用の通りである。

「検察側は、条約締約国の一つが『**事情変更ノ原則(rebus sic stantibus)**』の教義が適用可能であると単に信じたとの理由によってその条約上の義務を一方的に終了できる権利は無いとの原則は、十分に確立されていると主張している。この教義に対するかかる見解は、おそらくは正しいのであろう。状況の変化を理由として条約からの解放を求める国は、かかる条約を一方的に終結させる権利を持つべきではない、また、この教義が適用可能であるとの認証については、そのような認証を条約締結国諸国もしくは何らかの有能な国際的権威から得《え》るべきである、等を予期することは確かに合理的であろう。いったんは共通の福利のために合同で決定されたところの丹念に工夫された約束事《やくそくごと》を、特定の単独の締約国がその一方的な判断の下《もと》に軽んじて取り扱うのであれば、重要性を持った条約は多国間調整の下《もと》に作るとの慣例が良い結果を生むことにはならないことは確かであろう。単独の締約国にそのような権利を確保させることによって国際社会の安寧が促進されることはないのである。もちろんこのことは、諸条約は万難を排して維持されなければならない、ましてや、遵守しないための弁解は必然的に重みに欠けている、もしくは無視されるべきものである、などということを示唆するものではない。多国間調整の内の1国もしくは複数国は、変更された状況についての偏りの無い判断を求めてそれを得《え》るべきであるとされる点は、かかる国家間の友好的な関係の維持とは全面的に軌を一にしている。」(判決書p.448上段～p.448下段)

ワシントン9カ国条約の有効性を検討することに対して「**事情変更ノ原則(rebus sic stantibus)**」を適用する問題についてのパール判事の結論は次の通りである。

「しかし現下の我々の目的のためには、この教義を適用する際に従うべき説明や手順の正確さには、我々はあまり関係を持たないのである。我々が関係を持つのは、関係している政治家の『**善意(bona fides)**』の問題なのであって、そして本官は、かかる『**善意(bona fides)**』を我々が疑わなければならない理由を見出《みいだ》しえないのである。」(判決書p.448下段)

パール判事は、ワシントン9カ国条約の有効性に対して「**事情変更ノ原則(rebus sic stantibus)**」の教義を適用するにはどうすればよいかではなく、関係している日本の政治家たちがワシントン9カ国条約にはすでに有効性が無いと考えた際の日本の政治家たちの「**善意(bona fides)**」の有無こそが検討すべき対象であるとしている。そのように指摘した上で、日本の政治家たちの「**善意(bona fides)**」を疑うことはできないとパール判事は述べている。ワシントン9カ国条約の有効性を巡る日本の政治家たちの思考には、邪悪なものはなかった。これがこの件に対するパール判事の結論である。

広田の辞退

広田首相は、1937年の9カ国条約の締約国諸国の会合への招待を受けたが、辞退した。9カ国条約に関連して、この辞退の件には注意を払うべきであるとパール判事は述べている。

「ここで検察側は9カ国条約に関連して日本による一つの特定の行為に言及しており、それは注意を払うに値《あたい》するものかも知れない。検察側は、**広田**は1937年10月20日にベルギー大使より9カ国条約の締約諸国の会合への招待を受けたが、彼は1937年10月27日にその招待を辞退した、それは中国における日本の軍事作戦が9カ国条約に違反したとの国際連盟の宣言に基づくものであったからである、と述べているのである。

これが起きたのは支那事変（訳注：原表記はChina Incident）の勃発の後であったことを思い起こすべきである。締約国の内のいくつかの強力な列強が公然と中国の味方をして、可能となるあらゆる方法で中国を支援していたのは確かである。今や我々の眼前には、日本の懸念とは何であったのか、そして、日本が招待を受けないと決めたのはなぜなのかについての証拠がある。正しかろうが誤っていようが、これは**広田**個人による決定ではなく、当時の日本の内閣による決定であったのだ。この態度が正しかったか誤っていたかとの問題には我々は関係を持たない。今の我々の眼前にある唯一の問題は、それに何らかの邪悪な特徴が付《ふ》されるべきものなのかどうか、という点である。本官は、本件辞退の中に邪悪なものを何も見出《みいだ》すことはできないのである。

我々の手元には、国際社会の他の国々による、他の機会における同様の行為の事例がある。その一例を示すために本官はここで、ソビエト社会主義共和国連邦によるそのような辞退の例を挙げることとしよう。ソビエト連邦は1939年のフィンランドとの争いに関連して国際連盟理事会が出した2度に亘《わた》る招待を拒絶したのであった。」（判決書p.448下段～p.449上段）

右記引用中の「日本の懸念とは何であったのか、そして、日本が招待を受けないと決めたのはなぜなのかについての証拠がある」との記述における「証拠」とは、天羽声明のことである。天羽声明とは、中国における日本の意図を説明し、そしてその意図は中国や東洋全体のためになることなので、それを妨害する諸外国の行為には反対する、という日本の主張を具体的に表現したものである。その意図に基づいて行われた政治・行政行為は日本国政府によるものであり、広田の個人的行為ではない。そして、政府による行政行為は司法判断の対象とするにはなじまないとするのが一般的である。

また、広田の辞退は「支那事変（訳注：原表記はChina Incident）の勃発の後であったことを思い起こすべきである」と指摘している。中国侵略の準備のために広田が辞退したという主張は、時間の観点から言って成り立たない上に、「締約国の内のいくつかの強力な列強が公然と中国の味方をして、可能となるあらゆる方法で中国を支援していた」ので、そのような席にのこのこと出かけるはずもあるまい。

さらにダメ押しとしてパール判事は、ソ連がフィンランドとの1939年の紛争に関する国際連盟理事会の2回に亘る招待を辞退した事例を挙げている。

この件に関するパール判事の結論は、右記引用中の「本官は、本件辞退の中に邪悪なものを何も見出《みいだ》すことはできないのである」の部分であろう。広田の辞退は客観的に見て合理性を持つものであり、そこに邪悪なものを見出すことはできないのである。

天羽声明

「1934年4月に、天羽英二《あまうえいじ》氏という人物が当時の日本の中国に対する政策の説明であると称する声明を発表した。」（判決書p.443上段）

この人物が実在したかどうかについてはいくらかの論争があったようだが、筆者が調べた限りでは、実在の日本外交官である。次の通りである

「この天羽《あまう》氏の身元についてはいくらかの論争がある。（＊）検察側は我々に、彼は日本の外務省の公式なスポークスマンであったと述べている。我々はこれを足がかりとして先に進むこととする。

（＊訳注：天羽英二は実在の日本の外交官である。天羽英二　1887～1968　日本の外交官。スイス大使、イタリア大使、外務次官等を務めた。徳島県出身）」（判決書p.444上段）

検察側も、パール判事も、天羽声明を重視している。検察側は当然、天羽声明を日本の侵略意図を表す証拠として挙げているが、パール判事は、当時の日本の中国に対する政策を具体的かつ明確に述べている文書による証拠として、天羽声明を重視しているように思う。パール判事は、判決書の中で次のようになんと3回にも亘り、天羽声明を詳しく取り上げているのである。

1つ目は第四部　第2段階であり、判決書p.279上段～p.280上段である。ここでは天羽声明の全文をそのまま紹介している。

2つ目は第四部　最終段階であり、判決書p.443上段～p.444上段である。ここでは12条からなる箇条書きにして紹介している。

3つ目は同じく第四部　最終段階であり、判決書p.452上段～p.452下段である。ここでは天羽声明の内容のエッセンスのみを紹介している。

パール判事が天羽声明を重視するのは、これが日本の中国政策のみならず、日本が目指していた極東政策全体をよく示しているからだろうと思う。そしてその中には、純粋な善意以外の邪悪なものは、何もないように見受けられる。実際、パール判事は天羽声明の内容について何の留保条件も、また、批判的コメントもしていないのである。

天羽声明のパール判事による要約（右記の2つ目に相当する）は、次の箇条書きの通りである。

「この声明は本件裁判における法廷証第935号である。この声明は次のように要約することができよう。

1．中国との関係における日本の特別な地位のため、中国に関係する諸事についての日本の見解と態度は、諸外国のそれとそのすべての点において意見が一致するものでもない。

2．日本は東アジアにおいて特別な任務と責任を持っている。

3．日本の地位と任務のため、日本の中国に対する態度は時には諸外国のそれとは異なることがある。

4．東アジアの平和と秩序を維持するため、日本は今後も日本単独でその独自の責任を果たさねばならず、また、そうすることは日本の義務でもある。

5．東アジアの平和を維持する責任を日本と分かち合うべき立場にある国は、中国以外には無い。

6．従って、中国の統一、その領土保全の維持、さらには中国における秩序の維持は日本によって最も熱望されるものである。

7．日本に抵抗するためにあらゆる他国の影響力を利用しようとの中国側のあらゆる試みに、日本は反対する。

8．ある列強を他の列強に対してけしかけるための中国によるあ

らゆる行動にも、日本は反対する。
9．満州事変および上海事変の直後というこの特定の時期に列強諸国によって執《と》り行《おこな》われるあらゆる合同活動は、よしんばそれが技術支援もしくは財政支援の名の下《もと》に行《おこな》われるものであっても、必ずや政治的意味合いを持つものとなる。
10．その種《しゅ》の計略は、もしもそれが最後まで実行されたならば、必然的に困難な問題を惹起せしめるのであり、それにより最終的には中国分割問題の如きものなどを討議することを余儀なくさせるのである。そのようなことは中国にとって最大の不幸であり、また同時に日本と東アジアに対して最も深刻な悪影響をもたらすことであろう。
11．そのため日本は、原則的な問題としてそのような計略には反対をしなければならない。ただし、諸外国が財政や貿易の問題で中国と単独に交渉することは、かかる交渉が中国の利益となり東アジアにおける平和に有害とはならない限りにおいて、日本が干渉する必要のないものであると考える。
12．しかしながら、中国に対する航空機の提供、中国における飛行場の建設、中国への軍事指導者や軍事顧問の派遣、もしくは、政治的目的の資金提供のための借款の締結などは、日本と中国ならびにその他の国々との間《あいだ》の友好関係を疎外し東アジアの平和と秩序を毀損《きそん》する傾向を明らかに持つものである。日本はそのような計画に反対する。
この声明は次に、これは日本の新しい政策などではないと述べている。中国での共同行動に向けた列強諸国による積極的な活動が、さまざまな口実の下《もと》に今や着手されたとの報告があったとの事実に鑑み、この時点で再び日本の政策を繰り返して述べることは不適当とも思えない、とのことである。」(判決書p.443上段～p.444上段)

パール判事が重視した天羽声明は、よくよく読み込むべきだと思われる。

中国の行為を阻止する権利

パール判事はここでは、日本が天羽声明の中で中国側の行為を阻止する権利を主張したことを指摘している。次の通りである。

「日本の意図していた政策を説明した声明の中で使用された語句がどのようなものであったにせよ、こうして日本は中国側による何らかの行為を阻止する権利が日本にはあると主張したのである。この声明は西欧列強、とりわけワシントン条約の締約諸国にとって最大の懸念事項であった。現下の我々の目的のためには、この声明に含まれる事柄の法的側面は我々に大きく関係するものではない。」(判決書p.444上段)

「現下の我々の目的」とは、当時の日本の政治家たちに侵略戦争の立案などの邪悪な意図があったかどうかの検討である。その検討のためには、天羽声明自体に違法性があるかどうかの法的側面は大きく関係しないのである。

チェイニー・ハイド氏の意見

右記の「中国側による何らかの行為を阻止する権利」を日本が主張するにあたって日本が根拠にしたのは、日本の中国との地理的な近接性である。その点につき、パール判事はアメリカの法律家のチェイニー・ハイド氏の意見を紹介している。ハイド氏は日本の主張とモンロー主義との関連を指摘している。次の通りである。

「この宣言(引用者注：天羽声明を指す)自体の法的側面を考えながら、チェイニー・ハイド氏は現下で関連していることにおいて我々にとって大きな助けとなる、非常に適切な意見を述べた。『この声明は、日本の中国との関係における**特別な地位**は中国に関連する諸事を尊重する態度と見解からもたらされたものであると発表している』が、これは他の列強諸国による中国に対する行《おこな》いに関連して日本が単独で独自の責任を果たすことが適切かつ賢明であることを示すものである、との指摘をした後に、チェイニー・ハイド氏は次のように述べた。

『ある国家に相対的に近接する地域や諸国に対する、他の大陸の列強による行為に関してその国家が単独で独自の責任を果たすことが適切である上に賢明でもあるとの主張は、モンロー主義を遂行した際の合衆国の行為にその前例を求めることができる。自己防衛を理由として合衆国は、米大陸以外のいかなる国であろうともかかる国が米大陸の土地の新規の領土的支配を行《おこな》うことはそれがどのような手順でなされようともそれに対して反対を表明する権利を、長期に亘《わた》り主張して来た。さらに、合衆国はその主張をするにあたり自身の責任の下《もと》にそうしたのであり、それにあたりこの権利主張の遂行がラテンアメリカ諸国やその他の国々との協定の締結を通じて修正されたり損なわれたりすることに許可を与えるあらゆる義務をも拒否したのである。合衆国独自の防衛上で必要であるとの感覚が、合衆国のそのような主張は米大陸のある国がその領土を米大陸以外の列強に譲渡しようと望んだ際にはその国の政治的独立性に対する不合理な介入を構成することになる点についての合衆国によるあらゆる認定をも妨げたのである…。』

『北米の立場におけるその利点についての議論を行《おこな》わずとも、少なくとも理論の点から見て、それはある程度は日本による議論の興味ある複製品（訳注：原表記はreplica）であると見なすことができると指摘すれば十分である。』…」（判決書p.444上段～p.444下段）

つまり日本は、世界で受け入れられているモンロー主義の考え方を適用して、中国における日本の権利を主張しているのだ。なお、モンローは合衆国第5代大統領（大統領就任期間は1817年～1825年）であり、モンロー主義を宣言したのは1823年のことであった。ハイドの意見を受けてパール判事は次のように議論を展開する。ランシング・石井交換公文において、合衆国自身が領土近接性のもたらす日本の権利を明示的に認めていると指摘しているのである。またイギリスも、日英同盟条約の中で日本の特別権益を同様に明示的に承認しているのである。次の引用は、中国における特別な権利についての日本の主張には正当性があることをパール判事が立証したものとして、重要であると思う。

「すなわち、かかる政策自体には本来的な誤りや邪悪な点は何も無かったということであろう。少なくとも、そのような政策は国際生活において前例が無かったがために何らかの共同謀議にその根源を求めることへと我々を導いて行《い》く、などというものではない。

1917年11月のランシング・石井交換公文において『領土の近接性は国家間に特別な関係を創り出す』と宣言されたことが思い起こされるであろう。そこにおいて合衆国政府は、日本が中国に特別な権利を持つことを承認したのである。合衆国政府は、日本の領土が隣接している地域（訳注：日本の領土たる朝鮮に隣接した満州・内蒙古東部）については特にそのように承認したのだ。この裁判における満州の局面について検討した部分で本官が指摘したように、イギリスは日本との同盟条約の中でこの特別権益を承認したのである。

この石井・ランシング協定は1923年4月14日の交換公文によって終了した。その際にはこれは**協定としては**終了したのであろう。それでもなお、領土的な近接性は国家間に特別な関係を創り出すとの**原則は維持される**のである。それは国際生活において実践されている原則なのである。そのため、その意義はかかる原則が表現されたところの協定の終了によって限定されたり制限されたりはしないのである。

チェイニー・ハイド氏によって指摘されたとおり、『領土的近接性には特別な権益が付随するとの原則の起動は、不合理なものであるとは云《い》えない。また、かかる権益は、その主張が関連している対象国の独立とは相容《あいい》れないものであるとも云《い》えないのである。』

中国における日本の権益、外国が中国に持っている権益に危険をもたらしているところの中国の国内状況、さらには、9カ国条約の締約国ではないソビエト連邦との間《あいだ》で中国がますます相互関係を深めていること、等を我々はすでに検討して来た。さらには、ある国家の独立国としての地位に本質的に付帯しており、外の世界に向けてその国家が維持しなければならない義務として通常はかかる国家に負荷されているところの負担にも、我々はすでに注意を向けた。協定もしくは条約によらずとも、国際社会における国家は、何らかの条件の下《もと》では、他国の政治的独立を損傷させることによってかかる他国の国としての等級を降格させる権利を所有していると見受けられるのである。

その国に居住している他国の市民たちの生命と財産に関してその領土内の安定的な状態を維持することについてのその国家の無能さ、もしくはそのことに対するその国家のやる気の無さが長引くことは、被害を受けた側の国家によるかかる努力（＊）を合法的に奨励し正当化させるものであるという点は国際社会において認定されているように見受けられるのである。

（＊訳注：その国に居住している自国の市民たちの生命と財産の安定を維持する努力）

この関連では本官は、他国での事件や事前準備が自国から見て自国の安全に深刻かつ緊急の脅威を与えているものと考えられ、そしてそのような事件や事前準備が行《おこな》われている当該他国の政府にそれを阻止する能力が無いかその能力が無いとその国が公言している場合、自国の自己保存の権利がそのような他国の行動の自由を尊重する義務の上に置かれることを国際法は奨励しているように見受けられることを、ここで再び指摘したい。それは、それを阻止する行動が取られなければ他国でそのような事件や事前準備が発生してしまうとの差し迫った確実性があると外国が『**善意ニ基《もと》ヅイテ(bona fide)**』信じている場合にも、そのように位置づけられているように見受けられるのである。」（判決書p.444下段〜p.445下段）

右記引用の後部にある「自国の自己保存の権利がそのような他国の行動の自由を尊重する義務の上に置かれること」とは、ホールの指摘である。第三部　証拠ならびに手続きにおける規則　において、パール判事はホールから次のように引用していた。

「ホールは次のように述べている。

『他国での事件もしくはそこで用意された侵略行為で**その他国の政府がそれを防ぐことが不能であるか、あるいは、それを防ぐことが不能であると明言していることにより**、ある国の安全が深刻かつ緊急な脅威を受けた場合、もしくは、そのような事件ないし侵略行為に対する予防的な措置が取られないとそれらが実行されてしまうという切迫した確実性がある場合、等の状況下では、危険を生み出している元凶の国にはもしも実施できるものならばかかる国際的義務を果たしたいとの意志があろうと推定されるものの名ばかりになったに違いない行動の自由を尊重する義務の上に自衛権は位置されることになると公平に考えることができるであろう…。(後略)』」(判決書p.172下段)

天羽声明への非難の試み

欧米諸国は天羽声明には否定的な反応を示したが、目立った反論はしなかった。パール判事は、天羽声明への非難を試みる場合、次の2点の問題を検討しなければならないとしている。

「そのため、天羽声明に対する何らかの非難には、少なくとも次の二つの問題の検討が含まれているのである。

1. 天羽声明で発表された政策は、当時の中国で蔓延《はびこ》っていた諸事実ならびに状況の中では、何らかの条約や協定に関連させずとも国際法によって正当化できるものなのかどうか。(訳注：国際法のみによって正当化できるものかどうか)
2. この点に関する日本の諸権利は、もしもかかる権利があればだが、協定や条約によっていくらかでも減らされたのかどうか。」(判決書p.445下段～p.446上段)

上記の二つの内の一つ目では、パール判事はやや微妙な表現をしているが、特定の条約によらずとも、日本は天羽声明が内包する政策を当時の国際法によって主張できる可能性があるとパール判事が考えていたことを示唆している。というのは、中国に条約締結を強要することで領土を拡大した帝政ロシアと違い、日本は特定的な条約の締結を中国に強要せずにその対中政策を推進したからである。日本がそのようにした背景には、日本の主張は全般的な国際法に裏付けされていると日本の政策担当者が考えたからだと筆者には思える。

二つ目は、はっきりとワシントン9カ国条約を意識したものであろう。日本の主張する特別な権利は、ワシントン9カ国条約によって減らされたなどとは言えないとパール判事は示唆しているのである。

天羽声明を非難するために必要となる設問4点

パール判事は天羽声明への分析をさらに掘り下げている。パール判事は、さらに次の4つの論点を考えるように、読者に迫っているのである。筆者は以下のパール判事の指摘は、天羽声明を非難する場合には避けて通れない設問であるとのパール判事の「ダメ押し」のように思える。

「我々が天羽宣言を非難しようとするならば、我々は最終的には次の設問に答えることを避ける訳にはいかないのである。

1. 条約(訳注：9カ国条約)を通じてその独立国たる地位の強化ができた中国は、外の世界に対する義務を維持すべきであるとの通常は自国にかけられている負荷から、何《いず》れかの面でいくらかでも解放されたのかどうか。
2. 条約の締結後における中国側の何らかの行為は、外国の支配からの自由を要求できるとする中国の権利で、条約がそのように主張しているとされているところの権利を、中国から奪うことに資することとなったのかどうか。
3. 条約の条項は、日本もしくはその他の締約国が中国の政治的独立性を害することによって国としての中国の等級を降格させるとの日本もしくはその他の締約国の権利をどの程度まで限定もしくは制限したのか。
4. 締約国がそのようにふるまうことについて彼らに正当な理由があったにしても、条約は締約国がそのようにふるまう特権にどの程度まで影響したのか。

(a) かかる特権の行使はいずれかの単独の国がそれ自身による独自の判断に従って行使するものではなくなったのかどうか、

もしくは、かかる行使は条約のもたらした結果としてそれに関わるすべての締約国の共通の懸念となったのかどうか。

(b)日本もしくはその他のいずれかの締約国は、中国の独立に関して条約が課したそのような制限から自らを合法的に解放する立場に立てたのかどうか。」(判決書p.449上段～p.449下段)

天羽声明を本気で非難しようとするなら、以上の1．～4．の設問を真剣に議論しなければならないとパール判事は指摘しているのだ。以上の4点はいずれもワシントン9カ国条約の締約国、なかんずくアメリカがあいまいなままにしたものである。ただし、これらはいずれも高度に政治的であり、明確に解答するのは誰にとっても困難なことであると筆者は思う。パール判事自身も、以上の4つの設問に対する見解を示していない。

しかし、このまま放っておいても建設的な議論の展開にならないので、以下、これまでのパール判決書での議論をふまえて筆者なりに糸口を整理してみたいと思う。

右記の1．と2．は、中国の義務と権利についての設問である。

まず1．に関連させてパール判事は、当時の中国は中国国内の在留外国人の生命と財産を守る義務があったこと(判決書p.210下段チェイニー・ハイドからの引用)をすでに指摘している。ワシントン9カ国条約を締結したからと云って、中国はその義務から解放されるようなことにはなるまいと筆者には思える。

2．において「中国側の何らかの行為」とは、「条約の最も基礎的な前提に確実に違反していた(判決書p.446上段)」排外ボイコット等を指す。このような中国の行為は、条約に対する「事情変更ノ原則」の原則の援用の論議を惹起せしめた。この原則の援用についてパール判事は判断をしていないが、かかる援用にはパール判事はどちらかと言えば否定的もしくは慎重であったと筆者は思う。ただし、ビドル検事総長のアドバイスの下、ルーズベルト大統領がこの原則を採用した事実はあるとの重要な指摘は行《おこな》っている。

3．は1．の議論と密接に関係している。主権国として当然の義務を果たすことができない国には外国の公権力が入って来ざるを得ないとのホールやチェイニー・ハイドの意見を紹介しながら、それが当時の国際法の状況であったとパール判事は指摘している(判決書p.210上段～下段)。それはすなわち、「国としての中国の等級を降格させる(判決書p.449上段)」ことに結びつく。このパール判事の記述を筆者の言葉で直截に表現すれば、中国は自国の義務を果たしていない「半人前国家」であったということである。

4．については、(a)の記載事項こそがワシントン9カ国条約を画策した合衆国のねらいであったとパール判事は指摘したかったのだろうと思う。イギリスなり日本なりの単独の国ではなく、すべての関係国が国際的枠組みの下で「半人前国家」中国を管理しましょう、というのがこの条約のねらいだったと思える。つまり、パール判事は設問4．の提示を通じて、この条約の枠組みが実際に機能したかどうかを考えなければならないと指摘したものと筆者は思う。しかし、パール判事自身はこの点について方向性の示唆を何もしていない。(b)は例の「事情変更ノ原則」の原則の援用の論議である。この原則を援用できるかどうか、それによってこの条約の作った枠組みが消滅したかどうかは、どの国も明白な結論を出していない。そのため、(a)、(b)いずれについても、パール判事は設問への方向性を何も示唆していないと筆者には思える。

いずれにせよパール判事は、右記最後の4．の設問において、天羽声明を非難するためにはワシントン9カ国条約が機能していたのか、あるいはそれは失効していたのかとの困難な問題を考えなければならないと指摘しているのである。

天羽声明に対するパール判事の結論：政策展開に関する説明として有効

右記の４つの設問は、天羽声明を非難するためには避けて通れないものであるとパール判事は指摘した。しかし、この声明を非難するか称賛するかという点は、中国における日本の行動が侵略的であったかどうかの検討に足を踏み入れて初めて提起されるものであると、パール判事はさらに指摘している。次の引用の通りである。

「しかしながら、現下の本官の目的のためには、天羽声明で宣言された政策に対して非難も賞賛もする必要は無いのである。そのような問題は、中国における日本の行動が侵略的であったのかそうではなかったのか、もしくは、それが正当化できたのかそうではなかったのかの検討に我々が足を踏み入れた場合に初めて提起されるのである。現下の本官の目的のために必要となるもののすべては、起訴状で申し立てられている巨大な共同謀議の理論を持ち出すこと無しに我々がかかる政策を十分に説明できるかどうかを検討することのみなのである。」（判決書p.449下段）

右記引用においては、４つの設問への解答を考えることは中国における日本の行動が侵略であったかを考えることになると指摘した上で、パール判事はそのような検討には足を踏み入れないと述べている。その理由は、パール判事が目的としているのは、起訴状における巨大な共同謀議に依拠せずとも日本の政策を十分に説明できるかどうかだからであって、その際に日本が侵略的であったかどうかを考えることは、不必要だからである。

そもそも、日本の政策を説明する要因は他にも十分にあった。次の通りである。

「本官はすでに、１９３２年の時点においてですらさまざまな要因が日本の外交政策、特にその中国政策に影響を与えていたことにリットン調査団が言及した様《さま》について申し述べた。それ以降には他の要因も出現したのである。中国国内において脅威を与える諸展開に対する日本の懸念およびそれに対する日本の信条を、天羽声明自身が示している。本官の意見では、天羽声明がいやしくも何らかの公的な関連性を持ち公的な政策を表明しているのであれば、以上の要因は天羽声明の中で宣言された政策展開を十分に説明しているのである。」（判決書p.449下段）

つまり、巨大な共同謀議に依拠せずとも日本の政策を十分に説明できるかどうかを検討する上で、パール判事はリットン調査団が言及した要因に再び触れている。リットン調査団が明示した要因は５つあった。そしてこれら５つの要因（判決書p.255上段）は、天羽声明が明確にしている日本の政策展開を、十分に説明していると指摘しているのだ。

このあたりのパール判事の論理展開は、ややトリッキーであると筆者は思う。右記の４つの設問を考えるように読者を誘導することによって検察側の「日本の満州・中国への進出には侵略性がある」との主張は実際のところは根拠が薄弱なのではないかと読者に気付かせておきながら、そのような検討には足を踏み入れないと述べて、はしごを外したのである。パール判事は、リットン調査団が指摘した5点の要因は「天羽声明の中で宣言された政策展開を十分に説明している」と指摘するのにとどめたのである。

パール判事が天羽声明を重視しているのは、この声明が「中国国内において脅威を与える諸展開に対する日本の懸念およびそれに対する日本の信条」（判決書p.449下段）を少なくともしっかりと説明しているからだと思う。当時の日本が考えていたことをしっかりとまとめているのが天羽声明なのである。

日本の政策に侵略性が本当にあったかどうかは、右記の４つの設問に真剣に取り組めば、見えてくることであろう。残念ながら、パール判決書はその部分には「足を踏み入れなかった」のである。

事実としては天羽声明は、作為的かどうかは別として、当時の各国によってほとんど無視されている。「他の締約国はこの声明を大した熱狂もなく受け取った」（判決書p.452下段）とある。各国が「大した熱狂もなく」黙殺したのは、天羽声明を正面から非難すれば、たとえばトインビー博士やチェイニー・ハイド氏あたりに容易に論破されてしまうと彼らが考えたからであろうと筆者には思える。

「共同謀議の再現図」

以上を記述した上で、パール判事は検察側の主張の取りまとめ作業に入った。この検察側主張を取りまとめたものをパール判事は「共同謀議の再現図」と称している。長い引用になるが、この「再現図」は1931年以降1939年までの日本の動きに関する検察側の主張の全容がわかる重要な記述だと思うので、残らず記すこととしたい。

「我々はようやく今、検察側により提示された共同謀議の再現図を手にすることができた。検察側によれば、この壮大な目的を実現するために日本は次のような手順を踏んだと云《い》うのである。

1．日本の最初の試みは、手ごわい二つの障害を取り除くことであった。

(a)中国本土と中国の南の地域への進出に関しては、西欧列強、特にイギリス、合衆国、フランスとオランダが障害であった。

(b)中国本土と中国の北の地域への進出に関しては、ソビエト連邦が障害であった。

2．第1の障害を取り除くことは、西欧列強を排除する努力を意味していた。

(a)それらの西欧列強、それも特にイギリスと合衆国は、次の理由により障害となっていた。

(i)それらの国々自身が日本の侵略の目的であったから。

(ii)それらの国々もしくはその国民が莫大な金融ならびに経済的権益を中国と残りのアジアならびに太平洋地域に所有していたため、もしも共同謀議の計画を成功させるのであれば彼ら（訳注：西欧列強、特にイギリスと合衆国）は放逐されるか制限され、日本が持つそれらの権益に彼らは従属させられなければならなかったから。

(iii)日本はそれら諸国との間《あいだ》で、厳粛な条約と合意を通じて、まさに共同謀議の目標と目的を形成するもの自体の実施を放棄すること、そして、それを達成するために必要となるすべての行動を控えることを、堅く義務づけられていたから。

(b)共同謀議の目的は、手ごわい西欧列強の障害を取り除くことによってのみ成功裏に達成されるのであり、そしてそれは条約中の諸条項ならびにそれらに相関する義務と責務から逃れることによってのみ取り除くことができるのである。

(i)共同謀議者たちは、条約からの逃避、条約の変更、等々、考えられうるあらゆる手段に訴えた。

3．1931年から1941年にかけて共同謀議者たちは、西欧列強とその国民たちからアジアと太平洋における彼らの合法的な権益を奪い、彼らをその地域から撤退させ、もしくは日本の地位に劣後する地位を彼らに受諾させるために、あらゆる努力を傾注した。

(a)中国での戦闘が進展するにつれて多くの敵対的行動が行《おこな》われたが、自発的にせよ不本意ながらにせよ、かかる行動のすべては条約の諸条項に反してイギリスと合衆国ならびに他の諸国の、中国の版図《はんと》からの排除の実現を企図していた。

(b)戦闘期間中においては西欧の商業上の権益に対して干渉がなされ、閉鎖もしくは撤退することを余儀なくされた。

４．西欧列強、特に合衆国とイギリスは、彼らが諸条約の原則を支持していること、そして、日本の行動は条約上の権利に違反しており、日本が条約上の義務に従って行動するよう期待すると、日本人たちに対して言葉と行動の両方によって十分に明瞭に示した。

(a)１９３１年９月22日にスティムソン国務長官は、満州の状態が『現状（status quo）』に復帰されない場合には、満州事変は合衆国において深刻な印象を与えることを日本の大使に指摘した。（法廷証第９２０号、法廷記録９３４０〜９３４３ページ）

(b)同じ日に長官は日本の大使に覚書を送達し、その中で長官は、中国と日本以外の国々の目からは、この状況は軍事的、法的そして政治的な懸念事項となっていることを明らかにした。（法廷証第９２１号、法廷記録９３４４〜９３４７ページ）

(c)同じ日に合衆国は中国と日本に対して同一の文書を送達し、その中でスティムソン長官は戦闘行為の終結ならびに事案が友好的に解決されることの希望を表明した。（法廷証第９２２号、法廷記録９３４８〜９３４９ページ）

(d)国際連盟が１９３１年９月30日に決議を採決した際、スティムソンは連盟に対し、合衆国はこの件について明確な関心を持っているため、また、合衆国は当事国がパリ条約ならびに９カ国条約の締約国諸国に対して負っている義務を認識しているため、合衆国は独自に行動しながらも連盟を支援するよう努めると通達した。（法廷証第９２５号、法廷記録９３５２〜９３５３ページ）

(e)１９３２年１月７日にスティムソンは中国と日本の双方に対し、合衆国はあらゆる『事実上ノ（de facto）』状況が適法であるとは認めることができず、また、中国における合衆国の条約上の権利を毀損《きそん》させるいかなる条約や協約についてもその有効性を認めない、との警告を発した。（法廷証第９３０号、法廷記録９３６６〜９３６７ページ）

(f)この直後にスティムソンからボラー上院議員に対する手紙の形式を取った報道用公式発表が行《おこな》われ、その中で長官は、相互に関係し合い、かつ相互に依存的なワシントン条約制度の不可欠な一部分に日本は参画したのであり、かかる制度が基盤としたところの前提に対して検討を加えることをしないまま、それを修正したり廃止したりすることはできない、と指摘した。（法廷証第９３２号、法廷記録９３７０〜９３７２ページ）

(g)１９３３年２月に合衆国は、国際連盟による満州事変の調査結果に同調し、連盟が推奨した解決原則を是認した。（法廷証第９３３号、法廷記録９３８３〜９３８４ページ）

(h)１９３５年９月25日にハル国務長官は、中国北部での自治運動に対する合衆国の態度を明らかにし、合衆国の条約上の権利と義務のため、かかる運動を注視していると強調した。（法廷証第９３８号、法廷記録９４０３〜９４０５ページ）

(i)１９３７年７月21日にハルは、諸条約の遵守ならびに紛争の平和的な解決を目指す合衆国の政策について明らかにした。（法廷証第９４７号、法廷記録９４２４〜９４２６ページ）

(j)合衆国は、中国と日本の間《あいだ》の紛争を平和的過程によって解決することの促進を支援する旨を繰り返し申し出た。

5. 共同謀議者たちは、その義務に対して忠実であるともっともらしく表明し続けた。

(a)彼らは、表向きは条約制度の内に留まっているように見せかけながらも、それがもしも西欧列強により受け入れられれば9カ国条約とパリ条約を完全に去勢してしまうような新しい処方を案出するのに精力を注いだ。

(b)1931年9月24日に、日本は満州に何らの領土的野心も抱《いだ》いていないとの表明がなされた。(法廷証第923号、法廷記録9349~9350ページ)

(c)実際に追求された政策は条約制度(訳注:9カ国条約の制度)を遵守するとの声明にあまりにも明白に一致しなかったため、日本の行動を正当化するような新しい処方を条約制度の中に設立するか、もしくは、条約制度の特別な解釈を設立することが必要であると考えられた。

(d)1934年4月17日に、この新しい処方に対する条約締結国の反応を試すために、天羽声明の形で観測気球が打ち上げられた。

(i)この声明の中で天羽は次のように主張した。中国との関係における日本の特別な地位のため、中国に関する諸事についての日本の見解と態度については、諸外国とはそのすべてにおいて意見が一致するものではないかも知れないが、日本はその任務を遂行しアジアにおけるその特別な責任を果たすために最大限の努力を行《おこな》わなければならなかったことは理解されなければならない。日本の地位と任務を理由として、中国に対する態度が困難なものとなることは避けられない。そして日本は他の国々と友好関係を維持し推進することを熱望していると同時に、東アジアにおける平和と秩序を維持するために日本は単独でその独自の責任を果たさなければならず、かかる責任を日本と分かち合うことができうる国は中国以外には無い。そのため日本は、日本に抵抗するためにあらゆる他国の影響力を利用しようとのあらゆる中国側の試みに反対をしたし、また、列強諸国との何らかの合同活動は、よしんばそれが技術支援もしくは財政支援の性質のものであっても、満州事変および上海事変の後においては何らかの意味合いを持っているものであると考える。そのため日本は原則としてそのような計略には反対をしなければならなかった。ただし、諸外国が財政や貿易の問題で中国と単独に交渉することは、かかる交渉が中国の利益となり極東における平和が危殆に瀕することにはならない限りにおいて、日本は干渉を行《おこな》わない。日本は、中国に対する航空機、飛行場、軍事顧問、政治的目的の貸付金、等の提供に反対する。(法廷証第935号、法廷記録9389~9392ページ)

(ii)他の締約国諸国はこの声明を大した熱狂もなく受け取ったので、広田外務大臣は、広田が関知せずその承認もないままに天羽がこの声明を発表したとの確認を、最も早期の機会を捉えて行《おこな》った。

(e)広田による見かけ上の天羽声明取り消しにも関わらず、**新しい処方**の内の日本の特別な地位と権益に関する部分は、極東の諸事案に取り組む上での新しい支配的テーマとなった。

(f)盧溝橋事件の勃発直後に、共同謀議者たちは彼らによる条約制度への解釈にいくつかの新しい要素を付け加えた。

(i)1937年8月13日に、ハルが7月16日に持ち出した世界平和維持の原則への賛意が表明されたが、それには次の**興**

味深い但し書きが付け加えられていた。その但し書きとは、極東においては当該地域の現実の特異な状況を完全に理解し実際的な考慮をしなければこれらの原則の目的を達成することはできない、というものであった。（法廷証第937号、法廷記録9398～9399ページ、9401～9402ページ）

(ii) 広田は1937年10月20日にベルギー大使から9カ国条約の締約国諸国による会合への招待を受け取っていたが、それは中国における日本の軍事作戦は9カ国条約に違反したとの国際連盟の宣言に基づくものであったため、広田は10月27日にその招待を辞退した。（法廷証第954‐A号、法廷記録9444～9445ページ、法廷証第954‐B号、法廷記録9446～9450ページ）

(iii) 採用された**新しい処方**とは、日本の行動は中国における反日政策とその実践に鑑み日本が採用することを余儀なくされたところの自衛措置によるものであり、そのためそれは9カ国条約の枠外のものである、というものだった。

6. 1938年1月16日に日本政府は、これ以降日本政府は支那政府と交渉することを停止し、信頼を置くことができ、また、日本が完全に協力することができる新しい支那の政権が設立され成長することに期待する、との公式発表を行《おこな》った（＊1）。

（＊1訳注：第一次近衛《このえ》声明。「帝國政府は南京《ナンキン》攻略後尚《な》ほ支那《しな》國民政府の反省に最後の機會《きかい》を與《あた》ふるため今日《こんにち》に及《およ》べり。然《しか》るに國民政府《こくみんせいふ》は帝國の眞意《しんい》を解《かい》せず、漫《みだ》りに抗戰《こうせん》を策《さく》し、内民人《どうたみびと》塗炭《とたん》の苦《くる》しみを察《さっ》せず、外《ほか》、東亞全局《とうあぜんきょく》の和平《わへい》を顧《かえり》みる所《ところ》なし。仍《よっ》て帝國政府は爾後《じご》、國民政府を對手《たいて》とせず、帝國と眞《しん》に提携《ていけい》するに足《た》る新興支那政權《しなせいけん》の成立發展《はってん》を期待し、是《これ》と兩國國交《りょうこくこっこう》を調整《ちょうせい》して更生《こうせい》新支那《しな》の建設《けんせつ》に協力《きょうりょく》せんとす。…」）。

(a) このような直接的な条約違反にも関わらず、この声明は続けて、かかる行動は支那の領土保全ならびにその主権、そして他の各国の権益を尊重する点については何らの変更も無いなどと申し述べていた（＊2）。（法廷証第972‐A号、法廷記録9506～9507ページ）

（＊2訳注：第一次近衛《このえ》声明の続き。「…元《もと》より帝國が支那《しな》の領土及《および》主權竝《しゅけんならび》に在支《ざいし》列國の權益を尊重《そんちょう》するの方針には毫《すこし》もかはる所《ところ》なし。今や東亞《とうあ》和平に對《たい》する帝國の責任愈々重《いよいよおも》し、政府は國民《こくみん》が此《こ》の重大なる任務遂行のため一層の發奮《はっぷん》を冀望《きぼう》して止《や》まず。」）

(b) この声明の後まもなくの1938年1月22日に近衛首相は、日本、満州国ならびに支那の間《あいだ》の緊密な協力に基づき東アジアに恒久的平和をもたらし、また、それら3国の間《あいだ》に複合的な産業計画を持つことが日本の必然的な国家目標であるとの声明を発表した。（法廷証第972‐F号、法廷記録9516～9520ページ）

(c) 1938年を通じて広田、宇垣の両外務大臣は、中国におけるアメリカの権益は尊重され、門戸開放ならびに機会均等の原則の尊重は維持されると、合衆国に対し継続的に保証した。（法廷記録第9973号、法廷記録9534～9535号）

7. 1938年の終わりに有田が外務大臣として任命された際に、新しいアプローチ方法が導入された。

(a) 次が決定された。

(i) 条約（訳注：9カ国条約）の原則を肯定するようなすべての言葉遣いを避けること

(ii) 第三国諸国の持つ既存の権益は尊重されるものの、それは9カ国条約の当然の結果として尊重される訳ではないこと

を合衆国に理解させること
(iii)中国における第三国諸国の将来の政府活動を律する標準的な法律は、この新しい条件と整合させて確立されるものとすること（法廷証第989号、法廷記録9573～9578ページ）
(b)1938年11月18日の日本側回答は9カ国条約について触れてはおらず、事変の前の状態に適用されていたもともとの原則や着想では恒久的平和は得られないとの指摘を行《おこな》っていた。（法廷証第989号、法廷記録9576ページ）
(c)この時点から日本は、条約制度（訳注：9カ国条約制度）に対する表向きの忠実さを公言することを止めた。ただし日本は、その底流にある諸原則には忠実であると主張し続けた。
8．11月21日に**有田**はグルー（訳注：駐日米国大使）に対し、**支那の情勢が変化したために**、機会均等と門戸開放を無条件に適用することの承認は日本には不可能であると伝えた。
9．1938年の終わりには共同謀議者たちは、中国の国境を越えた進出の第一歩を踏み出す準備ができていた。
(a)最初の動きはフランスの領土に向けてであった。
(i)地理的・戦略的な理由から、共同謀議計画による拡大と侵略の成功のためにはこの方向に向かって動くことが必要であった。
(ii)フランス領インドシナ（訳注：仏印《ふついん》と省略されて記載されるケースあり）は最高位の重要性を持つ戦略的位置を占めている。その北端は中国の南端と接しており、中国をシャム（訳注：タイ）ならびにビルマ（訳注：現ミャンマー）へとつなげることにより、北平《ペイピン》（訳注：北京）、漢口《ハンコウ》、広東《カントン》、ハノイならびにバンコクを結ぶ交通線が構成されている。
(iii)インドシナは戦争の遂行に不可欠な天然資源に富んでいる。
(b)フランスの領土に入ろうとする動きは、すでに1938年1月という早い時点で共同謀議者たちによって検討されていた。
(c)1938年11月3日に近衛《このえ》は、日本の最終目標は恒久的な平和を確保せしめるところの新秩序を設立することであり、その任務の完遂は日本の栄光ある使命であるとの宣言を発した。（法廷証第1291号、法廷記録11695～11697ページ）
(d)この使命の達成に向けて開始をするにあたり、1938年11月25日の五相会議において、必要があれば海南《ハイナン》島を軍事行動により占領することが決定された。（法廷証第612号、法廷記録6731ページ）
(e)海南島は日本の陸海軍合同の軍による奇襲により1939年2月10日に占領された。（法廷証第613-A号、法廷記録6733ページ）
(f)このまもなく後にはスプラトリー諸島の占領が続けて行《おこな》われた。（法廷証第512号、法廷記録6145～6146ページ）
(g)申し立てられた軍需品をインドシナを通じて蒋介石へと運ぶ連絡路は、1938年、1939年、そして1940年のさまざまな時点における日本政府による抗議を惹起せしめた。
10．合衆国市民に対する商業上の差別について数多くの抗議が寄せられた後の1939年7月26日に、合衆国は日本に、日本との間《あいだ》の1911年の商業条約を廃止するとの意図を伝えた。」
（判決書p.450上段～p.454下段）

以上の動きはすべて共同謀議によるものだ、というのが検察側の主張である。パール判事が「再現図」を右記のように詳しく分析して説明したのは、これは連合国側が1931年以降の日本の動きをどのように見ていたかを確認する材料であるのと同時に、当時の日本の置かれていた客観的な状況を判断する材料をも提供するものであるとパール判事が考えたからだと筆者は思う。やはり、パール判事は無駄なおしゃべりはしないのだ。

「再現図」に対するパール判事のコメント

「再現図」を通じて検察側が指摘した諸事項に対し、その事項の多くはすでに検討を済ませたものであるとパール判事は指摘している。次の通りである。

「以上の分析の中のいくつかの事項については、すでに本官は、天羽《あまう》声明、**広田政策**、全般的戦争準備、そしてソビエト連邦に対する侵略、等に関連して検討を済ませたものと信じている。本官の現下の目的のためには、これらの事項についてのこれ以上の議論が有益であるとは本官は考えない。

検察側はさらにまた、満州事変に関する国際連盟の決定とその決定に対する日本の態度にいくらかの重要性を付した。本官はそれについては、本件裁判の満州についての段階に関連してすでに十分に議論を行《おこな》った。

証拠は、発生した出来事はいくつかの新しい要因により規定されたところの、その後の展開であることを十分に明らかにしている。『日本の軍国主義者たちが奉天（訳注：柳条湖）でその最初の一撃を加えた時、彼らは、その行動が満州ならびに中国を飛び越え極東からはるか遠く離れた地域にまで到達する深刻な効果を抱え込むことになることを予期するとか、もしくは立ち止まって考えることすらもしなかったのである。にもかかわらず世界全体に及ぶ反響がそれに引き続いて実際に発生したのである。』検察側主張への分析の項番4の(e)と(f)で言及されている二つの重要な公文書（訳注：いずれもスティムソンによるもの）は、日本の行動の最終的な政治的結末とそのありうべき重大さの程度を、予示している。」（判決書p.454下段～p.455上段）

右記引用中の3つめのパラグラフの冒頭の、「証拠は、発生した出来事はいくつかの新しい要因により規定されたところの、その後の展開であることを十分に明らかにしている」が意味するのは、１９３１年以降の日本の政策展開は、１９２８年を始期とする共同謀議期間の事前の計画によるもの（つまり１９２８年には計画の大筋ができあがっていたはずの共同謀議によるもの）などではなく、「その後」の状況変化がもたらした展開であることを証拠が立証しているということであろう。発生した出来事は、共同謀議の存在を推論することにつながっていないとパール判事は指摘しているのである。

なお、右記引用中の『日本の軍国主義者たちが奉天でその最初の一撃を加えた時…世界全体に及ぶ反響がそれに引き続いて実際に発生したのである』の部分は、１９３１年世界情勢概観でトインビー博士が記述したものであり、判決書p.381にて引用されていたものをパール判事が再記したものである。パール判事自身の言葉ではない。

以上を記述した上で、「再現図」に対するパール判事自身の判定を、次の二つの短いコメントによってパール判事は表現している。

「以上（引用者注：「再現図」を指す）が状況の全体図である。本官の意見では、これは起訴状で申し立てられているような類《たぐい》の何らかの共同謀議の絵図などではない。それが明瞭に描き出しているのは、事前に予期されなかった出来事が展開して行《い》った様子《ようす》なのである。」（判決書p.454下段）

「我々が右記の絵図をすべて受諾したとしても、それは事前に予期されなかった出来事が徐々に展開して行《い》ったということを十分に示しているのである。」（判決書p.454下段）

検察側による「再現図」は、１９３１年～１９３９年までの日本の動きを再現したものである。そして、右記二つの引用で強調されている語句は、「事前に予期されなかった出来事」である。この時期における日本の動きは、決して事前の計画によるものではないことが「再現図」からは読み取れるとの事実認定がパール判事の結論なのである。

§2．フランス領インドシナへの進駐

対仏と対蘭

検察側は起訴状の30個の訴因（訴因第7〜第36）において、日本はさまざまな時点でさまざまな国に対して侵略戦争を行《おこな》ったとしている。つまり、日本が中国の「国境を越えて拡大」（判決書p.455上段）を試みていたとして、訴追されているのだ。

それらのさまざまな訴追の内、検察側が多くの証拠を取りそろえて注力したのは、対フランス（訴因第33）と対オランダ（訴因第32）である。対仏、対蘭の内、より早期に日本が動きを見せたのは対仏であった。中国の国境を越えた拡大は、まず、1938年の時点でフランス領インドシナに向けられたと検察側は考えたようだ。次の通りである。

「検察側は、共同謀議者たちはその方針に従って中国の国境を越えて拡大するための第一歩を踏み出す準備を1938年の終わりまでには終えており、その最初の動きはフランス領に入ろうとするものであったと述べている。」（判決書p.455上段）

フランス領インドシナ：証拠の検討

フランス領インドシナに関する分析は、次の引用から開始されている。

「共同謀議の内のこの段階についての検察側の観点を検討することにさらに進む前に、本官は、中国の国境を越えた拡張への第一歩であると申し立てられたものに関連するところのこの証拠を検討することとしたい。

日本によるインドシナとタイへの進出に関連するこの証拠は、1937年7月の盧溝橋事件の後の日中間の紛争の拡大とともに、日本の軍隊がずっと南方のフランス領インドシナとの境に至るまでの中国の沿岸地帯を占領したことを明らかにしている。」（判決書p.455上段）

パール判決書においては、検察側の主張を分析した後に証拠の吟味をして事実認定を行《おこな》う、というステップを踏む場合がほとんどである。しかし、フランス領インドシナへの拡大の訴追においては少し勝手が違っており、パール判事は右記引用の通り、検察側の主張を分析する前に、証拠の検討に取りかかっている。

これはおそらく、検察側の訴追が取りこぼした事実を把握しておかないと、当時日本の取った政策の全体像が見えて来ないとパール判事が考えたからだと筆者には思える。検察側は、中国の国境を越えてフランス領インドシナへ軍事的に進出したことのみを取り扱っており、なぜ日本がフランス領インドシナと関わらなければならなかったのかの視点が無かったように見受けられるのだ。そこでパール判事は、ダイレクトに証拠の分析から入《はい》ったのだと思う。

なお、パール判事による右記の検察側主張に対するコメントは行《おこな》われる。これは証拠の分析の「後」、オランダ領東インドへの進出の分析の「前」にある。

フランスによる援蔣《えんしょう》

「検察側の証拠をその全部に亘って受諾するならば、我々は次のような説明を得ることとなる。」（判決書p.455上段）

この文章以降、検察側が提出した証拠の分析が長く続く。パール判事は、まずはフランス側の動きから分析を開始する。

「国際連盟の構成国の一つとして**フランス**は、１９３７年10月に中国における日本の行動に対する非難に参加し、中国に対して個別の国から与えることのできる実際的な支援に関する提案に、同意をした。（法廷証第６１７－A号、法廷記録６８１７ページ）

１９３８年10月25日に、フランス領インドシナを通じた軍需品の出荷に日本は反対をした。フランスはそのような出荷を否定し、『日本が要求した措置を採ることを拒否した。』（法廷証第６１６－A号、法廷記録６８０２ページ）

日本の内閣の五相会議は１９３８年11月25日に、『海南島《ハイナン》は、必要があれば軍事行動により占領する』と決定した。（法廷証第６１２号、法廷記録６７３１ページ）

１９３８年12月に、中国への補給品の出荷についての日本の抗議をフランスが拒否したことに対する唯一の修復策は雲南《ユンナン》鉄道への爆撃であると、関連するすべての省が合意した。雲南鉄道は敵への軍需品の輸送に使われていたからである。駐フランスの日本大使には、爆撃が実際に行《おこな》われたらそのように説明をするようにとの指示がなされた。（法廷証第６１６－A号、法廷記録６８０３～６８０４ページ）

１９３９年３月31日に日本政府は東京のフランス大使に次を通知した。インドシナ沿岸の先にあるスプラトリー諸島（訳注：南沙諸島。日本名は新南群島）は長期に亘《わた》って持ち主がいない諸島として知られていたが、はるか以前の１９１７年から日本国民が居住しており、かかる日本国民の保護と彼らの権益のために台湾総督の行政管轄下に置かれていたこと。（法廷証第５１２号、法廷記録６１４５～６１４６ページ）」（判決書p.455上段～p.455下段）

検察側は、フランスが雲南《ユンナン》鉄道を使って中国、具体的には蒋介石政権に軍需品の輸送を行《おこな》っていた点を述べていない。しかし、日本がフランス領インドシナへの要求を開始したのは、この援蒋ルートを塞ぐことが必要だったからである。当時の日本の第一関心事は中国での蒋介石政権との戦闘を終わらせることだったはずで、その観点から考えを進めなければならない。フランス領インドシナが、日本の敵である蒋介石政権に軍需品を輸送している重要なルートであったのだ。おそらくパール判事は、この点を認識することが重要だと考えて、通常のルーティンからは離れて、検察側の証拠の分析から始めたのであろう。

日本の抗議

軍需品輸送に関して日本がフランスに対して行《おこな》った抗議には、ある程度の正当性があったと筆者は思う。すでに第一部 予備的法律問題で詳細に分析されたとおり、中立法は戦争に加わっていない第三国による軍事支援を厳重に禁じているのである。日中間の戦闘が宣戦布告を伴うものであろうがなかろうが、当時日中は少なくとも平和な状態にはなかったのだ。にもかかわらず、第三国であるフランスが、戦闘行為当事者の一方である中国を軍事支援するのは、中立法に違反していると日本は主張できるのである。また、日本はかかるフランスの援蒋行動を理由に、フランスの領土の爆撃や軍事占領などの救済措置を取ることの正当性を主張しうるのである。

一方、日本の抗議に対するフランス側による抗弁はおそらく、右記引用の冒頭にある通り、フランスは国際連盟加盟国であり、国際連盟による一連の日本非難に同意したので、個別の加盟国の立場から中国を支援しているのだ、というものであろう。

しかしフランスはこの抗弁を行《おこな》わず、中国に向けて軍需品を出荷していること自体を否定した、と右記引用にある。この点は最初にはっきりさせておくべきだと思うが、このフランス側主張をパール判事は認めていない。次の引用の通りである。

「今、我々の眼前にある証拠は、インドシナを通じて中国にやって来る支援に関する日本の主張をはっきりと裏付けている。」（判決書p.463上段）

これは国際連盟に対するフランスの考え方を暗示しているものと筆者は思う。国際連盟が正常に機能していれば、フランスは堂々と国際連盟の対日非難に基づいて中国を支援していると主張したと思うのだ。しかし、フランスはそれを行《おこな》わなかったのである。日本の抗議に対してフランスが選んだ対応は、「出荷などしていない」との否定であったのだ。第二次大戦の勃発を防げなかった国際連盟の無力さを表す一幕ではなかろうか。

日本の爆撃

「1939年8月26日に、ハノイのフランス代表（ド・タスト）（＊）は日本の総領事（浦部《うらべ》）に、その日の午前11時に日本の2機の水上飛行機が中国国境の方面から飛来してフランス領インドシナに2つの爆弾を投下し、約30名が死傷したと通知した。日本は地域的解決を要求し、11月17日に6万2550ピアストルの賠償金を支払った。11月29日に資金の領収が認められ、事件は終結したものと考えられた。（法廷証第616‐A号、法廷記録6814～6815ページ）

（＊訳注：不詳。原表記はde Taste. なお当時のフランス領インドシナ総督はジョルジュ・カトルー Georges Catroux 1877～1969であった。総督在任は1939年8月～1940年6月22日の期間であった）」（判決書p.455下段～p.456上段）

日本は雲南《ユンナン》鉄道の爆撃に踏み切った。その上で日本は、対仏宣戦布告をするのは避け、地域的解決を要求して賠償金を支払った。フランスとの全面戦争に入ることは避けたのである。日本は爆撃行為を穏当に終結させようとしたのだ。

フランスとの外交交渉

フランスは、日本が欧州戦争（独仏間の戦争）に介入しないことを条件に、日本との「外交的国家間親善（rapprochement）」を望んだ。要は、日本と戦うことを望まなかったのである。さらに、フランス領インドシナ近辺での日本の作戦行動に対する説明がなされることを望んだ。その一方でフランスは、1939年12月12日に、蒋介石への軍需品輸送の嫌疑を否定した。次の通りである。

「もしも日本が欧州戦争に介入しないのであればフランスは日本に対して宥和的《ゆうわてき》な政策を採る、との了解に至るための外交的交渉が執《と》り行《おこな》われた。1939年11月30日に、日本の外務大臣はフランス大使に対し、フランスが補給品と原料のインドシナの通過を許すことを通じた蒋政権（訳注：蒋介石政権）への支援を故意に続ける間《あいだ》は、フランスが希望している日本との『**外交的国家間親善（rapprochement）**』は可能とはならないと説明した。そのような輸送をフランスが停止しない限り、軍事的必要性がフランスの領土上の輸送線への爆撃を不可避なものとしたのである。日本人たちは、日本の総領事とフランス領インドシナの当局との間《あいだ》の交渉のために軍事連絡使節団を派遣することを強く望んだ。（法廷証第616‐A号、法廷記録6801から6810ページ）

1939年12月12日にフランスは、蒋への軍需品輸送の嫌疑を否定した。しかしながらフランス政府には、『海南島の占領、**新南群島**（訳注：スプラトリー諸島）の併合、**揚子江**航行の進行妨害、占領された領土での商業的自由の侵害、そして中国においてフランスが被った他のすべての損害』に関する会議の実施については何らの異議も無かった。国境付近での日本の軍事作戦はフランス領インドシナの政治的均衡を乱すかも知れないので、フランス政府はその作戦の**本質、目的**そして**期間**に関する説明がなされることを望んだ。」（判決書p.456上段）

日本はフランス側の対日親善要求を拒絶し、軍需品輸送をやめよとの日本の立場を繰り返した上、インドシナ近辺での軍事作戦の開示も不可能であるとした。次の通りである。

「日本の大臣は軍需品輸送に関する日本の立場を繰り返し、国境沿いでの軍事作戦は中国を封鎖するとの日本側による試みの一部であり、その作戦の期間を明示することは不可能であると述べた。

そうであれば、交渉における主たるポイントは、インドシナを通じての中国への軍需品の輸送であった。この点については両関係国には最初の段階から著しい意見の相違があった。（法廷証第616‐A号、法廷記録6810〜6813ページ）」（判決書p.456上段〜p.456下段）

「著しい意見の相違」とは、日本側は軍需品輸送をやめよと述べ、フランス側は軍需品輸送の嫌疑そのものを否定していることを指す。

その上で、1940年2月はじめに、日本は雲南《ユンナン》鉄道を再度、爆撃した。これは前述の1939年8月の爆撃に続くものである。

「1940年2月5日に、フランス大使は近時の雲南鉄道の爆撃に対して抗議を行《おこな》い、フランスの財産への損害とフランス国民の殺害を非難した。その回答として日本側は、鉄道爆撃の軍事的必要性について、その立場を主張した。日本は蒋に対する支援が実際に停止されることで満足し、それについて公的声明を行《おこな》うことを強要はしないとした。その特定の爆撃行為については調査が行《おこな》われるとの発言があった。（法廷証第618‐A号、法廷記録6857〜6864ページ）」（判決書p.456下段）

さらに日本は、フランス領であった海南島の占領に踏み切った。

「1940年2月10日に、中国の南側沿岸の沖合にあるフランスの領土である海南島は日本の上陸部隊により占領された。イギリス、アメリカそしてフランスの大使たちは上記の動きに対して日本政府に抗議を行《おこな》った。（東京ガゼット紙、法廷証第613号、法廷記録6733ページ）

2月20日に日本側はその月の初めにおける雲南鉄道爆撃について説明し、それは飛行状況が悪く視界が乏しかったための事故であったとした。日本には『フランス国民たちに対する穏当な金額の慰謝料』を支払う準備があった。（法廷証第618‐A号、法廷記録6864号）

1940年3月半ばに日本は、交渉の期間中においてフランスは**蒋**（訳注：蒋介石）に対して武器、ガソリン、そしてトラックを輸送することを差し控え、一方で、日本は軍事力を行使しないことを提案した。フランスは1カ月のみの期間に限って同意をしたが、日本はこの態度に不快感を持ち、それ以上の交渉は不可能であると感じた。（法廷証第618‐A号、法廷記録6848〜6849ページ）」（判決書p.456下段）

右記引用において、フランスは1カ月のみの期間限定の輸送停止に同意したとある。これは事実上、フランスが中国に向けた軍需品輸送をしていることを認めたということであろう。

「1940年6月4日に日本はこの主題（訳注：蒋介石への軍需品輸送）について強い抗議を再度行《おこな》った。中国における日本の派遣軍当局は6月12日に、フランスが蒋介石に対して与えている支援は看過することができないとの声明を発表した。（法廷証第615‐A号）」（判決書p.457上段）

フランス本国の様子

この間《かん》の欧州の状況は、次の短い引用の通りである。

「欧州ではドイツがフランスに対して急速な進撃をしており、フランス政府は日本のいくつかの会社に対して航空機ならびに大量の軍需品を求めた。日本は、『もしもフランスが現在において未解決のままである日仏間の問題、特にフランス領インドシナを通じた蔣への軍需品輸送に関する日本側の要求を受諾すれば』そのフランスの要望に応《こた》えるとの意欲を表明した。（法廷証第618－A号、法廷記録6853ページ）」（判決書p.456下段～p.457上段）

ついにフランス本国は、ドイツに対して降伏する動きを見せた。

「1940年6月17日にフランスはドイツに対して停戦条件について尋ねることを行《おこな》った。」（判決書p.457上段）

フランス降伏を受けた日本の対仏政策の決定

欧州におけるフランスの対独降伏の動きを見て、日本政府は対仏政策を次のように決定した。

「1940年6月19日に日本はフランスに対し、蔣への軍需品輸送の継続をこれ以上は看過できないと通告した。（法廷証第618－A号）

木戸はその1940年6月19日付の日記に、フランス領インドシナに関する四相会議（6月18日）は、フランスに要求を行《おこな》い、回答を待ち、その次に武力を行使するかどうかを決めることを決した、と記入した。ドイツとイタリアはインドシナを巡る日本の経済的・政治的懸念を知らされており、『イギリスとアメリカについては、ドイツとイタリアからの回答を得た後に取り組むこととなっていた。』（法廷証第619号、法廷記録6824～6825号）

フランス領インドシナの現地当局は6月19日に再度、軍需品の輸送に関する警告を与えられ、本件につき現場での調査を行《おこな》う検査官を派遣する許可が再び要請された。（法廷証第615－A号）

1940年6月19日に東京のドイツ大使（訳注：オイゲン・オットEugen Ott）は、ベルリンの日本大使は、フランスの停戦申し入れにつき祝辞を述べその機会を利用してフランス領インドシナにおいて日本に自由裁量を与えるとの宣言をするようドイツに迫るようにとの指示を受けた、と打電した。『もしも、…日本の要求に向けて配慮をしようとの意図があるならば、日本が明確にドイツの線に沿うような処方を見つけなければならない…。』この関連では、戦略的に重要な雲南鉄道を占拠するとの考えが陸軍の内部で広められていると陸軍筋から内々に聞かされたとオット（訳注：東京のドイツ大使）は述べている。」（法廷証第520号、法廷記録6162～6165ページ）」（判決書p.457上段～p.457下段）

軍事使節の受け入れ

フランスはドイツに対して停戦条件を尋ねた直後、日本の検査官（軍事使節団）の受け入れに同意した。これを受けて西原陸軍少将以下40名の使節団がフランス領インドシナへ派遣された。この「監視」の対象は、フランス領インドシナの中国国境での封鎖の実施状況であったようである。次の引用の通りである。

「1940年6月20日にフランス大使は、ガソリンやトラックなどの品目の輸送は6月17日以降には禁止されているが、日本による強い抗議に鑑み、かかる禁止は広範囲の製品や原料をも含むように拡大される、と述べた。日本の検査官の派遣については異議が無いとのことだった。（法廷証第615－A号、法廷記録6184ページ）。この了解事項が遵守されているかどうかを確認するために西原《にしはら》少将（＊）を指揮官とする軍事使節が派遣された。（上述

の法廷証第615－A号）
（＊訳注：西原一策《いっさく》 1893～1945 日本の陸軍軍人。広島県出身）

　フランス領インドシナの国境での封鎖を施行するため、6月22日に日本は軍事専門家の派遣に関して三つの条件の要求を行《おこな》った。(1)30名からなる委員ならびに後に日本もしくは中国から派遣されるかも知れないその他の人々によるすべての必要施設への入場の便宜を図ること、ならびに必要となるすべての設備の提供を行《おこな》うこと、(2)中国からの7名の先遣隊につき以上と同様の扱いが受けられること、(3)日本の禁制品リストが決定されるまで完全な封鎖が行《おこな》われること。フランスは前述の条件を承諾した。（法廷証第618－A号）

　6月29日に西原少将と40人からなる監視者の一団がハノイに到着した。（法廷証第618－A号、法廷記録6853ページ）

　1940年7月7日にフランス領インドシナ当局は中国からの輸入を1カ月に亘《わた》り禁止することに同意した。（法廷証第618－A号、法廷記録6852ページ）」（判決書p.457下段）

この監視団は、フランス側が日本の要求に沿った動きをしていることを報告した。その上で日本はフランスに対する要求をエスカレートさせた。次の通りである。

「『フランス領インドシナのさまざまな場所に送り込まれた西原グループの監視隊員からの報告によると、港湾封鎖は実際に実施された』、さらに、『**海防**《ハイフォン》と**海口**《ハイコウ》との間《あいだ》の海底ケーブルの敷設、ならびに監視隊のための無線装置の設置』を通じてフランス当局による協力的な態度が示された。そこで日本政府は政治、軍事、そして経済協力協定をフランス領インドシナと締結することに決めた。交渉は次の目的を念頭に置いた上で行《おこな》われた。『フランスは**東亜**における**新秩序**の建設において日本に協力し、当面は特に、支那での作戦のために派遣された日本陸軍による通行と飛行場の利用（これには警護目的の地上部隊の駐在も含む）をフランス領インドシナにおいて承認し、日本陸軍の武器弾薬その他の補給品の輸送に必要なさまざまな設備を提供すること。』その見返りとして『日本はフランス領インドシナの領土保全を尊重する。』（法廷証第620号、法廷記録6875から6895ページ）」（判決書p.458上段～p.458下段）

この日本の要求に対し、フランスは抵抗した。

「以上の日本側の希望を知らされたフランス大使は8月1日に、フランスにとっては、以上の提供は中国に宣戦布告することに等しいと回答した。フランス領インドシナに対する日本の要求はどんどん大きくなっていたため、もしもフランスが現行の要求に同意したら次にはどのような新しい要求が付きつけられることになるのか予想することは不可能であった。フランス大使は最終的に、交換公文の実施ならびに日本側の要求を本国政府に伝えることに同意した。」（法廷証第620号、法廷記録6875から6895ページ）（判決書p.458下段）

8月1日のフランス大使の回答は興味深い。日本の要求に応じることは中国に宣戦布告することに等しいと云うのだ。これは裏を返せば、フランスが今や事実上認めたところの中国への軍需品輸送は、中立法上、「日本に対する宣戦布告に等しかった」ということになるのではないか？　そうしておいて日本に対して「外交的国家間親善(rapprochement)」を望んだとは、フランスも大した厚顔さだと思える。

　筆者は、フランス側が「出荷を否定した」と虚偽を申し立てたのは、出荷を認めれば中立法を犯すことになるとフランス側が認識していた証左であると思う。国際連盟は日本を非難する上で、フランスを含む個別の加盟国に「中立法を犯してもよい」と許可したわけでもあるまい。

ドイツの意図の確認

日本は、ドイツがフランスを屈服させた後のフランス領インドシナの扱いに関するドイツの意図を確認しようとした。次の通りである。

「1940年7月10日にベルリンから**有田**（訳注：日本の外務大臣）に対し、オランダ領東インドとフランス領インドシナについてドイツからは未《いま》だに何らの明確な判断も得られてはいないとの報告がなされた。（法廷証第1020号、法廷記録9695ページ）

1940年7月12日に、**三国同盟**の草案を検討するための外務、陸軍そして海軍の各大臣による会議が開かれた。外務省スポークスマンは次のように述べた。『この草案の目的は、日本はこの領域において何らの領土的野心も持たないものの、日本は経済活動の自由のみならず政治的指導力をも堅固に確立したいと欲《ほっ》していることをドイツに理解させるためである。』ドイツが島々を占拠することを防ぐため、『日本のフランス領インドシナならびにオランダ領東インドに向けた政策は急がれねばならず…日本はフランス領インドシナならびにオランダ領東インドを欧州の影響から切り離す努力も可及的速やかに行《おこな》わなければならない。』（法廷証第527号、法廷記録6191〜6211ページ）」（判決書p.457下段〜p.458上段）

東京での動き

東京におけるフランス駐日大使アンリと日本外務省の動きは次の通りである。日本の松岡外務大臣は、ドイツがフランスに対して影響力を行使して日本を支援することを希望した。これは三国同盟に基づく動きであろう。

「8月15日にドイツ大使（訳注：在京のオイゲン・オット）はベルリンに対し、フランス大使は自らが基本的には受諾していた日本側条件から離反し、フランスがこれらの要求を検討する前にあらゆる領土的要求の放棄についての日本側による保証がなされることをフランス大使が求めたと報告した。日本の外務大臣は、ドイツがフランス政府に対してその影響力を行使して日本を支援することを希望した。（法廷証第647号、法廷記録6295ページ）」（判決書p.458下段）

右記は、フランスが日本はインドシナに対するあらゆる領土的要求を放棄すること、つまり、インドシナを日本の統治下に置かないとの保証を日本に求めたことを示している。

一方、このフランス側要求に対する日本側の回答は次である。

「8月15日に松岡（日本の外務大臣）（＊1）とアンリ（フランス大使）（＊2）との間の会議の中で日本は、『日本の要求はフランス領インドシナの領土を侵略する意図に基づくものではない』と言明した。この要求は『中国に対する作戦』のためである、と明瞭に言明しており、フランスの領土を尊重することに対するそれ以上の保証が必要であるとは日本側には思えなかった。松岡はさらに、日本の要求は急を要するので日本は交渉を中断し必要な軍事行動を実施する必要に迫られるかも知れないとほのめかした。（法廷証第620号、法廷記録6910〜6913ページ）

（＊1訳注：松岡洋右《ようすけ》 1880〜1946 日本の外交官、政治家。山口県出身）

（＊2訳注：シャルル・アルセーヌ・アンリCharles Arsène - Henry 生没年不詳。フランスの駐日大使。在京期間：1937〜1941）」（判

決書p.458下段）

日本が重要と考えていたのは「中国に対する作戦」の進展であると松岡はアンリに明瞭に述べたとパール判事は記述している。日本側からすれば、インドシナの領土保全の保証を求めるフランスの要求は、それで十分満たされるはずであったと考えたのである。

日仏の外交談判は、次の通り進展して行《い》った。

「8月20日に第二次交換公文が行《おこな》われた。

8月20日夜に第三次交換公文がフランス大使と大橋次官（＊3）との間《あいだ》の会議において行《おこな》われた。日本側は再度、軍隊の通過等の一般原則についてのフランスによる拒否に対して異議を申し立てた。フランス側はかかるゾーンを東京《トンキン》県（＊4）の境界線に限定したのである。解決が遅延しているのは相手のせいであると双方は互いに非難し合ったが、日本は『フランスが（この件の）解決をさらに遅延させるのであれば、予期せぬ出来事がフランス領インドシナで起きた場合の責任はフランス側にある』と言明した。（法廷証第620号、法廷記録6919ページ）

（＊3訳注：大橋忠一《ちゅういち》　1893〜1975　日本の外交官、政治家。岐阜県出身）

（＊4訳注：原表記はTongking Province.フランス領インドシナ最北部にあり、中国と国境を接している県）」（判決書p.458下段〜p.459上段）

納得しないフランスを説得するため、ついに日本政府は軍事計画をフランス側に開示することにしたようである。これはフランスが望んでいたことでもある。日本の軍事計画がここで明らかとなった。次の通りである。

「8月21日夜に、外務省欧亜局長は大使に、日本はその軍事計画を明らかにしなければならないと強制される状況にはないものの、解決を急ぐために特定の必要性の概略を非公式に伝えることが決定された、と述べた。日本はハノイ、フランチョン、そしてフトウの付近の三つの飛行場を望む。警護部隊、補給部隊、空軍要員などは5000から6000人を数える。中国に対する作戦のために必要となる通過ルートは、ハイフォン、ハノイならびにラオカイを結ぶ線、そして、ハノイ－ランソン線である。上述した空軍要員に加えてここでは日本の軍隊も加えられる。日本帝国海軍の艦艇はハイフォンに入港する。上述の日本軍部隊には通信・交通設備も伴われる。局長は、以上につき遅延も変更も伴わない承認が実施されることを求めた。（法廷証第620号、法廷記録6920〜6921ページ）

8月25日の草案の交換の際、日本の軍事的必要について公文で特定の合意をすることにフランス大使は気が進まないままであり、本国政府からの指示を待つための時間を欲《ほっ》した。（法廷証第620号、法廷記録6921〜6922ページ）」（判決書p.459上段）

日本はフランスの要求に応えて、開示する義務のない軍事計画をフランス側に開示したのであった。交渉妥結を急ぐ日本側の焦りが垣間見える。

フランス側を説得するために、日本側はさらに、フランスがかつて手紙で言明したことを持ち出した。次の通りである。

「8月30日付の日本の公式覚書は、『フランス政府は、極東における経済と政治の分野での日本の優越的利益を承認する』との8月30日付のフランス側の手紙を引用した。『そのためフランス政府は、極東におけるフランスの権利と権益、特にインドシナの領土保全と**インドシナ連邦**（＊）のすべての部分におけるフランスの主権を尊重することの保証を日本政府がフランス政府に対して与えることを期待している。』

（＊訳注：原表記はUnion of Indo-China. 1887年から1954年ま

でフランスの支配下にあったインドシナ半島東部地域。現在のベトナム、ラオス、カンボジアを合わせた領域に相当）」（判決書p.459下段）

経済面での要求

経済面での日本の対仏要求については、パール判事は簡単に触れているのみである。次の通りである。

「経済の面ではフランスは、インドシナにおける日本の貿易上の地位を第三国に比べて優位とするための交渉を行《おこな》うものとした。」（判決書p.459下段）

日本が要求した軍事施設に関するフランス側の確認

フランス側は、日本の軍事的要求を次のように了解し、その確認を日本側に求めた。

「日本が望んでいる特別な軍事施設については、それが望まれるのは中国での紛争の期間中のみであり、そしてそれは中国に隣接するインドシナの県に限定されるものとフランスは了解した。その条件の下《もと》にフランスは、日本の命令がフランス当局の持つ権限を制限しない限りにおいて、軍事問題を日本側司令官との間《あいだ》で解決するようインドシナの司令官に対して命令を行《おこな》う用意があった。設備の使用は戦略的必要性に基づくものに限定され、占領的な性質を帯びたものとはしないものとされた。インドシナの領土における日本の軍隊による被害、もしくは日中間の交戦による被害へは、補償がなされることが期待された。」（判決書p.459下段）

日本は右記のフランスの要求を受け入れた。とにかく早期に解決し、援蔣ルートを塞ぐことを望んだのであろう。

「日本は以上のフランスの提案（引用者注：右記のフランス側「了解」）を承認した上で、交渉が遅延無く開始されることを熱望し、『フランス政府がインドシナ当局に対しこの目的のために今後必要となって来る指示を出すこと』を希望した。（法廷証第６２０号、法廷記録６９３９ページ）」（判決書p.459下段）

インドシナを巡る日仏の外交交渉は2カ月にも及んだようである。

「8月30日に松岡（引用者注：外務大臣）は、2カ月間の交渉の結果に従って取られる措置をフランス大使に説明した。西原少将は監視委員長としてすでにフランス領インドシナにいたが、最高司令官の代理にも任命され、両方の職を兼ねることとなった。少将は、フランス大使に8月21日に提示され、大使によって受諾がなされたものと日本側によって了解されたところの日本の軍事的必要性を充足させるために、現地での交渉を遂行するよう指示された。その任務は2週間の内に達成されるべきものとされた。『フランスは日本の軍事的必要性を実質的に受諾した』とフランス領インドシナ総督（＊）に伝達するよう大使は求められた。（法廷証第６２０号、法廷記録６９２３～６９２５ページ）

（＊訳注：この時のインドシナ総督はジャン・ドゥクー Jean Decoux １８８４～１９６３。フランスの海軍提督であるが、インドシナ総督を１９４０年6月22日～１９４５年3月9日まで務めた。前総督のカトルーと違い、強い態度で対日交渉に臨《のぞ》んだ）」（判決書p.460上段）

右記の引用からは、日本が説明した内容をフランスが受諾したのかどうかにつき、日本は確信をもてなかったことが伺われる。

インドシナ総督と西原少将

現地では、監視委員長兼最高司令官代理の西原少将がフランス側のインドシナ総督のジャン・ドゥクーとの交渉を開始しようと試みていた。

「8月31日に、西原は総督との交渉を開始しようと試みたが、総督は本国政府からの指示を受け取っていなかったためにそれを拒否した。9月2日に日本大使（訳注：パリの日本大使）は、現地での交渉をただちに開始するよう総督に指示を出すことをフランスに強く申し入れるようにとの指示を受けた。総督はフランスから長文のメッセージを受け取り、交渉を9月3日まで延期することを求めた。『そのため少将（訳注：西原）は、日本人居留民の撤収と9月5日の後に軍隊を配置につけるとの、事前に準備されていた通知を総督に手渡した。』総督が一時間以内の回答を約束したため、西原は彼の通知を一時的に取り消した。総督はその後すぐに、フランスから彼が受け取った指示は日本が実施しようと提案していることから大きく乖離していると西原に伝えた。西原は、すでに解決したと彼が考えていた事柄の修正からこの交渉が開始するのであれば短期間の内に結論に達することはないものと決し、『総督に対して、支那南部の日本の派遣軍の司令長官はその軍隊を9月5日の後にフランス領インドシナへ進出させると決めたことを、ただちに伝えた。』これを伝えられた日本の総領事はハイフォンとバンコックにおいて計2隻の船舶を確保し、撤収（訳注：日本人居留民の撤収）の用意をした。（法廷証第620号、法廷記録6925～6927ページ）」（判決書p.460上段～p.460下段）

ドゥクー総督は初期の段階では、西原少将と会おうとしなかった。そこで西原は日本人居留民の撤収を通知した。ここで初めて総督は「一時間以内の回答を約束した」のであった。日本人居留民の撤収は、日本側が本気で軍事攻勢をかける用意をするという意味を持つ。総督は日本側の本気の度合いを図りかねていたのであろう。実際に居留民撤収をかける決意を見せられて、フランス側は初めて態度を変えたのである。実力が伴わなければ外交交渉はよい結果を生まないとの好例であろう。なお、日本人居留民撤収通告は、単に口先だけのものではなく、日本の総領事館は実際に撤収用の船舶を2隻確保したのである。

この総督には、日仏双方ともに手を焼いたようである。東京とフランスにおいて、この総督を説得するようフランスの代表者たちは要請された。フランス大使は受諾した。次の通りである。

「一方、東京とフランスにおいては、日本の要求を受諾せよと総督に指示するようにフランスの代表者たちは強く要請されていた。東京のフランス大使はこれを受諾した。（法廷証第620号、法廷記録6927～6928ページ）

ついに9月4日に現地での合意が、フランス領インドシナ軍の司令官と西原少将との間《あいだ》で調印された。（法廷証第620号、法廷記録6928ページ）」（判決書p.460上段～p.461下段）

実は現地でのこの合意は、この後の展開で見るように、めでたしめでたしではないのである。すなわち、右記の9月4日の「現地での合意」は、「インドシナ総督」との間の合意ではないことに留意すべきであろう。フランス領インドシナ側で合意書に署名したのは、現地軍の「司令官」であったのだ。フランス領インドシナの最高権限者である総督ではない。つまり、これは最終合意ではないのである。フランス領インドシナ側の「粘り腰」である。強情《ごうじょう》な総督をうまく使ったフランス側の「外交手腕」であろう。

「木戸は9月9日付の彼の日記の中に、『軍事協定談判は総督との間《あいだ》で円滑に進展していたのに我が軍の1個大隊ほどがフランス領インドシナへ進軍したために、談判の進展は逆転悪化したと武官長（訳注：日本の武官長）が報告した』と記載した。（法廷証第626号、法廷記録6971ページ）」（判決書p.460下段）

やはりというべきか、談判の進展は逆転悪化してしまったのである。忍耐を切らした軍団の突出した行動は、ある意味、フランス側の「思う壺」だったのだろう。交渉を中断する格好の口実をフランス側に与えることになった。

「9月14日に木戸は、松岡はフランス領インドシナへ最後通牒を出すつもりである、と記入した。天皇は木戸に、外務大臣の言明と陸軍参謀本部の言明は完全には一致していないようだと述べた。木戸は慎重であるように、しかし、政府が計画したものには承認を与えるようにと、天皇に助言した。（法廷証第６２７号、法廷記録６９７２～６９７３ページ）

日本とフランスは、見解が相違した状態を維持していたが、9月16日には東京のフランス大使は『現地の実際の状況は非常に険悪である』と通知された。

9月19日に東京でフランス大使は、『詳細に関する合意が締結されようがされまいが9月23日零時の後には日本軍は東京県《トンキン》にいつでも進軍する』と通知された。（法廷証第６２０号、法廷記録６９３３ページ）」（判決書p.460下段）

業《ごう》を煮《に》やした日本側は、ついに伝家の宝刀を抜いたのである。「日本軍はいつでも進軍する」と相手に通知したのであった。その結果が次である。

「フランスの態度は9月22日に急に変化し、詳細に関する合意が調印された。（法廷証第６２０号、法廷記録６９３３ページ）

9月22日に西原とマルタン（＊１）との間《あいだ》で締結されたこの合意では、9月4日での合意に一致するよう、実際の（9月26日の）上陸、輸送、軍隊の配置、飛行場設備につき、さらに明確な取り扱いがなされていた。

（＊１訳注：Henry Jules Jean Maurice Martin １８８８～１９８４ フランスの陸軍軍人）」（判決書p.460下段～p.461上段）

これにより日本側は、ようやくフランス側との軍事的合意に至ったのであった。

フランス側は、援蒋ルートを塞ぎ、また、対中国戦線の前線としてインドシナ北部の拠点を使いたいとの日本側の軍事計画については十分に説明を受けていたので、少なくともある程度までは日本側の意図を了解していたものと思われる。

一方で彼らは、日本側がフランスとの全面戦争を求めていないことも見抜いており、その点を日本側との交渉の足がかりとしたのであろう。結局、日本側は交渉に時間を取られたあげく、伝家の宝刀を抜く状況にまで押しこまれたように思われる。

フランスとしては、日本側と全面戦争になればインドシナの主権は完全に日本側に奪われることになることは両国の軍事的な実力の差から明らかであったため、最終的には日本軍の進駐を認め、その代わりとしてインドシナの領土保全を確保したのであった。

筆者は、このフランス領インドシナを巡る外交交渉の経緯から学ぶ点は、多いと考えている。当時の日仏双方の状況と立場を踏まえ、両国がどのような交渉態度を取ったのかを今後、詳しく研究する必要があるように思える。少なくとも、それを研究する客観的な材料を、パール判決書は提供しているのである。

§3. タイの状況

日本はタイに軍隊を進めるつもりはなかった。

「１９４０年6月15日にタイと日本は、友好関係と互いの領土の尊重の宣言をした条約を締結した。（法廷証第41号、法廷記録５１３ページ、６１４７ページ）」（判決書p.461上段）

日本軍のフランス領インドシナ北部への進駐による大きな動きを利用して、タイは１９０４年にフランスに取り上げられたメコン川右岸（西岸）の失地を回復しようと動いたのであった。パール判事はこのタイの動きを、提出された法廷証拠から引用している。次の通りである。

『タイは、突然の深刻な動乱ならびに国際関係の変化に刺激され、9月13日付の覚書の中で、フランス領インドシナの状況はもはや通常ではないと主張することによって…不可侵条約の批准書交換のための条件としてメコン川の境の修正を要求した。この要求はメコン川の右岸（訳注：西岸でタイ寄り）に沿った地域でルアン・プロバン（＊2）とバクセ（＊3）のそれぞれの対岸の地域（注：この地域は1904年の条約によりシャム（訳注：タイ）からフランスへ割譲された）の領土割譲を意味していた。タイは、これに加え、フランスがインドシナにおける主権を放棄する場合はカンボジアとラオスの領土はタイに返還されるとのフランスによる保証が得られるものとの期待を表明した。』（法廷証第618‐A号、法廷記録6869ページ）

（＊2訳注：現在のラオス北部の町。ラオスの首都ビエンチャンの北方300㎞。メコン川左岸（東岸）にある）

（＊3訳注：現在のラオス南部の町。カンボジア国境の北方100㎞。メコン川左岸にある）」（判決書p.461上段）

タイの要求に対するフランスの回答

フランスはタイの要求を拒否した。次のように回答したのである。パール判事は同様に、法廷証拠から引用している。

「フランスは9月19日に、フランス領インドシナの地位は変更されておらず、『フランス領インドシナの領土保全を変更するようないかなる要求にも応《こた》えることはできない』と回答した。フランスは何らかの未解決の問題を解決するための委員会を設立することについては、異議は無かった。（法廷証第618‐A号、法廷記録6869ページ）

9月28日にタイはメコン川沿いの国境に関する要求を繰り返したが、『フランス領インドシナの地位に変更があるまで』は、メコン川左岸地域のラオスとカンボジアに対する要求は留保した。（法廷証第618‐A号、法廷記録6870ページ）」（判決書p.461上段～p.461下段）

タイに対する日本の秘密外交方針

タイの動きに対してどのように対処するかについて、日本側は外交方針要綱を作っていた。しかし、この要綱は秘密とされていた。次の通りである。

「1940年9月28日付の秘密日本外交方針要綱は、日本『は（フランス領インドシナにおける）独立運動の蜂起を工作すること、また、フランスがその主権を放棄するようしむけるべきである…』ことを明らかにしている。

この秘密文書は次のように述べている。

『日泰《タイ》間に軍事同盟を締結し、泰《タイ》国を後方基地に用《もち》う。ただし実力行動開始までは、先方の準備を遅滞せしむるため、日泰間国交に不安あるがごとく装《よそお》うを可とす（もし軍事同盟が泰国国内事情により厳秘に付《ふ》しえずと認めらるる場合は、日泰間不可侵条約にもとづき秘密委員会を設け、実力行動開始と同時に軍事同盟関係に入りうるがごとく工作する方法も考慮の余地あり）。』（法廷証第628号、法廷記録6975～6980ページ）

この1940年10月4日の時点では『対南方策試案』も立案された。（法廷証第628号、法廷記録1万1722ページ。GEA（＊）も参照せよ。）（＊訳注：不詳）」（判決書p.461下段）

この秘密外交方針要綱は、インドシナがフランスから独立するよう独立運動の蜂起を工作し、その後方基地としてタイを用いるとしていたのだった。
日本による工作は、必ずしも奇想天外なものではない。当時、それを行《おこな》うだけの実力のある国家ならばどの国もそれを行《おこな》っていたと思うし、それをやってのけるだけの実力が当時の日本にはあったのだろう。他の例では、たとえば日露戦争に際しロシア国内の革命の蜂起を明石元二郎大佐が裏で工作した件がある。

インドシナ国境における緊張状態

「フランス当局はタイの要求を10月11日に再度拒絶し、フランスとタイとの間《あいだ》の直接交渉は停止された。状況は緊迫したものとなり、両国ともに国境沿いに軍隊を集結させた。」（判決書p.461下段）

タイのジレンマと対日依存

おそらくタイは、フランス領インドシナの弱体化の程度を読み間違えたのであろう。日本軍の進駐によりインドシナにおけるフランスの主権は弱体化したものの、日本はインドシナの領土主権の奪取までは手を出さなかったのだ。日本はフランスとの約束を守ったのである。以下は法廷証第618－A号からの引用である。

「『しかし、日本軍のフランス領インドシナへの進駐は北部地域に限定されており、また、フランス領インドシナの残りの部分については日本によって保証がなされていたため、次に起こるだろうとタイが予期した混乱は結果的には起きず、そのためにタイはジレンマの中に置かれ、その目的（訳注：フランスからの失地回復）を達成するためには日本に依存することを余儀なくされたのであった。』」（判決書p.461下段～p.462上段）

日本は再度、日本の目的である東亜新秩序の建設のためにタイをどのように利用するかを考え、その結果、フランスとタイの争いにおいて、タイ側に加勢する決定をしたようである。次の通りである。

「『日本は最初の内は、タイがそのような態度を採《と》ることを好まなかった。』

『11月5日に開催された四相会議にて、タイが失った領土を回復することへのタイへの支援と、**東亜新秩序**の設立につき政治・経済の両方においてタイに協力せしめること…が決定された。これはタイに伝達された。』（法廷証第618－A号、法廷記録6，873ページ）

『11月21日に開催された2回目の四相会議にて、タイが日本の要求（訳注：東亜新秩序の設立への協力）を受諾したら日本はただちに、**ルアン・プロバン**と**バクセ**の回復のためにタイを支援することが決定された。』

タイは日本の要求を受諾した。（法廷証第618－A号、法廷記録6873号）」（判決書p.462上段）

日泰間の条約の締結：1940年12月23日

フランス領インドシナにおける状況変化に乗じて国境紛争を引き起こしたのはタイだったのだ。タイとフランス領インドシナの間で発生したこの国境紛争に、日本は介入することを決めた。そして日本はタイを支援することとし、日本とタイの間の条約締結に至った。次の通りである。

「国境で積み上がっている緊張は、タイ軍とインドシナ軍の間《あいだ》の衝突が頻発《ひんぱつ》する結果となった。日本の外務大臣はフランス大使に、日本はこの件を調停する意志があると通知した。（法廷証第618－A号、法廷記録6874ページ）

日本はタイ政府に対しそのインドシナに対する要求を限定するよう助言したと、11月21日に東京のドイツ大使のオットは本国政府に打電した。『外務次官は本官に対し極秘に、日本政府には軍艦をサイゴンに派遣する意図があることを通知してくれた。これは友好的訪問であるとフランス政府に対しては伝えられることとなっているが、それは実際にはタイに対する示威行動である。』タイとの間《あいだ》で英米による何らかの外交上の成功があれば、それは『サイゴン占領という報いを受けることによって償《つぐな》われる。』（＊）（法廷証第５６３号、法廷記録６４４４～６４４５ページ）

（＊訳注：タイが日本の影響力から脱しようと、英米との間《あいだ》でタイに有利になるような外交措置を取ろうとしても、そうすることにより英米は日本軍によるサイゴン占領という報いを受けるため、タイはそのようにすることができない）

１９４０年６月に交渉が行《おこな》われたところの日本とタイとの間《あいだ》の条約は、１９４０年12月23日にバンコックの政府によって批准された。その中では、友好関係と、共通の利益事項についての相談、攻撃を行《おこな》う第三国には支援を与えないこと、などが定められた。（法廷証第41号、法廷記録５１３ページ）」（判決書p.462上段～p.462下段）

フランス領インドシナならびにタイに対する一般原則の決定

日本は、フランス領インドシナとタイに向けた日本の政策の一般原則を決定した。

「木戸は１９４１年２月１日に、１月30日の連絡会議（訳注：大本営と政府との間《あいだ》の連絡会議）ではフランス領インドシナとタイに向けた日本の政策の一般原則が決定された、と書いた。『この計画の目的は、南進政策の準備に資するために、フランス領インドシナとタイが日本による調停を受諾したこの好機を利用して我が帝国がフランス領インドシナとタイにおいて指導的地位を確立することにある。海軍はカムラン湾とサイゴン付近の航空基地を使うことを狙っている。しかしこのことは公然と声明を出すわけにも行《い》かないため、実施された行動は通商交通の維持ならびにフランス領インドシナとタイとの間《あいだ》の戦争に対する安全保障をねらいとしたものであるとして提示することが決定された。目的達成のために軍事力が使われる場合は、天皇の追認を求めることが決定された。』（法廷証第１３０３号、法廷記録１万７４４～１万１７４５ページ）」（判決書p.462下段）

フランスとタイの間の調停と日仏間の議定書の調印

日本はタイとの条約に基づきフランスとタイの間の国境問題を調停した。次の通りである。

「２月５日に、フランスとタイの間の紛争の調停者として松岡外務大臣が任命された。

フランスとタイの間の平和協定は１９４１年５月９日に調印され、タイが有利となるようなメコン川沿いの国境調整、譲渡された地域におけるフランス国民の公的ならびに私的な財産ならびにその市民権の調整、非武装地帯の設定、そしてその地帯における警察業務の施行、等が規定された。詳細はさまざまな委任や交渉により取り決めることとされた。外交的手段によっては解決がなされないような意見の相違が発生した場合には、かかる紛争は『日本政府の調停を受けるものとする。』国境委員会に関しては、『委員会の会長の責務は日本代表の内の１人に委ねるものとする。』非武装地帯が必要とされることに備えた混合委員会の規定に関する但し書きが設けられ、そして『この委員会の会長の機能は日本代表の内の１人に委ねるものとする。』（法廷証第47号）『保証ならびに政治的了解に関する日仏間の議定書』は１９４１

年5月9日に調印された。」(判決書p.462下段～p.463上段)

インドシナの状況に関するパール判事のコメント

パール判事は以上の通り、フランス領インドシナとタイの動きを法廷証拠に基づいて詳しく分析して記述した。これは１９３８年以降、それらの地域で何が起きたかを把握しておかないと、世界の中における日本の動きを客観的に掴めないからである。

第四部におけるパール判事の姿勢は一貫していて、「共同謀議があったと推論せざるをえない状況」なのか、あるいは「共同謀議以外に日本の動きを合理的に説明可能」なのか、どちらが該当するのかを見極めることを方針としている。その見極めのためには、何が起きていたのかを日本のみならず日本と関係していた諸国の側についても見ておかなければならないのである。

幸い、フランス領インドシナとタイに関しては検察側が詳しい証拠を提出していたので、パール判事はその法廷証拠に基づいて右記の一連の分析を進めることができたのであった。外部の情報を引き入れる必要がなかったのである。

以上の概況を眺めた後、パール判事は次のようにコメントしている。

「発生した出来事は以上である。しかしそれらの出来事は、共同謀議者による何らかの方針に従って発生したわけではない。」

(判決書p.463上段)

検察側はあくまで、共同謀議の存在を推論するための共通計画の立証を試みているのである。起訴状ではその線に従って訴因の記述がなされている。検察側の立場では、日本が軍団を動かした点のみを提示すれば共通計画の存在の立証には十分であると考えたのであって、彼らにとって日本や相手国の事情や考え方までを探る必要はないのである。

一方、パール判事は証拠を詳細に分析した結果、共同謀議者による何らかの方針に従ってそれらの出来事が発生したわけではないと判定しているのだ。かかる判定の理由は、次で述べられている。

「フランス領インドシナは、中国本土に関してさえも最高位の重要性を持った戦略的位置を占めているのは明らかである。その北端は中国の南端と接しており、中国をシャム(訳注：タイ)ならびにビルマ(訳注：現ミャンマー)へとつなげることにより、北平《ペイピン》(訳注：北京)、漢口《ハンコウ》、広東《カントン》、ハノイならびにバンコクを結ぶ交通線が構成されている。今、我々の眼前にある証拠は、インドシナを通じて中国にやって来る支援に関する日本の主張をはっきりと裏付けている。」(判決書p.463上段)

つまり、フランス領インドシナは中国本土での作戦遂行上で重要な戦略的位置づけを占めているとの客観情勢を指摘している。次に、フランスはインドシナを通じて蒋介石に軍需物資を送っていたことが証拠で立証されていると指摘している。そして日本は、中国での戦闘を終わらせるために、その軍需物資輸送を止めたかったのである。証拠の分析を通じてパール判事が浮かび上がらせたのは、そのことである。

検察側は、中国を超えた広範囲の日本の侵略が日本の共通計画さらには共同謀議であったと主張した(起訴状 訴因第33〈フランス〉、訴因第34〈タイ〉)。しかし、インドシナとタイについていえば、右記の一連の分析の通り、日本が目的としていたのは援蒋ルートの遮断と、東亜新秩序建設にタイを協力させるための支援であることをパール判事は事実認定したのである。中国国境を越えた広範囲に向けて日本が侵略行為を行《おこな》ったとの主張は成り立たないことをパール判事は証明したのであった。

合衆国の動き①：中国に対する軍需品の援助

ここでパール判事は目を転じて、アメリカ合衆国の動きを記述している。次の通りである。

「合衆国は『非交戦国の間《あいだ》ではかつてなかったほどの規模にまで中国に対し経済的援助ならびに軍需品の提供の形での援助を行《おこな》い、そして、合衆国の国民の一部は中国人と共に日本と戦った』ことも認められる。」(判決書p.463上段)

右記の『　』内は、パール判事が検察側記述から引用したものである。これは一読しただけでは、何を言いたいのかが掴みにくいトリッキーな文章だと筆者は思う。論旨が把握しづらいのだ。しかし、ここには検察側の隠された主張が潜んでいて、パール判事はこの主張を見落とさなかったのである。

この文章は二つの文章を一つにしたものである。全体として日中米3国について述べている。この文章を全体として一読すると、冒頭の「非交戦国の間《あいだ》」と云《い》うのがどことどこを指《さ》しているのかがわかりにくくなる。そこで、この文章を二つに分けてみよう。次のようになる。

文①(合衆国は)非交戦国の間《あいだ》ではかつてなかったほどの規模にまで中国に対し経済的援助ならびに軍需品の提供の形での援助を行《おこな》った。

文②　合衆国の国民の一部は中国人と共に日本と戦った。

このように分けて考えれば、それぞれの意味は容易に解釈可能である。

文①では、「合衆国」が「中国」に対して大がかりな規模で援助を行《おこな》ったと記述している。つまり、「非交戦国の間《あいだ》」とは「米中の間《あいだ》」のことを指している。米中の間で援助が行われたのである。なお、第二次大戦中に合衆国は、イギリスやソ連に莫大な量の軍事物資を支援した。米英ソはいずれも明白な「交戦国」であった。共通の敵、ナチ・ドイツと戦っていたのである。

文②では、たとえばフライングタイガース航空隊の戦闘行為を考えていただければよいと思う。アメリカ人が中華民国軍と一緒になって日本と戦ったのも周知の事実である。

二つの文章それぞれを分けて読めば、以上のように問題なく解釈できるのだ。

ところが、文①と文②を一つの文章にすると、途端に難解となるのである。そうすることでわかりにくくなるのは、文①の「非交戦国」という語の意味するものである。この「非交戦国」が米中2国を指すことは文章を分けて考えれば疑いようがないが、一方で、文②においては日本が登場し、合衆国の国民の一部と中国人が一緒になって日本と「戦った」と記述している。その上で、文章の冒頭で米中の2国が「非交戦国」であるとわざわざ記述しているから、わかりにくくなるのである。日本と戦っているのに、交戦国ではない？　どういうことだろうか？

要するに検察側は、文①と文②を合体させることで、「米中は非交戦国であった」と遠回しに主張しているのである。米中はどことも戦争をしていなかったと示唆しているのだ。もちろん、日本とも、である。「合衆国の国民の一部」は日本とは戦ったし、中国に対して「経済的援助ならびに軍需品の提供の形での援助」を提供したが、それでも合衆国は非交戦国であり、合衆国の行為は戦争ではなかったというのである。これが、なんとも巧妙に検察側が主張した内容である。

パール判事は、この検察側のトリッキーな主張を見落としていない。そして、本第⑩項の後段で、次のように指摘して検察側の姿勢を問題視している。先取りして引用したい。

「ことによると、これに対する合衆国政府による抗弁は、日中双方ともにそれが戦争であるとは宣言していないので日中間においては未《いま》だに戦争は行《おこな》われていない、というものであろう。しかし、検察側がこの戦闘行為を、ある目的のためには戦争であると特徴づけておいて、他方において、それに関する合衆国の行動を正当化する目的のためにはそれは戦争ではないと特徴づけることは、許されることではあるまい。」（判決書p.512上段。傍点引用者）

「戦争である」

右記引用においてパール判事は、検察側が「この戦闘行為を、ある目的のためには戦争である」と特徴づけていると述べている。それは具体的には起訴状の訴因第2から訴因第5において、検察側がそれぞれの地域を「侵略戦争を行《おこな》う」ことで「獲得」しようとしたと明示していることを指している。判決書第四部序論から、再度引用したい。

「訴因第2から訴因第5は、被告人たちが同様に違法な侵略的手段によって以下の地域を同様に支配することを目的としたところの同様に違法な共同謀議に参画したことにつき訴追している。

(1)中華民国の一部で一般に満州として知られる地域。（訴因第2）
(2)中華民国の残りの地域。（訴因第3）
(3)東アジア全体と太平洋そしてインド洋等。これらについては合衆国、英連邦、フランス、オランダ、中国、ポルトガル、タイ、フィリピン、ならびにソビエト連邦に対して。（訴因第4）
そして
(4)全世界。（訴因第5）」（判決書p.180上段～p.180下段）

訴因第2から第5に共通している記述がある。次の通りである。「而して其の目的の為○○○に対し宣戦を布告せる又は布告せざる侵略戦争並びに国際法、条約、協定及び誓約に違反する戦争を行うにあり。」（傍点引用者。○○○には、順に「中華民国」他、右記引用中の各国の国名が入る。検察側は日本が中国に対して「侵略戦争ないし、条約類に違反した戦争を行《おこな》った」と訴因で明示しているのである）

「戦争ではない」

その一方で検察側は、「それに関する合衆国の行動を正当化する目的のためにはそれは戦争ではないと特徴づける」ことをしているとパール判事は指摘している。これは例の「非交戦国」という語を巧妙に使用したトリッキーな文章で検察側が主張したことを指している。

判決書第五部においてパール判事は、当事国である中国も日本も、そして直接的に対日戦闘行為に参加していたアメリカも、3国そろって宣戦布告をしていない、と指摘している。つまり、宣戦布告をしないことで彼ら3国はともにこれを「局地的戦闘行為」にとどめたいとの態度を取っているのである。要は例の文章で検察側がややこしい表現を使って示唆しているように、検察側はアメリカも中国も、ともに対日で「非交戦国」であると主張しているのである。「戦闘」はしていても「交戦」ではないとしているのだ。

莫大な援助物資

アメリカは第二次世界大戦中、一説では１００兆円単位にも上る軍需物資を英仏やソ連に提供した。それらの物資のほとんどはアメリカ国内で生産されたものである。これが１９２９年大恐慌を吹き飛ばす「経済政策」として記録的な「成功」を収めたと評価することもできるのではないか。ケインズ型総需要拡大政策の最たるものであろう。

そしてアメリカは中国に対しても膨大な軍需物資を「仏印ルート」や「ビルマ公路」を通じて蒋介石に送り届けていたのである。繰り返しになるが、この項の一つ前のセクションでパール判事が分析して明らかにしたように、日本がフランス領インドシナへ進駐した理由は援蒋ルートを断ち切るためであった。そのフランス領インドシナを経由して物資を送り込んでいたのが、他ならぬアメリカ合衆国だったのである。

検察側が、「合衆国は非交戦国だ」と遠回しに主張した理由はここにある。合衆国は非交戦国なので、合衆国が中国に莫大な援助をしたことによって中立法を犯したかどうかは問題にならないと検察側は言いたかったのだ。パール判事の表現を借りれば「合衆国の行動を正当化しようと」したのだ。

戦争か戦争でないか：パール判事の判定

その中立法を、パール判事は第二部「侵略戦争」とは何か において分析した。パール判事の事実認定は次の通りである。

「国際法の初歩的な原則によれば、もしもある政府が武力行使を伴う紛争の片方の国に対しては武器ならびに軍需品の出荷を禁じ、その一方《いっぽう》で他方の国に対してはそれを許す場合、その政府は軍事的な意味合いにおいてかかる紛争に介入しているのであり、参戦が宣告されていようが宣告されてなかろうが、その政府自身が戦争の当事者となっている、という点が必然的に帰結されるのである。」（判決書p.133下段）

つまりパール判事は判決書第二部において、盧溝橋事件以降での戦闘行為を伴う日中間の紛争の一方の当事国である中国に対して武器ならびに軍需品の出荷を許し、他方の日本に対しては「過酷な経済圧力を加えた」（次の「合衆国の動き②」参照）アメリカは、軍事的な意味合いにおいて日中間の紛争に介入しており、アメリカ政府は戦争の当事者となっていたとパール判事は判定しているのである。

そして、パール判事自身は判決書 第五部「本裁判所の管轄権の範囲」において日中間のこの戦闘行為は「戦争である」と認定している。

この点は重要と考えるので、合衆国の行動を正当化しようとした検察側の主張をパール判事が論破した論理の組み立てを筆者なりに確認しておきたい。

まず、戦争とは実態であり、宣戦布告があったかどうかは要件にはならないと判決書 第二部においてBerriedale Keithによる史実の研究を援用して論証した。次に、日中間の戦闘行為の「実態」を見れば、それは戦争であったと認定せざるを得ないとした。さらに合衆国はその「交戦」していた日中の一方にあたる中国に経済財政面・軍事面で大きな援助をした上に、合衆国の国民の一部は中国人と共に戦っていたと、法廷証拠を検証して事実認定した。そして右記の通り、中立法を分析して、武器ならびに軍需品の出荷をした国は軍事的意味合いにおいてすでに戦争に介入していることになると明らかにした。

以上を根拠としてパール判事は、合衆国はすでに日中「戦争」においてすでに「参戦」していたものと認定したのである。中国による「対日戦争」において、アメリカ合衆国はすでに「中立」ではなかったと結論したのだ。日米間はすでに交戦状態にあったのである。これは本第⑩項の結論部分で詳しく述べられる。ここでは筆者が少し、先走ってしまった。

日本を訴追する目的では日中間の戦闘行為は戦争であるとし、その一方で、合衆国の行動の正当化のためにはこれは戦争ではないという検察側の態度は、ダブル・スタンダード、「二枚舌」である。パール判事が指摘したように、このような態度は「許されることではあるまい」。

合衆国の動き②：日本に対する苛酷な経済圧力

合衆国は、中国に対しては軍需品援助ならびに戦力の直接的な提供を行《おこな》った一方で、日本に対しては苛酷な経済圧力を加えた。次の通りである。パール判事は判決書のさまざまな箇所で、これは中立国の取るべき態度ではないと指摘している。

「検察側が、合衆国は1911年の日本との通商条約を廃止するとの意向を日本に1939年7月26日に通知したと申し述べたことは、正しい。しかし日本に対する禁輸は実際には遅くとも1938年には開始されていたのであり、さらにその前の時点ですでに合衆国は中国を助けていたのである。

　ハル長官によれば、この1939年7月26日のアメリカの措置が採られたのは『その条約の最恵国条項の適用は日本の商業に対する報復措置の採用の障害となっていた』からである、とのことである（法廷証第2840号）。証拠は、西洋列強によるさまざまな国粋主義的かつ経済的な措置が実施されたことを明らかにしている。そして彼らによるそのような措置が日本と日本の産業に影響を与えたために、日本はそれによる貿易と商業への影響を克服するための措置の採用を余儀なくされたのである。

　日本の合衆国との条約が1939年7月26日に廃止されたことによって失効した後、苛酷な経済圧力が日本に課された。禁輸となった品目とその禁輸が有効となった日付が記されたリストをざっと眺めただけでも、これが如何《いか》に日本の民間人の生活にまで影響を与えたかが了解できる。これらの品目の多くは、疑いも無く、日本の民間人の生活に絶対的に必要なものであったのだ。1940年6月28日に合衆国の国務長官は極東の状況をイギリス大使とオーストラリア公使との間《あいだ》で話し合った。その機会にハル国務長官は次を宣言した。『合衆国は1年間に亘《わた》り経済的圧力を日本に加えていること、合衆国の艦隊が太平洋に駐在していること、また、実際の軍事的戦闘行為の勃発《ぼっぱつ》という深刻なリスクになる一歩手前において可能なあらゆることが日本の情勢を安定化させるために実施されていること。』長官は、かかる行動は将来における合衆国の意図に関する最良の証拠であると付け加えた。（法廷証第2848号）。次の日付において、禁輸の苛酷さを増進させる宣言が発せられた。1940年7月2日、1940年7月26日、1940年9月12日、1940年9月25日、1940年9月30日、1940年10月15日、1940年12月10日、1940年12月20日そして1941年1月10日。」（判決書p.463上段～p.463下段）

　合衆国による右記の対日経済圧力の記述が、次のセクションでの、日本によるオランダ領東インドとの経済交渉の分析へとつながって行《い》くのである。

§4．オランダ領東インドとの経済交渉
日本を苦しめたアメリカの通商政策

合衆国による経済圧力が日本を大きく苦しめたことは、本第⑩項の後編での嶋田海軍大臣の証言でもはっきりしている。この証言については後ほど詳しく触れることとしたい。

　日本が特に困ったのは、アメリカがちらちらと示唆した石油の禁輸措置であった。昭和天皇は、太平洋戦争（大東亜戦争）は「石油に始まり、石油に終わった戦争である」と評されたと筆者は聞いている。石油の供給さえ確保されておれば、日本が開戦に踏み切ることはなかったと筆者は考えている。

　アメリカからの供給の途絶を予想した日本は、石油を求めて「蘭印」すなわちオランダ領東インドと交渉を開始した。次の通りである。

　「日本はこの経済的圧力によってとても困憊《こんぱい》したために、特に石油に関してオランダ領東インドと新しい交渉を行《おこな》おうと、なおいっそうの努力を傾注した。オランダ領東インドにおける交渉は、1940年9月12日に**小林**（*）がバタビアに到着して開始された。オランダ領東インドとの交渉は1941年6月17日まで続いた。その一方で、合衆国による経済的圧力は一連の新たな禁輸令の発令によりさらに一段と強化された。

（*訳注：小林一三《いちぞう》1873～1957日本の実業家、政治家。バタ

ビアには第二次近衛内閣の商工大臣として渡航）
これらの禁輸の結果として、いったい日本がどのような措置を取るものと合理的に推測できるかは、１９４１年７月21日のルーズベルト大統領と日本大使との会話の中で大統領自身が申し述べたことから十分に明らかとなっている。大統領は、合衆国が石油を日本に輸出することを許しているのは、**そうしなければ**日本政府はオランダ領東インドにまで南進して手を出そうとするだろうから、と申し述べたのである。１９４１年７月25日にホワイトハウスは短いラジオニュースを発し、その中でルーズベルト大統領は、日本に石油が届くのを許しているのは、合衆国の利益のため、イギリスの防衛のため、そして海洋の自由のため、に南太平洋で戦争を勃発させないことを目的として実施している、と明らかにした。
合衆国のさまざまな政治家たちや軍当局のすべては、日本に対するこれらの経済制裁は、まさに日本が実際に遂行した措置そのものを採ることへと日本を**追い込む**だろうとの意見で一致していた。そうであるなら、これらの措置の中から検察側が申し立てている類《たぐい》の何らかの計略もしくは共同謀議を我々が読み取るべきだとされるのはなぜなのかが本官はわからないのである。」（判決書p.463下段～p.464上段）

石油の対日供給を止めれば日本はオランダ領東インドに手を出すだろうとは、合衆国政府自身がそのように予測していたのである。右記引用によれば、ルーズベルト大統領が自ら日本の大使にそのように述べたのだ。

一方、ハル国務長官も、一つ前の引用の中で、「かかる行動は将来における合衆国の意図に関する最良の証拠である」（判決書p.463下段）と、日米交渉が開始される半年も前の１９４０年６月28日の時点で駐米オーストラリア公使に対して述べたことが法廷証として証拠立てられているのだ。ハルがそのように述べたことは、東京裁判における法廷証拠（法廷証第２８４８号）として提出されているのである。

「将来における合衆国の意図」とは外交官らしい婉曲な表現であるが、平易な言葉で言えば「日本を叩きつぶすぞ」という意図を合衆国がその時点で抱えていたことを意味する。語るに落ちるとはこのことである。

オランダ領東インドにおける日本の活動に関する証拠の分析

フランス領インドシナに関してはパール判事自身が検察側が提出した証拠に対してまっ先に分析を加えた上で分析結果を文章の形で詳しく申し述べていた。

一方、オランダ領東インドに関しては、パール判事は箇条書きの形で検察側証拠を次のようにそのまま申し述べている。そしてパール判事は、判決書記述の通常のルーティンから外れて、検察側証拠に分析を加えなかったのである。

パール判事が証拠に分析を加えなかったことには、もちろん理由があり、それは次の引用の後で述べることとしたい。

「オランダ領東インドにおける日本の行動に関する証拠を検討することとしよう。
検察側は、日本がインドシナ進駐の計画を立案していたのとほぼ同じ時に、南洋地域における日本の陰謀がオランダ領東インドとニューギニアに関しては明らかになった、と主張している。東インドにおいて日本は、スパイ活動ならびに全般的な地下活動のための広範な組織制度を作り上げたか、もしくは作りつつあった。
検察側は、１９３４年から１９４０年初までの南洋地域でのさまざまな出来事は中国との紛争の結果として生じた孤立した事象などではなく、それらにはもっと広範な意味合いがあり、日本の大規模な拡張計画の中で企画された措置であったことをこの時期の共同謀議者たちの陳述が明らかにしている、と述べている。手始めに、検察側がこの点について立証できたと主張している事項を検討してみよう。検察側は次を主張している。

検察側の主張

1．1940年5月と6月に欧州での戦争が激しさを増す中で共同謀議者たちは、その計略を中国よりも南の地域にまで推し進めるため、目前に出現した状況を最大限に利用した。

(a)1940年2月に日本は、オランダ領東インドにおける全般的経済生活の中で日本に優越的地位を確保させるであろうところの経済面の要求をまとめたリストをオランダに提示した。（法廷証第1309‐A号、法廷記録1万1780ページ）

(b)欧州での戦争が1940年4月にオランダに波及するよりも前の段階であったにもかかわらず、有田《ありた》外務大臣は、日本は南洋地域、特にオランダ領東インドに経済的に緊密に結びつけられているのであり、欧州での戦争がオランダに波及するにつれその影響が東インドにも及んだために、かかる影響は共栄と共存の維持・増強に対して干渉をするであろうとの公的な声明を発表した。（法廷証第1284号、法廷記録1万1672～1万1673ページ）

(c)権益を持つ他の列国に対して日本は、オランダ領東インドの**『現状（status quo）』**は変更されるべきではないとの保証をしていたにも関わらず（法廷証第1285号、法廷記録1万1675ページ）、ベルリンの日本大使たちはこの件についてドイツによる意志表明を求めており、そして1940年5月22日に日本はドイツから、ドイツはオランダ領東インドには無関心であるとの通告を受けた。（法廷証第517号、法廷記録6157～6158号、法廷証第518号、法廷記録6159ページ、法廷証第519号、法廷記録6161ページ）

(d)共同謀議者たちは以上のように確認を取ることができたので、彼らは次に、その当面の注意をフランス領インドシナに向けた。

(i)1940年6月18日の四相会議において、蔣介石に対する支援の打ち切りに関する要求のインドシナへの送達が決定され、もしもフランスが拒否した場合には武力を行使することも決定された。（法廷証第619号、法廷記録6824号）

(ii)翌日に日本は、インドシナにおいて日本には自由裁量が与えられるとの宣言をするようにドイツに求めた。（法廷証第520号、法廷記録6162ページ）

(e)日本がオランダ領東インドとフランス領インドシナの両方に決定的な関心を持ち、またそれらに対する計画も持っているとの事実は、1940年6月24日にドイツに対して明らかにされた。

(i)小磯は、日本によるインドシナとオランダ領東インドを植民地としたいとの希望の実現は、日本をアメリカから経済的に独立させることになり、登壇が予定されている近衛《このえ》政府に日支事変を解決する有望な出発点を提供することになる、と表明した。（法廷証第523号、法廷記録6175～6176ページ）

(f)日本の当面の計画でのはっきりしない点のすべては、太平洋における**『現状（status quo）』**を維持し強引な変更を防止するための条約を合衆国との間《あいだ》で締結することを1940年7

月1日に日本が拒否したことにより、雲散霧消した。（法廷証第1092号、法廷記録1万1702ページ。法廷証第1293号、法廷記録1万1706～1万1707ページ。法廷証第1296号、法廷記録1万1712ページ）

2. 第二次近衛《このえ》内閣の発足と共に、ドイツと直接的な協力体制を取るとの日本の枢軸政策の方針決定のみならず、南方への拡張政策を推し進めるとの水際《みずぎわ》立《だ》った決定もなされた。

(a) 1940年7月26日の閣議決定において

(i) 日本の国策の基本的な目的は、八紘一宇《はっこういちう》の精神に則《のっと》った世界平和の堅固な確立ならびに、その最初の措置としての日本、満州と支那を基盤とする大東亜新秩序の建設であると定義された。

(ii) 以上3カ国を一つの単位として東亜全体を包含することによる日本の経済的自給自足政策の確立が主張された。

(iii) 完全に軍事化された全体主義国家を確立するための完全計画が策定された。（法廷証第541号、法廷記録6271ページ）

(b) 1940年7月27日の連絡会議において、ドイツ、イタリア、ソビエト連邦ならびに合衆国に向けた政策の採用に加え、南方問題を境界内において決着させることにより第三の列国との戦争を引き起こさないこと、ならびに、重要原料を獲得するためにオランダ領東インドに向けた外交政策を強化すること、等が決定された。（法廷証第1310号、法廷記録1万1794～1万1795ページ）

(c) 当時の日本の外交政策の当面の目的は、日本・中国・満州国を一つの環《わ》とする大東亜共栄圏の確立であった。（法廷証第1297号、法廷記録1万1716ページ）

(d) この政策は、南洋地域に向けた計画の遂行にあたり最終的には軍事作戦の使用を必要としていた。

(i) このことは伏見宮《ふしみのみや》による1940年8月10日の声明から明らかである。（法廷証第1298号、法廷記録1万1718ページ）

(ii) これは、戦争準備が完了した暁《あかつき》には日本はその目的を達成するために戦争という手段に訴えるとの単純明快な提示であった。

3. (a) この新国家政策は、日本がオランダ領東インドに対して行《おこな》う経済的要求の決定にただちに反映された。

(i) 1940年7月16日に日本はオランダに対し、日本は経済関係の交渉のために外交、陸軍そして海軍の専門家から構成される代表団をオランダ領東インドに送りこむ、と通知した。小磯（引用者注：被告人）が首席代表に任命されていたが、その後、彼は小林に置き換えられた。（法廷証第1309-A号、法廷記録1万1796～1万1797ページ）

(b) この新政策は同様に、フランスとフランス領インドシナに対してなされた要求にもただちに反映された。

(i) 1940年8月1日に松岡はフランス大使に対し、日本の東亜新秩序の確立と支那事変の解決の推進のために、インドシナは政治、軍事そして経済の面で日本に協力するものとする、との日本による提案を提示した。

(ii) 要求された政治ならびに軍事の面での協力は、日本軍のインドシナ通行権、そして、インドシナにおける日本軍の武器弾薬その他の補給品の輸送のための航空基地ならびに必要とされるすべての設備の日本陸軍による使用、であった。（法廷証第620号、法廷記録6886ページ）

(iii)フランスの孤立を悟った日本はこの好機を利用しようと決意した。交渉が継続中であるにも関わらず日本軍は1940年9月22日にフランス領インドシナの国境を通過した。フランスは日本の威圧に屈して、その翌日に最終合意が調印された。（法廷証第620号、法廷記録6930ページ。法廷証第621号、法廷記録6933ページ。法廷証第3865号、法廷記録3万8584～3万8585ページ。法廷証第3851号、法廷記録3万8581～3万8582ページ）

(iv)9月23日に軍隊の移動が開始される前の段階で、すでに共同謀議者たちはその真《しん》の目的を公式に定義していた。すなわち、9月4日の閣議決定と9月19日の連絡会議における決定がすでになされていたのである。（法廷証第541号、法廷記録5314～5315ページ）

4. 1940年9月28日の軍隊の移動の直後には、日本、満州国ならびに中国を中心としたすべての限定的領域にフィリピンを加えた地域を政治、経済ならびに文化の統合が行《おこな》われる地域とすることが日本の外交政策であることが決定された。

(a)1940年10月4日には南方地域に関する計画がある程度の詳細に至るまで立案され、それは日本の侵略計画の全体をはっきりと打ち出しているものであった。（法廷証第628号、法廷記録6976ページ）

(b)上記は法廷証第628号で立証されている。

(i)弁護側証人の佐藤はこの文書の有効性につき異存を唱えた。（＊）

(ii)検察側は、政府の事務所で見つかった明白な政府文書の上に記載された計画があり、引き続いて起きた出来事はかかる計画の中で規定された経過をたどっていることが示されているため、計画が採用されたこと、また、それに従って行動がなされたこと、についてはほぼ完全な推論ができる、と主張した。

（＊訳注：当時の内閣官房文書課長の佐藤朝生《さとうともお》は、1947年9月18日付の手書きの英文の文書を本裁判所に提出している。佐藤はその中で、『自分、佐藤朝生“Sato, Tomoo”は、内閣官房文書課長“chief of the archives section of the Cabinet Secretariat”として、以下を証する。すなわち、“Means to be taken in case Japan should suffer great hardship”（「臥薪嘗胆《がしんしょうたん》の場合に対処すべき措置要綱」）との題名が付された日本語で記載された文書は、当課が保管する文書の中からは発見することができない』としている）

5. 一方、日本は南方地域での軍事行動のための準備をさらに推進させることを明瞭に開始し始めた。日本の最初の動きは、タイをイギリスから切り離して日本の圏内に引き込むことを試みることであった。

(a)1940年11月5日の四相会議において、タイの失地回復につきタイに対して支援を行《おこな》うことにより、新秩序確立に対する政治的、経済的な協力をタイが行《おこな》うように仕向《しむ》けることが決定された。

(b)これは11月21日の決定により再確認された。

(c)これらの軍事的誘因がこの動きの本当の動機であった。このことは1941年1月30日の連絡会議での決定により、明らかにされた。

(d)その会議においては、計画の目的はインドシナおよびタイにおける日本の指導的立場の確立であると決定された。（法廷証第1303号、法廷記録1万1744～1万1745号）

6. 日本がオランダ領東インドに圧力を加え、南洋地域に入《はい》って行《い》く最初の軍事的な動きを行《おこな》う一方で、他の西洋列強はそれを危惧しながら見守っていた。

(a)中国と東アジアならびに南洋の他の地域に対する日本による侵略の過程の中で時宜を得た警告を合衆国が発したにも関わらず、日本はその侵略活動を継続したのみならず、さらに激化させたため、合衆国は幾らかの予防的な措置を取った。

(i)合衆国は１９３９年７月26日に廃止通知を出した上で、合衆国と日本との間《あいだ》の１９１１年の通商条約の１９４０年１月26日での消滅を許した。その条約には日本もしくは中国の日本占領地域において合衆国の商業に対し十分な保護を行《おこな》う力が無かったため、また、日本の商業に対して報復措置を取る障害ともなっていたためである。（法廷証第９９４号、法廷記録９６０２ページ）

(ii)それに加えて合衆国は、航空燃料、石油精製機材ならびに特定の金属の対日禁輸を課した。それらはすべて戦争のために必要不可欠な原料であった。（法廷証第１００７号、法廷記録９６３５ページ。法廷記録1万７３６ページ）

7. １９４１年初めには共同謀議者たちはついに、アジア太平洋世界を支配するとの彼らの目的を達成すること、また、その目的に対するイギリス及びアメリカによる障害を取り除くこと、等を決定する段階にまで立ち至った。

(a)これを達成するために、共同謀議者たちは二重の政策を採用した。

(i)その一方においては、もしもそれが受諾されれば日本がアジア太平洋世界の盟主となり、イギリスと合衆国は日本があてがうところの何《なに》がしかの地位にまで貶《おとし》められるような提案に従って特定の未解決の問題を解決するとの交渉を彼らはイギリスならびに合衆国との間《あいだ》で行《おこな》う。

(ii)そのもう一方においては、彼らは、右記と同じ目的と成果を目指してそれらの国々との戦争の準備を活発に行《おこな》う。

(b)以上二つの方針は一対《いっつい》のものとして同時に遂行された。

(c)上述の交渉は最初の段階から達成不能であると見なされており、それは合衆国とイギリスを誤った安心感で沈静化させるための、活発な戦争準備の有益なカモフラージュとしてのみ捉《とら》えられていた。

(i)そのような交渉は戦争準備の内の必須の部分であった。

(d)共同謀議の目的を達成するために合衆国ならびにイギリスを相手に戦争をするとの考えは、１９４１年の初期においてはまったく新奇な考え方というわけでもなかった。

(i)日本が外交と国家防衛を通じてアジア大陸において着実な足跡を確保するための侵略計画の全体とその達成方法が幅広い枠組みの中で規定されているところの国家政策の案を、広田が首相であった１９３６年６月30日においてすでに外務、海軍、陸軍そして大蔵の各大臣は作成していた。

(ii)上記の計画では、日本はイギリスとアメリカに対する準備が完了していること、ならびに、合衆国に対抗して西太平洋の支配権を確保するのに十分な域に達するまで海軍の武装を強化すべきこととなっていた。（法廷証第９７７号、法廷記録９５４２～９５４６ページ、法廷証第９７９号、法廷記録９５５０～９５５３ページ）

(iii)三国同盟の批准の検討を行《おこな》った１９４０年９月26日の枢密院での会合において、起こりうる合衆国との戦争、ならびにそのための日本の準備の進捗程度が検討された。

8. 日本は1941年2月の初めに、極東の出来事における日本の立場を明確化することを表向きの目的としてイギリスとアメリカの両国に対して同時に会談を開始した。

(a) イギリスとの会談は問題の範囲を定める役割を果したにすぎなかった。

(b) 1カ月未満に亘《わた》って継続したにすぎなかったこれらの交渉において、イギリスならびにアメリカと日本との間《あいだ》に当時存在していた主要な論点が、くっきりと描写された。

(c) 外交用の修辞に隠されてはいるものの、そこでの論点は次であった。(1)日本が中国、フランス領インドシナならびにタイにおいて行動するにあたって採っている政策を、イギリスと合衆国は受諾するものなのかどうか。(2)日本は三国同盟に忠実であるとの申し立てを隠れ蓑《みの》にして、その侵略《かく》的行動を極東におけるイギリスとアメリカの領土にまで拡大するものなのかどうか。

(d) イギリスとの交渉は、単に問題を仮定して論点を明確化する手助けとなったのみであった。

(e) もしも何らかの解決策があるなら、それは合衆国との交渉において取り扱われることとなった。

9. 日本と合衆国との間《あいだ》の1941年の交渉は、合衆国への日本の新しい大使として**野村**提督（＊）を任命することで開始された。

（＊訳注：野村吉三郎《のむらきちさぶろう》 1877〜1964 日本の海軍軍人、外交官、政治家。駐米大使に任命されたのは1941年1月であった）

10. (a) 1941年7月以降、南進を継続するとの決意はただ実際の軍事力の行使によってのみ効力をもたせることができる点は明らかであった。

(b) イギリスとアメリカは南方においてその地歩を強化しないとの両国による保証を日本は要求しているが、それが拒絶された場合には、事態が急を告げていることに鑑み、日本による南進政策の遂行は10月中旬におけるイギリスならびにオランダとの戦争の実施を余儀なくさせるものである点が1941年9月6日の御前会議において決せられた。

(c) オランダ領東インドのための軍票（訳注：軍用手票《しゅひょう》。軍が発行する疑似紙幣）は、はるか以前の1941年1月の時点で発注されており、その最初の配送はその年の3月に行《おこな》われた。

(d) 1941年10月に**東条**内閣が第三次**近衛**内閣を引き継いだ後には、準備活動は強化された。

(e) (i) 1941年11月5日の御前会議において、11月25日の後しかるべき時点で戦闘行為を開始することが決定され、また、オランダ領東インドを攻撃するとの日本の計画を隠匿し偽装する目的のためにオランダ領東インドと新しい交渉を開始する計画が立てられた。（法廷証第878号、1169号、1176号、877号、1313号）

(ii) 1941年12月1日の御前会議において、合衆国、イギリスならびにオランダに対して宣戦布告を行《おこな》うとの最終決定がなされた。（法廷証第588号、法廷記録1214ページ）

(iii) 1941年12月8日に日本はアメリカとイギリスに対して攻撃を行《おこな》い、その後に両国に対して宣戦布告を行《おこな》った。日本によるオランダに対する公式な宣戦布告は行《おこな》われなかった上にその意図さえも無かったが、**東条**総理大臣によればかかる措置は戦略上の理由で望ましくなかったからであると云《い》う。（法廷証第1241号、1332号、1338－B号）

(f) オランダ政府は、真珠湾ならびにシンガポールに対する攻撃はオランダ領東インドの軍事占領の前奏にすぎないとの点に何の疑いも抱《いだ》くことができなかった。従ってオランダ政府は戦争状態の存在を認識し、日本に対して公式に宣戦を布告した。

本官は後ほど日本と合衆国との間《あいだ》の交渉の問題を取り上げ、かかる交渉に関する日本の態度がどの程度まで日本側による何らかの不誠実もしくは詐欺を示しているのか、さらにそれによって本件裁判で訴追されているところの共同謀議の徴候を指し示しているのか、を検討することとする。」（判決書p.463下段～p.469上段）

右記の長い引用の中の1点のみにつき、注記しておきたいと思う。7.(d)(i)において被告人・広田の名前がまたしても挙げられている。「侵略計画の全体と（中略）国家政策の案を、広田が首相であった1936年6月30日においてすでに外務、海軍、陸軍そして大蔵の各大臣は作成していた。」とある。

検察側がさまざまな箇所で持ち出していた「広田政策」とは、対英米準備を決定した「閣議決定」（判決書p.380上段）と対ソ準備を決定した「四相会議」（判決書p.393上段）のことであり、その二つの会議はいずれも1936年8月7日のことであった。ところが右記では1936年6月30日とあり、1カ月以上も早い日付が示されている。

これはおそらく、8月の会議の前の6月の段階で、すでにそれぞれの省で別個に政策案の策定がなされていたことを示しているものと思う。6月時点での各省別個の政策案を8月の会議で持ち寄り、内閣の方針として決定したのであろう。

オランダ領東インドに関する検察側証拠は全面的共同謀議を支持するものではない

さて、右記で長々と引用した検察側証拠であるが、これにパール判事が特に分析を加えなかった理由が次の引用で明かされる。

「しかしその前（引用者注：日米交渉を取り上げる前）に、日本によるオランダ領東インドに対する行動に関連して提出された証拠から、いったい何が得られるのかを見てみよう。

本件裁判のこの部分を支持するものとして大量の証拠文書が提出された。本官はすでに上記にて、この特定の段階において強く主張された幾つかの事項を支持するものであるとして挙げられたところのこの証拠を、その各々《おのおの》の事項に対応させて列挙しておいた。

この大量の証拠は日本のオランダ領東インドに対するその後の計略を示しているものかも知れない。しかしそれは、申し立てられており現下で検討されているところの全面的共同謀議もしくは計略を、ほんのわずかにでも支持するものではないことは確実である。

この段階での証拠は、実際は1938年5月以降の時期を取り扱っているのである。」（判決書p.469上段からp.469下段）

検察側は、全面的共同謀議期間の始期は最も早くて1928年だとしている。そして、その全面的共同謀議の中の共通計画が日本政府の中に明確に持ち込まれたのは1936年8月の「広田政策」によってであると検察側は述べているのだ。それにもかかわらず、オランダ領東インドにかかわる検察側証拠はすべて、1938年5月以降の出来事に関する証拠だとパール判事は指摘している。つまり、時間の観点からは、これらの証拠が示す行為は「広田政策」以前に共同謀議もしくは共通計画がすでに存在していたことを立証するものではない。これらの行為は日本政府が国家行為として行《おこな》った政策なのであり、それを単に書き並べたものに過ぎないことになる。すなわち、これらの証拠は「申し立てられており、現下で検討されているところの全面的共同謀議もしくは計略を、ほんのわずかにでも支持するものではないことは確実である」（判決書p.469下段）のだ。日本政府が行《おこな》った行為である以上、これらの証拠によって共同謀議が存在したという「推定」を行《おこな》うことは不能なのである。だからパール判事はこれらの証拠に分析を加えなかったのである。

オランダ領東インドに対する行為は、すべて日本政府による国家行為である。これこそがパール判事の事実認定である。

オランダ領東インドに関する1935年時点の二つの証拠

パール判事らしい周到さだと思うのは、検察側が提示した証拠の内の二つが、1935年まで話を押し戻しているので、その二つの証拠に対してはパール判事は分析を加えたのである。まず、それらの文書の内容を提示している。次の通りである。

「それ以前の時期に関連するわずかな証拠は、法廷証第1326－C号と1307－A号の中から見つけることができる。これらの二つの文書は、話を1935年の時点にまで押し戻している。

法廷証第1326－C号は『蘭領印度《インド》における日本の破壊的活動についての蘭領印度《インド》政府広報』と称されているものからの抜粋である。識別のためだけに記せば、この報告書は法廷証第1326号である。

問題となっているこの抜粋は、『南洋興発株式会社』という会社（＊1）の社長からモミ事務所（＊2）の小杉方也《こすぎみちなり》氏に宛てられた1935年3月15日付の手紙と称されているものである。表題は『蘭領ニューギニア石油会社設立に関する件』と付されている。

この手紙は、海軍軍令部からとバタビア（訳注：現在のジャカルタ）の総領事からそれぞれ受領した報告を送達するものであると称している。それらの報告はいずれも2月14日付であり、オランダの領土において企業を設立する条件に関連するものである。それは、いくつかの土地において『試験掘削を行《おこな》う許可も我が社はあわせて申請したい』と述べている。手紙の中では、オランダの鉱業関連法の徹底的な研究が要請されており、手紙の受信人は将来における準備をするよう求められている。オランダ側がこの申請を受理しないことも予期されるため、受信人はそのような可能性を念頭に置いた上で、特定された土地の調査を『対外厳秘の下《もと》に』行《おこな》うことが要請されている。（法廷証第1326－C号、法廷記録1万1905ページ）

（＊1訳注：南洋興発株式会社はサイパン島に本社があった日本の企業。1922年設立、最終的には4万8000人を擁する規模となり、「北の満鉄、南の南興」と称された。製糖業が主な事業だった。1945年9月に閉鎖された）

（＊2訳注：不詳。原表記はMomi office. Mobil Oil Micronesia Inc.か？）

もう一つの文書（法廷証第1307－A号）は法廷証第1307号からの抜粋であり、『昭和10年外務省公表集第十四輯《しゅう》』であると称されている。それは日蘭間常設調停委員会の設立につき語《かた》っている。『日蘭司法的解釈・仲裁裁判および調停条約』の第12条の規定により、かかる委員会の設立は1935年10月31日に公表されている。

上記の二つめの文書には、こっそりと隠された邪悪なものすら何も無いのである。一方、一つめの文書は疑いも無く、『対外厳秘の下《もと》に』行《おこな》う調査について述べている。」（判決書p.469下段～

p.470上段）
次に、それらの文書に対する分析は次の通りである。
「本官は、これらの文書によって公開されたものの中から何らの共同謀議の兆候さえも見出《みいだ》すことができない。示唆された『対外厳秘の下《もと》に』にしても、何らかの異様に邪悪なものを必ずしも示すものではない。おそらくはいわゆる国際社会の強力な構成国のどれもが、外国の資源に対するそのふるまいにおいて自国は同様の懸念を招くことはないと言い切ることはできないであろう。日本はそれ自身で原材料資源を持たない国であった。日本は、『この惑星の表面における、住むことのできる陸のすべてと航海できる海のすべて、さらには人類の現存する世代のすべてを、西洋社会が抱擁し尽くした後に』その展開を開始したのである。

　日本はこの点において西洋列強と競い合ったのであるが、不幸なことに日本がそれを開始した時にはそれには不可欠な二つの要素である、その能力を行使する『自由裁量』ならびに、世界全体に広がる領域、がその双方共に、彼らにはもはや入手不能であったのだ。我々が検討している期間において日本が考え、そして実行したことの責任の所在は、本当のところでは、日本を西洋化の流れの中に放り込み、しかもその流れが運んで行《ゆ》く先の終着点を西洋の人々自身すらもが謎《なぞ》としていた時期にそのような流れの中に日本を放り込んだ、日本の初期の元老政治家たち（訳注：明治の元勲たち）にあったのである。

　いずれにせよ、日本は物欲《ものほ》しそうな目をオランダの未開発の資源に向けていたかも知れないものの、上記で引用した証拠は日本の側に何らかの侵略の計略が存在していたことを指し示すものではない。我々はそこ（訳注：上記で引用した証拠）から、何らかの政治的立場（訳注：例えばオランダ領東インド政府）への故意の攻撃計画を読み取る必要はないのである。西洋列強たちは、継続的拡大が維持されていた商工業の事業を彼らが執《と》り行《おこな》う中で『世界全体に及ぶいくらかの最低限の政治的良識と善意ならびに節度が、当たり前に期待できるとの暗黙の了解』の下《もと》にそれを推進することができた。新しく事業を開始する国が同様の了解を行《おこな》う可能性を、その領域は今や西洋列強によって占拠されているとの事実があるからと云《い》って排除すべきではないのである。西洋列強にはそれらの要素（訳注：最低限の政治的良識と善意ならびに節度）が全く無かったというものでもないことは確かであろう。」（判決書p.470上段～p.470下段）

結論としては、それら二つの証拠についても、右記引用の冒頭にあるように「何らの共同謀議の兆候さえも見出《みいだ》すことはできない」のであった。

オランダ領東インドに関する結論

オランダ領東インドに関するパール判事の結論は次の通りである。
「1938年5月以降の出来事に関する証拠は、それに引き続いて起きた事件を説明する状況が漸進的に展開して行《い》ったことを単に明らかにしているのみである。本官自身はこれらの事件を何らかの事前の計略や共同謀議のせいにすることはできない。

　本官は、ルーズベルト自身を含むアメリカの政治家や軍事当局者たちでさえもが、合衆国による日本に対する行動の結果がどのようなものになると見ていたかにつきすでに検討を行《おこな》った。日本によるオランダ領東インドにおける行動を正確に評価するためには、この時期に合衆国が日本に対して取った諸措置に関する視点を我々は失ってはならない。これらの諸措置があったことによる日本の行動の正当化は、できないかも知れない。しかし、現下の我々の目的のためには、申し立てられたような共同謀議の計略に依《よ》らないで出来事を説明することのみが唯一の重要な点なのである。

この証拠の中に全面的共同謀議の何らかの推論へと我々を導くものが何にせよ存在するとは、本官は得心《とくしん》をしていない。」（判決書p.470下段～p.471上段）

そしてパール判事は、次の引用において、本第⑩項 最終段階 の後編につながる極めて重要な指摘をしている。この指摘はしっかりと記憶にとどめるべきであろう。次の通りである。

「むしろ証拠は、状況が漸進的に展開して行《い》ったことを示している。日本は何らかの計略の下《もと》に最終的に起こった太平洋戦争（訳注：原表記はPacific war）を開始したわけではないとの明瞭な痕跡《こんせき》が存在するのだ。日本がその政策を形成し、そして準備を行《おこな》う上で、かかる戦争が結果的に起きる可能性を彼らは無視できなかったことは確かである。しかし、日本はこの最終的な衝突を避けることを常に欲《ほっ》していたとのはっきりした証拠があるのだ。」（判決書p.471上段）

日本は何らかの事前計画によって太平洋戦争（大東亜戦争）を開始したわけではない。また、日本はアメリカとの最終的な衝突を避けることを常に欲していたとの「はっきりした証拠」があると、ここで明示的に指摘しているのである。

以上で最終段階の前編を終わる。

第四部　全面的共同謀議　最終段階

⑩

最終段階　後編

本項では日米交渉が分析される。対米開戦を是が非でも回避しようとした日本側の必死の交渉態度が興味深い。具体的には、日米交渉の出発点となった私的提案たる日米諒解案の分析、日米交渉での３つの論点［ア）三国同盟の解釈の問題　イ）日米両国の経済活動の問題　ウ）日支関係ならびに支那事変の解決の問題］の分析、米政府による日本側暗号電文傍受と歪曲、第４の問題として浮上した［エ）仏印南部での動き］、甲案と乙案、ハル・ノートの分析、真珠湾攻撃に追い込んだ米側の動き、それに対する日本側の政治的事情、連合国側が対日 ABCD 包囲網を正当化するために依存した３つの条約の分析。結論としては、西洋諸国の欲望に対して日中が手を組んで抵抗する事態の到来を阻止することこそが、米・西欧諸国の対中軍事支援による中国への戦闘能力供給ならびに ABCD 包囲網等による日本の経済封じ込めの理由であったとしている。

後編　アメリカ合衆国

§5．日米交渉

日本のふるまい：誤魔化しや偽善はあったか

パール判事は次の言葉で日米交渉に関する分析を開始している。この交渉を通じて検討されるべき主要な事柄は、「日本のふるまい」であるとパール判事は述べている。

「ここに至っては、検察側が申し立てている共同謀議の最後の段階が残っているのみである。

この関連で検討が要求される主要な事柄は、真珠湾攻撃に先んじて行《おこな》われた日米協議に関連して採られた日本のふるまいである。」（判決書p.471上段）

「日本のふるまい」の検討とは、後ほど明らかにされるが、日本が本心を隠して交渉に臨んだのかどうか、つまり、何らかの誤魔化しや偽善を申し述べたのかどうか、ルーズベルトやハルの目から隠すよう指示されたものがあったのかどうか、交渉を通じてまったく譲歩する様子はなかったのか、等である。検察側は、共同謀議者たちはそのようなふるまいの下に日米交渉を進めたと主張しているのである。共同謀議の存在を推定すべきかどうかを検討する観点からは、そのような「日本のふるまい」があったかどうかを最優先で検討しなければならないのである。

日米交渉のあらまし

すでに見たように、合衆国の日本に対する姿勢は1922年のワシントン9カ国条約以降、長きに亘って平和的ではなかった。このままでは日米開戦に立ち至る恐れが多分にあった。そこで開戦を回避するための二国間交渉が開かれたのである。

日米交渉は1941年2月14日から同年11月26日のハル・ノートの出状までの9カ月に亘《わた》ってワシントンで行《おこな》われた。日本側の交渉者は野村吉三郎《きちざぶろう》駐米大使を軸として、当初は岩畔豪雄《いわくろひでお》・日本大使館付補佐官が参加し、終盤の11月15日に三国同盟の調印者である来栖《くるす》三郎大使が加わった。アメリカ側はハル国務長官を中心に、ルーズベルト大統領も折に触れて参加した。

§6．検察側主張の明確化と分析

パール判事は検察側の主張を箇条書きにして明確化している。次の引用の1．から3．の通りである。

「検察側の主張は以下の通りである。

1．共同謀議者の側には、合衆国との交渉の中でたった一片の譲歩をする意図さえも決して無かったこと。

(a)会談は侵略行動計画の下《もと》での適正な時の到来まで引き延ばされ、その時が来るとその会談は打ち切られること

(i)すぐに行動を起こすことができるように、この件は外交官たちの手からは取り上げられ、軍国主義者たちの手に委ねられた。

(b)この件の全体は、慎重な計画と冷徹な計算によるものであったこと。

(i)陸軍省は1937年に、軍事行動の準備が1941年末の時点において完成済みとするための基本計画を立案したこと。

(ii)合衆国との交渉を打ち切り、真の最後通牒についてのけりをつけるのは、1941年末においてであること。

(iii)これは合衆国当局が取った何らかの態度が理由だったからではなく、戦闘行為開始の計略が成就する月日の到来こそがその理由であったこと。

(c)日本の政策にはその最初から最後まで、決して変更が無かったことが真相であった。

(i)このことは、日本帝国海軍の前提督であり日本の前外務大臣であった**野村**大使が、この交渉は彼を信頼し尊敬している人々の中で彼に偽善的な生活を送ることを余儀なくしていると公文中で悲嘆した事実により、最もよく証明されていること。

(ii)一語の下《もと》に（訳注：その場で、きっぱりと）基本的変更や譲歩がなされたことは決して無かったこと。

(iii)日本には、三国同盟を修正する意図は決して無かったこと。その目的が完全に達成されるまでは中国から軍隊を撤収させる意図は日本には決して無かったこと。極東において合衆国もしくはその他のあらゆる国が商業上の機会均等を持つべきことを日本はいずれの時点においても決して意図しなかったこと。

2．その後に起きた出来事《できごと》に光を当てて振り返って見れば、日本は気の向くままに占領し征服することができるとの権利の承認を合衆国から受けるか、もしくは、合衆国とイギリスをなだめて安全が保障されたとの感覚に彼らをひたらせる一方で日本は秘密裏に準備を整え侵略的な動きをさらに進めるための最も有利な時間を決定するか、以上のいずれかを実際上は追求していたのだと結論付けることは、非合理なことでもない。

3．(a)合衆国と英連邦は、すべての重要な問題は、現存する条約の条項を単に遵守さえすれば解決できるとの立場を取ったこと。

(b)以上の国々は、諸条約により授けられた権利に対する日本の要求の中には必要とされる義務を果たすとの同様に強い責務も存在していたとの点を強く主張したこと。

(c)その一方で日本は、授けられた以上の権利を強く主張し、逆に、課された義務を認識することを全く拒んだこと。

(d)交渉の中で、合衆国とイギリスはその条約上の義務を果たしていないとの主張はなされなかったこと。」（判決書p.471上段～p.472上段）

右記引用で示された検察側の主張の内、パール判事は特に次の諸点を念頭にこの第⑩項後半の分析を進めている。左記に書き出しておきたい。

①日本側（共同謀議者側）には合衆国に対してたった一片の譲歩もする気はなかったこと。

②日本側は「気の向くままに占領し征服する権利の承認を」合衆国に求め、合衆国とイギリスをなだめて安全が保障されたとの感覚に彼らをひたらせる一方で、秘密裏に侵略準備を進め、侵略開始に有利な時期を決定することとしていたと考えられること。

③合衆国と英連邦は、すべての重要な問題は、現存する条約の条項を単に遵守さえすれば解決できるとの立場を取ったこと。

この3点に関する筆者の認識は次の通りである。

①はわかりやすい議論である。日本の譲歩があったかどうかは後ほど、パール判事が複数回にわたって検証している。

②は、端的に言えば日本が時間を稼いでいたかどうかである。日本は日米交渉を通じて平和を求める姿勢を示した上で、この交渉を隠《かく》れ蓑《みの》にして時間を稼いでいた、というのが検察側主張である。この点もパール判事が分析しているので後ほど触れることとしたい。

③は、日本が既存の諸条約を守らなかったという主張である。これに対しても、パール判事は日本側の交渉態度を主軸にして、分析を進めている。

日米交渉の過程

検察側は最終論告で日米交渉のすべての過程について申し述べているようだ。パール判事はその概略を25個の箇条書きにしてまとめている。長い引用となるが、これを読むことによって日米交渉のおおまかな流れをつかむことができるのと同時に、検察側の考え方や主張も把握できるので、残らず引用することとしたい。

「交渉過程の全体についての検察側の最終論告は、その概略としては以下の通りである。

1．日本と合衆国との間《あいだ》の交渉は、合衆国への日本の新しい大使として**野村**提督を任命することで開始された。

(a)当時、第二次**近衛**内閣が政務を執《と》っており、その内閣の中では、**松岡**が外務大臣、**東条**が陸軍大臣、そして**及川**《おいかわ》が海軍大臣であった。

2．(a)1941年1月22日に、**野村**に指示を与える中で**松岡**は、合衆国による欧州の戦争への参戦に対し日本は反対する立場を取るとの明瞭な決議を行《おこな》ったことを強調した。松岡は、この態度をルーズベルト大統領ならびにハル国務長官に対して明確に示し、そして、そうすることにより合衆国がそれに参戦することに対する抑制力となるようにせよと**野村**に対して訓令した。（法廷証第1008号、法廷記録9643～9650ページ）彼はさらに、交渉を行《おこな》う中では次の諸点をはっきりと視野の内に入れるように大使に訓令した。

(i)日本が国家政策を大胆に大きく変更でもしない限り、太平洋における平和維持の合意を日本は合衆国から得られることはないこと。

(ii)もしも現状が継続するならば、現下の戦争に合衆国が参戦しない、もしくは合衆国が日本に対して宣戦を布告しないとの保証は無いこと。

(iii)もしも日米2国間に相互理解の基盤が無いならば、合衆国が日本に対して宣戦を布告しないようにさせるため、もしくは、合衆国が欧州の戦争に参戦しないようにさせるためには、日本は他国と手を結ばなければならなかったこと、そのために日本はドイツならびにイタリアと同盟を締結したのであること。

(b)大使は、日本のこの態度をルーズベルト大統領ならびにハル国務長官に印象づけるよう、また、次の諸点を彼らに明示するよう、明瞭な訓令を受けた。

(i)日本は三国同盟を遵守する。しかし日本が重要な事項を決断する際には閣議において注意深く協議を行《おこな》うこと。

(ii)中国における日本の行為は現在においては不法で不正もしくは侵略的とされているが、これは単に一時的なものに過ぎず、日本は最終的には中国との間《あいだ》で平等で互恵的な条約を締結すること。

(iii)大東亜共栄圏は**八紘一宇**の原則に基づき建設され、国際的な隣保《りんぽ》と互助の世界を建設することが日本の熱望であること。

(iv)理想はさておき、日常の問題に取り組むにあたり、日本は大東亜において自給自足の問題を解決する必要があると考えており、そのことは不正でも非合理でもないこと。

(v)日本の政策において、日本は外国人排除を意図するものではないこと。

(c)**野村**に対する松岡の訓令は、日本は大東亜共栄圏の建設計画を推進する意図であり、それを基盤とすることによってのみ相互理解に達することができる、ということを強調するものであった。

(d)1941年2月7日に**松岡**は**野村**に対して追加の訓令を電信にて送信し、日本では合衆国と戦争を行《おこな》うことを求めるものは誰もおらず、もしも合衆国が戦争に踏み切り日本を敗北させたとしても日本は屈服されたままではいないことを指摘するよう野村に求めた。そのような戦争は両国を共に荒廃させるであろうし、アジアをボルシェビキ化させるであろう。アメリカがなぜ日本を標的と定めて対立的な態度をとるのか、日本は理解できない。アメリカは他国の『生存圏』に干渉すべきではない。

(e)1941年2月14日に**野村**は、初めてルーズベルト大統領ならびにハル国務長官に面会した。

(i)大統領は、困難を作り出したのはフランス領インドシナにおける日本の行動ならびに三国同盟であったとの点を具体的に指摘した後、意見の相違はいつどのように発生したのかを確認した上でその帰結をも確認するために、そして、両国の関係が改善できるものかどうかを検討するために、**野村**とハルが2国間関係の重要な局面を再調査、再検討することを提案した。

(f)1941年2月14日に**松岡**は**野村**に対して再び訓令を発し、大統領ならびに合衆国政府の他のメンバーに日本の真意を理解せしめるように継続的な努力を行《おこな》うようにとの指示を出した。日本はすでに確定した政策を国運を賭《と》して遂行するよう決定したことを彼らは理解しなければならない、と。

(g)このように、2カ国の間《あいだ》の問題への取り組み方には最初期の段階から大きな懸隔《けんかく》があったことが十分に明らかにされた。

(i)一方の合衆国は、関係改善を追求した。

(ii)他方の日本は、その政策を最後まで貫くとの通知を出した。

3．1941年2月3日に開催された連絡会議は、ある決定に到達した。かかる決定は、**松岡**の欧州訪問の間《あいだ》に彼がドイツ、イタリアとソビエト連邦と交渉を行《おこな》うにあたりその訓令もしくは参考として使用されるべきところのものであった。

(a)この文書は大東亜共栄圏の地域において日本が政治的指導者となること、ならびに、日本がその地域の維持に責任を持つことを規定している。

(b)その地域の人々は独立を維持し続けるか、もしくは独立するようにされる。

(c)イギリス、フランス、ポルトガル、オランダならびにその他の国の所有対象物となっている地域における、独立が不能となっている人々は、日本の指導の下《もと》に、それらの人々の能力が能《あた》う限りの自治を持つことが許される。

(d)日本はその地域にある防衛用の資源につき、優先権を得る。

(e)その他の商業的事業については、日本は他の経済ブロックとの間《あいだ》の相互的な門戸開放ならびに機会均等の原則に従う。

(f)世界は4つの大きなブロックに分けられることとなる。大東亜ブロック、欧州ブロック（アフリカを含む）、米州ブロック、ソビエトブロック（インドとイランを含む）。

4. 交渉が開始された直後に共同謀議者たちは、交渉を完全に失敗させるとまではいかないまでも交渉成功の可能性にさらに困難をもたらすところの幾つかの行動を取った。

(a)1941年2月25日に**大島**はドイツに対し、**松岡**の承知の下《もと》に、日本は三国同盟に絶対的に忠実であり、この同盟を日本の外交関係の基調とした上でその国家政策を実現すべく前進することにつき保証を与えた。

(b)1941年3月4日に、合衆国がドイツを攻撃した場合には日本は参戦するかとの問いに対して**松岡**が肯定的な回答をしたとの事実に鑑み、何らかの類型の質問に対して回答を行《おこな》うにあたっては松岡と歩調を合わせるようにと、**松岡**は**野村**に要請した。

(c)1941年3月7日に内閣は、国家総動員法の詳細規則の3月20日付《づけ》の施行を決定した。

5. (a)1941年3月8日に、ハルと**野村**は試験的な会談を行《おこな》うために面会した。

(b)1941年3月14日に、ハルと**野村**はルーズベルト大統領と再び会った。

(c)**野村**が大統領ならびにハルと共に2カ国の間《あいだ》に横たわる基礎的な問題を明確化することを試みているその一方で、日本では戦争準備計画を遂行する舞台が設定されつつあった。

(d)1941年4月9日に、意見相違を解決するための**非公式提案**（＊1）がワシントンの国務省へ提出された。（法廷証第1059号）

（＊1訳注：日本大使館付武官補佐官の岩畔豪雄《いわくろひでお》、近衛総理の意を受けて渡米した元大蔵官僚の井川忠雄、米国メリノール派カトリック教会のドラウト神父（James M. Drought）の3名によってワシントンのホテルの一室で作成された日米両国諒解案《りょうかいあん》（"Draft Understanding between Japan and the United States" 付録2参照）。なお、4月9日の段階の案は第二次案であり、最終的な日米両国諒解案の完成は4月16日であった。この日、当該案はワシントンの日本大使館から東京の外務省に向けて発信され、またハル国務長官は、この案の検討から日米交渉を開始することを提案した。ハルは『3人の愛国者が作成した試案』と評したと云《い》う。）

(e)1941年4月14日にハルは、この最新の私的提案を**野村**がどの程度まで承知しているのか、また、これを交渉の最初のステップとして公式に提案することを彼が希望するのかを確かめるために、使いを送った。（＊2

（＊2訳注：2日後の4月16日に公式会談を求めて来たハルは、日本政府がこの日米両国諒解案にどのような反応を示すだろうかと野村に尋ねたところ、野村は、まだ本国政府には送信していないものの政府もきっと同意することと思うと回答したとされる。）

(f)１９４１年４月16日にハルは、合衆国がこの提案を基盤として交渉を開始するための**二つの条件**を指し示した。（法廷証第１０６１号）

(i)その**第１**は、その提案には合衆国がすぐにも合意できる提案が数多く含まれている一方で、修正、拡張もしくは削除が必要なものもあり、また、合衆国が提示するかも知れない追加的提案もありうることが理解されなければならないこと。

(ii)その**第２**は、検討すべき最高位の事項は、概略を与えられた計画ならびに交渉の中で取り上げられた計画を推進させる意志と能力を日本が持っていること、そして、武力による占領という考え方ならびに政策の手段として武力を使うとの考え方を日本は捨て、国家間のすべての関係を支配すべき諸原則であると合衆国が宣言し実行し信じているところのものを日本が採用すること、等についての明確な保証を、合衆国が日本から事前に得なければならないことである。

(iii)それらの諸原則とは、一切の国家の領土保全及び主権の不可侵の尊重、他の諸国の国内問題に対する不関与の原則の支持、通商上の機会及び待遇の平等を含む平等原則の支持、そして、太平洋の『**現状（status quo）**』を平和的手段以外により攪乱《かくらん》しないこと、である。

(g)**野村**はかかる提案を本国政府に送信し、また、日本の南進は武装軍団によっては行《おこな》われないとの考えがすべての理解の基礎である、との指摘を行《おこな》った。

6．訓令を求めるとの**野村**からの要請を受け取るや否や、**近衛**はこの件に関する、高位の政府ならびに軍事指導者による会合を１９４１年４月18日に開いた。

(a)その会合での全般的に一致した意見は、かかる合衆国提案を受諾することは支那事変を処理する最速のやり方であり、日米戦争を回避し欧州の紛争が世界全体に拡大することを防ぐ最良の手段を提供する、というものであった。

(b)彼らは受諾に賛成したが、それは**いくつかの条件の下《もと》においてのみ**の賛成であった。

(i)条件の第１は、三国同盟に抵触することが無く、そして日本はドイツとの信義を守る、などが明確にされなければならないこと。

(ii)この交渉の目的は世界平和を推進することである点も明確にされなければならないこと。

(iii)もしもこの日米間の了解が、合衆国をその太平洋における義務から解放させることとなり、彼らによるイギリスへの支援の増量を許すことになるのであれば、それはドイツとの信義を害することになること。

(iv)この合意は新秩序（訳注：東亜新秩序）建設の考えを明白に表明しなければならないこと。

(v)日本はドイツならびにイタリアとの信義を守り、共栄圏における新秩序の確立という日本の確固たる国家政策に支障を来《きた》さないよう全力を傾注しなければならないこと。（法廷証第２８６号）

7．１９４１年５月12日に訓令を受け取った**野村**はその後、**日本の最初の草案**を提示した。（法廷証第１０７０号）

(a)その概略と構造はもともとの提案（訳注：日米両国諒解案）とよく似ていたが、重要な差異も含んでいた。

(i)欧州戦争に関しては、日本は、三国同盟下の日本による軍事支援の義務は三国同盟の**第3条**の下《もと》に適用されると記載することによる、三国同盟の直接的な引用を提案した。この変更の理由は、これが三国同盟を理解することとの関連性を明確化するから、というものであった。

(ii)支那事変については、それはまったく新しい条項に置き換えられ、その中で合衆国は、**近衛**の三原則、ならびに南京政府との条約の中で記《しる》されたところのこの三原則に則った原則、さらには日本、満州国そして中国の共同宣言を承認すること、と規定されていた。

(iii)その条項は、中国との善隣友好を確立するとの日本の政策に合衆国が依存をした上で、合衆国は日本と平和交渉をするよう蔣介石に対して要請することを規定していた。

(iv)善隣友好、共産主義への共同防衛、経済協力、の**近衛**三原則はすべてもともとの草案に記載されていた通りに維持されていた。

(b)1941年5月16日にハル氏は、草案に対する変更を幾つか提案した。（法廷証第1071号）

(i)彼は、欧州の戦争に関して日本が三国同盟の下《もと》に負っている軍事支援の義務を余さず書き出すこと、また、欧州の戦争に関して日本は日米間で合意した政策宣言の条項と軌を一にしない義務を枢軸同盟の下《もと》において、もしくはその他の同盟の下《もと》においても負ってはいないと日本が宣言することを提案した。

(ii)中国問題の解決については、ハルはもともとの私的草案（訳注：日米両国諒解案）とよく似た条項に置き換えていた。すなわち、本件の日米合意の締結にあたり大統領が日本と中国の双方に対し、日中両国が以下を基盤として両国間の戦闘行為を終結させる交渉を行《おこな》うことを提案することとしていた。善隣友好、主権と領土の相互尊重、合意した日程の下《もと》での日本軍の撤収、領土併合や補償金の支払いは行《おこな》わないこと、すべての国々に公平となるような商業機会の均等、国外からの破壊活動に対する防衛措置を並行して取ること、そして、満州の将来について友好的交渉を行《おこな》うこと。

(iii)南西太平洋における経済活動については、ハルは、両国の活動と協力、との表現によってその件を記述した。

(c)未解決問題につき満足な解決に至るようにハルが**野村**との間《あいだ》で努力しているその一方で、**松岡**は日本側において、交渉を不誠実な方向かつ遅延させることのみを目的とした方向へと向かわせていたとの十分な追加的証拠を、せっせと提供していた。（訳注：ハルは米側の国務長官〈外務大臣に相当〉、松岡は日本側の外務大臣）

(d)他の共同謀議者たち（訳注：松岡以外の共同謀議者）は、共同謀議の目的を危険にさらすことをおそれて頑強に反対した。

(e)そうした中で交渉は継続した。1941年5月28日、つまりルーズベルトが無期限の国家的危機宣言を行《おこな》った翌日に、ハルと**野村**は再度、面会した。

(f)その会話の中では、合意到達に向けての二つの障害物は、以下の各々《おのおの》に対する見解の相違の中に横たわっていることがますます明確になった。三国同盟の下《もと》での日本の義務の範囲、ならびに、中国問題の解決。

(g)ハルは、日本が三国同盟下で負っている義務を日本が明確化しない限り、合衆国が自衛の線に沿って欧州の戦争に引きずり込まれた場合には、日本の立場については何の保証も無くなる点を強調した。

8. 1941年5月31日に合衆国は提案された草案に対する改定案を提示した。（法廷証第1078号）

(a)新しい提案では、欧州の戦争に向けての日米2カ国の態度に関する条項が完全に改定された。日本は、三国同盟の主意は欧州の戦争が拡大することを防ぐための防衛的なものであり、その条項は自衛戦争に巻き込まれた国には適用されないことを表明することとし、合衆国は、防衛、自衛そして国家安全保障の検討のみに基づいてその態度を決定することを表明するものとした。口頭表明への付議として、合衆国はヒトラーによる征服に対する合衆国の態度の検討を念入りに行《おこな》い、合衆国によるヒトラーとの何らかの戦いは自衛によるものであると指摘するとした。中国に関する部分についても、その根底に横たわっている意味合いを残しておくために書き換えられた。その部分では、**近衛**の諸原則に調和したところの中国に対する条件を日本が合衆国に通達した際には、合衆国は戦闘行為を終結し平和的関係を回復する交渉を日本と行《おこな》うよう中国に対して提案を実施するとの条項が提案された。別の付議においては提出されるべき条件の規定がなされ、それは1941年5月16日にハルが提案したものと同じであった。共産主義に対する協力と軍隊の駐留については追加で交渉が行《おこな》われるものとされた。

9. (a)1941年6月4日に**岩畔**《いわくろ》大佐（＊1）は、三国同盟は自衛行為による参入には適用されないとの条項（＊2）を合衆国が草稿から削除するならば、合衆国は何らの侵略行為にも訴えない、また、ある国によるその他の国に対する戦闘につき合衆国は当該国を支援しない、との提案を草稿から削除する用意が日本にはある、と表明した。

（＊1訳注：岩畔豪雄《ひでお》　1897〜1970　日本の陸軍軍人。1941年3月にワシントンの日本大使館付武官補佐官として渡米、緊迫する日米関係を調整し両国間の和平を達成するために奔走した。野村大使や岩畔補佐官の和平追求に対する真摯な態度はハル国務長官に深い印象を残し、ハルは『貴下らの熱心且《かつ》誠実な努力を忘れることは無い。この先、日米の関係が如何様《いかよう》に悪化しても貴下らの身柄は私が保証する』と述べたとされる。）

（＊2訳注：合衆国が自衛のためにドイツと開戦した場合、日本は三国同盟の下《もと》であっても対米開戦をしないとする合衆国による条項。合衆国が自衛行為であると自称するものを事前に無条件に約諾することに日本は抵抗した）

(b)1941年6月6日にハルは**野村**に、日本による改定は自由主義的政策への傾斜の度合いを徐々に制限しつつあり、合衆国が関与していると信じている基礎的な諸点から乖離する方向へとこの交渉を導いているようだ、と語った。すなわち、日本による改定案、ならびに日本の態度についての日本による最近時の諸提示は、次の三つの傾向を示している。

(i)枢軸国との日本の提携の強調

(ii)極東における平和と安定へ貢献するであろうと考えられる基盤の上に日本と中国との関係を置くとの意図をはっきりと示すことの回避

(iii)平和政策ならびに無差別的な適用を行《おこな》う政策に対する明確なコミットメントからの逸脱

10. ハルと**野村**との間《あいだ》で外交交渉が行《おこな》われている一方で、日本および世界のその他の地域においては、平和的解決への**道程をますます複雑にし、妨害する**出来事が起きており、また、かかる出来事は、交渉を崩壊させる方向へ導く新しい問題、さらには、この交渉の成功裏の締結のために残っていたかも知れない何らかの好機をも取り除いてしまうところの新しい問題を、いくつか発生させた。

(a)日本での首相と外相(＊)との間《あいだ》の意見の分裂が内閣の倒壊を導くのではとの恐れがあった。(＊訳注：近衛首相ならびに松岡外相)

(b)ドイツとロシアとの間《あいだ》で1941年6月22日に戦争が勃発した時、**オット**(訳注：オイゲン・オット駐日ドイツ大使)は次を発見した。すなわち、**近衛**とその一団は次の結論に立ち至ったのである。中国における日本の軍事的立場を傷つけるようなことは何もしてはならないこと、そして、日本はフランス領インドシナの掌握をさらに強めるべきであること。

(c)日本によるフランス領インドシナの武装占領は、日米が合意に至るための二つの障害となっている支那事変と三国同盟を解決する望みが無くなったことを意味していた。

11. 1941年6月16日に第二次**近衛**内閣が辞任し、**松岡**を排除した第三次**近衛**内閣が発足した。

(a)新内閣はフランス領インドシナに関しては以前からの政策を堅持した。

(b)新内閣はさらに、日本の政策を三国同盟の基盤の上に成り立たせることは継続させること、また、ドイツとイタリアに対する日本の態度には変更が無いこと、等を表明した。

12. (a)ドイツによるフランスの征服と占領は1941年6月までには完了した。

(b)1941年6月22日にドイツはロシアを攻撃した。

(c)これを事実の上での背景として、連絡会議が東京において連日で開催された。これは6月23日に始まり6月30日に終わった。

(d)(i)1941年7月2日に、**東条**陸軍大臣の奉請により御前会議が召集された。(法廷証第1107号)

(ii)『状況の変化』に鑑み、日本の国家政策は以下三つの主要点をその基盤とすることが決定された。

(1)日本は支那事変を処理する努力を続けること。

(2)世界情勢がどのように変化しようとも、日本は大東亜共栄圏を確立すること。

(3)日本は南進の措置を執《と》ること。

(e)(i)たとえそれが合衆国、イギリスならびにオランダとの戦争を意味しようとも、日本は以上の目的を達成することが決定された。

(ii)これらの諸国との戦争の一般的準備がなされた。

(iii)問題となっている軍事的準備は大規模に開始され、その中には100万人を越える予備役ならびに徴収兵の召集が含まれていた。

13. (a)南部インドシナへの日本軍の進駐をヴィシー政府(訳注：当時のフランス政府)に認めさせることに対するドイツによる支援が要請され、そして、その支援はドイツから与えられたが、そのための交渉は遅くとも6月18日までにはさかのぼることができるところの早い段階から開始され進展していた。

(b)過去数カ月に亘り、軍隊が北部インドシナに駐在していた。ヴィシー政府が合意をしないならばインドシナを武力で占領することが日本の意図であった。

14. (a)アメリカ政府は**7月を通じて**、多数の軍団による南部インドシナへの移動が切迫しているとの**複数の報告を受領した**。
(b)最初の段階ではこれらの報告はきっぱりと否定された。しかし、7月23日には、日本の大使は追加的回答によって、日本は補給品と原材料のとぎれの無い供給元を確保する必要があり、さらに、日本に対する軍事的包囲に備えることも必要である、と表明した。
(c)その真意は、特にシンガポールとシャム（訳注：タイ）に対する作戦を進めるための基地の確保であったことが証明されるであろう。

15. (a)7月27日にルーズベルト大統領は、インドシナを『中立』国として認識することを日本政府に対して提案した。
(b)日本政府は大統領の提案の受諾を拒否した。大規模の日本軍が南部インドシナへと移動した。
(c)この軍事的な動きは、奉天（訳注：柳条湖）で開始された計画に従って実施された事項にすぎなかったのである。

16. (a)合衆国の支配下にある資源が日本によってこれらの侵略的目的のために使われないようにするために、大統領は7月26日に中国と日本の資産を凍結する命令を発した。
(b)イギリスとオランダも即座に同様の措置を取った。
(c)石油の禁輸がその直後に続いた。
(d)検察側は、合衆国、英連邦ならびにオランダによるこれらの措置はインドシナにおける日本の侵略行動に先行したわけではなく、**その結果としてその後に起きたものである**ことを強調している。

17. (a)8月8日に日本は、双方の見解の調整に至るための手段を討議することを目的とした新しい提案を始めた。
(b)以前の交渉を打ち切りへと至らしめたところの諸々《もろもろ》の状況を検討した後にハルは、見解の調整を可能とさせる線に沿った政策を形作る手段を日本が見つけることができるのかどうかを、日本は決定しなければならない、と回答した。
(c)１９４１年8月16日に**野村**は**豊田**外務大臣に対し、合衆国との関係は危機的であると勧告した。（法廷証第１１３１号）
(d)8月17日にルーズベルトは**野村**の質問に回答し、もしも日本がその拡張行動を一時的に停止し、その立場を再調整し、合衆国の諸原則の線に沿った平和的計画に乗り出すことができると考えるならば、中断していた非公式の試験的協議の継続を合衆国は**検討する**と表明した。（法廷証第２８８９号）
(e)8月27日に**近衛**公はルーズベルト大統領にメッセージを送り、日本と合衆国との間《あいだ》のすべての重要問題を討議するため、両国の政府首脳の会合を行《おこな》うことを強く求めた。（法廷証第１２４５-B号）
(f)8月28日に**野村**は、この個人的メッセージを送り届けた。それと同時に彼は、日本の行動は自衛のために取られたものであると主張する政府声明をも送り届けた。それはさらに、フランス領インドシナにおける措置は支那事変の終息を加速させるための自衛的なものであると同時に必須原料の公正なる供給（訳注：原表記はequitable supply）を日本が確保するためのものであったが、支那事変が解決されるか東アジアに全般的平和が訪れれば日本は即座に軍隊をそこから撤収する用意があり、そしてこの措置は隣国諸国への軍事的侵入の準備ではないとの保証を合衆国に与えた。それはさらに、ソビエト連邦が中立契約を忠実に守り満州国や日本に対して脅威を与えない限り日本はソビエト連邦に対して何らかの軍事的行動も起こさないと表明した。この声明はまた、日本の基本政策は、合衆国が遵守しているとした基本的諸原則に合致しているとも述べた。（法廷証第1245－B号、法廷記録1万764～1万771ページ）

(g) 9月3日にルーズベルト大統領は**近衛**の招待に回答したが、その中で『**特に(inter alia)**』、過去の事象に鑑みると、そのような会合が平和に対する堅固で明瞭な表明を生まない限りは、日本は、中国人の希望をくじき、その失敗の責任が合衆国にあるとするためにかかる会合の意味合いを歪めて解釈するだろうと大統領は考えていると、申し述べた。（法廷証第1245－C号）

(h) 9月6日に日本の大使は新しい提案草稿を提示した。（法廷証第1245－D号）

(i)(i) 9月6日の同じ日に**東条**陸軍大臣ならびに合衆国、イギリスそしてオランダに対して即座に戦争を行《おこな》うことを強く希望している軍部の一団は、別の御前会議を召集するようにさせた。（法廷証第1107号）

(ii) この御前会議においては、軍部が戦争準備をこのまま進めること、また、もしも懸案となっている交渉が日本にとって満足のできる状況で10月中旬までに終了しない場合は、日本は攻撃を行《おこな》うことが決められた。御前会議に出席していた被告人は、**東条**、**永野**、**武藤**、**岡**ならびに**鈴木**であった。

(j) 9月25日に日本政府は全く新しい提案草稿をグルー大使に提示し、それに対する早期の回答を強く要請した。合衆国が行《おこな》うことを要請されたコミットメントのうちの一つは次のとおりであった。『合衆国が欧州戦争に参戦した場合に日本は、日本、ドイツ、イタリアの間《あいだ》での三国同盟の条文の解釈をまったく自主独立の下《もと》に行《おこな》うこととし、また同様に、かかる解釈に従ってその義務を履行するためにはどのような行動を取るのかについても独自に決定することとする。』（法廷証第1245－E号）

18．(a) 10月中旬が近づくにつれ、9月6日の御前会議での決定に参画していた数名の者（**近衛**を含む）は驚愕し、激しい口論の後（その詳細と該当人物たちが演じた役割は証拠の中で示されることとなる）、第三次**近衛**内閣は辞職した。

(b) **木戸**が具体的に提示した次の二つの条件の下《もと》に、**東条**が首相に就任した。

(i) 9月6日の決議で設定された10月中旬の期限は延長されるべきであり、また、交渉は継続されるべきであること。

(ii) 陸軍と海軍の間《あいだ》のかかる口論は解決されるべきであること。

19．(a) 11月5日に御前会議が開催された。準備が整い次第、早ければ11月25日には戦闘を開始することが決定された。

(b) この決定に参画した被告人たちは**東郷**、**東条**、**賀屋**、**鈴木**、**嶋田**、**永野**、**武藤**そして**岡**であった。

20．『山本計画』として知られる真珠湾攻撃計画は、1941年春に立案された。

21．11月10日に命令が発せられ、すべての日本の艦艇は戦闘準備を11月20日までに完了すること、また、日本の強力な機動部隊（＊）を千島列島の単冠湾《ひとかっぷ》（訳注：択捉島《えとろふ》）にて集結させること、が命じられた。

（＊訳注：原表記はtask forceであり、通常これは任務部隊と訳す。ただし真珠湾攻撃部隊（南雲艦隊）はその当初から機動部隊と呼称されており、以降、我が国ではこれが一般的な語として定着していることからここではそのようにした。なお、航空攻撃力を主力とする戦闘部隊の着想は当時、アメリカにもあった（両洋艦隊法のヴィンソン下院議員）が、総合的に部隊を制度化して実運用をした（真珠湾攻撃）のは日本海軍が初である）

22.(a)11月26日未明に次の命令が下された。『真珠湾を攻撃せよ』。

(b)その命令を実行するために、機動部隊はその日の朝6時にまず東方に、そして次に南方に向けて出航した。

23.(a)以上のさまざまな計画にもかかわらず…1941年春から日米間で行《おこな》われていた交渉は、継続された。

(b)11月26日に国務長官は日本代表団に対し二つの文書の形で回答を行《おこな》い（訳注：ハル・ノート 付録4参照）、もしも日本がすべての太平洋問題を解決することに本当に関心があるのであれば、それはハル氏が4月16日に提示した4点（＊）を受諾することでなされる、と提示した。

（＊訳注：①一切の国家の領土保全及び主権の不可侵の尊重、②他の諸国の国内問題に対する不関与の原則の支持、③商上の機会及び待遇の平等を含む平等原則の支持、④太平洋の『**現状（status quo)**』を平和的手段以外により攪乱《かくらん》しないこと）

24.(a)11月28日以降と12月1日以前の間《あいだ》に複数の会合が開かれ、その中で合衆国、英連邦そしてオランダとの戦争の最終計画が再び検討された。

(b)12月1日に最終の御前会議ならびに閣議が行《おこな》われた。

(c)以上の二つの会議のいずれにおいても、戦争を決定することに対する異議は無かったように見受けられる。

25.(a)図表からは次が読みとれる。すなわち、報道関係者たちは、提案されていたところの合衆国大統領から日本の天皇に向けた電報につき、ワシントンにおいて12月6日夜の午後7時40分に聞かされたこと、そして午後8時ちょうどにハル氏はそのようなメッセージが向かっていることを知らせるため東京のアメリカ大使のグルー氏に電報を打ったこと。

(b)1時間後にこの電報は東京に到着した。東京はその時、12月7日正午であった。

(c)それにも関わらず、この電報がグルー氏の手元に配達されたのは、10時間半にも上《のぼ》る貴重な時間が経過した後であった。

(d)真珠湾への攻撃は午前7時55分に開始されていた。」（判決書p.472上段～p.480下段）

右記の長い引用は、日米交渉に関する検察側最終論告をパール判事が箇条書きにしてまとめたものであった。以上のすべては検察側の申し立てであって、必ずしもパール判事が事実認定したものではない。

右記の引用の中で、交渉の初期の時点において日米双方が交渉相手国に対して持っていた基本的な見解をよく示していると思われる部分をピックアップして再記したい。いずれも筆者の印象に強く残ったものである。

日本側の見解

「2.(d)1941年2月7日に**松岡**は**野村**に対して追加の訓令を電信にて送信し、日本では合衆国と戦争を行《おこな》うことを求めるものは誰もおらず、もしも合衆国が戦争に踏み切り日本を敗北させたとしても日本は屈服されたままではいないことを指摘するよう野村に求めた。そのような戦争は両国を共に荒廃させるであろうし、アジアをボルシェビキ化させるであろう。アメリカがなぜ日本を標的と定めて対立的な態度をとるのか、日本は理解できない。アメリカは他国の『生存圏』に干渉すべきではない。」（判決書p.473上段）

合衆国側の見解

「9.(b)1941年6月6日にハルは**野村**に、日本による改定は自由主義的政策への傾斜の度合いを徐々に制限しつつあり、合衆国が関与していると信じている基礎的な諸点から乖離する方向へとこの交渉を導いているようだ、と語った。すなわち、日本による改定案、ならびに日本の態度についての日本による最近時の諸提示は、次の三つの傾向を示している。

(i)枢軸国との日本の提携の強調

(ii)極東における平和と安定へ貢献するであろうと考えられる基盤の上に日本と中国との関係を置くとの意図をはっきりと示すことの回避

(iii)平和政策ならびに無差別的な適用を行《おこな》う政策に対する明確なコミットメントからの逸脱」(判決書p.477上段)

以下、日米交渉における各要素について、順にピックアップして触れて行《い》きたいと思う。

野村吉三郎提督

日本は合衆国に対する日本の大使として、野村吉三郎提督を任命した。

ここでいったんパール判決書を離れ、野村提督の人物像を見ておきたい。

野村吉三郎１８７７〜１９６４　日本の海軍軍人、外交官、政治家。和歌山県出身、海軍兵学校を１８９８年に卒業、帝国海軍の軍人となった。海外畑の経験が豊かであり、１９０８年にオーストリア駐在、１９１０年にドイツ駐在、１９１４年に在米日本大使館付駐在武官、１９１７年に海軍大佐（Navy Captain）となり、翌年に巡洋艦「八雲」の艦長に就任。１９１９年に第一次大戦後のパリ講和会議に参加、１９２１年にワシントン軍縮会議に参加した。１９２２年に海軍少将（Admiral）に昇進。

１９３２年、上海《シャンハイ》での天長節祝賀会の式典に列席中、朝鮮人による爆弾テロに遭遇し、野村は右目を失明した。なお、この事件では他にも被告人・重光葵が右脚を失った。上海居留民団代表の医師・河端貞次は即死状態だった。この爆弾テロによる重傷者は多数に上る。

本件で駐米大使に任命されたのは１９４１年1月であった。任命後、直ちに渡米した。日米交渉の日本側担当者となることが駐米大使としての第一任務であった。渡米後、ルーズベルト大統領とハル国務長官に初めて面会したのは１９４１年2月14日であった。

語学については、ドイツ語に堪能であったようだが、英語は必ずしも得意ではなかったという説がある。しかし、ハル国務長官との人間関係はうまく構築できたようである。野村大使と岩畔《いわくろ》大佐の日米和平に対する熱心な態度はハルに対して深い印象を残したようで、ハルは日米関係が如何様に悪化しても二人の身柄の安全は保証すると述べたとの逸話がある。

外務省本省と野村大使との間には報告と訓令のやり取りが頻繁にあったことが検察側最終論告からも伺える。野村大使は外務省本省の指示におおむね忠実であったが、日米和平の実現を優先するあまり、やや独断専行の態度を取ったこともあるようだ。

非公式提案（日米両国諒解案、法廷証第１０５９号。判決書付録2.）

パール判決書に戻る。

5．(d)に記載のある「非公式提案」とは日米交渉の最初の叩き台となった案であり、日米の3名がワシントンで作成した日本文・英文による「日米両国諒解案」である。諒解案策定の中心人物は岩畔大佐で、井川が通訳としてドラウト神父に伝え、ドラウトは井川を通じて岩畔と議論を重ねながら英文の文案を作成した。なお、ドラウトは合衆国郵政省のウォーカー長官を通じて諒解案作成の進捗を国務省に報告していた。

この諒解案にはいくつかの版があり、パール判決書の本文のp.482上段～p.485上段に記載されている版は4月9日付の第二次案に基づくものである。諒解案は4月16日付で日本大使館から東京の外務省本省に送信された。外務省は4月17日に受電し、「第二三四號」と採番した。この版が実質的な最終案であろう。筆者が付録2として判決書に添付したのは、この版である。

ハル四原則

5．(f)(iii)に記載されている「諸原則」とは、1941年4月16日にハルが日本側に指し示したもので、「国家間のすべての関係を支配すべき諸原則」であると合衆国が信じているものをハルが4つにまとめたものである。日本側は甲案の提出時まで、合衆国側の対日要求の重要項目としてこのハル四原則を強く意識していた。以下に再記する。

「5．(f)(iii)それらの諸原則とは、一切の国家の領土保全及び主権の不可侵の尊重、他の諸国の国内問題に対する不関与の原則の支持、通商上の機会及び待遇の平等を含む平等原則の支持、そして、太平洋の『**現状（status quo）**』を平和的手段以外により攪乱《かくらん》しないこと、である。」（判決書p.474下段）

近衛三原則

7．(a)(iv)に近衛首相の三原則が記載されている。これは南京政府との条約の中で記された原則であり、日本が外交政策としていたものである。以下に再記する。

「7．(a)(iv)善隣友好、共産主義への共同防衛、経済協力、の**近衛**三原則はすべてもともとの草案に記載されていた通りに維持されていた。」（判決書p.475下段）

三国同盟を巡る合衆国側提案

7．(b)(i)に、ハルが「欧州の戦争に関して日本が三国同盟の下《もと》に負っている軍事支援の義務を余さず書き出すこと、また、欧州の戦争に関して日本は日米間で合意した政策宣言の条項と軌を一にしない義務を枢軸同盟の下《もと》において、もしくはその他の同盟の下《もと》においても負ってはいないと日本が宣言することを提案した」とある（判決書p.475下段）。三国同盟における日本の義務を合衆国側が重視していたことが示されている。

岩畔大佐の提案

9．(a)に、岩畔大佐の表明事項が記載されている。合衆国が「三国同盟は自衛行為による参入には適用されないとの条項」を削除するならば、日本側は「合衆国は何らの侵略行為にも訴えない」、「ある国によるその他の国に対する戦闘につき合衆国は当該国を支援しない」との日本側提案を取り下げる、と表明したとある（判決書p.476下段）。筆者は、これは日米交渉の初期段階における重要な争点であったと考える。

すなわち、岩畔大佐は合衆国側の本音をある程度見抜いていたように思われるのだ。三国同盟における義務を遵守したい意向を持つ日本に対し、合衆国側は本音としてはその義務の放棄を求めていたのであろう。しかし、合衆国側のジレンマとしては、条約上の義務の遵守は責任ある国家として当然のことであると伝統的に合衆国は主張していたのであり、日本に対して公然と条約上の義務の遵守を放棄することを要求することはできない。

このままでは平行線となり、交渉が進展しない。だから岩畔大佐は、三国同盟上の日本の義務を巡って合衆国が自衛行為と自称するものを事前に受諾することを議論することをやめる代わりに、合衆国の対中支援に関する「本音」について日本は交渉の要目から外してもよいと妥協案を提案したのである。すなわち、「ある国によるその他の国に対する戦闘につき合衆国は当該国を支援しない」との条項は、合衆国のある種の「弱み」であろう。合衆国は日本と戦闘している中国に対してあらゆる軍事支援をしているのは周知の事実であり、これは中立法に違反するものであることはパール判事も指摘している通りである。

残念ながら岩畔大佐の提案は採用されなかったようだ。

日本の南部インドシナへの進駐

14．の(a)と(b)で日本の南部インドシナ進駐の件が記載されている。(b)には、「日本は補給品と原材料のとぎれの無い供給元を確保する必要があ」ると記載されている（判決書p.478上段）。

日本の南部インドシナへの進駐の動きがもたらした連合国側の動きは16．に次のように記載がある（判決書p.478上段）。

16．には、「(a)（前略）大統領は7月26日に中国と日本の資産を凍結する命令を発した。(b)イギリスとオランダも即座に同様の措置を取った。(c)石油の禁輸がその直後に続いた。(d)検察側は、合衆国、英連邦ならびにオランダによるこれらの措置はインドシナにおける日本の侵略行動に先行したわけではなく、**その結果としてその後に起きたものであること**を強調している。」とある。右記においてパール判事が強調した部分は論点として極めて重要である。すなわち、検察側は日本の南部インドシナへの進駐が時間的に先行しており、その結果として連合国が事後に資産凍結と石油禁輸を行《おこな》ったとしているのだが、法廷証拠による事実認定を通じて、パール判事はこの検察側主張を覆すことになる。事実は逆であることを法廷証拠に基づいて立証していくのだ。これは後ほどしっかりと検証したい。事実は巷間流布されている通説とは異なることをパール判事は指摘することになる。

17．(f)には、「フランス領インドシナにおける措置は支那事変の終息を加速させるための自衛的なものであると同時に必須原料の公正なる供給を日本が確保するためのもの」であるが、「支那事変が解決されるか東アジアに全般的平和が訪れれば日本は即座に軍隊をそこから撤収する用意があ」ることが記載されている（判決書p.478下段）。

日米首脳会談の提案とルーズベルトの後ろ向き回答

17．(e)に近衛がルーズベルト大統領に対し8月27日付で首脳会談の提案をしたことが記載されている（判決書p.478下段）。これに対し17．(g)にルーズベルトの9月3日付の回答の一部が記載されている（判決書p.479上段）。

これを読む限り、ルーズベルトは近衛との首脳会談に乗り気ではなかったことが読みとれる。また実際にも、この首脳会談は行《おこな》われなかった。この会談の実現に失敗したことが、第三次近衛内閣倒壊の一因となったのである。

9月6日の午前会議

17．(i)には、9月6日に召集された御前会議が召集されたことが示されている。ここで決定された方針は、次の引用の通りである。

「この御前会議においては、軍部が戦争準備をこのまま進めること、また、もしも懸案となっている交渉が日本にとって満足のできる状況で10月中旬までに終了しない場合は、日本は攻撃を行《おこな》うことが決められた。」（判決書p.479上段）

10月2日のハルの対日回答

判決書p.487下段で「国務長官の10月2日の口頭声明」として若干取り上げられているもののパール判事が詳しく説明しなかった事実として、ハル国務長官が口頭声明の中で日本側に重要な回答をした件がある。これは第三次近衛内閣の辞職に大きく作用したものであったため、ここで記述しておきたい。当時の状況を判断する一助となると思う。以下の出典は「太平洋戦争への道 開戦外交史7 日米開戦 朝日新聞社 1963年」である。筆者が内容をまとめ直している。

- ルーズベルト・近衛の首脳会議の開催について前向きな回答を米側から得られない日本側は、日米交渉が破綻するのを回避すべく、9月24日付で日本と中国との戦闘行為終結の条件（「日支和平条件」）を付した「綜合整理案」を、野村大使を通じてハル国務長官に提出した。
- ハルは、ルーズベルトと相談した上で、この日本側の9月24日付「綜合整理案」に対して10月2日に野村大使に次のような回答をした。
- ハルはまず、「総括」としてハル四原則を持ち出した上で、「合衆国政府は、日本政府がその目的に関し今日までに表明したところに徴すれば、日本政府はハル四原則の実際の適用に対し制限及び例外を設けることによって限定するような『プログラム』を考慮しているとの印象を持った」と日本側に述べた。ハルは、ハル四原則の適用を制限しようと日本側が画策しているとの印象を、総括として口頭で述べたのである。
- ハルは次に、具体的内容として次の2点を挙げた。

「①『日支和平条件』の中に、不確定期間に亘る特定地域への駐兵のような規定を含ませるのには異議の余地がある。」

「②三国同盟条約に日本政府が採った措置を評価する。日本政府がその立場を追加的に明らかにする可能性につき日本政府がさらに検討を進めるのであれば、それは有益であると思われる。」

右記の2点のみを単独で取り出して読めば、米側の回答にはそれほどの衝撃的内容はないように見受けられる。外交交渉途上でのおとなしい回答であるように思えるのだ。しかし、直前の口頭総括と合わせてハルからこれを受け取った日本側担当者の受け取り方は異なっていた。日本側は米側の意向に関して神経を尖らせて交渉を遂行していたのである。

- 交渉を続けて来た日本側当事者は米側態度の急転変化を感じ取り、この米側回答に衝撃を受けた。これを受け取った野村大使はハルに対し、「これでは東京はさぞかし失望するであろうが、ともかく伝達はする」と述べた。また、東京でこれを受け取った豊田外務大臣も、グルー駐日大使に対し「米国政府は日本政府が4年前以前（蘆溝橋事件以前）の旧状に一挙に無条件で立ち戻るのを欲している、との印象を受けた」と不満を述べた。日本側の交渉当事者は、10月2日付の米側回答の内容をそのように捉えたのである。

外交文書の恐ろしいところはまさにこの点である。文書の字義の解釈のみに頼ると真理に到達できないケースがあるのだ。

パール判事は、判決書第三部 証拠ならびに手続きに関する規則 のp.175上段においてローターパクト教授の「準備交渉と条約解釈」という書籍から引用しながら、この問題について説明している。すなわち、「本当の意図…を決定する**主たる拠り所**は文書の中で使われた言葉であることは是認しながらも、「字義の解釈の問題のために外部的証拠を許容する場合がある」と指摘している。「締約される内容の真実の実態を確かめる」ためには、「外部的証拠」として交渉当事者の発言を許容する場合があるのだ。「国際法の規則の中でも、『条約は交渉者の意図に照らして解釈する』とするこの規則以上に堅固に確立された規則は無い」（判決書p.175下段）とも指摘している。

この件においては、ハルが口頭で述べた総括が、右記表現での、「照らすべき交渉者の意図」として重要なのである。10月2日のハル回答は、日本側にとって大きな衝撃だったのだ。中国における軍隊駐屯問題に関するこの米側回答こそが、第三次近衛内閣の存続のためには致命的なのであった。

近衛内閣の辞職

パール判決書に戻ろう。18．(a)が近衛内閣の辞職について触れている。

「18．(a)10月中旬が近づくにつれ、9月6日の御前会議での決定に参画していた数名の者（近衛を含む）は驚愕し、激しい口論の後（その詳細と該当人物たちが演じた役割は証拠の中で示されることとなる）、第三次近衛内閣は辞職した。」（判決書p.479下段）

第三次近衛内閣は日米和平の実現に奔走したが、合衆国側の態度が10月以降は「誠実さに欠ける」（判決書p.497上段）と日本側が考えるようになり、「（合衆国側が）少しでも交渉を続けたのかとの点につき疑問を提起している」（判決書p.497上段）状況であった。つまり、日米交渉の継続の見通しが立たなくなったことから、近衛内閣は辞職したように筆者には思える。

右記引用中に括弧内に「（激しい口論）の詳細と該当人物たちが演じた役割は証拠の中で示される」とある。この「証拠」とは次の引用中の「法廷証第２９１４号」であり、これは近衛内閣の辞職に関するパール判事の事実認定の根拠となったものである。

「１９４１年10月16日に近衛内閣は倒壊した。近衛自身がその回顧録で説明したように、この内閣交代の直接的かつ直前における原因は、日米交渉に関連した、中国における軍隊駐屯問題であった。（法廷証第２９１４号）

交渉決裂を避けるための最後の努力の中で豊田外務大臣は、軍隊駐屯問題につきアメリカの理解を確保するために必要となる事項についての大臣の見解を準備して近衛首相に提出した。外務大臣は譲歩の実施（訳注：軍隊の中国駐屯問題に関する譲歩）が不可欠であると考えたが、そのような譲歩を行《おこな》うについての内部的な合意の確保は不可能であると最終的に判明した。内閣総辞職はその結果として起きたのである。」（判決書p.497下段）

しかし、右記の証拠ならびにパール判事の事実認定からは「激しい口論」と「該当人物」が特定されていない。近衛内閣辞職について、パール判決書においてはそれ以上の詳細は記述されていないのである。そこで、10月初旬当時の客観的情勢を追加的に調べてみた。出典は右記の文書である。

第三次近衛内閣においては、第二次近衛内閣における松岡洋右《ようすけ》外相が排除され、後任の外相に豊田貞次郎・海軍提督が任命された。この第三次近衛内閣は、１９４１年7月18日に発足した。陸相は東条英機、海相は及川古志郎であった。

9月6日の御前会議において、日米交渉が10月中旬までに満足できる状況で終結しない場合、日本は攻撃を行《おこな》うことが決められた。ただし天皇は9月11日に陸相の東条に対し、「（9月6日の）御前会議の際の発言によって戦争を避けたい自分（天皇）の意向は陸相に明らかになったものと了解する」と念を押した。

ところが、右記の10月2日のハルの対日回答の解釈を巡り、近衛・豊田・及川と東条の間で鮮明な差異が現れた。

前者の3名のグループは「アメリカ側はこの回答を基礎として徐々に日米関係の好転を図るつもりではないか」とまだまだ楽観的に考えていた。9月6日の御前会議における戦争準備の決定は、覆《くつがえ》すことができると考えていたのである。

一方、東条の意見は、「これは9月24日の日本案（引用者注：「綜合整理案」）に対する諾否の回答ではないものの、米国の真意はすでに明らかである。日本は（日米交渉に重点を置くとの）従来の方針を堅持すべきか否か、よく今後の見通しをつけねばならぬ。事は極めて重大である故、慎重に研究する必要がある。ハル四原則にも大なる疑問がある」（右記出典）というものであった。東条はすでに10月中旬の時点で合衆国側には和平実現の意志が無いことを見極めていたのである。パール判決書の事実認定を追って行くと（判決書p.495～p.497の日本の軍隊の中国駐屯問題）、結果的にはこの東条の見方が正しかったことがわかる。

「激しい口論」（判決書p.479下段）とは、近衛を含む前者の3名のグループと東条との間で発生したものであろう。右記引用における「法廷証第2914号」ならびにパール判事による事実認定の中では軍隊の中国駐屯問題がクローズアップされているが、それに加えて日米交渉全般の展開に関する見解の相違が口論の内容であったと筆者は考える。閣僚の内、東条だけはこの時点で合衆国側に日米交渉を継続する意志がないことを見抜いていたのである。

閣内一致のためには陸相の東条を説得しなければならないが、東条の意見は10月2日付の米側回答を含むワシントンの日本大使館からの報告を基礎とした判断によるものであり、客観的な根拠があった。正面から東条を説得するのは困難だったのである。さらには近衛が信頼していた側近・尾崎《おざき》秀実《ほつみ》がゾルゲ・スパイ事件に関連して10月15日に逮捕されたことによって、近衛はいよいよ内閣を維持できなくなり、10月16日に近衛内閣は総辞職した。以上が近衛内閣倒壊に至る情勢である。

真珠湾攻撃

真珠湾攻撃についての記述が20.～22.にある。ここでは再記しない。

日米交渉の裏で行われた攻撃準備

検察側は、外交交渉を継続する裏で、日本側が機動部隊を真珠湾に向けて発進させる計画を推進したと指摘している。これは日本側の背信行為を示唆するものであると検察側は云《い》う。23.に記載がある。

検察側最終論告に対するパール判事の3つの事実認定

以上の検察側最終論告を検討した後、パール判事は証拠に基づき3点の事実認定を行《おこな》っている。すなわち、①合衆国に対する不誠実な態度が日本側にあったかどうか、②合衆国に対する背信の痕跡があったかどうか（特に外交交渉を行《おこな》いながら同時並行的に戦争準備をしていた日本の態度をどのように捉えるか）、③最後に、日本側は時間を稼いでいたのか、の3点に関するものである。以下、これら3点を順に記述して行《い》きたい。

①合衆国に対する不誠実な態度があったか

日本はその交渉意図を最初から合衆国側に明確にするよう野村大使に訓令し、野村大使もその訓令を守ったとしている。いわゆる二枚舌を弄して交渉の相手方に不誠実な態度を取ることは「少なくとも日本側においては」（判決書p.481下段）無かったとパール判事は事実認定している。次の通りである。

「日本の意図が何であったにせよ、その意図は交渉の最初期の段階から完全に明瞭にされていたことは、交渉に関する検察側による説明からですらも明白である。東京の当局はワシントン駐在の大使に対し、日本の態度をアメリカの当局に対して明らかにするよう繰り返し訓令しており、交渉に関する検察側による説明からですらも、大使がこの訓令に注意深く従ったことがはっきりしている。本官は、日米交渉の経過期間のすべてを通じて、実施された提案に帰することのできる不誠実さの例を何一つ見つけることができない。それらの提案は自己中心的であったかも知れないし、示されたその態度は頑固なものであったかも知れない。しかし、日本が合衆国に対して行《おこな》った諸提案においては、探し出さなければならないような隠匿された事項は日本側においては何も無かったのである。本官は、『**野村**大使による公文中の悲嘆』からどのような推論を引き出すことが可能なのかはわからないが、三国同盟の修正について、あるいは中国からの日本の軍隊の撤退について、日本が何らかの誤魔化《ごまか》しや偽善を申し述べたことは決して無いことは明らかであるように見受けられる。もしも日本の提案は日本が気ままに占領や征服を行《おこな》うことができる権利の承認を合衆国から獲得することを追求しているのに等しいと云《い》うのであれば、そのような提案は合衆国に対して明瞭な言葉で明瞭に行《おこな》われていたのである。少なくとも、その提案の中には不明瞭なものは何も無いのである。検察が今、それらの提案に帰することを試みているところの意味合い（訳注：不誠実さ）をそれらの提案が抱え込むことが本当に可能であるならば、本官は、合衆国とイギリスをなだめて安全が保障されているとの何らかの感覚に彼らをひたらせることに成功することなど、どのようにすればできたのかがわからないのである。

一例として、外務大臣による**野村**大使への最初の訓令を示すために検察側が依拠している法廷証第1008号（*）を見よ。それは**野村**に許し難い態度を取るように指示したものであったかも知れない。しかし、指示の中にあいまいな点は何も無く、そして、ルーズベルト大統領やハル長官の目から隠すよう指示されたものも何も無いのである。訓令は、それらの当局者たちに対して日本の立場と態度を明白にするように、というものであったのだ。大使によってそのようには明白にされなかったとは、検察側は主張してはいない。（*訳注：交渉過程の全体についての検察側の最終論告の2．(a)）

大東亜共栄圏を作り上げる計画に向けて突き進むことが日本の意図であったならば、それを強調し、それを基盤としてのみ相互理解は得られると明らかにせよ、と**野村**大使は明瞭に訓令されていたのである。その態度は理不尽で、独断的で、無礼であったかも知れない。しかし、この点において何らかの安心感にひたらせるようアメリカの各当局をなだめるために彼らの目から何かを隠すようにされたことはないのである。

交渉すべき問題への取り組み方法につき両国の間《あいだ》で何らかの『懸隔《けんかく》』があったのであれば、それは当事国の双方に対して十分に明らかになっていたのである。これにおいても、隠されていたものは何も無かったのである。」（判決書p.480下段～p.481上段）

②合衆国に対する背信の痕跡があったか

次に、日本側には「背信」の痕跡は発見できなかったとしている。次の通りである。

「本官は日米交渉の過程全体において起こった事象すべてを注意深く検討したが、何らかの背信の嫌疑を抱《いだ》いた上で眺めても、本官は自分自身を、その中から何らかの意味合いを見出《みいだ》すような気持ちにさせることはできなかった。日米交渉は失敗した。それがあのように失敗したことはとても不幸なことであった。しかしそのすべては、少なくとも日本側においては誠実に実施されたように見受けられ、本官はその中のどこにも何らかの背信の痕跡を発

見することは無かった。」（判決書p.481上段～p.481下段）

外交交渉を行《おこな》いながら同時並行的に戦争準備をしていた日本の態度をどのように捉えるか、との点については、パール判事は次のように事実認定しているので引用する。

「この交渉の期間に亘《わた》って戦争準備が行《おこな》われていた。そのような準備は双方において行《おこな》われていたのである。この交渉が行《おこな》われていた間《あいだ》に**大西洋会議**が開かれた。その会議は見かけ上でどのようなものとして当時の世界に向けて開示されていたにせよ、その実態は今、十分に明らかになっている。大西洋会議においてルーズベルト大統領とチャーチル首相との間《あいだ》で到達した四つの基礎的合意のうちの一つは、日本に対する最終行動を同時進行させるというものであったことを現在の我々は知っている。日米の当事者間の関係が、両国が交渉を開始するような段階に立ち至っていた場合、かかる交渉が最終的に成功するであろうとの明るい希望に満《み》ち溢《あふ》れた期待の下《もと》でのみ、交渉を進行させるようなことはしないのは至極当然である。そこには他のもう一つの可能性があったのだ。そして双方の当事者は共に、かかる不幸が起こる蓋然性《がいぜんせい》を無視することはできなかったのである。」（判決書p.481g下段）

右記においては、日本側のみならず、連合国側にも戦争準備を推進していたとの証拠（大西洋会議）があること、そもそもこのような交渉は成功裏に終わる保証はないため、その不幸な蓋然性に備える行動を日米双方ともに行《おこな》ったことが示されている。

③日本側は時間を稼いでいたのか

パール判事の３つの事実認定の内の最後は次である。時間を稼ぐことは日本のためにはならず、逆にアメリカのためにはなったと記述している。

「もしもこの交渉は当事者のいずれかが準備のための時間を稼ぐことのみを目的とした計略であったのだと捉えることができるのならば、そのような時間は日本のためにはならずアメリカのためにはなったとの点は申し述べておかなければならない。当事者の各々《おのおの》が持つ資源を思い起こせば、時間の経過により日本が何かを手に入れるようなことはなかったのである。

日本は準備時間を稼ぐためにこの交渉を企んだのだとの説の全体は、検察側による法廷証第８４１号により証拠立てられているところの日本による侵略準備の仮説に基《もと》づいている。本官はかかる証拠についてすでに議論しており、本官がその仮説を受諾できない理由について説明済みである。（訳注：第四部　全面的共同謀議　第３段階　戦争に関する一般的準備　の最終部分を参照）

本件裁判におけるこの証拠はむしろ、交渉のために必要となる時間はアメリカには有利であったものの日本の戦争資源に対しては有害な影響を与えていたことを示している。実際、交渉における日本のせっかちな態度は、主としてこの事実に基づくものである。」（判決書p.481下段～p.482上段）

たしかに、日本は和平交渉の妥結を急いでいた印象が筆者にもある。日米交渉の様子を見ると、米側の要求が明らかになるたびに急いでそれに対する回答を準備していた様子がうかがえる。それをパール判事は「せっかちな態度」と表現したのであろう。

日本側は最初から最後まで一切、譲歩をしなかったのか

右記の①、②、③の事実認定により、パール判事は日本側の交渉態度は誠実であり、背信の痕跡はなく、時間を稼ぐことをしたはずもないことを示した。以上３点が日米交渉の特徴として「本官（パール判事）が採っている見解」なのである。一言で言えば、「日本のふるまい」

には問題はなかったのである。

ここでパール判事は、新たな④点目の論点として、日本が譲歩をしたのかどうかをたどってみたいと述べる。次の通りである。

「日米交渉の特徴について本官が採っている見解によるならば、本官の現下の目的のためには交渉において日本が何らかの譲歩をしたのかどうかを検討する必要は全く無い。本官はそれでも、交渉の当事者たちが誠実であったかどうかとの問題につき一言、申し述べておきたい。諸提案が公正であったかどうかを検討する必要性は本官には無いし、そうするよう提案するつもりも本官には無い。

検察側の主張は、日本は日米交渉の最初から最後まで、その初期の立場から何らの譲歩もしていないし、実際に行《おこな》われた変更は日本による提案を狭める方向にあった、というものである。」(判決書p.482上段)

この④の論点に関する結論から言えば、日本は交渉の最初の時点から「譲歩」をしたことが証拠によって示されている。この証拠とは、「日米両国諒解《りょうかい》案」である。

なお、日本側の譲歩があったかどうかの分析を通じて、逆に米側がはたして対日譲歩をしたのかどうかもこの第⑩項の結論部分で浮き彫りになっている。交渉とは互いに譲歩し合って落としどころを探るものである。一方的に自国の主張を相手に押し付けることのみを目的としているならば、それは交渉を妥結する意図の有無に重大な疑義をもたらすものであろう。それは決して誠実な態度とは言えまい。

§7．日米諒解案：日米交渉の出発点

日米両国諒解案のいきさつ

パール判事は、この日米両国諒解案が成立したいきさつについて何も触れていない。この案については、右記引用の5．(d)で唐突に「**非公式提案**が国務省に提出された」とのみ、記述している(判決書p.474上段)。

ただし、この諒解案は日本側が主体となって用意されたものであるとの認識は持っていたようである。実際、これはワシントンを訪れていた岩畔大佐が中心となって作成されたことが、現在では明らかになっている。

「そのため、提案草稿(引用者注：日米両国諒解案)に含まれているところの、交渉において日本が採っていたそのもともとの立場を見てみよう。」(判決書p.482上段)

日米両国諒解案は、中心人物の岩畔大佐が帝国陸軍将校の職位を維持したままで作成したこと、当時の松岡洋右外務大臣の了解を得ないままに作成され、外務省としてもまったく関知していなかった案であったこと等を主たる理由として、歴史の闇に埋もれていたと筆者は思う。松岡は外務大臣の任を引き受けるにあたり、大きな権限をふるうことを近衛総理に承認してもらった。ところが岩畔や井川をワシントンに送り出したのは近衛自身であり、松岡ではなかったのである。そのため松岡は、これは外務の領域への近衛の越権行為であり、「話が違う」と認識したようである。これが近衛と松岡がしっくり行《い》かなくなった理由の一つであると思う。

ハル国務長官は日米交渉の叩き台としてこの日米両国諒解案を使うことにした。野村大使に対して、ハルとしてはそのようにしたいとの希望を表明していた事実が法廷証拠を通じて判明している。

そのため、これは日本側の外務省本省が認識していなかった「非公式提案」であったからと言って、無視してよいものではないのである。さらに、この「案」は現代日本人の意識には上《のぼ》らないものでもある。そこで、筆者はこの「諒解案」の全文を探し出し、パール判決書

の「付録2」として添付することとした。

パール判事による「日米両国諒解案」の概要の提示

これを「非公式提案」と位置づけたパール判事は、非公式であるが故に、判決書の中でこの「案」を詳しく提示したのである。この諒解案の諸点の内、パール判事が要点として認識した点は重要と考えるので、筆者はこれを残らず引用したいと思う。次の通りである。

「これは本件裁判における法廷証第1059号の中の、上述の項番5(d)で言及されているところの非公式提案（訳注：岩畔《いわくろ》、井川、ドラウトの3名がワシントンで作成した『日米両国諒解案』付録2）である。その中では、いくらかの予備的了解に対するいくらかの提唱（訳注：次に記載された3点）の他に、次の七つの題目の下《もと》での提案がなされている。

① 日米両国の抱懐する国際的観念並びに国家観念
② 欧州戦争に対する両国政府の態度
③ 支那事変に対する両国政府の態度
④ 太平洋に於ける海軍兵力及び航空兵力並びに海運関係
⑤ 両国間の通商及び金融提携
⑥ 南西太平洋方面に於ける両国の経済的活動
⑦ 太平洋の政治安定に関する両国政府の方針

予備的了解を目的として次が提案された。

1．双方の政府は、伝統的な友好関係の再開に向けた全般的協定を開始し締結するための共同の責任を受諾すること。

2．最近時に疎遠となったことの特定の原因についてはこれを議論することなく、双方は事件の再発を防ぎ、訂正を加え、共同の努力により太平洋に於いて道義に基づく平和を樹立することを望むこと。

3．交渉が長引くことは不適当であり、決然たる行動を弱めるものであるため、緊急となる要《かなめ》の問題のみにより構成される全般的協力（そして双方を拘束するもの）の実現のための手段として適正となる文書が作成されるべきであること。

①実質的提案の第1の題目、すなわち、合衆国と日本による国際関係ならびに諸国の特徴を尊重するとの概念であるが、その中でも**『特ニ(inter alia)』**、諸国と諸国民は一つの家族の構成員として一つの家庭を構成しており（訳注：日本語版では当該部分を「八紘一宇」と一語で表記している）、その各々《おのおの》が平和的な過程等によって調節される利益の互恵的関係の下《もと》に等しく権利を享受し義務を承認するとの概念ならびに信念を、伝統的に、また、現在においても、保持していると双方の政府によって宣言することを提案している。

②欧州戦争に対する双方の政府の態度については、次が提案されている。

(a)日本政府は、枢軸同盟の目的は防衛的なものであって直接的に欧州戦争に影響されていない諸国の間《あいだ》に軍事的なグループ分けが広がることを防ぐとの計画であったこと、また、現在でもそのような計画であることを主張する。

(b)日本政府は、現行の条約下の諸義務を免れたいとの意図はまったく持ってはおらず、そしてその枢軸同盟の下《もと》での軍事的義務は、かかる同盟の内の1国が現在は欧州戦争に参戦していない国から**侵略的な攻撃を受けた**場合においてのみ施行される、と宣言することを望むこと。

(c)合衆国政府は、欧州戦争に対するその態度は今も、また今後も引き続き、ある国が他の国に対抗をするための支援をその国に対して行《おこな》うことを目的とした侵略的同盟によって決定されるものではないと主張する。合衆国は、戦争への嫌悪を誓約していること、また、合衆国は今後も引き続き合衆国自身の福祉と安全を保護防衛することへの検討により単独かつ独占的に決定を行《おこな》うこと、等を主張する。

③**支那事変**については、日本が諸条件を保証することにより、合衆国は蔣介石政権に対して、日本との講和交渉を以下の諸条件の下《もと》に行《おこな》うよう要請するとの提案であった。

(a)支那の独立

(b)日支間に成立すべき協定に基づく日本国軍隊の支那領土撤退

(c)支那領土の非併合

(d)非賠償

(e)門戸開放方針の復活、但し之が解釈及び適用に関しては将来適当の時期に日米両国に於いて協議せらるべきものとする

(f)蔣介石政権と汪精衛（訳注：汪兆銘）政府との合流

(g)支那領土への日本の大量的または集団的移民の自制

(h)満州国の承認

さらに、この関連では次も提案された。

(1)蔣介石政権が大統領による上記の勧告を受諾したら、日本政府は新たに合体した支那政府もしくは当該政府を構成する分子との間《あいだ》で、直接的に講和の交渉を開始すること。

(2)日本政府は支那に対し、上述の全般的条件の限度内で、善隣友好の線に沿い、そして共産主義活動に対する共同防衛ならびに経済提携の原則に基づき、具体的な和平条件を提示すること。

(3)蔣介石政権がルーズベルト大統領の勧告を却下した場合は、合衆国政府は支那に対する支援を停止すること。（＊）

（＊訳注：この(3)にあたる記載は4月16日付の日米両国諒解案の最終版においては削除された）

④(a)海軍の関連では、双方の国は各々《おのおの》の海軍兵力ならびに航空兵力を互いに脅威を与えるようには配置しないものとする。その詳細は提案された共同会議において決定されるものとする。

(b)日本の商船については現下の契約義務から解放された時点で、その船舶総トン数の一定の割合をアメリカによる契約に向けて解放することを斡旋《あっせん》する。

⑤(a)商業の問題においては、両国は1911年の条約（訳注：日米通商条約）と同様の条約の下、もしくは新たに締結される条約の下に、入手可能で必要とされる商品の相互供給を互いに保証し合う。また両国は、かかる条約の下に友好的な貿易状況を復活させる。

(b)合衆国は日本に対し、極東経済の改善に向けた商工業の発展を育成するために適当となる額の金による信用供与（訳注：日本語版では『金「クレヂット」』と表記されている）を行うこと。

⑥南西太平洋における活動は平和的手段により遂行されるとの日本による誓約の下《もと》に、合衆国は日本が必要とする天然資源を生産し獲得することにつき日本に協力し支援を行うこと。

⑦(a)政治的問題については、極東ならびに南西太平洋の領土の欧州列強のいずれかへの割譲を両国ともに認めないこと、また双方は、フィリピンの独立を共同して保証すること。

(b)日本は合衆国に対し、イギリスが香港とシンガポールを政治的侵略の入り口とすることの進展をやめさせるための支援を依頼し、また、合衆国ならびに南西太平洋への日本人の移住につき平等ならびに差別をしないことを基盤とするよう依頼する（＊）。

（＊訳注：この香港とシンガポールの件も4月16日付の日米両国諒解案の最終版においては削除された。ドラウトは郵政長官のFrank

Walkerを通じて諒解案作成の進捗《しんちょく》を国務省に報告していた。蔣政権への支援停止の件も本件も、そのいずれもが国務省の反対による削除であったとされる)

(c) 2カ国間の会議はホノルルで開催するものとし、これは現下の交渉が合意に到達した後に可及的速やかに**近衛**とルーズベルトにより開催されるものとする。そこにおいてはこの諒解を再検討することはしないものとする。

(d) この諒解は秘密のままとし、共同で発表するものとする。」

(判決書p.482上段～p.484上段)

右記引用の冒頭部分においてパール判事は、「諒解案」の内容を①から⑦までの箇条書きにし、その後、①～⑦のそれぞれに対する説明を付している。

①～⑦の内、パール判事は、②三国同盟と③支那事変の2点に関する点につき、特にコメントしている。次の通りである。

「前述の実質的提案の第1グループ(訳注:上記の②)は、欧州戦争に対する双方の政府の態度に関連している。

三国同盟の第3条は、『**特に(inter alia)**』、『締約国中いずれかの一国が現に欧州戦争または日支紛争に参入し居《お》らざる一国によりて攻撃せられたるときは三国はあらゆる政治的、経済的および軍事的方法により相互に援助すべきこと』と規定している。

三国同盟の第4条は、『本条約実施のため日本国政府、ドイツ国政府およびイタリア国政府により任命せらるべき委員よりなる混合専門委員会は遅滞なく開催せらるべきものとす』と規定している。

三国同盟の文言は、三国同盟条約の下《もと》での義務は第三国による**攻撃**を受けた場合に発生する、さらに、かかる攻撃がなぜ行《おこな》われたかとは無関係に発生する、と示唆しているように見受けられる。さらに、第3条による支援の機会が発生したかどうかは第4条で規定された合同委員会により決定される事柄の範疇に属するとしていると主張することもできよう。

この提案(訳注:日米両国諒解案)は、日本が関係する限り、条項をそのように広範囲に適用する可能性を排除することがその主旨であったと称している。この意味において日本は、少なくとも三国同盟に関しては譲歩から始めたのである。日本は、枢軸同盟の目的は防衛的なものであって直接的に欧州戦争に**影響されてい**ない諸国の間《あいだ》に軍事的グループ分けが広がることを防ぐとの計画であったと主張した。日本はさらに、三国同盟の下《もと》での日本の軍事的義務を、第三の勢力からの**侵略的**攻撃の場合のみに限定した。合衆国に対しては、その欧州戦争への態度は侵略的同盟などではなく、合衆国自身の国家的福祉と安全を保護防衛することへの検討により単独かつ独占的に決定されることを宣言するようにとの提案が行《おこな》われた。

支那事変(訳注:原表記はChina Affair)についても、提案された文言を一読しさえすれば、譲歩が実施されたことが浮かび上がって来るのである。さらにこの提案を、遠く**広田**内閣にまでさかのぼる過去において採用された日本の対支政策であるとして検察自身が証拠と共に持ち出して来た政策(*)と比較しても、和平交渉のために蔣介石政権を少なくとも受諾した限りにおいて、この提案は幾ばくかの譲歩から開始されたものであると申し述べることを回避することはできないのである。

(*訳注:第四部 第2段階残りの中国へにて、検察側が「広田政策とは国家防衛の名の下《もと》に策定した膨張的な外交政策」であると主張したとある。さらに、1938年1月16日の第一次近衛声明〈法廷証記録972-A号〉において日本政府は『爾後《じご》、国民政府〈蔣介石政府〉を対《たい》

手《て》〈相手〉とせず』と宣言していた)」(判決書p.484上段～p.484下段)

右記コメントの中で重要なのは、一つには、「諒解案」は三国同盟の第3条の条項を「広範囲に適用する可能性を排除することがその主旨」であったので、「日本は、少なくとも三国同盟に関しては譲歩から始めたのである」との指摘と、二つ目としては、支那事変についても、「提案された文言を一読しさえすれば、譲歩が実施されたことが浮かび上がって来るのである」の部分であろう。日本側が交渉の初端から譲歩をしたことを示すために、パール判事は日米交渉の叩き台となったこの「日米両国諒解案」を詳細に論じたのである。

日米両国諒解案とハル国務長官

4月16日の野村大使との公式会談の場でハル国務長官は、この交渉の目的を「合衆国と日本との間の関係改善問題の検討」とすべきことを野村大使に通達したとパール判事は指摘している。次の通りである。なお、その公式会談の際にハル国務長官は、この諒解案を東京に送信したかどうかを野村大使に尋ねたこともわかっている。

「この提案(引用者注:日米両国諒解案)は1941年4月9日に提示された。ハル国務長官は1941年4月16日に、合衆国と日本との間の関係改善問題の検討をこの交渉の目的とすべきであると、日本の大使に通達した。

1. ハル氏は、合衆国はこれまで、国家間の関係が依拠すべきところの幾つかの原則を宣言し、それを実行して来たと述べた。
2. それらの原則とは、
(a)一切の国家の領土保全及び主権の不可侵の尊重
(b)他の諸国の国内問題に対する不関与の原則の支持
(c)通商上の機会の平等を含む平等原則の支持
(d)太平洋における『**現状**(status quo)』への不介入、ただし『**現状**(status quo)』が平和的手段により変更される場合を除く
3. 国務長官のハル氏は、交渉は以上の枠組みの中にある事柄に関連させるべきであることを明らかにした。」(判決書p.485上段)

日米両国諒解案を叩き台とした議論

5月16日、ハル長官と野村大使の間で「かなりの時間に亘り」この「提案」が議論されたとパール判事は指摘している。次の引用の通りである。

「この提案(訳注:日米両国諒解案)はハル長官と野村大使との間で5月16日にかなりの時間に亘り議論された。その際に長官は大使に、この日本の提案に関連した推奨草案を大使に手渡した。(この草案は法廷証第1071号である)。この草案の主要な点は次のとおりであった。

1. 自衛権の範囲に関するアメリカ側の見解が1941年4月24日の国務長官演説からの抜粋によって説明されていた。
2. 欧州戦争に対する合衆国と日本の態度の条項は書き直された。
3. 支那関連の条項は、提案された対支解決の詳細部分を相当程度に変更した上で書き直された。
4. 南西太平洋地域における経済活動の条項はいくらかの範囲において修正された。

合衆国の逆提案の草稿

いくらかの追加協議の後、合衆国は5月31日に逆提案の草稿を提示した。これは法廷証第1078号である。それについての口頭説明の陳述は法廷証第1079号と1080号である。」(判決書p.485上段～p.485下段)

ワシントンの日本大使館は、4月16日にこの「提案」すなわち諒解案を東京の外務省に送信し、これは日本時間の4月17日に東京の外務省に入電した。筆者はこの外務省入電版を「付録2」として判決書に添付した。右記の5月16日のハル長官と野村大使との間《あいだ》の議論は、4月16日の外務省への送信からちょうど1カ月の期間を置いた上で行《おこな》われたものであろう。諒解案を東京の外務省が咀嚼するのには時間が必要だったと思う。5月16日の議論は、「諒解案」を日米交渉の叩き台とすることを東京も了承した上で行《おこな》われたものと思われる。

§8．3つの論点

日米間の重要な論点3点の洗い出し

右記の5月16日以降のハル長官と野村大使との間《あいだ》の議論により、重要な論点であると日米双方により了解・確認され、洗い出されたのは、次の3点であった。

「5月末までに形が作られたところの、重要な論点であると日本側により了解されアメリカ側により確認されたものは、以下の3点であった。

1．欧州戦争に対する各々《おのおの》の政府の態度。三国同盟問題

2．日支関係の問題と支那事変の解決

3．太平洋地区における両国の経済活動の問題、特に国際商業取引において差別を行《おこな》わないとの原則に関係するもの。インドシナ問題はその後に出現した問題である。」(判決書p.485下段)

これらの3点が重要な論点であったことは、検察側証人のバランタイン氏も証言している。

「この3点が重要な論点であったことは、法廷証第2895号、第2903号ならびにバランタイン氏(*)の証言に現れている。

(*訳注:Joseph William Ballantine 1888~1973 合衆国の外交官。日本・台湾・中国の合衆国領事館で勤務。本件裁判では検察側証人として開戦時の事情を証言)」(判決書p.485下段)

この3点、ならびに7月以降に新たに4点目の重要な問題として浮上したインドシナ問題につき、パール判事は次の順で分析を加えている。

(ア)三国同盟の解釈の問題(三国同盟条約第3条に関する件)
(イ)日米両国の経済活動の問題
(ウ)日支関係の問題と支那事変の解決
(エ)インドシナ問題

(ア)～(エ)を順番に見ていこう。

§9．論点1：三国同盟の解釈の問題

すでに記述された「日米両国諒解案」の①～⑦の7つの項目の内、「②欧州戦争に対する両国政府の態度」として扱われていた点は、具体的には「三国同盟の第3条につき日本が行《おこな》っていたか、または行《おこな》うであろう解釈について」(判決書p.485下段)であった。

この「三国同盟の第3条の問題」は判決書p.485下段～p.490下段にかけて議論・分析されている。以下、検討して行《い》こう。

パール判事はこの問題の分析を、次のように書き出している。

「欧州戦争に対する日米各々《おのおの》の態度に関係するところの2カ国間の争点は、表面上は三国同盟の第3条につき日本が行《おこな》っていたか、または、行《おこな》うであろう解釈についてであった。

前述したように、この条項の一部分は『締約国中いずれかの一国が現に欧州戦争または日支紛争に参入し居《お》らざる一国によりて攻撃せられたるときは三国はあらゆる政治的、経済的および軍事的方法により相互に援助すべきこと』(法廷証第43号)と規定していた。」(判決書p.485下段)

合衆国側の主張

パール判事はまず、三国同盟問題に関する合衆国側の主張と、合衆国がそれを主張する背景を分析している。次の通りである。

「当時アメリカ（訳注：1941年5月の時点でのアメリカ）は、急速かつ後戻《あともど》り不能の状況の下《もと》に欧州戦争に参入しつつあった。この参入は、アメリカにより自衛権の合法的行使であるとみなされ、正当化されていた。かかる参入が当時において予見されていたとおりにさらに進展すればアメリカとドイツとの間《あいだ》の必然的かつ公然と認められた戦争状態に立ち至り、そしてそれはアメリカ側の見解によれば**アメリカの自衛行動**の結果であると云《い》うものであった。」（判決書p.485下段～p.486上段）

その上で、この三国同盟問題の件に関して合衆国が日本に求めていたものの本質を、パール判事は次のように指摘している。

「アメリカが本当に手に入れたかったものは、日本が三国同盟の下《もと》で負っている義務について、以上のような出来事が発生した場合、日本にはドイツを支援して参戦を余儀なくされるような義務は無いと日本は解釈する、との日本による保証であった。」（判決書p.486上段）

右記引用中の「以上のような出来事が発生した場合」とは、具体的には「合衆国がドイツとの間《あいだ》で公然と認められた戦争状態に立ち至り、それが自衛行動の合法的結果であると合衆国が主張した場合」であろう。その場合、日本は三国同盟上、合衆国に対して参戦する義務を負っていないと日本が保証することを合衆国は求めていたと、パール判事は指摘しているのである。

この合衆国側の態度を明瞭化するにあたっては、国務長官と大統領の最近時の演説からそれを求めるよう、野村大使に伝えた。合衆国はその点に関する態度を説明しないが、日本は合衆国の態度をそれらの演説から汲み取れと云うのである。次の通りである。

「国務省の代表者たちは、かかるアメリカの態度を明瞭化することについてはそれを大統領と国務長官の公的な演説に求めるよう日本の大使たちに伝えた。」（判決書p.486上段）

そう云われてしまえば、事実認定をするためにはそれらの演説を検討しなければならなくなる。そのためパール判事は、ハルとルーズベルトの「公的な演説」の文言を明示した上で検討を加えた。次の通りである。

「国務長官による明確化の説明は、『この半球ならびにこの国（訳注：アメリカ）の安全は、それがどこであろうと抵抗運動が最も有効になる場所における抵抗運動を呼び起こすのである』であった。（法廷証第2874号で1941年4月24日の演説）。大統領は5月27日に発言しており、この点についてのアメリカの立場をさらに明瞭にしている。大統領は次のように述べた。

『1940年9月にイギリスとの間《あいだ》で協定を締結したが、それは50隻の駆逐艦と八つもの重要な国外基地とを交換するというものだった…。（＊）私は多くの機会において、合衆国は防衛のみを目的として人と資源を召集しているのだ…それは攻撃を撃退することのみが目的である、と述べた。今、私はここでその言葉を繰り返しておく。しかし、我々が『攻撃』という言葉を使う時には、我々は現実的にならなければならない。我々はそれを現代の戦争の電光石火のすばやさと関連づけて考えなければならないのだ…。第1に、ナチ支配を西側半球へ拡大させるとのヒトラーの試み、もしくは、その脅威のすべてに対して、それへの抵抗が必要な場所がどこであろうと、我々は我々のすべての資源を投入して活発に抵抗をする。大洋を支配しようとのヒトラーの試みすべてに対して我々は活発に抵抗をする。米州への攻撃のための基地として使用されうるか、もしくは実際に基地として使用されるであろう地点は、それが世界のどこであろうと、その地点にヒトラー主義を立ち入らせないことを維持することが死活的に重要であるとの点に我々はこだわる…。米州の権益が攻撃を受けたのかどうか、もしくは米州の安全保障に脅威が迫っているのかどうかにつき、それが実際に**そうなのかどうか**、それは**いつ**起きたのか、それは**どこで**起きたのかにつき、米州にいる我々は**我々自身によって**決定する。我々は、我々の武装兵力を戦略的な軍事的位置に配置しつつある。我々は攻撃を撃退するために我々の武装兵力を使用することをためらわない。」（法廷証第2876号）

（＊訳注：合衆国国務長官コーデル・ハルと在ワシントンの駐米イギリス大使第11代ロージアン侯爵（Philip Kerr, 11th Marquess of Lothian）との間《あいだ》の1940年9月2日付の交換公文にて、米国は、ニューファウンドランド、バーミューダ、バハマ、ジャマイカ、セントルシア、トリニダード、アンティグアならびに英領ギアナの計八つのカリブ海とカナダ東部における海軍基地と航空基地をイギリスから借り受け、その代償としてイギリス・カナダに対し、50隻の中古駆逐艦等を供与するとしたもの。Destroyers for Bases Agreement（「駆逐艦・基地交換契約」）として知られる。基地の無償借り受けを申し出たルーズベルトに対しチャーチルは抵抗し、もしもイギリスがドイツに敗北すれば北米の英国領はドイツによる米国本土進攻の基地になるとして代償の提供を求め、米国が了承した。当時はまだ米国は欧州戦線に参戦しておらず、イギリスが単独で戦っていた。）（判決書p.486上段～p.487上段）

国務省の代表者は、アメリカの態度を合衆国要人2名の公的演説から汲み取れ、と野村大使に伝えた。パール判事が右記の2点の公的演説から読み取ったのは、この件に関する合衆国の本音であり、それは次のようなものであったと述べている。

「以上（引用者注：ハルとルーズベルトの公的演説）はこの点に関してアメリカが要求を行《おこな》う範囲を示している。日本の代表者たちは三国同盟をあからさまに拒絶することはできないとの態度を初期の段階で明確にしていた。合衆国は、日本が三国同盟を公然と非難することには固執しないことを常に明瞭にしていたものの、自衛行動であると**アメリカによって了解されている**ところの行動を取るとのアメリカが持つ権利の主張に関してアメリカを安心させるような解釈を、日本が負っている義務につき日本が行《おこな》うことのみを一貫して要求していたのである。」（判決書p.487上段）

つまり、この時点での合衆国側の要求は、①日本が三国同盟を公然と非難することには固執しない、②自衛行動であると**アメリカによって了解されている**ところの行動を取るとのアメリカが持つ権利の主張に関してアメリカを安心させるような解釈をして欲しい、の2点である。

2点目が曲者《くせもの》である。将来においてアメリカが取る行動をアメリカがその将来時点で「自衛行動である」と了解したならば、日本はそのようなアメリカの権利を事前に認めよ、というのである。そのようなことがはたして可能だろうか。

日本側の見解と態度

この件に関する日本側の見解と態度を見てみよう。パール判事は次のように示している。

「日本は、アメリカによる合法的自衛行為は三国同盟の条項のドイツへの支援を発動することはない点には即座に同意する一方で、アメリカが行《おこな》うべき行為でアメリカが自衛と名付けると選択したものはそれが何であれ実際上も合法であり日本はそのように受け入れると事前に快く合意するつもりは日本には無かった。

何が自国の自衛を構成するかについては各々《おのおの》の国自身が審判者とならなければならない点については、意見の相違は無かった。日本の代表者が申し述べたことは、彼らがアメリカに『白地小切手』を手渡しておいて、自衛であるとのアメリカの決定は最終的なものであるとして受け入れてドイツを支援しないことに合意するなどということは、協定文書の中においてはできない、との点であった。しかしながらアメリカは、事実上はこれを要求していたのであった。」（判決書p.486上段）

交渉過程の全体についての検察側の最終論告の9．(a)（判決書p.476下段）での岩畔大佐の表明は、合衆国側の要求の本質を見て取った岩畔大佐が、事前に合衆国側に「白地小切手」を手渡すごときはとても日本政府が事前に約諾できるものではないと考え、さりとてこの件に対して何らかの決着をしなければ交渉が先に進まないため、交渉の進行を念頭に置いて行《おこな》った提案であったであろうことが、右記の分析からは見えて来る。逆に、そうであったからこそ、パール判事は検察側最終論告の内のこの岩畔大佐の表明を重要と考え、9．(a)として書き出したのであろう。この岩畔大佐の提案は合衆国側が受け入れなかった。しかし、後ほどパール判事の分析で明らかになるが、この三国同盟問題は、11月にワシントン入りした来栖《くるす》大使の記した書簡によって日本側が合衆国側要求に全面的に譲歩したことがその書簡自体を証拠として明らかになっている。

この時点で野村大使や岩畔大佐の試みたことは、合衆国が満足する一方で、三国同盟に忠実ではないという批判を浴びないようにすることであったとパール判事は指摘している。次の引用の通りである。

「弁護側によれば、日米交渉の全期間を通じて日本が試みたことは、合衆国が満足する一方で、日本が三国同盟に忠実ではない、もしくは日本がその条約上の義務を無視しているとの非難にさらされることがないような、三国同盟の下《もと》での義務の解釈を見つけることであった。

この試みの経緯は、日本側が提供した一連の解釈から追跡していくことができる。

1．5月12日の日本の最初の逆提案においては次のように記載された。『日本政府は枢軸同盟が過去および現在において防御的にして、現に欧州戦争に直接に関係なき国家の戦争参加を防止するに在《あ》るものなることを闡明《せんめい》す。日本国政府は日独伊三国条約にもとづく軍事的援助義務は、同条約第三条に規定せらるる場合において発動せらるるものなることを闡明《せんめい》す。』（法廷証第１０９２号）

2．9月6日に、日本は次のように約諾する用意があることを提示した。すなわち、『日本の対欧州戦争態度は防護と自衛の観念により律せられるべく、また米の欧州戦争参入の場合における三国条約に対する日本の解釈およびこれにともなう実行は自主的に行《おこな》わるべし。』

3．9月25日の日本の提案において、日本は協定の条項を次のように策定した。『両国政府は世界平和の招来を共同の目標として適当なる時機にいたる時は相協力《あいきょうりょく》して世界平和の速かなる克復《こくふく》に努力すべし。世界平和克復前における事態の諸発展に対しては両国政府は防護と自衛との見地より行動すべく、また合衆国の欧州戦争参入の場合における日本国、ドイツ国およびイタリア国間三国条約に対する日本国の解釈およびこれにともなう義務履行は専《もっぱ》ら自主的に行《おこな》わるべし。』（法廷証第１２４５－Ｅ号）」（判決書p.487上段～p.487下段）

この日本の努力を合衆国側も無視はしていない。日米交渉が終盤に差し迫った10月2日の段階で、ハル国務長官が次のように述べている。

「国務長官は10月2日の口頭声明において日米交渉の様子を明らかにし日本の最新の提案を評して次のように述べた。
『欧州戦争に対する両国各々《おのおの》の態度に関しては、我が政府は2カ国間関係の情勢に付随している困難に対応するために日本政府が採ったさらに進んだ措置を評価しつつ、これに留意をした。日本政府がその立場を追加的に明らかにする可能性につき日本政府がさらに検討を進めるのであれば、それは有益であると思われる。』
（法廷証第1245-G号）」（判決書p.487下段）

右記引用のハルの言葉を字義通りに解釈すれば、①日本側努力を評価する、②しかし、日本側はさらに検討を進めて欲しい、の2点を意味しているものであろう。そのため、野村大使は外務省に対して10月8日に、次のように報告したのである。

「**野村**大使は10月8日に外務省に対し、次のように報告した。すなわち、アメリカは『三国同盟に対する我が国の態度に関する彼らによる理解をもっと確実なものにしなければならないと考えている』と。この直後に**近衛**内閣は倒壊した。次の内閣（訳注：東条内閣）は大使の助言に従って、次のような訓令を大使に与えた。
『日本は自衛権の解釈の不当な拡大を行《おこな》う意図は無いことをさらに明確にしなければならない。三国同盟の解釈と適用に関しては、過去に繰り返し説明を行《おこな》ったとおり、日本政府はその独自の決定に従って行動を行《おこな》うこと、そしてこの点についてのアメリカ政府による理解は現時点ですでに得られたものと信じていると申し述べるべきである。』この提案（＊）は11月7日に国務長官に提示された。
（＊訳注：11月5日の御前会議を経て決定された「甲案」）」（判決書p.487下段～p.488上段）

東条内閣の組閣は10月18日であった。東条内閣は野村大使に対して、右記引用の訓令を出したのであった。東条内閣はその訓令の後、同じ11月7日に「甲案」を合衆国側に提示したのであった。すべては合衆国側が交渉を継続する熱意をまだ残していると信じた上での日本側の努力である。

合衆国側で日本側の立場を正確に見極めていたのは、在京のジョセフ・グルー駐日大使であった。パール判事はグルーの見解を次のように引用している。

「弁護側主張によれば、これら（引用者注：甲案）は日本側が譲歩に譲歩を重ねたことを示している。彼らの意見開陳によれば、日本の立場のもっと正確な評価は、グルー大使によってなされていたとのことである。グルー大使は次のように述べた。
『枢軸国との関係については、日本政府は三国同盟の公然たる否定を実施するとの約諾は一貫して拒否したものの、合衆国と公式的な交渉を行《おこな》うとの意志を示すことにより日本は、彼らが同盟の遵守を『死文化』する用意があることを実際上は示したのである。』」（判決書p.488上段）

グルー大使の述べた「死文化」の原表記はdead letterである。「死文化」は、ほとんど直訳である。

バランタイン氏

この甲案に対し、検察側証人のバランタイン氏は東京裁判において次のように評した。

「バランタイン氏はその証言の中で、これらの提案は8月28日に大統領に伝達された声明の中のもともとの提案ならびに保証をさらに狭めてしまったものであると特徴づけた。」（判決書p.488上段）

バランタイン氏は甲案を評価していないことがわかる。甲案は8月28日の日本側声明よりも日本の提案・保証を矮小化したというのである。
バランタイン氏の云う8月28日に大統領に伝達された声明とは、すでに引用された検察側最終論告の箇条書きによるまとめの内の17．(f)である。これは次の通りの保証を合衆国側に与えたものであった。再度、引用する。

「17．(f)8月28日に野村は、この個人的メッセージを送り届けた。それと同時に彼は、日本の行動は自衛のために取られたものであると主張する政府声明をも送り届けた。それはさらに、フランス領インドシナにおける措置は支那事変の終息を加速させるための自衛的なものであると同時に必須原料の公正なる供給（訳注：原表記はequitable supply）を日本が確保するためのものであったが、支那事変が解決されるか東アジアに全般的平和が訪れれば日本は即座に軍隊をそこから撤収する用意があり、そしてこの措置は隣国諸国への軍事的侵入の準備ではないとの保証を合衆国に与えた。それはさらに、ソビエト連邦が中立契約を忠実に守り満州国や日本に対して脅威を与えない限り日本はソビエト連邦に対して何らの軍事的行動も起こさないと表明した。この声明はまた、日本の基本政策は、合衆国が遵守しているとした基本的諸原則に合致しているとも述べた。（法廷証第1245－B号、法廷記録1万764～1万7771ページ）」（判決書p.478下段～p.479上段）

合衆国側の真意：日本による独自の解釈を縛ること

パール判事は、この状況に対するコメントとして、次を述べている。日米双方に誤解があったと指摘しているのである。

「本官は残念に思うのだが、ここでは双方の側に事実誤認があったように見受けられるのである。弁護側は9月6日付の陳述に言及した上で、少なくとも日本はドイツの支配に服するものではなく、日本はドイツに対して照会を行《おこな》わずとも日本独自の判断に到達することをこの陳述は示唆しているとの点の否定はできないと述べている。アメリカ側の懸念の一部が、日本の判断がドイツに支配されるとの点にもしも本当にあるのであれば、確かにこれは重要な約諾となるであろう。この段階までの交渉では、日本による決定がドイツによって支配されるか、もしくは決定されるとの点をアメリカが懸念していることを示すものは表面的には何も無いのである。この段階までは、アメリカはこの点における日本の独立性に疑問を持っていると表明したことは決して無かったように見受けられるし、ドイツによる三国同盟の見解に日本が支配されているとの疑念をアメリカが持っていると示唆したことも決して無いのである。その時点までのアメリカの心配は、日本によるその独自の解釈に関してであるように見受けられるのだ。」（判決書p.488上段～p.488下段）

パール判事の指摘した双方の「誤解」の具体的な中身は、次であろう。

- 日本側は、三国同盟条約に対する解釈において日本がドイツから独立して独自の判断を行《おこな》うことを合衆国側が求めていると考え、その点を合衆国側に納得させようと努力した。
- 合衆国側は、日本にそのようなことを求めてはおらず、ドイツに向いたアメリカの背中を日本による独自の解釈によって後ろから突き刺すことをしないという保証を日本側に求めていた。

パール判事の述べる「双方の側に誤解」とは、日本側は右記を合衆国側が求めているものだと誤解し、合衆国側は日本に対して自国が要求しているものを日本側が正確に理解していると誤解したのである。

合衆国側の真意が右記であるとすれば、甲案の評価を下げる方向性の下に行《おこな》われたバランタイン氏の証言は、逆に、日本側の立場を正当化していることになるとパール判事は指摘している。次の引用の通りである。

「もしもアメリカが実際は状況をこのように見ていたのであれば、日本による提案はもともとの提案を狭めてしまうものであるとバランタイン氏が特徴付けたことに対しては、完全に正当化することができるのだ。日本は9月6日付の約諾によって、『攻撃』を『侵略的攻撃』のみには限定しないことを強制されていたかも知れないのである(＊)。

(＊訳注：三国同盟の下《もと》に日本が負っていたドイツへの支援義務を履行する引き金となるものとして、アメリカを想定した第三国によるドイツへの『攻撃』をその『侵略的攻撃』のみならず『自衛のための攻撃』にまで広げることを日本は強制されていたかも知れない、との記述。実際は当該第三国によるドイツに対する自衛のための攻撃の場合、日本はドイツを支援する義務を負わないこととなっていた。第三国によるドイツへの『攻撃』を『侵略的攻撃』の場合のみに『狭めた』のである。)」(判決書p.488下段)

また、もしも合衆国側の懸念が日本側の理解の通りであったとしても、甲案はその懸念を取り除く方向にあったともパール判事は指摘している。どちらの場合であっても、甲案は状況を進捗させる方向性にあったのだ。

「その一方で、三国同盟の解釈の問題における『ドイツによる支配』の懸念が交渉の中のどこかに存在していたならば、この提案はその懸念を取り除く方向に進展させるものであったことは確かである。」(判決書p.488下段)

日本は対米戦の発生を避けようと、必死になっていたのである。ここでグルー大使の右記コメントが生きてくるのである。日本は三国同盟を事実上は「死文化」したのであった。

来栖大使の活躍

日本側は東条内閣となっていた。東条内閣は、本第⑩項の後の部分で見るように、日米交渉を成功させることを内閣の第1順位の任務に位置付けていた。そして、三国同盟問題についての合衆国側の懸念を、「誤解」であったにせよ右記の通りであると理解し、その懸念を解くために来栖大使をワシントンに送り込んだ。来栖三郎大使の訪米目的は、日本が三国同盟の下に負っている義務を合衆国が満足する形で合衆国政府に説明することであった。なお、来栖大使はアメリカ生活が長く、野村大使よりもはるかに英語が堪能であった。また、その夫人はアメリカ人女性であった。

パール判事は、次のように書き出している。

「アメリカの立場がそのような心配に基づいている(引用者注：日本の三国同盟の解釈がドイツに支配されているとの心配)との日本側の理解は、交渉のその後の過程で日本によって明らかにされた。本官はこれをたどってみたいと考える。」(判決書p.488下段)

合衆国側も三国同盟問題の討議を打ち切ったわけではなかった。ハル・ノートの提示直前の11月15日の時点で再び、この件を持ち出している。次の通りである。

「11月15日に野村大使とハル長官の間《あいだ》で新たな会合が開かれ、その席で長官は三国同盟問題を再び持ち出した。(法廷証第2934号)。この場面で長官は『8月28日に日本政府が行《おこな》った平和的約束の再確認』を求めた。」(判決書p.489上段)

右記引用中の「8月28日に日本政府が行《おこな》った平和的約束」とは、バランタイン氏も触れていた、検察側最終論告の箇条書きによるまとめの内の17．(f)である。

来栖大使は11月15日にワシントンに到着した。

「同じ日に**来栖**《くるす》大使（訳注：来栖三郎）がワシントンに到着し、そして大使はハル長官とルーズベルト大統領との最初の面会を11月17日に行《おこな》った。大統領との会談の中で三国同盟問題が再び俎上《そじょう》に上《のぼ》ったが、**来栖**大使は、日本は同盟上の義務と並び、国家の名誉も考慮しなければならないので同盟に違反するようなことは敢《あ》えて行《おこな》わないのだ、と指摘した。大使は次のように述べた。『国際的約諾を遵守することの強力な支持者である合衆国が、それに違反するよう日本に対して要求することは想定してはならないのである…。』三国同盟の下《もと》での参戦義務に関する日本の行動は完全に自主独立的に決定されると日本ははっきりと言明したものの、合衆国はそれを、合衆国が欧州戦争に深入りした場合に合衆国の背中を後ろから突き刺すのが日本の意図であると捉えたように見受けられる。大使は、そのような解釈はまったく誤っていること、日本はドイツの影響力の下《もと》でドイツの要求によって動くとのアメリカ側による明らかな誤解を拭《ぬぐ》い去る目的の下《もと》に、日本は自主独立的に行動するとの明瞭化説明が行《おこな》われたこと、等を言明した。『もしも太平洋問題につき、大統領が示唆したような広範囲に及ぶ了解が日米の間《あいだ》で現下において到達できるのであれば、』と**来栖**は続けた、『それは当然に三国同盟が『より強く輝く』ようにするものであり、さらにその結果として、三国同盟の適用問題を巡るアメリカの懸念は雲散霧消するのである。』

乙案《おつあん》を**野村**大使に送達した際の乙案に関する説明の中で**東郷**外務大臣は、三国同盟の下での義務について『日本は自主独立的に決定する』との陳述を説明するにあたり、『攻撃が行《おこな》われたかどうかについては三国同盟の他の締約国の解釈に縛られずに帝国（訳注：日本）は自主独立的に決定できる』と指摘する権能を大使に与えた。大使に対してはさらに、三国同盟には何らの秘密協定も付随してはいない点を明瞭にすることも要請された。これを受けて**来栖**大使はただちにハル長官を訪問し、三国同盟下の義務につきハル氏が満足するような説明を提供するとの試みをさらにもう一度、遂行した。」（判決書p.489上段～p.489下段）

右記引用からは、来栖が次の点を了解していたことが読み取れる。まず、合衆国は国際的約諾を遵守すべきことを強力に支持していること。そして三国同盟は紛れもなく防衛に関する国際的約諾であり、合衆国が日本に対して約諾を破れと口にすべきではないこと。来栖はさらに、「合衆国が欧州戦争に深入りした場合に合衆国の背中を後ろから突き刺すのが日本の意図」なのではないかとの合衆国側の懸念を完全に了解していたことも読み取れる。

来栖がハル長官へ提出した書簡

ワシントンにおける来栖の最大の貢献は、日本側の立場を書簡の形で取りまとめてハルに提出したことだと筆者は考える。パール判事はこの重要な書簡の全文を完全に引用している。次の通りである。

「11月21日に大使は長官に一つの書簡の草案を手交し、明確化を試みるためにそれに大使が調印をすることを提案した。この書簡は法廷証第２９４５号であり、ここでその全文を完全に引用することとする。

来栖大使からハル長官への書簡の草稿

『国務長官閣下、私と閣下との数次に亘《わた》る会談の結果、私は三国協定にもとづく日本の義務に関して、貴国民の間に根強い謬見《びゅうけん》が蔓《はびこ》っているのを知って少々驚いた次第である。

知悉《ちしつ》せらるるごとく、私自身は私の政府の訓令にもとづき該《その》条約に調印した者である。しこうして私は、前述の誤れる印象を根絶するに役立つと信ずる下記の言明をなすことを欣快《きんかい》とする。この条約はいかなる点でも、独立国家としての日本の主権を侵害することはできないし、またしないということは言《げん》を俟《ま》たないのである。

さらに、同協定の第三条の示すごとく、日本はその義務を自由にまた自主的に解釈しうるのであって、他の条約締約国のなすところの解釈に拘束さるべきものではないのである。

私は、我が政府はいかなる第三国によるあらゆる侵略においてもその協力者または協同者となるべき義務を上記の条約または他の国際間の約束によって負うことはないことを付言せんとするものである。

我が政府は外国の命令によって日本国民を戦争の渦中に投ずるがごときは決して行《おこな》わない。我が政府は、積極的不正に対してその安全を維持し国民生活を保持せんとする究極的にしてかつ止《や》むを得《え》ざる必要においてのみ、戦争を引き受けるであろう。

私は、以上の言明が、閣下により繰り返し言及せられたる世上の疑惑を完全に無くする一助たらんことを希望する。また私は、われわれの間《あいだ》に完全の了解が成立した際には、閣下がこの書翰《しょかん》を公開せらるもいささかもさしつかえがないことを付言する。』」（判決書p.489下段～p.490上段）

日本の全面的降伏とハルの却下

右記の来栖書簡に対するパール判事のコメントは次の通りである。

「もしもアメリカが日本の決定におけるドイツによる支配を本当に懸念していたのであれば、ここにおいて日本による完全な降伏がなされたのである。

しかし、この問題を差し置いても、この書簡に含まれているところの申し立ては、日本が行《おこな》い得《う》る自主独立的解釈に対して光明を照らすほどにまでも遠くに立ち至ったことは確実なのである。さらに、日米間の了解がなされたらこの書簡を公表する権能まで付加されたことには留意をすべきである。この書簡が公表されたら三国同盟にはいったい何が残っているのか、という点を考えるのに大《たい》した想像力は要《い》らない。

しかしながらハル長官は、これは何かの役に立つものではないと考え、そのため、これを却下してしまったのである。」（判決書p.490上段）

パール判事の右記コメントは、二段構えになっている。

まず、合衆国が求めているものであると日本が誤解していた点に対して日本は「完全な降伏」をしたと述べている。日本側は「誤解」に基づき、合衆国側に完全に譲歩をしたのである。

しかしパール判事は次に、合衆国が真に懸念している、日本の独自判断とは何かという点についても、来栖の書簡は「光明を照らすほどにまでも」遠くに立ち至っていると指摘している。これは、来栖の書簡の中の「我が政府はいかなる第三国によるあらゆる侵略においてもその協力者または協同者となるべき義務を右記の条約または他の国際間の約束によって負うことはない」との文言を指しているものと思われる。「いかなる第三国」とは、三国同盟の下で想定されている合衆国はもちろん、ドイツ自身も含むことは明白である。つまり、仮にドイツが侵略をしたとしても、「我が政府」（日本政府）はその協力者または協同者にはならないとしているのだ。平たく言えば、ドイツが対合衆国で侵略戦争を起こしても、日本はその協力者・協同者にはならないと言っているのである。

来栖大使はさらに、この書簡を公開しても差し支えないとしている。

日本政府はこの意図を隠すつもりはないと明言しているのだ。その上でパール判事は次のように結論している。

「この書簡が公表されたら三国同盟にはいったい何が残っているのか、という点を考えるのに大《たい》した想像力は要《い》らない。」（判決書p.490上段）

これはグルー大使が述べた「（日本は）同盟の遵守を『死文化』する用意があることを実際上は示した」（判決書p.488上段）との指摘が正しかったことを示している。ただし、グルーは日本が「実際上は示した」と述べているが、来栖は「実際に」示したのである。

パール判事は、来栖大使のこの画期的な書簡をハル長官が理由も述べずに却下したことに対して、次のように指摘している。

「合衆国の要求は日本による三国同盟の撤回ではなく、単に合衆国が満足できる解釈を日本が行《おこな》うことであったことを念頭に置けば、この提案がそのような全面的却下に値《あたい》すると申し述べることは困難である。」（判決書p.490上段）

来栖の書簡は、三国同盟に関して日本側が誤解していた懸念も、合衆国の真の懸念も、両方ともに説明しているのである。にもかかわらず、ハルはそれを却下した。つまり、見なかったことにした。と云うより、無視したに等しい。しかし、これは誠実な交渉態度と云えるだろうか。

パール判事は、この却下が行《おこな》われた理由を探っている。次の通りである。

「ことによると長官はこの時点までには、現在の内閣で『通用していることは次の内閣では通用しない』かも知れないことを恐れるようになったのであろう。この時点では、交渉において日本は全面的に不誠実であり、日本が行《おこな》うかも知れない約諾は信用できないと国務省は考えたように見受けられる。それが正しかろうと誤っていようと、国務省は、日本が『交渉を継続するふりを続けている』だけであるとの意見を持ったように見受けられるのだ。それはとても不幸なことだが、それが実際に起こったことであるように見受けられるのである。傍受した電信文の合衆国による解読が、おそらくはこの不幸な不信に大きく影響を及ぼしたものと思われる。本官は後にそれらの傍受につき議論する中でその件に立ち戻ることとする。

上で留意したように、合衆国は5月16日の提案（法廷証第1071号）の中で、合衆国は、『日本は、枢軸同盟もしくはその他の同盟の下《もと》において、提案された日米両国諒解案の規定と軌《き》を一《いつ》にしない義務は何も負っていない』と日本が宣言することを強く望んだのである。そして日本政府はこれを確かに宣言したのであって、本官はかかる宣言がこの点におけるあらゆる合理的な要求を充足しないとされるのはなぜなのかがわからないのである。

三国同盟問題についてはこれ以上の議論は行《おこな》われなかったようである。11月21日の会合の数日の後にはハル長官は、この交渉は決裂させる、との決定に立ち至り、日本の代表者に対しアメリカ側による最終の文書もしくは提案となる11月26日付の文書（訳注：ハル・ノート。付録4）を手交したのであった。」（判決書p.490上段～p.490下段）

右記引用におけるパール判事の重要な指摘は、5月16日の合衆国側による提案の中で、合衆国は、「日本は、枢軸同盟もしくはその他の同盟の下において、提案された日米両国諒解案の規定と軌を一にしない義務は何も負っていない」と日本が宣言することを強く望んだこと、そして、来栖の書簡によって日本はこの強く望まれた点を日本は確かに宣言した、としている点であろう。5月16日の時点で合衆国が望んだことを、来栖書簡は確かに宣言したのだとパール判事は指摘しているのである。

右記引用において指摘された合衆国側の対日不信に関するパール判事の推測の要点は、合衆国は、傍受電文の歪曲もあってその時点では交渉相手としての日本を信頼しなくなったというものである。

いずれにせよ、三国同盟の解釈を巡る問題の交渉は、日本側が完全に合衆国側の要望に沿う宣言を行《おこな》ったにもかかわらず、理由を述べないままに合衆国側がそれを却下して終わった、後味の悪いものとなった。

§10・論点2：日米両国の経済活動の問題

それでは、日米交渉の3つのテーマの内の次の問題、すなわち「日米両国の経済活動の問題」に移ろう。

結論から言えば、この問題に関する論点はほとんど字句の問題にすぎず、大きな論争はなかったと考えられる。野村大使は、「この問題に関しては合意に達したものと考えた」（判決書p.491下段）

提案と逆提案

この問題の討議は、字句の修正に関する提案と逆提案の応酬で終始した。次の通りである。
「日米交渉の主題を構成している三つの主要点の内、太平洋地区における両国の経済活動の問題は重要なものであった。この点についての日本のもともとの立場は5月12日付の提案に記載されているが、それは次の通りであった。『南西太平洋方面における両国の経済活動—日本の南西太平洋方面における発展は平和的手段によるものなることを闡明《せんめい》せられたるに鑑み、日本の欲《ほっ》する同方面における資源（たとえば石油、ゴム、錫《すず》、ニッケル等）の生産獲得に関し、米国側はこれに協力するものとす。』（法廷証第1070号）
5月16日にハル長官はこの条項の修正文を作成し、次の表現とした。『南西太平洋地域における日本国および米国の活動は平和的手段により行《おこな》わるべしとの誓約にもとづき日本国政府および米国政府は、両国がそれぞれ自国経済の保全と発達のために必要とする天然資源（たとえば石油、ゴム、錫《すず》、ニッケル等）を同等の地位の下《もと》に等しく供給を受けうるよう相互に協力すべきことを約す。』（法廷証第1071号）
この件を議論する中で長官は、『後に他の国々も呼び込むことができると良い、との希望を表明した』。この関連では長官は、『南米における米国の貿易計画の恩恵はすべての国が享有しているとの事実』を示唆した。（法廷証第2873号）
提案された合意文を全面的に書き直した案文が5月31日に**野村**大使に手渡された。経済活動に関連する条項は次のようになっていた。『太平洋地域における日本の活動および米国の活動は、平和的手段により、かつ、国際通商関係における無差別の原則に則り行《おこな》わるべしとのここになされた相互誓約にもとづき、日本政府および米国政府は各自の経済保全および発展に必要なる天然資源（たとえば石油、ゴム、錫《すず》、ニッケル等）の通商による供給を日本および米国が無差別的に求めらるるよう相互に協力すべきことを約す。』（法廷証第1078号）
この草案に付随した口頭声明は、この条項が合衆国と日本に平等に適用されるように条文は書き直されたと指摘した。（法廷証第1079号）
重要な変更点は『南西太平洋』という語が『太平洋』という語に置き換えられた点であった。
日本の代表者たちは6月4日に、この条項につきもう一つの他の文言を提出した。彼らの提案は次の語句であった。『日本の南西太平洋方面における発展は平和的手段によるものなることの闡《せん》明《めい》せられたるに鑑み、日本の欲《ほっ》する天然資源（たとえば石油、ゴム、錫《すず》、ニッケル等）の生産および獲得に関し米国側はこれに協力および指示を与《あた》うものとす。』（法廷証第1083号）

この条項の適用を南西太平洋地域のみに限定する点の説明の中で日本側は、日本がかかる地域に持つ特別な権益に鑑み、この条項は明瞭にその点に関連させるべきであると考えられた、と述べた。

しかしながら、6月15日に日本側は『太平洋』『相互誓約』との語の使用を受諾し、全面的修正文を提示した。これは法廷証第1087号である。関連する条項は次の通りであった。『太平洋地域における日本の活動および米国の活動は、平和的手段により、かつ国際通商関係における無差別の原則に則《のっと》り行《おこな》わるべしとのここになされたる相互誓約に基づき、日本政府および米国政府は、各自経済の保全および発展に必要なる天然資源（たとえば石油、ゴム、錫、ニッケル等）の通商による供給を日本および米国が無差別に求め得らるるよう相互に協力すべきことを約す』。

国務省はこれに速やかに反応し、結果的にこの交渉における国務省の最終的な提案となったものを提出した。この提案は6月21日付であって、この草案の第5項は日本の6月15日付の草案と同様の字句であった。交渉のこの局面において日本は、二つの大きな譲歩（＊）を行ったことになる。

（＊訳注：『太平洋』と『相互誓約』の受諾）

その後、交渉は中断され、再開されたのは8月であった。

8月6日に交渉は再開され、**野村**大使は次の追加条項が書き加えられた提案をハル長官に手交した。追加条項は次の通りである。『日本政府は東亜における日米両国間の経済的不安定の原因除去のため、合衆国の必要とする天然資源の生産および獲得に協力す。』

ハル長官はこの提案にはほとんど関心を示さなかった。しかしながら**野村**大使は、この問題に関しては合意に達したものと考えた。大使の意見は次のとおりであった。『三つの懸案事項の内の二つ（＊）に関する限りは、原則的に合意に達した』と。

（＊訳注：三国同盟問題、日中関係問題、国際商業取引関連の三つの懸案の内の、三国同盟問題と国際商業取引関連の二つ）

交渉が進展しない中で、日本はさらに一つの草案を9月6日に提出した。これは諒解案を完全に書き直したものではなく、いくつかの点のみに関連したものであって、経済活動に関する部分が二つの条文に分けて記載されていた。『南西太平洋地域における日本の活動は、平和的手段により、かつ国際通商関係における無差別待遇の原則に遵《したが》い行《おこな》わるべく、合衆国が必要とする同方面における天然資源の生産獲得に協力す。…前項(a)に掲ぐる日本の約諾に合衆国は互恵的に報いるべし』

ここに『南西太平洋』との語句が復活したのである。

次には日本側により書き直された提案が9月25日に提示され、この中には依然として『南西太平洋』への限定が残されていた。この新しい提案は次の通りであった。『両国政府は南西太平洋地域における日本国および合衆国の経済活動は平和的手段によりかつ国際通商関係における無差別待遇の原則に遵《したが》い行《おこな》わるべきことを相互に誓約す。両国政府は前項の政策遂行のため両国が通商手続により各国が自国の経済の安全防衛と発達のため必要とする商品と物資獲得の手段を確保するための合理的機会を有しうるがごとき国際通商および国際投資の条件創設につき相互に協力すべきことに同意す。両国政府は石油、ゴム、ニッケル、錫《すず》等の特殊物資の生産および供給につき無差別待遇の基礎において関係諸国との協定およびその実行に関し友好的に協力すべし。』（法廷証第1245-E号）」（判決書p.490下段～p.492上段）

右記引用によれば、この問題は5月12日の日本側提案から交渉が開始され、5月16日に合衆国側が日本側提案に修正を加えたが、その際にハル長官は「後に他の国々も呼び込むことができると良い、との希望を表明した」とある。このハル長官の希望を日本は甲案で取り込むことになる。合衆国側はさらに5月31日付で案文に修正を加えたが、重要な点は「南西太平洋」という日本側案文の語が「太平洋」と書き換えられた点であるとパール判事は指摘している。他にも合衆国側は「相互誓約」という語を使用した。

日本側はこの2点を受諾し、6月15日に全面的修正文を合衆国側に提出した。パール判事によれば、「交渉のこの局面において日本は、二つの大きな譲歩（『太平洋』と『相互誓約』の受諾）を行《おこな》ったことになる」とのことである。パール判事はさらに、「国務省はこれに速やかに反応し、結果的にこの交渉における国務省の最終的な提案となったものを（6月21日付けで）提出した」と指摘している。

7月のインドシナでの動きへの懸念により交渉は中断し、8月に再開された。8月6日付で米側を利する案文を付加した上で案文を提出した。しかし、パール判事は「ハル長官はこの提案にはほとんど関心を示さなかった」と指摘している。一方で野村大使は、この問題は原則的に合意に達したと捉えた。

9月6日付と9月25日付の日本側案文は「南西太平洋」という語が復活しているとパール判事が指摘している。これは、交渉の流れからみると奇妙なことであり、理由がわからない。パール判事はこれ以上の記述をしていない。

さて、判決書は次のように述べている。

「野村大使は依然として、経済問題はすでにほとんど解決したと10月3日に外務大臣へ報告していた。彼はしかしながら、同時に次の点にも注意を払っていた。『「ハル」氏は通商自由主義を堅持し、『ブロック』経済をもって戦争の原因となし、このたび英帝国に対してもこの主義を貫徹せんとしつつあり』。経済活動に関する問題に関するそれ以上の進展は、近衛内閣が交代して東条内閣となり、合衆国への甲案《こうあん》の提出が合意されるまでは無かったように見受けられる。甲案は、実際には全面的に書き直された草案ではなかった。それは9月25日付の草案に対する修正によって成り立っていたのである。

経済活動の条項は、甲案の中では次の文章により示されており、それは未定草案の内の第5項の中に書き加えられたものであった。すなわち、『通商無差別原則。日本国政府は無差別原則が全世界に適用せらるるものなるにおいては、太平洋全域すなわち支那においても本原則の行《おこな》わるることを承認す』（法廷証第1246号）」

（判決書p.492上段～p.492下段）

野村大使は、インドシナでの動きへの懸念に交渉に熱心さを欠くようになった合衆国側の関心を再び呼び込もうと努力したものと思われるが、大使はハル長官が表明した次の希望に留意したとパール判事は指摘している。すなわち、「『ハル』氏は通商自由主義を堅持し、『ブロック』経済をもって戦争の原因となし、このたび英帝国に対してもこの主義を貫徹せんとしつつあり。」（判決書p.492上段）

1929年大恐慌の発生後、各国の中でも特に大英帝国はブロック経済体制を取ることで大恐慌を乗り切ろうとしたが、これに日本は多大な悪影響を受けた。当時の日本人も、ハルと同じ考えを持っていたのであろう。甲案の冒頭に「通商無差別原則」という表題での記載があるが、そこにおいてはハルの考えを汲み取った記述がなされている。

弁護側の主張をパール判事は次のように紹介している。

「弁護側は、これはこの問題に関するアメリカ側の主張を完全に受諾したものであると主張している。６月21日の点（＊）は再び保留される一方で、ハル長官がこの交渉の中でしばしば表明していたところの、この原則を全世界に適用したいとの要望は追加的に組み込まれた。追加されたこの事項は、一方では地理的近接性から発生する支那における日本の特別権利を認めよとの長期に及んだ日本側の固執の全面的な放棄を示すものであり、また他方では無差別原則を全世界に拡大するとの示唆は『もしも合衆国または日本が、一つの方向性の下《もと》にある政策を特定の地域において実施しながら、同時に他の地域においては逆の方向性の下《もと》にある政策を推進するのであれば、それは好ましくないこととなる』との合衆国自身による提案の単なる適用を示している限りにおいて、かかる事項は全面的に満足できるものであると考えられた。（＊訳注：『太平洋』か『南西太平洋』か、との点）」（判決書p.492下段）

右記引用で見落とすべきでないのは、甲案で追加された事項は「地理的近接性から発生する支那における日本の特別権利を認めよとの長期に及んだ日本側の固執の全面的な放棄を示すもの」とパール判事が指摘していることである。パール判事は、日本は甲案において「日本版モンロー主義」を放棄したと指摘しているのである。

検察側は甲案での通商無差別主義につき、次のように冷ややかな主張をした。

「しかしながら検察側は、アメリカ側が提案した『いくつかの語句』は『具体化されたものの』、『それらは日本側が投入したさまざまな修正により実際上は無効化されたのであった』と主張した。」（判決書p.492下段）

ところが、事実としてはこの日本側提案をハル自身も評価したのである。11月7日に提示された甲案を読んだハルの**野村**大使に対する反応を、パール判事は次のように指摘している。

「証拠の中には、この原則（訳注：通商無差別原則）の全世界への適用はハル氏が長期にわたり抱《いだ》いていた構想であり、また、それは国務長官（訳注：ハル氏）の一貫した立場でもあったと**野村**大使がルーズベルト大統領に対して指摘したとの事実が存在する。また、ハル長官自身による速やかな反応はそのせいであったかも知れない。**野村**大使は次のように報告している。『「ハル」はこれを熟読の上、無差別待遇原則の項目につき首肯し、かくすることが日本にも有利なりとの意を漏らした』と。（法廷証第２９２８号）」（判決書p.492下段～p.493上段）

11月7日時点でのハルの反応は右記引用の通りであるが、ハルは後日、具体的には11月15日に、態度を豹変させた。いったんはハルを満足させた無差別待遇原則は、意味が完全には明瞭ではないと今度は言うのである。次の引用の通りである。

「しかしながら、長官は後日になってから口頭声明を**野村**大使に11月15日に手交し、その中で長官は、日本側提案の最終の文章（＊）は『一つの条件を設定しており、そしてその意味は完全には明瞭ではない』と指摘した。

（＊訳注：甲案において書き加えられた、上述の法廷証第１２４６号「通商無差別原則。日本国政府は無差別原則が全世界に適用せらるるものなるにおいては、太平洋全地域すなわち支那においても本原則の行わるることを承認す」との文言）」（判決書p.493上段）

日本側はただちに追加説明し、この部分を明瞭化した。次の通りである。

「これについては、この原則の合衆国管轄の外における実行もしくは他の諸国による実行につき合衆国に責任を負わせるとの意味ではないとの点の明瞭化がなされた。弁護側の証拠は、問題となっているこの部分の語句において日本側が意図したのは、この原則は合衆国と日本により適用されるものであり、かかる原則はすべての国々により全世界で適用されるものであるとして言及されているわけではない、としている。」（判決書p.493上段）

検察側は頑固である。この弁護側証拠による日本による明瞭化説明を受け入れようとしない。

「検察側は、当時、この条項の遂行は実行不可能であると広く理解されていたと主張している。」（判決書p.493上段）

この検察側主張に対してパール判事は、次の通りを事実認定している。

「前述した説明（引用者注：日本側による明瞭化）を受けてしまうと、そのように実行不可能とされてしまうのはなぜなのかを理解するのは困難である。少なくとも、当時はそのように了解されていたことはなかったように見受けられるのだ。国務長官は『合衆国側による真摯な努力が商業に関する現行の提案となって実を結んだのである』と申し述べている。この件はそのように完全に了解され、心から歓迎されたように見受けられるのである。そのため、『合衆国はその管轄外の諸国に関して何らかの約束をすることはできない』などと申し述べる機会は無かったのである。誰も実際にはそのようなことを要求してはいなかった。当事者の双方は自分自身のために協約を結《むす》ぼうとしていたのであって、全世界のためにそうしようとはしていなかったことは、完全に了解されていたのである。」（判決書p.493上段～p.493下段）

この「論点2：日米両国の経済活動の問題」のまとめとしては、5月12付の日本側提案に日米双方ともにある程度満足しており、後は字句の訂正にとどまったこと、通商無差別原則を盛り込みたいとするハル長官の要望を日本側が受け入れてハル長官も満足したこと、これは同時に「日本版モンロー主義」の放棄でもあること、この通商無差別原則で合衆国側が不明とした部分は日本側が明瞭化したこと、などであろう。野村大使の「原則的に合意に達した」との理解はあながち的外れでもなかったと筆者は思う。

§11．論点3：日支関係の問題と支那事変の解決

パール判事は、この「日支関係の問題と支那事変の解決」は、日米交渉の三つの論点の内の最も重要な問題であると指摘することで、この部分の分析を開始している。次の通りである。

「さて我々は今、これまでの内で最も重要な問題である**第3の問題**に目を向けることとする。本官はすなわち、日中関係の問題を指《さ》している。この問題は、交渉の過程の中で最終的には中国における日本の軍隊の駐在と日本による中国からの撤収の問題に煮詰められた。

中国問題（訳注：原表記はChina Affair）の複雑性に鑑み、この問題は非常な複雑性と困難を伴う問題となった。この問題が1個の日本の内閣の倒壊（＊）をもたらしたことが思い起こされる。

（＊訳注：1931年12月10日に、満州事変の拡大を抑えることに失敗した若槻《わかつき》内閣が辞職した）」（判決書p.493下段）

他の2つの論点とは異なり、この日中関係に関する論点は最後まで日米間で議論が残ったままハル・ノートが出されることにまで立ち至ってしまったのである。

5月12日の最初の提案

この論点に関する交渉も5月の日本側提案で開始された。次の通りである。

「5月12日の**日本の最初の提案**には、支那事変に関して次の条項が含まれていた。

『支那事変に対する両国の関係。

米国政府は**近衛**声明に示されたる三原則および右に基づき南京政府と締結せられたる条約および日満支共同宣言に明示せられたる原則を了承しかつ日本政府の支那との善隣友好の政策に信頼し、ただちに蔣政権に対し日本と和平の交渉をなすべき旨を勧告すべし。』（法廷証第1070号）

これには、次の口頭説明が添付されていた。

『原了解に提案せられたる日支和平条件は『**近衛**原則』としてここに確認せらるるものと実質的に何ら異なるものにあらず。実際前者は後者説明に用いうるものなり。もし蔣介石にして和平交渉開始の米国の勧告を受諾せざる場合米国側においては蔣介石政権援助を停止すべき旨の了解を別の秘密文書にて受領すべきものとす。もし米国側にてかかる書類に調印しえざる事情あらば、最高の確かなる筋の確約にても可なり。本項に述《の》ぶる**近衛**原則とは、(1)善隣友好、(2)共産主義に対する協同防衛、(3)経済提携―これにより日本は支那において経済独占を行《おこな》い、または支那に対し第三国との利害関係に限度を要求する意図を有するものにあらず。

前述原則は左の事項を包含す。
1．主権ならびに領土の相互尊重。
2．善隣として相協力し、世界平和に貢献する極東中核を形成する各国固有の特性に対する相互尊重。
3．日支間に締結せらるべき協定に従い、支那領土よりの日本軍撤退。
4．非併合、無賠償。
5．満州国の独立。』」（判決書p.493下段～p.494上段）

この5月の日本側提案に対する6月21日付のアメリカ側提案は次の通りであった。この時点では合衆国側はこの問題の解決を真摯に探求していたことがわかる。

「6月21日付の**アメリカ側提案**の内で右記に対応する部分の条項は次の通りであった。

『日中間の和平解決に対する措置。

日本政府は合衆国政府に対して、日本政府が中国政府との和平解決交渉を提議すべき場合における基礎的一般条件、すなわち日本政府の声明するところによれば、善隣友好、主権および領土の相互尊重に関する**近衛**原則、ならびに右原則の実際的適用に矛盾せざるものなる条件を通報したるをもって、合衆国大統領は、中国政府および日本政府が相互に有利にして、かつ受諾しうべき基礎において、戦闘行為の終結および平和関係の恢復《かいふく》のため交渉に入るよう、中国政府に慫慂《しょうよう》すべし。

註、第三項の前記案は共産主義運動に対する共同防衛問題（中国領土における日本軍隊の駐屯問題を含む）および日中間の経済的協力の問題に関する**今後の討議**により変更せらるることあるべし。第三項の案文修正の提議に関しては、いかなる修正提案も、本項に関し付属書に掲げられたる一切の点が満足に起草せられ、本項および付属書が全体として検討しうるに至りたる上にて考究するがもっとも好都合なりと信ず。』（法廷証第1092号）

『付属書。上項におけるいわゆる基本条件とは次のごとし。
1．善隣友好。
2．「有害なる共産主義運動に対する共同防衛 ‐ 中国領土内における日本軍隊の駐屯を含む」。今後さらに討議決定すべし。
3．（経済協力）国際通商関係における無差別待遇の原則を本点に適用することについての交換公文に関する合意により決定するものとする。
4．主権および領土の相互尊重。
5．善隣国として協力しつつあり、かつ世界平和に貢献すべき東亜の中核を形成しつつある各国民固有の特質に対する相互尊重。
6．**できうる限り速やかに**、かつ、**中間に締結せらるべき協定に遵《したが》い**、中国領土より日本軍隊を撤退すべきこと。
7．非併合。
8．無賠償。
9．満州国に関する友好的交渉。』」（判決書p.494上段～p.494下段）

この時点で日米の間《あいだ》で意見相違のあった項目は、右記の1．～9．の9項目の内、次の4項目であったとパール判事は指摘している。

「アメリカの項目リストの内の項番2、3、6と9番は、この段階で意見の相違があったものである。」（判決書p.494下段）

これら4つの意見相違を、パール判事は次のように、項番9、2、3、6の順に取り上げているので順に検討していきたい。なお、6についてはパール判事は特に詳細に分析を加えている。

項番9：満州国に関する友好的交渉

「満州国の承認（引用者注：合衆国による満州国の承認）は、**野村大使**よりハル長官に提示されたもともとの草案の中での一つの条件となっていた。（法廷証第1059号）。5月31日付のアメリカ側の対案には『満州国に関する友好的交渉』が含まれていた。（法廷証第1078号）

交渉の初期の時点で、長官は大使に対し、アメリカの『立場は一貫して、**それは日中間の問題である**というものであった。中国が友好的交渉を通じてそれに自主的に賛成する意志があるのならば、我々（訳注：アメリカ）が言うべきことは何も無い』と申し述べていた。」（判決書p.494下段～p.495上段）

右記引用中で重要なのは後段の部分の「アメリカの立場は一貫して、**それは日中間の問題である**というものであった。中国が友好的交渉を通じてそれに自主的に賛成する意志があるのならば、我々が言うべきことは何も無い」との合衆国の意見である。この時点では満州国に関するアメリカの態度は「中国まかせ」であって、自主的な意見はなかった。つまり、中国が賛成するならアメリカは反対しない、ということであった。

項番2：共産主義に対する共同防衛の問題

「ハル氏自身の交渉覚書によれば5月16日には、『共産主義に対する共同防衛の問題ならびに満州国承認の問題に関するいくらかの議論が行《おこな》われた』とのことである。長官は、もしも日本側の『付属書および説明』の中のリストに載っている他の諸点につき中国と日本が合意できるのであれば、これら2点において浮上するかも知れない意見相違は、日中間合意を妨げるようなものでもあるまいと考えていた、と示唆した。（法廷証第2873号）」（判決書p.495上段）

さらに5月16日にハルは次の引用のような認識を述べている。

「5月16日にハル長官は、共産主義に対する共同防衛の問題は日中間の合意を妨げるような困難にはならないだろうと述べた。」（判決書p.495上段）

項番3：中国における経済協力

「これらの項目の内の3番目で中国における経済協力に関連する項目は、最終的には太平洋の全般、さらには全世界における経済活動の議論に統合された。」（判決書p.495上段）

なお、この時点でパール判事は、「残余の項目」について触れている。次の通りである。

「残余の項目は一括《ひとくく》りにされた上で日米交渉における基礎的論点の3番目（訳注：太平洋地区における両国の経済活動の問題）を構成した。**ある補助的な問題**が後にはもっと重要性を帯びるようになったが、その問題とは日中事変を終了させる目的で合衆国が日中間の斡旋《あっせん》をするとの件であった。」（判決書p.495上段）

5月16日時点でハル長官は、合衆国側の全般的態度を総括して、次のように述べている。

「長官はその日（引用者注：5月16日）、口頭で次のように陳述した。『諸点の内の一つ二つは困難をもたらすかも知れないが、もしも上述した他の諸点につき日中間で基本的合意に至ることができるのなら、残余の諸点はいくらかの修正を施せば克服できないような障害となることはないものと考えられている。**近衛**の陳述の中で具体化された諸原則で、善隣友好、共産主義に対する共同防衛、ならびに、経済的独占が無く他国の権益を限定させることも無い経済協力、として『付属書と説明』にて定義されたところのものは、いくらかの修正を施せば受諾可能であると考えられている。』（法廷証第2874号）」（判決書p.495上段～p.495下段）

右記のハル長官の発言からは、5月の時点では合衆国側は日米交渉に真摯に取り組んでいることがわかる。この時点では日本側も交渉妥結の展望を持つことができたものと筆者は考える。

項番6：日本の軍隊の中国からの撤退問題

4つの項番の内の最後の項番6は、パール判事は詳細に取り上げている。以下、項番6の議論を見ていきたい。

この問題に関する分析は、次の記述で開始されている。

「**日本の軍隊の中国駐屯問題**については、初期の段階から集中的な検討がなされた。この問題は二つの側面を持っていた。

1. 中国の内の特定地域に、全般的な講和の締結後にも軍隊を駐屯させたままとする件
2. 平和が達成された後における、特定地域以外の地域における日本の軍隊の中国の領土からの撤退

以上2点の内の1点目は徹底的な検討がなされ、また、解決に最も困難を伴ったものであった。

2点目は比較的にわずかしか議論が行《おこな》われず、最終的にはアメリカの条件に日本側が同意することで解決された。」（判決書p.495下段）

右記引用で記述された二つの側面の内、2点目は日本側が合衆国側の条件に同意することにより解決された。残るは1点目、すなわち日中間の講和条約の締結後の日本軍の駐屯問題である。

5月20日～5月31日の時点の合衆国側の態度は次の通りであった。

「5月20日にハルは、中国の領土上に軍隊を駐屯させたままにしておき共産主義に対する共同防衛を引き受けさせるとの日本側提案の利点について議論することはかまわないと、その時点では述べていた。その時点ではハルは、『これら2点は、もっと広い条項、たとえば、第三国の国民の権利と利益を保護する特別措置が必要となる地域において無法状態から日本の国民と財産権を保護する特別措置を提起するような条項、によってカバーすることが可能』なのではないかと考えていたように見受けられる。（法廷証第2875号）

5月31日に、提案に対するアメリカ側修正案が提示された。その中では、共産主義に対する共同防衛の問題については今後さらに討議決定すべしとの文言が残してあったが、『日本の陸軍およ

び海軍を中国から撤退させること』が『可及的速やかに』行《おこな》われるべきであるとの新しい条項が含まれていた。（法廷証第1078号）

それと同時にハル長官は、『合衆国政府は、何らかのはっきりとした討議が行《おこな》われる前の適当となる段階において中国政府と、この討議にて取り扱われた全般的主題、特に中国に関係するそれについて、極秘裏に話し合う』との合衆国政府による約諾が含まれたところの口頭声明をさらにもう一つ、手交した。（法廷証第1080号）」（判決書p.495下段～p.496上段）

右記引用の最後尾で、「この討議（日米交渉）で取り扱われた中国に関係する主題について、合衆国政府は中国政府と極秘裏に話し合う」と約諾したことが注目される。中国での日中間の戦闘停止に向けて、合衆国政府が中国政府と話し合うと述べているのである。これは日本側が歓迎する約諾であろう。

6月4日～6月6日における合衆国側の態度は次の通りであった。

「6月4日に、日本大使館の職員と国務省の代表者との間《あいだ》で重要な会合が開催された。修正された条項を議論する過程の中で、重慶政府（訳注：蒋介石政府）を1個の地域的政権以上としては取り扱わないとの日本の方針にもかかわらず、提案された了解事項を追求するにあたり日本は、支那事変の解決のためには重慶政府と交渉を行《おこな》う意図であること、ならびに、日本は、最終的な中国の政府が南京（訳注：汪兆銘政府）か重慶か、あるいはそれら二つが提携した政府となるのかの決定については中国の国民に任《まか》せるつもりでいること、等が明らかとなった。さらに、陸軍と並んで海軍も撤退させることを協約の中の条項とするとのアメリカ側の提案は、字句の問題の解決だけを残して受諾されたことも明らかとなった。

6月6日にハル長官は、6月4日の改修案は5月12日付の日本の提案を徐々に絞り込んだものであると主張した。」（判決書p.496上段）

「徐々に絞り込む」とは、あいまいであった論点を交渉を通じて煮詰めていくことにより、お互いの譲歩できる点、譲歩できない点を明確化することを意味する。日本側提案の論点を徐々に明確化、具体化できたとの合衆国側の認識を示す。つまり、交渉は進展していると、少なくともこの時点では合衆国は認識していたのである。

合衆国側の態度は、6月21日から少しずつ変化する。次の通りである。

「10日ほど後の6月15日に日本側の修正対案が提示された。6月21日に合衆国も、口頭声明付《つ》きの修正草案を提示した。修正草案の支那事変に関連した部分は、一つの例外を除けば5月31日付の修正案と同様の文言であった。かかる例外とは但し書きへの追記であって、この部分の字句変更の検討を支那事変の詳細が解決されるまで発展的に延期することを示唆するものであった。

長官はこの口頭声明の中で初めて、中国と協力して共産主義活動に抵抗するための措置として日本が内蒙古と中国北部に軍隊を駐屯させる権利を欲《ほっ》していることにつき危惧の念を表明した。長官は、かかる提案は第三国の主権に影響を与えうる、との考えも併せて表明した。

我々はこの関連では、交渉の詳細に立ち入る必要は無い。」

（判決書p.496上段～p.496下段）

右記引用の最後の部分、「交渉の詳細に立ち入る必要は無い」とのパール判事のコメントは、ハルの口頭声明で日本が内蒙古と中国北部に軍隊を駐屯させる権利を欲している点に危惧が表明された点に関連して、それ以上踏み込まないと述べている。パール判事はおそらく、米側の危惧に関する日米交渉の詳細を承知しているのだろうが、それを細かく述べる必要はないとの判断をしたことを示している。

日本軍の中国駐屯問題：グルー駐日大使の指摘

7月のインドシナでの動きへの懸念により、ワシントンにおける日米交渉は中断した。9月6日に日本側提案が東京のグルー大使に手渡された。それに関するグルー大使の国務省に対する指摘も法廷証拠によって明らかにされている。次の通りである。

「9月6日付の日本側提案が豊田外務大臣からグルー大使に手渡された。グルー氏はこの提案に対する彼の見解を国務省に報告した。氏の結論は、中国問題に関して『この最新の日本側提案に含まれている約諾は、もしもそれが実施されれば、現在進行中の侵略行為を日本側が中止するとの、必要とされるこの要件を充足させるものとなろう』とのことであった。

グルー氏は次のように指摘した。『両国間の関係の調整を達成しようとすれば、何らかのリスクが伴わざるをえない。しかし、日本側に対してその約諾を尊重するよう誘導するのみならず合衆国政府の側にもその推進に対する一定の影響力を残すとの一連の過程の中にある我々の側のリスクは、これらの提案の受諾を拒否する結果として経済制裁を加速的に適用することに伴う武力紛争のリスクに比べれば、その深刻さは比較的に少ないのである。』（法廷証第2896号）」（判決書p.496下段）

右記引用の第二パラグラフのグルーの指摘は、判決書の翻訳作業で困難を覚えたことを記憶している。ややこしい原文を平易な日本文にすることに成功したという実感が未だに無い。筆者の力不足によるもので、申し訳なく思う。グルーの「指摘」に関して、この場を借りて少し敷衍させていただきたい。

グルーは、日本政府は合衆国との戦闘行為を避けたいと強く希望していること、日本が中国大陸で巻き込まれた戦闘行為を早く終息させたいと希望していることを正確に認識していた。パール判事が指摘しているように（判決書p.503上段～p.503下段）、このグルーの認識は、イギリスの駐日大使のロバート・クレイギー卿も同様の認識を持っていた。

右記引用のグルーの指摘は、ワシントンの国務省に対してなされたものである。グルーは「指摘」の中で二つの「リスク」を挙げているが、これら二つこそが国務省が比較考量すべき選択肢であろうとグルーが問題点を明確化して国務省に対して指摘しているのである。

インドシナでの動きへの懸念がきっかけであったにせよ、この時点でのルーズベルト政権は日本側の提案を拒否して「経済制裁を加速的に適用することに伴う武力紛争」を勃発させるリスクを取る方向に走っているようにグルーの目には映ったのである。そのような深刻かつ危険なリスクを取るよりも、国務省として取るべきリスクは、「日本側に対してその約諾を尊重するよう誘導するのみならず合衆国政府の側にもその推進に対する一定の影響力を残すとの」「我々の側のリスク」であるべきだと国務省に対してグルーは駐日大使として進言しているのである。

パール判事がわざわざグルーの指摘を述べたのは、国務省が9月6日の時点で何を目指していたかを明確化するためであろう。その時点において国務省は日米間の武力紛争の実現に向けて突っ走っていると、他ならぬ自国の駐日大使が懸念を表明しているのである。この点はよくよく記憶すべき点であろう。

9月13日時点での日本側提案

この問題に対する日本側の追加説明を、豊田外務大臣はグルー大使に手交した。これはワシントンの日本大使館に対する「訓令」の形を取っている。

「一方、**豊田**外務大臣は現行の提案の説明のために大使館に訓令を送達し、そして9月13日にその訓令の写しをグルー大使に手交した。（法廷証第2899号）かかる説明とは、次のようなものであった。

『日支双方の安全を脅かす共産主義その他の破壊活動を防ぎ、また、支那における平和と秩序を維持する目的のため、日支は共同防衛の形で協力を行《おこな》う。この日支共同防衛の実施の中には、両国間の合意に基づき日本の軍隊をいくらかの期間に亘《わた》り駐屯させることをも含むものとする。支那事変の処理を目的として支那に送られた日本の軍隊は、かかる事変が解決した際には撤収されるものとする。』」（判決書p.496下段）

右記引用中の東京の外務省がワシントン駐米大使館に向けた訓令を読むと、日本側の中国大陸での軍隊駐屯の意図がよくわかる。その意図とは、共産主義に対する日中共同防衛のためと、支那事変の処理のためであった。つまり、日本は中国に対して領土的欲望はなく、中国の領土保全を犯す意図はないことを合衆国政府に対して明白にせよというのが訓令の中身である。

10月2日付のハルの口頭声明

10月2日時点における国務省の態度は次の引用の通りである。ハルの態度はこの時点でこの問題に関するもともとの立場から大きく変わったとパール判事は指摘している。

「10月2日付の念入りに考えられたハル長官の口頭声明によると、長官は『日本の軍隊の中国駐屯問題は今後の議論の対象である』との長官のもともとの立場から大きく離れてしまったように見受けられる。長官はこの口頭声明の中で次のように述べた。

『我が政府（訳注：アメリカ政府）は、中国特定の地域に不確定期間に亘り軍隊を駐屯せしめんとする要望を支持せんとの日本政府の見解に着目す。かかる提案に関する複数の理由の問題は全くこれをさて擱《お》き、日本国が中国において広大なる地域を軍事的に占領しおる秋《とき》において日中間の平和的解決につき提議せらるる条件の中にかくのごとき規定を包含せしむるは、異議の余地あり。一例として挙げるは次なり。他国の領土を軍事的に占領する一国が、平和的解決ならびに他の地域よりの占領軍撤退のための条件として相手国の特定地域における自国軍隊の駐屯継続を相手国へ提案すとせば、以上は非公式会談において討議せられたる進歩的かつ開化的針路と原則として合致せざるものと認められ、しこうして我が政府の見解によれば、かかる方法は平和を招来し、または安定の期待を提供することなかるべし。』（法廷証第1245-G号）」

（判決書p.497上段）

このハルの口頭声明に対するパール判事のコメントは次の通りである。

「この声明が原則としては如何《いか》に健全であろうとも、その時までの交渉の過程を思い起こせば、今や採られたこの立場はこの交渉の目的のためにそれまで採られて来た態度とはまったく調和しないものであるとの見解の表明を差し控えることは困難である、とは申し述べておかなければならない。」（判決書p.497上段）

つまり、中国における軍隊駐屯問題を巡る合衆国側の交渉態度は、10月初に決定的に豹変したのである。

米国側の態度は誠実さに欠けるとの東京の感覚

右記題目はパール判事によるものである（判決書p.497上段）。

パール判事は次のように指摘している。

「入手できた証拠は、国務省がそれ以降、この問題について少しでも実際に交渉を続けたのかとの点につき疑問を提起している。すなわち、その後の日本側の努力に対しては不十分な検討しか与えられなかったのである。東京は、アメリカの態度が誠実さに欠けるとの感覚を徐々に持つようになったように見受けられる。」（判決書p.497上段～p.497下段）

この「日本の軍隊の中国からの撤退問題」に関する合衆国側態度の豹変によって、第三次近衛内閣は倒壊したのだとパール判事は事実認定している。次の通りである。これはすでに検察側主張の18．(a)（第三次近衛内閣の辞職の前の激しい口論）に関係してすでに引用済みであるが、ここで再度、引用したい。

「1941年10月16日に**近衛**内閣は倒壊した。**近衛**自身がその回顧録で説明したように、この内閣交代の直接的かつ直前における原因は、日米交渉に関連した、中国における軍隊駐屯問題であった。（法廷証第2914号）

交渉決裂を避けるための最後の努力の中で**豊田**外務大臣は、軍隊駐屯問題につきアメリカの理解を確保するために必要となる事項についての大臣の見解を準備して**近衛**首相に提出した。外務大臣は譲歩の実施（訳注：軍隊の中国駐屯問題に関する譲歩）が不可欠であると考えたが、そのような譲歩を行《おこな》うについての内部的な合意の確保は不可能であると最終的に判明した。内閣総辞職はその結果として起きたのである。」（判決書p.497下段）

§12．甲案

1941年10月18日に東条内閣が組閣された。

「**東条**内閣の組閣に伴い、日米交渉事案についてその全体を考究することがこの内閣の第1順位の任務とされた。この再検討過程の最初の産物は、『甲案』として知られている新しい日本側提案であった。甲案はハル長官には11月7日に、そしてルーズベルト大統領には10日に提出された。」（判決書p.497下段）

東条内閣の第1順位の任務は、日米交渉事案を白紙に戻して考究し直すことであった。日米交渉を成功させることが最大の任務だったのである。そしてその最初の成果物は、「甲案」であった。甲案は、近衛内閣ではできなかった大幅な対米譲渡策を具体化したものであった。甲案の内容は次の通りである。


「甲案には次が定められていた。

『**日本軍隊の配置**
(A)支那における駐兵および撤兵
支那事変のため支那に派遣せられたる日本国軍隊は、北支（訳注：中国北部）および蒙疆《もうきょう》（訳注：内モンゴル）の一定地域および海南島《ハイナンタイ》に関しては、日支間平和成立後所要期間駐屯すべく、爾《じょ》余の軍隊は平和成立と同時に、日支間に別に定めらるる所に従い撤去を開始し、治安確立とともに二年以内に之《これ》を完了すべし。
(B)仏印（訳注：フランス領インドシナ）における駐兵および撤兵
日本国政府は仏領印度支那《インドシナ》の領土主権を尊重す。現に仏領印《イン》度支那《ドシナ》に派遣せられおる日本軍隊は、支那事変にして解決するかまたは公正なる極東平和の確立するにおいては、直《ただ》ちにこれを撤去すべし。
無差別原則
日本国政府は、無差別原則が全世界に適用せらるるものなるにおいては、太平洋全地域すなわち支那においても本原則の行《おこな》わるることを承認す。』」（判決書p.497下段～p.498上段）

甲案での大幅譲歩：中国からの撤兵問題

甲案における大幅譲歩は、中国からの撤兵問題に関してであった。次の通りである。

「甲案において日本は初めて、日中間の平和条約の締結の後において軍隊を中国に駐屯させたままとする**地域を明瞭**に提示することができたのである。

ここでは、海南島における軍隊の駐留のための条件が、この交渉を通じて初めて、公式提案の中において提示されたのである。さらに日本はこの甲案によって、この交渉の全過程を通じて初めて、平和条約締結後の中国からの軍隊の全般的な撤収の**明瞭な時間的制限**を、設定したのである。

野村大使は、必要となる期間を合衆国が訊《たず》ねた場合には、**おおよその目標は25年である**との旨の回答をすべきであると甲案と共に訓令されたのである。25年もの期間はかかる状況において妥当であったかも知れないし、そうではなかったかも知れないが、それは我々にとって問題とはならない。もしそれが妥当ではなかったのなら、それについてさらに交渉が行《おこな》われるであろうと誰しもが期待するからだ。しかしながらアメリカは、この件について何の関心も示さなかったのである。

甲案の提示の数日後には、和平後の中国に駐屯させる軍団の数量の件についても日本側によって明瞭にされた。11月18日のハル氏との会話において**野村**提督は、『日本は中国に何名の兵士を残置させたいのか』との質問に対して、明らかにはっきりとした指示を受けた後に行《おこな》った回答であると見受けられるが、その90パーセントはおそらくは**撤収されることとなる**と述べることでその回答としたのである。」（判決書p.498上段～p.498下段）

検察側証人のバランタイン氏は、甲案を受け取った国務省が抱いた見解を証言した。この見解の分析は後ほど行《おこな》うとパール判事は述べている。次の通りである。

「バランタイン氏は、アメリカがこの提案に対してどのような見解を持ったかを我々に述べた。本官はまもなく氏の見解を検討するであろう。」（判決書p.498下段）

§13．傍受電文の歪曲

パール判事は、合衆国情報部が日本の暗号を解読済みであったこと、東京とワシントンの日本大使館との間の暗号電文は傍受・解読・英文翻訳されていたこと、その傍受電文は合衆国政府内で閲覧されていたこと、しかし、その傍受電文は正確な翻訳ではなく、無慈悲な歪曲がなされたこと等の重大な指摘をしている。これらの指摘事項はこの裁判における法廷証拠によって明るみに出たものである。

以上を指摘した後にパール判事は、合衆国政府はこの歪曲された傍受文を読むことによって、日本に対する態度を硬化させ、日本政府を信用できない相手であると認識するようになった可能性があるとしている。パール判事による正確な記述は次の通りである。

「一方、アメリカは東京から**野村**大使へ送達されたいくつかの電信を傍受しており、これらの傍受された電信がアメリカの態度に大きな影響を与えたように見受けられるのである。

この電信の傍受は実際、日米関係における悲劇であると考えられるのだ。国務省は日本大使館の通信の中身を知ることはなく、彼らの面前にあったのは、合衆国情報部により暗号が解読され翻訳がなされた傍受電文であったのだ。これらの傍受は、情報部の任務の抜け目の無さ、明敏さ、そして彼らの刻苦勉励を示しているのは確かである。同時に、この傍受は、時には正逆の情報であったとまでは言わないにせよ、生半可《なまはんか》な情報を国務省に伝えることのみに成功したと、**今においては**、見受けられるのである。

このことを描き出すため、弁護側は我々にそのような傍受電文の内の3点を指し示した。これらの3点とは、甲案、乙案、そしてそれらの背後の意図に関するメッセージ、を**野村**大使に対して伝達したものである。」（判決書p.498下段）

歪曲された傍受電文の実例①

パール判事は、歪曲された例を以下3つ、挙げている。いずれも弁護側が提出したものである。最初の例は、甲案と乙案の認可が予期されており、東条内閣が日米交渉を続けることを決定した際の意図を東郷外務大臣が野村大使に伝えた電文である。次の通りである。

「その**第1**は、**東郷**外務大臣による11月4日付の電文第725号であり、それは、その翌日には御前会議において甲案と乙案が認可されることが予期されていること、ならびに、**東条**内閣が日米交渉を続けることを決定した際におけるその意図を**野村**大使に説明しているものである。外務省で発見されたこの電文の原文で弁護側により我々に提示されたものは、本件裁判における法廷証第2924号である。合衆国情報部により暗号が解読され翻訳がなされた、その傍受電文は法廷証第1164号である。傍受電文版には明らかな事実上の誤認はほとんど無い。しかし、この通信における全体的な精神は、原文の作成者の持つ意図の方向性につき傍受電文を読む者の心の中にいくらかの猜疑心《さいぎしん》を惹起せしめるような歪曲《わいきょく》を被《こうむ》っていたように見受けられるのである。」（判決書p.498下段～p.499上段）

弁護側が提出した証拠で、外務省で発見された原文の日本文と、パール判決書に記載されていた傍受電文の英文を日本語訳したものを以下、順に引用する。原文の日本文は文語体であるが、傍受電文の日本語訳は口語体である。

まず、原文である。次の通りである。

「本官は、如何《いか》にして人が、他の人の正しい精神を表示するのに失敗したかを示すために、これらの二つの電文（訳注：右記の法廷証第2942号と同第1164号）から互いに対応している部分をいくつか示すこととする。

電文の原文は次のようになっていた。

『1．破綻《はたん》に瀕《ひん》せる日米国交の調整に付ては日夜腐心しおるところ、内閣においては国策の根本方針を審議するため連日大本営連絡会議を開催し熟議に熟議を重ねたる結果ここに政府大本営一致の意見にもとづき日米交渉対案を決定し…

2．帝国内外の事想はきわめて急迫を告げいまや一日をも曠《むなし》くするを許さざる状態にあるも帝国政府は日米間の平和関係を維持せんとする誠意より熟議の結果交渉を継続するものなるが、本交渉は最後の試《こころ》みにしてわが対案は名実ともに最後案なりと御承知ありたくこれをもってしてもなお急速妥結に至らざるにおいては遺憾ながら決裂に至るの外《ほか》なくその結果両国関係はついに破綻に直面するの已《や》むなきに立ちいたるものなり。すなわち今次折衝の成否は帝国国運に甚大の影響ありて実に皇国安危に係《かかわ》るものなり。

3．…帝国政府はこれが急速妥結を計るため、従来難《むずかし》きを忍びて譲歩を重ね来《きた》りたるにかかわらず米国政府はこれに対応する所なく終始当初の主張を固執し居《お》る実状にしてわが方《ほう》朝野にもその真意に疑惑を感ずるもの尠《すくな》からざる義なり。しかるにもかかわらずわが政府が飽《あく》まで誠意を披瀝《ひれき》してさらに困難なる譲歩を敢《あえ》てせる所以《ゆえん》のものは一《いつ》に太平洋の平和維持を顧念するに出《い》ずるものにして…。いまや帝国は能《あた》う限りの友誼的《ゆうぎてき》精神を発揮し進んで能《あた》う限りの譲歩をなし、もって局面の平和的収拾を計らんと欲するものなるをもって…米国政府において…翻然猛省《ほんぜんもうせい》、局面のきわめて重大なるに顧み善処せんことを要望するや切なり。

※　※　※　※　※　※

5．…なお交渉の重大性に鑑み貴地の折衝と並行し本大臣においても東京において在京米国大使と会談を行う予定なるに付き…手違い（訳注：英文では"contretemps"）を避けるためにも当方訓令は厳守ありたく貴方において取捨選択の余地なきことと御承知ありたし。』」（判決書p.499上段～p.499下段）

右記引用でパール判事が途中で※を打っているのは、読者の興奮を鎮めるためである。3．の末尾の文章が人の胸を打つので、その興奮を鎮めてから次の5．を読んでほしいというもので、パール判決書においてはこの手法はあちらこちらで使われている。

次に、傍受電文である。

「**傍受電文**は次の通りとなっている。

『1．はてさて、日米関係は瀬戸際にまで達しており、我が国民はその日米関係を果たして調整できるのかについて不信しおるところである。基本的な国家政策を苦心惨憺して策定するために内閣は大本営との間で連日に亘り会合を重ねて来た。会合に会合を重ね、今や我々は政府と軍最高司令部との間の全員一致の意見に基づく日米交渉再開のための対案をようやく策定するに至った…。

2．我が帝国の内外の状況はとても緊迫しておりこれ以上のいかなる遅延も可能ではないものの、日本帝国とアメリカ合衆国との間《あいだ》の平穏な関係を維持したいとの我々の真摯《しんし》な願いの中で我々は、これらを熟考した結果、敵方との談判の継続に今一度、賭《か》けてみることに決定した。しかし、これは我々の最後の努力である。名目的にも精神的にも、我々のこの対案は真に最終のものである。本官（引用者注：外務大臣）は、貴官（引用者注：駐米大使）にそのことを知っておいてもらいたいと欲《ほっ》する。それを通じて急速妥結に至らないならば、残念ではあるが交渉は確実に決裂となると言わざるを得ない。そうなると、実際上も我々2カ国間の関係は大混乱の瀬戸際となる。未解決の交渉が成功するか失敗するかは日本帝国の運命に計り知れない効果を持つということを本官は意味している。事実、我々はこの賽《さい》（訳注：さいころ）を投げることに我々の運命を賭《か》けたのである。

3．…幾らかの合意に速やかに至ることを願い、我々は既に我が方の方針を大きく逸脱して譲歩に譲歩を重ねて来た。合衆国はこれを評価せず、どのような場合においても合衆国が最初の段階から持っていた同じ条件に固執して来た。我が国民や官僚の内でアメリカ人たちの誠意に疑念を持つ者は少なくない。我が政府はあらゆる屈辱に耐えてその誠意を繰り返して表明して来たのであり、徹底して、そう、過剰なほどに徹底して、その誠意を彼らに提示して来たのである。我々はただ一つの理由の為にそれを行《おこな》っている－それは太平洋の平和を維持するためである…。我々は今回こそ、我が友好の情をその限度まで示すのである。今回は我々は可能な限り最後のかけひきを行《おこな》うのであり、それを通じて我々が合衆国とのすべての問題を平和的に解決できることを本官は願う。

※　※　※　※　※　※

5．これらの交渉がもつ重みに鑑み、貴地で会合が行《おこな》われると同時に、本官はこちらでも会合を行《おこな》うこととする。本官はここ東京のアメリカ大使と会話することとするので、貴官がアメリカ側諸官との会話を通じて彼らとの間《あいだ》で同意を得たら可及的速やかに本官にその旨の電信を送達して欲しい…。さらに、何かが不首尾にならないように、貴官は本官の訓令にその字句通り正確に従っていただきたい。本官の訓令の中には個人的解釈の余地は無いことを本官は貴官に知っておいて欲しい。』」（判決書p.499下段～p.500上段）

これに対するパール判事のコメントは、次の通りである。

「傍受電文の精神全体が誤っているように見受けられる。弁護側のブレークニー弁護士が次のように述べたことはことによると正しかったのであろう。『これら二つの文書を並行して読むと、国務省が読み取った熱情的で無謀な賭博師のメッセージと、謹厳で責任ある政治家がその配下の大使と真摯《しんし》に通信を行《おこな》っているそれとの間《あいだ》の懸隔《けんかく》が暴露《ばくろ》されるのである。』この電文の著述者は大使に対して訓令を与える中で、『敵方との談判の継続に今一度、賭《か》けてみる』ことなどを考えてはいなかったことは確かである。その通信文の中には射幸的なもの、もしくは何らかのかけひきの精神は、何も含まれてはいないのである。電文送達者による状況の重さの評価、交渉が再開されないままとなった場合に電文送達者の国がたどる運命に対する重大な懸念、内閣全体と最高司令部が等しく抱いていた重大な懸念についての送達者による表現、送達者の真摯《しんし》さ、以上はすべて失われてしまったのである。」（判決書p.500下段）

歪曲された傍受電文の実例②

二つ目の例は甲案を送達した電文であり、甲案の説明を行《おこな》っているものである。これは、パール判事は原文と傍受電文を並べて記述していた。次の通りである。

「次に我々は、『甲案』を送達した電文で、甲案の説明を行《おこ》なっている電文の原本である法廷証第2925号と、アメリカの情報局により暗号が解読され翻訳がなされた傍受文である法廷証第1165号を比べてみることとしたい。原文とその傍受文からいくらかの抜粋を行《おこな》い、それを同じ行《ぎょう》に並行して記載することでそれらがどのように比肩されるかを見てみることとする。

原文の電文245	傍受された電文246
本文は…修正せる最後的譲歩案にして左記のとおり緩和せるものなり	この提案は我々の改定後最後通牒である。我々は我々の主張を次のように和らげる
（註）所要期間につき米側より質問ありたる場合には、概ね二十五年を目途とするものなる旨をもって応酬するものとす	（註：米国当局が「それに適した期間」につき貴官に尋ねることがあったら、かかる期間は25年に包含されるものとあいまいに答えよ）
米側が不確定期間の駐兵に強く反対するに鑑み駐兵地域と期間を示しもってその疑惑を解かんとするものなり	我々が未確定の地域に兵卒を駐在させることに合衆国が強く反対しているとの事実に鑑み、彼らの疑念を一掃する試みとして占領地域と官吏たちの移動を我々の目的とする

このさいは飽《あく》まで「所要期間」なる抽象的字句により折衝せられ無期限駐兵に非《あらざ》る旨を印象づくるように努力相成度《どりょくあいなりた》し

これまで我々はあいまいな語句で回答を行《おこな》って来た。無制限の占領は永久的な占領を意味しないとの印象を彼らに与えるために漠然としつつも婉曲化のための可能な限り耳に心地よい語句の使用を貴官に要請する

通商無差別原則については、地理的近接の事実による緊密関係に関する従来の主張はこれを撤回す

当然ながら、商業の無差別の問題を検討する段階に立ち至れば地理的近接性の問題が浮上して来る

十月二日付「米政府」覚書中に「日米いずれかが特定地域において一《いつ》の政策を執《と》るにかかわらず他地域においてこれと相反する政策を取るは面白《おもしろ》からず」との趣旨の記述あり

しかしながら、アメリカ政府の覚書の中で事実上彼らは、特定された地域内においてはいずれかの国が所与の政策を採用し、特定された他の地域では補足的な政策を採用することは実施可能であると述べている

なお四原則についてはこれを日米間の正式妥結事項（了解案たるとまたはその他の声明たるとを問わず）中に包含せしむることは極力回避するものとす

(4)原則として我々はこれを日米間で合意に達する公式提案（それが合意提案と呼ばれようがその他のたぐいの声明と呼ばれようが）の中に挿入することは避けたいと切望する

わが方において自衛権の解釈を濫《みだ》りに拡大する意図なきことをさらに明瞭にするとともに三国条約の解釈と履行に関しては従来屡々《しばしば》説明せるごとく、帝国政府の自ら決定する所によりて行動する次第にしてこの点はすでに米国側の了承をえたるものなりと思考する旨をもって応酬す

我々には自衛領域を拡大する意図は無いと貴官より彼らに明示するのと同じ時に、過去において繰り返し説明したように我々は欧州戦争が太平洋に拡大することは避けたいと願っていることを明白にせよ」

（判決書p.500下段～p.501下段）

これに対するパール判事のコメントは、次の通りである。

「ここでは多くのコメントは不要である。ことによると傍受電文の最初のいくつかの抜粋が、日本は信義を守らないとのアメリカ側が持った印象を十分に説明するであろう。日本側の『改定後の最後通牒』なるものとして国務省が把握したものは、実際は絶対的な最終譲歩ですらなく、**事実上の**最終譲歩にすぎない提案の提示であったことが、今や我々には了解されたのである。『概ね二十五年を目途とするなるをもって応酬するものとす』は、『かかる期間は25年に包含されるものとあいまいに』答えることとは違うのである。『駐兵地域と期間を示しもってその疑惑を解かんとするもの』ならば、その目的を『疑念を一掃する**試み**として占領地域と官吏たちの移動を…とする』として了解するのは、まことに不親切というものである。原文の電文において『所要期間』と述べるのは、真摯《しんし》な政治家による説明であり正直な指示であることは確かである。しかし、政治家がその配下の大使に対し、傍受さ

れた電文のような指示を行《おこな》うのであれば、いかなる政治家も自らが正直であり真摯《しんし》であるなどとは主張できなくなるのである。もしもその政治家が『交渉相手をしばらくの間《あいだ》、あやす』ことを企図したのだとしても、その政治家が自分の国の大使に対してこのようなやり方で自身を吐露することはあるまい。無論、主張を撤回することはそれを次の機会まで取っておくことと同じことである、などと言い張る者はいまい。」（判決書p.501下段～p.502上段）

右記引用中の最後の文章「無論、主張を撤回することは…」は、傍受電文の4つ目の段落の「通商無差別原則」の件である。原文では「これを撤回す」としているのに、傍受電文では、「検討する段階に立ち至れば地理的近接性の問題が浮上して来る」と述べている。つまり、「次の機会まで取っておく」と歪曲しているのである。

最も悪意ある歪曲は、6つ目の段落でハルの四原則について触れている部分である。これをハルの四原則とは異なる、日米交渉の例の3つの論点である「無差別と通商」、「三国同盟の解釈と適用」、「中国における軍隊の撤収」と並ぶ4つめの論点となるように見せかける細工をしている。パール判事は、次のように解説する。

「ここでアメリカ側による4原則の問題（＊）に立ち至るに及び、傍受された電文の文節には別の番号である(4)を与えられており、それにより『(1)無差別と通商』、『(2)三国同盟の解釈と適用』、『(3)軍隊の撤収』、と足並みをそろえたような外観を呈するように見せかけられている。このようにして、それがメッセージの主要な部分の1つであると見せかけ、他と類似性を持たせ、さらには『四原則』との語句を省き、そしてその代わりに、合意文書の中に『これ』が含まれることを避けたいとの切望に言及することで、この文節は当然ながら、日本が上記で提案した諸点—そしてその諸点のすべて— を公式合意文の中で具体化して約諾することから日本人たちは逃れようと試みるであろうと述べているのである。このようなメッセージの送達を行《おこな》ったと信じられている相手に対しては、それが誰であろうとその相手と交渉する際には、国務省は『当然に』身を守ろうと警戒を行《おこな》ったことであろう。

（＊訳注：1941年4月16日にハルが提示した、国家間のすべての関係を支配すべき諸原則であると合衆国が宣言し実行し信じているところの彼らの4つの原則、すなわち、①一切の国家の領土保全及び主権の不可侵の尊重、②他の諸国の国内問題に対する不関与の原則の支持、③通商上の機会及び待遇の平等を含む平等原則の支持、そして、④太平洋の『現状（status quo）』を平和的手段以外により攪乱《かくらん》しないこと）」（判決書p.502上段～p.502下段）

最後の7つ目の段落の三国同盟に関しても、歪曲がなされているとパール判事は指摘する。次の通りである。

「三国同盟に関連する最も重要な議題においてでさえも、傍受電文は無慈悲な歪曲を加えている。」（p.502下段）

この歪曲例に対するパール判事の結論は、次である。

「この電文は、交渉における国務省の態度を形作った、まことに致命的な要因であった。」（判決書p.502上段）

歪曲された傍受電文の実例③

3つ目で最後の例は、東郷外務大臣から野村大使に宛てた11月5日付のもので、甲案を合衆国政府が受諾しなかった場合の暫定協定案たる「乙案」の位置づけについて説明したものである。この乙案の位置づけについて、傍受電文は歪曲しているのである。次の通りである。

「比較が可能な三つの電文の内の最後は第735号であり、これは11月5日付で東郷外務大臣から野村大使に宛《あ》てられたものである。原文は法廷証第2926号で、傍受電文は法廷証第1170

号である。このメッセージの2つの文の間《あいだ》の違いで注意を払うべき点はただ1点のみではあるものの、『甲案』と『乙案』の最終的な性質につき検察側が主張していることを考え合わせると、かかる唯一の違いは相当な重要性を持ったものとなるのである。

原文の電文248
甲案にて妥結不可能なるさいは最後の局面打開策として乙案を提示する意向なるにより…

傍受された電文249
合意に達することはできないことがはっきりしたら、我々は絶対的な最終提案である乙案を提出する意図である」
（判決書p.502下段）

日本側が乙案に持たせた意図は暫定協定案であったのに、歪曲電文は乙案が最後通牒であるかのごとく表現している。パール判事は次のように解説している。

「弁護側によれば、『乙案』は『**暫定協定**（modus vivendi）』としての試《こころ》みなのであって、それがために、もしも実体的合意に至るための交渉が一時的に決裂した場合の『最後の局面打開策』である旨が適切に、かつ、正確に述べられているのである。（＊）原文の電文の次の段落の中で『乙案』が『最終提案』である旨記載されているのは、この最終的努力という意味においてである。これは、絶対的に最終の提案、すなわち検察側による意味合いにおける最後通牒とは異なる事柄である。

（＊訳注：かかる歪曲された傍受文にもかかわらず、ハル・ノートの前段の口頭声明（付録4参照）においては日本側が乙案を暫定協定（modus vivendi）として提案した旨をアメリカ政府が認識していたことが明瞭に示されている）」（判決書p.503上段）

ここでパール判事は、グルー駐日大使のいくつかの見解を見れば、国務省は電文の歪曲に気づくチャンスはあったと指摘している。次の引用の通りである。

「電文が外務大臣である東郷と現地の合衆国大使との間《あいだ》の並行的協議について語っていることに留意されたかも知れない。証拠は、グルー氏（訳注：駐日米国大使）が折に触れ、状況についての、ならびに日本側態度についての自身による見解を伝達していたことを示している。氏の諸見解にさほど大きな重要性が付《ふ》されなかったように見受けられるのは非常に不幸なことである。本官の意見では、電文の内容ならびにグルー氏のブレの無い一貫した意見に鑑みれば、ことによると国務省は、暗号解読がなされた傍受電文はものごとの正しい状況を表現していないと察知できたかも知れないのだ。いずれにせよ、かような猜疑心《さいぎしん》（＊）は存在したのであり、それらの猜疑心《さいぎしん》を視野に入れさえすれば、この不幸な状況の全体はうまく説明ができるのだ。

（＊訳注：国務省が日本政府の意図について抱《いだ》いた猜疑心《さいぎしん》）

グルー氏は、新しい方針を作るとの日本が表明した切望が真摯《しんし》なものであるかを確認するための機会を日本に与えることが賢明であると、一度ならず、合衆国政府に強く要請した。国務省はグルー氏のこの勧告を受け入れなかった。イギリス政府もまた、そのようにすべしとアメリカ国務省に対して要請するように、とのイギリス自身の大使であるロバート・クレイギー卿（訳注：東京駐在の当時のイギリス大使）による勧告を尊重せず、明らかにかかる要請を行《おこな》わなかった。」（判決書p.503上段～p.503下段）

パール判事は、電文が歪曲されていることに気づくチャンスがあったのに、それがうまく生かされなかったのではないかと指摘しているのである。また、歪曲された傍受電文を読んだ国務省が日本に対して持ったであろう猜疑心が、日米交渉で合衆国側が交渉態度を豹変させた状況の全体をうまく説明する、と述べている。さらに、イギリス政府もまた、クレイギー駐日英国大使の勧告を尊重しなかったとのことである。

なお、対象国に関する情報の文章を無慈悲に歪曲させて関係部門内に流布させるやり方は、もはや合衆国政府の伝統となっている。筆者が知り得た限りでは2003年のイラク戦争でも組織的かつ大規模に行《おこな》われた。ジョージ・ブッシュ政権配下の諜報関係者がさまざまな情報文を歪曲して流布した事実を、ドイツのシュテルン誌が「戦争の嘘」という詳細な分析記事を載せて指摘している（＊）。国務省情報局長だった人物の「彼らは事実には興味がない。彼らのイデオロギーこそが『事実』を供給しているのだ。そうであるなら、どうして彼らが現実などと向き合う必要があるのか?」という発言が印象に残っている。ご興味があれば、ぜひご一読いただきたい。（＊der Stern "die Kriegslüge" 2004年3月11日号）

§14．論点4：インドシナ問題

日本は1941年7月29日にフランス領インドシナ南部へ進駐した。このことは、日米交渉における第4の問題として浮上することとなった。この問題は一時的に日米交渉を決裂させてしまったのである。

フランス領インドシナへの進駐

日本によるフランス領インドシナの北部と南部への進駐の流れを、パール判事は次のように簡潔にまとめている。

「日米交渉が開始された時点（訳注：1941年2月14日）で、当時のフランス政府との間で1940年9月に締結された合意に基づき、日本の軍隊はすでにフランス領インドシナの北部に進駐していたのであった（法廷証第620号）。しかしながらワシントンでの交渉においては、インドシナ問題はほぼ1年後まで直接的には取り上げられなかったのである。この問題は、フランスとの合同防衛に関して日本がフランスとの合意の下にこの植民地の**南部**にさらに進んだ時に、提起されたのであった。（法廷証第651号）」（判決書p.503下段）

つまり、合衆国政府はインドシナ北部への進駐を問題視していなかったが、インドシナ南部への進駐がされた時に初めて提起されたのである。

インドシナ南部進駐問題の位置づけ

インドシナ南部進駐の日米交渉の中での位置づけとして、パール判事は次のように説明している。

「日本によるフランス領インドシナ南部への1941年7月の進駐により惹起せしめられた問題は、その時から、日米交渉の重要問題の内の**第4の問題**となった。この問題は一時的に交渉を決裂させ、平和意図についての日本によるその後の表明に対してアメリカ側に疑念を引き起こし、そして日本との経済関係を決裂させるとのアメリカ側の決定に貢献した。」（判決書p.503下段）

インドシナ南部進駐のいきさつ

インドシナ南部進駐に向けた一連の動きは、1941年7月を通じて見受けられた。合衆国側はすでに7月5日の時点で、そのような日本側の「動き」は日米交渉に悪影響を与えると指摘した。しかし、7月5日時点では、フランス側とは何の合意にも至ってはいなかったのである。インドシナ南部への進駐に関してフランス側との合意に達したのは、7月20日前後のことであった。7月におけるいきさつを、パール判事は次のように説明している。

「日仏両政府は1941年7月20日前後に、インドシナ南部におけるいくつかの基地の占有に関して合意に達した（法廷証第6478号）。7月5日以降にはそのような動きに関する噂が浮上し、そしてその日に国務省は野村大使に対し、そのような動きは当時進行中であった交渉に有害な影響を与えると指摘した。

それでもなお、フランスとの合意は実行に移された。野村大使には24日におけるルーズベルト大統領との面会の機会が与えられた。大統領は大使に対し、南部インドシナへの動きが遂行されれば大統領が日本に対して石油禁輸を課すことはおそらく避けられなくなるだろうと警告した。大統領は、もしもインドシナが合意により中立化され、資源が自由かつ公平に入手可能とされれば日本の軍隊をインドシナから撤収することは可能となるのではないか、と提案した。

しかしながら、インドシナの日仏合同防衛の最終的な外交儀礼が遂行され、日本の軍隊は7月29日に進駐した。」（判決書p.503下段～p.504上段）

合衆国政府による日本資産の凍結

インドシナでの動きに絡めて、ルーズベルト大統領は7月26日に在米の日本資産の凍結を行《おこな》った。在米資産凍結は、対日石油禁輸と直結するものであった。実際、ルーズベルト大統領は対日石油供給の停止に7月の内に踏み切った。日本が警戒していたのは、まさにこの石油禁輸であった。日本は、後に見るように、連合国各国の包囲による孤立化の予防的措置としてインドシナ南部進駐を行《おこな》ったと主張した。

日本の南部進駐と合衆国の資産凍結の時間的な経過をパール判事は詳しく検証している。結論を先取りすると、合衆国の資産凍結が日本の南部進駐よりも先なのである。これがパール判事が法廷証拠の分析を通じて明らかにした事実である。次の通りである。

「ところが、これ（引用者注：7月29日の日本のインドシナ南部進駐）に先立つ7月26日において、20日付の合意（訳注：前記の日仏合意）の遂行に対する対抗措置であってすでに発表されていたものを、ルーズベルト大統領は実行に移した。すなわち、行政命令により合衆国におけるすべての日本の資産を凍結したのであった。イギリスとオランダがこれに倣《なら》った。

7月2日、すなわち国務省がインドシナでのなんらかの動きの噂をようやく聞きつける少なくとも3日前の時点で、国務省による資産凍結が計画中であるか、もしくは決定済であるとの噂を日本大使館がすでに聞きつけていたとの点に注意を払うことにはいくらかの重要性があろう。ルーズベルト大統領は24日に、その時点までは大統領は太平洋の平和を維持するとの理由で凍結命令に抵抗することができたのだ、と主張した。大衆感情は、日本への石油輸出を禁止することに強く賛成をしていた。その時点までは大統領はそれに抵抗することができたのだが、南部インドシナへの進駐はそうすることの正当性を大統領から奪ってしまったのだ、と云《い》う。一方で日本は、そのような禁輸はすでに決定されていたのであって、だからこそ日本はこの禁輸が直接的にもたらす結果から逃れるためにこの進駐を行《おこな》わなければならなかったのだ、と主張した。

（訳注：合衆国による資産凍結の実行は、日本のインドシナ南部進駐の前の時点である。以下、以上の記述をまとめてみる。7月2日：日本大使館が国務省による資産凍結の噂を聞きつける。7月5日：国務省がインドシナ南部における基地占有の動きの噂を聞きつける。7月20日前後：インドシナ南部における基地占有についての日仏合意。7

月26日以前：20日付《づけ》の日仏合意に対する対抗措置としての資産凍結の実施を米政府が発表。〈実際は7月24日午後に大統領が閣議で資産凍結を表明した〉7月26日：大統領が資産凍結を実行に移した。7月29日：日本軍はインドシナ南部に進駐。すなわち、資産凍結の実行は進駐の3日前である。また、日本側が資産凍結を聞きつけたのは、アメリカ側がインドシナ南部における基地占有の動きを聞きつける3日前である）」（判決書p.504上段～p.504下段）

日米のそれぞれの主張

パール判事は日本側の主張を次のように記述した。

「包囲による孤立化に対する予防的措置であると日本は主張した。かかる包囲は日本の経済的存続を脅かし、そして支那事変における日本の立場に影響を与えてしまうものであると主張したのである。」（判決書p.503下段）

一方、合衆国側の考えを、パール判事は次のように記述した。

「合衆国は、南に向かって進駐した日本の行動は威嚇的なものであり、太平洋問題の包括的な平和的解決に向けて取り組む、との日本が表明した目標とは矛盾すると考えたのである。」（判決書p.504下段）

日米交渉への影響：数週間に及ぶ停滞

南部進駐と資産凍結命令により、日米交渉は数週間に亘り停滞した。次の通りである。

「インドシナでの動き、ならびに、7月26日のアメリカの資産凍結命令による経済的関係の決裂の結果として、日米交渉は数週間に亘《わた》り停滞した。」（判決書p.504下段）

ここで筆者が驚くのは、パール判事の記述の緻密さである。右記引用の冒頭において「インドシナでの動き」としている。「インドシナ南部進駐」とは述べていない。これは、以上でパール判事が法廷証拠から事実認定した通り、合衆国側は日本側の南部進駐を契機として資産凍結命令を発したのではなく、厳密に言えば日本側の「動き」を警戒して進駐の前に資産凍結した時間的な経緯が確認されたからである。

戦略物資としての石油の重要性

この「インドシナでの動き」を日本側が取った背景は、次の通り、「石油」であった。

右記のパール判事の分析によれば、ルーズベルト大統領は7月24日に野村大使と会い、大使に次のように警告したとのことである。

「南部インドシナへの動きが遂行されれば大統領が日本に対して石油禁輸を課すことはおそらく避けられなくなるだろう」（判決書p.504上段）。

大統領はさらに、次のように提案したとのことである。

「もしもインドシナが合意により中立化され、資源が自由かつ公平に入手可能とされれば日本の軍隊をインドシナから撤収することは可能となるのではないか」（判決書p.504上段）。

合衆国がこの時点まで日本の手に石油が渡るのを許していたのは、次の理由からであるとパール判事は判決書p.517で述べている。ここで先取りして引用しておきたい。

「何らかの有効な禁輸がもっと早くに実施されなかった理由は、当時の合衆国が日本に対して友好的であったからではない。広く流布されていた見解によれば、完全な禁輸が実施されれば日本は破滅するであろう、とのことであった。そうなれば日本は戦うことを余儀なくされると云《い》うのである。しかし当時はまだアメリカは、日本との戦争を実施するリスクを取ることができるほどの準

備はできてはいなかった。」（判決書p.517上段）

つまりパール判事は、アメリカはその時点で対日戦争の準備がひとおりできたから、対日石油禁輸に踏み切ったと結論しているのだ。日本のインドシナでの動きは、その口実にすぎないことをパール判事は右記で示唆しているのであろう。この点については、本第⑩項の結論部分で、再度触れることにしたい。そこでは、パール判事がそのような見解に至った経緯が述べてある。

インドシナ問題を巡る協議

インドシナを巡る日米間の協議に戻りたい。

「8月6日に野村大使は、インドシナ中立化についての7月24日付の大統領の提案に対する回答の形をとる、日本側の新提案を受領した。このことがもう一つの別のアプローチをとる好機を大使にもたらした。大使は同日中にこの提案をハル長官に提示した。」

（判決書p.504下段）

野村大使がハル長官に提示した提案は、次の引用で明らかになる。

「日本は大統領の提案（引用者注：右記の7月24日の大統領の提案）を受諾しなかったが、もしもアメリカが南太平洋における軍事的措置を一時的に停止することを約束し、同じことをイギリスとオランダ政府が実施するよう勧告するならば、すでに派遣されていた軍団を支那事変が解決された暁《あかつき》には撤収することを約束すると申し出た。インドシナ地区から日本が軍団を撤収させた後においてさえも、合衆国は日本がフランス領インドシナに持つ特別な地位を認めることとなっていた。

ここでは、我々はこの交渉の詳細にはあまり関心をもたない。」

（判決書p.504下段～p.505上段）

この協議に関してはこれ以上の記載はない。日本の提案に基づくこの協議は、不調に終わったものと思われる。

日米首脳会談の提案

一方、日米交渉の継続に必死の日本側は、次には近衛首相とルーズベルト大統領の会合を提案した。次の通りである。

「野村大使は、世界の全般的平和に目を向けた意見交換のため、大統領と日本の首相が会合を行《おこな》うことを提案した。大統領はかかる会合のさまざまな側面を明らかに多大な関心をもって議論し、最終的に二つの口頭声明を大使に申し送った。

その内の一つは、もしも日本政府が武力による軍事占領の政策もしくは計画をさらに遂行する何らかの措置を採るか、もしくは近隣諸国に対して武力行使の脅威を与えるならば、アメリカはアメリカが必要と考えるすべての措置を採ることを余儀なくされるとの、日本に対する深刻な警告であった。

もう一つの文書は、提案された両国の首脳会議に関するものであった。これは次のように述べている。『合衆国がコミットしている計画ならびに原則の線に沿って日本がその膨張的な活動を一時的に停止し、日本の立場を再調整し、太平洋における平和的計画に乗り出す、などの立場に日本が立っており、また、それらを欲求するものであると日本政府が考えるなら、合衆国政府は7月に中断した非公式な探求的交渉の再開を検討する準備があり、また、意見交換を実施する適切な日時と場所を喜んで調整するであろう。』」（判決書p.505上段）

ルーズベルト大統領は、あからさまな拒否こそしなかったが、提案された日米首脳会談は結局は実現しなかった。パール判事は触れていないが、この日米首脳会談開催の見通しが立たないことが、10月16日の第三次近衛内閣の倒壊の遠因として影響していたのである。

インドシナ問題に関する9月6日付の日本側提案

日米首脳会談の不首尾を見て取った日本の9月6日における提案は、次の内容であった。

「交渉の再開を企図した日本側の対案が9月6日に提示された。インドシナに関連する条項では次のような記載がなされた。『日本は仏印よりその隣接地域に武力的進出をなさず、また日本の南方地方に対しても正当の理由なく、武力的行為に訴えざるべし』（法廷証第1245－D号）」（判決書p.505上段）

この日本側提案が内実を伴った説得力のあるものであることを、パール判事はグルー駐日米国大使を引き合いに出すことで説明している。次の通りである。

「この提案は事前にグルー大使に手交されており、同大使はその提案に加えてそれについての彼の意見も合わせて国務省に送達した。大使の意見の結論は、最新の日本側提案に含有されている日中事変に関する公約は、もしもそれが実施されれば、現在進行中の侵略行為を日本側が中止するとの、この必要要件を充足するものである、というものであった。（これは本件裁判における法廷証第2898号である）。

この提案の中の、インドシナに関する条項、中国に関する条項、そして三国同盟に関する条項については、日本側提案に含有されている公約は、もしもそれらが実施されれば、太平洋問題の満足な解決の基礎的な必要要件を充足するものである、とグルー大使は考えた。しかしながらハル氏は、この提案はその全体として、提案されていた諒解案の精神と範囲を狭く縮小してしまったと考えた。」（判決書p.505上段～p.505下段）

このグルー大使の件は第三の問題を分析した中でパール判事がすでに触れている。本第⑩項の後編の「・日本軍の中国駐屯問題：グルー駐日大使の指摘（452ページ上段）」を参照されたい。

判決書からは離れるが、グルー大使は赴任国である日本の動きを正確に把握しており、日本が支那事変に巻き込まれたいきさつや数カ月で支那事変を終息させるとの当初の日本側の思惑が外れて、その解決にすでに4年以上もかかっていることに対する日本側のいらだちもよく把握していた。片や、ワシントンのハル長官は、このグルーの意見を無視ないしは黙殺したのであった。

9月25日付の日本側提案

日米交渉の継続に向けて努力した日本側は、次々と提案を行《おこな》った。今度の提案は、9月25日付であった。次の通りである。

「9月25日付の日本による提案はインドシナ問題を巡る交渉の中に新しい考えを導入した。すなわち、『日本政府は仏領インドシナを基地としてその近接地域（支那を除く）に武力的進出をなさざるべく、また太平洋地域における公正なる平和を確立する場合には現に仏領インドシナに派遣しおる日本国軍隊はこれを撤退すべし』というものであった。（法廷証第1245－E号）

日本側提案における新しい要素は、太平洋地域における**公正なる平和**（訳注：原表記は an equitable peace）が確立されたら撤退をするという条項であった。この『太平洋地域における公正なる平和』という表現は、はるか昔の8月28日にさかのぼった時点での野村大使に対する説明の電文の中で説明されているように見受けられる。その中においては、次のように記載されていた。『援蔣『ルート』閉鎖等により蔣政権が完全に地方政権に堕し、日支関係が大体において事実上平常化しその他仏印よりの物資獲得が公正円滑に行わるるがごとき事態に立ち至れる場合には、**必ずしも**支那事変の全面的解決を見ざる場合に**おいても**撤兵を考慮しうべし。』（法廷証第2920号）。これは、支那事変の終結を見届けるまではインドシナに軍団が駐屯しなければならないとの日本の主張が、放棄される段階にまで立ち至ったことを示している。
すなわち、公正なる平和に関連するこの条項は、実際上は、もともとの条件を狭く縮小してしまったなどというものではない。これは大きな譲歩なのである。」（判決書p.505下段〜p.506上段）

右記引用の最後の部分「これは大きな譲歩なのである。」が意味する点は次である。

パール判事が日米交渉の経緯を分析する大きな目的の内の一つは、日本は日米交渉においてまったく譲歩しなかったとの検察側主張の検証であった。検察側主張の内の筆頭に記載されていたのは次のようなものであった。再度引用する。

「検察側の主張は以下の通りである。
1．共同謀議者の側には、合衆国との交渉の中でたった一片の譲歩をする意図さえも決して無かったこと。」（判決書p.471上段）

これに対してパール判事は、次の記述をしている。パール判事による一連の分析の理由を述べているのである。これも再度引用する。

「日米交渉の特徴について本官が採っている見解によるならば、本官の現下の目的のためには交渉において日本が何らかの譲歩をしたのかどうかを検討する必要は全く無い。本官はそれでも、交渉の当事者たちが誠実であったかどうかとの問題につき一言、申し述べておきたい。諸提案が公正であったかどうかを検討する必要性は本官には無いし、そうするよう提案するつもりも本官には無い。」（判決書p.482上段）

交渉とは、お互いに譲歩し合って落としどころを探っていくものである。検察側は、日本側は時間を稼ぐために交渉をしたのであって、最初から最後までまったく譲歩をしなかったと主張している。そこで、パール判事は「この関連で検討が要求される主要な事柄は、真珠湾攻撃に先んじて行《おこな》われた日米協議に関連して採られた日本のふるまいである。」（判決書p.471上段）と述べ、「日本のふるまい」を重点的に検討して来た。その上で、日本側が譲歩を重ねて来たという事実を、右記の引用も含めて何回にも亘って認定している。これは、検察側の主張とは異なり日本側の交渉態度に誠意があったことを示すものであると同時に、日本が本気で交渉の成功を願っていたことを示している。パール判事が事実認定した「日本のふるまい」は、日米交渉は、検察側が主張する「共同謀議」の組織が仮にあるとして、かかる組織が「侵略戦争」を推進するために手掛けた手段などではないことを証明するものとなっていると筆者は思う。

検察側の主張

検察側は、フランス側にすでにコミットしていた件をアメリカにもコミットしたにすぎないので、これは譲歩ではないと主張した。また、これに対するパール判事の意見も次の引用中にある。

「検察側は、日本はフランスに対してすでにそれをコミットしていたのであるから、支那事変の終結、もしくは、太平洋地域における公正なる平和の到来、に際して軍団を撤収させるとの約束は譲歩に値《あたい》するものではないと主張した。本官の意見では、この主張は問題を混乱させるものである。日本が今、実施を約束した事柄が、他の列国との間《あいだ》の日本のかつての合意を理由として実施の義務を負ったものなのかどうかは、問題にはならないのである。
アメリカとの交渉の過程の中において日本が譲歩を行《おこな》ったのかどうかは、かかる交渉がどのようにして開始されたのか、そしてその過程の中で日本は何を実施すべく合意しようとしていたのかにより判断されねばならず、その際には、日本が実施すべく合意しようとしていた事柄がすでに日本の義務になっていたかどうかの検討とは無関係に判断されなければならないのである。」（判決書p.506上段）

右記のパール判事の指摘はもっともであると筆者には思える。

インドシナ問題を巡る協議は、11月7日にハル国務長官に提出された甲案にまで立ち至った。次の通りである。

「交渉は注目すべき進展もなく継続し11月に至った。

甲案は、そのインドシナの部分については9月25日付草稿からたった1点の違いがあるのみであった。すなわち、日本政府はフランス領インドシナの領土主権の保証を約諾するとの条項が加えられたのであった。『ギャランティー（訳注：guarantee）』という語が、『アシュアランス（訳注：assurances）』という語の位置においてその代わりとして使われていた。」（判決書p.506上段）

日本がインドシナの領土主権を「保証する」という部分を、最初に使っていた「アシュアランス」という動詞から、保証という意味合いをもっと強く引き出す「ギャランティー」という名詞に置き換えたのみで、甲案は9月25日の提案と実質的に同じであった。

インドシナ問題については、日本がさまざまな提案をしたものの、合衆国側が日本側提案に応じなかった様子が読み取れる。

以上でインドシナ問題の分析を終える。

§15．3つの論点における日本の譲歩のまとめ

ここでパール判事は、日米交渉を振り返って、合衆国側が交渉に応じた三つの論点における日本の立場の変化を次のようにまとめている。

パール判事はインドシナ問題については、触れていない。

パール判事は、次のように切り出している。

「日米交渉での主要3点に関する日本の立場の変化は簡潔に言えば次の通りであった。」（判決書p.506上段）

主要3点とは、(1)三国同盟の解釈の問題、(2)経済活動の問題、(3)中国からの日本の軍団の撤退の問題、である。

(1)については、次の引用の通りである。

「(1)三国同盟の解釈の問題では、日本の義務は三国同盟の第3条の記載に従って適用されるとの日本のもともとの立場から、アメリカが欧州戦争に参戦したら日本はその義務の解釈の問題について全く独立的に判断を行《おこな》うとの保証を与える、というところまで日本は譲歩をした。日本はまた、両国政府はその行為を実行する上では防衛と自衛を検討することにより導かれるとの但し書きをあらゆる合意の中に挿入することに同意した。」（判決書.506下段）

この点については、ハルが理由を述べないままに却下したものの、日米交渉の終盤の11月15日にワシントン入りした来栖大使がハルに提出した文書によって、日本が完全譲歩したことが思い起こされる（判決書p.489上段～p.490上段）。

(2)については、次の通りである。

「(2)経済活動の問題はアメリカの立場に対して日本が譲歩することでいったんは完全に解決したものの、後には両国の立場は再び離反した。ここでの唯一の実体的な問題は、無差別的な国際商業関係の合意は、南西太平洋地域に限定されるのか、あるいは、合衆国が要求している太平洋地域なのか、という点のみであった。」（判決書p.506下段）

野村大使が、この(1)と(2)は合意に達したと東京の外務省に報告していたことが思い起こされる。「『三つの懸案事項の内の二つに関する限りは、原則的に合意に達した』と。」（判決書p.491下段～p.492上段）

(3)については、以下の通りである。この件は長く交渉が続き、野村

大使も合意に達したとは報告できなかったものである。結局、この件は東条内閣による重大な譲歩を示す甲案、乙案にまで至った。

「第3の問題で、重大な問題であったのは、中国からの日本の軍隊の撤退の問題であったが、これはこの時期（近衛内閣）を通じては、ほとんど進展しなかった。問題全体は単にその後の審議の対象となったままであった。

東条内閣は、当該内閣による甲案の提案を通じ、この点に関する最初の誠《まこと》に重大な譲歩を行《おこな》ったのである。」（判決書p.506下段）

以上3点のいずれにおいても、交渉の中で日本側が譲歩を重ねたことをパール判事は指し示したのである。

甲案における3論点の扱い

東条内閣は1941年10月18日に組閣された。何度も繰り返して恐縮だが、一般的に認識されていない事実をパール判決書が事実認定した件なので再度申し述べたい。すなわち、東条内閣の第1順位の任務は、日米交渉を通じて日米和平を実現し、日米間の武力衝突を避けることであった。そのために、近衛内閣ではできなかった大幅な譲歩を行《おこな》った。その譲歩の証《あかし》が、甲案及び乙案である。

その甲案につき、パール判事は、3つの論点について次のようにまとめている。

まず、三国同盟問題については、次である。ここでパール判事自身の解釈が示されているのが注目される。

「甲案は、表面的には三国同盟問題につき日本の立場に大きな変更をもたらすものではなかった。しかしながら、アメリカが行《おこな》っていた準備支度《したく》ならびにアメリカがすでに取っていた措置の各々《おのおの》を思い起こすならば（＊）、かかる文脈の中では日本がアメリカの行為の特徴については日本独自で決定を行《おこな》うと約束したことは以前の意味合いとは全く異なる意味を持つこととなるのである。すなわち、もしもアメリカが11月7日に甲案が手交された以前の段階で欧州枢軸国との戦争にすでに参戦しており、もしも日本がそのことを十分に承知した上でアメリカに対して攻撃をしない一方、アメリカが取った措置の性格を日本自身が判定すると述べてアメリカとのこの合意を締結しようとしていたなら、それらのアメリカの措置は自衛措置であるといずれにしても判定されていたことを示唆していると見受けられるのだ。本官の意見では、国務省はグルー大使と同じ見解を取ることができたはずなのである。

（＊訳注：対独戦に備えた両洋艦隊法〈ヴィンソン案に基づくもの〉の制定、対独防衛のため北米におけるイギリスの八つの港湾基地を借り受けた、等々。アメリカ側が対独戦の準備支度をしていたことは、日本側も承知していた）」（判決書p.506下段～p.507上段）

つまり、合衆国の欧州戦線参戦の準備が進められているのを知っていながら、合衆国との交渉を続け、その上で「アメリカが取った措置の性格を日本自身が判定する」と日本が発言したのなら、その文脈の中では日本はアメリカの措置は自衛措置であると判定したことになるとパール判事は指摘しているのである。これは重要な指摘である。グルーが述べたように、三国同盟は事実上、「死文化」したのである。

次に、経済活動の問題の取り扱いについて、甲案は次のように説明している。

「経済活動の問題に関し、甲案は次のように記載している。

『日本国政府は無差別原則が全世界に適用せらるるものなるにおいては太平洋全域すなわち支那においても本原則の行《おこな》わるることを承認す。』この条件は締約国のみを拘束するものであり、また、第三国の行為を管理する義務を締約国に負わせるものではない、との説明がなされた。」（判決書p.507上段）

甲案における右記の「第三国の行為を管理する義務を締約国に負わせるものではない」との日本側説明は、ハル国務長官の11月15日付の口頭声明（判決書p.493上段）に対する回答である。

最後に、中国からの軍団撤退問題についての甲案の記載から、パール判事は次のように述べている。

「支那からの軍団の撤退については、上記で指摘したように甲案においていくらかの譲歩がなされたと申し述べることが可能である。」（判決書p.507上段）

§16．乙案

中国からの軍団撤退問題は最後まで日米交渉の懸案として残った。この問題が甲案では妥結しない場合に、さらに一層の譲歩をするための案として日本側は「乙案」を準備し、合衆国側に手交した。この乙案に関する記述は、次の引用の通りである。

「『乙案』は本件裁判における法廷証第1245－H号である。これは次のようになっている。

『1．日米両国政府は孰《いず》れも目下日本軍の駐屯する仏印以外の南東亜細亜及び南太平洋地域に武力的進出を行わざることを確約す。

2．日本国政府は、日支間の平和恢復《かいふく》するかまたは太平洋地域における公正なる平和確立するうえは、現に仏印に駐屯中の日本軍隊を撤退すべき旨を確約す。

その間《あいだ》に日本国政府は、本取極《とりきめ》成立せば、現に南部仏印に駐屯中の日本軍はこれを北部仏印に移駐するの用意あることを闡《せん》明《めい》す。しこうして本取極《とりきめ》は、後日最後的了解に包含せらるるものとす。

3．日米両国政府は、蘭領東印度において、その必要とする物資の獲得が保障せらるるよう相互に協力するものとす。

4．日米両国政府は、相互に通商関係を資産凍結前の状態に復帰すべく確約す。米国政府は所要の石油の対日供給をなすべし。

5．米国政府は、日支両国間の全面的和平回復に関する努力に支障を与うるがごとき措置と行動に出《い》でざるべし。』」（判決書p.507上段～p.507下段）

この乙案に対する米側回答に相当するものとしては国務省職員であったバランタイン氏による証言がある。これは東京裁判の時点における証言であるが、1941年当時の国務省による了解と捉えても差し支えないのではないかと筆者は思う。バランタイン氏の証言は次の引用にある。

「バランタイン氏はその証言の中で、それ（訳注：乙案）を受諾することは『日本の過去の侵略を合衆国が許すこと、将来において日本が無限に征服を行《おこな》うことを合衆国が承諾すること、合衆国の全般的外交政策の最も基礎的な原則に関する合衆国の過去の立場をその全体にわたり放棄すること、合衆国による中国への裏切り、そして、西太平洋およびアジアにおいて日本が覇権を確立するとの日本の努力を支援し教唆する無言のパートナーの立場を合衆国が受諾すること、等を意味する。それは太平洋におけるアメリカの権利と権益を擁護し維持する機会を破壊することとなり、結局のところはアメリカの国家安全保障への最も深刻な脅威となったであろう』と述べた。

後に氏は次のように述べた。『条件付きで軍団を南部インドシナから北部インドシナへ撤収するとの彼らによる申し出は無意味である。というのも、彼らはそれらの軍団を1日か2日で南部インドシナへ戻すことができたからである。さらに、彼らがその土地へ送り込み続けるかも知れない軍団の個数に、彼らは制限を設

けなかった。』」(判決書p.507下段)

このバランタイン氏の証言を一読した筆者の感想は、ウーン、なるほど、国務省だったらそのようにとらえるだろうな、というものだった。この証言に対する次のパール判事のコメントを読んだ後、自分の甘さに恥じ入った。パール判事のコメントは、なかなか辛辣《しんらつ》ながらも正鵠《せいこく》を得たものであると思う。次の通りである。

「以上の見解(引用者注:バランタイン証言)によるなら、日米交渉そのものが無意味であったことになる。日本による申し出と約束に対する合衆国の態度がそのようなものであったとするなら、合衆国当局がそもそもそのような交渉を行《おこな》うことに合意したのはなぜなのかを理解することは困難である。このような態度を明らかにすることにより、彼ら(訳注:合衆国)は時間を稼ぐことのみを欲《ほっ》したのではなかったかとの疑念を自ら惹起せしめたのである。」(判決書p.507下段~p.508上段)

右記のパール判事のコメントは、日米交渉に対する合衆国の態度を把握する上できわめて重要である。日本の最大限の譲歩である乙案の合衆国による受諾は、日本の過去を許すことになる上に中国への裏切りになると言うなら、乙案以上の譲歩、すなわち日本の海外からの全面撤退以外に道が無いことになる。そのような全面撤退は日本が承諾するはずもない。これでは交渉を行《おこな》う意味が無い。バランタイン氏の証言は、合衆国は最初から対日開戦の腹を固めており、交渉をする意図はそもそもなかったとの疑念を惹起せしめる。それでは何のために対日交渉を承諾したのか。時間を稼ぐためではなかったか。これがパール判事の指摘である。

さらに、右記のコメントにはないが、本第⑩項後編を通じて了解される合衆国の行動は、ルーズベルト政権が対日交渉を続けながら日本に対する経済圧力をじわじわと強めて行《い》ったことである。これは合衆国による日本への「背信行為」と捉えることもできるのではないだろうか。少なくとも、交渉を成功させようという態度ではない。

§17・ハル・ノート

以上の一連の流れを踏まえると、合衆国が提示したハル・ノートの意味がよく理解できる。

インドシナ南部進駐のてんまつ

まず指摘したいのは、合衆国政府が態度を硬化させた直接の契機は、インドシナにおける7月の一連の「動き」であったことである。その前後に、合衆国側の態度はガラッと変わったのである。

ルーズベルト大統領は7月26日午後に在米日本資産の凍結を実行した。外国資産の凍結は、自国の国内にある当該国の資産が自国の不利に利用されないように予防する措置である。そうであれば、自国の産品がその他国の手に渡ることを許すはずもない。つまり、在米日本資産の凍結は、同時に、対日禁輸の実施に踏み切ることをも意味するのである。パール判決書の記述によれば、合衆国は「1941年7月」に石油の禁輸を行《おこな》った。次の通りである。

「1941年7月の禁輸の実施後には、日本をまっさかさまに戦争へと突き落すこととなるところの一撃を日本はいつ、どこに加えて来るのか、という問題が唯一残るのみとなった。」(判決書p.517上段)

事実としても、遅くとも8月1日には石油の対日禁輸が施行されたとのことである。

インドシナ南部進駐と対日禁輸のどちらが先かという議論は鶏と卵の議論のようなものだが、パール判事は東京裁判に提出された証拠を基に詳細に検証をしたことが思い起こされる(判決書p.504下段)。このパール判事の事実認定は、インドシナ南部進駐を巡る日米関係の悪化に関する今後の研究に大いに役立つであろうと筆者は思う。

すなわち、インドシナ南部進駐の前の段階において日本に対してはすでに合衆国による圧力がじわじわと加えられており、その上でワシントンの日本大使館は国務省による資産凍結がいよいよなされるとの「噂」を7月2日に聞き付けていたのである。ここで問題となるのはその噂の真偽ではない。日本大使館がその噂を聞きつけたという事実とその日時が問題なのである。日本がインドシナ南部に対する「動き」（具体的には基地占有の「動き」）を示したのは、その「後」であった。

ハル・ノートの内容

「ハル・ノート」という言葉はすでに日本ではよく知られているが、その具体的中身を知っている向きは少ないのではないだろうか。実は筆者も、パール判決書の翻訳作業を通じてハル・ノートの中身を初めて知った。

パール判事はハル・ノートの内容を箇条書きにして次の引用の通りに短くまとめている。パール判事がこの記述部分に付けた表題は、「**日本代表団への国務省の回答**」（判決書p.508上段）である。

「11月26日に国務長官は二つの文書の形で日本側代表団に対して回答を行《おこな》った。その文書の第1は、日米間合意のための基盤の提案を概略として仮の形で示したものであり（＊1）、その第2はそれに関する説明の陳述である（＊2）。11月26日付のこのハル・ノートは本件裁判における法廷証第1245-I号である。それは一般原則を記述することから開始されている。実効的な効力を有する記載はその第2の部分にあり、それには『合衆国政府及び日本国政府の採るべき措置』との表題が付されている。それは次のように要約することができよう。

（＊1訳注：付録4『ハル・ノート全文』の『**第1項　政策に関する相互宣言案**』）

（＊2訳注：付録4『ハル・ノート全文』の『**第2項　合衆国政府及び日本国政府の採るべき措置**』）

『1. 両国政府は日本ならびに英帝国、中華民国、オランダ、ソ連邦およびタイ国間に多辺的不可侵協定を締結することに努力する。

2. 両国政府は、日米ならびに英、蘭、支、タイ各政府間に、仏領印度支那《インドシナ》の領土保全を尊重し、それに脅威を齎《もたら》すべき事態発生せば、それに対処すべく必要なる措置を執《と》るための共同協議を開始しまた仏領印度支那における通商上の均等待遇を維持すべき協定の締結に努力する。

3. 日本は、中国と仏印より全陸海空軍および警察力を撤退する。

4. 両国政府は、重慶政府以外の中国におけるいかなる政府もしくは政権をも支持しない。

5. 両国政府は、団匪事件（訳注：義和団事件）議定書に基づく権利ならびに居留地権を含む中国における一切の治外法権を放棄し、他国政府も同様の措置をとるとの同意を得《う》るべく努力する。

6. 両国政府は、最恵国待遇と貿易障壁の軽減に基づく通商協定締結のための交渉を開始する。

7. 両国政府は、資産凍結を撤回する。

8. 弗《ドル》円比率安定の計画に同意し、その資金を設定する。

9. 両国政府は、いずれも第三国と締結したる協定は本協定の基本的意図たる太平洋地域を通じての平和の確立および維持と衝突するがごとく解釈さるることなきに同意する。

10. 両国政府は、他の諸国をして本協定の基本的政治上および経済上の諸原則に同意し、これを実際に適用せしめるがごとく勧

誘する。』」（判決書p.508上段～p.508下段）

パール判事によるハル・ノートの分析

ハル・ノートの内容は右記の10条の箇条書きの通りであるが、これに対してパール判事は次の2段構えの分析を加えている。

まず、論点を明確化するため、ハル・ノート以前において、「結果的にこの交渉における国務省の最終的な提案となった」（判決書p.491下段）6月21日付の合衆国側提案と一対一で比較することで、合衆国側の態度の豹変を明確化している。次の引用の通りである。

「ここで11月26日付のハル・ノートを、6月21日付のアメリカによる提案（法廷証第1092号）と並行的に示すことで比較してみよう。それらは以下の如くに並べられることとなる。

6月21日の提案331	11月26日付332（訳注：ハル・ノート）
（該当条項なし）	多国間不可侵条約
（該当条項なし）	仏領インドシナに関する多国間協定
中国からの日本の軍隊の撤退についての時間と条件の問題は追加協議の対象（インドシナについてはこれと同義の条項は無い）	日本のすべての陸海空軍ならびに警察力を中国とインドシナから即時かつ無条件で撤収させること
満州国に関する友好的交渉	重慶政府（訳注：蒋介石政府）以外のあらゆる政府もしくは政権の否認
日本は三国同盟につきアメリカが満足できる解釈、すなわち、アメリカによる自衛行動は日本によるアメリカに対する作戦を惹起するものではないとの解釈を行《おこな》うものとする	三国同盟の廃止
（該当条項なし）	中国における治外法権、特権、ならびに義和団事件に基づく権利の公的な放棄」

（判決書p.509上段～p.509下段）

次に、パール判事は右記で対比された6つの事項毎に、合衆国側の態度の豹変の具体的内容を分析している。次の通りである。なお、項目に付された番号は、右記の10項目の箇条書きの番号と対応している。

「1．証拠が示す限り、多国間の不可侵条約は、この交渉においてはそれまで一切、言及されたことはなかった。すなわち、この提案は交渉の中に二つの追加的な国々、つまりソ連とタイを新たに持ち出したのであり、また、さらに時間のかかる行動を取ることになる点も示唆していた。

2．乙案によって日本はすでにフランス領インドシナにおける日本側のあらゆる特殊権益の要求を、放棄していた。この件を多国間合意の形に持ち込むことは、インドシナ問題の解決を複雑化させるだけであった。

3．この条項は、日本の武力、―すなわち、陸海空軍に警察力―

を中国とインドシナから即時かつ無条件に撤退させよと規定している。

4．重慶政府以外の政府や政権を支援しないよう相互に約諾するとの提案も、次の二つの意味合いにおいて過激で新規となる、逸脱であった。

(a)満州国の問題はそれまでは常に、追加協議の対象となっていた。日本は満州国承認の件を議題に上げていたのである。この提案によってその協議は停止されるのであり、満州国は放棄されるべきものとなる。

(b)同様に、ハル・ノートは汪精衛（訳注：汪兆銘）政権の拒絶を要求している。

5．関係国は中国におけるすべての治外法権を放棄するとの提案は、日本がすでに実施を約諾していたことを日本は実施すべきであるとの要求ではなかったことは確実である。（訳注：交渉での合意事項以外の新規の要求であった）

（項番6～8についてはコメントの必要がない）

9．三国同盟を対象とした条項は、従前のアメリカの主張を相当程度にわたり超越しており、実質的には三国同盟を拒絶せよとの要求に相当する。その条項の語句はその表面上では無礼なものではないが、その文脈を読み込むならば、それは従前のアメリカの要求をはるかに越えたものとなっている。」（判決書p.508下段～p.509上段）

以上のパール判事の分析を読むと、合衆国側が突然に交渉態度を豹変させたことが十分に見て取れる。交渉を円滑に進めるために日米双方があえて交渉の俎上に上らせていなかった事項を、合衆国側はハル・ノートで一気に繰り出して来たのである。これは交渉を継続させたいとの意志を示すものではないことは、明白である。

「暫定協定modus vivendi」の否定

パール判事によれば「暫定協定modus vivendi」とは、外交交渉が不首尾に展開している場合に決裂を避けるために、外交の世界で長きにわたって実施されて来た方法とのことである。日本の「乙案」はこの「暫定協定modus vivendi」を提案したものであったとパール判事は指摘している。日本は外交交渉の決裂を避けるために必死の努力をしていたのである。そして、ハル・ノートはこれをにべもなく拒否したのであった。右記の点をパール判事は次の表現で指摘している。

「このハル・ノートを細かく観察すると、それは、日本側による**『暫定協定（modus vivendi）』**の提案を全面的に拒否していることがわかる。この覚書（訳注：ハル・ノート）は、かかる**『暫定協定（modus vivendi）』**に到達すべく外交の世界で長きにわたって実施されて来た方法には従わないとのアメリカによる選択を明瞭に示している。すなわち、この覚書は、論点を主要で本質的なものに限定しなかったのである。その主旨を決めるにあたりこの覚書は、近時の日本の軍団の南進でフィリピンならびにその地域（訳注：日本の軍団が南進したインドシナ近辺の地域）のイギリスとオランダの領土を脅《おびや》かすとされたものをその主眼点とすることを忌避したのである。そのような脅威の原因を取り除くためにその軍団を南から撤退させることを日本がすでに申し出ていた点は、この覚書では無視されているのである。」（判決書p.511上段）

もしも合衆国が「暫定協定modus vivendi」のやり方に従った場合、合衆国側の要求がどのようになっていたのかについて、パール判事は次の通り具体的に示している。

「ハル・ノートは、アメリカがいまだに防衛義務を負っていたフィリピン諸島の防衛に要求を限定するか、あるいはせいぜい、イギリスやオランダが持つそれらの帝国の領土を日本の侵略から防衛するための最低限の条件の要求をそれに付け加えるわけでもなく、その代わりとしてこのノートは、東洋全体にわたるアメリカの政策要件を最大限に要求したのに等しいものとなったのである。」(判決書p.511上段)

パール判事は、「暫定協定modus vivendi」のやり方に従わなかった結果、ハル・ノートは、次のようなものを日本に要求することになったと指摘している。

「このノートは日本に対し、その陸海空軍ならびに警察力のすべてを中国とインドシナから撤退させること、重慶政府のみを承認すること、同様の性質をもつ追加的な譲歩もすること、中国においてかつて『門戸開放』により取り扱われていた政治的経済的慣習を遵守すること、つまり、端的に言えば、日本がそれまで**『暫定協定(modus vivendi)』**の名の下《もと》に行《おこな》って来たことのすべてを取り消すことを要求したのである。」(判決書p.511下段)

ハル・ノートで合衆国政府が日本に要求した中国からの撤退は、以前の合衆国政府の外交政策から一貫しているものなどではない。ルーズベルト政権の直前の大統領は、共和党のハーバート・フーバーであった。その配下の国務長官、つまりハルの前任者にあたる人物はスティムソンであり、対日戦争の開戦も辞さない覚悟で日本の満州からの撤退を日本に要求する外交政策の採用をフーバー大統領に迫った。そのスティムソンに対する大統領の回答は、次の通りであった。

「その10年前にフーバー大統領は、当時の国務長官(＊)が熱心に主張した、満州のみを対象としたところの経済制裁の実施ならびに戦争手段に訴えるとの外交政策への支持を、断固として拒否したのであったが(訳注:次のパラグラフで詳述)、このノートはその全体として、そして実質的に、まさにそのような外交政策を中国のすべてとインドシナ、それどころか東洋のほとんどすべての地域に拡大して適用せよと言っているのに等しいのである。

(＊訳注:フーバー大統領の配下の国務長官はヘンリー・スティムソンHenry Lewis Stimson 1867~1950、前出。コーデル・ハルの前任にあたる。スティムソンの国務長官在職期間は1929~1933であった)

1931年にフーバー大統領は、閣僚たちに対して厳粛に次を通達したのである。すなわち、満州における日本の行動は悲しむべきことながら、かかる日本の行動は『アメリカ国民の自由、そして我が国民の経済的ならびに道義的な未来を危険にさらすものではない。そのようにならない限りは、私はアメリカ人の生命を犠牲にすることを提案することは絶対にしない。以上では十分な理由にならないと云《い》うのなら、戦争という手段に訴えることは、文明の力がまったく弱い目下の時期における、長期に亙《わた》る苦闘を意味するのである。そのような戦争では海軍の作戦のみによって勝利を収めるわけにはいかないのだ。我々は中国人たちを武装させ訓練しなければならないのである。そんなことをすれば、我々は世界中の疑念に火を点《つ》けるやり方で中国にどっぷりと漬かることとなるのである』と。」(判決書p.511下段)

ルーズベルトが中国でやったことは、まさにフーバーが懸念した通りであった。「中国人たちを武装させ訓練」し、最新式のカーチス戦闘機と共にそれを操縦するアメリカ人パイロットたちを中国に送り込んで、日本軍と戦わせたのであった。「アメリカ人の生命を犠牲にすること」としたのである。

そのようにしてハル・ノートは、日本がどうしても承諾することのできない条件、すなわち、中国からの大々的な撤退を要求したのであった。次の引用の通りである。

「合衆国政府が戦争の脅《おど》しをちらつかせながら、そしてそれを実施することは戦争へと導かれて行《い》くことになるかも知れないとアメリカの当局も認識していたところの経済的圧力を加えながら、日本政府に対して中国からのかかる大々的な撤退を提案したことは、この覚書（引用者注：ハル・ノート）の前の時点でのすべての交渉過程において一切、無かったのである。」（判決書p.511上段）

パール判事は、ハル・ノートが戦争の脅しをちらつかせていることも見落としておらず、右記においてしっかりと指摘している。

ハル・ノートに対する日本側の反応

パール判事は、日本側の反応を、例によって言葉を選びながら慎重に述べている。次の通りである。

「日本政府はこれを、何らかの合意に向けた8カ月間に及ぶ交渉における進捗を、無視するものであるととらえた。」（判決書p.508下段）

つまり、8カ月の長きに及んでいた日米交渉は、紆余曲折を経ながらも進捗を見せていたと日本政府は捉えていたのだ。ところが、ハル・ノートはその進捗をまるで無視する内容だったのである。

被告人の一人は次のように述べたとのことである。

「被告人たちはこのハル・ノートを最後通牒であると考えた。被告人の内の1人は次のように指摘した。

『かかる政治的条件もしくは状況は、それ自体が朝鮮地域にさえも影響を与えるものである。すなわち、日本は朝鮮からも撤退しなければならないとの窮状に置かれることとなるのだ。日本が大陸に持つ権益はすべて放棄せねばならず、アジアにおける日本の名声は消え失《う》せ、国際関係『二対シテ（vis-a-vis）』日本はまことに今日の状況のままに置かれることとなる。このことを別の言葉で繰り返せば、この要求は満州事変の時点で存在していた状況よりもはるかに悪い状況と境遇に戻れと日本に求めるものである。あるいは、それだけではなく日露戦争以前の状況にまで戻れということである。換言すれば、これは東アジアにおける大国としての日本が自殺することを求めるものである。』（法廷記録3万4665ページ）。」（判決書p.509下段～p.510上段）

法廷でこれを述べた被告人が誰であるかをパール判事は明記していない。表現は異なるものの、東郷茂徳被告が右記とほぼ同じ内容を、巣鴨の獄中で記した著書「時代の一面」で記している。

二人の米国人学者の捉え方

さて、東京裁判の裁判官であった2年数カ月の間にパール判事が目を通した書籍や資料はすさまじい数に上ると筆者は聞いた。一説には、数千どころではなく、万に達する数だという。それらをどのようにして入手したのかは筆者にはわからないが、パール判事は東京裁判進行と時間的に並行して出版された書籍を入手して目を通しているのである。

このハル・ノートを、同時代の二人の米国人学者がどのように捉えたかをパール判事が指摘している。なお、パール判事はこの二人の学者の名前を明記していない。判決書にわざわざこれらの名前を記載したのは、筆者の要らぬおせっかいであったかもしれない。

一点目はアルバート・ジェイ・ノックの1943年の書籍からである。次の通りである。

「現代の歴史家たちでさえも次のように考えることができよう。

『現行の戦争について言えば、国務省が真珠湾前夜に日本政府に送付したようなノートを受け取れば、モナコ公国、ルクセンブルク大公国も合衆国に対して武器を取って立ち上がったであろう』と。

（訳注：上記はアメリカの自由意思信奉者アルバート・ノック Albert Jay Nock 1870~1945 が1943年に出版した著書"Memoirs of a Superfluous Man"の中の一節である。ノックは、最近の戦争については開戦の口実がいつも丹念に仕立てられている（原表記はcarefully hand-tailored）と指摘し、その実例として、米西戦争開始の口実として仕立てられた米国戦艦メイン号の爆沈、中立国ベルギーへのドイツ軍による侵攻を第一次大戦参戦理由に仕立てたイギリス、ドイツの外相ベルンハルト・フォン・ビューローが膠州《こうしゅう》湾・青島《チンタオ》を占拠して植民地化する口実に仕立てた1897年の山東省でのドイツ人宣教師殺害に続き、上記の表現により、ハル・ノートが日本を開戦に追い込んだことを四つめの例に挙げている。戦争が進行中の1943年の出版であったので『現行の戦争』となる）」（判決書p.510上段）

二点目はチャールズ・ビーアドの1948年の書籍からである。次の通りである。

「現代のアメリカの歴史家は次のように述べている。

『…、1941年11月26日付の覚書（訳注：ハル・ノート）に関し、他の二つの結論が必然であることを請け合うためには、日本の歴史、制度、ならびに心理学、等の深淵な知識などは必要とされない。かかる結論の第1は、解決の交渉の基盤としてこの覚書の諸条項を受諾することは、それが『リベラル』な内閣であろうが『反動的』な内閣であろうが、いかなる日本の内閣も、少なくとも内閣が即座に倒壊するリスクを被《こうむ》らずにはできなかったであろうこと。その第2は、国務省のすべての高官たちは、特に極東関係に関連する部門に所属する高官たちは、この覚書の枠組みを作成していた期間に亘《わた》って、日本政府がこれを『太平洋の平和の維持に向けた』交渉を再開するための構想であるとして受諾することはないとの点を承知していたはずであること。さらに、ルーズベルト大統領とハル長官は1941年11月26日の段階で、東京がこの覚書の諸条項を受諾する、もしくは、この文書の日本への送達は戦争への前奏とはならないと証明できる、等を想定していたほどに日本の情勢に無知であったとも思えないのである。』

（訳注：上記は米国の歴史家、チャールズ・ビーアド Charles Austin Beard 1874~1948が1948年に出版した"President Roosevelt and the coming of the War 1941"（邦題：『ルーズベルトの責任〈日米戦争はなぜ始まったか〉』）の一節である）。」（判決書p.510上段~p.510下段）

以上の二人のアメリカ人学者の見解が正しいことを裏付ける行動を、他ならぬ合衆国政府自身が行《おこな》っていた。パール判事は合衆国政府の行動を、次のように記述している。

「ルーズベルト大統領とハル長官はこの覚書の諸提案の受諾を日本が拒否することを確信するあまり、日本の回答を待つこともせず、この文書が日本の代表者たちに手交されたその翌日に、彼らはアメリカの前哨基地の司令官たちに対して戦争への警戒を発することを認可したのである。ロバーツ報告書（＊）は、アメリカの前哨基地の司令官たちは11月27日という早期の段階において戦争が起きることを十分に警告されていた、と断定している。

（＊訳注：原表記はRoberts Report. 日本による真珠湾攻撃に関する事実関係の調査報告書であり、1942年1月28日に合衆国連邦議会に提出された。ハワイ駐在のキンメル海軍提督とショート陸軍中将が職務怠慢であったとした。合衆国最高裁判事補の Owen Josephus Roberts 1875~1955 を長とする調査委員会が報告を行《おこな》ったためにこの名がある。）」（判決書p.510下段）

ただ、ロバーツ報告書は正確ではなかったとの指摘が後にはあった。その後の研究では、キンメル提督とショート中将は日本軍の動きについての情報をたびたびワシントンに求めたが、その願いは十分にはかなえられず、キンメルとショートには不十分な情報しか与えられなかったことがわかっている。彼らは「十分に警告されていた」わけではないのが真相のようである。

いずれにしても、ハル・ノートが手交された翌日に、たとえ不十分なものであったにせよ、「戦争への警戒」がハワイに向けて発せられたとのパール判事の事実認定はそのままで正しいものと思う。日本がハル・ノートを拒絶することを早い段階でルーズベルト政権が予期していた証左である。

§18・合衆国の対中支援の数々

ここでパール判事は、合衆国の対中国への数々の支援を分析することで、彼らの対日敵対政策をあぶり出している。

前述したように、フーバー大統領は必要以上に中国に介入することを避けた。満州での出来事には不満を持つが、だからといってそれを是正させるためにアメリカ人の血を流すようなことはできないと考えたのであった。

ところが、次のルーズベルト政権はその正逆の政策を採った。次の通りである。

「日本に対抗するため1936年の末に蒋介石率いる国民党が中国共産党と合体したこと（訳注：国共合作）は今になって知られるようになった。この合体こそが1937年7月に、中国に対する日本の現行の戦争へと彼ら（訳注：日本）を突き落としたのである。この中国人たちの合体以降、中国が日本に対峙《たいじ》するよう、アメリカはさまざまなやり方で中国を支援したのであった。

採られた措置は日本に対する戦争に近いものである

検察側も次のとおりを認めている。合衆国は『非交戦国の間《あいだ》ではかつてなかったほどの規模にまで中国に対し経済的援助ならびに軍需品の提供の形での援助を行《おこな》い、そして、合衆国の国民の一部は中国人と共に日本の侵略に対して戦ったのである』と。

本官は、侵略というものは常に簡単に識別できるものではないと信じている。そうするためには、法律とは無関係である、などとは云《い》えないような複雑な状況に立ち入って調査を行《おこな》うことが必要となるのである。すなわち日本は、合衆国によるこの参画は交戦行為であると捉《とら》えることもできたのである。

国際法はおそらくは、争いごとに参画しようとしながらも他方では平和を維持しようとする国による努力や熱望を認知しないのである。国際法は、ある国が、自国が好む交戦国に対して支援国として参画するのであれば、その国は直接的な交戦国としてそのようにするのであって、中立国としてそのようにするのではない、と裁定するのである。

ことによると、これに対する合衆国政府による抗弁は、日中双方ともにそれが戦争であるとは宣言していないので日中間においては未《いま》だに戦争は行《おこな》われていない、というものであろう。しかし、検察側がこの戦闘行為を、ある目的のためには戦争であると特徴づけておいて、他方において、それに関する合衆国の行動を正当化する目的のためにはそれは戦争ではないと特徴づけることは、許されることではあるまい。」（判決書p.511下段～p.512上段）

右記引用の最後の文章で述べられている「ある目的のためには戦争であると特徴づけておいて」については、検察側は起訴状の訴因第18において「1931年《昭和6年》9月18日又はその頃中華民国に対し侵略戦争並びに国際法、条約、協定及び誓約に違反する戦争を開始せり」と述べていることが例として挙げられる。1931年以降の中国での戦争は「侵略戦争である」と明示的に特徴づけているのである。

その一方で、支那事変は日中米のいずれもが宣戦布告をしなかったのだから戦争ではなかったと特徴づけるような「二枚舌」は許しませんよ、ということである。仮に合衆国が宣戦布告をしなかったことを理由に、対中支援は中立法（国際法）違反ではないと合衆国が抗弁したとしても、検察側はそれを許してはならない、とパール判事は指摘しているのである。

筆者は、パール判決書の第五部 本裁判所の管轄権の範囲 において、パール判事が東京裁判所の管轄権を「1937年7月の蘆溝橋事件以降の日本の戦闘行為を含む」と判定したことの理由を、最終的にここで見つけ出した気がする。支那事変は実態的にも、国際法の観点からも、十分に「戦争」といえるものであったとパール判事は述べており、形式としての宣戦布告が欠けていたことのみを理由にそれが戦争ではなかったとすることはできないと判定されたのである。形式としての宣戦布告が「正しい戦争」のための必須条件であるとの命題が不完全であることは、パール判事は判決書の第二部「侵略戦争」とは何か でベリーデール・キース博士の研究を引用しながら、論じている（判決書p.139上段～p.140上段）。宣戦布告は「法的義務というよりは儀礼の問題にすぎなかった」（判決書p.140上段）というのがその結論であった。

右記引用で見落とせないのは、合衆国が中国を支援したのは、「中国が日本に対峙する」ためであったとパール判事が指摘していることである。合衆国は、中国が日本と手を組むことを阻止しようとしたのであった。この指摘は、第四部の最後の部分で再びなされることになる。

自衛行為を非常に広い範囲で自国には認めたルーズベルト

この対中支援が「自衛行為」であるとは合衆国が必ずしも主張していないことをパール判事は次の引用の冒頭で認めているものの、事実としてはルーズベルト政権は「自衛行為」を非常に広い範囲で自国に対して認めていたとパール判事は指摘している。次の引用の通りである。合衆国は日本に対してはそのような広い範囲の自衛行為を同様に認めることを結果的には許さなかったのだ。

「合衆国当局が、自衛行為であるとの彼らの抗弁をはたしてこの行動（＊）にまで拡大したのかどうかを本官は認識していない。本官は、当時の大統領のルーズベルトが抱《いだ》いていた非常に広範囲に及ぶ自衛の見解について、すでに言及した。ルーズベルトによれば、『攻撃は』『それが北にあろうが南にあろうが、我々の安全保障を脅かすあらゆる基地を占拠することにより開始され、』そして、『我々はそのことを現代の戦争の電光石火の速さと関連づけなければならない。』占拠されたその基地は『我々の国境から何千マイルも離れている場合もあろう。』『必然的にアメリカ政府は、我々の半球に対する攻撃がどの時点で開始されたかの決定を行《おこな》わなければならず、そして、その時点に到来したのであればその立場（訳注：防衛を行《おこな》うとの立場）を明確にするとの決定を行《おこな》わなければならない。』つまり、『現代の戦争技術』が自衛の範囲をそのように拡大したのである。『敵が我々の庭先に来るまで待っているのは自殺行為となる。』『仮想敵が攻撃の為の足場を得るのを座して待つことは馬鹿げている。昔からの常識によれば、敵が足場を得ることをその最初の段階で妨げる戦略の活用が要求されているのである。』

（＊訳注：合衆国による「非交戦国の間《あいだ》ではかつてなかったほどの規模にまで中国に対し経済的援助ならびに軍需品の提供の形での援助を行《おこな》い、そして、合衆国の国民の一部は中国人と共に日本と戦った」との有形無形の支援）」（判決書p.512上段～p.513上段）

合衆国による「戦争一歩手前」の対日政策と対中支援の数々

合衆国が採った一連の対日・対中政策の具体的な内容を、パール判事は次の引用の中で検討している。

「これらの行為はこの段階における日米間の平和的関係を妨げる交戦行為ではなかったとの立場に基づいて、検討を進めることとしよう。

合衆国は、一連の外交的な動きを取った後に、戦争の一歩手前の措置を日本に対して取り始めた。彼らは1938年7月に、航空機の日本への輸出につき『道義的禁輸』を行《おこな》った。1939年7月にヴァンデンバーグ上院議員（＊1）の決議が提示された後、ハル長官は、6カ月の後に1911年の通商条約は失効するとの通知を発遣した。1940年の夏に合衆国は輸出制限を課すことを開始した。かかる輸出制限はアメリカの軍備推進計画への支援の役割をも果たすよう計画されたものではあったものの、それは合衆国による日本への輸出の大きな部分を統制下に置くこととなった。1941年6月にはアメリカ人の政治顧問が蔣介石将軍によって任命された。ビルマ・ルート（＊2）の交通運輸改革のため複数のアメリカ人が派遣された。シェノール将軍（＊3）の指揮下のアメリカ人航空機操縦士たちは、合衆国の軍隊から退役し中国陸軍（訳注：中華民国軍）へ志願することを許された。1941年8月にはジョン・マグルーダー准将（＊4）の指揮下のアメリカ人軍事使節団が中国に派遣された。

（＊1訳注：Arthur Hendrick Vandenberg 1884〜1951 合衆国上院議員。共和党。ミシガン州出身。国際連合の設立に貢献した。アメリカは日本による中国領土の占領の現状を事実として認定した上で新しい条約を日本と結ぶべきことを主張し、その一環として上院外交委員会において日本との既存の1911年日米通商航海条約の取り消し決議を1939年7月18日に提出した。ルーズベルトとハルはこれを逆手に取り、条約取り消しに必要とされた6カ月前の事前通知を日本に向けて発信するための口実として使った。これがアメリカによる一連の対日締め付け政策の嚆矢《こうし》となった）

（＊2訳注：ビルマ・ルート。ソ連ルート、香港ルート、仏印ルート、ビルマ・ルートと、四つあった援蔣《えんしょう》ルート（蔣介石支援のための物資輸送ルート）の一つ。仏印ルートを塞いだ後に残った唯一のルート。当時ビルマはイギリス領であった）

（＊3訳注：Claire Lee Chennault 1893〜1958 アメリカ空軍の軍人。中華民国の「フライング・タイガース」傭兵航空部隊〈義勇軍部隊〉の指揮官）

（＊4訳注：John Magruder 1887〜1958 アメリカ陸軍の軍人。諜報部門での活躍が知られている）」（判決書p.513上段〜p.513下段）

最終的に、合衆国は日本の資産を凍結した。

「合衆国は1941年7月26日に、日本とのすべての取引を政府の統制下に置くことを目的として合衆国国内の日本の資産を凍結した。

これは経済戦争の宣戦布告であり、中立国のふるまいではなかったことは確実である。オーストラリア、オランダ、イギリスによって同時に採られた経済的軍事的措置とあわせ、**これこそが、**日本が『反日包囲政策』と呼んだものであった。（訳注：いわゆるABCD包囲網）」（判決書p.513下段）

なお、日本の資産の凍結と同時に、対日禁輸も行《おこな》われている。

以上を眺めていくと、合衆国は日米交渉の三年ほども前の1938年7月の時点から、着々と日本を追いつめていったことがわかる。「日本がインドシナ南部に進駐したから資産を凍結した」、などという一片の事柄では片づけられないのである。1938年以降、じわじわと日本を締め上げていった一連の流れの中で、日本は生き延びるためにインドシナやオランダ領東インドに手を伸ばさざるをえなくなったのである。鶏と卵の議論は、ここに決着したと筆者は思う。合衆国の対日敵対政策が「先」であり、生き延びるために日本が採らざるをえなかった政策が「後」である。パール判決書の一連の事実認定を追って行《い》くと、そのような見解に至らざるを得ないのである。

§19．嶋田海軍大臣の陳述：日本側の考えていたこと

ここでパール判事は、当時の日本側の心理状態の解明に乗り出す。パール判事がそのための材料としたのは、被告人・嶋田海軍大臣による東京裁判における法廷証言であった。

嶋田はパール判事に好印象を残したようである。パール判事は嶋田について次のように述べていることを最初に示しておきたい。

「彼（引用者注：嶋田）は率直な質問に対して率直な回答を常に行《おこな》うところの、高度に実直な兵士であるとの印象を本官（引用者注：パール判事）に与えたことを、本官は申し述べなければならない。」

（判決書p.356上段）

裁判官はその職務として、法廷における尋問に対する回答が真理なのかどうかを全身全霊で判定する。そしてパール判事は、嶋田はその証言において真理を述べていると判定したのであろう。

前置きが長くなってしまった。嶋田の証言を次に引用したい。嶋田の証言はすべてが一貫しており、正確な理解のためには途中で区切ることは適切ではないと考えるので、一つにまとめて引用する。

「被告人の**嶋田**《しまだ》（訳注：東条内閣の海軍大臣）は、これらの出来事とそれらが日本人の心理へ与えた効果につき我々に対して説明を行《おこな》った。**嶋田**《しまだ》は次のように述べた。

『いずれの連絡会議もまだ召集されてはいなかった10月23日に、戦没者のための式典が靖国神社《やすくに》で行《おこな》われた。**東条**が電話をかけて来て、予定より10分早く来てくれと私に言った…。私はその通りにしたが、彼はその時、初回の連絡会議をその日に開催することを計画していると私に述べ、そして、対米交渉を白紙状態から開始し、合衆国に対して日本が実施できる最大限の譲歩を深く詳細に**検討する**との固い決心を繰り返した。』

『そのため私は、その後に続いた塗炭の苦しみと悲劇的苦闘にこの国を陥れるような戦争内閣に入閣したとの印象は、持っていなかった。むしろ私は、まさにその軍事力、統制力と態度によって、この深刻な国際紛争を平和的努力の下《もと》に解決するためのあらゆる可能性を絞り出すような政府における閣僚に私は任命されたものと信じていたのである。』

『連絡会議は10月23日に開始され、その参加者すべてが、この問題は交渉により解決できるとの信念を披瀝《ひれき》した。さらに、全員が全身全霊で平和を求めていたのであった。ただし課題は、それをどのように確保するかであった。長い会合が継続的に開催された。』

『1941年11月5日の連絡会議と御前会議の間《あいだ》の時間において、私は、私の思考のすべては次の2点の問題にその焦点が当てられていたことを思い出す。すなわち、

1．外地にある軍団を撤収するとの最も困難な条件を如何《いか》に緩和し、そしてこの事実を如何《いか》に大本営陸軍部の見解と調停することが最良なのか。

2．合衆国との合意に到達する努力の中で、日本が行《おこな》うことができる最大限可能な譲歩とは何か？　最も困難な問題は支那とフランス領インドシナからの軍隊の撤収に関連するものであった。私はこの問題を探究した。海軍筋の全般的な考えを確かめ、他

の閣僚の考えや当時の輿論《よろん》の傾向も十分に汲み取った。三国同盟については、海軍はそれに反対であったし、また、彼らは三国同盟に対して重きを置いたことは決して無かったために、他の諸問題につき意見の一致さえ得られれば、三国同盟問題は解決できないものであるとは私は考えなかった。日本が如何《いか》にしてこのような国際的難局の中に至ったのかは慮外に置き、この問題に対する私の考えは、現在からアプローチして検討を行《おこな》うというものであった。そのため、最良の解決は、合衆国ならびにイギリスとの間《あいだ》で、彼我の双方が互いに譲り合った上で妥協をはかることにあった。その結果、戦闘行為がもたらす悲劇的効果に至る可能性を避けるとの誠心誠意の試みの中で、この線に従って私は努力をすることとした。』

『それまでに進展していた事態のため支那から**皇軍のすべて**を撤退させることは物理的に不可能となっている上に、そうすることは日本国民を動転させてしまう心理的な一撃となる、との有力な意見があった。それは日本に対する支那の勝利に相当し、極東における合衆国とイギリスの威信と立場が強化されることとなり、**それにより**日本の経済的生存と世界における有力国たる地位を**それら2国に依存する立場へと落としめることとなる**との議論があったのである。そのため、当時の私の思考では、我が皇軍を一定期間の間《あいだ》に支那本土から戦略的に撤退させることで妥協を図《はか》り、また、もしも反対派を同調せしめることができるのであればフランス領インドシナからは即時撤退を行《おこな》うことが賢明である、と考えた。第三次**近衛**内閣においては実行が不可能であった大幅な譲歩を当時の日本は行《おこな》うのだという点には疑いは無かった。」

『11月5日の御前会議において、戦争準備を実施するのと同時に、平和に向けた着実な努力を外交を通じて重ねることが決定された。当時の日本の苦境を考えれば、これは矛盾した考え方ではなかった。つまり、**連合国諸国は日本の経済包囲を行《おこな》ったのでありそのもたらした結果は我々が敢《あ》えて世界に対して認めていたものよりも強烈であったのだ。**我々は合衆国の軍備増強を危惧の念と共に眺めていたのであって、そのような軍事的措置はドイツとの戦争のみを念頭に置いて行《おこな》われているとは推論できなかったのである。アメリカの太平洋艦隊は、はるか以前に西海岸の基地からハワイに移動させられており、そこで日本に対する脅威として立ちはだかっていた。合衆国の対日方針は冷厳で非協力的なものであり、それは彼らの要求を妥協なしに押し通すとの彼らの決意を明らかにするものであった。**アメリカによる支那に対する軍事的そして経済的な支援は日本国民の間《あいだ》に激しい怒りを喚起していた。**連合国諸国は軍事会合を重ねていたが、それらはあからさまに日本に対して向けられたものであった。日本が当時抱《かか》えていたのは、きつく、緊張しており、また出口の無い感情であった。』

『(b)右記の事実を考えれば…二つの解決方法が日本の前には開かれていた。一つは全般的状況を外交を通じて切り開くことであり、合衆国と日本による互恵的政策が問題への解答になると願うものである。もう一つは連合国による包囲網がもたらした現実的かつ差し迫った困難を我々独自の力で克服するというものである。我々は、後者のこの措置は純粋なる防衛措置であり、**それは最終的手段としてのみ採用される**ものであると常に考えて来た。日本には、あるいはその他のあらゆる国においても、自己保存のために行動すること、また、どのような事実の積み重ねがかかる権利を行使する資格を自国にもたらすのかを自国のために決定すること、等についての主権的権利があることに関して、私は疑念を持ったことがまったく無い。政府は統帥部《とうすいぶ》と共働して、状況を真剣に考慮した。政府と統帥部《とうすいぶ》のいずれの構成員も、誰一人として、合衆国ならびにイギリスとの戦争を求める者はいなかった。軍人たちは、日本がすでに4年以上にも亘《わた》って支那事変をその手中に抱《かか》えており、そしてこれが成功裏に終結する保証はどこにも無いことを知りすぎるほどに知っていた。そのため、日本が自発的に合衆国やイギリスなどの列国と追加的な戦闘行為を行《おこな》うなどと論じることは、考えられぬほどに幼稚な軍事的論理を我々の身に押しつけることとなるのであった。』

『(c)行《おこな》いうる最大限の譲歩を政府は慎重に検討し、また、合衆国との間《あいだ》で合意に到達するための最大限の努力を続けていた…。その一方で統帥部《とうすいぶ》は、もしも和平交渉が失敗した場合はその機能の発揮を要求されるとの問題に直面していた。彼らの状況は単純に実際的なものであった。統帥部《とうすいぶ》は、海軍の手中にあるのはおよそ2年分の石油在庫であると主張した。それ以上は入手できなかった。民間の石油は6カ月以上維持できるはずがなかった。12月の到来と共に北東方向に動く台風が台湾海峡、フィリピンならびにマラヤ地区で吹き荒れるので、それらの地域での軍事作戦は困難となる。もしも来年の春まで待つよう強要されたら、着々と減少する石油在庫のために仮に政府により海戦の遂行を行《おこな》うよう求められても海戦遂行のリスクを負うことはできなくなると彼ら(訳注：統帥部《とうすいぶ》)は主張した。』

『(d)11月5日の御前会議で統帥部《とうすいぶ》がその立場を明らかにしたのは、以上の状況の下《もと》においてであり、そして、もしも外交交渉が失敗し彼らが行動を起こすように求められたらそれは初冬に実施せねばならず、そうでなければ彼らはまったく行動できなくなる、と統帥部《とうすいぶ》は主張した。私がすでに説明した諸要因がもたらしたところの、当時のこの**増大する自暴自棄の雰囲気の中で**、政府は戦争のための詳細な措置を採るようにさせられたのであった。ただし、彼らは交渉を通じた平和を願い、また、それが可能であると依然として考えてはいた。』

※　※　※　※　※

『私は政治家でも外交官でもなかったが、解決を見出《みいだ》すため、持てるすべての技能と推論を動員しようと努めた。疑念、望み、恐れ、そして憶測が入り混じった、そのような雰囲気の中で、11月26日のハル・ノートを受領したのであった。』

『(b)これは青天《せいてん》の霹靂《へきれき》であった。合衆国が、我々が行《おこな》った譲歩はそれが何であれ戦争回避のための真摯な努力であるとして汲み取り、この状況全体を救うために彼らがその半分でも我々に対して歩み寄りを試みてくれることが私の祈りであった。合衆国政府による無情な回答がそこにはあったのであり、それは頑固で屈しないものであった。そこにおいては、我々が行《おこな》った、交渉における譲歩の努力はまったく認識されてはいなかった。内閣の閣僚もしくは統帥部《とうすいぶ》の責任ある立場の者の中には、ハル・ノートの受諾を主張する者は1人もいなかった。そこでの見解は、受諾は不可能であり、この通達は我々の国の存続を脅かす最後通牒であるというものであった。全般的な意見は、このノートにある諸条件の受諾は日本の破滅に匹敵するほど悪いことである、というものであった。』

『(c)…まだ救う手だてが残っているというのに自ら進んで世界の二流国に転落する国などは無い。この瞬間に至るまでの歴史書においては、指導的立場にあるあらゆる国はたゆまなく、その権利、特権と権威を維持させようとして来たこと、そしてかかる目的のためにその国にとって最も有益と考えられる政策に常に従って来たことが、記《しる》されている。祖国を愛する日本人の1人として私は、日本はアメリカの要求に屈服してなお、世界におけるその立場を維持することができるのだろうかとの問題に直面させられたのである。我が祖国の最善の利益に反する措置を主張していれば、叛逆行為となっていたことであろう。』」(判決書p.513下段～p.516上段)

筆者はかつて、この嶋田の証言を翻訳しながら、嶋田は英訳された文章が判事たちにどのような印象を与えるかを計りながら証言したに違いないという印象を持った。嶋田は日本語で法廷証言したことは間違いないのだが、パール判決書の原本に記された英文訳は、これがもともと日本語であったとは思えないほど理路整然としていて、無駄がない。まったく見事な証言である。パール判事がこの証言を重視するのも、無理からぬものと筆者には思える。

嶋田証言の要点と思える点を、以下、書き出してみたい。

1)東条内閣の性格

○東条内閣は深刻な国際紛争を平和的努力の下に解決するためのあらゆる可能性を絞り出す内閣であると嶋田は捉えていたこと

○第三次近衛内閣においては実行が不可能であった大幅な譲歩を東条内閣は行《おこな》う、との点に嶋田は疑いを持たなかったこと

2)日本側関係者の考え方

○10月23日の連絡会議において、この国際紛争は交渉により解決できるとの信念を全員が持っていたこと。さらに、全員が全身全霊で平和を求めていたこと

○嶋田は、日本が行《おこな》うことができる最大限可能な譲歩とは何かに着眼して自身の検討を進めたこと

○最良の解決は、合衆国ならびにイギリスとの間で、彼我《ひが》の双方が互いに譲り合った上で妥協をはかることであると考えたこと

○最も困難な問題は、外地にある軍団を撤収する点にあったと嶋田は認識していたこと

3)連合国による対日政策の影響

○連合国諸国は日本の経済包囲を行《おこな》ったのであり、そのもたらした結果は日本政府があえて世界に対して認めていたものよりも強烈であったと率直に認めていること

○合衆国による支那に対する軍事的そして経済的な支援は日本国民の間に激しい怒りを喚起していたこと

4)軍事的決着に対する考え方

○連合国による包囲網を物理的に突破するとの軍事的解決の措置は純粋なる防衛措置であるものの、それは最終的手段としてのみ採用されるものであると認識していたこと

○政府と統帥部のいずれの構成員も、誰一人として、合衆国ならびにイギリスとの戦争を求める者はいなかったこと

○日本はすでに4年以上にも亘って支那事変を抱えており、それが成功裏に終結する保証がないことを知り抜いていたこと、そのため、さらに合衆国やイギリスと追加的な戦闘行為を行うことは「考えられぬほどに幼稚な軍事的論理を我々の身に押しつけること」となると認識していたこと

5）統帥部に求められていた役割

○交渉による平和を追求し、合衆国ならびにイギリスとの戦争を求めるものがいなかった一方で、統帥部は、もしも和平交渉が失敗した場合にはその機能の発揮を要求されていたこと

○統帥部は、海軍の手中にある石油在庫はおよそ2年分であると認識していたこと

○2月の到来と共に北東方向に動く台風が台湾海峡、フィリピンならびにマラヤ地区で吹き荒れるので、それらの地域での軍事作戦は困難となること、そして、もしも来年の春まで待つよう強要されたら、着々と減少する石油在庫のために仮に政府により海戦の遂行を行《おこな》うよう求められても海戦遂行のリスクを負うことはできなくなると統帥部が主張したこと

6）ハル・ノート

○当時の増大する自暴自棄の雰囲気の中で、政府は戦争のための詳細な措置を採るようにさせられていたこと、ただし、政府は交渉を通じた平和を願い、また、それが可能であると依然として考えてはいたこと

○その中で受領したハル・ノートは青天の霹靂であったこと

○ハル・ノートは合衆国政府の無情な回答であり、頑固で屈しないものであると嶋田が認識したこと

○内閣の閣僚および統帥部は、①ハル・ノートの受諾は不可能であるとの見解であり、②ハル・ノートは日本国の存続を脅かす最後通牒であると認識し、そして、③その受諾を主張する者は1人もいなかったこと

○嶋田は、ハル・ノートは、日本はアメリカの要求に屈服してなお、世界におけるその立場を維持することができるのだろうかとの問題に自分を直面させたと考えたこと

○嶋田は、ハル・ノートの受諾は日本の最善の利益に反する措置であると認識しており、ハル・ノート受諾の主張は叛逆行為となっていたと認識していたこと

○嶋田は、「まだ救う手だては残っている」と認識していたこと

嶋田証言の最後の部分にある、「まだ救う手だて」とは、嶋田の表現で言うところの「連合国による包囲網がもたらした現実的かつ差し迫った困難を我々独自の力で克服するというもの」、すなわち、軍事的解決の措置のことであろう。ただし、この措置は純粋なる防衛措置であるものの、それは最終的手段としてのみ採用されるものであると嶋田が認識していたことには留意しなければならない。平和的交渉の道がハル・ノートによって絶たれた今、この「最終手段」に頼るしかないところまで追い込まれたが、これこそが「まだ救う手だて」であったのだろう。

嶋田証言：パール判事のまとめ

嶋田証言をまとめて、パール判事は次のように特徴づけている。

「すなわち、日本人の心の中で何が起きていたかの説明が、ここにおいてなされたのである。そして、当時に起きていた出来事や状況は今や我々が知るところとなったものであるが、それらに基づいて判定を行《おこな》うなら、これは的中している可能性の高い説明でもあることは確実である。提示された以上の証言は、日本が採った行動を正当化できるかも知れないし、できないかも知れない。しかし、これは、起きた事柄を、何らかの共同謀議によることなく、十分に**説明している**ことは申し述べておかなければならない。」（判決書p.516上段～p.516下段）

パール判事は、嶋田証言は「的中している可能性の高い説明で」あ

るとしており、「起きた事柄を、何らかの共同謀議によることなく、十分に説明している」とまとめている。

§20．日米交渉：合衆国側の立場の分析

嶋田証言により、日米交渉における日本側の立場と考え方は説明できた。それでは合衆国側は何を考え、何を目指していたのだろうか。

これについてはパール判事は、東京裁判に提出された膨大な証拠の分析によって、次の通りを事実認定している。

蔣介石支援

まずは重慶の蔣介石政府への支援を認定している。

「アメリカが重慶の中国政権（訳注：蔣介石政権）への支援を行《おこな》ったことは、本件裁判において十分に立証されている。アメリカは彼らを励まし、また、彼らが日本ならびに中国における日本のいくつかの傀儡《かいらい》政権に対する戦争を遂行するための支援を行《おこな》ったのである。」（判決書p.516下段）

右記引用中の「中国における日本のいくつかの傀儡政権」とは、一つは新京（長春）の満州国政府、そしてもう一つは南京の汪兆銘政府のことであろう。

イギリスとオランダ

次は、合衆国が英蘭の2カ国に対し、日本に対する戦争準備を促した件を認定している。

「アメリカはイギリスとオランダに対し、日本に対する戦争の準備をアメリカと同様に行《おこな》うよう促したのである。彼らは日本との経済関係を容赦の無いものとし、また、真珠湾攻撃の少なくとも1週間前にはハル氏はイギリスの大使に対して『アメリカと日本との関係における外交の部分は事実上は終了したので、本件は今や陸軍ならびに海軍の当局者たちの手に委ねられたのである』と語っている。」（判決書p.516下段）

右記引用の後半の、ハルがイギリスの大使に対して語ったことが如実に示しているように、ハルはイギリスを仲間と捉え、ハル・ノートにより合衆国政府は日本との平和交渉を破綻させ、日本側が軍事行動に出ることを確信したので、「今や陸軍ならびに海軍の当局者たちの手に委ねられたのである」と率直に語ったのであろう。これはその時点でのハルの現状認識がそうであったことを証するものである。この件もそうだが、パール判事は裁判官として、法廷証拠に基づいて事実認定を行《おこな》っているのである。

合衆国は単に時間を稼いでいた

次に、パール判事はさらに重要な指摘をする。1941年7月以降、合衆国はなんと、単に時間を稼いでいたと明言している。これはパール判事による事実認定と言ってよいであろう。

「実際、1941年7月の禁輸の実施後には合衆国は単に時間を稼《かせ》いでいたのである。日米双方は彼らの間《あいだ》の意見の相違は和解できるものではないことを知っていた。アメリカにとっては、戦闘行為を開始するリスクは1941年7月の時点においてですらも非常に大きかったのである。当時、ロシアがドイツの攻撃に持ちこたえることができるのかどうかは全く確かではなかった。しかしながらかかるリスクは、中国が日本との間《あいだ》で和解の合意に至り西洋諸国の欲望に対する日中共同戦線が形成されるとのリスクとの間《あいだ》で均衡が図られなければならなかったのである。（＊）

（＊訳注：ドイツの攻撃に持ちこたえるようロシアを支援したいが、一方で、日中の共同戦線が結成されることを防ぐために蔣介石が対日

抗争を継続できるよう蒋政権を支援し続ける必要があった。すなわち、初期において少なかった自国の資源をまず中国に向けて割《さ》かなければならなかった。欧州・大西洋と太平洋の両洋における2正面作戦を遂行する国力（「両洋艦隊」Two Ocean Navy）を養うために時間を稼ぐことが必要だった。1941年7月の段階でロシアの対独屈服が明らかとなれば、戦闘行為開始以外の別の対日戦略を練《ね》る必要に迫られていた）」（判決書p.516下段～p.517上段）

パール判事は法廷証拠を丹念に読み込んだ上で、右記のように「合衆国は単に時間を稼《かせ》いでいた」と判定したのである。

1941年7月とは、インドシナ南部進駐を口実にしてルーズベルト政権が対日禁輸を行《おこな》った時点である。すでに見たように、「これは経済戦争の宣戦布告であり、中立国のふるまいではなかったことは確実である」（判決書p.513下段）この時点で実質的に日米は開戦したのであった。

パール判事は「§6．検察側主張の明確化と分析」の段階で、日米交渉において日本側が時間を稼いでいた、との検察側主張に対して、次のように指摘していた。再度引用する。

「本件裁判におけるこの証拠はむしろ、交渉のために必要となる時間はアメリカには有利であったものの日本の戦争資源に対しては有害な影響を与えていたことを示している。実際、交渉における日本のせっかちな態度は、主としてこの事実に基づくものである。」（判決書p.482上段）

早く交渉をまとめあげようと日本は矢継ぎ早に提案を提出していた。これをパール判事は「せっかちな態度」と表現したのであった。つまり、日本側が「時間を稼ぐ」ことはありえないのである。

戦闘行為勃発を先延ばししたかった合衆国：7月まで対日禁輸に踏み切らなかった理由

続けてパール判事は、時間の経過は日本ではなく、合衆国側に有利に働いていたと指摘する。次の通りである。

「1941年7月の禁輸の実施後には、日本をまっさかさまに戦争へと突き落すこととなるところの一撃を日本はいつ、どこに加えて来るのか、という問題が唯一残るのみとなった。アメリカの国力は増大しつつあったので、彼らにとっては戦闘行為勃発を先に延《の》ばせば延《の》ばすほど、状況は良いものとなるのであった。時間の経過は彼らの側に有利に働いていたのであって、時間を稼ぎたいと欲《ほっ》するあらゆる理由が彼らにはあった。」（判決書p.517上段）

合衆国が1941年7月以前の段階で対日禁輸に踏み切らなかった理由は、次の引用で指摘される。

「何らかの有効な禁輸がもっと早くに実施されなかった理由は、当時の合衆国が日本に対して友好的であったからではない。広く流布していた見解によれば、完全な禁輸が実施されれば日本は破滅するであろう、とのことであった。そうなれば日本は戦うことを余儀なくされると云《い》うのである。しかし当時はまだアメリカは、日本との戦争を実施するリスクを取ることができるほどの準備ができてはいなかった。ドイツが南アメリカを通じて、また大西洋において、彼らを攻撃することができないとの点につき納得できる程度に確認が取れるまでは、彼らは太平洋における全面戦争の冒険をすることはできなかったのである。」（判決書p.517上段）

右記の一連の引用から読み取れることは、次の4点であろう。

①合衆国としては、「中国が日本との間で和解の合意に至り西洋諸国の欲望に対する日中共同戦線が形成される」ことを防ぎたかったこと

②①のためには日本に支那事変を終息させず、日本と中国に戦闘を続

けさせることを目的に、蒋介石に対して物心両面で援助を続ける必要があったこと。

③合衆国が日本に石油を渡していたのは、日本との開戦時期を遅らせるためであったこと

④7月の時点で合衆国側が対日禁輸に踏み切ったのは合衆国政府がその時点で欧州戦争の状況に何らかの見切りをつけたからであろうが、合衆国の準備状況としては7月の時点でも太平洋と大西洋の両洋で戦闘を開始するに十分ではなく、さらに時間を稼ぐ必要があったこと

　この①の示唆は重要である。パール判事による法廷証拠の分析からは、日本としては、「大東亜共栄圏」の建設を主軸とする「東亜新秩序」の実現を国策としていた。そのために馬賊・匪賊が跋扈する中国の国内を整理させ、片や、コミンテルンに操られた共産主義勢力を押さえ込みながら、日本の交渉相手となりうる責任ある中国政府を早期に作り出すことが必要であると考えていたことがわかる。一方で、合衆国はまさにその日中和解と、合衆国が「日中共同戦線」と捉えた日中の連携の実現を避けたがっていたとパール判事は指摘しているのである（判決書p.516下段）。

フーバーとルーズベルト

　フーバー大統領が、満州における日本の行為を阻むために軍事力を投入するとのスティムソンの提案を却下したことはすでに指摘された（判決書p.511下段）。

　しかし、次のルーズベルト政権は、まさにフーバーとは正逆の政策を採り、「中国にどっぷりと漬かる」（フーバーの言葉）ことをしたのであった。また、空軍パイロットとしてアメリカ人義勇兵を中国に送り込んで戦わせることで「アメリカ人の生命を犠牲にした」（フーバーの言葉）。

ただし、フーバーが述べた「世界中の疑念に火を点けるやり方で」という部分は、実際には該当しなかった。つまり、「世界」の内で大きな発言力を持つ西欧諸国は、ルーズベルトの対中支援を支持したのであった。「疑念」を持つどころか、賛成に回ったのである。フーバーの云う「疑念」を持ったのは、世界の内でも日本だけだったのだ。極東において「西洋諸国の欲望」（判決書p.516下段）に対抗する日本、という図式がここでも明確になっている。

　イギリスはもちろん、合衆国、フランスさらにはドイツを含む西欧諸国が援蒋を続けたのは、自分たちの「欲望」の継続のためであった。中国との交易は、それほどまでに利益があがっていたのであろう。日中が手を組まれては、困るのである。

　右記の①～④の内の①は司法裁判における事実認定には該当しないと指摘されれば、その指摘通りかも知れないと思う。法廷証拠が①を直接に証明することはないのである。しかし、この第⑩項後段でパール判事が緻密に積み上げて分析していたことを踏まえれば、①の見解は論理的必然であると指摘することも可能であろう。そのためにパール判事はトインビーの言説を引用しながら、「英国世界秩序」の分析まで行《おこな》ったのである。

日米交渉：パール判事の分析の結論

　パール判事は日米交渉に関する分析の結論として、以下を述べている。

　「以上が、あらゆる合理的疑念を超越した上で、本件裁判における証拠が立証しているものであると見受けられる。いずれにせよ以上は、当時の状況への見解としての1個の可能かつ合理的な見解であった。アメリカの高位の政治家たちや陸軍関係者たちでさえも以上を見落とすことはなかったのであり、それによって日本

が採用を余儀なくされる可能性が高い方針に対し、疑いを持つ者などはいなかったのである。」(判決書p.517下段)

右記引用の冒頭と中段でパール判事が「以上が」あるいは「以上を」と述べているのは、具体的には、筆者が挙げた①〜④である。右記引用では、これら①〜④が1個の可能かつ合理的な見方であったこと、アメリカの関係者たちも①〜④を見落とすことはなかったこと、①〜④により日本はある「方針」を採用されることを余儀なくされたこと、そして日本がそのような「方針」を採用することに対してアメリカの関係者たちで疑いを持つ者はいなかったこと、等が示されている。

この「方針」とは、嶋田証言で表現された「連合国による包囲網がもたらした現実的かつ差し迫った困難を我々独自の力で克服するというもの」すなわち「軍事的解決の措置」の方針を指すのであろう。なお嶋田は、「この措置は純粋なる防衛措置であり、**それは最終的手段としてのみ採用される**ものである」と述べている。

パール判事が、証拠を丹念に分析した上で「当時の状況への見解としての1個の可能かつ合理的な見解であった」としているこの結論を、重視しないわけにはいかないだろうと筆者は思う。

§21. 連合国が自らの行為を正当化するために依存した3つの条約

訴追を行《おこな》っている連合国諸国の対日行為を正当化するにあたり、検察側は①1928年のパリ条約（ケロッグ・ブリアン条約）、②1922年のワシントン9カ国条約、③1921年のワシントン四カ国太平洋条約、の3つの条約に大きく依存したとパール判事は指摘している。次の通りである。

「日本の行為を非難し、訴追を行《おこな》っている諸国が取った行動を正当化するにあたり、検察側は1928年のパリ条約、1922年のワシントン9カ国条約、ならびに1921年のワシントン四カ国条約に大きく依存している。」(判決書p.517上段〜p.517下段)

それらの3つの条約が連合国諸国の一致協力して行《おこな》った行動を正当化するのにどの程度役立つのかを見てみたいとパール判事は述べている。

「ここでは我々は、正当化の問題とは無関係である。我々は今、起きた出来事に対する説明を探し求めているのである。それでも、ここでちょっと目を転じて、**それらの複数の列国の側により企図され一致協力して実施された行動**を正当化するにあたり、それらの条約がどのように関係して来るかを見てみることとしよう。」(判決書p.517下段)

第四部において探求すべき主題は、「全面的共同謀議が存在したと推定すること以外に、日本の行動が合理的かつ十分に説明できるか」であった。日本がなぜ、訴追されたさまざまな行為を行《おこな》ったのかを、当時の日本と世界の状況を踏まえながら、合理的に説明することが、第四部におけるパール判事の努力のすべてであった。

その努力の中では、右記引用の冒頭に述べられているように、「正当化の問題とは無関係」であり、「起きた出来事に対する説明を探し求めている」のであった。日本側もしくは連合国側の行動が「正当化」できるかどうかは慮外に置かれていたのである。

しかし、「ここでちょっと目を転じて」、「**それらの複数の列国の側により企図され一致協力して実施された行動**」すなわち、日本に対して訴追を行《おこな》っている連合国側の対日行為が、これらの3つの条約によって「正当化」できるのかどうか、ひとつ、検察側の言い分を検証してみようではないか、とパール判事は提案しているのである。

ここでの連合国側の「行動」とは、具体的にはABCD包囲網による対日ボイコット行動のことである。

①パリ条約

まず、検察側がさまざまに援用したパリ条約（別名ケロッグ・ブリアン条約）が取り上げられている。パール判事は第一部 予備的法律問題でパリ条約を徹底的に分析したが、その集大成がここで述べられていると筆者には思える。パール判事はチェイニー・ハイド氏の言説に自らの意見を代弁させている。次の通りである。

「1928年のパリ条約（訳注：ケロッグ・ブリアン条約）につき、チェイニー・ハイド氏は次のように述べている。

『この条約は留保条件によって蜂の巣状の抜け穴だらけとなっており、また、その有名な起草者たち（訳注：ケロッグ国務長官とブリアン氏）の言《げん》によれば防衛を理由とする戦争行為には何らの言及も行《おこな》わないと称されていること、等から、パリ条約への違反を立証することは容易ではない。一例としては、戦争に乗り出すことが違反であると結論づけるためには事実関係ならびに法による複雑な評価に基づく決定が求められるのであり、個別の事案においてそれらへ正しく手を伸ばすのは高度に困難なものとなる。特定の戦争に乗り出すことは違反を構成するとの訴追がなされる際に公聴や調査の段取りが取られることをパリ条約は想定していない。さらに言えば、違反があったとの決定をした後に一方の味方となり違反国を処罰する措置を取る過程に進むことにした当事国を保護する手段を規定した条項が無い。**この条約は、かかる過程に進むことによって中立国の義務に修正を加える自由を付与してはいないのである。**そのため、一群の国々がそれ（訳注：違反国を罰する処置）を行《おこな》うにあたりその手段として**ボイコットを採ったら**、彼らは法的には自身を明らかに脆弱《ぜいじゃく》な立場に置くこととなるのである。

そのため、現状の条約のままでは、条約の条項に違反したと結論づける理由があった場合でさえも、ブリアン・ケロッグ条約（訳注：パリ条約）はボイコット手段を採用することへの適切なる裏付けとはならないのである。』」（判決書p.517下段～p.518上段）

連合国諸国は、パリ条約に違反した日本に対して合同してボイコット手段（ABCD包囲網）を取ったが、少なくともパリ条約は、日本に対して中立国の義務に修正を加えてそのようなボイコット手段を採用してもよいとのお墨付きは出していないのである。そのため、パリ条約は対日ボイコット手段採用を正当化する理由にはならないのである。これがパール判事の指摘である。

②1922年のワシントン9カ国条約

この条約はアメリカが中心になって準備されたものである。

「1922年の9カ国条約も、条約を軽んじ、禁止されたやり方によって中国との取引を行《おこな》うことへと踏み切った締約国を処罰する枠組みを、一切持たないのである。本官はこのワシントン条約の関係国の立場については、他の部分（＊）ですでに議論を行《おこな》った。

（＊訳注：第四部 全面的共同謀議 第1段階 満州の支配力の獲得）」（判決書p.518上段）

パール判事は第1段階 満州の支配力の獲得で、中国国内で外国人排斥をさんざんにやった中国がこの条約の根本的な枠組みに対して違反をしたために、この条約はすでに効力を失ったというイギリスの見解を示していた。右記引用における「関係国の立場」とは、外国人排斥により重大な条約違反を犯した「中国」、中国が違反したことでこの条約は無効になったと考えられるとした「イギリス」、この条約に違反したとされた「日本」、そしてこの条約が無効となったことを認めなかった「アメリカ」のそれぞれの立場を指す。

ここでパール判事が指摘したかったのは、条約に違反した締約国

（日本）を処罰する枠組みをワシントン条約は一切持っていなかったので、この条約に違反したことで日本に対する処罰を行《おこな》った連合国諸国は、この条約に関する限り、その根拠がないという点であろう。

③１９２１年のワシントン四カ国太平洋条約

最後は、ワシントン四カ国太平洋条約である。

「『１９２１年の四カ国条約で太平洋における締約国の島嶼たる属地および島嶼たる領地に関するもの』は、意義深い計画を思い描いている。『その実質的な内容は（第1条および第2条において）締約国のいずれかの間《あいだ》に締約国の「権利」に関する争議を生じ外交手段によりて満足なる解決を得《う》ること能《あた》わず且《か》つ「其《そ》の間《あいだ》に幸《さいわい》に現存する円満なる協調に影響を及ぼす虞《おそれ》ある場合においては」…「共同会議」のため他の締約国を招請し当該事件全部を考量、調整の目的をもってその議に付すべし』と規定している。さらに、前述の『権利』が『「別国の侵略的行為」により脅威せらるるにおいては締約国はかかる特殊事態の急に応ずるため共同にまたは格別にとるべき最有効なる措置に関し了解を遂げんがため、十分にかつ隔意《かくい》なく互《たがい》に交渉』すべきこととなっている。**たとえばボイコット等によって条約締約国に懲罰を加える規定は無い。**この条約の当事国ではない外部の国に対する共通の防衛行動についての明確な取り決めも無い。」（判決書p.518上段）

この条約は①のパリ条約、②のワシントン9カ国条約と異なり、円満な協調に影響を及ぼすおそれがある場合には、共同会議で議論して解決するようにとの解決方法の道筋を示す「意義深い計画を思い描いている」とパール判事は述べているが、一方で、「ボイコット等によって条約締約国に懲罰を加える規定は無い」と指摘している。

この条約においても、条約違反国に対してボイコットをしてもよいとの規定はないのである。

なお、このワシントン四カ国太平洋条約は、日英同盟を解消させるためにアメリカが画策した条約であるとのトインビー博士の分析をパール判事は第1段階 満州の支配力の獲得：満州事変で引用していた。該当箇所は判決書p.246下段である。

つまり、以上3つの条約のいずれも、条約違反国たる日本に対してボイコットをしてもよいとの裏付けにはならないのである。

連合国諸国の対日行動に関するパール判事の見解

3つの条約に対する分析を行《おこな》った後、パール判事は、連合国諸国の行動について、次の見解を示している。

「すでに指摘された通り、当時中国と交戦中であった日本に対して連合国諸国が行《おこな》った類《たぐい》の措置を採用すれば、それはかかる紛争への直接的な参戦に等しいものとなるのである。彼らの行為は、中立の理論ならびに国際法が非交戦国に対して今なお課している基本的な諸義務を無視しているのである。このように申し述べるにあたり、本官は彼らの方針を疑問視しているわけではないし、日本の行動に対して中国を支援するために彼らが採った措置を非難しているわけでもない。ここで本官が申し述べたいと欲《ほっ》することのすべては、それが公正であろうが不公正であろうが、正しかろうが誤っていようが、連合国諸国はそれらの行動によってすでに紛争に参加していたこと、そして、日本が彼らに対して採ったところの**その後の**敵対的措置は『侵略的なもの』とはならないこと、なのである。」（判決書p.518上段～p.518下段）

右記引用の最後の部分のパール判事の結論部分は重要である。ここでの枠組みは、事実認定を一つ一つ重ねた上でなされている。

まず、1937年の蘆溝橋事件以来、日本と中国は「交戦中であった」と事実認定している。日中間のこの「戦闘行為」に対しては「戦争」と名付けることを認めないわけにはいかないとパール判事は第五部 本裁判所の管轄権の範囲 で判定している。該当箇所は判決書p.545上段である。

次に、その日本に対して連合国諸国は対日ＡＢＣＤ包囲網を採ったと判定している。該当箇所は判決書p.513下段である。

さらに、対日ＡＢＣＤ包囲網は中立法に違反していると指摘している。中立法に関してパール判事は第二部「侵略戦争」とは何か において分析済みである。そこにおいてパール判事は中立性の問題ならびに中立国の権利と義務の範囲を分析していた。そして中立法の分析に関してパール判事が立ち至った結論は、次の引用がそれに相当するものと考えられる。

「もしもある政府が武力行使を伴う紛争の片方の国に対しては武器ならびに軍需品の出荷を禁じ、その一方で他方の国に対してはそれを許す場合、その政府は軍事的な意味合いにおいてかかる紛争に介入しているのであり、参戦が宣告されていようが宣告されてなかろうが、その政府自身が戦争の当事者となっている、という点が必然的に帰結されるのである。」(判決書p.133下段)

この結論に照らし、日中間の紛争に関しパール判事は、英米蘭の3カ国は軍事的意味合いにおいて日中間の紛争に介入しており、中国側に立って日本に敵対していたのであって、そしてその場合、参戦の布告の有無は要件にはならないと判定しているのだ。

見逃すべきではないのは、「日本が彼らに対して採ったところの**その後の**敵対的措置は『侵略的なもの』にはならない」との判定である。この判定においてパール判事は、何が「原因」でそのような「結果」になったかを示している。つまり、日中間紛争において軍事的意味合いにおいて日本に敵対した連合国側の行為が「先」にあり、その「後」において日本が連合国諸国に対して敵対措置を採ったという、因果関係を特定したのである。

この例としては、本第⑩項の前編で詳しく分析されたインドシナ北部における雲南鉄道の爆撃を考えてみたい。その爆撃だけを取り上げれば、日本が一方的にフランスに対して侵略的な行動を取ったと主張することもできよう。しかし、フランスは雲南鉄道を使って軍需品を蔣介石に送り届けていたのである。フランスが先に日本に対して軍事的意味合いにおいて敵対行為をとっていたのである。この援蔣行為が「先」にあったので、日本は軍事的必要性からこの鉄道を爆撃したのであった。パール判事は、その経緯を踏まえれば、これは日本側による「侵略的なもの」にはならないと指摘しているのである。この件についてさらにいえば、日本はこの件を「誤爆であった」として「非」を認め、フランスに賠償金まで支払ったのであった。

§22．日米交渉：結論

ここでは本第⑩項の後編の日米交渉に関するパール判事の結論ならびに判定が述べられている。筆者はこれを以下の①〜④の4点に分けて記載して行きたい。

①裏切られた日本の努力

まずは次の指摘から始めたい。

「いずれにせよ、起訴状で申し立てられているような類《たぐい》の何らかの共同謀議があったなどとはせずとも、これらの事実はその後の真珠湾攻撃へと導いて行《い》くところの展開を十分に説明しているのである。証拠は、日本はアメリカとのあらゆる衝突を避けるために最大限の努力を行《おこな》ったこと、しかし、徐々に展開して行《い》った事情により日本が採った致命的な措置へと日本は追いやられたこと

を本官に納得させている。」（判決書p.518下段）

右記引用で記憶にとどめるべき点は、次の2点であろう。いずれも、パール判事が法廷証拠により確認し、納得した点である。

1点目は、日本はアメリカとのあらゆる衝突を避けるために最大限の努力をしたこと。

2点目は、1点目の努力にもかかわらず、徐々に展開して行《い》った事情により、日本が採った致命的な措置（すなわち真珠湾攻撃）へと日本は追いやられたこと。

以上の2点からはさらに、日本は侵略的行動から真珠湾攻撃を行《おこな》ったのではなく、追いやられてやむをえずそのような行動を取ったことが読み取れる。好んでこのような行動を取ったのではない。そして日本にそのような行動を取るよう追いやったのは、アメリカ合衆国である。日本は日米交渉を成功させようと必死に努力したにもかかわらず、それは裏切られたのである。

②真珠湾攻撃は十分に予想されていたものである

パール判事は真珠湾攻撃について次のように述べている。

「証拠は、日本による攻撃（引用者注：真珠湾攻撃）は、2カ国の間《あいだ》の関係が平和的であった期間における、突然の、予期されない、背信行為であったと特徴づける資格を我々に与えてはいない。」

（判決書p.518下段）

「2カ国の間《あいだ》の関係が平和的であった期間における、突然の、予期されない、背信行為であった」との特徴付けは該当しないとしているのだ。

日米交渉の経緯を詳細に調べ上げたパール判事は、まず、そのような交渉を構えることに至ったこと自体が、2カ国の間の関係が平和的であったとは言い切れないと指摘していたことが思い起こされる。次に再度引用する。

「日米の当事者間の関係が、両国が交渉を開始するような段階に立ち至っていた場合、かかる交渉が最終的に成功するであろうとの明るい希望に満《み》ち溢《あふ》れた期待の下《もと》でのみ、交渉を進行させるようなことはしないのは至極当然である。そこには他のもう一つの可能性があったのだ。」（判決書p.481下段）

パール判事はさらに、ハル・ノートを突き付けられた日本がどのような反応を示すかについてルーズベルト政権が事前に把握していたことをさまざまな箇所で示していた。その代表的なものを次に再度、引用する。

「真珠湾攻撃の少なくとも1週間前にはハル氏はイギリスの大使に対して『アメリカと日本との関係における外交の部分は事実上は終了したので、本件は今や陸軍ならびに海軍の当局者たちの手に委ねられたのである』と語っている。」（判決書p.516下段）

Day of Infamy演説

真珠湾攻撃の翌日、ルーズベルト大統領は連邦議会で、有名なDay of Infamy演説を行《おこな》った。その中で、パール判決書における表現とまったく同じではないにせよ、日本の攻撃は突然（suddenly）、かつ、よく練られたもの（deliberately）であって、これは背信行為の一種(form of treachery）であると述べている。

国民に一致団結して日本と戦うよう呼びかける際に、政治家であるルーズベルト氏が日米交渉における実際の事実にある程度の「角度を付けて」国民に提供したにしても、それは行政行為としては正当化されるものかもしれない。

しかし、司法の世界ではそれは許されない。ルーズベルト大統領の演説が行《おこな》った日米交渉の特徴付けを、実際上もそうであったなどとして事実認定することは、司法裁判所としてはやってはならないことなのである。ルーズベルトの演説に基づいて事実認定をしてはならないのである。パール判事は判決書の第二部において、法による正義と行政府の正義を比較して、次のように述べている。

「法による正義が、法によらない正義、すなわち立法府ないしは行政府での正義に勝るとされる理由は、恐らくはこの断定性にあるのだ。（中略）戦争の侵略的性格を人道に関する『大衆的な感覚』や『一般的な道義的感覚』によって決定されるがままに放置することは、法からその断定性を奪い去ることになってしまうのである。」（判決書p.119下段～p.120上段）

なお、近時の合衆国政府による情報開示によって、今までの常識を覆すような事実がさまざまに明らかになっている。

真珠湾攻撃は米国時間で12月7日のことであった。そして、ルーズベルトは、右記で見たようにそれは寝耳に水のことだった、アメリカは日本の卑怯なだまし討ちに遭《あ》った、と国民に報告したのである。

ところが近時の情報開示によって、ルーズベルトがかかるDay of Infamy演説の草稿を用意したのは、真珠湾攻撃の前日の12月6日であったことが判明した。これを発見したのはスタンフォード大学の西《にし》鋭夫《としお》教授である。ルーズベルトは真珠湾攻撃が発生することを、事前に知っていたことになる。これは日本が攻撃を行《おこな》うように合衆国は日本を追いやっていたとの、証拠の分析を積み重ねた上で立ち至ったパール判事の結論が正しかったことを証明するものである。

③日本の側に背信行為はなかった。

日米双方の交渉態度について、パール判事は次のように結論している。

「我々は、合衆国がどの程度まで日本に対して平和的であったのか、また、日本の特使たちとの間《あいだ》の平和交渉に合衆国側が実際にはどのように従事していたか、を見て来た。この点において日本の側には何らの背信行為も無かったのである。」（判決書p.518下段）

東京裁判におけるパール判事の役割は、被告人ならびに日本側の諸行為の犯罪・違法性を判断・判定することであり、検察側に属するアメリカ側の行為の違法性を判定することではない。アメリカ側の態度を非難する立場にはない。だからこそ、アメリカ側の交渉態度に関するパール判事の書き方は右記引用のようにならざるをえない。

しかし、本第⑩項を読み進めれば、パール判事が右記のようにあえてあいまいに示唆した点は、すでに明らかになっているものと思われる。

すなわち、合衆国は日本に対して平和的ではなかった。蔣介石に軍需品・戦闘機・パイロット等を供与し、日本と戦っていた。ＡＢＣＤ包囲網を主導し、日本を経済面で閉塞させた。最後は日本が最も嫌がっていた石油禁輸に踏み切った。

「日本の特使たちとの間の平和交渉に合衆国側が実際にはどのように従事していたか」については、合衆国は7月以前は熱心に交渉に応じていたが、7月を境に「誠実さに欠けるとの感覚」を東京にもたらした（判決書p.497上段）。日米交渉の3つの論点の内の「三国同盟問題」について来栖大使がアメリカ側の疑惑を払拭する画期的な文書をハルに提出したが、ハルは理由をあかさずにこれを却下したことが思い起こされる（判決書p.489下段～p.490上段）

以上の合衆国側の態度に対し、日本の側には背信行為は一切無かったとパール判事は指摘している。

④日本に攻撃をしかけさせる策動

「日本に最初の公然たる一撃を加えさせるための何らかの策動が

何処かであったのかどうかは、問題とはならない。」（判決書p.518下段）

右記のパール判事の文章は、本第⑩項の最後の文章である。第⑩項を読んだ者は、「ひょっとしたら、ルーズベルト政権は日本がアメリカに公然たる一撃を加えさせようと策動したのでは？」という疑念を自然に持つようになると思う。ただ、パール判事はその疑念にまでは足を踏み入れないし、分析はしないと述べているのである。

続々と挙がっている証拠

以下、パール判決書からは離れるが、ルーズベルト政権が対独戦に参入しようと画策していたこと、しかし、ドイツがなかなかアメリカのちょっかいに応じないので、その同盟国の日本を追い込んで開戦させることとした、との説は、古くはパール判決書のp.510下段でも紹介されたチャールズ・ビーアド教授の1948年の書籍「ルーズベルトの責任（日米戦争はなぜ始まったか）」に記述されていたことが挙げられる。この書籍は豊富な一次資料に裏打ちされた言説を述べており、きわめて説得力を持つものである。

さらにルーズベルトが本音では戦争を欲していたとの論説は、ルーズベルトと同じ選挙区の出身であり、ルーズベルトのハーバードの学友であり、しかし、政治的には正反対の立場であった、ハミルトン・フィッシュ下院議員（共和党）が晩年の1976年に出版した「FDR:THE OTHER SIDE OF THE COIN」（邦題：ルーズベルトの開戦責任　大統領が最も恐れた男の証言）に詳しく展開されている。

フィッシュ下院議員はルーズベルトの政策にはことごとく反対していたが、真珠湾攻撃に遭遇して考えを変え、対日宣戦布告を容認し、ルーズベルト支持を呼びかける演説を議会で行《おこな》った。しかし、ルーズベルトはハル・ノートを日本に提示した事実を真珠湾攻撃後も長く隠していた。ルーズベルトの死後、ハル・ノートが日本に提出されていたことを初めて知ったフィッシュはルーズベルトの意図に気づき、対日宣戦布告容認演説を行《おこな》ったことを深く恥じた。

フィッシュ下院議員がルーズベルト支持を呼びかけるよう意見を変えるきっかけとなったのは、真珠湾攻撃の直後にルーズベルトが連邦議会で行《おこな》った演説であった。これは合衆国では“Day of Infamy”演説として有名であり、ルーズベルトの代表的な演説の一つとなっている。最近の研究で、この演説草稿が真珠湾攻撃の一日前に準備されていたとの発見がなされたことをすでにご紹介した。日本の機動部隊が真珠湾攻撃に向かっていたことを、ルーズベルトは攻撃の前日までには承知していたことになる。この点は、今後時間の経過とともに、日本社会で周知になっていくものと思われる。

さらに、フーバー大統領の「裏切られた自由」と題する書籍の邦訳が最近出版された。ルーズベルトがアメリカ国民を戦争に巻き込んでいく様子が、ビーアドの書籍同様、豊富な証拠と一次資料に裏打ちされて提供されていると聞く。

パール判事が示唆した、「日本に最初の公然たる一撃を加えさせるための何らかの策動」なるものが実際に存在したとする証拠が、続々と挙がって来ている。今後の展開に注目したい。

⑪

結論

本項では以下が論じられる。証拠を個々にではなく累積的に俯瞰した場合でも「必ずしも全面的共同謀議を推定する必要はない」との同じ結論に至ることができるのかどうか、満州事変に関する検証のまとめ、ドイツと異なり日本には独裁者はいなかったこと、等である。第四部全体の結論は、①全面的共同謀議が結成、存在、もしくは運営されたことは無かったこと、②個別の共同謀議も立証されないこと、③被告人の誰もそのような共同謀議の構成員であったことはなかったこと、であった。また「共同謀議式立証方法」とは異なり、「共同謀議自体を行《おこな》ったこと」自体が犯罪であるとするソビエト・ロシアの訴追は成り立たないことを、多くの識者の意見を引きながら論証している。

第四部の結論に至った。ここでは次のセクション分けで述べて行《い》きたいと思う。

§1．累積的効果の検討
§2．世界のいかなる国の外交政策にも共同謀議の痕跡はない
§3．満州事変
§4．ヒトラーと日本
§5．共同謀議の結論
§6．共同謀議それ自体を犯罪であるとしたソビエト・ロシアによる訴追
§7．結論

§1．累積的効果の検討

第四部の分析でパール判事は、個々の証拠を検討する限り、日本の取った政策は共同謀議を持ち出さずとも十分に説明できるとの判定を下した。

一方、個々の証拠を累積的（集積的）に見れば、やはり共同謀議があったと考えざるを得ない場合があるかもしれないとパール判事は述べている。

「この全面的共同謀議の問題に関する限りでは、我々の眼前に展開された証拠の累積的効果を検討することのみが未《いま》だに残っている。」（判決書p.520上段）

「個々の出来事がうまく説明できるとは言っても、それらをまとめて取り上げれば、かかる共同謀議や計略や計画によってのみ、最もうまく説明できるようになるのである、との主張はありうるであろう。」（判決書p.520下段～p.521上段）

ここでパール判事は、検察が主張する「共同謀議式立証方法」を再度、説明している。次の引用の通りである。

「本官がすでに指摘した通り、かかる共同謀議もしくは計略には、直接的な証拠は何も無い。いずれの証言者、物証もしくは文書によっても、申し立てられた共同謀議、計略もしくは計画の事実についての直接的な宣誓証言はなされていない。証拠によって検察側は、検察側によれば証明されるべき主たる事実に十分に近似しており、またそうあるための証拠となりうるものとして受け入れ可能な諸事実となるところの何らかの**中間的諸事実**を確立しようとしたのである。そのようにして持ち込まれたところの証拠となりうる諸事実には、ただ推定価値があるのみである。証拠となりうる諸事実と証明されるべき主たる事実との間《あいだ》の関係は、自然法則に基づいた必然的な因果関係によるものではない。それらの間《あいだ》の関係は、それらの証拠となりうる事実に基づく主たる事実への推論が妥当する**蓋然性が**、単に**高い**とされるような関係にすぎない。」（判決書p.520上段）

その上で、証拠のこの累積的効果に関する考察について、次の結論に至っている。

「本官の意見では、それは証拠に基づいた当然の結果ではないのである。

しかし、仮にそれがそうだと推定するにしても、かかる取り組み方法には大きな推測が含まれているのであり、そして、本官の意見では、このことは次のもっと大きな疑問を惹起せしめるのである。すなわち、何故《なにゆえ》に我々はこれらの出来事のすべてにはたった一つの単独の決定要因（訳注：共同謀議の存在）があるのみだと推測すべきなのか？である。個々の出来事が他のやり方によって完全に説明できるのであれば、そもそもなぜ我々はそれらを互いにつなぎ合わせたり、他に適合するように順応させたりしなければならないのか？　おそらくはそうするにあたっては、我々の精神は人の精神が好んでそのようにするとオルダーソン男爵が考えたところの傾向に満たされているのであろう。」(判決書p.521上段)

このオルダーソン男爵が発した警句の内容について、パール判事は次のように述べている。

「我々は予断に満ちた精神を出発点にして検討を開始してはならないのである。オルダーソン男爵（＊）による次の警句を思い起こすことはとても貴重な手助けとなろう。

『人の精神には、結合された1個の全体の内の一部分を形成するよう強制するために、状況が相互になじむようにしてしまったり、さらには必要に迫られれば状況をわずかに背伸びさせることさえ好んで行《おこな》う傾向があるのであり、また、個人の精神が器用であればあるほど、それらの件を考える中で、状況に過度な背伸びをさせたり、ごまかしたり、欠けているつなぎ目を埋め合わせるようにしたり、もしくは、以前の仮説との整合性がありそれらの仮説を完全にするために必要となるいくらかの事実があれば、それらは当然であるとして受け入れる、等の傾向があるのである。』

(＊訳注：Sir Edward Hall Alderson, 1787~1857 イギリスの弁護士・裁判官。商法に関する多数の判決があり、それらはビクトリア期のイギリス資本主義の形成に役立ったとされている)」(判決書p.520下段)

§2. 世界のいかなる国の外交政策にも共同謀議の痕跡はない

どうしても一つの原因を追求する必要があるのだとしても、それは検察側が云うような共同謀議でなければならないとする必然性はないとパール判事は述べる。次の引用の通りである。

「ある1つの原因を我々は探し出さなければならないのだとしても、必ずしも申し立てられたような共同謀議へと我々は追いやられるというものでもないのである。」(判決書p.521上段)

そのように申し述べる理由としてパール判事は、その時期において日本が採用した政策は、その政策を採用するように日本が導かれて行《い》ったからだと申し述べる。次の通りである。

「いずれにせよ当該時期においては、日本が実際上もその時点時点において採用した特定の外交政策を採用する方向へと日本が導かれて行《い》くように、状況が展開して行《い》ったことは確かである。」

(判決書p.521上段)

この点は最終段階でハル・ノートを論じた箇所でも明らかであろう。日本が先制攻撃をするようにアメリカが日本を導いて行《い》った経緯が、そこでは詳しく分析され、指摘されていたのである。さらにパール判事は次のように述べている。

「その時々の政策を決定するにあたり日本の政治家たちは、日本国民の要求ならびに日本国民が抱《かか》えている困難であるとして彼らが了解していたところのものを無視できなかったし、また、無視しなかったのであって、これらは決定要因として作用したはずなのである。」(判決書p.521下段)

「本官がすでに指摘したように、それらの政治家たちは、彼らの困難とは彼ら自身が創り出した産物であったか、もしくはそれらは彼らの前任者たちが創り出した産物であったのかも知れないにせよ、かかる何らかの困難を彼らは無視することはできなかったのである。そのような困難に直面するためにその政策が採られたなら、困難の起源が上述のような場合であってもなお、彼らの政策は共同謀議であったとすることはできないのである。」(判決書p.521下段)

パール判事は右記の困難の例として満州事変を挙げている。

「(前略)満州におけるいわゆる積極政策の再開でさえもが共同

謀議を起源とするものではなかったこともすでに示した。この政策の再開の道を用意したものとして、リットン委員会自身がいくつかの要因を申し述べている。」（判決書p.521下段）

パール判事は当時の世界が日本という国家を好まない空気で満たされていたことを見て取り、次のように表現している。

「我々が好きではない国の政治家たちの場合においても、それらの政治家たちの持つ機能の中には彼らの国の国民に対する責任が含まれていることを忘れてはならない。」（判決書p.521下段）

全面的共同謀議の第1項 序論において検察側は、「異なる被告人の行動がいかに無関係と見受けられようとも、すべての証拠は容易にその適正で論理的な配置順序に定着していくのである、と主張した。」（判決書p.186下段）

この主張を受けてパール判事はこの 第⑪項 結論 において、次のように述べている。

「起こった出来事を評価するためには、それらの出来事をその本来の位置に据《す》え付けて検討することはまったく正しいのである。我々は、これらの出来事へと導いて行《い》ったところの政治的経済的状況の全体を検討することを避けるべきではない。本官が、イギリス中心の世界経済秩序、ワシントンにおける外交的策動、共産主義の発展とソビエト政策に対する世界の輿論《よろん》、中国の国内事情、他の国々による中国政策とそれぞれの国々の慣習、そしてその時々の日本の国内事情、などの諸々について言及しなければならなかったのは、まさにそのためである。」（判決書p.522上段）

その上でパール判事は、日本の政治家たちは共同謀議を行《おこな》わなかったとの結論を次のように述べている。

「本官は、この判決書の以上のページにおいて、申し立てられた共同謀議を用いなくともこれらの出来事が起こったことを、予断に満たされた精神以外のあらゆる精神に対して納得させるのに十分な材料を提供したものと信じる。日本の大政治家や外交官もしくは政治家たちはことによると間違っていたのであろう。また、彼らはことによると自分自身を間違った方向に導いたのであろう。しかし、彼らは共同謀議者ではなかった。彼らは共同謀議を行《おこな》わなかったのである。」（判決書p.522上段）

§3. 満州事変

検察側は共同謀議のスタート時点を１９２８年にしている。これは張作霖爆殺事件が起きた年である。この結論部分の第⑪項において、パール判事は満州段階を振り返っている。やはり満州段階こそは日本が共同謀議を行《おこな》ったとの疑念の開始点となっているので、パール判事は念入りに検討を重ねているのである。

「検察側は共同謀議を少なくとも張作霖殺害の陰謀にまで遡《さかのぼ》らせており、そしてこのできごとは１９２８年に起きている。本官は右記において、この殺害は日本人によって計画されたとか、この事件がその後の満州事変に何らかの影響を与えたとかの筋立てを本官が受け入れることができない理由をすでに示した。本官がすでに申し述べたように、この事件は以前同様、神秘の幕に覆《おお》われたままなのである。いずれにせよ、これは孤立した事件なのであって、我々が本件裁判で関わっている共同謀議のための何らかの計画や計略とはまったく何の関係も無いのである。被告人の内のどの１人についても彼がこの事件と何らかの関わり合いを持ったとすることはできない。むろん、当時の日本政府もしくは日本政府のいずれかの構成員がその事件と何らかの関係があったとは、検察側ですら主張はしていない。日本政府の当時の政策がこの殺害と歩調を合わせていた、もしくはこの殺害はその政策をさらに進展させるように計算されたものであった、等は、検察側の主張にさえもなってはいないのである。」(判決書p.522上段〜p.522下段)

第四部の構成は、第②項の満州段階と、第③項の残りの中国への支配力と制圧の拡大、に分けられているが、②は柳条湖事件までを分析し、③の最初の部分は柳条湖事件に続いた満州における展開を分析している。つまり、いわゆる満州事変は②と③にまたがって分析されているのである。次の通りである。

「満州事変は二つの部分に分けて考えることができよう。すなわち、(1)1931年9月18日の柳条湖事件そのもの、そして、(2)その事件の後に続く満州における展開、である。」(判決書p.522下段)

柳条湖事件について、第②項における結論をこの第⑪項において次のようにまとめて述べている。

「本官は1931年9月18日の柳条湖事件は日本人によって計画されたとの検察側主張に慎重な検討を加えた後、本官がその主張を受け入れることができない理由をすでに申し述べた。事件を取り巻く状況は疑いも無く、日本に対する疑念を惹起せしめている。事件当時においてさえも、日本人がこの事件に関係しているとの嫌疑があったように見受けられる。日本人が関わっているとの噂は事件の前にも後にもあった。この点に関する、我々の眼前に提出することができた証拠でそのような噂も含まれるところのものの一つ一つに本官は慎重に検討を加え、それらの証拠の本官による調査結果を記録しておいた。リットン委員会の報告書を踏み越えてその先へと進む資格は我々には与えられていないと本官が未《いま》だに考えている理由を、本官はすでに申し述べた。いずれにせよ、鉄道の線路の爆破は日本人によって計画されたのだと推定したとしても、その現場にいた将校たちがそれは自衛のための行動であると考えたとする仮説をリットン委員会は排除してはいないのである。」(判決書p.522下段)

さらに、満州事変は共同謀議によるものではないという認識を次のように述べている。

「柳条湖《りゅうじょうこ》事件は、満州におけるその後の展開で満州国の設立へと導かれて行《い》くところのものをもたらした。このこと自体は、本官の意見では、全世界を占領するとの共同謀議はおろか、満州を占領するとの共同謀議でさえも、何ら指《さ》し示《しめ》してはいないのである。こう申し述べるについての本官の理由は、すでに説明した。」(判決書p.523上段)

次に、満州に関するプロパガンダについて触れている。

「満州に対して日本で抱《いだ》かれていた見解についてのいくらかの証拠が我々に与えられた。それらの見解は組織的プロパガンダによって日本で広まって行《い》った。このプロパガンダには邪悪なものは何も無い。それは他の国々で通常行《おこな》われるのと全く同様の平和的なやり方で行《おこな》われたのであった。」(判決書p.523上段)

満州に対して日本で抱《いだ》かれていた見解は、組織的ではあったにせよ、大川博士による単なるプロパガンダの結果ではなかったことを次のように指摘している。大川博士の意見が受け入れられたにあたっては、それを受け入れる素地があったからだとしている。

「本官がここで申し述べておかなければならないのは、輿論《よろん》でさえもが大川博士とその一派による単なるプロパガンダの結果ではなかったことである。博士の意見が一般大衆にそのように簡単に受け入れられたのであれば、それを受け入れる素地がすでに日本人の生活において作用していた他の諸要因を理由として用意されていたからであった。」(判決書p.523下段)

実際に起きた出来事は、状況が徐々に進行してそのように導いて行《い》ったのである。次の引用の通りである。

「本官は、如何《いか》に状況が徐々に進行し、実際に起きた出来事へと導いて行《い》ったのかをすでに示した。それらの事件後の展開に関連する何らかの特定の出来事は、当時の状況に鑑みて特定の目的を実現しようと考えた何らかの特定の人々の一団が、そのような何らかの目的を達成するよう計画したものであったものかも知れない。しかし、かかる展開の中でただ単にあちらこちらに計画があったからと云《い》って、かかる展開の全体が何らかの計略の結果であるということにはならないのである。本官の意見では、この全面的共同謀議の全体の筋立ては、まったく荒唐無稽なものである。」（判決書p.523下段～p.524上段）

§4. ヒトラーと日本

検察側は日本におけるこの「全面的共同謀議」をナチになぞらえようとした。これは第四部の第3段階 ⑥政治権力の制圧で詳しく論じられた。そのようになぞらえようとした中で、検察側が「完全に」見落としたように見受けられる事実をパール判事はここで述べる。次の通りである。

「この主題を離れる前に、検察側が本件をヒトラードイツの件になぞらえようとする中で彼らが完全に見落としたように見受けられる、ある非常に重要な事項に本官は注意を引きたいと思う。我々は今や、ドイツで何が起きたのか、そして、ドイツの一般大衆が如何《いか》にヒトラーの一団に従属したか、を知っている。日本では輿《よ》論《ろん》は常に強力な要因のままであった。それは常に内閣の運命を決定するものであった。輿論《よろん》が形成されなければならない場合には、かかる形成は完全に合法的なやり方で行《おこな》われた。かかる輿論《よろん》をいずれかの個人もしくはいずれかの個人の集団が何らかの方法で抑圧したことを示すものを我々の眼前に置くことなどはできなかったのである。この件については日本の多くの長老政治家、公的な人物や個人が証言を行《おこな》っているものの、ヒトラー政権下のドイツで起きたと我々が聞かされたようなことが日本で起きたなどとは我々は一切、耳にしていないのである。」（判決書p.524上段）

日本には独裁者はいなかったのである。この点はドイツとの大きな、そして決定的な違いであった。

「日本政府によりなされた決断は、そのどれ一つとして、独裁者もしくは独裁的一団によるものであったと申し述べることはできない。証拠は、提示されたあらゆる手段ならびに実行されたあらゆる措置が国家の業務の管理につき責任を負った人々によるところの、如何《いか》に注意深く丹念な熟慮によるものであったか、そして、彼らがその決定に到達するにあたり、如何《いか》に彼らが輿論《よろん》ならびに大衆の持っている関心であると彼らが了解したところのものに常に敏感であったか、を明らかにしている。」（判決書p.525上段）

輿論一般が一定の方向性に向かったではないか、との指摘が考えられるが、それに対してパール判事は次のように答える。輿論がプロパガンダの影響を受けていたとしても、その手法には不法なものは何も無かったと指摘している。

「この期間における日本での輿論《よろん》はプロパガンダによって影響を受けたものなのかも知れないが、その目的のために採用された手法には、異常、不法、もしくは犯罪的なものは何も無かった。日本には独裁者はいなかったのである。」（判決書p.525上段）

§5. 共同謀議に関する結論

ここでパール判事は「共同謀議」に関する結論を次の引用のように短くまとめている。

「あらゆる点を考慮に入れた上で、また、本件における証拠の全体を注意深く考慮した上で、本官は次の結論に至った。
1.『包括的な特徴と継続的な性質を持った』、もしくは、その他の特徴と性質を持った共同謀議が、1928年1月1日から1945年9月2日までの期間、あるいはその他のあらゆる期間において結成、存在、もしくは運営されたことは、一切無かったこと。
2.起訴状の中で説明がなされたところの、領土占領のためのあらゆる共同謀議や計略の対象と目的、あるいは、かかる占領を戦争によって確保するとのあらゆる計略、以上はそのいずれもが本件裁判における証拠によっては立証されていないこと。
3.被告人の内のいずれかがそのような共同謀議の構成員であったことは、あらゆる時点において証明されなかったこと。」(判決書p.525上段～p.525下段)

右記引用の1.で『包括的な特徴と継続的な性質を持った』共同謀議というのは、まさにパール判事が「全面的共同謀議」と名付けた共同謀議のことである。右記引用の通り、そのようなものは一切無かったというのが、パール判事の結論である。

次に、全面的共同謀議が成り立たない場合に検討しなければならないと検察側が主張した訴因第2～第5の個別の共同謀議についても、2.の通り、立証されていないと結論した。

最後に、3.で示されている通り、被告人の誰も、そのような共同謀議の構成員であったことは証明されなかった。

§6.共同謀議それ自体を犯罪であるとしたソビエト・ロシアによる訴追

第四部における以上の議論は、「共同謀議式立証方法」に関するものだった。①共同謀議が存在したと推定されること、②被告人たちは共同謀議に参加していたと考えられること、以上の2点を検討してきたのである。その結論が§5.であった。

一方、検察側は第四部の序論で、「共同謀議そのものを犯罪とすること」と「共同謀議式立証方法」とは異なるものであると申し述べていた。次の引用の通りである。

「5.別個の犯罪としての共同謀議、と、複数の人が共同して遂行したと申し立てられている犯罪の立証方法としての共同謀議、との間には重要な区別があること。(a)これらの原則はよく似ているが、その適用は異なること。」(判決書p.186上段)

「共同謀議式立証方法」の論点に基づいて§5.の結論が引き出されたが、ここでは異なる論点である、「共同謀議そのものを犯罪とすること」が初めて俎上に上《のぼ》ったのである。

以下、「第四部 結論」の残りの部分は、共同謀議を行《おこな》ったことそれ自体を国際法における個人の犯罪とすることが妥当かどうかの事実認定に費《つい》やされている。

共同謀議そのものを犯罪とした検察側

検察側は「共同謀議式立証方法」に基づく立証に努めると共に、「別個の犯罪としての共同謀議」、換言すれば「共同謀議そのもの」が犯罪であるとも主張している。次の通りである。

「本件裁判の起訴状において、共同謀議には非常に目立った位置が割り当てられており、そして共同謀議それ自体が犯罪であるとされている。」(判決書p.526上段)

これは第四部の序論においてすでに触れられていた。次の通りである。

「(b)それらの原則(引用者注:別個の犯罪としての共同謀議、と、複数の人が共同して遂行したと申し立てられている犯罪の立証方法としての共同謀議）は共同犯罪に適用されること。そしてそれが共同犯罪ではない場合でも、それを遂行するための共同謀議は別個の犯罪であること。」（判決書p.186上段　傍点引用者）

右記はややこしい表現であるが、検察側が意味するのは、具体的には次である。

「（前略）検察側は起訴状の中で、日本の指導者たちは共同謀議の犯罪を犯したのであるとして、共同謀議によって立案された行為の実際の遂行とは無関係に彼らを訴追しており、共同謀議が成立したら即座にそのような犯罪が犯されたことになると主張している。」（判決書p.526上段）

共同謀議そのものが犯罪なのかどうか：パール判事の考え

これに対し、パール判事は早々と自らの考えを表明してしまっている。共同謀議それ自体は国際生活における犯罪ではないとのことである。次の引用の通りである。

「しかしながら本官は、共同謀議それ自体はそもそも国際生活における犯罪ではないとの意見を持つ。」（判決書p.526上段）

パール判事がこのように早々と自らの考えを述べたのは、それを支える多くの論点に自信を持っているからであろう。以下、共同謀議それ自体が国際生活における犯罪であると立証しようとした検察側の意見を紹介しつつ、パール判事はそれらの論点を明確にしながらその検証を行《おこな》っている。

ソビエト・ロシアによる訴追

まず、共同謀議それ自体が犯罪となるのかどうかを検察側が問題にしなければならなかったのは、ソビエト・ロシアの訴追が後になって追加されたからであると指摘している。次の引用の通りである。

「我々の眼前に置かれている諸事実の中には、ソビエト・ロシアのケースを除けば、計画された戦争が実際には実施されなかったという事例は無い（訳注：共同謀議がそれ自体単独で犯罪となるかが問われるのはソビエト・ロシアのケースのみである）。

起訴状はそのソビエト・ロシアのケースでは実戦が実施された例として2件の国境紛争の事例を挙げてはいるものの、ソビエト・ロシアのケースにおける訴追は実質的には単に共同謀議それ自体のみに対して行《おこな》われているものである。」（判決書p.526下段）

ソビエトの検察官は、日本という国が日露戦争以来、長期に亘ってロシア侵攻の共同謀議を行《おこな》って来たとして対日訴追をしているのである。ただし、2件の国境紛争（ノモンハン事件と張鼓峰事件）以外は、対ソビエトで実際の戦争状態に立ち至った例はない。だからこそ、ソビエト・ロシアのケースでは共同謀議そのものが犯罪であるとして訴追されているのである。

訴因第1の分析

起訴状の中で共同謀議それ自体が犯罪であるとしているのは訴因第1である。次の引用の冒頭で「この訴因」とあるのは、訴因第1を指す。

「この訴因は単に、支配することを目的として日本がさまざまな国に対する戦争手段に訴えることに関し指導者たちが共同謀議をすることについて述べているのである。それはあまりにも包括的であるので、事実の上では戦争に訴えない場合であってもその対象として取り扱えるようになっているのである。」（判決書p.527下段～p.528上段）

訴因第1の実体的な部分は、必ずしも実際に戦争手段に訴えることによる訴追を意味しないのである。次の引用の通りである。

「この訴追の実体的な部分は、かかる計画の遂行上で何人《なんぴと》により（訳注：誰により）為《な》されたるを問わず一切の行為に対して、訴追された人たちは責任を有するものとされるように努めている。かかる遂行上で為《な》されたるかかる行為とは、必ずしも実際に戦争手段に訴えることを意味しない。計画の遂行は、戦争手段に実際に訴える前の段階でなされることも部分的にはあるのである。」（判決書p.528上段）

つまり、訴因第1においては、戦争手段に実際に訴える前の段階であっても、計画の遂行があったとして訴追がなされる場合もありうるのである。

繰り返しになるが、計画されたにもかかわらず実際には戦争には至らなかったケースはソ連の訴追によるもののみである。次の通りである。

「本官が右記で指摘したように、ソビエト社会主義共和国連邦が関係している訴追に鑑みると、共同謀議が国際法における犯罪であるかどうかとの問題は単なる学術的なものに留まらないのである。」（判決書p.528下段）

検察側の主張の内の2点の命題

パール判事は、共同謀議それ自体が犯罪であるとの点につき検察側が裁判所に求めている命題を4点にまとめて表記している。ここではその内の1点目と3点目を引用する。

「検察側は我々に対し、次のように考えることを求めている。

1．裁判所憲章（訳注：極東国際軍事裁判所条例）において、単なる共同謀議それ自体も犯罪であると分類され、記載されていること

（中略）

3．本裁判所はこの提案への検討を行《おこな》うべきこと、そして、その判決をこの件における本裁判所独自の決定に基づかせること」

（判決書p.528下段）

検察側の主張に対する検討事項：パール判事の挙げた3点

右記の検察側の要請に対して検討を加える際に裁判官が意識すべき検討事項をパール判事は3点、挙げている。これら3点すべてを次に引用する。

「本官がすでに指摘した通り、ここには我々が検討すべき深刻な問題があるのである。現代における国際生活の特徴を視野に留《とど》めるならば、これらの命題は非常に注意深く検討されなければならず、そしてそうするにあたっては、我々は次の検討事項をはっきりと意識し続けなければならない。

1．少なくとも検察側が主張している1928年以降において、共同謀議は国際法における犯罪であったのかどうか。

2．犯罪ではなかったのであれば、我々が裁判所憲章の定義に拘束されることを我々は受け入れることができるのかどうか。

3．裁判所憲章の中の定義は誠に実体法となっているのか、あるいは、それは単なる手続き規定にすぎないのか。」（判決書p.529上段）

右記の3点の検討事項の内の3点目、裁判所憲章が実体法となっているかどうかの検討はすでに第一部　予備的法律問題で検討が加えられており、パール判事はそれには否定的な見解を表明済みである。パール判事は、裁判所憲章は実体法ではないと考えているのだ。この⑪「第四部　結論」において、パール判事はこの点を再度持ち出しており、次のように第一部の見解を繰り返して述べている。裁判所憲章は犯罪を分類した手続き規定にすぎないのである。

「裁判所憲章の権能に対する本官の見解では、もしも共同謀議が国際法における犯罪ではないのであれば、裁判所憲章においてそれは犯罪であると分類されていても、共同謀議は犯罪とはならないのである。本官がすでに指摘したとおり、我々の眼前の裁判における検察側でさえも、裁判所憲章によって与えられている犯罪の定義それ自体が裁判所を拘束するものであると主張しているようには見受けられないのである。（＊）裁判所憲章において犯罪として**分類**されているものが国際法における犯罪であるかどうかの検討を行《おこな》うよう本裁判所は推奨されているのであり、そして本裁判所は、かかる検討に基づいてその判決を下《くだ》すよう推奨されているのである。

（＊訳注：第一部 予備的法律問題　定義、これは裁判所を拘束するか参照）」（判決書p.538上段）

これは、右記の3点の検討事項の内の2点目への回答にもなっている。実体法となっていないものを司法裁判所として受け入れるわけにはいかないのである。従って東京裁判所は、裁判所憲章の定義に拘束されてはならないのである。

以上のように、パール判事が挙げた3つの検討事項のうち、2点目と3点目にはすでに決着が付いている。そのため、右記の3点の検討事項の内の1点目のみを検討することに論点は絞られることになる。

「本官はまず、少なくとも1928年以降に存在していた国際法において共同謀議が犯罪であったのかどうかとの問題を取り上げることとしよう。」（判決書p.529上段～p.529下段）

この1928年という年は、ケロッグ・ブリアン条約締結の年であり、また張作霖爆殺事件を嚆矢《こうし》とする「全面的共同謀議」の開始の年でもある。

1928年以降において、共同謀議は国際法における犯罪であったのか

この事項に対する検察側の取組方法をパール判事は次のようにまとめている。

「この問題（引用者注：1928年以降に存在していた国際法において共同謀議が犯罪であったのかどうかとの問題）に対する検察側による取組方法は次のように説明できよう。

1．国際法の源泉の内の一つは『文明諸国によって法の一般的原則と認識されているもの』である

2．文明諸国の国内法体系によって、共同謀議は犯罪であると認識されている

3．そのため、共同謀議は国際法において犯罪であるとされなければならない。」（判決書p.529下段）

この検察側による取組方法をパール判事は受諾しない。右記のすぐあとで、パール判事はただちに次のように述べている。

「本官は申し訳なく思うのだが、本官は検察側によるこの意見を受諾することはできない。」（判決書p.529下段）

以下、この取組方法に対するパール判事の論点を追っていこう。右記の検察側の取組方法は三段論法になっている。繰り返しとなってしまうが、この三段論法の3つの命題を、次のように順にα、β、γと名付けよう。

命題α：国際法の源泉の内の一つは『文明諸国によって法の一般原則であると認識されているもの』である。

命題β：文明諸国の国内法によって、共同謀議は犯罪であると認識されている。

命題γ：そのため、共同謀議は国際法において犯罪であるとされなければならない。

三段論法の命題αにおける「1936年常設国際裁判所規程の第38条」：検察側主張の基盤

右記の三段論法の命題αにおいて検察側は「文明諸国によって法の一般的原則と認識されているもの」を国際法の源泉の一つとしている。

「検察側は『文明諸国によって法の一般的原則と認識されているもの』を国際法の**源泉**の内の一つとして指名しており、この陳述を彼らのすべての議論の基盤としている。この目的のために検察側は『常設国際司法裁判所規程、1936年』に依拠しており、彼らの命題を支持させるためにその規程の第38条 第3段落に言及している。」（判決書p.529下段）

その「規程」の第38条についてパール判事は次の通り引用している。

「この規程の第38条は次の通りである。

『本裁判所は次の適用をなす。…（中略）

3．文明国により認められたる法の一般原則…（後略）』（判決書p.529下段）

命題αに対するパール判事の判定

この第38条の実質的内容を、パール判事は次のように分析する。

「この規程の第38条は、当該裁判所は『文明諸国によって法の一般的原則と認識されているもの』を適用するものとする、と述べている。本官の意見では、これは単に当該裁判所が設立された目的に対してかかる一般的原則が適用され得《う》るとのありふれた同意に相当するのにすぎないのである。このありふれた同意から我々は、法のすべての領域における『文明諸国によって法の一般的原則と認識されているもの』は、国際生活でのすべての目的に対して採用された、との結論に立ち至ることはできないのである。」

（判決書p.530下段）

この第38条はこの裁判所が設立された目的に対して、このような一般的原則が適用されうると述べているのみであり、その限定的な合意から、国際生活でのすべての目的に対してそれが適用されたと一般化することはできないのである。

「一見したところでは、かかる同意は常設国際司法裁判所規程の目的を越えた含意《がんい》をもたらすことはできないように見受けられるのである。

この規程を準備するためにハーグで開かれた法律専門家たちの諮問委員会が、刑事裁判のための国際裁判所が設立される**『希望（voeu）』**を表明したことが思い起こされるであろう。（＊）しかしこれは、当時においては諸国が採用するところとはならず、そしてこれは今に至っても採用されてはいないのである。

（＊訳注：第一部 予備的法律問題 本裁判所の構成・ハーグにおける法律家諮問委員会）

本官はすでに、国際生活の現状においては刑法の国際生活への導入は少なくとも不適当であると考えられて来た様子を示した。」

（判決書p.530下段～p.531上段）

検察側は命題αを立証するために「1936年常設国際裁判所規程の第38条」をその基盤として持ち出した。しかし、パール判事は第38条はこの裁判所の設立目的に対するありふれた同意にすぎず、また、法律専門家たちの諮問委員会が刑事裁判のための国際裁判所の設立を希望したが、それは今でも実現していないため、命題αを立証するものになるとは認定していない。

国際的犯罪の刑事責任を個人の行為にまで拡張することはなされていない

ここでパール判事は論点を転じて、国際的犯罪と個人の責任について触れている。これはすでに「第一部 予備的法律問題」において結論が出ている論点である。すなわち、第一部においてパール判事は、国際法を拡張することによってこの東京裁判において非難され禁止された行為を個人が行《おこな》うことをも国際法が取り扱うことができるようにする試みは、なされていなかったことを示した。

「国際関係の領域における特定の種類の侵害を国際犯罪とするとの概念は、これまでは国際法体系において欠けていた。国際法体系においてこれまでにおいて犯罪と認識されて来たものは、実際のところは個人による犯罪であった。」（判決書p.531下段～p.532上段）

右記引用での「個人による犯罪」とは、具体的には海賊行為などの限られた犯罪である。個人の犯罪全般を国際法において処断する機会はまだ熟していないことを示すために、第一部でパール判事は、マンレー・O・ハドソン判事から引用していた。この第四部結論においてパール判事は次の通り、再度引用している。

「マンレー・O《オー》・ハドソン判事の言葉を本官はすでに引用した。すなわち次である。『政治的組織に関してその何らかの発展過程が差し迫っているにせよ、国家もしくは個人の行為を有罪とし処罰する司法的手続きを組み込むために国際法を拡充することについてはその機が熟しているとは云《い》い難《がた》い。』

（＊訳注：第一部 予備的法律問題 にハドソン判事からの引用として次の記載がある。『この意味において、海賊行為が国際法に違反するとの概念は、**類推の手法によって**他の目的にも利用された。19世紀におけるさまざまな条約は、奴隷売買に関係した個人たちを海賊として国家が処罰するとの可能性の規定を設け…。』）

個人に影響を与える国際刑法において対象となっている行為の事例のすべては、問題となっている行為がその個人自身のためのもので、公海もしくは国際的所有物に関連して行《おこな》われたものなのである。対象事例のほとんどに対し、明示的な規定が定められている。」（判決書p.531下段）

国際刑法において罰せられる個人の犯罪は、海賊行為等、「その個人自身のためのもので、公海もしくは国際的所有物に関連して行《おこな》われたもの」に限定されている。国際生活はまだ個人に対してであれ、国家に対してであれ、国際的な刑事責任の概念を導入できる段階には達していないのである。

「本官がすでに指摘したように、国際生活における国際的な刑事責任の概念は、国際生活が発展する中でかかる国際生活自体がある段階に到達した時にのみ、ようやく生じるのである。」（判決書p.532上段）

国際的な刑事責任の概念を導入するには、国際生活自体が平和的基盤の上に打ち立てられていなければならないのである。そして今の国際生活は、最終的には戦争という手段でしか決着を付けられないような状況なのであり、とてもとてもそのような段階に達したなどと言える状況などではなかった。

「我々は、かかる概念をその中に導入することができる前の段階において、かかる生活自体が何らかの平和的基盤の上に打ち立てられていると申し述べることができる位置に立っていなければならないのだ。国際犯罪はかかる基盤への侵害、すなわち、国際共同体の平和や平穏への違反もしくは侵犯となるのである。

本官はすでに、少なくとも第二次世界大戦前夜におけるいわゆる国際共同体の特徴に関する本官の見解を申し述べた。それは単に複数の独立主体を統合した団体なのであって、秩序もしくは安全保障が法によって提供されていると云《い》えるほどの組織体ではなかったことは確かである。」（判決書p.532上段）

命題β：共同謀議は英米法のみに属するものではないとの検察側による立証の試み

検察側は、共同謀議を犯罪とするのは英米法を採用する国々のみではなく、それ以外のいくつかの文明国によっても同様に採用されたものであるとの点を立証しようと試みた。パール判事はこの件を次の引用で開始している。

「検察側は、共同謀議は犯罪であると宣告した裁判所憲章はいくつかの文明国により創り出されたものであり、そして他の諸国によって遵守されているとの事実を強調している。」（判決書p.532下段）

より具体的には、検察側は次の諸国の法体系においても処罰が可能であると主張した。

「検察側は、ここで共同謀議の国際的教義の下《もと》に罰せられようとされている違反は、英米法の体系以外においても、フランス、ドイツ、オランダ、スペイン、日本とロシアの法秩序においても罰することができるか、それに近い状況とはなっている、と強く主張した。その結果、共同謀議の教義はフランス、ドイツ、日本、中国、ならびに英米の法秩序、さらにはロシアの法哲学において存在する法律上の概念に根付いた国際法上の規則となった、と検察側は強く主張している。」（判決書p.534上段）

共同謀議に関する英米における教義

検察側はその主張の足場を固めるため、まずは英米の教義を分析することに踏み込んだ。

「検察側は、共同謀議が多くの法体系において共通する概念であったことを示すに及び、英米の教義を完全に分析することに踏み込み、その分析の結果として次の諸規則を打ち出した。」（判決書p.533上段）

パール判事はその後、検察側の打ち出した英米の教義の諸規則を7点、箇条書きにしているが、煩雑さを避けるため、ここでは引用をしないこととしたい。なお、これらの7点は判決書p.533上段～p.533下段にかけて記載されている。

命題βに対するパール判事の判定

以上の検察側の努力もしくは「強い」主張に対し、パール判事は次のように指摘している。

「以上のことは、『法の一般的原則として文明国諸国において認識されたもの』が国際生活の中に個人の刑事責任を導入することを目的とした場合でさえも国際法の源泉となったとの前提を我々が受け入れない限り、検察側による主張に関して何らかの役に立つとは本官には思えないのである。かかる前提を本官が受け入れることができない理由については、本官はすでにその理由を述べた。」（判決書p.534下段）

右記引用中の「法の一般的原則として文明国諸国において認識されたもの」とは命題αが「国際法の源泉の一つである」としたものである。そして命題βはまさに、「文明諸国の国内法によって、共同謀議は犯罪であると認識されている」であった。ところが、命題αで検討されたように、国際生活の中に個人の刑事責任を導入することは海賊行為などへの部分的な対応しかできていない。そのため右記引用でパール判事は、各国の国内法で共同謀議は犯罪であると認識されたかどうかを検討すること、すなわち命題βの真偽の検討は、無意味であると指摘しているのである。

検察側は英米における共同謀議の教義まで持ち出して懸命に主張しているが、国際生活において個人や国家の刑事責任の導入がなされていない以上、国内法体系と同様の扱いを国際法に適用することはできないのであり、命題βが検察側の主張に関して「役に立つとは思えない」とパール判事は判定している。

命題αは成立せず、命題βは役に立たないとなれば、命題γは成立しない。これが検察側の三段論法に対する結論である。

各国の国内法体系における共同謀議の犯罪性の認定：予防と抑圧

ここでパール判事は、各国の国内法体系において共同謀議が認定されるケースを分析している。

すなわち、さまざまな国の国内法体系においては、国家の存在そのものを危殆《きたい》にさらすような犯罪を企むための一定の合意形成には犯罪性があるとしており、そのような国家転覆の犯罪を未然に防ぐため、かかる合意形成を武力で鎮圧することをどの国も権利として持っているという。これは、国内社会生活における個人の鎮圧である。パール判事の正確な表現は次の通りである。

「かかる罪（引用者注：個人の刑事責任を伴う罪）に関する基本的原則で、様々《さまざま》な国の国内体系により認識された原則は、少なくとも**『ソレ自体デ悪（mala in se）』**であり深刻な社会悪を不可避的にもたらすところの諸行為を最終的に実施するとの一定の合意形成には犯罪性があるとしてそれを**武力で鎮圧する**ことを司法機関に対して働きかける権利をどの国も持っている、というものである。どの国も最終的な犯行の実施を予期してその組み合わせ（訳注：合意形成と最終的な犯行実施の組み合わせ）を武力で鎮圧する権利を持っているのである。（中略）これらのさまざまな法体系が生み出す唯一の一般的原則は、何らかのカテゴリーに属する潜在的犯罪の予防と抑制を司法機関に働きかけることは合法的であり役に立つものである、ということのみである。かかる犯罪とは、一般的には国家の存在そのものを危殆《きたい》にさらすような犯罪である。」（判決書p.534下段）

この同じ論点につき、もう一つ、引用する。国内体系で共同謀議を正当化する唯一の理由は、そのような、国家の存在そのものを危殆にさらすような潜在的危険の「予防と抑圧」であるとパール判事は指摘している。

「それが正当化される唯一の理由は、潜在的危険の予防と抑圧である。それは、未《いま》だに何らの予防的手段も組織することができてはいない共同体（訳注：現行の国際社会）においては、存在すべき余地を与えられないものである。共同謀議の段階でそれが完全に発覚したとしても、現在における国際社会にはかかる罪に対して処罰をする手段が何も無く、処罰の持つ潜在力に鑑みればそれに加えられる処罰とは**『空虚ナル威嚇（brutum fulmen）』**なのである。法は、かかる潜在力が現実のものとなり、さらには好都合なる偶発性が起きるまで、すなわち共同謀議者たちが戦争で敗北するまで、待たねばならないのである。」（判決書p.536上段）

現在の国際社会においては、国内体系とは異なり、予防と抑圧を行《おこな》う手段がない。そのような社会においてなされる「処罰」なるものは**『空虚ナル威嚇（brutum fulmen）』**に過ぎないのである。

国際的な「超国家」の非存在：危殆にさらされる対象がそもそも存在しない

右記のように、国内体系においては、「国家」の存在を危殆にさらすような深刻な社会悪を未然に予防し、抑圧することのみを理由として共同謀議を犯罪となしうるとの論点をパール判事は認定した。

その一方で、パール判事は次に、国際社会生活を構成するのは個人ではなく、各々の国家であり、国内社会における個人の立場にあるのは、国際社会においては国家であること、そして、その国際社会を危殆にさらすとの潜在的犯罪に該当するような、超国家的な「組織」（＝国内体系における「国家」に該当するもの）はまったく存在しないと指摘している。次の引用の通りである。

「国際的な超国家は、未《いま》だに存在してはいない。国家がその社会（訳注：国際社会）の唯一の個別構成員なのであり、それは国家における個人の立場を占めているのである。」（判決書p.534下段）

パール判事は、そのような「超国家」的組織が存在しないことを次の表現で指摘している。

「厳密に言えば、現段階の国際社会においてはこの原則（引用者注：潜在的危険の予防と抑圧のために共同謀議を犯罪と認定すること）の実施を惹起せしめるような安全を必要とする組織は、まったく存在しないのである。」（判決書p.534下段）

超国家的な「組織」が存在しない以上、国際法体系においては、そのような組織を危殆にさらすような深刻な社会悪はそもそもありえないのである。

国内法体系においては国家の存在そのものを危殆にさらすような犯罪を予防し、抑圧するために、そのような共同謀議を武力で鎮圧する権利を各国ともに持っている。しかし、国際社会においては、そのような予防と抑圧の対象となる超国家的な組織がそもそも存在しない上に、そのような共同謀議を武力で鎮圧する手段もない。国際社会においては共同謀議を処罰する手段が何もなく、処罰などと言ってみても所詮《しょせん》それは「**空虚ナル威嚇（brutum fulmen）**」にしかならないのである。

国際生活においては予防が不可能なため、共同謀議を犯罪と認定すべき理由はない

パール判事はさらに、もう一つ別の論点を持ち出している。国内生活においては、共同謀議を犯罪と認定することで国家の存在そのものを危殆にさらすような犯罪の遂行を未然に予防し抑圧することが可能なのかも知れないが、国際生活においてはかかる予防はそもそも不可能なのだとパール判事は指摘している。各国家が自国の権益と認めるものを防衛するために自由に戦争準備をするにあたり、彼らは「侵略」のためにそのような準備をしているとは絶対に認めないからである。

「（前略）かかる予防は現行の国際生活の段階では不可能だからだ。提案された拡張（訳注：共同謀議を国際社会における罪として導入すること）は単に危険な武器を非良心的な勝利者の手中に収めさせることになるだけなのかも知れないのだ。諸国が戦争準備を行《おこな》うにあたり、彼らは侵略を目的としてかかる準備をしていると考えたり認めたりすることは決して無いのである。」（判決書p.536下段）

戦争準備をするにあたり、自国が侵略を目的としてそのような準備をしているとは決して認めないとのパール判事の指摘は重要である。そのような指摘の根拠としてパール判事は、ルーズベルト大統領が、自衛権を非常に広範囲に設定して戦争準簿を進めたことを挙げている。次の通りである。

「本官はここでまた繰り返して述べるべきではないのかも知れないが、非常に高い地位にいる立派な政治家が非常に広範囲に及ぶ自衛権を如何《いか》に公然と主張しているかを我々はすでに見て来た。すべての国家は、その国家自身のためとその国家が好む国家のために自衛をそのように広範囲の意味において捉え、その一方で、その国は彼らが敵対する国が定める同様の広範囲の定義を決して

認めたりはしないのである。」（判決書p.536下段）

アメリカおよび連合国には広範囲な自衛権を認めるが、日本には自存権や自衛権の主張を全く認めないのは、最終段階におけるハル・ノートの分析で明らかとなっている。

本来的には、自衛権を当事国が勝手に定義したり自国の権利として主張したりすることはもともと許されるべきではないにもかかわらず、自衛権を定義する責任能力を持つ国際機関や国際裁判所は未だに不在なのである。その場合、そのような国際機関や国際裁判所の役割を果たすのは、「戦勝国」とならざるをえないのである。これは健全な状況ではない。敗戦国により無力化した戦敗国に戦勝国の論理を強要することになるからだ。

「自衛であったと主張されている行為は適法であったとの最終判断が、当事者となっている国によって行《おこな》われることは許されない。しかし、何らかの自衛権が関係して来るものなのかどうかを判断する能力を備えた、法的強制力を持つ何らかの国際機関もしくは国際裁判所が不在である中では、戦敗国が戦争手段に訴えたのは自衛のためなのかどうかを決定する権利は、戦勝国が持つこととなるのである。」（判決書p.536下段～p.537上段）

そのため、検察側がここで確立しようと努力している、共同謀議それ自体を国際生活における犯罪とするとの規則の制定をする権能は、一方的に戦勝国の手にゆだねられるのである。これがどれほど危険なことか。

「従って、我々が今ここで導入しようとしている規則（訳注：共同謀議はそれ自体で国際生活における犯罪であるとすること）の適用は、たまたま戦勝国となり、なおかつ、その戦争の持つ防衛的な特徴を決して認めることのない敵対国の手中に収められざるを得ないのである。その結果がどういうことになるかは、十分に想像できる。」（判決書p.537上段）

十分に想像できるとは、東京裁判の結果を経た日本の経験を見ればよくわかることである。日本が生き延びるために取った方策はすべて一方的に否定されて侵略行為であったと決め付けられた上に、そのような侵略行為のための共同謀議をしたと一方的に断定されて、さらにはその共同謀議自体も有罪とされたのである。これは「法」が追究すべき真理なのか、あるいは軍事的勝利という偶発性を勝ち取った戦勝国による、戦敗国に対する「戦闘行為の延長」なのか？

「本官の意見では、これ（引用者注：共同謀議はそれ自体で国際生活における犯罪とすること）は有益な目的には何ら資することが無い一方で、国際的な法体系の中に危険な原則を導入することとなるのであり、国際生活における平和的な関係をさらに阻害することとなるのである。」（判決書p.537上段）

英米法において、共同謀議は本当にそれ自体で罪なのか

パール判事はここで、そもそも英米法の国内体系において共同謀議が無理なく犯罪として取り扱われているのかどうかを検証している。まず、共同謀議の罪の本質を次のように平易に指摘している。

「共同謀議とは本来的には精神的な罪である。」（判決書p.535上段）

精神の中における罪にまで立ち入って、それを犯罪とするのは、そのような共同謀議が具体化して犯罪として顕現化するのを未然に予防するためである。パール判事の具体的な表現は次の通りである。

「（前略）共同謀議の法の原則における本質的な要素は、共同謀議者たちによって企図された計略を予防したいとの願望ならびに予防の可能性なのである。」（判決書p.535下段）

精神の中にある意図のみで処罰できるなどとするのは、非常に危険なことである。そのことをニューヨーク州議会の委員たちの発言を引

用しながら、パール判事は次のように指摘している。

「有罪決定と処罰の基盤を単に意図のみに置くことができるとすることには、重大な危険があることは明らかである。このことは認識されて来た。ニューヨーク州議会の委員たちは、ニューヨークの共同謀議に関する成文法を改訂するにあたり、共同謀議の罪によって有罪判決を受ける前にはその者による公然たる行為が必要であるとした条項の導入部において次のように述べた。

『一連の形而上学的な推論は刑法全体における他のあらゆるケースにおいて決して採用されなかったものであるが、かかる形而上学的な推論によって共同謀議の罪はその意図の中において、すなわち精神による行為の中において、構成されるものであるとされていた。そして、そのような命題が確実にもたらすであろう常識への衝撃を予防するために、合意交換を目指してなされるところの互いの考えのやり取りを通じた意図の形成行為がそれ自体として、公然たる行為であるとされたのである。人間《にんげん》すべてに対して、反省を実施する機会が与えられるべきことは**確か**である。そして、犯罪行為をするために共同謀議を行《おこな》った者は、反省しそれを放棄するよう奨励されるべきである。行為と行動は、人間《にんげん》の法の対象である。考えや意図は、行動が伴わない限り、その対象ではない。』」（判決書p.535下段）

ニューヨーク州議会の委員たちは、「行為と行動」を法の対象とすべきであり、「考えや意図」はその対象ではないとはっきりと述べているのだ。

もう一人、ハーバード・ロー・スクールのセイヤー教授はもっと率直に共同謀議を犯罪とすることを非難している。

「ハーバード・ロー・スクールのセイヤー教授（訳注：原表記はProfessor Sayre）は、英米法体系における犯罪的共同謀議の教義を非難する上で、もっと率直である。教授は次のように述べている。

『そのような原則（引用者注：犯罪的共同謀議の教義）の下《もと》では、他の者と共同して行動する者すべては、ある日、その者が享受している自由は見知らぬ判事の持つ固有の偏見や社会的先入観に依存していることを発見するであろう。これは法による正義へのアンチ・テーゼそのものである。』

『犯罪的共同謀議なるあいまいな概略ならびに不確かな基礎的性質を持つ教義は、法に対して何らの知力や栄光をももたらさない。それは移り替わっていく輿論《よろん》と誤った考えの、まさに紛《まぎ》れもない流砂なのである。』

『そのような教義自体が、それが触れるものすべてに関して我々の法における悪神であることが証明されたのである。それが過去の事例に忍び寄る亡霊以上の何物でもないものとなる時の到来があまり遅くならないことを祈りたい。』

すなわち、国内の法体系においてでさえも、共同謀議が犯罪を構成するとの点が問題視されなかったわけではなかったのである。」（判決書p.536上段）

つまり、共同謀議が犯罪となるかどうかは、アメリカの国内法体系においても当然のものではなかったのである。

強制的手段と戦争との間の一線は非常にか細い

最後に、パール判事はもう一つ別の論点を提起するため、次の事実を指摘する。すなわち、「強制的手段」が平和的手段として国際的に認められているとの事実である。これはイランや北朝鮮に対して、主として経済面で各国が協調してボイコットをしている事実を見れば、納得できる。

「共同謀議を国際生活における犯罪として導入することに反対す

る意見が、今一つ別にある。国際社会は今もなお、国家間紛争の解決において強制的手段を取ることを認めているのである。自国が必要とする紛争解決に他の国を同意させる目的のために、幾ばくかの強制を含む措置を取ることは、今もなお許されているのである。」（判決書p.537上段）

これは友好的手段ではないものの、平和的手段ではあるとして考えられている。

「強制的手段は、国際紛争を解決するための手段としては友好的ではないにせよ平和的なものであると理論上も実際上も考えられている。」（判決書p.537下段）

戦争準備と強制手段との間の一線はか細い。平和的手段の一部とされる強制的手段を画策していると、それは戦争準備の共同謀議をしていると誤解され易いのである。

「この関連で本官が指摘したいことのすべては、準備段階においてはそれら二つ（訳注：戦争と強制的手段）の間《あいだ》の一線は非常にか細いものであろうこと、そして、適法な強制的手段の目的のみに最終的には資するような準備であっても、それは戦争準備であると誤解され易いこと、である。」（判決書p.537下段）

精神的な罪である共同謀議を犯罪であるとしてしまうと、この面からも無実の罪を惹起せしめてしまう深刻な危険があるのである。

§7．結論

以上を勘案した上で、パール判事は次の判定に至る。

「この精神的犯罪を国際生活に導入することは実際的で有益な目的には何《なん》ら資することがない一方で、かかる導入はこの特異な犯罪的精神状態を確定しなければならないとの困難をもそれ自身と共に持ち込むのである。」（判決書p.537下段）

その上で、次の結論に立ち至る。

「以上の問題につき注意深く考察した後、本官は『共同謀議』それ自体はいまだに国際法においては犯罪とはなっていないとの結論に至った。」（判決書p.537下段～p.538上段）

つまり、第四部全体の結論として、「共同謀議式立証方式」、さらには、「共同謀議そのものが国際法における犯罪であること」、の両方を共に、パール判事は認めなかったのである。

都築陽太郎（つづき・ようたろう）

1960年名古屋市生まれ。幼時にインド・豪州・米テキサス州に住む。1983年に名古屋大学経済学部卒業。銀行に就職後、1988年にシカゴ大学で経営学修士号を取得。1989年に米国ケンタッキー州知事より名誉称号「大佐（Colonel）」を授与される。社団法人日本証券アナリスト協会検定会員。2児の父。著書に『東京裁判 全訳パール判決書』（幻冬舎）がある。

東京裁判で真実は裁かれたのか？

パール判事の日本無罪論（判決書第４部）を現代に問う

2018年11月21日　第1刷発行

著　　者　都築陽太郎
発 行 者　土井尚道
発 行 所　株式会社　飛鳥新社
〒101-0003　東京都千代田区一ツ橋 2-4-3　光文恒産ビル
電話　03-3263-7770（営業）　03-3263-7773（編集）
http://www.asukashinsha.co.jp
印刷・製本　中央精版印刷株式会社

ISBN 978-4-86410-650-4

編集担当　小林徹也